Schwerpunktbereich   Austermann/Waldhoff · Parlamentsrecht

Schwerpunkte

Eine systematische Darstellung der wichtigsten Rechtsgebiete anhand von Fällen
Begründet von Professor Dr. Harry Westermann †

Parlamentsrecht

von

Dr. Philipp Austermann

Professor an der Hochschule des Bundes für Öffentliche Verwaltung, Brühl,
vormals Regierungsdirektor in der Verwaltung des Deutschen Bundestages

und

Dr. Christian Waldhoff

Professor an der Humboldt-Universität zu Berlin, Richter im Nebenamt am
Oberverwaltungsgericht Berlin-Brandenburg

 C.F. Müller

Bibliografische Information der Deutschen Nationalbibliothek
Die Deutsche Nationalbibliothek verzeichnet diese Publikation in der Deutschen Nationalbibliografie; detaillierte bibliografische Daten sind im Internet über <http://dnb.d-nb.de> abrufbar.

ISBN 978-3-8114-9042-0

E-Mail: kundenservice@cfmueller.de
Telefon: +49 89/2183-7923
Telefax: +49 89/2183-7620

www.cfmueller.de
www.cfmueller-campus.de

© 2020 C.F. Müller GmbH, Waldhofer Straße 100, 69123 Heidelberg

Satz: preXtension, Grafrath
Druck: CPI books, Leck

Vorwort

Der Deutsche Bundestag als Parlament ist das zentrale Staatsorgan in der Verfassungsordnung des Grundgesetzes. Er ist zugleich das einzige direkt vom Staatsvolk gewählte Organ. Von ihm wird in zentraler Weise demokratische Legitimation vermittelt. Das Parlamentsrecht bietet den Rechtsrahmen für die Abgeordneten, für die (Selbst-)Organisation und für die organschaftliche Willensbildung im Deutschen Bundestag. Zusammen mit dem Parteienrecht und dem Wahlrecht bildet das Parlamentsrecht die Demokratieverfassung des Grundgesetzes: Ausgehend von der öffentlichen Meinungs- und Willensbildung im vorstaatlichen Bereich und vermittelt über die Wahl zum Deutschen Bundestag setzt sich die politische Willensbildung im Parlament fort. Dort werden die politischen Entscheidungen getroffen und in Form von Wahlen und (Gesetzes-)Beschlüssen in Handlungs- und damit in Rechtsformen gegossen. Die Fraktionen erweisen sich als parlamentarische Fortsetzungen der politischen Parteien in staatsorganschaftlichem Gewand. In der politischen Praxis der Bundesrepublik nimmt die Bedeutung des Parlamentsrechts wegen der parteipolitischen Diversifizierung und wegen Tendenzen der Lockerung des Grundkonsenses über unsere Verfassungs- und Gesellschaftsordnung zu. Noch nie war das BVerfG mit so vielen parlamentsrechtlichen Streitigkeiten befasst, wie in den letzten Jahren.

Das vorliegende Buch dient in erster Linie Ausbildungszwecken. Parlamentsrechtliche Fragen sind Bestandteil der staatsorganisationsrechtlichen Vorlesungen und Arbeitsgemeinschaften am Beginn des Rechtsstudiums, die in allen Bundesländern zum Prüfungspflichtstoff in der Ersten Prüfung zählen. Darüber hinaus ist es in seiner Vertiefung Bestandteil verschiedener Schwerpunktbereiche. Stoffauswahl, Darstellungsmethode und Literaturauswahl knüpfen an diese Ausrichtung an. Beide Autoren konnten ihre Lehrerfahrung in dem Schwerpunktbereich „Rechtsetzung und Rechtspolitik" und dort durch die Vorlesungen „Rechtsetzungsrecht" sowie „Parlamentsrecht" an der Humboldt-Universität zu Berlin einbringen. *Philipp Austermann* konnte zudem seine langjährige Erfahrung in der Verwaltung des Deutschen Bundestages, u.a. im Sekretariat des Ausschusses für Wahlprüfung, Immunität und Geschäftsordnung sowie im Plenarsitzungsdienst nutzen. Nicht nur daraus erklärt sich die deutliche Einbeziehung von Parlamentspraxis in die Darstellung, soweit dies nötig und sinnvoll war. *Christian Waldhoff* hält regelmäßig die Vorlesung „Staatsrecht I (Staatsorganisationsrecht)". In seiner richterlichen Tätigkeit war er mit parlamentsrechtlichen Streitigkeiten befasst. An wichtigen Stellen wird der Stoff durch Fälle angereichert. Aufbau- und Prüfungsschemata ergänzen das Bild. Auf die anderen staatsrechtlichen Werke in der Lehrbuchreihe der „Schwerpunkte" wird nicht nur in den jeweiligen Fußnoten verwiesen; am Beginn jedes Abschnitts wird die Vernetzung durch Inbezugnahme der einschlägigen Kapitel gewährleistet (▶). Das gilt in erster Linie für ▶ *Christoph Degenhart*, Staatsrecht I. Staatsorganisationsrecht, 35. Aufl. 2019, aber auch für die Lehrbücher von: ▶ *Thorsten Kingreen/Ralf Poscher*, Grundrechte. Staatsrecht II, 35. Aufl. 2019, ▶ *Christian Hillgruber/Christoph Goos*, Verfassungsprozessrecht, 5. Aufl. 2020 sowie ▶ *Henning Tappe/Rainer Wernsmann*, Öffentliches Finanzrecht, 2. Aufl. 2019.

Für die Erstellung des Sachregisters danken wir Frau stud.iur. *Franka Vagts* am Berliner Lehrstuhl herzlich.

Für Kritik und Anregungen sind wir stets dankbar (philipp.austermann@hsbund.de; christian.waldhoff@rewi.hu-berlin.de).

Brühl und Berlin, im Mai 2020   *Philipp Austermann*
                                                                 Christian Waldhoff

Inhaltsverzeichnis

Verzeichnis der abgekürzt zitierten Literatur

Achterberg, Norbert, Parlamentsrecht, Tübingen 1984 (zit.: *Achterberg*)

Austermann, Philipp, Der Weimarer Reichstag. Die schleichende Ausschaltung, Entmachtung und Zerstörung eines Parlaments, Wien 2020 (zit.: *Austermann*, Reichstag)

Austermann, Philipp/Schmahl, Stefanie (Hrsg.), Abgeordnetengesetz. Kommentar, Baden-Baden 2016 (zit.: *Bearbeiter, in:* AS)

Badura, Peter, Staatsrecht, 7. Aufl. München 2018 (zit.: *Badura*)

Beck Online Kommentar Grundgesetz, hrsg. von Volker Epping/Christian Hillgruber, 42. Edition 2020 (zit.: *Bearbeiter,* in: BeckOK-GG)

Benda, Ernst/Maihofer, Werner/Vogel, Hans Jochen (Hrsg.), Handbuch des Verfassungsrechts, 2. Aufl. Berlin 1994 (zit.: *Bearbeiter,* in: HdbVerfR)

Braun, Werner/Jantsch, Monika/Klante, Elisabeth, Abgeordnetengesetz des Bundes – unter Einschluss des Europaabgeordnetengesetzes und der Abgeordnetengesetze der Länder, Berlin 2002 (zit.: *Braun/Jantsch/Klante*)

Degenhart, Christoph, Staatsrecht I. Staatsorganisationsrecht, 35. Aufl. Heidelberg 2019 (zit.: *Degenhart*)

Denninger, Erhard/Hoffmann-Riem, Wolfgang/Schneider, Hans-Peter/Stein, Ekkehart (Hrsg.), Kommentar zum Grundgesetz für die Bundesrepublik Deutschland, Loseblattsammlung, 3. Aufl. Neuwied 2002 (zit.: *Bearbeiter,* in: AK)

Dreier, Horst (Hrsg.), Grundgesetz. Kommentar, 3 Bde., 3. Aufl. Tübingen 2013 – 2018 (zit.: *Bearbeiter,* in: Dreier)

Friauf, Karl Heinrich/Höfling, Wolfram (Hrsg.), Berliner Kommentar zum Grundgesetz. Loseblattsammlung, Stand des Gesamtwerks: Lfg. 4/2019 (zit.: *Bearbeiter,* in: BerlK)

Glauben, Paul J./Brocker, Lars, Das Recht der parlamentarischen Untersuchungsausschüsse in Bund und Ländern. Ein Handbuch, 3. Aufl. Köln 2016 (zit.: *Bearbeiter,* in: Glauben/Brocker)

Hesse, Konrad, Grundzüge des Verfassungsrechts der Bundesrepublik Deutschland, 20. Aufl. Heidelberg 1995 (zit.: *Hesse*)

Hillgruber, Christian/Goos, Christoph, Verfassungsprozessrecht, 5. Aufl. Heidelberg 2020 (zit.: *Hillgruber/Goos*)

Hömig, Dieter/Wolff, Heinrich Amadeus (Hrsg.), Grundgesetz für die Bundesrepublik Deutschland. Handkommentar, 12. Aufl. Baden-Baden 2018 (zit.: *Bearbeiter,* in: Hömig/Wolff)

Ipsen, Jörn, Staatsrecht I. Staatsorganisationsrecht, 31. Aufl. München 2019 (zit.: *Ipsen*)

Isensee, Josef/Kirchhof, Paul (Hrsg.), Handbuch des Staatsrechts der Bundesrepublik Deutschland, 13 Bde., 3. Aufl. Heidelberg 2003 ff. (zit.: *Bearbeiter,* in: HStR Bd.)

Jarass, Hans D./Pieroth, Bodo, Grundgesetz. Kommentar, 15. Aufl. München 2018 (zit.: *Bearbeiter,* in: JP)

Kahl, Wolfgang/Waldhoff, Christian/Walter, Christian (Hrsg.), Bonner Kommentar zum Grundgesetz, Loseblattsammlung, Stand des Gesamtwerks: 203. Lfg. April 2020 (zit.: *Bearbeiter*, in: BK)

Kluth, Winfried/Krings, Günter (Hrsg.), Gesetzgebung. Rechtsetzung durch Parlamente und Verwaltungen sowie ihre gerichtliche Kontrolle, Heidelberg 2014 (zit.: *Bearbeiter*, in: Kluth/Krings)

von Mangoldt, Hermann/Klein, Friedrich/Starck, Christian, Grundgesetz. Kommentar, 3 Bde., 7. Aufl. München 2018 (zit.: *Bearbeiter*, in: vMKS I)

Maunz, Theodor/Dürig, Günther, Grundgesetz. Kommentar, Loseblattsammlung, Stand des Gesamtwerks: 89. Aufl. Oktober 2019 (zit.: *Bearbeiter*, in: MD)

Maunz, Theodor/Schmidt-Bleibtreu, Bruno/Klein Franz, Bethge, Herbert u.a., Bundesverfassungsgerichtsgesetz. Kommentar, Loseblattsammlung, Stand des Gesamtwerks: 48. Lfg. 2016 (zit.: *Bearbeiter*, in: MSBKB)

Meinel, Florian, Selbstorganisation des parlamentarischen Regierungssystems, Tübingen 2019 (zit.: *Meinel*, Selbstorganisation)

Meinel, Florian, Vertrauensfrage. Zur Krise des heutigen Parlamentarismus, München 2019 (zit.: *Meinel*, Vertrauensfrage)

Morlok, Martin/Michael, Lothar, Staatsorganisationsrecht, 4. Aufl. Baden-Baden 2019 (zit.: *Morlok/Michael*)

von Münch, Ingo/Kunig, Philip (Hrsg.), Grundgesetz. Kommentar, 2 Bde., 6. Aufl. München 2012 (zit.: *Bearbeiter*, in: vMK I)

von Münch, Ingo/Mager, Ute, Staatsrecht I. Staatsorganisationsrecht unter Berücksichtigung der europarechtlichen Bezüge, 8. Aufl. Stuttgart 2016 (zit.: *von Münch/Mager*)

Morlok, Martin/Schliesky, Utz/Wiefelspütz, Dieter (Hrsg.), Parlamentsrecht, Baden-Baden 2016 (zit.: *Bearbeiter*, in: MSW)

Peters, Butz, Untersuchungsausschussrecht, München 2012 (zit.: *Peters*)

Ritzel, Heinrich G./Bücker, Joseph/Schreiner, Hermann J./Winkelmann, Helmut, Handbuch für die parlamentarische Praxis. Mit Kommentar zur Geschäftsordnung des Deutschen Bundestages, Loseblattsammlung, Stand des Gesamtwerks: Januar 2019 (zit.: *Ritzel/Bücker/Schreiner*)

Roll, Hans-Achim, Geschäftsordnung des Deutschen Bundestages. Kommentar, Baden-Baden 2001 (zit.: *Roll*)

Sachs, Michael (Hrsg.), Grundgesetz. Kommentar, 8. Aufl. 2018 (zit.: *Bearbeiter*, in: Sachs)

Schmidt-Bleibtreu, Bruno/Hofmann, Hans/Henneke, Günter (Hrsg.), Grundgesetz. Kommentar, 14. Aufl. 2017 (zit.: *Bearbeiter*, in: SBHH)

Schneider, Hans-Peter/Zeh, Wolfgang (Hrsg.), Parlamentsrecht und Parlamentspraxis, Berlin 1989 (zit.: *Bearbeiter*, in: SZ)

Sodan, Helge (Hrsg.), Grundgesetz. Kommentar, 4. Aufl. München 2018 (zit.: *Bearbeiter*, in: Sodan)

Stern, Klaus, Staatsrecht der Bundesrepublik Deutschland, 5 Bde., München 1980 ff. (zit.: *Stern*, StaatsR I)

Umbach, Dieter C./Clemens, Thomas (Hrsg.), Grundgesetz. Mitarbeiterkommentar und Handbuch, 2 Bde., Heidelberg 2002

Waldhoff, Christian/Gärditz, Klaus F. (Hrsg.), Gesetz zur Regelung des Rechts der Untersuchungsausschüsse des Deutschen Bundestages. Kommentar, München 2015 (zit.: *Bearbeiter*, in: Waldhoff/Gärditz)

Abkürzungsverzeichnis

AbgG	Abgeordnetengesetz
AEUV	Vertrag über die Arbeitsweise der Europäischen Union
AöR	Archiv des öffentlichen Rechts
APuZ	Aus Politik und Zeitgeschichte
AS	Austermann/Schmahl (Hrsg.), Abgeordnetengesetz. Kommentar
BayVerfGH	Bayerischer Verfassungsgerichtshof
BayVerfGHE	Enscheidungen des Bayerischen Verfassungsgerichtshofs
BbgLVerfG	Brandenburgisches Landesverfassungsgericht
BbgVerf.	Verfassung des Landes Brandenburg
BDSG	Bundesdatenschutzgesetz
BeckOK-GG	Beck'scher Online-Kommentar zum Grundgesetz
BerlK	Friauf/Höfling (Hrsg.), Berliner Kommentar zum Grundgesetz
BerlVerfGH	Berliner Verfassungsgerichtshof
BFHE	amtliche Entscheidungssammlung des Bundesfinanzhofs
BfV	Bundesamt für Verfassungsschutz
BGHZ	Entscheidungen des Bundesgerichtshofs in Zivilsachen
BHO	Bundeshaushaltsordnung
BK	Bonner Kommentar zum Grundgesetz
BND	Bundesnachrichtendienst
BRAO	Bundesrechtsanwaltsordnung
BremVerf.	Landesverfassung der Freien Hansestadt Bremen
BRHG	Bundesrechnungshofgesetz
BT	(Deutscher) Bundestag
BT-Drs.	Bundestagsdrucksache
BT-StenB.	Stenographische Berichte des Deutschen Bundestages
BVerfG	Bundesverfassungsgericht
BVerfGE	amtliche Entscheidungssammlung des Bundesverfassungsgerichts
BVerfGK	amtliche Entscheidungssammlung der Kammerentscheidungen des Bundesverfassungsgerichts
BVerfG(K)	Kammerentscheidung des Bundesverfassungsgerichts
BVerfGG	Bundesverfassungsgerichtsgesetz
BVerwG	Bundesverwaltungsgericht
BVerwGE	amtliche Sammlung der Entscheidungen des Bundesverwaltungsgerichts
BWahlG	Bundeswahlgesetz
DÖV	Die öffentliche Verwaltung
DVBl.	Deutsches Verwaltungsblatt
EP	Einzelplan (im Haushalt)
ESMFinG	ESM-Finanzierungsgesetz
EStG	Einkommensteuergesetz
EUAbgG	Gesetz über Rechtsverhältnisse der Mitglieder des Europäischen Parlaments aus der Bundesrepublik Deutschland (Europaabgeordnetengesetz)

EUAbgSt	EU-Abgeordnetenstatut
EUV	Vertrag über die Europäische Union
EUZBBG	Gesetz über die Zusammenarbeit von Bund und Ländern in Angelegenheiten der Europäischen Union
FG	Festgabe
FMStFG	Finanzmarktstabilisierungsfondsgesetz
FS	Festschrift
GG	Grundgesetz
GO-BT	Geschäftsordnung des Deutschen Bundestages
GO-NRT	Geschäftsordnung des Norddeutschen Reichstages
GO-NV	Geschäftsordnung der Weimarer Nationalversammlung
GO-RT	Geschäftsordnung des Reichstages
GO-VermA	Geschäftsordnung des Vermittlungsausschusses
GVG	Gerichtsverfassungsgesetz
HbgVerf.	Verfassung der Freien und Hansestadt Hamburg
HdbVerfR	Benda/Maihofer/Vogel (Hrsg.), Handbuch des Verfassungsrechts
HStR	Isensee/Kirchhof (Hrsg.), Handbuch des Staatsrechts
IntVG	Integrationsverantwortungsgesetz
JA	Juristische Arbeitsblätter
JöR	Jahrbuch des öffentlichen Rechts
JP	Jarass/Pieroth, Grundgesetz. Kommentar
Jura	Juristische Ausbildung
JuS	Juristische Schulung
JZ	Juristenzeitung
LVerfG M-V	Landesverfassungsgericht Mecklenburg-Vorpommern
MAD	Militärischer Abschirmdienst
MD	Maunz/Dürig, Grundgesetz. Kommentar
MdB	Mitglied des Deutschen Bundestages
MDR	Monatsschrift für Deutsches Recht
MSBKB	Maunz/Schmidt-Bleibtreu/Bethge u.a., Bundesverfassungsgerichtsgesetz. Kommentar
MSV	Morlok/Schliesky/Wiefelspütz (Hrsg.), Parlamentsrecht
NJW	Neue Juristische Wochenschrift
NStZ	Neue Zeitschrift für Strafrecht
NVwZ	Neue Zeitschrift für Verwaltungsrecht
NVwZ-RR	Neue Zeitschrift für Verwaltungsrecht – Rechtsprechungsreport
NWVerfGH	Nordrhein-Westfälischer Verfassungsgerichtshof
OWiG	Ordnungswidrigkeitengesetz
ParlBG	Parlamentsbeteiligungsgesetz
PGF	Parlamentarischer Geschäftsführer
PKrGr	Parlamentarisches Kontrollgremium

PKrGrG	Gesetz über das Parlamentarische Kontrollgremium
PUAG	Untersuchungsausschussgesetz
RGBl.	Reichsgesetzblatt
RhPfVerf.	Verfassung für Rheinland-Pfalz
RiStBV	Richtlinien für das Strafverfahren und das Bußgeldverfahren
RiWG	Richterwahlgesetz
SachsAnhVerf.	Verfassung des Landes Sachsen-Anhalt
SächsVBl.	Sächsische Verwaltungsblätter
SächsVerfGH	Sächsischer Verfassungsgerichtshof
SBHH	Schmidt-Bleibtreu/Henneke/Hofmann (Hrsg.), Grundgesetz. Kommentar
StabMechG	Stabilitätsmechanismusgesetz
StGB	Strafgesetzbuch
StPO	Strafprozessordnung
StuW	Steuer und Wirtschaft
SZ	Schneider/Zeh (Hrsg.), Parlamentsrecht und Parlamentspraxis
TOP	Tagesordnungspunkt
UZwG	(Bundes-)Gesetz über die Anwendung unmittelbaren Zwanges
VG	Verwaltungsgericht
vMK	von Münch/Kunig (Hrsg.), Grundgesetz. Kommentar
vMKS	von Mangoldt/Klein/Starck, Grundgesetz. Kommentar
VR	Verwaltungsrundschau
VR	Verhaltensrichtlinien des Deutschen Bundestages
VVDStRL	Veröffentlichungen der Vereinigung der deutschen Staatsrechtslehrer
VwGO	Verwaltungsgerichtsordnung
VwVfG	Verwaltungsverfahrensgesetz
WBeauftrG	Gesetz über den Wehrbeauftragten des Deuschen Bundestages
WPrüfG	Wahlprüfungsgesetz
WRV	Weimarer Reichsverfassung
ZG	Zeitschrift für Gesetzgebung
ZParl.	Zeitschrift für Parlamentsfragen
ZPO	Zivilprozessordnung
ZRP	Zeitschrift für Rechtspolitik
ZUM	Zeitschrift für Urheber und Medienrecht

§ 1   Einführung

▶ **Literatur:** *Degenhart,* Staatsrecht I, § 2; *Kingreen/Poscher*, Grundrechte. Staatsrecht II, §§ 13, 17, 18, 29.

Demokratie ist nach einem berühmten Ausspruch des amerikanischen Präsidenten **1** *Abraham Lincoln* in seiner „Gettysburg Address" vom November 1863 „Herrschaft des Volkes durch das Volk und für das Volk" („government of the people, by the people, for the people"). Die Anzahl der Einwohner und der tagtäglich dem Gemeinwesen sich stellenden Aufgaben machen es dem Volk aber unmöglich, alles unmittelbar selbst zu entscheiden. Selbst in Staaten, in denen wie in der Schweiz regelmäßig Volksabstimmungen stattfinden, beschränken sich die Plebiszite doch auf (grundlegende) Einzelfragen und sind in Form von Referenden mit parlamentarisch getroffenen Entscheidungen verzahnt. Auch ein vom Volk unmittelbar gewählter Präsident kann zum einen nicht alle Entscheidungen selbst treffen; zum anderen kann er in seiner Person nicht die verschiedenen politischen Strömungen im Volk abbilden. Daher setzt die Staatsform der Demokratie in einem modernen Gemeinwesen ein Parlament voraus: **eine entscheidungsfähige Versammlung vom Volk gewählter Vertreter, welche die grundlegenden Entscheidungen im Wege der Gesetzgebung trifft, die Regierung kontrolliert und bestimmte Amtsträger wählt** (wodurch letztlich jeder Amtsträger seine Stellung auf den über eine Legitimationskette vermittelten Volkswillen zurückführen kann). Die Gewichte zwischen dem Volk, dem Parlament und weiteren Staatsorganen wie dem Staatsoberhaupt (Präsident, König, Kollegialorgan) und der Regierung (ggf. noch einem Verfassungsgericht und einem föderalen Organ) kann verschieden ausgestaltet werden.

Derzeit lassen sich 40-45 von rund 190 Staaten als Demokratien bezeichnen, die **2** westlich-freiheitlichen Maßstäben entsprechen. In ihnen ist das Volk über allgemeine, freie, gleiche und geheime Wahlen tatsächlich an der Entscheidungsfindung beteiligt und stehen mindestens zwei Parteien in einem echten Wettbewerb zueinander. Zu den demokratischen Staaten gehören unter anderem die Mitgliedstaaten der EU, die Schweiz, Großbritannien, Norwegen, Island, die USA, Kanada, Australien, Neuseeland, Israel, Japan und Südkorea. In anderen Staaten bestehen zwar größtenteils auch Parlamente. Deren zumeist sogar in einer Verfassung verbrieften Befugnisse sind aber denen in den Demokratien, die diesen Namen verdienen, nicht vergleichbar. Die Ausgestaltung reicht vom reinen Akklamationsorgan wie dem Chinesischen Volkskongress bis zu einer geringfügigen (und gefügigen) Mitwirkung an den Staatsgeschäften wie derzeit in Russland.

Die Demokratie, mit der das parlamentarische Regierungssystem untrennbar verbunden **3** den ist, ist aus Sicht der Bürger eine „außerordentlich anspruchsvolle Herrschaftsform": Die Bürger werden nicht nur beherrscht, sondern sind auch Ausgangspunkt der Herrschaft und nehmen über Wahlen, Abstimmungen und ihre Beteiligung am öffentlichen Diskurs aktiv an dieser Herrschaft teil. Dies setzt ein generelles Verständnis der Belange des Gemeinwesens und „demokratische Grundkompetenzen" voraus.[1]

---

1   Vgl. zum Ganzen *Möllers*, Demokratie – Zumutungen und Versprechen, 2008; *Thiele*, Verlustdemokratie, 2. Aufl. 2018, S. 283.

I. Parlament

4　Der Begriff „Parlament" leitet sich ab vom altfranzösischen *parlement* (*parler* = reden, sich unterhalten) und meint Unterredung oder Versammlung (lat. *parlamentum*). Er tauchte im 12. Jh. auf und wird in Verbindung gebracht mit Reichsversammlungen der Könige und später obersten Gerichtshöfen in Paris und den Provinzen; Frankreich ist das „begriffliche Mutterland des Parlamentarismus".[2] In England ist der Begriff für Gespräche/Unterredungen/Versammlungen des Königs mit seinen Lehnsleuten und (später auch) gewählten Vertretern (deswegen: *King in Parliament*) seit 1248 als lat. *parliamentum* nachweisbar. Auch für Versammlungen in Irland, Schottland oder auf Sizilien sowie in Spanien und Portugal wurde der Begriff „Parlament" in der jeweiligen Sprache verwendet (etwa *parliament, parlement, parliamento, cortes*). Im deutschen Sprachraum war „Parlament" zunächst ein Fremdwort für das, was in England oder Frankreich als *parlement/parliament* bezeichnet wurde; hier benutzte man eher Begriffe wie „Versammlung" oder insb. „Tag".[3] Erst ab dem 19. Jh. verbreitete sich der Begriff „Parlament", zunächst als Adjektiv (z.B. in „parlamentarische Regierung"), wobei der Terminus „Parlamentarismus" – wie auch in Frankreich – zunächst eher negativ besetzt war und dann eine neutrale Bedeutung erhielt.[4]

5　Parlamente in Deutschland sind der Deutsche Bundestag und die 16 Landesparlamente der Bundesländer. Sie heißen in 13 Bundesländern „Landtag". In den Stadtstaaten Bremen und Hamburg werden sie „Bürgerschaft" und in Berlin „Abgeordnetenhaus" genannt. Das Europäische Parlament ist die Volksvertretung der Unionsbürger (Art. 14 Abs. 2 S. 1 EUV). Es wird allerdings nicht nach einem gleichen Wahlrecht gewählt (Grundsatz der degressiven Proportionalität, Art. 14 Abs. 2 S. 3, 4 EUV). Dadurch soll die unterschiedliche Größe der Mitgliedstaaten ausgeglichen werden. Außerdem sind die Befugnisse des Europäischen Parlaments innerhalb des Gefüges der Unionsorgane geringer, als die Kompetenzen, welche die mitgliedstaatlichen Parlamente unter den jeweiligen nationalen Staatsorganen einnehmen. Bspw. besitzt das Europäische Parlament nicht das Gesetzesinitiativrecht (vgl. Art. 289, 294 AEUV) und kann auch nicht über die Einnahmen der Union maßgeblich bestimmen.

II. Parlamentarisches Regierungssystem

6　Innerhalb der Staatsform der Demokratie sind drei Regierungssysteme denkbar: das Präsidialsystem, ein System mit kollegialer Staatsspitze und das parlamentarische System. Das Präsidialsystem ist beispielhaft – bei Unterschieden in der Gestaltung – in den USA und Frankreich ausgebildet. Das Kollegialsystem findet sich in der Schweiz. Parlamentarische Demokratien sind bspw. alle Staaten der EU, Großbritannien, Norwegen, Island, Israel, Kanada, Australien und Neuseeland.

7　Die **präsidentielle Demokratie** zeichnet sich dadurch aus, dass die Exekutive – insb. der vom Volk gewählte Präsident – nicht durch das Parlament abgesetzt werden

---

2　Vgl. *Marschall*, Parlamentarismus, 3. Aufl. 2018, S. 19.
3　Vgl. *Marschall*, Parlamentarismus, 3. Aufl. 2018, S. 20.
4　Ebd.

darf.[5] Präsident/Exekutive und Parlament stehen einander gegenüber und sind nicht personell verschränkt: Regierungsamt und Parlamentsmandat sind in der Regel unvereinbar.[6] Die Gewaltenteilung ist strikt durchgeführt.

Das **parlamentarische Regierungssystem** wird häufig wie folgt definiert: Das Parlament bringt die Regierung hervor, kontrolliert sie und darf sie abberufen.[7] Nimmt man das deutsche Regierungssystem des Grundgesetzes als Maßstab, trifft diese Definition zu. Andere westliche Demokratien kennen ebenfalls ein machtvolles Parlament. Aber die Ernennung des Regierungschefs ist in diesen Staaten allein dem Staatsoberhaupt überlassen. Gleichwohl sind diese Staaten parlamentarische Demokratien. Beispiele sind Österreich und Italien. **8**

Daher erscheint es sinnvoller, die Definition des parlamentarischen Regierungssystems enger zu fassen. Das parlamentarische Regierungssystem wird demnach dadurch bestimmt, dass **das Parlament die Regierung stürzen kann**. Nichts anderes meint die in manchen Verfassungen zu findende Formulierung, der Regierungschef oder die Regierung bedürften des „Vertrauens" des Parlaments (z.B. Art. 53 S. 1 WRV) oder sie seien dem Parlament gegenüber „verantwortlich". Vertrauen und Verantwortlichkeit bedeuten Abhängigkeit. **9**

III. Parlamentsrecht

Der Topos „Parlamentsrecht" kann als Oberbegriff das gesamte Recht des Parlaments, seiner Mitglieder und seines Zustandekommens durch Wahlen umfassen.[8] Man kann auch sagen: Parlamentsrecht sind die Rechtsnormen, die sich auf ein staatliches, aus gewählten Abgeordneten des Volkes bestehendes Gesetzgebungsorgan beziehen.[9] Oder, etwas enger: Das Parlamentsrecht besteht aus den Rechtssätzen, die das Parlament, seine Organisation und seine Tätigkeit betreffen.[10] In der Abgrenzung zum Abgeordneten- und Wahlrecht – also in einem noch engeren Sinne – lässt sich das Parlamentsrecht als **Organisations- und Verfahrensrecht eines Parlaments und der Zusammenschlüsse seiner vom Volk unmittelbar gewählten Mitglieder** (Fraktionen und Gruppen) beschreiben. **10**

Somit gehören zum Parlamentsrecht (egal, ob man es weiter oder enger definiert) **nicht**: **11**

- die Normen der *kommunalen Vertretungsorgane* (Gemeinderat, Kreistag), da diese keine Parlamente sind (Rn. 641),
- die Normen der *kirchlichen Organe* (wie z.B. Synoden der EKD), da diese keine Parlamente und nicht staatlich sind,

---

5 Vgl. *Marschall*, Parlamentarismus, 3. Aufl. 2018, S. 53.
6 Vgl. ebd.
7 Vgl. etwa *Zeh*, Parlamentarismus, 6. Aufl. 1997, S. 78.
8 So etwa *Hatschek*, Das Parlamentsrecht des Deutschen Reiches, Erster Teil, 1915, S. 1; ähnlich *Arndt*, Parlamentarische Geschäftsordnungsautonomie und autonomes Parlamentsrecht, 1966, S. 15; *Haug*, Bindungsprobleme und Rechtsnatur parlamentarischer Geschäftsordnungen, 1995, S. 35.
9 Vgl. *Achterberg*, Parlamentsrecht, S. 1.
10 Vgl. *Pietzcker*, in: SZ, § 10 Rn. 1; *Klein*, in: MD, Art. 40 Rn. 3; *Cancik*, in: MSW, § 9 Rn. 3.

- die Normen, die den *Bundesrat* betreffen[11], da dieser nicht aus vom Volk unmittelbar gewählten Mitgliedern, sondern aus Vertretern der Landesregierungen besteht und damit kein Parlament ist.

12 Das Parlamentsrecht gehört zum **Staatsrecht**, da es sich auf ein staatliches Organ bezieht, und zum **materiellen Verfassungsrecht**.[12] Soweit seine Regelungen unmittelbar in der Verfassung niedergelegt sind, gehört es **(auch) zum formellen Verfassungsrecht**. Es existiert jeweils ein Parlamentsrecht des Bundes, eines jeden Bundeslandes und der EU. In vorliegender Darstellung geht es im Wesentlichen um das Parlamentsrecht des Bundes. Das Landes- und das Unionsrecht werden nur einbezogen, sofern sie Besonderheiten aufweisen. In § 14 (Rn. 631 ff.) wird auf Parlamente oder parlamentsähnliche Institutionen im Überblick eingegangen.

IV. Abgeordnetenrecht

13 Das Abgeordnetenrecht bestimmt **die Rechtsstellung (den Status) der Mitglieder eines Parlaments**, also den Erwerb und Verlust eines Mandats sowie die Rechte und Pflichten aus dem Mandat. Es gehört zum Parlamentsrecht im weiteren Sinne. Auf Bundesebene sind Art. 38-48 GG, das Abgeordnetengesetz, §§ 45 ff. BWahlG, die Verhaltensregeln (als Anlage 1 zur GO-BT) sowie die zum Abgeordnetengesetz und zu den Verhaltensregeln ergangenen Ausführungsbestimmungen maßgeblich. In den 16 Bundesländern bestehen entsprechende Vorschriften im Landesverfassungsrecht, in den Landesabgeordneten- und Landeswahlgesetzen sowie in den Verhaltensregeln (die zum Teil im jeweiligen Landesabgeordnetengesetz und zum Teil in der jeweiligen Geschäftsordnung normiert sind). Art. 223 Abs. 2 AEUV legt fest, dass das Recht der Mitglieder des Europäischen Parlaments vom Parlament zu regeln ist. Die Details sind im EUAbgSt und den DB-EUAbgSt sowie in nationalen Gesetzen (z.B. dem EU-AbgG) ausformuliert.

V. Parlamentsrecht als Teil der Demokratieverfassung des Grundgesetzes

14 Das Parlamentsrecht einschließlich des Abgeordnetenrechts kann nicht isoliert vom **Prozess demokratischer Willensbildung** insges. verstanden werden. Es ist daher zum Recht der politischen Parteien und zum Wahlrecht in Beziehung zu setzen. Parteienrecht, Wahlrecht und Parlamentsrecht bilden die Rechtsregime, die **dem politischen Prozess einen rechtlichen Rahmen bieten**. Normativ wird das im Grundgesetz durch die Art. 20 Abs. 2, 21 und 38 ff. umschrieben. Ergänzt und konkretisiert werden diese Bestimmungen u.a. durch das Parteiengesetz, das Bundeswahlgesetz, das Abgeordnetengesetz und die Geschäftsordnung des Deutschen Bundestages, die zwar nicht formell, jedoch der Sache nach Verfassungsrecht außerhalb der Verfas-

---

11 Vgl. *Cancik*, in: MSW, § 9 Rn. 4.
12 Vgl. etwa *Haug*, Bindungsprobleme und Rechtsnatur parlamentarischer Geschäftsordnungen, 1995, S. 35.

sungsurkunde bilden. In Anlehnung an andere Begriffsbildungen zu „Subverfassungen" unter dem Grundgesetz – Finanzverfassung, Medienverfassung, Umweltverfassung, Wehrverfassung, Außenverfassung usw – kann man bei diesem Dreiklang von „Demokratieverfassung" sprechen.

Die politische Willensbildung vollzieht sich in der parlamentarischen Demokratie der Idee nach **vom Volk zu den Staatsorganen,** „von unten nach oben", vom Legitimationssubjekt zum Parlament, aus der Gesellschaft heraus zu institutionalisierter Staatlichkeit.[13] Politische Willensbildung bedarf der **Transformation in politische Entscheidungen.**[14] „Demokratie erschöpft sich dann nicht in der Wahl, sondern gipfelt in ihr."[15] Dieses Bild führte jedoch zu Missverständnissen, interpretierte man es als Einbahnstraße und die Wahl als Endpunkt. Politische Willensbildung ist in der parlamentarischen Demokratie stets ein Wechselwirkungsprozess, der mit einem **Kreislaufmodell** bildhaft besser umschrieben werden kann: Die Wahl ist darin nicht der Endpunkt, sondern eine zentrale, punktuelle Zwischenstation. Die parlamentarisch getroffenen Entscheidungen sind in den Bereich der öffentlichen Meinungsbildung rückzukoppeln.[16] Politikwissenschaftlich wird von **Responsivität** gesprochen.[17] **15**

Zwei verfassungsrechtliche Grunddeterminanten überwölben diese Prozesse in der gesellschaftlichen Willensbildung, im Wahlakt, in der staatsorganschaftlichen Willensbildung wie auch die phasenübergreifenden Vorgänge: die **demokratische Gleichheit** und die prinzipielle **Freiheit und Offenheit des politischen Prozesses.** Gleichheit und Freiheit legen damit die Verfahrensbedingungen politischer Willensbildung des demokratischen Verfassungsstaates in wechselseitiger Bezogenheit aufeinander fest.[18] **16**

Der Wahlvorgang koppelt gesellschaftliche und staatliche Willensbildung. Die **politischen Parteien** überwölben die Sphären von Volks- und Staatswillensbildung als Intermediäre und bilden insofern eine Art Klammer: „Von Herkunft zweifellos gesellschaftlich, haben sie als Ziel doch den Staat."[19] In der parlamentarischen Willensbildung erscheinen die Parteien in der **parlamentsorganisatorischen Form der Fraktionen** transformiert. Neben anderen Mechanismen sorgen sie zwischen Wahlen für Responsivität, indem sie den Kontakt zwischen staatlicher und gesellschaftlicher Sphäre in beide Richtungen hin aufrechterhalten. Die politischen Parteien lösen damit das Problem, dass die Verfassung einerseits Freiheit gewährleisten soll, andererseits demokratische Willensbildung organisieren muss.[20] **17**

---

13 BVerfGE 44, 125 (138 ff.); zuvor bereits BVerfGE 20, 56 (99).
14 *Hesse,* VVDStRL 17 (1959), 11 (19, 22 f.).
15 *Grimm,* in: HdbVerfR, § 14 Rn. 10.
16 BVerfGE 44, 125 (145 f.); 85, 264 (284); 89, 155 (185); *Kriele,* VVDStRL 29 (1971), 46 (65); *Stern,* StaatsR I, S. 617; *Grimm,* in: HdbVerfR, § 14 Rn. 17; *Shirvani,* Parteienrecht, 2010, S. 246 ff.
17 Ursprünge v.a. in der amerikanischen Repräsentationstheorie, vgl. etwa *Pennock,* American Political Science Rev. 46 (1952), 790; *Pitkin,* Representation, 1967, S. 232 ff.; *Dahl,* Polyarchy, 1971; für die deutsche Diskussion etwa *Uppendahl,* ZParl. 1981, 123; *Patzelt,* Abgeordnete und Repräsentation, 1993, S. 43 f. und öfter.
18 Vgl. etwa *Schmitt,* Verfassungslehre, 1. Aufl. 1928, S. 224 ff.; *Kriele,* VVDStRL 29 (1971), 46 (61); *Stern,* StaatsR I, S. 613 f.
19 *Grimm,* in: HdbVerfR, § 14 Rn. 18; vgl. auch BVerfGE 91, 276 (284).
20 *Grimm,* in: HdbVerfR, § 14 Rn. 18 ff., 24 ff.

18 Abgesichert werden diese vorrechtlichen Voraussetzungen durch die **Kommunikationsgrundrechte**, d.h. die Meinungs-, die Presse-, die Film- und Rundfunk-, die Informations- (alles Art. 5 Abs. 1 GG), die Versammlungs- (Art. 8 GG) und die Vereinigungsfreiheit (Art. 9 Abs. 1 GG), die in der Rechtsprechung des BVerfG ihr besonderes Gewicht gerade aus dieser (Teil-)Funktion erhalten.[21]

19 Wenn Volks- und Staatswillensbildungsprozess auch prinzipiell getrennt gedacht werden, ist die aus dem 19. Jh. bekannte hermetische bzw. kategoriale **Trennung von Staat und Gesellschaft** obsolet. Die Trennung ist freilich nicht zur Identität mutiert, sondern zu einer spezifischen Zuordnung.[22] Gerade die politischen Parteien verbinden diese Sphären.[23] Die prinzipiell vorgegebene Richtung der politischen Willensbildung sieht sich in der politischen Praxis Bedrohungen ausgesetzt. Die Öffentlichkeitsarbeit der Regierung, zumindest in Wahlkampfzeiten, ist das augenfälligste Beispiel. Das BVerfG hat hier zu Recht restriktive Regeln entwickelt.[24]

20 Der demokratischen Willensbildung ist vor dem skizzierten Hintergrund eine eigentümliche **Mischung aus Trennung und Verschränkung von gesellschaftlicher und staatsorganschaftlicher Sphäre** eigen.[25] Freiheit und Gleichheit hängen hier innerlich zusammen, weil erst die Staatsfreiheit der politischen Willensbildung die Chancengleichheit der Teilnahme am politischen Prozess garantiert.[26] Ausbildung und Vorformung des politischen Willens, vorrangig in Form der öffentlichen Meinung, erfolgen in der gesellschaftlichen Sphäre.[27] Nicht nur der Wahlakt als solcher, sondern der gesamte Wahlvorgang einschließlich seiner Vorbereitung sind ebenfalls frei. Im staatsorganschaftlichen Bereich setzt sich die freiheitliche Komponente politischer Willensbildung im **Grundsatz des freien Mandats aus Art. 38 Abs. 1 S. 2 GG** fort. Was im Vorfeld staatsorganschaftlichen Handelns grundrechtlich abgesichert war, erscheint hier als **Statusrecht der Abgeordneten**. Die grundrechtliche Vereinigungsfreiheit einschließlich der freien Parteibildung setzt sich im Parlament als das **Recht der Abgeordneten zur Fraktionsbildung** fort. Die freiheitsrechtliche Dimension des Art. 21 Abs. 1 GG mit ihren Komponenten der Gründungs- wie der Betätigungsfreiheit der polischen Parteien verbindet und überwölbt den gesellschaftlichen und den staatsorganschaftlichen Bereich. Die politischen Parteien sind durch die Forderung nach demokratischer Binnenstruktur (Art. 21 Abs. 1 S. 3 GG) nahtlos in diesen politischen Prozess eingebunden, indem eine Grundhomogenität der Entscheidungsfindung in den beiden Sphären hergestellt ist.[28]

21 **Demokratische Gleichheit als politische Gleichheit** abstrahiert von anderen, etwa sozialen Gleichheitspostulaten. Sie knüpft an das Menschsein als solches an, reduziert

---

21 Zum Zusammenhang näher *Schmitt Glaeser,* in: HStR II, § 38 Rn. 11 ff., 28 ff.; *Schneider,* in: FG BVerfG II, 2001, S. 627 (631).
22 Näher *Schmitt Glaeser,* in: HStR III § 38 Rn. 1 ff., 33 ff.
23 Vgl. *Stolleis,* VVDStRL 44 (1986), 7 (11); *Klein,* in: MD, Art. 21 Rn. 154 und öfter.
24 BVerfGE 44, 125 (138 ff.).
25 *Stolleis,* VVDStRL 44 (1986), 7 (11).
26 Vgl. jeweils auf politische Parteien bezogen *Hesse,* VVDStRL 17 (1959), 11 (36).
27 Vgl. etwa auch *Hesse,* S. 150 ff., 159 ff.; *Dreier,* in: Dreier, Art. 20 (Demokratie) Rn. 76.
28 Frühe Herausstellung der Bezogenheit auf und Integration in die Demokratiekonzeption des Grundgesetzes am Bsp. der Parteien bei *Hesse,* VVDStRL 17 (1959), 11 (17 und passim).

die Gleichheit jedoch auf die Zugehörigen, in der Regel die Staatsangehörigen.[29] Innerhalb dieses Zuschnitts ist die demokratische Gleichheit streng formal.[30] Ähnlich wie die freiheitsrechtliche Komponente kann auch die gleichheitsrechtliche Dimension der politischen Willensbildung von ihrem gesellschaftlichen Ausgangspunkt über den Wahlakt bis in die staatsorganschaftliche Willensbildung beschrieben werden. In der Vorformung politischer Willensbildung besteht prinzipiell gleicher Zugang zu Informationen sowie – normativ – die gleiche Betätigungsmöglichkeit. Im Wahlrecht schlägt sich die demokratische Gleichheit einerseits in der Allgemeinheit der Wahl, andererseits in dem Erfordernis von absolut gleichem Zählwert und prinzipiell gleichem Erfolgswert der Stimme nieder. Der personale Bezugspunkt des Bürgers in der politischen Sphäre setzt sich – vermittelt durch die Gleichheit der Wahl – im gleichen Abgeordnetenstatus fort.[31]

Leitentscheidungen zu § 1: BVerfGE 8, 104 (Volksbefragungen in Hamburg und Bremen); 20, 56 (Parteienfinanzierung); 44, 125 (Informationstätigkeit der Bundesregierung in Wahlkampfzeiten); 83, 37 (Kommunalwahlrecht für Ausländer); 85, 264 (Parteienfinanzierung); 89, 155 (Maastricht).

Literatur zu § 1: *Badura*, Die parlamentarische Demokratie, in: HStR II, § 25; *Böckenförde*, Demokratie als Verfassungsprinzip, in: HStR II, § 24; *Böckenförde*, Demokratische Willensbildung und Repräsentation, in: HStR III, § 34; *Brenner*, Das Prinzip Parlamentarismus, in: HStR III, § 44; *Friesenhahn*, Parlament und Regierung im modernen Staat, VVDStRL 16 (1958), 9; Huber/Mößle/Stock (Hrsg.), Zur Lage der parlamentarischen Demokratie, 1995; *Kelsen*, Vom Wesen und Wert der Demokratie, 2. Aufl. 2019; *Lepsius*, Die erkenntnistheoretische Notwendigkeit des Parlamentarismus, in: Bertschi u.a. (Hrsg.), Demokratie und Freiheit, 1999, S. 123; *Kriele*, Das demokratische Prinzip im Grundgesetz, VVDStRL 29 (1971), S. 46; *Magiera*, Parlament und Staatsleitung in der Verfassungsordnung des Grundgesetzes, 1979; *Marschall*, Parlamentarismus, 3. Aufl. 2018; *Zeh*, Parlamentarismus, 6. Aufl. 1997; *Meinel*, Vertrauensfrage. Zur Krise des heutigen Parlamentarismus, 2019; *Meinel*, Selbstorganisation des parlamentarischen Regierungssystems, 2019; *Meyer*, Das parlamentarische Regierungssystem des Grundgesetzes, VVDStRL 33 (1975), S. 69; *Möllers*, Demokratie – Zumutung und Versprechen, 2008; *Mößle*, Regierungsfunktionen des Parlaments, 1985; *Schneider*, Das parlamentarische System, in: HdbVerfR, § 13; *Steiger*, Organisatorische Grundlagen des parlamentarischen Regierungssystems, 1973.

---

29 Insges. *Schönberger*, Unionsbürger, 2005.
30 BVerfGE 8, 51 (68 f.) [1958]; *Volkmann*, Grundzüge einer Verfassungslehre der Bundesrepublik Deutschland, 2013, S. 243.
31 BVerfGE 102, 224 (238) [2000] im Zusammenhang mit sog. Funktionszulagen: „Die Gleichheit aller Staatsbürger in der freien Ausübung ihres Wahlrechts findet im Parlament ihren Ausdruck in dem freien Mandat."; in Verbindung mit dem Repräsentationsprinzip *Böckenförde*, in: HStR II, § 24 Rn. 45.

§ 2 Geschichte der Parlamente und des Parlamentsrechts

22 Um das heutige Parlamentsrecht besser zu verstehen, ist es wichtig, die **Anfänge und Entwicklungslinien** zu kennen.

Die Parlamentsgeschichte beginnt **nicht im antiken Athen** (5. Jh. v. Chr). Athen (oder Griechenland) wird zwar oftmals als „Wiege der Demokratie" bezeichnet. Ein Parlament als eine aus gewählten Abgeordneten bestehende Vertretungskörperschaft existierte aber nicht. Die Volksversammlung wurde nicht gewählt, sondern setzte sich aus den gerade anwesenden Männern zusammen. Sie mussten das athenische Bürgerrecht besitzen. Teilnahmeberechtigt waren daher nur ca. 30.000 Männer von etwa 300.000 Einwohnern. Frauen, Auswärtige und Sklaven besaßen das Bürgerrecht nicht. Athen ist also nicht die Wiege des Parlamentarismus und nur eingeschränkt ein Vorbild für die heutige demokratische Ordnung.

23 Die **Leitidee des Parlaments als Verständigungsort der Volksvertreter** ist, **historisch gesehen, jung.** Sie ist ein Ergebnis der Verfassungsrevolutionen in den Vereinigten Staaten (seit 1776) und in Frankreich (seit 1789). Erst seit der vollen Durchsetzung des allgemeinen Wahlrechts im 20. Jh. besteht das parlamentarische System mit allgemeinem Wahlrecht, das alle Staatsbürger und damit einen Großteil der Einwohnerschaft erfasst. „Mutterland des Parlamentarismus" ist England (ab 1707: Großbritannien), das als erstes den Weg zur Parlamentssouveränität beschritt und viele wichtige Strukturelemente des modernen Parlamentarismus hervorbrachte – wie politische Parteien sowie den Schutz parlamentarischer Minderheiten und der Opposition –[1], allerdings kaum als Vorbild für Kontinentaleuropa wirksam werden konnte.[2]

24 Die Entwicklung verlief bis heute in den verschiedenen Staaten im Detail unterschiedlich. Jedes Parlament hat seine eigene Geschichte. Bestimmte historische Grundlinien sind aber allen gemeinsam.

Man kann **drei (grobe) Phasen der Parlamentsgeschichte** unterscheiden[3]:

1. Vorparlamentarische Institutionen, insb. Ständeversammlungen (13. bis ausgehendes 18. Jh.),
2. Volksvertretungen in der konstitutionellen Monarchie des „langen" 19. Jh. mit einem Dualismus von Monarch und Parlament (teilweise bis 1918),
3. Parlamentarische Demokratie mit allgemeinem Wahlrecht („Massendemokratie").

Als eine 4. Phase lässt sich der supranationale Parlamentarismus auf EU-Ebene ansehen. Das Europäische Parlament hat seit seiner Gründung im Jahr 1952 deutlich an Kompetenzen gewonnen, zuletzt durch den Vertrag von Lissabon. Seit dem Jahr 1979 werden seine Mitglieder alle fünf Jahre in allgemeinen, unmittelbaren, freien und geheimen (aber nicht gleichen) Wahlen bestimmt (Art. 14 Abs. 3 EUV). Jeder Mitglied-

---

1 Vgl. *Zeh*, Parlamentarismus, 6. Aufl. 1997, S. 29.
2 Vgl. *Schönberger*, in: MSW, § 1 Rn. 9: „eher Archetyp als Prototyp".
3 Ähnlich *Schönberger*, in: MSW, § 1 Rn. 8; zu den „Parlamentarisierungswellen" die Tabelle bei *von Beyme*, Die parlamentarische Demokratie, 4. Aufl. 2014, S. 45.

staat entsendet ein bestimmtes Abgeordnetenkontingent. Wer zu diesem Kontingent gehört, wird in jedem Staat aufgrund des nationalen Wahlrechts ermittelt.

Die parlamentarischen Versammlungen der NATO, der OSZE und des Europarates sind reine Diskussionsforen ohne Rechtssetzungskompetenz für die Bürger der Mitgliedstaaten. Ihre Mitglieder werden zudem nicht vom Volk gewählt, sondern von den Parlamenten der Mitgliedstaaten entsandt. **25**

I. Vorparlamentarische Institutionen, insb. Ständeversammlungen

Vorläufer parlamentarischer Institutionen gab es in Europa seit dem frühen 13. Jh. Der Ausgangspunkt ist die **Beratung** mittelalterlicher Herrscher durch ihre Lehnsträger/Vasallen; entsprechende Gremien gehen zum Teil ins frühe Mittelalter zurück (angelsächsischer *witenagemot*, isländischer *althingi*, fränkischer Hoftag). Aus diesen Gremien **erwuchsen Ständeversammlungen**, ein spezifisch europäisches Phänomen[4]. Der Monarch berief sie, um Rat und tatkräftige Hilfe zu erhalten, vor allem in großer Not und mit dem Ziel, Steuern zu bewilligen oder Heere auszurüsten. Zunächst wurden die Großen des Reiches (Klerus und hoher Adel), später dann auch der niedere Adel (Ritter) und Städte beteiligt. Die Mitbestimmung der Stände war der Preis für ihre Hilfe. Keine der Ständeversammlungen besaß aber ein voll ausgebildetes Gesetzgebungsrecht. Aus dem römischen Recht war der Grundsatz *„quod omnes tangit, ab omnibus approbetur"* („was alle angeht, soll von allen beschlossen werden") überliefert. Vor allem Steuern konnten ohne Zustimmung der Stände regelmäßig nicht erhoben werden. **26**

Die Entwicklung verlief in den Staaten unterschiedlich. In manchen Ländern wie Polen-Litauen kam es zur Adelsrepublik mit einem schwachen König. In Frankreich, Spanien, Dänemark und einigen deutschen Territorien wurden die Stände im Zeitalter des Absolutismus an den Rand gedrängt oder ganz beseitigt. In England wurde die Macht des Königs schon früh – nämlich in der Mitte und zum Ende des 17. Jh. (*„Glorious Revolution"*, *Bill of Rights* 1689) und schließlich dann zum Ende des 18. Jh. – beschnitten. „[A]us einem ‚Gespräch' wurde eine mächtige ‚Institution', die im Laufe der Zeit den ursprünglich dominanten ‚Gesprächsteilnehmer', den König, entmachtete und aus dem politischen Prozess verdrängte".[5] **27**

Kirchliche Vorbilder und Einflüsse sind unverkennbar. Sie zeigen sich z.B. bei der Organisation der Ständeversammlungen. Die fortschrittlichen Wahl- und Beratungstechniken der Orden, Synoden und Konzilien[6] sowie das Mehrheitsprinzip[7] konnten sich teilweise durchsetzen. **28**

Die **deutsche Entwicklung** sei etwas näher betrachtet: Deutschland war lange ein Sprach- und Kulturraum, aber kein Staat. Das Heilige Römische Reich („Altes **29**

---

4 Vgl. *Schönberger*, in: MSW, § 1 Rn. 12.
5 *Marschall*, Parlamentarismus, 3. Aufl. 2018, S. 23.
6 Vgl. *Schönberger*, in: MSW, § 1 Rn. 12.
7 Vgl. *Zeh*, Parlamentarismus, 6. Aufl. 1997, S. 27; zum Prinzip der Zweidrittelmehrheit bei der Papstwahl seit dem 12. Jh. s. *Wolf*, Konklave, 2017, S. 93 ff.

Reich") war ein juristisch schwer zu fassender „Flickenteppich" aus über 250 Territorien. Anders als in Spanien, Frankreich und England vollzog sich die Ausbildung des modernen Staates auf territorialer Ebene, nicht auf der Ebene des Alten Reiches. Aus dem mittelalterlichen, unregelmäßig stattfindenden „Hoftag" entwickelte sich nach 1470 der **Reichstag als Versammlung der Reichsstände** des Heiligen Römischen Reiches Deutscher Nation. Reichsstände waren die bereits erwähnten über 250 reichsunmittelbaren Territorien. Sie besaßen Sitz und Stimme im Reichstag. Ihr Einverständnis war unter anderem bei der Steuerbewilligung, der Erklärung von Krieg und Frieden sowie Bündnisverträgen erforderlich. Die Reichsstände waren sehr mächtig, da eine Zentralgewalt weitgehend fehlte. Die Reichstage unterschieden sich von modernen Parlamenten in elementarer Weise: Die Teilnahmeberechtigten der Reichstage waren *nicht* von irgendjemandem, gar von ihren Untertanen beauftragt. Sie beanspruchten vielmehr als Herrschaftsträger von sich aus Mitspracherechte und zwar entweder als Personen (so die Kurfürsten und Fürsten) oder als Korporationen (so die Städte oder Klöster). Der Reichstag verhandelte über Interessen der Stände und nicht über die Interessen des Volkes. Außerdem waren der Kaiser und seine Berater als Frühform einer „Regierung" nicht – wie heutige Regierungen – von der Ständeversammlung abhängig. Der Kaiser wurde vielmehr von den sieben[8] Kurfürsten auf Lebenszeit gewählt. Ferner tagte der Reichstag nicht – wie moderne Parlamente – ständig. Teilweise fanden jahrzehntelang keine Reichstage statt, etwa während des Dreißigjährigen Krieges. Erst seit 1663 tagte der Reichstag „immerwährend" als Gesandtenversammlung in Regensburg. Die Gesandten besaßen auch nicht – wie heutige Abgeordnete – ein freies Mandat. Sie unterlagen den Vorgaben des Reichsstandes, für den sie auftraten (imperatives Mandat). Manche Gesandten vertraten auch mehrere Reichsstände, da sich gerade die kleineren Stände einen eigenen ständigen Vertreter nicht leisten konnten. Ein weiterer Unterschied zum modernen Parlament: Die Beschlüsse wurden nicht „nach Köpfen" in einer einheitlichen Versammlung gefasst, sondern getrennt in drei Kollegien (Kurfürsten – Reichsfürsten – Reichsstädte). Das Reichsfürstenkollegium war weiter unterteilt in Kurien. Ein Beschluss des Reichstages („Reichsschluss") kam zustande, wenn alle drei Kollegien übereinstimmten und der Kaiser den Beschluss ratifizierte. Innerhalb der Kollegien wurde mit Mehrheit entschieden. Die vom Kaiser ratifizierten Beschlüsse wurden seit 1497 in einem „Reichsabschied" zusammengefasst.

30 Auf der **Ebene einzelner Reichsstände**, d.h. der Territorien (wie Bayern, Brandenburg) existierten Landtage als Versammlung der Landstände, also bestimmter bevorzugter Gruppen von Angehörigen eines Territoriums (ähnlich den Reichsständen), und nicht etwa der Bevölkerung. Ihre Kompetenzen, z.B. bei der Steuerbewilligung, ähnelten denen der Reichsstände. Die Ständeversammlungen waren zumeist ebenfalls im Dreikuriensystem organisiert. Das Bewilligungsrecht sorgte immer wieder für Auseinandersetzungen, z.B. im 17. Jh. zwischen dem brandenburgischen „Großen Kurfürsten" *Friedrich Wilhelm* und den Ständen seiner Territorien. Viele deutsche Landesfürsten versuchten – wie etwa auch die französischen Könige – den Einfluss der Stände zu beschränken oder ganz auszuschließen und somit gänzlich absolut zu herrschen.

---

8 Die Zahl veränderte sich im 18. und zu Beginn des 19. Jh.

II. Volksvertretungen in der konstitutionellen Monarchie

1. Ausländische Vorbilder

Mit der Französischen Revolution erfolgte in Frankreich ein **schlagartiger Übergang**[9] von der (bis dahin über 175 Jahre ausgeschalteten) Ständeversammlung der absoluten Monarchie zur Volksvertretung einer konstitutionellen Monarchie und dann einer Republik. Der Dritte Stand der Generalstände erklärte sich unter Einladung der Vertreter der beiden anderen Stände Adel und Geistlichkeit zur verfassunggebenden Nationalversammlung (17. Juni 1789). Er beanspruchte die Rolle der nationalen Gesamtrepräsentation. Eine Abstimmung sollte künftig nach Köpfen, nicht nach Ständen erfolgen. In den Worten des einflussreichen *Abbé Emmanuel Joseph Sieyès*: „par têtes et non par ordres". Unter *Napoleon Bonaparte*, der ab 1799 Erster Konsul der Republik und ab 1804 als *Napoleon I.* „Kaiser der Franzosen" war, kam es zu einem verfassungsrechtlichen „*roll-back*". Die republikanischen Institutionen bestanden auf dem Papier fort. Die wahre Macht aber lag beim Kaiser. Nach dessen (erster) Absetzung im Jahr 1814 wurde die monarchische Macht „restauriert". Der Bourbone *Ludwig XVIII.* wurde als König eingesetzt. Die frühere absolute Herrschaft des Hauses Bourbon war jedoch Vergangenheit. Der neue Monarch gab dem Land im Jahr 1814 eine Verfassung, die „Charte constitutionnelle" (sog. Restaurationsverfassung). In der Julimonarchie ab 1830 bildete sich schrittweise ein parlamentarisches Regierungssystem heraus. Die Charte constitutionelle war ein wichtiges Vorbild für ganz Kontinentaleuropa. In der zweiten Verfassungswelle ab 1830 wurde dann die Belgische Verfassung von 1831 zum einflussreichen Vorbild. An beiden Verfassungen orientierten sich auch deutsche Staaten.

31

2. Deutscher Bund

Als Ergebnis des Wiener Kongresses (1814/15), der nach Napoleons (erstem) Thronverlust zusammentrat, entstand durch die Deutsche Bundesakte (DBA) im Jahr 1815 der Deutsche Bund aus 41 souveränen deutschen Staaten mit dem **Bundestag als Gesandtenkongress** (Art. 4 DBA). Der Bundestag knüpfte äußerlich an den Reichstag des Alten Reiches an. Für die Entwicklung des Parlamentarismus war **Art. 13 DBA** (konkretisiert durch Art. 57 ff. der Wiener Schlussakte von 1820) bedeutsam: „In allen Staaten sollen landständische Verfassungen stattfinden." Begriff und Reichweite der **„landständischen Verfassung"** waren umstritten. Unbestritten war, dass der Monarch bzw. das Patriziat in den Stadtstaaten sich künftig durch eine Verfassung binden sollte und diese Verfassung auch eine mindestens beratende Versammlung vorzusehen hatte. Dieses System der durch eine Verfassung gebundenen Monarchie wird als **Konstitutionalismus** bezeichnet. Die ersten Verfassungen erließen („gaben") die Monarchen der süddeutschen Staaten Nassau, Baden, Bayern, Württemberg und des Großherzogtums Hessen in den Jahren 1814-24 (süddeutscher Frühkonstitutionalismus). In einer zweiten, nach der Julirevolution in Frankreich im Jahr 1830 einsetzenden „Welle" erließen dann weitere, in der Mitte und im Norden des Deutschen Bundes herrschende Monarchen Verfassungen (mitteldeutscher Konstitutionalismus).

32

---

9 Vgl. *Schönberger*, in: MSW, § 1 Rn. 22.

Beispiele sind Kurhessen, das Königreich Sachsen und das Königreich Hannover (1833). Bis 1848 besaßen die meisten der 39 Mitgliedstaaten des Deutschen Bundes eine Verfassung. Eine gewichtige Ausnahme stellten Preußen und Österreich sowie einige norddeutsche Staaten dar. Preußen erhielt 1848 eine oktroyierte Verfassung. Sie wurde 1850 modifiziert und war bis 1918 in Kraft. Das (aus zwei Teilen bestehende) Großherzogtum Mecklenburg hatte bis 1918 sogar nur eine landständische Ordnung von 1755 auf frühneuzeitlichem Stand. In der Regel war das Staats- und Verfassungsrecht in den süd- und mitteldeutschen Staaten fortschrittlicher als in den übrigen deutschen Staaten. Als das fortschrittlichste Staatsgrundgesetz vor 1848 gilt die kurhessische Verfassung vom 5. Januar 1831.[10] In der zweiten Hälfte des 19. Jh. war die Preußische Verfassung von 1850 maßgebend.

33 In den meisten Staaten des Deutschen Bundes wurden – mit Ausnahme der größten Staaten Preußen und Österreich sowie einiger kleinerer Staaten – bis 1848 sog. **Kammern als Vorstufe der Volksvertretung** eingerichtet. In der Regel bestanden zwei Kammern. Die erste Kammer setzte sich aus „geborenen" bzw. ernannten Mitgliedern des Adels, des Klerus, der Universitäten, ggf. der Städte zusammen (Privilegiertenkammer). Die zweite Kammer bestand aus gewählten Mitgliedern (Wahlkammer). Das aktive und das passive Wahlrecht waren statt an hergebrachte Standesrechte an das Vermögen gekoppelt (Zensuswahlrecht). Üblicherweise regelten die Verfassungen, dass der Monarch in sich alle Staatsgewalt vereinte, sich aber bei deren Ausübung an die Kammer(n) band (sog. **monarchisches Prinzip**). Insb. für das Zustandekommen von Gesetzen und für die Verabschiedung des Staatshaushalts mussten Monarch und Kammern zusammenwirken. Anders als in den westlichen Verfassungsstaaten, v.a. in den USA wurde durch die Verfassungen die Staatsgewalt nicht konstituiert, sondern bloß modifiziert (sog. herrschaftsmodifizierendes im Gegensatz zum herrschaftskonstituierenden Verfassungsmodell[11]). Ein parlamentarisches Regierungssystem existierte nicht, da die Regierung weiterhin allein vom Monarchen abhing.

34 Die Kammern wurden – im Rückgriff auf die Ständeversammlungen – als „Landstände", „Stände" oder „Landtage" bezeichnet. Sie wurden durch den Monarchen einberufen und aufgelöst. Der Kammerpräsident und seine Stellvertreter wurden in der Regel durch den Monarchen ernannt. Die Versammlung hatte allenfalls das Recht zur Präsentation eines Kandidaten. Das Geschäftsordnungsrecht regelten Verfassungsvorschriften oder Edikte, die vom Monarchen gesetzt oder jedenfalls beeinflusst wurden. Ansätze zur Geschäftsordnungsautonomie, freilich mit fortbestehendem Einfluss des Monarchen, gab es allein in Baden und Württemberg. Die Kompetenzen der Kammern waren beschränkt.[12] Vor 1848 besaßen sie das **Gesetzesinitiativrecht** in der Regel nicht (mit Ausnahmen nur in sehr kleinen Staaten). Sie hatten allenfalls die Möglichkeit einer „Gesetzespetition", also eines Gesetzgebungswunsches. Die **Gesetzgebung** war regelmäßig dem Monarchen und den Kammern gemeinsam zugewiesen. Der Monarch besaß dadurch ein absolutes Vetorecht. Er galt als der eigentliche Gesetzgeber.

---

10   Vgl. *Frotscher/Pieroth*, Verfassungsgeschichte, 18. Aufl. 2019, Rn. 283.
11   *Grimm*, Deutsche Verfassungsgeschichte 1776-1866, 1988, S. 110 ff.
12   Prägnant *Schönberger*, in: MSW, § 1 Rn. 27; umfassend *Kühne*, in: SZ, § 2 Rn. 14 ff.

Beispiel: Preußische Gesetze wurden etwa mit den Worten eingeleitet: „Wir, Wilhelm (…), König von… [geben folgendes Gesetz]…").

Eine Rechtsgrundlage in Gesetzesform war in der Regel allein für Eingriffe in Frei-   35
heit und Eigentum nötig, d.h. der Inhalt der Regelung bestimmte darüber, ob ein Gesetz und damit, ob die Zustimmung der Kammern notwendig waren. Nur vereinzelt,
z.B. in Baden und Hessen-Darmstadt, wurde den Abgeordneten **Immunität** garantiert. Sie sollte die Kammern vor unsachlichem Einfluss der monarchischen Exekutive auf die Zusammensetzung und die Arbeitsfähigkeit schützen. Die Kammern hatten
teilweise zunächst nur ein eingeschränktes **Budgetrecht und durften den Haushalt
in manchen Staaten lediglich mitberaten**. Das **Interpellationsrecht**, also das
Recht, Anfragen an die Regierung zu stellen, stand den meisten Kammern zu. Vertreter der Landesregierung waren nicht in allen Staaten zu den Beratungen der Kammern
zugelassen; zum Teil wurde zwischen Parlament und Regierung nur schriftlich korrespondiert.[13] In den Parlamenten entstanden die Vorläufer von Parlamentsverwaltungen („Bureaus"). Ihre Mitarbeiter wurden von der monarchischen Exekutive gestellt.

Einige Zweite Kammern – namentlich die in Baden, Bayern, Hessen-Darmstadt, Hessen-Kas-
sel, Hannover, Sachsen und Württemberg – nahmen eine Vorreiterrolle in der Entwicklung des
Parlamentsrechts im Vormärz (1830-1848) ein.[14]

3. Revolution 1848 und das Paulskirchenparlament

Als Folge der Revolution im März 1848 wurde die Frankfurter Nationalversammlung   36
in einer allgemeinen, wenn auch auf Männer beschränkten, Wahl gewählt. Sie trat in
der Paulskirche zusammen. Ihre Aufgabe und Herausforderung lag darin, eine freiheitliche demokratische Verfassung zu schaffen – für einen noch nicht bestehenden
einheitlichen Nationalstaat, bei mit der Zeit stärker werdendem Widerstand der Fürsten. Die Versammlung verabschiedete nach immerhin 230 Sitzungen zwar einen Entwurf für eine Reichsverfassung (28. März 1849, „Paulskirchenverfassung"). Die Verfassung trat aber insgesamt nicht in Kraft. Der preußische König *Friedrich Wilhelm
IV.* weigerte sich, die ihm angetragene Kaiserkrone anzunehmen. Die Paulskirchenversammlung wurde aufgelöst. Die Revolution scheiterte. Sie war jedoch **für die zu-
künftige Entwicklung einflussreich**. Die Paulskirchenverfassung stellte eine
Art „Ideenmotor" dar: Die nicht in Kraft getretene Reichsverfassung prägte die Preußische Verfassung vom 31. Januar 1850 und die nachfolgende Verfassung des Norddeutschen Bundes vom 16. April 1867, aus der die Reichsverfassung vom 16. April
1871 hervorging. Spuren der Paulskirchenverfassung finden sich noch in der Weimarer Reichsverfassung (vom 11. August 1919) und im Grundgesetz (vom 23. Mai
1949). Das von der Paulskirche erlassene sog. **Frankfurter Reichswahlgesetz** vom
12. April 1849[15] prägte das Wahlrecht der Einzelstaaten, des Norddeutschen Bundes
und des Deutschen Reiches. Die Arbeit der Paulskirchenversammlung und die paral-
lelen Reformvorstöße in den Einzelstaaten waren damit eine entscheidende Wegmar-

---

13 So etwa in Sachsen-Weimar-Eisenach, vgl. *Blesken*, in: Thüringer Landtag (Hrsg.), Konstitutioneller
    Parlamentarismus in Sachsen-Weimar-Eisenach, 1992, S. 34 f.
14 Vgl. *Wittreck*, in: MSW, § 2 Rn. 10.
15 RGBl., 79.

ke für die Entwicklung des Parlamentsrechts.[16] Sie bedeuteten einen **parlaments-rechtlichen Quantensprung**[17]. Die Geschäftsordnung der Paulskirchenversammlung, die *Robert von Mohl* ausgearbeitet hatte,[18] beeinflusste die bereits erwähnte Preußische Verfassung und die Geschäftsordnung des Preußischen Abgeordnetenhauses vom 6. Juni 1862. Letztere prägte die Regularien der nachfolgenden Parlamente. Sie wurde zur provisorischen Geschäftsordnung des Reichstages des Norddeutschen Bundes (1867-71). Dessen Geschäftsordnung vom 12. Juni 1868 enthielt nur einige Änderungen (wie die Gesetzesberatung in drei „Lesungen"). Sie wurde ab 1871 zur Geschäftsordnung des Deutschen Reichstags. Bis 1918 änderte das Parlament sie nur in sehr geringem Maße.[19] Manche ihrer Regelungen sind noch in der GO-BT erkennbar – was erst heute angesichts der Tatsache als Problem thematisiert wird, dass es sich seinerzeit nicht um parlamentarische Regierungssysteme handelte.[20]

37   Schließlich war die Frankfurter Nationalversammlung prägend für die **Herausbildung parlamentarischer Organisation, parlamentarischer Verfahren und parlamentarischer Verhaltensweisen**. Zwar kannte die Nationalversammlung noch keine Parteien. Politische Parteien bildeten sich erst ab den 1860er Jahren. In der Versammlung entstanden aber Fraktionen. Fraktionsähnliche Gruppierungen hatte es schon in den süd- und mitteldeutschen Landtagen in den Zeiten des Vormärzes gegeben.[21] Die Abgeordneten waren als Persönlichkeiten in das Parlament gewählt worden. Es zeigte sich rasch, dass es politischer Zusammenschlüsse bedurfte, damit die Nationalversammlung geordnet arbeiten konnte. Erste Grundlage der Gruppierungen waren Übereinstimmungen in den grundsätzlichen Fragen der zu schaffenden Reichsverfassung sowie in Fragen der Weltanschauung und Konfession.[22] Bald stimmten sich die Gruppierungen auch in nachrangigeren Fragen ab. Die Vereinigungen wurden „Fraktion", „Clubb" oder „Partey" genannt. Ihre Namen erhielten sie nach den Frankfurter Kaffeehäusern, Hotels und Lokalen, in denen ihre Versammlungen stattfanden („Deutscher Hof", „Café Milani", „Donnersberg", „Casino" etc.). Die Abgeordneten der Paulskirche sammelten erste Erfahrungen mit einer abgestimmten Vorgehensweise der jeweiligen Gruppierungen sowie der Kompromiss- und der Mehrheitsfindung.

38   Auch im Preußischen Landtag und anderen einzelstaatlichen Parlamenten sowie im Reichstag der Kaiserzeit existierten feste Fraktionen, ebenfalls ohne in der jeweiligen Geschäftsordnung erwähnt zu werden. Für die Geschichte der Fraktionen ist es typisch, dass ihre tatsächliche Rolle stets stärker war, als man es nach dem geschriebenen Recht hätte vermuten können.[23]

39   Bis zur Jahrhundertwende entwickelte sich das **deutsche Parlamentsrecht** in Richtung der Maßstäbe, welche die Paulskirchenversammlung gesetzt hatte. Ab 1867 be-

---

16   Vgl. *Wittreck*, in: MSW, § 2 Rn. 2, 4; *Morlok*, in: Dreier, Art. 40 Rn. 2.
17   Vgl. *Wittreck*, in: MSW, § 2 Rn. 4.
18   S. *von Mohl*, Vorschläge zu einer Geschäftsordnung des verfassunggebenden Reichstages, 1848.
19   Vgl. zur Genese *Kretschmer*, in: SZ, § 9 Rn. 8; *Haug*, S. 31 f.
20   Vgl. *Meinel*, Selbstorganisation.
21   Vgl. *Erbentraut*, ZParl. 48 (2017), 691 (693 ff.); zur Entwicklung der Fraktionen eingehend *Hauenschild*, Wesen und Rechtsnatur der parlamentarischen Fraktionen, 1968, S. 23 ff.; *Kürschner*, Das Binnenrecht der Bundestagsfraktionen, 1995, S. 21 ff.
22   Vgl. *Kürschner*, Das Binnenrecht der Bundestagsfraktionen, 1995, S. 22.
23   Vgl. *Demmler*, Der Abgeordnete im Parlament der Fraktionen, 1994, S. 155.

standen im Norddeutschen Bund, ab 1871 auf Reichsebene und spätestens um 1900 in den großen sowie den meisten mittleren und kleinen Bundesstaaten inhaltlich im Wesentlichen dieselben **parlamentsrechtlichen Regelungen wie in der Paulskirchenversammlung**. Ausnahmen bildeten Mecklenburg-Schwerin, Mecklenburg-Strelitz, Anhalt und Sachsen-Weimar-Eisenach. Die aus der Paulskirchenverfassung in die Verfassung oder in die Geschäftsordnung übernommenen Regelungen der Paulskirche waren die Geschäftsordnungsautonomie, die freie Wahl des Präsidenten und seiner Stellvertreter, die autonome Wahl- und Mandatsprüfung durch das Parlament, das Gesetzesinitiativrecht und der Immunitätsschutz.

4. Norddeutscher Bund und Deutsches Kaiserreich

Nach dem Deutschen Krieg zwischen Preußen und Österreich 1866 fanden sich alle   **40**
22 Staaten nördlich des Mains 1867 zur Gründung des Norddeutschen Bundes zusammen. Preußen war die Führungsmacht innerhalb des nunmehrigen Bundesstaates. Nach dem Deutsch-Französischen Krieg (1870/71) traten auch die süddeutschen Staaten dem Bund bei. Er wurde zum Deutschen Reich. Die Verfassung des Norddeutschen Bundes vom 16. April 1867 wurde mit nur leichten Änderungen zur Reichsverfassung vom 16. April 1871[24]. Beide Verfassungen sahen drei zentrale Staatsorgane vor: das „Präsidium des Bundes" (Art. 11 RV, d.h. den Kaiser), den Bundesrat und den Reichstag.

a) Staatsorgane nach der Bismarck-Verfassung

Der **Kaiser** war personenidentisch mit dem preußischen König (Art. 11 RV) und ver-   **41**
dankte sein Amt der Erbfolge (Art. 53 PrVerf). Ein Verfassungsorgan namens „Reichsregierung" gab es nicht. Vielmehr wurde die Regierungsgewalt – unbeschadet der Befugnisse des Bundesrates und des Reichstages – vom Kaiser und vom Reichskanzler ausgeübt. Der Kaiser ernannte den **Reichskanzler** (Art. 15 Abs. 1 RV). Der Reichstag oder der Bundesrat waren nicht zu beteiligen. Somit hing der Reichskanzler allein vom kaiserlichen Vertrauen ab. Der Reichskanzler war der einzige Reichsminister.[25] Ihm unterstanden die Staatssekretäre als Leiter der Reichsämter. Sie bildeten mit ihm die sog. Reichsleitung. Im Gegensatz zum parlamentarischen Regierungssystem blieb es also bei einer (spät)konstitutionellen[26] Monarchie. Der Reichskanzler war (mit zeitweiliger Ausnahmen) in Personalunion preußischer Ministerpräsident.

Das Reich war ein Bundesstaat (Art. 1 RV). Der **Bundesrat** wurde von *Bismarck* als   **42**
höchstes Reichsorgan konzipiert.[27] Er setzte sich zusammen aus Vertretern der 25 Mitgliedstaaten des Deutschen Reiches mit nach der Größe abgestufter Stimmenzahl (Art. 6 RV). Er war – ähnlich dem Bundestag des Deutschen Bundes – die Versammlung der Vertreter der „Bundesfürsten". Der Bundesrat besaß eine Fülle an Kompe-

---

24 Bundes-Gesetzblatt des Deutschen Bundes (späteres RGBl.) S. 63.
25 Vgl. *Frotscher/Pieroth*, Verfassungsgeschichte, 18. Aufl. 2019, Rn. 432.
26 Ebenso *Schönberger*, in: MSW, § 1 Rn. 29; ähnlich *Fenske*, Deutsche Verfassungsgeschichte, 2. Aufl. 1984, S. 29: „De facto war das Reich eine konstitutionelle Monarchie."
27 Vgl. *Willoweit/Schlinker*, Deutsche Verfassungsgeschichte, 8. Aufl. 2019, S. 281; *Frotscher/Pieroth*, Verfassungsgeschichte, 18. Aufl. 2019, Rn. 425.

tenzen. Er wirkte u.a. an der Reichsgesetzgebung (Art. 7) und beim Beschluss über eine Reichstagsauflösung mit (Art. 24 S. 2 RV). Den Vorsitz im Bundesrat führte der Reichskanzler (Art. 15 S. 1 RV). Der Bundesrat und die Reichsleitung waren vom Parlament organisatorisch und personell streng getrennt: Die Mitgliedschaft im Bundesrat war mit der Mitgliedschaft im Reichstag unvereinbar (Art. 9 S. 2 RV). Aber die Bundesratsmitglieder hatten das Recht, im Reichstag zu erscheinen und jederzeit gehört zu werden (Art. 9 S. 1 RV). Der Bundesrat erreichte in der politischen Praxis nicht die Bedeutung, die intendiert war und die ihm die Verfassung zuschrieb.[28] Tonangebend waren der Kaiser und sein Reichskanzler. Der Reichstag erlangte erst in der Spätphase des Kaiserreichs steigende Bedeutung.

b)   Reichstag

43   Der Reichstag war das **erste gesamtdeutsche Parlament** nach der Paulskirchenversammlung. Die **Wahlen** hatten allgemein, direkt und geheim zu erfolgen (Art. 20 Abs. 1 RV). Vorbild für das Wahlgesetz für den Reichstag des Norddeutschen Bundes (sog. Bundeswahlgesetz) vom 31. Mai 1869[29], das um das Reglement zur Ausführung des Wahlgesetzes vom 28. Mai 1870[30] ergänzt wurde und bis 1918 galt, war das Frankfurter Reichswahlgesetz von 1849. Hinsichtlich der Allgemeinheit der Wahl bestand – im Vergleich zu heute – eine gewichtige Einschränkung: Das Wahlrecht stand nur Männern ab dem vollendeten („zurückgelegten") 25. Lebensjahr zu (§§ 1, 4 des Bundeswahlgesetzes). Die Gleichheit der Wahl wurde in der Verfassung und im Wahlgesetz nicht erwähnt. Sie bestand nur hinsichtlich des Zählwerts, keineswegs aber hinsichtlich des Erfolgswerts: In jedem Wahlkreis errang der Bewerber mit den meisten Stimmen das Mandat (Ein-Mann-Wahlkreise).

44   Wegen des Zuschnitts und der ungleichen Bevölkerungszahl in den Wahlkreisen benötigten die Parteien äußerst unterschiedliche durchschnittliche Stimmenmengen pro Reichstagsmandat. So genügten im Jahr 1871 den Konservativen durchschnittlich 9.600 und den Nationalliberalen 9.300 Stimmen; die SPD benötigte im Schnitt hingegen 62.000 Stimmen. Im Jahr 1907 benötigten die Konservativen pro Mandat 17.700, das Zentrum 20.800 und die SPD 75.800 Stimmen.[31] Eine Wahlrechtsreform vom 24.8.1918[32] beseitigte gröbere Ungleichheiten. Die Mitgliederzahl des Reichstages wurde von 397 auf 441 angehoben. Die neuen Sitze wurden bis dahin verhältnismäßig zu schwach vertretenen Orten mit hoher Bevölkerungsdichte und damit vor allem den größten Städten und einigen Industriebezirken, zugeteilt. Die größten Städte, z.B. Berlin, Frankfurt a.M., München und Hamburg, bildeten jeweils einen Wahlkreis (§ 2 des Gesetzes). In weiteren großen Städten, z.B. Köln und Düsseldorf, wurden Wahlkreise zusammengelegt (§ 3 des Gesetzes). Die Abgeordneten dieser Wahlkreise waren nach dem Verhältniswahlrecht (und nicht mehr nach dem Mehrheitswahlrecht) zu wählen (§§ 4-6 des Gesetzes). Bedeutung konnte diese Reform nicht mehr gewinnen.

45   Im Gegensatz zum Reichstagswahlrecht waren die **Wahlen zum preußischen Abgeordnetenhaus**, der Zweiten Kammer des preußischen Parlaments, nicht unmittelbar und nicht geheim. Die Abgeordneten wurden durch Wahlmänner gewählt. Die Wahl der Wahlmänner durch das

---

28   Hierzu *Willoweit/Schlinker*, Deutsche Verfassungsgeschichte, 8. Aufl. 2019, S. 286 f.
29   BGBl. des Norddeutschen Bundes, 145.
30   BGBl. des Norddeutschen Bundes, 275.
31   Zahlenangaben nach *Frotscher/Pieroth*, Verfassungsgeschichte, 18. Aufl. 2019, Rn. 435.
32   RGBl., 1079.

Wahlvolk und die Wahl der Abgeordneten durch die Wahlmänner erfolgten öffentlich und mündlich. Eine eklatante Ungleichheit ergab sich aus der Abstufung des Stimmengewichts nach der Höhe der gezahlten direkten Steuern (Dreiklassenwahlrecht). Das anachronistische Wahlrecht, das auf einer Verordnung vom 30. Mai 1849 beruhte, blieb bis zur Revolution im November 1918 in Kraft.

Der Reichstag besaß folgende **Kompetenzen**: Er wirkte an der **Gesetzgebung** mit (Art. 5 RV) und hatte ein Gesetzesinitiativrecht (Art. 23 RV). In der Praxis wurde die Initiative allerdings in der Regel der Reichsleitung (der Bürokratie, den „Fachleuten" – im Gegensatz zum Abgeordneten als „Parteipolitiker") überlassen. Denn Regieren galt personell wie sachlich als gesteigerte Form des überparteilichen Verwaltens.[33] Der Reichstag verabschiedete den **Reichshaushalt** in Form eines Gesetzes (Art. 69 RV). Er genehmigte **auswärtige Verträge**, welche Gegenstände der Reichsgesetzgebung betrafen (Art. 11 Abs. 3 RV). Das Parlament hatte **keinen Einfluss auf die personelle Zusammensetzung und politische Gesamtrichtung der Reichsleitung**. Die **parlamentsrechtlichen Artikel** der Verfassung des Norddeutschen Bundes und der Reichsverfassung waren, z.T. wörtlich, der Preußischen Verfassung von 1850 nachgebildet.[34]

46

Die Einberufung, Vertagung und „Schließung" des Parlaments stand allein dem Kaiser zu (Art. 12 RV). Der Reichstag durfte sich nicht aus eigenem Antrieb versammeln. Der Kaiser durfte den Reichstag jederzeit auflösen, sofern der ihm in aller Regel gewogene Bundesrat zustimmte. Der Reichstag nahm die Mandats- und Wahlprüfung autonom vor (Art. 27 S. 1 RV, §§ 3 ff. GO-RT). Seine Mitglieder hatten ein freies Mandat inne (Art. 29). Sie genossen Indemnität (Art. 30) und Immunität (Art. 31 RV). Diäten, d.h. ein Abgeordnetengehalt, durften Reichstagsabgeordnete (anders als die Mitglieder mitgliedstaatlicher Parlamente) zunächst nicht erhalten (Art. 32 RV). Erst 1906 wurde das Diätenverbot durch eine Verfassungsänderung aufgehoben. Damit sollte das Problem gelöst werden, dass wegen des Diätenverbots viele Abgeordnete an den Sitzungen nicht teilnahmen und der Reichstag dauernd beschlussunfähig war.[35] Der Reichstag bestimmte allein über den Geschäftsgang und die Disziplin in seinen Sitzungen (Art. 27 S. 2 RV, Geschäftsordnungsautonomie). Als **Geschäftsordnung** (GO-RT) übernahm er am 21. März 1871 die Geschäftsordnung des Reichstages des Norddeutschen Bundes vom 12. Juni 1868. Sie baute auf der Geschäftsordnung des Preußischen Abgeordnetenhauses vom 6. Juni 1862 auf. Der Reichstag besaß eine Parlamentsverwaltung, die in den Anfangsjahren beim Kanzleramt und ab 1878 beim Reichsamt des Innern angesiedelt war. Die Parlamentsmitarbeiter waren also Ministerialbeamte. Gleichwohl legte § 14 GO-RT (wie auch § 12 GO-NRT) fest, dass der Reichstagspräsident über die Annahme und Entlassung des für den Reichstag erforderlichen Verwaltungs- und Dienstpersonals sowie über die Ausgaben zur Deckung der Bedürfnisse des Reichstags innerhalb des Haushaltsvoranschlags bestimm-

47

---

33 Vgl. *Schönberger*, in: MSW, § 1 Rn. 46.

34 Vgl. *Laband*, Das Staatsrecht des Deutschen Reiches, Bd. 1, 5. Aufl. 1911, S. 293 Fn. 1, der auch eine Synopse liefert.

35 Eingehend *Butzer*, Diäten und Freifahrt im Deutschen Reichstag, 1999, S. 147 ff.; *Austermann*, in: Schüttemeyer/Schmidt-Jortzig (Hrsg.), Der Wert der parlamentarischen Repräsentation, 2014, S. 122.

te. Hierin lag ein wichtiger Schritt in Richtung einer vollständigen Parlamentsautonomie[36] (s. Rn. 89, Rn. 312 ff.).

48 Das **politische Gewicht** des Reichstages im Verhältnis zur Reichsleitung war zunächst eher gering. Zwar änderte der Reichstag mehrere Gesetzentwürfe ab. Stärkere **Einflüsse des Parlaments bzw. der Parteien auf die Regierungsarbeit** waren aber erst seit 1890, wenngleich auch nicht ununterbrochen, spürbar.[37] So stützte sich Reichskanzler *Bernhard von Bülow* zeitweise auf bestimmte Fraktionen („Bülow-Block"). Er trat 1909 zurück, als seine parlamentarischen Unterstützer ihn verließen. Sein Nachfolger *Theobald von Bethmann Hollweg* suchte sich wechselnde Reichstagsmehrheiten. Er musste ab der **Reichstagswahl 1912** mit der deutlich erstarkten SPD rechnen. Die Sozialdemokraten besaßen 110, das katholische Zentrum 91 und die freisinnige Volkspartei 42 der insges. 397 Mandate. Der Reichstag verstärkte 1912 seine Kontrollbemühungen gegenüber der Reichsleitung durch die **Einführung erweiterter Fragerechte** und eines (rechtlich folgenlosen) **Misstrauensvotums**. Zu Beginn des Krieges unterstützte der Reichstag mehrheitlich noch den Kurs der Reichsleitung, v.a. bei der Bewilligung der Kriegskredite („Burgfrieden"). In der zweiten Hälfte des Ersten Weltkriegs, insb. seit Juli 1917, verstärkte sich der Einfluss des Parlaments erneut. Die Fraktionen der SPD, des katholischen Zentrums und der liberalen Fortschrittlichen Volkspartei (FVP), die im Reichstag über die Mehrheit der Sitze verfügten, bildeten den Interfraktionellen Ausschuss als informelles Absprache-forum. Sie nahmen Einfluss auf die Regierungsbildung im Oktober 1917 (Reichskanzler *Georg von Hertling*) und im Oktober 1918 (Reichskanzler *Prinz Max von Baden*). Einige Staatssekretäre des letzten Jahres des Kaiserreichs entstammten den Reichstagsfraktionen. Sie mussten aber wegen Art. 21 Abs. 2 RV mit dem Amtsantritt ihr Mandat aufgeben. *Friedrich von Payer* (FVP) wurde im November 1917 Vizekanzler; *Max von Baden* nahm *Philipp Scheidemann* und *Gustav Bauer* (beide SPD) im Oktober 1918 als Staatssekretäre ohne Geschäftsbereich in sein Kabinett auf.

c) Oktoberreform 1918

49 Kurz vor dem Ende des Kaiserreichs wurde das **parlamentarische Regierungssystem eingeführt**. Die führenden Parteien des Reichstages hatten das schon länger verlangt. Doch erst auf Initiative der 3. Obersten Heeresleitung unter *Paul von Hindenburg* und *Erich Ludendorff* kam es zu der Reform. Die Generäle hofften, die Parlamentarisierung würde günstigere Friedensbedingungen ermöglichen. Zugleich sollte die politische Verantwortung für die nun sichere Kriegsniederlage auf die Parteien und den Reichstag abgewälzt werden. Zwei Reichsgesetze vom 28. Oktober 1918 änderten die Reichsverfassung.

50 Das *erste Gesetz*[38] modifizierte unter anderem die Stellung und die politische Abhängigkeit des Reichskanzlers. Der Reichskanzler war nun vom Vertrauen des Reichstages abhängig (Art. 15 Abs. 3 RV). Der Kaiser war verpflichtet, den Reichskanzler zu

---

36 Vgl. *Gröpl*, DÖV 2018, 537 (539).
37 Näher *Willoweit/Schlinker*, Deutsche Verfassungsgeschichte, 8. Aufl. 2019, S. 295 ff.
38 RGBl., 1274.

entlassen, wenn der Reichstag dem Kanzler das Misstrauen ausgesprochen hatte. Somit wurde das Ernennungsrecht des Kaisers faktisch beschränkt, denn der Monarch hätte nur noch mit dem Vertrauen der Reichstagsmehrheit versehene Kanzler ernennen können. Andernfalls hätte er riskiert, dass er den Kanzler wegen eines Misstrauensvotums gleich wieder hätte entlassen müssen. Der Schwerpunkt der Regierungskontrolle wurde somit vom Kaiser auf den Reichstag verlagert.[39] Die Gegenzeichnung durch den Kanzler erstreckte sich nunmehr auf „alle Handlungen von politischer Bedeutung" (Art. 15 Abs. 4 RV) – und damit auch auf die bisher vom Kaiser allein verantworteten Akte der militärischen Kommandogewalt[40] – sowie durch Änderung der Art. 53 Abs. 1, 64 Abs. 2 und 66 RV auch auf alle Ernennungen durch den Kaiser. Damit war das gesamte Kriegswesen der Verantwortung des Reichskanzlers und somit dem Einfluss des Reichstages unterstellt.[41] Für eine Kriegserklärung sowie die Zustimmung zu einem Friedensvertrag war nach einer Änderung des Art. 11 Abs. 2, 3 RV auch der Reichstag zuständig. Der Reichstag verdrängte, da er den Kanzlerrücktritt erzwingen konnte, nun auch formell den Bundesrat vom ersten Platz in der Hierarchie der Reichsorgane.[42]

Das *zweite verfassungsändernde Gesetz* vom gleichen Tag[43] **hob die Unvereinbarkeit zwischen Abgeordnetenmandat und Staatsamt (Art. 21 Abs. 2 RV) auf.** Abgeordnete konnten somit als Staatssekretär in die Reichsleitung eintreten, ohne ihr Mandat zu verlieren. Zugleich wurde einfachgesetzlich geregelt, dass auch die Stellvertreter des Reichskanzlers im Reichstag jederzeit zu hören seien. Sie mussten also nicht mehr Mitglieder des Bundesrates sein, um das Rederecht des Art. 9 RV in Anspruch nehmen zu können.   **51**

Die Oktoberreform wirkte sich politisch nicht mehr aus: Sie vermochte die Monarchie in Deutschland nicht zu retten. Auch trug sie nicht dazu bei, die harten Bedingungen zu mildern, unter denen der Waffenstillstand und der Friedensvertrag von Versailles geschlossen wurden.   **52**

III. Parlamentarische Demokratie

1. Weimarer Republik

a) Novemberrevolution

Im November 1918 begann die Revolution in Norddeutschland. Sie erfasste innerhalb weniger Tage das ganze Reich. Die Monarchien im Reich und in den Ländern brach zusammen. *Max von Baden* übergab das Amt des Reichskanzlers am 9. November 1918 an *Friedrich Ebert* (SPD). *Philipp Scheidemann* (SPD) rief am Nachmittag desselben Tages von einem Balkon des Reichstages die Republik aus. Der von SPD und USPD gebildete sechsköpfige „Rat der Volksbeauftragten" übernahm am 10. Novem-   **53**

---

39   Vgl. ebd.
40   Vgl. *Frotscher/Pieroth*, Verfassungsgeschichte, 18. Aufl. 2019, Rn. 501.
41   *Meyer/Anschütz*, Das Staatsrecht des Deutschen Reiches, 7. Aufl. 1919, S. 1030.
42   Vgl. *Frotscher/Pieroth*, Verfassungsgeschichte, 18. Aufl. 2019, Rn. 501.
43   RGBl., 1273.

ber 1918 provisorisch die Regierungsgewalt. Er ordnete in seinem „Aufruf an das deutsche Volk" vom 12. November 1918[44] an, dass Wahlen zu allen gesetzgebenden Körperschaften fortan nach dem gleichen, geheimen, direkten und allgemeinen Wahlrecht für alle mindestens 20 Jahre alten Männer *und* Frauen stattzufinden hätten. Diese Wahlrechtsgrundsätze wurden in §§ 1, 2 der Verordnung über die Wahlen zur verfassunggebenden deutschen Nationalversammlung (Reichswahlgesetz) vom 30. November 1918[45] wiederholt. Trotz vieler Widerstände und Schwierigkeiten setzte der Rat der Volksbeauftragten, dem ab Ende Dezember 1918 nur noch SPD-Mitglieder angehörten, durch, dass so bald wie möglich eine verfassunggebende deutsche Nationalversammlung gewählt wurde. Auf diese Weise wurde Deutschland zur parlamentarischen Republik. Zur Einführung eines antiparlamentarischen Rätesystems nach sowjetischem Vorbild, wie es der kommunistische „Spartakusbund" (unter *Karl Liebknecht* und *Rosa Luxemburg* sowie die aus diesem hervorgehende KPD) forderten, kam es nicht.

b) Nationalversammlung und Weimarer Reichsverfassung

54   Die am 19. Januar 1919 gewählte **Deutsche Nationalversammlung** trat am 6. Februar 1919 in Weimar zusammen. Ihr gehörten 37 Frauen an. SPD, Zentrum und DDP waren die Wahlsieger. Sie hatten 331 von 423 Sitzen erreicht und waren von Beginn an *die* staatstragenden Parteien der Weimarer Republik (sog. **Weimarer Koalition**).

55   Die Nationalversammlung war nicht nur eine verfassunggebende Versammlung, sondern eine mit allen Vollmachten ausgestattete Volksvertretung. Sie war das erste vollends demokratische, da auf dem Prinzip der Volkssouveränität beruhende, deutsche Parlament. Die Nationalversammlung erließ Gesetze, kontrollierte die Regierung und entschied über die Annahme des Versailler Vertrages. Sie verabschiedete zunächst das Gesetz über die vorläufige Reichsgewalt vom 10. Februar 1919[46] als Übergangsverfassung.[47] Die Parlamentsrechtsvorschriften der Reichsverfassung blieben nach § 5 des Gesetzes mit Ausnahme des Art. 25 RV in Kraft. Die Reichsregierung („Reichsministerium") wurde vom Reichspräsidenten berufen und bedurfte des Vertrauens der Nationalversammlung (§§ 8, 9 Abs. 2 des Gesetzes). Die Nationalversammlung wählte *Ebert* am 11. Februar 1919 zum vorläufigen Reichspräsidenten. Er berief *Scheidemann* zum Ministerpräsidenten einer aus Mitgliedern von SPD, Zentrum und DDP gebildeten Regierung (Weimarer Koalition). Die Nationalversammlung beriet und beschloss am 31. Juli 1919 die **Weimarer Reichsverfassung**. Sie trat am 11. August 1919 in Kraft. Die Nationalversammlung tagte ab September 1919 im Reichstagsgebäude in Berlin. Der Bau hatte zuvor erst instandgesetzt werden müssen. Er war infolge der militärischen Belegung 1918/19 deutlich in Mitleidenschaft gezogen worden.[48] Die Nationalversammlung war während der Berliner Phase ihrer Amtszeit umfangreich als Gesetzgeber tätig.[49] Der 1. Reichstag der Weimarer Republik

---

44   RGBl., 1303.
45   RGBl., 1345.
46   RGBl., 169.
47   Vgl. *Holste*, Warum Weimar?, 2017, S. 172.
48   Vgl. *Hahn*, Die Reichstagsbibliothek zu Berlin, 1997, S. 176 ff.; *Cullen*, Der Reichstag, 1983, S. 229.
49   S. die Aufstellung bei *Hahn*, Die Reichstagsbibliothek zu Berlin, 1997, S. 200 f.

wurde am 6. Juni 1920 gewählt. Er löste die Nationalversammlung am 24. Juni 1920 ab. Die Mehrheitsverhältnisse hatten sich entscheidend verändert: Die Weimarer Koalition hatte ihre Mehrheit bereits wieder eingebüßt und sollte sie bis zum Ende der Weimarer Epoche auch nicht wiedererlangen.

Die Weimarer Verfassung richtete ein **parlamentarisches System mit starken prä-** **56** **sidialen Elementen** auf. Sie knüpfte inhaltlich an die Oktoberreform der Schlussphase des Kaiserreiches an (s. Rn. 49 ff.). Der Reichstag war, soweit nicht besondere Befugnisse dem Reichspräsidenten übertragen waren, das oberste Verfassungsorgan.[50] Das Parlament konnte den Reichskanzler zwar nicht wählen, jedoch stürzen (Art. 54 WRV, sog. Parlamentarismusartikel). Die Ernennung und Entlassung des Reichskanzlers und der Reichsminister oblag dem direkt gewählten Reichspräsidenten (Art. 53 WRV). Die Reichstagswahl erfolgte ausschließlich nach dem Verhältniswahlrecht (Art. 22 S. 1 WRV). Die Wahlperiode betrug – wie schon seit 1888 – vier Jahre (Art. 23 Abs. 1 S. 1 WRV), sofern der Reichstag nicht vom Reichspräsidenten aufgelöst wurde (Art. 25 WRV). Die Wahlperiode begann mit dem Wahltag.[51] Sie endete mit dem Ablauf von vier Jahren oder mit dem Zeitpunkt der Auflösung. Zwischen den Wahlperioden bestand eine „parlamentslose" Zeit (vgl. auch Art. 27 WRV).

c) Parlamentsrecht der Weimarer Republik

Das Parlamentsrecht der Weimarer Republik verteilte sich – wie schon in der Kaiser- **57** zeit (s. Rn. 46 f.) – auf die Verfassung und auf die Geschäftsordnung. Im **Vergleich zur alten Reichsverfassung** waren **einige Änderungen** zu verzeichnen. Sie spiegelten die gewachsene Bedeutung des Reichstages wieder. Zusätzlich zur weiterhin bestehenden Geschäftsordnungsautonomie und dem Recht, das Präsidium zu wählen und Gesetze zu initiieren, wurden dem Parlament weitere Befugnisse zuerkannt: Der Reichstag erhielt erstmals das Selbstversammlungsrecht (Art. 24 Abs. 2) und der Reichstagspräsident die Polizeigewalt im Reichstagsgebäude (Art. 28 S. 1 WRV). Der Immunitätsschutz wurde erweitert: Art. 31 RV hatte die Abgeordneten nur vor Untersuchungs- oder Zivilhaft geschützt. Art. 37 WRV erstreckte die Immunität auf jede andere Haft und Beschränkung der persönlichen Freiheit. Die Abgeordneten besaßen erstmals ein Zeugnisverweigerungsrecht für ihnen anvertraute Geheimnisse, flankiert von einem akzessorischen Beschlagnahmeverbot für Schriftstücke (Art. 38 Abs. 1 WRV). Der Reichstag und seine Ausschüsse erhielten – als „Folge der parlamentarischen Ministerverantwortlichkeit"[52] – das Recht, Regierungsmitglieder herbeizuzitieren (Art. 33 Abs. 1 WRV). Auf Anregung *Max Webers*[53] garantierte Art. 34 WRV außerdem das Recht, Untersuchungsausschüsse einzusetzen.

---

50 Vgl. nur *Poetzsch-Heffter*, Handkommentar der Reichsverfassung, 3. Aufl. 1928, S. 159; *Giese*, Die Verfassung des Deutschen Reiches, 8. Aufl. 1931, S. 85; *Anschütz*, Die Verfassung des Deutschen Reichs, 14. Aufl. 1933, S. 179.
51 Vgl. *Anschütz*, Die Verfassung des Deutschen Reichs, 14. Aufl. 1933, S. 189; *Giese*, Die Verfassung des Deutschen Reiches, 8. Aufl. 1931, S. 92; a.A. *Poetzsch-Heffter*, Handkommentar der Reichsverfassung, 3. Aufl. 1928, S. 165 (Tag nach der Wahl).
52 *Poetzsch-Heffter*, Handkommentar der Reichsverfassung, 3. Aufl. 1928, S. 177.
53 Vgl. *Weber*, Parlament und Regierung im neugeordneten Deutschland, 1918, S. 58 f.

Dies war auf Reichsebene ein Novum. In einigen Einzelstaaten war das Enquêterecht bereits vor 1918 verankert (vgl. z.B. Art. 82 PrVerf 1850). Die Minderheitsenquête war gemäß Art. 34 Abs. 1 S. 1 WRV möglich, konnte aber – anders als nach Art. 44 GG – nicht gerichtlich erzwungen werden.[54]

58 Das Parlamentsrecht der **Länder** entsprach im Wesentlichen dem Reichsrecht. Das Auflösungsrecht und die Länge der Wahlperiode variierten. Das Geschäftsordnungsrecht der Länder knüpfte an die Regelungen an, die vor 1918/19 bestanden hatten, passte diese aber in gewissem Maße an die stärkere Rolle des Parlaments an.[55] Bestimmte Statusrechte der Reichstagsabgeordneten normierte die Weimarer Verfassung zugleich für die Landesebene (Art. 36-40 WRV). Nur einzelne Landesverfassungen nahmen auf die politischen Parteien (über Proporzregelungen) Bezug.

In manchen Landesparlamenten stellten sich die **radikalen antidemokratischen Parteien KPD und NSDAP** – zum Teil schon früher als auf Reichsebene – als Problem dar. Hierauf wurde verschiedentlich versucht, durch Geschäftsordnungsänderungen zu reagieren. So verlängerten einige Landtage die Dauer von Sitzungsausschlüssen und schufen die Möglichkeit, von der Beratung solcher Vorlagen abzusehen, die offenkundig nicht in die Zuständigkeit des Landesparlaments fielen.[56] Bekannt ist die **Änderung der Geschäftsordnung** des Preußischen Landtages vom 12. April 1932 – zwölf Tage vor einer Landtagswahl. Für die Wahl zum Ministerpräsidenten war danach auch im zweiten Wahlgang die absolute Mehrheit nötig (statt wie zuvor die relative Mehrheit). Damit konnte die NSDAP, welche bei der Landtagswahl stärkste Partei wurde, vom Amt des Ministerpräsidenten ferngehalten werden. Die bisherige SPD-geführte Regierung amtierte weiter. Das verfassungsrechtlich zweifelhafte Geschäftsordnungsmanöver[57] konnte die Demokratiefeinde aber nicht lange von Regierungsämtern fernhalten. Die obrigkeitsstaatlich gesinnte Reichsregierung *von Papen* entmachtete die Landesregierung mit dem „Preußenschlag" am 20. Juli 1932. Wenige Monate später wurde der Nationalsozialist (und Reichstagspräsident) *Hermann Göring* zum kommissarischen preußischen Innenminister und im April 1933 zum Ministerpräsidenten ernannt.

59 Von den erwähnten Änderungen abgesehen, war das Parlaments- bzw. Geschäftsordnungsrecht der Zwischenkriegszeit an vielen Stellen von inhaltlicher und teilweise sogar textlich-formaler **Kontinuität** zum Recht des kaiserzeitlichen Reichstages und der fortschrittlicheren Einzelstaaten geprägt:[58] Die Nationalversammlung (1919/20) und der 1. Reichstag der Weimarer Zeit übernahmen zunächst im Wesentlichen die kaiserzeitliche Geschäftsordnung. Aber eine gewisse Überarbeitung der bisherigen Rechtslage war geboten. Daher erließ der Reichstag am 22. Dezember 1922 eine **neue Geschäftsordnung** (GO-RT). Sie trat zum 1. Januar 1923 in Kraft[59] und galt mit klei-

---

54 Vgl. *Giese*, Die Verfassung des Deutschen Reiches, 8. Aufl. 1931, S. 108.
55 Vgl. *Wittreck*, in: MSW, § 2 Rn. 44 ff.
56 Hierzu *Wittreck*, in: MSW, § 2 Rn. 56 f.
57 Ebenso *Wittreck*, in: MSW, § 2 Rn. 58; eingehend dazu *Hoffmann*, Die Änderung parlamentarischer Geschäftsordnungen im Vorgriff auf politische Konflikte, 2018.
58 Vgl. *Wittreck*, in: MSW, § 2 Rn. 38 f., 44 ff.
59 Zur Vorgeschichte *Mergel*, Parlamentarische Kultur in der Weimarer Republik, 3. Aufl. 2012, S. 158 ff.

neren Ergänzungen (u.a. vom 9. Februar 1931) bis zum Ende der Weimarer Republik. Die Geschäftsordnung zeichnete endlich die Parlamentswirklichkeit nach, indem sie die Fraktionen an mehreren Stellen, z.B. in § 7 (bei der Fraktionsbildung) und § 9 (bei den Stellenanteilen der Fraktionen), erwähnte. Der bisherige Seniorenkonvent wurde in „Ältestenrat" umbenannt. Änderungen im Februar 1931 dienten einer Verschärfung der Ordnungsmittel, um Störungen der NSDAP und der KPD entgegenzuwirken, was letztlich erfolglos blieb. Störungen blieben an der Tagesordnung. Die Sitzung am 12. Mai 1932 musste sogar abgebrochen werden. Am 8. Dezember 1932 eskalierte ein Konflikt zu einer regelrechten Saalschlacht.

Abgesehen von den beschriebenen Änderungen führte der Weimarer Reichstag die **60** Organisation und die Arbeitsweise des kaiserlichen Parlaments im Wesentlichen fort: Weiterhin bestanden Proporzregeln für die Binnenorganisation. Die Sitzungszahl lag weiterhin bei über 100 pro Jahr.[60] Allerdings nahm die Ausschussarbeit „in einem exorbitanten Maß zu, wobei das Schwergewicht bei der Sozial-, Wirtschafts- und Finanzpolitik lag."[61] Die Regierungen wurden weiterhin eher als Gegenspieler des Parlaments verstanden, obwohl sie sich bis 1930 weitgehend auf Parlamentsmehrheiten stützten und ihre Mitglieder überwiegend Parteivertreter und Abgeordnete waren. Die inhaltliche Ausarbeitung der Gesetze wurde weiterhin der Regierung überlassen; Entwürfe aus der Mitte des Reichstages waren oftmals handwerklich mangelhaft, auch weil die Abgeordneten keine Mitarbeiterstäbe besaßen, die ihnen hätten zuarbeiten können.[62]

d) Zurückdrängung des Reichstages ab 1930[63]

Reichskanzler *Hermann Müller* (SPD), der eine lagerübergreifende Koalition ange- **61** führt hatte, trat am 27. März 1930 aus vergleichsweise nichtigem Anlass zurück. Die Anhänger eines autoritären Staates im Umfeld des Reichspräsidenten *Paul von Hindenburg* nutzten die Uneinigkeit der Parteien und begannen ihre politischen Vorstellungen zu verwirklichen. Der Reichspräsident suchte nun die Reichskanzler weitgehend ohne Fühlungsnahme mit den Reichstagsfraktionen aus. Die Zeit der sog. **Präsidialkabinette** begann. Sie war „die Auflösungsphase der ersten deutschen Demokratie"[64]. Die Reichsregierung *Brüning* (1930-32) wurde ab der verheerenden Reichstagswahl vom 14. September 1930 noch von der Parlamentsmehrheit aus SPD, Zentrum und kleineren Parteien unterstützt bzw. toleriert. Eine Regierungsbeteiligung der NSDAP sollte auf diese Weise verhindert werden. Die Kabinette *von Papen* (1932) und *von Schleicher* (1932/33) sowie das erste Kabinett *Hitler* (1933) stützten sich allein auf das Vertrauen des Reichspräsidenten. Recht wurde von 1930-33 in einer denkbar weiten Auslegung des Art. 48 Abs. 2 WRV häufig durch Notverordnungen gesetzt. Die Zahl der vom Parlament verabschiedeten Gesetze nahm gleichzeitig ab,

---

60 Zum Plenarbetrieb von 1920-30 *Mergel*, Parlamentarische Kultur in der Weimarer Republik, 3. Aufl. 2012, S. 178 ff.
61 *Mergel*, Parlamentarische Kultur in der Weimarer Republik, 3. Aufl. 2012, S. 191.
62 Vgl. *Mergel*, Parlamentarische Kultur in der Weimarer Republik, 3. Aufl. 2012, S. 219 ff.
63 Dazu jetzt umfassend *Austermann*, Reichstag, S. 98 ff.
64 *Winkler*, Weimar, 2. Aufl. 1994, S. 372; ähnlich *Hahn*, Die Reichstagsbibliothek zu Berlin, 1997, S. 262.

dem korrespondierend die Zahl der Reichstagsdrucksachen.[65] Die von der Forschung ermittelten Zahlen für Notverordnungen und Parlamentsgesetze schwanken je nach Autor leicht.[66] Die Tendenz ist aber in allen Veröffentlichungen dieselbe: Standen 1930 einer Handvoll Notverordnungen noch 98 Parlamentsgesetze gegenüber, wurden 1931 schon etwas mehr Notverordnungen als Parlamentsgesetze erlassen. Im Jahr 1932 erließ der Reichstag nur noch fünf Parlamentsgesetze, der Reichspräsident hingegen rund 60 Notverordnungen.

62 Der **Reichstag und die demokratischen Parteien wurden**, durch drei Neuwahlen in drei Jahren (davon zwei im Jahr 1932) und die Notverordnungspraxis, **als politische Entscheidungsträger** bis zur Ernennung *Hitlers* zum Reichskanzler (30. Januar 1933) **im Wesentlichen ausgeschaltet**. Reichstagssitzungen fanden kaum mehr statt. Im Jahr 1932 trat der Reichstag nur dreizehnmal zusammen. Auch die Ausschüsse und die Fraktionen tagten nur noch selten. Die innenpolitische Machtbalance verschob sich von der Legislative zur Exekutive. Ein **Verfassungswandel**[67] von der parlamentarischen zur präsidialen Republik war zu beobachten.

e) Selbstentmachtung durch das Ermächtigungsgesetz[68]

63 Am 27. Februar 1933 brannte der Reichstag. Der Plenarsaal wurde vollständig zerstört. Ein Fanal für die Zukunft der Republik. Wer auch immer den Brand gelegt oder dazu angestiftet hatte: die Regierung *Hitler* nutzte ihn umgehend aus. Die einen Tag nach dem Brand, am 28. Februar 1933, erlassene „Verordnung des Reichspräsidenten zum Schutz von Volk und Staat" (sog. **Reichstagsbrandverordnung**) setzte „bis auf Weiteres" die meisten Grundrechte außer Kraft. Sie galt bis zum Ende des NS-Regimes im Mai 1945. Bei der Reichstagswahl vom 5. März 1933 erreichte die NSDAP nur gemeinsam mit der „Kampffront Schwarz-Weiß-Rot" (unter anderem DNVP, Stahlhelm und parteilose Rechtskonservative) die absolute Mehrheit der Sitze, obwohl der Wahlkampf anderer Parteien zum Teil massiv behindert worden war. Viele Zeitungen und Demonstrationen der linken Parteien waren mithilfe einer Notverordnung vom 4. Februar 1933 (sog. **Schubladenverordnung**) verboten worden. Die Organisation der KPD war zerschlagen worden. Viele ihrer Funktionäre befanden sich in „Schutzhaft" oder auf der Flucht. Auch viele SPD-Funktionäre wurden verhaftet oder waren zur Emigration gezwungen. *Hitler* wollte Gesetze ohne Befassung des Reichstages (des Reichsrates und des Reichspräsidenten) erlassen können. Sein Ziel war die Verfassungsänderung durch ein **Ermächtigungsgesetz,** das die Gesetzge-

---

65   Vgl. *Mergel*, Parlamentarische Kultur in der Weimarer Republik, 3. Aufl. 2012, S. 466: In der dritten und vierten Wahlperiode waren es ca. 2.400 Drucksachen gewesen, in der fünften bloß noch 1.600 und in der sechsten nur mehr 148.

66   Die Zahl der Notverordnungen wird für 1930 mit fünf bis sechs, für 1931 mit 41 bis 44 und für 1932 mit 58 bis 66 angegeben, vgl. *Frotscher/Pieroth*, Verfassungsgeschichte, 18. Aufl. 2019, Rn. 561; *Mergel*, Parlamentarische Kultur in der Weimarer Republik, 3. Aufl. 2012, S. 223; *Morsey*, Das Ermächtigungsgesetz vom 24. März 1933, 2010, S. 119; *Hahn*, Die Reichstagsbibliothek zu Berlin, 1997, S. 264. Die Zahl der Parlamentsgesetze ist für das Jahr 1931 uneinheitlich: *Hahn*, ebd., geht von 43, *Frotscher/Pieroth*, ebd., und *Mergel*, ebd., gehen von 35, *Morsey*, S. 119, hingegen von 34 Gesetzen aus.

67   Vgl. *Willoweit/Schlinker*, Deutsche Verfassungsgeschichte, 8. Aufl. 2019, S. 323; eingehend *Gusy*, Der Staat 55 (2016), 291 (311 ff.); *Austermann*, Reichstag, S. 114, 211.

68   Eingehend *Austermann*, Reichstag, S. 229 ff.

bung der Reichsregierung übertrug. Dafür war nach Art. 76 Abs. 1 S. 2 WRV eine doppelte Zweidrittelmehrheit erforderlich: Bei der Abstimmung mussten zwei Drittel der gesetzlichen Mitglieder anwesend sein und zwei Drittel der Anwesenden dem Gesetz zustimmen. Durch Versprechungen an das Zentrum gelang es den Nationalsozialisten, dieses zur Zustimmung zu bewegen. Auch die Abgeordneten der BVP und der anderen bürgerlichen (Splitter-)Parteien stimmten dem Gesetz zu. Das Gesetz erhielt 444 von 538 abgegebenen Stimmen. Damit wurde die erforderliche Zweidrittelmehrheit der Mitglieder und der Anwesenden erreicht. Der Reichstag entmachtete sich, den Reichsrat und auch den Reichspräsidenten durch das „Gesetz zur Behebung der Not von Volk und Reich" vom 24. März 1933[69], das Ermächtigungsgesetz, endgültig selbst. Nur die anwesenden 94 Abgeordneten der SPD stimmten mit „Nein". Die 81 KPD-Mandate, deren Inhaber ohnehin schon verhaftet, untergetaucht oder ins Ausland geflohen waren, wurden „als nicht existent behandelt"[70]. Über die Verfassungsmäßigkeit des Ermächtigungsgesetzes ist viel gestritten worden. Auch wenn eine verfassungs- oder parlamentshistorische Darstellung nicht in der Lösung vergangener Rechtsfälle ihren Sinn findet: Richtiger Auffassung nach ist es **nicht verfassungsgemäß zustandegekommen**. Die einschüchternde SA- und SS-Präsenz im und vor dem Plenarsaal[71] war geeignet, die freie Willensentschließung und Abstimmung der Abgeordneten (Art. 21 WRV) einzuschränken. Die bedrohliche Atmosphäre im Sitzungssaal, die noch dadurch verstärkt wurde, dass der Raum mit Hakenkreuzflaggen dekoriert war und der Reichstagspräsident *Göring* sowie die übrigen NSDAP-Abgeordneten in Uniform erschienen, vermittelte den (nicht unbegründeten) Eindruck, Nein-Stimmen würden Leib und Leben gefährden. Die äußeren Umstände der Sitzung führten zur Unwirksamkeit der Abstimmung.[72]

2. Bundesrepublik Deutschland

Nach dem **Ende des NS-Regimes und des Zweiten Weltkrieges** begann das parlamentarische Leben unter Aufsicht der Westalliierten zunächst wieder in den Ländern. 1948 beauftragten die drei Westalliierten die elf Ministerpräsidenten aus den drei westlichen Besatzungszonen, eine Verfassung für die Westzonen zu entwerfen. Die Landesparlamente wählten die Mitglieder des **Parlamentarischen Rates.** Dieser erarbeitete den Entwurf des Grundgesetzes. Das Bonner Grundgesetz wurde von den Landtagen mehrheitlich angenommen, von *Konrad Adenauer* am 12. Mai verkündet und trat am 23. Mai 1949 in Kraft.

64

Das **Grundgesetz** stellt den **Bundestag in das Zentrum des parlamentarischen Regierungssystems**. Der Bundestag wählt den Bundeskanzler (Art. 63, 67 GG). Er darf sich nicht selbst auflösen. Allein der Bundespräsident kann den Bundestag auflösen – und dies nur in den in Art. 63 Abs. 4 S. 3 und Art. 68 Abs. 1 GG genannten beiden Fällen. Dazu ist es bislang dreimal gekommen (1972, 1982 und 2005).

65

---

69 RGBl., 141.
70 *Winkler*, Der lange Weg nach Westen, Bd. 2, 2000, S. 12.
71 Vgl. die Äußerungen von SPD-Abgeordneten bei *Morsey*, Das Ermächtigungsgesetz vom 24. März 1933, 2010, S. 161 ff.; eindringlich auch *Wadle*, JuS 1983, 170 (172).
72 Vgl. *Wadle*, JuS 1983, 170 (175 f.); *Bickenbach*, JuS 2008, 199 (203); *Austermann*, Reichstag, S. 254

66   Die Kabinettsmitglieder sind üblicherweise auch Parlamentsmitglieder (wenn nicht von Anfang an, dann sobald wie möglich). „Neutrale Fachminister" spielen, anders als in der Weimarer Zeit oder in anderen europäischen Staaten, keine Rolle. Das ist eine logische Folge des parlamentarischen Regierungssystems. Die Bundeskanzler spielen eine starke Rolle (Kanzlerdemokratie). Die Bundesregierungen waren bislang sehr stabil, insb. wenn man sie mit ihren Weimarer Vorgängern oder den Regierungen mancher europäischer Staaten vergleicht. Ihre durchschnittliche Amtszeit wurde in der Weimarer Republik nicht einmal ansatzweise erreicht. Der Bundestag gehört im internationalen Vergleich zu den starken Parlamenten.[73] Er ist das „wahrscheinlich zweitstärkste Parlament der Welt"[74] nach dem US-Kongress. Der Bundestag hat entscheidenden Anteil an der positiven Entwicklung, welche die Bundesrepublik seit 1949 genommen hat.[75] Bundesrat und Bundesverfassungsgericht[76] bilden Gegengewichte zum Bundestag. Die Bundesregierung ist nicht Gegenspieler, sondern Produkt des Parlaments.

67   Nicht nur die Verfassung und die gute wirtschaftliche Lage, sondern auch die **Struktur des Parteiensystems** war für die politische Entwicklung und Stabilität der Bundesrepublik zentral. Dazu seien einige Eckpunkte der **Entwicklung der politischen Parteien unter dem Grundgesetz** in Erinnerung gerufen.[77] Das Wahlrechtssystem wie auch das sich ausbildende parlamentarische Regierungssystem haben spätestens ab der dritten Bundestagswahl 1957 die Anzahl der Parteien zunächst deutlich verringert. Prägend für die Bundesrepublik war bei Rückgang der weltanschaulichen und ideologischen Ausrichtung die Ausbildung des Typus der schichten-, konfessions- und milieuübergreifenden, möglichst alle Politikfelder abdeckenden **Volkspartei.**[78] Die Unionsparteien CDU und CSU stellen – teilweise anknüpfend an die schichtenübergreifende, freilich konfessionell gebundene Zentrumspartei der Weimarer Republik – die Prototypen dar.[79] Die SPD folgte nach dem Godesberger Programm 1959.[80] Das sich in den 1950er Jahren ausbildende **Dreiparteiensystem** (CDU/CSU, SPD, FDP) erweiterte sich seit den 1980er Jahren zum Vierparteiensystem mit dem Aufkommen der „Grünen", um sich nach der Wiedervereinigung weiter auszudifferenzieren.[81] Die Volksparteien, die durch innerparteilichen Interessenausgleich die parlamentarische Kompromissfindung erleichtern und über die föderalen und gewaltenteiligen Brüche hinweg einheitlich Personal zur Verfügung stellen, haben die beispiellose Stabilität der Bundesrepublik in den ersten 60 Jahren ihres Bestehens ermöglicht. In der Gegenwart sind hier jedoch durch die Schwäche sozialmoralischer Milieus und ihre Ersetzung durch stärker individualistisch-fragmentierte Öffentlichkeiten Auflösungserscheinungen festzustellen.[82] Traurige Konstante der öffentlichen Wahrnehmung des

---

73   *Klein*, ZG 2012, 209.
74   *Loewenberg*, ZParl. 38 (2007), 816 (818).
75   Vgl. *Klein*, ZG 2012, 209 (210).
76   Zur frühen parlamentsrechtlichen Judikatur jetzt *Cancik*, in: Meinel (Hrsg.), Verfassungsgerichtsbarkeit in der Bonner Republik, 2019, S. 199.
77   *Gabriel/Niedermayer/Stöss* (Hrsg.), Parteiendemokratie in Deutschland, 1997; *J. Ipsen,* Der Staat der Mitte, 2009, S. 143 ff.
78   *Stolleis*, VVDStRL 44 (1986), 7 (9 f. mit Fn. 12); *Kronenberg/Mayer* (Hrsg.), Volksparteien, 2009; zur Krise in der Gegenwart und den daraus resultierenden Folgeproblemen *Meinel*, Vertrauensfrage, S. 129 ff.
79   *Bösch,* Die Adenauer-CDU, 2001.
80   *Klotzbach*, Der Weg zur Staatspartei, 1982.
81   Aus den Nachwendejahren *Niedermeyer/Stöss*, Parteien und Wähler im Umbruch, 1994; zum Fragmentierungsbefund ausf. *v. Alemann/Erbentraut/Walther*, Das Parteiensystem der Bundesrepublik Deutschland, 5. Aufl. 2018, S. 96 ff.
82   *Walter*, Im Herbst der Volksparteien?, 2009; *Lösche*, APuZ 51/2009, 6.

Wirkens der politischen Parteien in Deutschland ist eine tief verwurzelte, durch Wahrheits- und Einheitssehnsüchte genährte **Parteienkritik** als Teil **antiparlamentarischer Grundstimmungen** über die Epochen der Parteiengeschichte und der rechtlichen Institutionalisierung der Parteien hinweg.[83] Interdisziplinäre Aufgabe muss es demgegenüber sein, Parteien nicht als pathologische Erscheinungen, sondern als für die pluralistische Auseinandersetzung notwendige Einrichtungen, die aus erkenntnistheoretischer, partizipatorischer und integrativer Sicht unverzichtbar sind, erneut bewusst zu machen.[84]

Parlamentsrechtlich besteht eine **nicht zu übersehende Kontinuität**, die vom Preu- 68
ßischen Abgeordnetenhaus, dem Reichstag und einigen Landesparlamenten der Kaiserzeit und der Weimarer Republik bis zum Bundestag und den Landesparlamenten der Bundesrepublik reicht[85] (s. Rn. 36, 47, 59). Das Parlamentsrecht ist das Paradigma für normative Kontinuität:[86] Die Volksvertretungen der Nachkriegszeit knüpften wie ihre Vorgänger in der Zwischenkriegszeit an den jeweils „letzten Stand" des Geschäftsordnungsrechts an. Bspw. übernahm der 1. Bundestag vorläufig die Geschäftsordnung des Reichstages vom 12. Dezember 1922, die im Wesentlichen auf der Geschäftsordnung des kaiserzeitlichen Reichstages basierte, die wiederum in Vielem auf der Geschäftsordnung des Preußischen Abgeordnetenhauses aufbaute. Während das Anknüpfen des Bundestages an das Geschäftsordnungsrecht des Reichstags der Weimarer Republik plausibel sein mag, war der Rückbezug Weimars auf das Kaiserreich angesichts der anders gearteten parlamentarischen Struktur unreflektiert und problembehaftet.

Die Kontinuität gilt **zum einen** für die **Regelungsform des autonomen Parlaments-** 69
rechts: Obwohl deren maßgebliche Triebfeder aus dem Konstitutionalismus (die Umgehung des Mitwirkung des Monarchen bei der förmlichen Gesetzgebung) weggefallen ist, wird die Geschäftsordnung bis heute als Rechtssatz eigener Art oder – wie die h.M. meint – „autonome Satzung" erlassen. Die Kontinuität ist **zum anderen** bei den **Regelungsinhalten** zu beobachten: Ein Kanon an parlamentarischen Institutionen und Rechtsinstituten steht im Kern seit der Paulskirchenversammlung, spätestens aber seit der Geschäftsordnung des Preußischen Abgeordnetenhauses fest. Er wird stetig ergänzt, aber kaum mehr substanziell gekürzt.

Vieles im Bundestag gemahnt an den Reichstag: die Anordnung der Regierungs- und der Bun- 70
desratsbank, die Sitzordnung im Plenum, die Beachtung des Fraktionsproporzes (unter anderem bei den Redezeiten), das jederzeitige Zutritts- und Rederecht der Mitglieder und Beauftragten von Bundesregierung und Bundesrat (Art. 43 Abs. 2 GG), der vergleichsweise sachorientierte und wenig lebendige Debattenstil und das Selbstverständnis als „Arbeitsparlament" (mit hoher Bedeutung der Ausschüsse und interfraktionellen Absprachen) sowie die betonte Eigenständigkeit des Bundestages im Verhältnis zur Bundesregierung (z.B. beim Hinweis auf das

---

83 Vgl. etwa *Stolleis,* VVDStRL 44 (1986), 7 (18); *Schneider,* in: HdbVerfR, § 13 Rn. 111 ff., 124 ff.; *J. Ipsen,* Der Staat der Mitte 2009, S. 164 ff.

84 *Steffen Augsberg,* in Mehde/Seckelmann (Hrsg.), Zum Zustand der repräsentativen Demokratie, 2017, S. 49 (51 ff.).

85 Vgl. *Zeh,* ZParl. 17 (1986), 396 (397 ff.); *Haug,* Bindungsprobleme und Rechtsnatur parlamentarischer Geschäftsordnungen, 1994, S. 33; *Dreier,* JZ 1990, 310 (316); *Brocker,* in: BK, Art. 40 Rn. 43 f.; *Wittreck,* in: MSW, § 2 Rn. 1 nennt das „lange" 19. Jh. die „Achsenzeit" des Parlamentsrechts.

86 *Wittreck,* in: MSW, § 2 Rn. 62.

„Struck'sche Gesetz", wonach das beschlossene Gesetz nahezu immer vom Gesetzentwurf abweicht).

71 **Allerdings wurden in der Bundesrepublik sehr viele Neuerungen eingeführt.** Bereits am 6. Dezember 1951 (mit Wirkung ab dem 1. Januar 1952) erließ der Bundestag eine neue Geschäftsordnung (GO-BT). Sie enthielt ca. 30 Änderungen im Vergleich zur früheren Geschäftsordnung des Reichstages und sah z.B. öffentliche Anhörungen vor.[87] Die GO-BT ist seitdem immer wieder geändert und ergänzt worden. Der Bundestag führte die Fragestunde (1960), eine Geheimschutzordnung (1964), die Aktuelle Stunde (1965), die Möglichkeit zur Einsetzung einer Enquêtekommission (1969) und das Format der Befragung der Bundesregierung im Plenum (1988) ein. Er lässt seit 1969 strafrechtliche Ermittlungsverfahren, jeweils bis zum Ende einer Wahlperiode, pauschal zu. Auch bei den Leitungsorganen gab es Änderungen. Der Vorstand wurde mit dem Ältestenrat „zu einem neuen kräftigen Lenkungsgremium zusammengefasst"[88] – mit der Bezeichnung „Ältestenrat". Der Bundestag führte im Jahr 1972 erstmals Verhaltensregeln ein, die seitdem mehrfach verschärft wurden, zuletzt grundlegend im Jahr 2005. Seitdem sind die Einkünfte aus Tätigkeiten neben dem Mandat dem Bundestagspräsidenten anzuzeigen und von diesem in (mittlerweile zehn) Stufen zu veröffentlichen. Eine größere Geschäftsordnungsreform (unter anderem mit einer Änderung der Paragraphenfolge) datiert vom 25. Juni 1980. Diese Version der GO-BT gilt – mit weiteren Änderungen und Ergänzungen – noch heute.

IV. Scheinparlamente

1. Reichstag unter nationalsozialistischer Herrschaft[89]

72 Am 17. Mai 1933 tagte der Reichstag zum letzten Mal als Mehrparteienparlament.

Während der Regierungszeit *Hitlers* tagte der Reichstag übrigens *nie* im Reichstagsgebäude. Stattdessen trat er überwiegend und passenderweise in der „Kroll-Oper", einem Veranstaltungskomplex gegenüber vom Reichstagsgebäude, zusammen. *Hitler* sprach auch nie im Reichstagsgebäude.

Zum letzten Mal waren auch weibliche und jüdische Abgeordnete anwesend. Parteien, die sich nicht freiwillig auflösten, wurden durch das „Gesetz gegen die Neubildung von Parteien" vom 14. Juli 1933[90] verboten. Die NSDAP wurde zur Staatspartei. Der Reichstag war ein Scheinparlament, da er **nicht demokratisch gewählt wurde und die Aufgaben eines Parlaments nicht mehr wahrnahm.** Er tagte selten (vom Mai 1933 bis zum Mai 1945 nur noch neunzehnmal), kontrollierte die Regierung nicht (auch weil es keine anderen Parteien als die NSDAP mehr gab) und erließ gerade einmal sieben Gesetze ohne jede Plenar- oder Ausschussberatung. Die Ausschüsse tagten nicht und wurden ab 1936 auch gar nicht mehr eingesetzt. Der Reichs-

---

87 Vgl. § 73 Abs. 2 S. 1 GO-BT a.F. vom 6.12.1951, BT-Drs. 1/3000, 16.
88 BT-Drs. V/4373, 2.
89 Dazu *Austermann*, Reichstag, S. 261 ff.
90 RGBl. I, 479.

tag verkam zum reinen „Akklamationsorgan"[91], zum „teuersten Gesangsverein Deutschlands" oder „bestbezahlten Männerchor der Welt"[92] – eine Anspielung auf den Umstand, dass die Abgeordneten monatliche Diäten erhielten, dafür aber kaum tagten und sich auf das Bejubeln der Reden *Hitlers* (etwa zum „Anschluss" Österreichs und zum Beginn des Zweiten Weltkriegs[93]) und das Singen der Hymne beschränkten. Die Bedeutungslosigkeit des Reichstages zeigte sich auch daran, dass die Abgeordneten zu den Reichstagssitzungen im Zweiten Weltkrieg erst kurz vor der jeweiligen Tagung eingeladen wurden. Trotz der Bedeutungslosigkeit des „Parlaments", blieb die Reichstagsverwaltung unter Reichstagspräsident *Göring* bis Kriegsende bestehen. Der Reichstag setzte sich fast ausnahmslos aus der „Ober- und Mittelschicht der nationalsozialistischen Parteiführerschaft" zusammen.[94] Nur wenige Abgeordnete gehörten nicht der NSDAP an. Doch auch sie kandidierten auf der allein zur Wahl stehenden Einheitsliste der NSDAP und waren als „Gäste" der NSDAP-Fraktion in den NS-Staat fest eingebunden. Die „Reichstagswahlen" der Jahre 1933, 1936 und 1938 waren eine bloße Farce. Zum letzten Mal trat der Reichstag am 26. April 1942 zusammen, danach bis zum Zusammenbruch des Dritten Reiches nicht mehr. Die kriegsbedingte Verlängerung der laufenden „Wahlperiode" des Reichstages durch Gesetze bis zum 30. Januar 1943 und dann bis zum 30. Januar 1947 hatte keine Bedeutung mehr.

Die **Landesparlamente** wurden gleich zu Beginn des NS-Regimes durch das „Vorläufige Gesetz zur Gleichschaltung der Länder mit dem Reich" vom 31. März 1933[95] und das „Zweite Gesetz zur Gleichschaltung der Länder mit dem Reich" vom 7. April 1933[96] politisch ausgeschaltet. Durch das „Gesetz über den Neuaufbau des Reichs" vom 30. Januar 1934[97] wurde die Eigenstaatlichkeit der Länder mitsamt den Landesparlamenten abgeschafft. Der Reichsrat als Vertretung der Länder wurde durch Gesetz vom 14. Februar 1934[98] aufgelöst. **73**

2. Volkskammer der DDR

In der DDR gab es nur einen „„Minimal'- oder ‚Scheinparlamentarismus' [in Gestalt der Volkskammer], der unter der Dominanz der Sozialistischen Einheitspartei (SED) stand".[99] Die Volkskammer war ein Akklamationsorgan.[100] Sie besaß politisch nur eine geringe Bedeutung, wofür die marginale Zahl ihrer Plenarsitzungen ein Indiz **74**

---

91 *Hubert*, Uniformierter Reichstag, 1992, S. 371; *Hahn*, Die Reichstagsbibliothek zu Berlin, 1997, S. 275, 277; *Butzer*, Diäten und Freihfahrt im Deutschen Reichstag, 1999, S. 405; inhaltlich ebenso *Domarus*, Der Reichstag und die Macht, 1968, S. 84.
92 *Cullen*, Der Reichstag, 1983, S. 249.
93 Vgl. Verhandlungen des Reichstags, Bd. 459, 45 ff.; Bd. 460, 45 ff.
94 Vgl. *Domarus*, Der Reichstag und die Macht, 1968, S. 80, 163 ff.
95 RGBl. I, 153.
96 RGBl. I, 173.
97 RGBl. I, 75.
98 RGBl. I, 89.
99 *Marschall*, Parlamentarismus, 3. Aufl. 2018, S. 26; zur Dominanz der SED *Mampel*, Die sozialistische Verfassung der Deutschen Demokratischen Republik, 2. Aufl. 1982, Art. 1 Rn. 31 ff.; *Jesse*, in: SZ, § 68 Rn. 5 f.
100 Vgl. *Jesse*, in: SZ, § 68 Rn. 62.

ist.[101] Die Volkskammer tagte gerade in den 1970er und 1980er Jahren nur wenige Tage im Jahr. Die Vorgabe in Art. 54 der DDR-Verfassung vom 6. April 1968 (in der Fassung vom 7. Oktober 1974), wonach die Abgeordneten der Volkskammer in freier, allgemeiner, gleicher und geheimer Wahl zu wählen seien, stand nur auf dem Papier. In Wirklichkeit waren die Wahlen eine „erzwungene Akklamation".[102] Zur Wahl stand lediglich eine von der SED dominierte Einheitsliste. Wahlverweigerung und Nein-Stimmen waren möglich, ließen aber staatliche Sanktionen befürchten. Auch wurden die Wahlen manipuliert, um die gewünschten Ergebnisse von in der Regel mehr als 99 % für die Einheitsliste zu erreichen. Der Demokratiebegriff der SED und der DDR-Verfassung stand mit dem empirisch fassbaren Volkswillen der DDR-Bürger offenkundig im Widerspruch.[103]

75 Die 10. Volkskammer wurde nach der Wende im Herbst 1989 am 18. März 1990 gewählt. Sie war das erste und einzige demokratische Parlament der DDR. Sie bestand vom 5. April bis zum 2. Oktober 1990. Ihr wichtigster Beschluss war die Zustimmung zum Einigungsvertrag, der das Ende der deutschen Teilung besiegelte.

V. Parlamentarische Selbstdarstellung und Antiparlamentarismus

76 Während die äußere **Gestaltung der Parlamentsgebäude** Spiegel ihrer Zeit sind,[104] korrespondiert die innere Architektur, insb. die Sitzordnung der Kammern dem jeweiligen Parlaments- und Regierungssystem.[105] Für den deutschen Parlamentarismus könnte dies an der Architektur des ursprünglichen Reichstagsgebäudes, der Bonner Unterkünfte des Deutschen Bundestages und das nach der Wiedervereinigung umgebauten Reichstagsgebäudes verdeutlicht werden. Die Anordnung der Regierungsbank ist im parlamentarischen regelmäßig anders als in einem präsidentiellen System. Der Unterschied zwischen Rede- und Arbeitsparlament wird auf den ersten Blick in das Regierungs- und Oppositionsfraktion einander gegenüberstellenden House of Commons bzw. in den kreisförmig angeordneten Plenarsaal des Deutschen Bundestages augenfällig. Ein derartiger **kulturwissenschaftlicher Zugriff**, der die symbolische Dimension des Parlaments betont,[106] verspricht, ohne daraus rechtsdogmatische Schlussfolgerungen zu ziehen, Erkenntnisse für ein besseres politisches wie rechtliches Verständnis.

77 **Parlamentarische Selbstdarstellung** zeigt sich auch in der **Öffentlichkeitsarbeit** des Deutschen Bundestages, die – sobald sie redaktionelle Komponenten erhält – in eine rechtliche

---

101 Vgl. *Mampel*, Die sozialistische Verfassung der Deutschen Demokratischen Republik, 2. Aufl. 1982, Art. 48 Rn. 16; *Jesse*, in: SZ, § 68 Rn. 53; *Willoweit/Schlinker*, Deutsche Verfassungsgeschichte, 8. Aufl. 2019, S. 403.

102 *Mampel*, Die sozialistische Verfassung der Deutschen Demokratischen Republik, 2. Aufl. 1982, Art. 22 Rn. 61; zum de facto nicht bestehenden Wahlgeheimnis *ders.*, Art. 22 Rn. 35.

103 *Jesse*, in: SZ, § 68 Rn. 61.

104 *Cullen*, in: SZ, § 69; *Wefing*, Parlamentsarchitektur, 1995.

105 *Manow*, Im Schatten des Königs, 2008; *C. Schönberger*, in: MSW, § 1 Rn. 57 f.

106 *Patzelt* (Hrsg.) Parlamente und ihre Symbolik; *Diehl*, Das Symbolische, das Imaginäre und die Demokratie, 2015; *Meinel*, Selbstorganisation, S. 116 ff.

Grauzone gerät.[107] Ein **Parlamentsfernsehen**, das die Berichterstattung redaktionell formt, müsste sich nicht nur an den rundfunkrechtlichen Vorgaben ausrichten,[108] sondern würde auch schnell in einen Konflikt mit der prinzipiellen Trennung von Volks- und Staatswillensbildung geraten. Es kann daher Defizite in der medialen parlamentarischen Berichterstattung kaum kompensieren.

Ähnlich wie die Parteienverdrossenheit kann eine **deutsche Tradition** von **Parla-**   78
mentspessimismus und **Parlamentsverdrossenheit**, übersteigerter **Parlamentskritik** ausgemacht werden. Diese sollte nicht herbeigeredet werden,[109] kann jedoch auch nicht ignoriert werden. Sie beruht auf dem Zusammentreffen teilweise spezifisch deutscher Prädispositionen, wie Resten obrigkeitsstaatlicher Denkschemata, der tendenziellen Überschätzung von Sachzwängen und Expertokratie sowie allgemein einem Unbehagen an Politik und dem damit verbundenen Streit. Bewusst konstruierte Idealbilder eines historischen Parlamentarismus, vor dem die Gegenwart als Verfallsgeschichte erscheint, verstärken diese Tendenz.[110]

Literatur zu § 2: *von Beyme*, Die parlamentarische Demokratie. Entstehung und Funktionsweise 1789-1999, 3. Aufl. 1999; *Kluxen* (Hrsg.), Parlamentarismus, 5. Aufl. 1980; *Ritter* (Hrsg.), Gesellschaft, Parlament und Regierung. Zur Geschichte des Parlamentarismus in Deutschland, 1974; *C. Schönberger*, Das Parlament: Geschichte einer europäischen Erfindung, in: MSW, § 1; *Wittreck*, Genese und Entwicklung des deutschen Parlamentsrechts, in: MSW, § 2; **zu I. und II.:** *Kühne*, Volksvertretungen im monarchischen Konstitutionalismus (1814-1918), in: SZ, § 2; *C. Schönberger*, Das Parlament im Anstaltsstaat; **zu III.:** *Austermann*, Der Weimarer Reichstag. Die schleichende Ausschaltung, Entmachtung und Zerstörung eines Parlaments, 2020; *Bickenbach*, Vor 75 Jahren: Die Entmächtigung der Weimarer Reichsverfassung durch das Ermächtigungsgesetz, JuS 2008, 199; *Cancik*, Parlamentarismus vor dem Bundesverfassungsgericht. Das Redezeiturteil und die Erfassung der Verfassungswirklichkeit, in: Meinel (Hrsg.), Verfassungsgerichtsbarkeit in der Bonner Republik, 2019, S. 199; *Domarus*, Der Reichstag und die Macht, 1968; *Gusy*, Die Weimarer Verfassung zwischen Überforderung und Herausforderung, Der Staat 55 (2016), 291; *Hahn*, Die Reichstagsbibliothek zu Berlin – ein Spiegel deutscher Geschichte, 1997; *Hoffmann*, Die Änderung parlamentarischer Geschäftsordnungen im Vorgriff auf politische Konflikte, 2018; *Lübbe-Wolff*, Das Demokratiekonzept der Weimarer Reichsverfassung, in: Dreier/Waldhoff (Hrsg.), Das Wagnis der Demokratie, 2. Aufl. 2018, S. 111; *Mergel*, Parlamentarische Kultur in der Weimarer Republik, 3. Aufl. 2012; *Morsey*, Das Ermächtigungsgesetz vom 24. März 1933, 2010; *Wadle*, Das Ermächtigungsgesetz, JuS 1983, 170; **zu IV.:** *Hubert*, Uniformierter Reichstag. Die Geschichte der Pseudo-Volksvertretung 1933-1945, 1992; *Jesse*, Die Volkskammer der DDR, in: SZ, § 68; *Mampel*, Die sozialistische Verfassung der Deutschen Demokratischen Republik, 2. Aufl. 1982; **zu V.:** *Manow*, Im Schatten des Königs. Die politische Anatomie demokratischer Repräsentation, 2008.

---

107   *Schürmann*, Öffentlichkeitsarbeit des Deutschen Bundestages, 1992; *Klipper*, Die Öffentlichkeitsfunktion des Deutschen Bundestages angesichts der neueren Parlamentspraxis, 2018, S. 188 ff.; aus sozialwissenschaftlicher Sicht *Tiemann*, Parlamentarische Öffentlichkeitsarbeit im vertikalen Kommunikationsprozeß zwischen Parlament und Publikum, 1983.

108   *Gersdorf*, Parlamentsfernsehen, 2008; *Goerlich/Laier*, ZUM 2008, 475; zur Problematik auf europäischer Ebene *Pernak/Zimmermann*, EuroParlTV 2009.

109   Krit. auch *Cancik*, VVDStRL 72 (2013), 268 (270 ff.).

110   Wirkmächtig insoweit – neben vielen anderen – *Schmitt*, Die geistesgeschichtliche Lage des heutigen Parlamentarismus, 1. Aufl. 1923; zum Phänomen insges. *Schneider*, in: HdbVerfR § 13 Rn. 111 ff., 124 ff.

§ 3 Rechtsquellen des Parlamentsrechts

▶ **Literatur:** *Degenhart*, Staatsrecht I, § 7, insb. Rn. 644–650; *Hillgruber/Goos*, Verfassungs-prozessrecht, § 4 Rn. 457–464.

I. Verfassungsrecht

79 Zentrale parlamentsrechtliche Regelungen finden sich im Grundgesetz, d.h. auf Ver-fassungsebene. Verfassungsbestimmungen, die das Parlament betreffen, finden sich in einem **eigenen Abschnitt** „Der Bundestag" in den Art. 38 bis 48 sowie in den Art. 63, 67, 68, 76–79, 110 Abs. 2, 115a ff. und 121 GG. Sie sind Ausgangspunkt für unterverfassungsrechtliche Rechtssätze zur Regulierung der Parlamente.

80 Dem **Verfassungsgewohnheitsrecht** entstammt der nach h.M. geltende Grundsatz der *sachlichen* **Diskontinuität**.[1] Er findet sich (deklaratorisch) auch in § 125 S. 1 GO-BT sowie in den Geschäftsordnungen der Landesparlamente. Sachliche Diskonti-nuität bedeutet, dass sich alle parlamentarischen Vorlagen mit Ausnahme der Petitio-nen und solcher Vorlagen, die keiner Beschlussfassung bedürfen, mit dem Ablauf einer Wahlperiode automatisch erledigen. Die Diskontinuität hat eine „Reinigungs-funktion".[2] Der neu gewählte Bundestag nimmt seine Tätigkeit auf, ohne sich um die Vorlagen der vorangegangenen Wahlperiode kümmern zu müssen. Vorgänge, die keine Mehrheit gefunden haben, kommen nur dann erneut auf die Tagesordnung, wenn dies im neuen Parlament, etwa von einer Fraktion, gewünscht wird. Andernfalls werden sie durch den Wahlperiodenablauf „geräuschlos beerdigt"[3]. Dies ist insb. dann zweckmäßig, wenn Vorlagen von Abgeordneten, Fraktionen oder Koalitionen stammen, die nicht mehr dem Bundestag angehören bzw. nicht mehr bestehen.

81 Der Grundsatz der *personellen* **Diskontinuität** ergibt sich unmittelbar aus der Ver-fassung. Durch jede Wahl wird der Bundestag personell neu zusammensetzt (weshalb vom 1., 2., etc. Bundestag gesprochen wird). Einige Abgeordnete scheiden aus, ande-re erwerben ein Mandat. Auch die Abgeordnetenzusammenschlüsse (Fraktionen und Gruppen) sowie die von diesen erlassenen internen Rechtssätze (Fraktionsgeschäfts-ordnungen) unterliegen der Diskontinuität. Dasselbe gilt nach h.M. auch für die Ge-schäftsordnung des Parlaments. Einzig das Verfassungsorgan Bundestag als solches wird durch eine Wahl nicht beendet und besteht solange fort, wie das Grundgesetz gilt (*Organkontinuität*).[4] Die **Organkontinuität** erstreckt sich auch auf die Parla-mentsverwaltung.[5] Diese kann somit auch über Wahlperiodenwechsel hinweg die Ar-beit des Parlaments unterstützen.

---

1 Vgl. nur *Tomuschat*, Verfassungsgewohnheitsrecht?, 1972, S. 85 f.; *Jekewitz*, Der Grundsatz der Dis-kontinuität der Parlamentsarbeit im Staatsrecht der Neuzeit und seine Bedeutung unter der parlamenta-rischen Demokratie des Grundgesetzes, 1977, S. 335; *Kersten*, in: MD, Art. 76 Rn. 116; NWVerfGH, NVwZ-RR 2000, 265 (267).

2 *Haug*, Bindungsprobleme und Rechtsnatur parlamentarischer Geschäftsordnungen, 1995, S. 73.

3 Vgl. *Stern*, StaatsR II, S. 78.

4 Vgl. statt vieler BVerfGE 1, 144 (152).

5 Vgl. *Kretschmer*, in: BK, Art. 39 Rn. 209; *Brocker*, in: BeckOK-GG, Art. 39 Rn. 9.

Nicht zum Verfassungsgewohnheitsrecht gehört nach zutr. Ansicht der Grundsatz, **82** dass einmal gefasste Gesetzesbeschlüsse unverrückbar sind (sog. **Grundsatz der relativen Unverrückbarkeit des parlamentarischen Votums**).[6] Es bedarf eines neuen Gesetzgebungsverfahrens und eines neuen Gesetzesbeschlusses, um den vorherigen Beschluss abzuändern.[7]

II. Einfaches Gesetzesrecht

Auf **Bundesebene** findet sich Parlamentsrecht in einer Reihe von einfachgesetzlichen **83** Regelungen: im PUAG, im EUZBBG, im IntVG, im ParlBG, im Abgeordnetengesetz, im WBeauftrG, im WPrüfG, im PKGrG, im Artikel-10-Gesetz[8], im Gesetz nach Art. 45c GG (sog. Befugnisgesetz), in § 5 RiWG (zur Wahl der Bundesrichter), in § 6 BVerfGG (zur Wahl der Hälfte der Richter des BVerfG), in § 10a BHO (zum Vertrauensgremium für die Haushalte der Nachrichtendienste des Bundes). Wenn man das Wahlrecht auch zum Parlamentsrecht zählt, gehört auch das BWahlG dazu.

Auf **Landesebene** bestehen ebenfalls Untersuchungsausschussgesetze, Abgeordneten- **84** tengesetze, Wahlgesetze und Wahlprüfungsgesetze. Hier bestehen zum Teil auch eigenständige Fraktionsgesetze. (Auf Bundesebene ist das Recht der Fraktionen Teil des Abgeordnetengesetzes).

Vereinzelt wird Gesetzesrecht, das die Erfüllung bestimmter Aufgaben des Bundestages regelt, **85** als „Geschäftsordnungsrecht im weiteren Sinne" bezeichnet.[9] Diese Einordnung überdehnt aber den üblicherweise verwendeten Geschäftsordnungsbegriff.

III. Ausführungsbestimmungen

Ausführungsbestimmungen werden in der Regel infolge einer gesetzlichen Ermächti- **86** gung (§ 34, § 51 AbgG) erlassen. Sie sind generelle Regelungen mit Außenwirkung, die das AbgG oder die Verhaltensregeln (Anlage 1 zur GO-BT) konkretisieren.[10] Die Ausführungsbestimmungen zum AbgG besitzen rechtsähnlichen Charakter. Die Ausführungsbestimmungen zu den Verhaltensregeln sind hingegen Geschäftsordnungsrecht. Denn § 18 GO-BT erklärt die Verhaltensregeln als Anlage 1 der GO-BT zu Bestandteilen der Geschäftsordnung. Die Ausführungsbestimmungen präzisieren die Verhaltensregeln an mehreren Stellen. Das BVerfG ist zurückhaltender und meint, die Verhaltensregeln und die dazu erlassenen Ausführungsbestimmungen stünden dem Geschäftsordnungsrecht zumindest nahe. Sie gehörten mangels Außenwirkung zum Binnenrecht des Parlaments.[11]

---

6   Wie hier *Pieroth*, in: JP, Art. 77 Rn. 3; *Kersten*, in: MD, Art. 77 Rn. 25; a.A. *Kokott*, in: BK, Art. 77 Rn. 60; *Sannwald*, in: SBHH, Art. 77 Rn. 11; *Ossenbühl*, in: HStR V, § 102 Rn. 5.
7   Vgl. etwa *Mann*, in: Sachs, Art. 77 Rn. 3 Fn. 6.
8   Gesetz zur Beschränkung des Brief-, Post- und Fernmeldegeheimnisses (Artikel 10-Gesetz – G 10).
9   So *Kretschmer*, in: SZ, § 9 Rn. 38.
10 Vgl. *Austermann*, in: AS, § 34 Rn. 2.
11 Vgl. BVerfGE 118, 277 (359).

IV. Formelles Geschäftsordnungsrecht (GO-BT)

87   **Fall 1:** § 3 Abs. 3, §§ 4, 5, 7 ParlBG, § 10a Abs. 2 BHO und § 6 BVerfGG regeln Fragen des Geschäftsganges des Bundestages. Ist das verfassungsgemäß? **Lösung Rn. 103**

88   Durch eine Geschäftsordnung regeln Parlamente insb. ihren **Verfahrensgang**, sofern dieser nicht durch die Verfassung oder einfaches Gesetzesrecht normiert wird. Weitere Bestandteile einer Geschäftsordnung sind **Vorschriften über die Parlamentsorgane, die Rechte und ggf. Pflichten von Abgeordneten sowie über dauerhafte Zusammenschlüsse von Abgeordneten** (Fraktionen und Gruppen). Die Geschäftsordnung hat drei Funktionen: Sie ist Verfahrensordnung und dient dem Minderheitenschutz sowie der Selbstorganisation.[12] Den Begriff „Geschäftsordnung" hat erstmals *Friedrich Carl von Savigny* (1779-1861) 1825 anlässlich der Formulierung einer Verfahrensordnung des preußischen Staatsrates vorgeschlagen.[13] Das Geschäftsordnungsrecht ist das **„Kernstück" des Parlamentsrechts**.[14]

1. Verfassungsrechtliche Grundlage: Geschäftsordnungsautonomie

89   Seine verfassungsrechtliche Grundlage hat das Geschäftsordnungsrecht in der Geschäftsordnungsautonomie des Parlaments (vgl. Art. 40 Abs. 1 S. 2 GG). Die Volksvertretung darf[15] und muss[16] ihren Geschäftsgang ohne die Einschaltung anderer Staatsorgane – autonom – bestimmen. Die Geschäftsordnungsautonomie ist ein grundlegender Aspekt der **Parlamentsautonomie**.[17] Die Parlamentsautonomie erfasst über den reinen Geschäftsgang (das Verfahren, den Ablauf) hinaus auch die Selbstorganisation (den organisatorischen Aufbau) des Parlaments (s. Rn. 312 ff.). Eine scharfe Trennung zwischen Geschäftsordnung und Selbstorganisation ist aber nicht in jedem Fall möglich. Zum Teil werden Parlaments- und Geschäftsordnungsautonomie daher auch synonym verwendet.[18]

90   Der Sinn der Geschäftsordnungsautonomie erschließt sich aus ihrer **Geschichte**: Die frühkonstitutionellen Parlamente besaßen oftmals nicht das Selbstversammlungs- und Selbstorganisationsrecht. Ihr Präsident wurde häufig vom Monarchen bestimmt, dem auch die Wahlprüfung oblag. In der Verfassung und im einfachen Gesetzesrecht war der Geschäftsgang detailliert vorgezeichnet. In der Zeit ihrer Entstehung im Laufe des 19. Jh.s sollte die Geschäftsordnungsautonomie des Parlaments dazu dienen, dessen Selbstständigkeit gegenüber der monarchischen Exekutive zu wahren. Doch auch im parlamentarischen Regierungssystem des Grundgesetzes dient sie primär dem Schutz des Parlaments vor Gängelungsversuchen der Regierung.[19]

---

12   Vgl. *Haug*, Bindungsprobleme und Rechtsnatur parlamentarischer Geschäftsordnungen, 1995, S. 21 ff.
13   Vgl. *Schneider*, in: FS Smend, 1952, S. 305.
14   *Pietzcker*, in: SZ, § 10 Rn. 18; *Brocker*, in: BK, Art. 40 Rn. 207.
15   Vgl. BVerfGE 80, 188 (218 f.); 102, 224 (235); 104, 310 (332).
16   Vgl. *Pietzcker*, in: SZ, § 10 Rn. 19; *Brocker*, in: BeckOK-GG, Art. 40 Rn. 2.
17   Vgl. *Brocker*, in: BeckOK-GG, Art. 40 Rn. 1.
18   So offenbar *Pieroth*, in: JP, Art. 40 Rn. 10; *Bücker*, ZParl. 17 (1986), 324 (331); auch das BVerfG trennt nicht scharf zwischen Geschäftsordnung und Selbstorganisation des Bundestages.
19   Vgl. BVerfGE 70, 324 (361).

Das Parlament hat bei der Entscheidung darüber, welche Regeln es zu seiner Selbst- **91**
organisation und zur Gewährleistung eines ordnungsgemäßen Geschäftsganges benötigt, einen **weiten Gestaltungsspielraum**.[20] Innerhalb dessen kann das Parlament Regeln für Abgeordnete und Fraktionen aufstellen und deren Befugnisse bestimmen.
Die Autonomie umfasst nur den Binnenbereich des Parlaments. Sie wirkt nicht nach
außen.[21] Aus ihr kann nach h.M. eine Verpflichtung anderer Verfassungsorgane oder
von deren Mitgliedern nicht abgeleitet werden.[22] Da die Geschäftsordnung der Verfassung gemäß Art. 1 Abs. 3, 20 Abs. 3 GG im Rang nachsteht,[23] darf sich ihr Inhalt
**weder zu den ausdrücklichen Regelungen des Grundgesetzes, noch zu den allge-
meinen Verfassungsprinzipien und den der Verfassung immanenten Wertent-
scheidungen in Widerspruch setzen.**[24]

Die Regelungsmacht des Parlaments in eigenen Angelegenheiten wird **erstens** durch **92**
die im Grundgesetz verankerten **Statusrechte der Abgeordneten** beschränkt (näher
Rn. 135 ff.): die Freiheit des Mandats und die Gleichheit des Mandats (Art. 38 Abs. 1
GG)[25] sowie die Rechte nach Art. 46-48 GG und die parlamentarischen Mitwirkungsrechte (Prinzip der Beteiligung aller Abgeordneten an den Aufgaben des Parlaments).[26] Die Geschäftsordnung regelt die Art und Weise der Ausübung dieser Statusrechte. Sie setzt dabei grundlegende Bedingungen für die geordnete Wahrnehmung
dieser Rechte, die als Mitgliedschaftsrechte aufeinander abgestimmt werden müssen;
nur so wird dem Parlament die sachgerechte Aufgabenerfüllung ermöglicht.[27]

Zweitens beschränken die **ausdrücklichen Verfahrens- und Organisationsvor-** **93**
schriften der Verfassung die Geschäftsordnungsautonomie. Sie regeln die Einberufung des Bundestages (Art. 39 Abs. 3 S. 1, 2), die grundsätzliche Sitzungsöffentlichkeit (Art. 42 Abs. 1), die Mehrheitserfordernisse (Art. 42 Abs. 2, 77 Abs. 4, 79
Abs. 2, 80a Abs. 1 S. 2, 115a Abs. 1 S. 2, 121), das Zitierrecht (Art. 43 Abs. 1) sowie
das jederzeitige Zutritts- und Rederecht der Mitglieder und Beauftragten der Bundesregierung und des Bundesrates (Art. 43 Abs. 2 GG). Außerdem normieren sie die
Einrichtung bestimmter Ausschüsse und Gremien sowie die Wahl des Wehrbeauftragten (Art. 45-45d), die Kanzlerwahl (Art. 63, 67) und die Vertrauensfrage
(Art. 68), die Richterwahl (Art. 94 Abs. 1, 95 Abs. 2) sowie das Initiativrecht im Gesetzgebungsverfahren (Art. 76 GG). Des Weiteren bestehen Vorgaben für die Behandlung von EU-Angelegenheiten (Art. 23, 45) und für die Haushaltsgesetzgebung
(Art. 110 Abs. 3 GG).[28]

---

20 Vgl. statt vieler BVerfGE 80, 188 (220); 130, 318 (349).
21 Daher haben die Verhaltensregeln mit Sanktionsvorschriften in §§ 44a Abs. 4, 44b AbgG und das
     Ordnungsgeld nach § 37 GO-BT in § 44a Abs. 5 AbgG ihre gesetzliche Grundlage.
22 Vgl. *Pietzcker*, in: SZ, § 10 Rn. 22, dem zufolge in der GO-BT festgelegte Befugnisse für Vertreter
     anderer Verfassungsorgane lediglich ein „Angebot" an diese sind; a.A. *Kluth*, in: SBHH, Art. 40
     Rn. 40.
23 Vgl. etwa BVerfGE 1, 144 (148); 44, 308 (314).
24 BVerfGE 44, 308 (314).
25 Vgl. BVerfGE 102, 224 (237); in dieser Entscheidung wird die Grenze der Regelungsmacht allerdings
     unzutreffend weit gezogen.
26 Vgl. BVerfGE 80, 188 (220).
27 Vgl. BVerfGE 80, 188 (219).
28 Eine vergleichbare (und etwas weitere) Aufzählung bringt *Brocker*, in: BK, Art. 40 Rn. 89; zu eng
     Pietzcker, in: SZ, § 10 Rn. 6.

94   **Drittens** engen die verfassungsrechtlich verankerten **Minderheitsrechte**, wie das Recht auf Einsetzung eines Untersuchungsausschusses (Art. 44 Abs. 1 S. 1, s. Rn. 544 ff.), auf Konstituierung des Verteidigungsausschusses als Untersuchungsausschuss (Art. 45a Abs. 2 S. 2) und auf Einberufung des Bundestages (Art. 39 Abs. 3 S. 3 GG) die Geschäftsordnungsautonomie ein.

2.   Erlass der Geschäftsordnung

95   Das Plenum des Bundestages beschließt die Geschäftsordnung mit einfacher Mehrheit (vgl. Art. 42 Abs. 2 S. 1 GG). Grundlage des Beschlusses ist entweder ein Antrag einer oder mehrerer Fraktionen oder von fünf Prozent der Abgeordneten oder eine Beschlussempfehlung des Ausschusses für Wahlprüfung, Immunität und Geschäftsordnung (1. Ausschuss). Dieser ist befugt, in Geschäftsordnungsfragen selbst initiativ zu werden (§ 128 GO-BT).

96   Da die Geschäftsordnung auf eine Willensentschließung des Parlaments in eigenen Angelegenheiten zurückgeht, wird sie auch als „autonomes Parlamentsrecht"[29] bezeichnet. Da sie in eigenen Angelegenheiten in Rechtssetzungsautonomie erlassen wird, liegt es nahe, sie als „Satzung" zu bezeichnen. Der vom BVerfG und Teilen der Literatur verwendete Terminus der „autonomen Satzung"[30] oder die im Schrifttum teilweise zu findenden Begriffe der „Verfassungssatzung"[31] und der „Organsatzung"[32] meinen dasselbe. Zwar wird gegen den Begriff „Satzung" angeführt, dass typischerweise Körperschaften des öffentlichen Rechts (z.B. Gemeinde und Universitäten als mittelbare Staatsverwaltung) oder Körperschaften des Privatrechts (z.B. Verein, GmbH oder AG) Satzungen erlassen, der Bundestag aber ein Verfassungsorgan und gerade keine eigenständige Körperschaft ist.[33] Aber dieser Einwand greift nicht durch. Natürlich besteht ein Unterschied zwischen dem Verfassungsorgan Bundestag und den üblichen Satzungsgebern des öffentlichen oder gar des Privatrechts. Doch hebt der Begriff „Satzung" die Rechtsetzungsautonomie treffend hervor. Er beschreibt somit die Geschäftsordnung passend. Gleichwohl ist der Begriff „Satzung" – wie auch die Bezeichnung als Regelungswerk eigener Art („sui generis")[34] bzw. als „Regelungstyp parlamentarische Geschäftsordnung"[35] – eher eine Beschreibung als eine Definition. Weitere im Schrifttum vorgeschlagene Einordnungsversuche[36] über-

---

29   Vgl. z.B. *Arndt*, Parlamentarische Geschäftsordnungsautonomie und autonomes Parlamentsrecht, 1966, S. 16 et passim; *Schulze-Fielitz*, in: SZ, 11 Rn. 2; *Klein*, in: MD, Art. 40 Rn. 4; *Cancik*, in: MSW, § 9 Rn. 32; ebenso bereits *Perels*, Das autonome Reichstagsrecht, 1903, S. 7.

30   Vgl. nur BVerfGE 1, 144 (148); st.Rspr.; *Pietzcker*, in: SZ, § 10 Rn. 40, *Schäfer*, Der Bundestag, 4. Aufl. 1982, S. 65 f.

31   Vgl. *Steiger*, Organisatorische Grundlagen des parlamentarischen Regierungssystems, 1973, S. 43 f.; *Magiera*, in: Sachs, Art. 40 Rn. 25; *Haug*, Bindungsprobleme und Rechtsnatur parlamentarischer Geschäftsordnungen, 1995, S. 194 ff.; der Begriff wurde für die Einordnung der GO-BReg geprägt von *Böckenförde*, Die Organisationsgewalt im Bereich der Regierung, 2. Aufl. 1998, S. 122 ff.

32   Vgl. *Kretschmer*, in: SZ, § 9 Rn. 42.

33   Vgl. *Rothaug*, Die Leitungskompetenz des Bundestagspräsidenten, 1979, S. 78 ff.

34   Vgl. *Morlok*, in: Dreier, Art. 40 Rn. 18; *Klein*, in: MD, Art. 40 Rn. 61; *Schmidt*, AöR 128 (2003), 608 (613); *Cancik*, in: MSW, § 9 Rn. 33 m.w.N.

35   So *Kretschmer*, in: SZ, § 9 Rn. 53; *Schwerin*, Der Deutsche Bundestag als Geschäftsordnungsgeber, 1998, S. 239 f.

36   Hierzu *Kretschmer*, in: SZ, § 9 Rn. 45 ff., der letztlich eine Zuordnung vermeidet; *Pietzcker*, in: SZ, § 10 Rn. 40; *Achterberg*, S. 38 ff., 59 ff.

zeugen jedenfalls nicht. Alles in allem sollten diese terminologischen Fragen nicht überbewertet, insb. keine (Fehl-)Schlüsse aus einer solchen Einordnung gezogen werden.[37]

3. Umfang des geschriebenen Geschäftsordnungsrechts

Zum geschriebenen Geschäftsordnungsrecht gehören als vollwertige Geschäftsordnungsvorschriften auch die (derzeit sieben) **Anlagen** zur Geschäftsordnung.[38] Sie wurden geschaffen, als neue Verfahrensweisen erprobt werden sollten, ohne die traditionelle Paragraphenfolge zu verändern. Sie sind Bestandteil des geschriebenen Geschäftsordnungsrechts, weil sie vom Plenum erlassen und damit wie eine Geschäftsordnungsänderung behandelt wurden.[39] Teil des Geschäftsordnungsrechts sind außerdem die Hausordnung (§ 7 Abs. 2 GO-BT), Richtlinien (etwa für Ausschussprotokolle, § 73 GO-BT), Ausführungsbestimmungen (z.B. zu den Verhaltensregeln nach Anlage 1 zur GO-BT[40]) und Parlamentsbeschlüsse.

97

4. Besonderheiten des Geschäftsordnungsrechts

Das Geschäftsordnungsrecht weist einige Besonderheiten auf. Erstens existiert neben dem geschriebenen (kodifizierten, förmlichen) Geschäftsordnungsrecht **eine Fülle an ungeschriebenen Regeln (Gewohnheitsrecht) und Traditionen (Parlamentsbrauch)** mit großer Bedeutung für Verfahren und Organisation des Parlaments. Das geschriebene und das ungeschriebene Recht bilden gemeinsam die materielle Geschäftsordnung. Verfassungsvorschriften mit Parlamentsbezug wie z.B. Art. 46 GG zählen nicht zum Geschäftsordnungsrecht.[41] Die materielle Geschäftsordnung ist das allein für das Parlament geltende, abstrakt-individuelle **Binnenrecht**.[42] Die Geschäftsordnung besitzt mangels Außenwirkung keine Gesetzeskraft.[43]

98

Zweitens ist das Geschäftsordnungsrecht – gerade wegen seines fragmentarischen Charakters[44] – **flexibler** als andere Rechtsgebiete.[45] Dies liegt zum einen an der Bedeutung der Parlaments-(rechts-)wirklichkeit und zum anderen an der Möglichkeit, im Einzelfall mit einer Zweidrittelmehrheit (§ 126 GO-BT) abzuweichen. „Abweichung" bedeutet Durchbrechung im Einzelfall.[46] Ein ausdrücklicher oder – nach Hinweis auf eine abweichende vorherige Vereinbarung – konkludenter Beschluss ist nötig; das Ausbleiben eines Widerspruchs genügt für eine zulässige Abweichung

99

---

37 Ausf. *Meinel*, Selbstorganisation, S. 126 ff.
38 Vgl. etwa *Klein*, in: MD, Art. 40 Rn. 49; *Kretschmer*, in: SZ, § 9 Rn. 57; diff. *Rothaug*, Die Leitungskompetenz des Bundestagspräsidenten, 1979, S. 68; *Schwerin*, Der Deutsche Bundestag als Geschäftsordnungsgeber, 1998, S. 247 ff.
39 Vgl. *Haug*, Bindungsprobleme und Rechtsnatur parlamentarischer Geschäftsordnungen, 1995, S. 41 f.
40 Ähnlich BVerfGE 118, 277 (359): Binnenrecht des Parlaments.
41 So aber *Haug*, Bindungsprobleme und Rechtsnatur parlamentarischer Geschäftsordnungen, 1995, S. 36 ff.
42 Vgl. z.B. *Achterberg*, S. 59; *Schmidt*, AöR 128 (2003), 608 (613); *Brocker*, in: BK, Art. 40 Rn. 217; *Kluth*, in: SBHH, Art. 40 Rn. 38 ff.
43 Ebenso *Stern*, StaatsR II, S. 84.
44 Vgl. *Blischke*, in: FS Schellknecht, 1984, S. 55 f.
45 Vgl. BVerfGE 10, 4 (19).
46 Vgl. *Klein*, in: MD, Art. 40 Rn. 46.

nicht.[47] Der Abweichungsmöglichkeit sind verfassungsrechtliche Grenzen gesetzt. Was aus verfassungsrechtlichen Gründen nicht Geschäftsordnungsrecht werden kann, darf auch nicht nach § 126 GO-BT beschlossen werden. Die Flexibilität ist vorteilhaft, da sie es dem Parlament ermöglicht, innerhalb des Verfassungsrahmens schnell auf aktuelle politische Ereignisse zu reagieren und sein Verfahren lebendig fortzuentwickeln.[48] Üblich ist die Erprobung bestimmter Verfahrensweisen nach einer interfraktionellen Absprache. Einige der einstmals erprobten Verfahrensweisen sind dadurch leicht zu erkennen, dass sie als Anlage ihren Weg in das geschriebene Geschäftsordnungsrecht gefunden haben (vgl. z.B. Anlage 5 zur GO-BT).

5. Verhältnis von Gesetz und Geschäftsordnung

100 Das Rangverhältnis von Gesetz und Geschäftsordnung ist umstritten. Das BVerfG und Teile der Literatur halten das Gesetz für höherrangig.[49] Die Gegenansicht plädiert für die Gleichrangigkeit.[50] Für den höheren Rang des Gesetzes spricht, dass die Geschäftsordnung wegen der Abweichungsmöglichkeit (§ 126 GO-BT) und der nach h.M. begrenzten Geltung für jeweils eine Wahlperiode (sachliche Diskontinuität) im Vergleich zum Gesetz schwächer erscheint. Gegen den höheren Rang des Gesetzes spricht nicht, dass das Grundgesetz, anders als in den sonstigen Vorrangsituationen Verfassung – Gesetz (vgl. Art. 1 Abs. 3, 20 Abs. 3), Gesetz – Rechtsverordnung (vgl. Art. 80 Abs. 1 S. 1) sowie Gesetz/Rechtsverordnung – Satzung (vgl. Art. 28 Abs. 2 GG), den Vorrang des Gesetzes vor der Geschäftsordnung nicht ausdrücklich regelt.[51] Ein Bedürfnis für eine solche Regelung besteht schlicht nicht. Ohnehin entstehen Konflikte nur ausnahmsweise, etwa wenn eine Vorschrift der GO-BT einer Gesetzesnorm widerspricht.[52] Denn das Gesetz und die Geschäftsordnung haben unterschiedliche Anwendungsbereiche: Gesetze wirken nach außen, die Geschäftsordnung nur nach innen, ins Parlament hinein.[53] Außerdem kennt die Verfassung Fälle, in denen Geschäftsordnungsfragen ausdrücklich durch Gesetz zu regeln sind – in denen mit anderen Worten eine Geschäftsordnungsvorschrift nicht genügt. Solche Fälle liegen dann vor, wenn Regelungen **Grundrechte** (Art. 10 Abs. 2 S. 2, 45b S. 2, 45c Abs. 2) **oder grundrechtsgleiche Rechte** (Art. 41 Abs. 3 GG) betreffen.[54]

---

47 Vgl. *Ritzel/Bücker/Schreiner*, § 126 lit. d; a.A. *Pietzcker*, in: SZ, § 10 Rn. 34.
48 Vgl. *Blischke*, in: FS Schellknecht, S. 56.
49 Vgl. BVerfGE 1, 144 (148); *Klein*, in: MD, Art. 40 Rn. 73 f.; *Pieroth*, in: JP, Art. 40 Rn. 8; *Morlok*, in: Dreier, Art. 40 Rn. 17; *Stern*, StaatsR II, S. 83; *Haug*, S. 53 f.
50 Vgl. *Magiera*, in: Sachs, Art. 40 Rn. 26; *Brocker*, in: BK, Art. 40 Rn. 220 f.; *Schliesky*, in: vMKS, Art. 40 Rn. 22; *Steiger*, Organisatorische Grundlagen des parlamentarischen Regierungssystems, 1973, S. 44 f.; *Kretschmer*, ZParl. 17 (1986), 334 (340); *Dreier*, JZ 1990, 310 (313); *Schmidt*, AöR 2003, 608 (637, 641).
51 Vgl. *Schmidt*, AöR 128 (2003), 609 (637).
52 Ein solcher Fall lag in der 18. Wahlperiode des Bundestages mit § 126a Abs. 1 Nr. 5, 6 GO-BT vor. Beide Vorschriften senkten Quoren, die in Gesetzen niedergelegt sind. Nr. 5 wich von § 12 Abs. 1 IntVG, Nr. 6 von § 8 Abs. 5 EUZBBG ab.
53 Vgl. *Schmidt*, AöR 128 (2003), 609 (638).
54 Vgl. das Artikel-10-Gesetz, das WBeauftrG, das Befugnisgesetz und das WPrüfG.

6.   Formenwahlrecht?

Umstritten ist, ob **Geschäftsordnungsfragen auch ohne Ermächtigung durch das**   101
Grundgesetz in Gesetzesform geregelt werden dürfen. Solche Regelungen finden
sich z.b. im ParlBG, in § 6 BVerfGG zur Wahl der Richter des BVerfG und § 10a
Abs. 2 BHO zur Ausgabenbewilligung für die Nachrichtendienste des Bundes. Auf
den ersten Blick scheint die Antwort klar zu sein. Das Parlament ist ein Gesetzgebungsorgan und kann Rechtsfragen per Gesetz klären. Man kann sich fragen, warum
es ihm verwehrt sein sollte, Geschäftsordnungsfragen auf diese Weise zu regeln.
Doch ist der Bundestag nicht das alleinige Gesetzgebungsorgan. Der Bundesrat ist zu
beteiligen (Art. 78 GG), selbst wenn er ein Geschäftsordnungsfragen regelndes Gesetz letztlich nicht aufhalten könnte. Auch der Bundespräsident ist an der Gesetzgebung beteiligt, da er das beschlossene Gesetz ausfertigen und verkünden muss
(Art. 82 Abs. 1 S. 1 GG). Bei einer Regelung in Gesetzesform ist für jede Rechtsän-
derung ein neues Gesetzgebungsverfahren mit Beteiligung des Bundesrates und des
Bundespräsidenten zu durchlaufen. Mit anderen Worten: Der Bundestag wäre nicht
mehr alleiniger Herr seiner Geschäftsordnung, wenn er sie durch Gesetz regelte.[55]
Einer Auffassung nach ist daher eine ausdrückliche Ermächtigung durch das Grundgesetz zwingende Voraussetzung dafür, dass eine Geschäftsordnungsfrage durch Gesetz geregelt werden darf.[56] Solche Ermächtigungen finden sich in Art. 10 Abs. 2 GG
für das G-10, Art. 23 Abs. 7 GG für das EUZBBG, Art. 41 Abs. 3 GG für das
WPrüfG, Art. 45b S. 2 GG für das WBeauftrG, Art. 45c Abs. 2 für das Befugnisgesetz, Art. 45d Abs. 2 GG für das PKGrG, Art. 48 Abs. 3 S. 3 GG für das AbgG). Eine
weitergehende Ansicht lässt die Regelung in einem formellen Gesetz nur zu, wenn
eine grundgesetzliche Ermächtigung vorliegt oder nicht nur Abgeordnete, sondern
auch andere Rechtssubjekte verpflichtet werden sollen[57] (wie z.B. beim PUAG). Andere Autoren meinen sogar, der Bundestag habe ein freies Formenwahlrecht.[58] Zu
prüfen sei nicht, welche Rechtsform gewählt werde, sondern ob ein Vorhaben – wegen der Drittwirkung mancher Regelungen – verfassungsgemäß sei.[59] Eine vermittelnde Auffassung, die vom BVerfG und von Teilen des Schrifttums vertreten wird[60]
besagt, der Bundestag dürfe seine Organisation grundsätzlich auch durch Gesetz regeln. Dies sei jedenfalls dann der Fall, wenn erstens der Bundesregierung keine ins
Gewicht fallenden Einwirkungsmöglichkeiten auf das Verfahren und die Willensbildung des Bundestags eröffnet würden, wenn zweitens weder das Gesetz noch dessen

55   Vgl. BVerfGE 70, 324 (388) – Sondervotum *Böckenförde*.
56   Vgl. BVerfGE 70, 324 (366, 376 f.) – Sondervotum *Mahrenholz*; BVerfGE 70, 324 (380, 386 ff.) –
     Sondervotum *Böckenförde*; *Arndt*, Parlamentarische Geschäftsordnungsautonomie und autonomes
     Parlamentsrecht, 1966, S. 124 f.; *Troßmann*, JöR 28 (1979), 1 (45); *Pietzcker*, in: SZ, § 10 Rn. 16;
     Dreier, JZ 1990, 310 (315); *Schwerin*, Der Deutsche Bundestag als Geschäftsordnungsgeber, 1998,
     S. 46 ff.; *Pieroth*, in: JP, Art. 40 Rn. 10; *Steiger*, Organisatorische Grundlagen des parlamentarischen
     Regierungssystems, 1973, S. 45.
57   Vgl. *Morlok/Michael*, Rn. 752.
58   Vgl. *Bücker*, ZParl. 17 (1986), 324 (332 f.); *Kretschmer*, ZParl. 17 (1986), 334 (337 ff.); *Achterberg*,
     S. 328 f.; *Haug*, Bindungsprobleme und Rechtsnatur parlamentarischer Geschäftsordnungen, 1995,
     S. 50 f.;
59   Vgl. *Bücker*, ZParl. 17 (1986), 324 (333); *Kretschmer*, ZParl. 17 (1986), 334 (339).
60   Vgl. BVerfGE 70, 324 (361); 130, 318 (349 f.); *Klein*, in: MD, Art. 40 Rn. 79 f.; *Morlok*, in: Dreier,
     Art. 40 Rn. 16; *Brocker*, in: BK, Art. 40 Rn. 225; *Kluth*, in: SBHH, Art. 40 Rn. 28; *Dicke*, in: Um-
     bach/Clemens, Art. 40 Rn. 12; *Schliesky*, in: MSW, § 5 Rn. 60; *Luch*, in: MSW, § 10 Rn. 59.

Aufhebung der Zustimmung des Bundesrates bedürften, wenn drittens der Kern der Geschäftsordnungsautonomie unberührt bleibe und wenn viertens gewichtige sachliche Gründe für die Wahl der Gesetzesform sprächen.

102 Zutr. ist die Rechtsmeinung, die von einem Formenwahlrecht des Bundestages ausgeht. Die Einschränkungen, die das BVerfG und Teile der Literatur anbringen, sind zu unscharf.[61] Erst recht nicht zu überzeugen vermag die Auffassung, die Gesetzesform sei nur dann gestattet, wenn das Grundgesetz ausdrücklich dazu ermächtige. Die Begründung dafür, dass der Bundestag entscheiden kann, welche Rechtsform er wählt, ergibt sich allerdings nicht aus der nach h.M. bestehenden Höherrangigkeit des Gesetzes im Verhältnis zu Geschäftsordnung. Der vorliegende Streit dreht sich nämlich nicht um ein Rang-, sondern um ein Kompetenzproblem.[62] Entscheidend ist Folgendes: Es leuchtet nicht ein, warum der Bundestag als Gesetzgeber, der unter bestimmten Bedingungen sogar in Grundrechte eingreifen darf, nicht auch sein eigenes Verfahren per Gesetz soll regeln dürfen. Der Schutzzweck der Geschäftsordnungsautonomie, der aus dem Konstitutionalismus herrührt, ist im parlamentarischen Regierungssystem größtenteils bedeutungslos.[63] Ein „Hineinregieren" anderer an der Gesetzgebung beteiligter Verfassungsorgane in den Geschäftsgang und in die Organisation des Bundestages ist kaum zu befürchten, weder durch „aufgedrängte" Gesetzesinitiativen mit geschäftsordnungsrechtlichem Inhalt noch durch eine Ablehnung einer vom Bundestag gewünschten Regelung einer Geschäftsordnungsfrage in Gesetzesform: Jedes Gesetz muss vom Bundestag beschlossen werden (Art. 77 Abs. 1 GG). Ein faktisches Argument tritt hinzu. Die Bundesregierung wird durch die Parlamentsmehrheit gestützt. Warum sollte sie versuchen, dem Parlament Verfahrens- und Organisationsregelungen per Gesetzesinitiative aufzudrängen? Der Bundesrat wird ebenfalls kein Interesse daran haben, den Geschäftsgang oder die Organisation des Bundestages rechtlich zu binden. Manche Gegner einer Regelung von Geschäftsordnungsfragen in Gesetzesform tragen vor, ein Gesetz binde den Bundestag stärker als eine Regelung in der Geschäftsordnung. Das Parlament dürfe von einem Gesetz nicht nach § 126 GO-BT mit Zweidrittelmehrheit abweichen; es dürfe ein Gesetz nicht gemäß § 127 GO-BT authentisch und ad hoc interpretieren; ein Gesetz sei – anders als nach h.M. die GO-BT – nicht diskontinuierlich. Aber diese Erwägungen sprechen nicht gegen die Gesetzesform. Zum einen zielen sie eher auf die Zweckmäßigkeit eines Handelns ab. Zum anderen hat eine stärkere Rechtsbindung durchaus Vorteile. Dies zeigt sich vor allem, wenn die Rechtsbeziehungen zu anderen Verfassungsorganen (wie durch das ParlBG, EUZBBG, IntVG oder durch § 10a FMStFG, § 1 Abs. 4, 5, §§ 2-5 StabMechG) oder zu den Mitgliedern und Fraktionen des Bundestages (wie durch das AbgG) auf eine verlässliche, die Wahlperiode überdauernde Grundlage gestellt werden[64] oder Regelungen auch nach außen (im Verhältnis zu Dritten, wie z.B.

---

61 Vgl. *Schmidt*, AöR 128 (2003), 609 (640).
62 Vgl. *Arndt*, Parlamentarische Geschäftsordnungsautonomie und autonomes Parlamentsrecht, 1966, S. 122; *Steiger*, Organisatorische Grundlagen des parlamentarischen Regierungssystems, 1973, S. 44; *Rothaug*, Die Leitungskompetenz des Bundestagspräsidenten, 1979, S. 81; *Dreier*, JZ 1990, 310 (313).
63 Vgl. *Bücker*, ZParl. 17 (1986), 324 (331 f.); *Kretschmer*, ZParl. 17 (1986), 334 (337); *Haug*, Bindungsprobleme und Rechtsnatur parlamentarischer Geschäftsordnungen, 1995, S. 50.
64 Vgl. *Klein*, in: MD, Art. 40 Rn. 80; *Bücker*, ZParl. 17 (1986), 324 (331); *Haug*, Bindungsprobleme und Rechtsnatur parlamentarischer Geschäftsordnungen, 1995, S. 51.

§ 29 PUAG) wirken sollen.[65] Auch weitere mögliche Einwände gegen die hiesige Auffassung überzeugen nicht: Der Wortlaut des Art. 40 Abs. 1 S. 2 GG steht einer Regelung per Gesetz nicht entgegen. Der Begriff „Geschäftsordnung" beschreibt den Inhalt der Regelung, aber nicht ihre Form. Dass die Geschäftsordnungskompetenz im III. Abschnitt des Grundgesetzes und die Gesetzgebungsbefugnisse im VII. Abschnitt geregelt werden, steht der hier vertretenen Auffassung ebenfalls nicht entgegen. Der III. Abschnitt regelt unter anderem (v.a. in Art. 40 GG) die Binnenstruktur des Bundestages, der VII. Abschnitt hingegen die Gesetzgebungsfunktion. Eine Regelung der Binnenstruktur durch Gesetz schließt die Verfassungssystematik nicht aus. Das von *Mahrenholz* vorgebrachte Argument[66], dass der Minderheitenschutz, dem die Geschäftsordnung (auch) dient, durch die Nutzung des Gesetzgebungsverfahrens, in dem die Mehrheit entscheidet (Art. 42 Abs. 2 S. 1 GG), nicht ausgehebelt werden dürfe, widerspricht der hier vertretenen Ansicht ebenfalls nicht. Denn auch die Geschäftsordnung wird mit Mehrheit verabschiedet, wenngleich in der Praxis zumeist alle oder die meisten Fraktionen einer Änderung zustimmen. Natürlich dürfen die einer parlamentarischen Minderheit zugeschriebenen Rechte, sofern sie Verfassungsrang besitzen, auch durch ein Gesetz nicht beschnitten werden.

Lösung Fall 1 (Rn. 87): Nach hier vertretener Auffassung besitzt der Bundestag ein Formenwahlrecht. Auch wenn man die Rechtsprechung des BVerfG und die Sichtweise der ihr folgenden Literatur zugrunde legt, sind die Gesetze verfassungsgemäß. Nur die Ansicht, die eine ausdrückliche Ermächtigung durch das Grundgesetz vorsieht, wird sie für verfassungswidrig halten.   **103**

In den **Bundesländern** stellt sich das Problem der richtigen Rechtsform nicht auf dieselbe Weise wie im Bund. Ein dem Bundesrat vergleichbares Organ kennen die Landesverfassungen nicht. Allerdings besteht auch hier der semantische Unterschied zwischen Geschäftsordnung und Gesetz sowie die systematische Stellung von Geschäftsordnungsautonomie und Gesetzgebung. Nur im **Saarland** gilt kraft ausdrücklichen Verfassungsrechts etwas anderes: Der dortige Landtag regelt nach Art. 70 Abs. 1 SaarlVerf. seine inneren Angelegenheiten durch Gesetz und Geschäftsordnung. Er hat die Wahl, in welcher Form er Geschäftsordnungsfragen normiert.

Allerdings besitzt der geschilderte Meinungsstreit **auch im Bund keine große praktische Bedeutung**. Sofern die Verfassung aufgrund ausdrücklicher Ermächtigung selbst die Gesetzesform verlangt oder wenn Dritte betroffen sind, scheidet eine Regelung in der Geschäftsordnung von vornherein aus, selbst wenn auf den ersten Blick Angelegenheiten des Parlaments betroffen sind. Geht es hingegen um innere Angelegenheiten des Parlaments, insb. um dessen Verfahrensgang oder um dessen Organisation, ändert der Bundestag in der Regel schon aus praktischen Erwägungen die Geschäftsordnung. Es wird nicht etwa eine Gesetzesinitiative ergriffen, die eine Befassung des Bundesrates, in der Regel drei Lesungen im Bundestag und sodann eine Ausfertigung und Verkündung durch den Bundespräsidenten erfordern würde.

---

65   Vgl. *Bücker*, ZParl. 17 (1986), 324 (329).
66   Vgl. BVerfGE 70, 324 (377 f.) – Sondervotum *Mahrenholz*.

7. Auslegung der Geschäftsordnung

104 Die Auslegung der formellen Geschäftsordnung geschieht grundsätzlich in gleicher Weise wie bei anderen Rechtssätzen auch; der übliche Methodenkanon ist anzuwenden.[67] Dabei ist nach Ansicht des BVerfG für die Auslegung der Geschäftsordnung „die parlamentarische Tradition und Praxis mitheranzuziehen, wie sie durch die historische und politische Entwicklung geformt worden ist".[68] Die Parlamentstradition ist folglich für die Auslegung besonders bedeutsam, sofern sie bereits aus dem Bundestag stammt oder jedenfalls auf ihn übertragbar ist.[69] Zuständig für die Auslegung während einer Plenarsitzung ist der sitzungsleitende Bundestagspräsident (§ 127 Abs. 1 S. 1 GO-BT). Im Übrigen – also insb. außerhalb von Plenarsitzungen (etwa im Ausschussbetrieb) – ist der Ausschuss für Wahlprüfung, Immunität oder Geschäftsordnung (1. Ausschuss) zur Auslegung berufen; jedoch können der Präsident, fünf Prozent der Mitglieder des Bundestages, ein Ausschuss, eine Fraktion oder ein Viertel der Mitglieder des 1. Ausschusses verlangen, dass das Plenum über die Auslegung befindet (§ 127 Abs. 1 S. 2 GO-BT). Die Auslegungsentscheidungen des 1. Ausschusses haben – anders als die ad-hoc-Auslegungen durch den sitzungsleitenden Präsidenten – in manchen Fällen „rechtsfortbildenden Charakter" und reichen insoweit über eine bloße Auslegung hinaus.[70] Allerdings schafft der 1. Ausschuss durch seine Auslegungsentscheidungen **nicht neues Geschäftsordnungsrecht**. Er unterbreitet lediglich einen Vorschlag für die künftige Handhabung des Geschäftsordnungsrechts.[71] Die Befugnis zur letztgültigen authentischen[72] Interpretation und zur Änderung der Geschäftsordnung besitzt allein das Plenum. „Das Haus bleibt Herr seines Verfahrens."[73] Dies zeigen Art. 40 Abs. 1 S. 2 GG und § 127 Abs. 1 S. 2 GO-BT. Nur durch eine *Auslegungsentscheidung des Plenums* würde neues Geschäftsordnungsrecht geschaffen (wenngleich in der Praxis zur Klarstellung die GO-BT geändert wird). Gleichwohl sind die mittlerweile über 220 Auslegungsentscheidungen des 1. Ausschusses in der Parlamentspraxis sehr bedeutsam. Das Parlament folgt ihnen bei der Handhabung der Geschäftsordnung. Neben dem Plenum und dem 1. Ausschuss kann auch die Handhabung der Geschäftsordnung durch den Ältestenrat, das Präsidium, den Präsidenten außerhalb von Sitzungen, die Ausschussvorsitzenden und andere Amtsträger die Auslegung prägen.[74] Dies gilt z.B. im Bereich der Verhaltensregeln, die dem Präsidenten und dem Präsidium Einzelfallentscheidungen ermöglichen (§§ 7, 8 der Anlage 1 zur GO-BT). **Normcharakter hat eine Auslegungsentscheidung, wenn sie entweder vom Plenum getroffen wurde oder wenn sie vom 1. Ausschuss getroffen wurde, das Plenum ihr nicht widersprochen hat, und sie seit ihrer Verabschiedung mehrmals im Bewusstsein ihrer Verbindlichkeit angewandt wurde.**[75] Sofern dies alles

---

67 Vgl. nur *Klein*, in: MD, Art. 40 Rn. 41; *Brocker*, in: BK, Art. 40 Rn. 47.
68 Vgl. BVerfGE 1, 144 (148); 44, 308 (314); 68, 319 (328 ff.); 70, 324 (360).
69 Ebenso *Roll*, in: FS Blischke, 1982, S. 106, 108 f.
70 Vgl. *Roll*, in: FS Blischke, 1982, S. 97 f., 99.
71 Vgl. *Roll*, in: FS Blischke, 1982, S. 98; *Paschmanns*, in: MSW, § 24 Rn. 7; a.A. *Schulze-Fielitz*, in: SZ, § 11 Rn. 13; *Brocker*, in: BK, Art. 40 Rn. 94; *Schwerin*, Der Deutsche Bundestag als Geschäftsordnungsgeber, 1998, S. 259 f.
72 Vgl. *Klein*, in: MD, Art. 40 Rn. 41; *Haug*, Bindungsprobleme und Rechtsnatur parlamentarischer Geschäftsordnungen, 1994, S. 162.
73 *Roll*, in: FS Blischke, 1982, S. 100.
74 Vgl. *Kretschmer*, in: SZ, § 9 Rn. 123.
75 Vgl. *Kretschmer*, in: SZ, § 9 Rn. 60.

nicht der Fall ist, besitzt eine Auslegungsentscheidung keine Normqualität. Sie wirkt aber in der Praxis bis zu einer gegenteiligen Entscheidung oder Praxis als Konkretisierung der Geschäftsordnung, die zu beachten ist und auf die sich Parlamentsmitglieder berufen können.[76] In der Parlamentspraxis wird die Frage des Normcharakters nicht aufgeworfen. Dasselbe gilt für die Frage, ob Auslegungsentscheidungen nicht ebenfalls dem Prinzip der sachlichen Diskontinuität unterliegen. Grundsätzlich ist dies der Fall, da sich die Auslegungsentscheidungen auf die nach h.M. ebenfalls diskontinuierliche Geschäftsordnung beziehen. Sofern sie aber – wie im Regelfall – mindestens stillschweigend in jeder Wahlperiode, seitdem sie gefällt wurden, akzeptiert und befolgt werden, gelten Auslegungsentscheidungen als Teil des ungeschriebenen Geschäftsordnungs(gewohnheits)rechts auch über Wahlperiodenwechsel hinweg fort.

8. Änderung der Geschäftsordnung

Der Bundestag ändert die Geschäftsordnung, wie er sie erlässt: durch einen einfachen Mehrheitsbeschluss des Plenums (vgl. Art. 42 Abs. 2 S. 1 GG). Üblicherweise geht dem Beschluss ein Antrag mehrerer (oder aller) Fraktionen voraus, den das Plenum an den 1. Ausschuss überweist. Der Ausschuss gibt zu dem an ihn überwiesenen Änderungsantrag eine Beschlussempfehlung ab, über die dann im Plenum abgestimmt wird. Möglich ist auch eine direkte Abstimmung über einen Änderungsantrag im Plenum, ohne Ausschussüberweisung. Dies ist etwa dann der Fall, wenn der 1. Ausschuss gemäß § 128 GO-BT der Initiator der Änderung ist. Die vom Plenum entschiedene Geschäftsordnungsänderung gilt ab dem Beschluss unmittelbar.[77] Eine Verkündung im Bundesgesetzblatt ist nicht erforderlich,[78] geschieht aber üblicherweise. Vor Geschäftsordnungsänderungen stehen – in Abweichung von § 126 GO-BT – oftmals Verfahrenserprobungen. Diesen liegen interfraktionelle Absprachen im Ältestenrat (sog. Erprobungsbeschlüsse) zugrunde. Zu beobachten war dieses Vorgehen z.B. bei den „Reden zu Protokoll" im Rahmen der Gesetzesberatung. Diese wurden in der 16. Wahlperiode zunächst erprobt. Seit 2009 sind sie fester Bestandteil der Geschäftsordnung (vgl. § 78 Abs. 6 GO-BT).

105

9. Diskontinuitätsgrundsatz

Die Geschäftsordnung ist nach h.M. diskontinuierlich.[79] Ihre Gültigkeit ist folglich auf eine Wahlperiode beschränkt. Von diesem verfassungsgewohnheitsrechtlichen Grundsatz (s. Rn. 80) kann nicht abgewichen werden, wenngleich der Wortlaut des

106

---

76 Ebd.
77 Vgl. nur *Ritzel/Bücker/Schreiner*, Einleitung Anm. 4; *Kretschmer*, in: SZ, § 9 Rn. 128.
78 Vgl. *Brocker*, in: BK, Art. 40 Rn. 215; *Kretschmer*, in: SZ, § 9 Rn. 128; a.A. *Haug*, Bindungsprobleme und Rechtsnatur parlamentarischer Geschäftsordnungen, 1995, S. 170; *Schwerin*, Der Deutsche Bundestag als Geschäftsordnungsgeber, 1998, S. 241; *Schmidt*, AöR 128 (2003), 608 (626 f.); diff. *Rothaug*, Die Leitungskompetenz des Bundestagspräsidenten, 1979, S. 74.
79 Vgl. *Klein*, in: MD, Art. 40 Rn. 62; *Kretschmer*, in: BK, Art. 39 Rn. 215; *Pietzcker*, in: SZ, § 10 Rn. 28; *Arndt*, Parlamentarische Geschäftsordnungsautonomie und autonomes Parlamentsrecht, 1966, S. 83, 130; *Rothaug*, Die Leitungskompetenz des Bundestagspräsidenten, 1979, S. 69; *Stern*, StaatsR II, S. 69; *Achterberg*, S. 329 f.; *Schäfer*, Der Bundestag, 4. Aufl. 1982, S. 66; *Schwerin*, Der Deutsche Bundestag als Geschäftsordnungsgeber, 1998, S. 245; a.A. *Haug*, S. 76 ff., 84 ff.; *Michael*, in: MSW, § 49 Rn. 59 ff.

Art. 40 Abs. 1 S. 2 GG auch eine dauerhafte (kontinuierliche) Geschäftsordnung zu gestatten scheint.[80] Die Diskontinuität der Geschäftsordnung wirkt sich **faktisch nicht** aus: Im Regelfall wird in der konstituierenden oder einer der nachfolgenden Sitzungen eines neugewählten Parlaments die Geschäftsordnung der vorangegangenen Wahlperiode durch Mehrheitsbeschluss auch für die neue Legislaturperiode in Kraft gesetzt („übernommen").[81] Eine konkludente Übernahme ist ebenfalls möglich.[82]

107 Die Diskontinuität wirkt sich **rechtlich** aus: In der Übergangszeit zwischen dem Zusammentreten des neu gewählten Bundestages[83] und dem Erlass einer oder der Übernahme der alten Geschäftsordnung besteht *keine formelle* Geschäftsordnung. Da Art. 40 Abs. 1 GG den Bundestag zu bestimmten Handlungen – der Präsidentenwahl und dem „Geben" einer Geschäftsordnung – verpflichtet, darf es einen „regellosen" Zustand nicht geben. Daher ist davon auszugehen, dass die zur Konstituierung nötigen Geschäftsordnungsvorschriften über den Wahlperiodenwechsel hinaus fortgelten.[84] Was zur Konstituierung erforderlich ist, wird nicht einheitlich beurteilt. Nach hiesiger Auffassung sind eine wahl- und beschlussfähige Anzahl von Abgeordneten, die Wahl des Bundestagspräsidenten sowie einiger Stellvertreter und Schriftführer und der Beschluss einer Geschäftsordnung erforderlich.[85] Mithin gelten die Vorschriften über den Alterspräsidenten, die Präsidentenwahl, die Wahl der Vizepräsidenten und der Schriftführer (§§ 1-3 GO-BT) und den Erlass bzw. die Übernahme der formellen Geschäftsordnung zwar nicht formell, *aber materiell kraft Parlamentsgewohnheitsrechts*[86] (oder jedenfalls kraft Parlamentsbrauchs,[87] nicht aber kraft Verfassungsgewohnheitsrechts[88]) über den Ablauf einer Wahlperiode hinaus bis zur erfolgten Konstituierung (inklusive des Beschlusses einer Geschäftsordnung) fort.[89]

Die Einberufung des neu gewählten Bundestages durch den Präsidenten des vorangegangenen wird durch § 1 Abs. 1 GO-BT geregelt, ohne dass es eines Rückgriffs auf Verfassungsgewohnheitsrecht bedarf.[90] Denn zum Zeitpunkt der Einberufung besteht der „alte" Bundestag und amtiert der „alte" Bundestagspräsident ja noch.

---

80 So *Pietzcker*, in: SZ, § 10 Rn. 31.
81 Vgl. etwa BT-Drs. 18/1; 19/1.
82 Vgl. *Klein*, in: MD, Art. 40 Rn. 38; *Pietzcker*, in: SZ, § 10 Rn. 28; *Michael*, in: MSW, § 49 Rn. 60.
83 Das Parlament konstituiert sich nicht erst mit der Wahl des Präsidenten; so aber *Roll*, § 1 Rn. 1.
84 A.A. unter Berufung auf die Diskontinuität *Köhler*, ZParl. 22 (1991), 177 (180 f.); *C. Schönberger/ S. Schönberger*, JZ 2018, 105 (107).
85 Ähnlich wie hier *Payandeh*, in: MSW, § 7 Rn. 16, der aber die Wahl der Stellvertreter und der Schriftführer nicht nennt; zu eng dagegen *Troßmann*, JöR 28 (1979), 1 (109), der den Beschluss zur Geschäftsordnung nicht erwähnt. Ebenfalls zu eng *Schäfer*, Der Bundestag, 4. Aufl. 1982, S. 97, der die Ansicht vertritt, mit der Wahl und der Amtsübernahme des Präsidenten sei der Bundestag konstituiert.
86 So *Pietzcker*, in: SZ, § 10 Rn. 29, der von einer „Münchhausen-Situation" spricht; wie hier BT-Drs. 18/12376, S. 4; Abg. *Kaster*, BT-StenB. 18/237, S. 24170 B; im Ergebnis ebenso *Schäfer*, Der Bundestag, 4. Aufl. 1982, S. 70.
87 So Abg. *Solms* als Alterspräsident in der konstituierenden Sitzung des 19. Bundestages am 24.10.2017, BT-StenB. 19/1, S. 1 A.
88 So aber *Rothaug*, Die Leitungskompetenz des Bundestagspräsidenten, 1979, S. 95.
89 Ähnlich *Köhler*, ZParl. 22 (1991), 177 (181): Konkludente Übernahme der bisherigen GO-BT durch freiwillige Unterwerfung der Abgeordneten unter die Sitzungsleitung des Alterspräsidenten.
90 A.A. *Brocker*, in: BK, Art. 40 Rn. 74; *Schliesky*, in: vMKS, Art. 39 Rn. 26; *Schulze-Fielitz*, in: SZ, § 11 Rn. 5.

Eine Weitergeltung ungeschriebenen Rechts (bzw. ungeschriebenen Brauchs) über Wahlperiodenwechsel hinaus ist für das deutsche Parlamentsrecht typisch. Die Ansicht, es bestünden zu Beginn einer Wahlperiode gar keine rechtlich bindenden Regeln, und die Ordnung der Geschäfte könne zunächst nur in allgemeiner Übereinstimmung,[91] oder (wenn diese nicht besteht) durch Mehrheitsbeschluss von Fall zu Fall erfolgen,[92] geht fehl. Bis zur Konstituierung bestehen keine Fraktionen, die sich verständigen könnten. Auch der Mehrheitsbeschluss bedürfte der Leitung der Abstimmung, einer Verständigung über die Frage, worüber (wann) abzustimmen ist, und der Feststellung, dass eine bzw. keine Mehrheit gegeben ist. Aus diesem Grund sieht § 1 Abs. 2 GO-BT – der als Gewohnheitsrecht über das Wahlperiodenende hinaus bis zur erfolgten Konstituierung (inklusive des Beschlusses einer Geschäftsordnung) fortgilt – den Alterspräsidenten, also das Mitglied mit den meisten Mandatsjahren, als Sitzungsleiter bis zur Präsidentenwahl vor.

Änderungen an der bis zu der konstituierenden Sitzung geltenden Geschäftsordnung, die zu Beginn der neuen Wahlperiode in Kraft treten sollen, werden in der Praxis entweder im Übernahmebeschluss als Maßgaben vorgesehen oder ins Plenum eingebracht und an den 1. Ausschuss überwiesen. Über dessen Beschlussempfehlung stimmt dann das Plenum ab. **108**

10. Auswirkungen eines Geschäftsordnungsverstoßes

Die GO-BT ist untergesetzliches Recht, das der Bundestag im Rahmen seiner Geschäftsordnungsautonomie selbst setzt. Die GO-BT ist nicht Teil der Verfassung. Die in ihr vorgesehenen Verfahrensvorschriften sind politisch zweckmäßig, aber nicht verfassungsrechtlich geboten. Das Verfahren könnte auch anders ausgestaltet sein. Ein Verstoß gegen die GO-BT (z.B. gegen die Vorgabe von drei Beratungen bei Gesetzentwürfen, § 78 Abs. 1, oder gegen die Verteilungsfrist, § 78 Abs. 5 GO-BT) ist daher nicht automatisch ein Verfassungsverstoß. Im Gegenteil: Eine Geschäftsordnungsverletzung ist nur dann zugleich ein Verfassungsverstoß, wenn die GO-BT ausnahmsweise Vorschriften des Grundgesetzes wiederholt (z.B. § 42 GO-BT, Art. 43 Abs. 2 GG) oder wenn das parlamentarische Verfahren die ihm durch die Verfassung zugewiesenen Funktionen nicht mehr erfüllt (und damit das Demokratieprinzip verletzt ist).[93] Das dürfte aber nur selten der Fall sein. Erstens werden Abweichungen vom Verfahren zumeist zwischen allen Fraktionen vereinbart oder gemäß § 126 GO-BT mit Zweidrittelmehrheit beschlossen. Zweitens ist eine zügige Beratung gerade Ausweis einer starken parlamentarischen Demokratie. Nur wenn Abgeordnete oder Fraktionen regelrecht überrascht werden und z.B. erforderliche Beratungsunterlagen vor einer Abstimmung nicht erhalten, kommt ein Verstoß gegen das Demokratieprinzip infrage. **109**

---

91 So *Troßmann*, JöR 28 (1979), 1 (105).
92 Vgl. *Arndt*, Parlamentarische Geschäftsordnungsautonomie und autonomes Parlamentsrecht, 1966, S. 132 f.
93 Vgl. etwa *Degenhart*, Rn. 221; *Klein*, in: MD, Art. 40 Rn. 57; *Stern*, StaatsR II, S. 84.

110 | **Prüfungsreihenfolge bei Verstößen gegen die GO-BT**

1. Abweichung von der GO-BT (z.B. § 78)?
   a) Nein: bei interfraktioneller Vereinbarung (im Ältestenrat, im Plenum oder anderswo)
   b) Nein: bei Abweichung mit Zweidrittelmehrheit (§ 126 Abs. 1, aber Vorsicht bei Minderheitsrechten wie § 20 Abs. 4; hier ist eine Abweichung durch § 126 Abs. 2 GO-BT verboten)
2. Liegt überhaupt ein Verstoß vor?
3. Wenn ein Verstoß vorliegt: Ist er zugleich ein Verfassungsverstoß?
   a) weil gegen eine GO-Vorschrift verstoßen wurde, die eine Verfassungsvorschrift wiederholt
   b) weil der GO-Verstoß das Demokratieprinzip verletzt (das kann der Fall sein, wenn gegen Minderheitsrechte verstoßen wird, Fraktionen oder Abgeordnete in ihren Rechten beschnitten werden, eine Beratung nicht möglich war).

11. Verfassungsprozessuale Bedeutung der Geschäftsordnung

111 Die GO-BT ist nur insofern Prüfungsmaßstab eines Verfahrens vor dem BVerfG, als sie im **Organstreit** gemäß Art. 93 Abs. 1 Nr. 1 GG die Grundlage für die Parteifähigkeit (und ggf. die Prozessstandschaft) von Organteilen darstellt.[94] Parteifähig sind danach z.B. Abgeordnete, Fraktionen (auch solche in Ausschüssen), Gruppen, Ausschüsse[95] und der Ältestenrat.[96] Parteifähig sind auch der Bundestagspräsident und der Wehrbeauftragte. Ihre Parteifähigkeit ergibt sich unmittelbar aus dem Grundgesetz: Die Verfassung verleiht dem Bundestagspräsidenten bestimmte Befugnisse (z.B. in Art. 39 Abs. 3, S. 2, 40 Abs. 2 GG). Die Parteifähigkeit des Wehrbeauftragten folgt aus seiner in Art. 45b GG festgeschriebenen Rolle als Hilfsorgan des Bundestages.[97]

112 Gegenstand eines Organstreits können Geschäftsordnungsvorschriften und auf ihrer Grundlage erlassene Individualrechtsakte[98] als „Maßnahme" i.S.d. § 64 Abs. 1 BVerfGG sein. Voraussetzung ist, dass sie beim Antragsteller eine aktuelle rechtliche Betroffenheit auszulösen vermögen.[99] Maßstab der Prüfung, ob der Organstreitantrag begründet ist, ist aber allein die Verfassung. Geschäftsordnungsverstöße, z.B. im Gesetzgebungsverfahren oder bei der Besetzung eines parlamentarischen Amtes, die nicht zugleich einen Verfassungsverstoß darstellen, sind nach h.M. nicht justiziabel.[100] Mit anderen Worten: Wenn sich ein Verfassungsorgan oder -organteil auf ein Recht aus der Geschäftsordnung beruft, muss dieses Recht sich auch aus der Verfassung ergeben.[101] Die bloße Möglichkeit (abstrakte Gefahr) einer verfassungswidrigen

---

94 Vgl. *Bethge*, in: MSBKB, § 64 Rn. 118.
95 Vgl. etwa *Schlaich/Korioth*, Das Bundesverfassungsgericht, 11. Aufl. 2018, Rn. 88 m.w.N.
96 Vgl. *Walter*, in: MD, Art. 93 Rn. 211.
97 Wie hier *Walter*, in: MD, Art. 93 Rn. 214; *Morgenthaler*, in: BeckOK-GG, Art. 93 Rn. 22.1; *Pieroth*, in: JP, Art. 93 Rn. 11; a.A. *Bethge*, in: MSBKB, § 63 Rn. 25.
98 Vgl. *Klein*, in: MD, Art. 40 Rn. 56.
99 Vgl. etwa BVerfGE 80, 188 (Ls. 1).
100 Vgl. *Schliesky*, in: vMKS, Art. 40 Rn. 22; *Klein*, in: MD, Art. 40 Rn. 56; *Brocker*, in: BK, Art. 40 Rn. 234; *Pietzcker*, in: SZ, § 10 Rn. 47; *Haug*, Bindungsprobleme und Rechtsnatur parlamentarischer Geschäftsordnungen, 1995, S. 154; diff. *Schwerin*, Der Deutsche Bundestag als Geschäftsordnungsgeber, 1998, S. 286 ff.
101 Vgl. z.B. BVerfGE 124, 161 (187).

Handhabung der Geschäftsordnung genügt im Organstreit nicht.[102] Das BVerfG muss vielmehr davon ausgehen, dass die Geschäftsordnung „fair und loyal" angewandt werden wird.[103] Die Kontrolle von Geschäftsordnungsvorschriften ist auf Willkür begrenzt; zudem bleibt der Verhältnismäßigkeitsgrundsatz außer Betracht.[104]

Ob eine Geschäftsordnungsnorm im Wege der **abstrakten Normenkontrolle** (Art. 93 Abs. 1 Nr. 2 GG i.V.m. §§ 13 Nr. 6, 76 ff. BVerfGG) überprüfbar ist, ist umstritten, aber zu bejahen.[105] Die GO-BT besitzt Rechtssatzqualität und gehört zum Bundesrecht. Sie kann daher überprüft werden. Prüfungsmaßstab ist aber – wie auch beim Organstreit – schon nach dem Wortlaut des Art. 93 Abs. 1 Nr. 2 GG allein das Grundgesetz. **113**

V. Ungeschriebene Regeln

Auf die Bedeutung ungeschriebener Regeln im Parlamentsrecht wurde weiter oben (Rn. 98 f.) bereits hingewiesen. Ungeschriebene Regeln sind notwendig, da ein Parlament nicht alle Organisations- und Verfahrensprobleme erschöpfend regeln kann.[106] Eine umfassende Normierung wäre auch nachteilig. Sie würde es verhindern, parlamentarische Fragen flexibel zu regeln. Eine flexible, also der politischen Situation angepasste, Ordnung des Parlamentsgeschehens – die durch ungeschriebene Regeln leichter möglich ist – ist aber unabdingbar.[107] Sie ermöglicht es, alle Parlamentsakteure – den sitzungsleitenden Präsidenten, die Abgeordneten und die Fraktionen – fortwährend in das Parlamentsgeschehen einzubeziehen und den unverzichtbaren demokratischen Grundkonsens zu erhalten. Dieser Grundkonsens lautet: Die Volksvertretung muss stets arbeitsfähig sein und ihre verfassungsgemäßen Aufgaben als Volksvertretung (Art. 20 Abs. 2 S. 2, 38 Abs. 1 S. 2 GG) wahrnehmen. Alle am Parlamentsgeschehen politisch Beteiligten sind verpflichtet, hierzu beizutragen und die parlamentarische Ordnung zu schützen. Obstruktion und Zerstörungswille haben keinen Platz. Durch flexible Geschäftsordnungsregeln wird ein den Grundkonsens wahrender Interessenausgleich zwischen den Fraktionen und Abgeordneten ermöglicht. Natürlich verschiebt dieser nicht die Mehrheitsverhältnisse, welche die demokratische Wahl nach Art. 38 Abs. 1 GG ergeben hat. Letztendlich entscheidet die Mehrheit bei Abstimmungen und Wahlen im Parlament (Art. 42 Abs. 2 GG). Welche ungeschriebenen Regelungen einer bestimmten politischen Situation angemessen sind, kann nur im Einzelfall entschieden werden. Gerade die interfraktionelle Vereinbarung wirkt befriedend und konsenserhaltend. **114**

---

102 Vgl. BVerfGE 1, 144 (149).
103 Vgl. BVerfGE 1, 144 (149); 80, 188 (229); 96, 264 (285).
104 Vgl. *Brocker*, in: BK, Art. 40 Rn. 238.
105 So *Rozek*, in: MSBKB, § 76 Rn. 26; *Schliesky*, in: vMKS, Art. 40 Rn. 25; *Klein*, in: MD, Art. 40 Rn. 56; *Brocker*, in: BK, Art. 40 Rn. 239; *Pieroth*, in: JP, Art. 93 Rn. 38; *Pietzcker*, in: SZ, § 10 Rn. 45; *Haug*, Bindungsprobleme und Rechtsnatur parlamentarischer Geschäftsordnungen, 1995, S. 54 f.; *Schwerin*, Der Deutsche Bundestag als Geschäftsordnungsgeber, 1998, S. 278 f.; a.A. *Arndt*, Parlamentarische Geschäftsordnungsautonomie und autonomes Parlamentrecht, 1966, S. 164 f.; *Schäfer*, Der Bundestag, 4. Aufl. 1982, S. 67.
106 Vgl. *Schulze-Fielitz*, in: SZ, § 11 Rn. 66.
107 Vgl. *Schulze-Fielitz*, in: SZ, § 11 Rn. 70.

115   Ungeschriebene Regelungen haben noch einen weiteren Vorteil: Aufgrund ihrer Flexibilität ermöglichen sie **Verfahrenserprobungen und Selbstoptimierungen des Parlamentsbetriebs.**[108] Diese können zu einer besseren Aufgabenerfüllung der Volksvertretung beitragen. Hinzuweisen ist darauf, dass zwar die Vertreter von Bundesregierung und Bundesrat (Zutritts- und Redeprivilegierte) grundsätzlich nicht dem Geschäftsordnungsrecht unterfallen. Dieses bindet nach h.M. nur die Mitglieder des Bundestages.[109] Doch unterwerfen sich die Zutritts- und Redeprivilegierten üblicherweise ebenfalls dessen Regeln – sei es aus Gründen politischer Übereinstimmung mit bestimmten Akteuren oder aus Verfassungsorgantreue. Die Verfassungsorgantreue ist Ausdruck des geschilderten demokratischen Grundkonsenses, bezogen auf die gesamte Verfassungsordnung. Ein Vorteil ungeschriebener Regeln liegt darin, dass sie unverbindlich vorschreiben können, was rechtlich nicht vorgeschrieben werden könnte.[110]

116   Bei den ungeschriebenen Regeln **unterscheidet** man zwischen dem rechtlich verbindlichen Gewohnheitsrecht und dem nicht rechtlich, aber politisch verbindlichen Parlamentsbrauch[111].

Parlamentsgewohnheitsrecht (zum Teil als **Observanz** bezeichnet[112]) entsteht nicht durch ein förmliches Rechtssetzungsverfahren, sondern durch eine stetige, von der Verbindlichkeit ausgehenden Übung der Abgeordneten. Die konstante, über einen längeren Zeitraum praktizierte Übung ist ebenso konstitutiv wie die allgemeine Anerkennung der Rechtsverbindlichkeit.[113] Letztere kann sich nämlich bei ungeschriebenen Regeln nur über einen längeren Zeitraum entwickeln.[114] Parlamentsgewohnheitsrecht ist nach zutr. Auffassung nicht diskontinuierlich, sondern wirkt über mehrere Wahlperioden hinweg.[115] Verfassungsgewohnheitsrecht besitzt unter dem Grundge-

---

108   Vgl. *Schulze-Fielitz*, in: SZ, § 11 Rn. 66.
109   Vgl. etwa BVerfGE 1, 144 (148); *Schliesky*, in: vMKS, Art. 40 Rn. 21; *Brocker*, in: BK, Art. 40 Rn. 218, 226; *Pieroth*, in: JP, Art. 40 Rn. 9; *Magiera*, in: Sachs, Art. 40 Rn. 22; *Bücker*, in: SZ, § 34 Rn. 4; *Arndt*, Parlamentarische Geschäftsordnungsautonomie und autonomes Parlamentsrecht, 1966, S. 110 ff.; *Stern*, StaatsR II, S. 84; a.A. *Klein*, in: MD, Art. 40 Rn. 64 ff., 105; *Schwerin*, Der Deutsche Bundestag als Geschäftsordnungsgeber, 1998, S. 77 ff.
110   Vgl. *Schulze-Fielitz*, in: SZ, § 11 Rn. 69, 71.
111   Vgl. *Schulze-Fielitz*, in: SZ, § 11 Rn. 15; *Brocker*, in: BK, Art. 40 Rn. 93, 95; *Steiger*, Organisatorische Grundlagen des parlamentarischen Regierungssystems, 1973, S. 48; *Haug*, Bindungsprobleme und Rechtsnatur parlamentarischer Geschäftsordnungen, 1995, S. 40; für den Reichstag schon *Perels*, Das autonome Reichstagsrecht, 1903, S. 7.
112   Vgl. *Zeh*, in: HStR III, § 52 Rn. 37; für den Reichstag *Perels*, Das autonome Reichstagsrecht, 1903, S. 3; krit. zum Begriff *Schulze-Fielitz*, in: SZ, § 11 Rn. 12.
113   Vgl. *Brocker*, in: BK, Art. 40 Rn. 93; *Steiger*, Organisatorische Grundlagen des parlamentarischen Regierungssystems, 1973, S. 46; *Rothaug*, Die Leitungskompetenz des Bundestagspräsidenten, 1979, S. 85; *Haug*, Bindungsprobleme und Rechtsnatur parlamentarischer Geschäftsordnungen, 1995, S. 61, 159.
114   A.A. *Blischke*, in: FS Schellknecht, 1984, S. 60; wie hier schon *Perels*, Das autonome Reichstagsrecht, 1903, S. 7.
115   Vgl. *Rothaug*, Die Leitungskompetenz des Bundestagspräsidenten, 1979, S. 85; für eine Übernahme des Parlamentsgewohnheitsrechts und des Parlamentsbrauchs (jedenfalls) von der vorangegangenen zur darauffolgenden Wahlperiode Troßmann, JöR 28 (1979), 1 (106); a.A. *Arndt*, Parlamentarische Geschäftsordnungsautonomie und autonomes Parlamentsrecht, 1966, S. 131, und *Schwerin*, Der Deutsche Bundestag als Geschäftsordnungsgeber, 1998, S. 261 ff., die daher meinen, dass es parlamentarisches Gewohnheitsrecht nicht geben könne.

setz angesichts der Auslegungskompetenz des BVerfG eine geringe Bedeutung.[116] Hingegen ist das auf der Stufe der Geschäftsordnung stehende Parlamentsgewohnheitsrecht für den Parlamentsbetrieb sehr bedeutsam.

Der nur politisch verbindliche **Parlamentsbrauch** ist eine regelmäßig befolgte Tradition[117] und fast *rechtsähnlich wirksam*.[118] Ihm fehlt im Unterschied zum Parlamentsgewohnheitsrecht die allgemeine Anerkennung als rechtsverbindlich.[119] Er ist eine (potenzielle) Vorstufe von Parlamentsgewohnheitsrecht und – wie das Parlamentsgewohnheitsrecht[120] – auch von kodifiziertem Geschäftsordnungsrecht.[121] Das bestehende Parlamentsgewohnheitsrecht ist aus früherem, rechtlich nicht bindendem Parlamentsbrauch als dauerhafter Übung der Parlamentsmitglieder hervorgegangen.[122] **117**

Sowohl das Parlamentsgewohnheitsrecht als auch der Parlamentsbrauch orientieren sich stark an der **Rechtswirklichkeit** und werden von ihr geprägt. Das Parlamentsrecht ist sehr stark mit der Rechtswirklichkeit verklammert.[123] Die Grenze zwischen verbindlichem Gewohnheitsrecht und unverbindlichem Parlamentsbrauch lässt sich nicht immer trennscharf ziehen.[124] Oftmals ist umstritten, ob Regeln dem Verfassungsgewohnheitsrecht, dem Parlammentsgewohnheitsrecht oder dem Parlamentsbrauch zuzuordnen sind. Rechtliche oder praktische Bedeutung hat die Zuordnung nur, wenn um die Verbindlichkeit einer Regel gestritten wird und die Frage im Raum steht, ob es einer Zweidrittelmehrheit bedarf, um von einer bis dato bestehenden Vorgehensweise abzuweichen, denn § 126 GO-BT gilt auch für das Parlamentsgewohnheitsrecht.[125] Ein Streit um die Verbindlichkeit einer Norm und eine Abweichungsmöglichkeit kann unter Umständen auch vor Gericht ausgetragen werden.[126] Abgesehen davon kann man einige Regeln mittlerweile als so gefestigt ansehen, dass sie dem Parlamentsbrauch entwachsen und zum Parlamentsgewohnheitsrecht geworden sind. **118**

---

116 Vgl. z.B. *Tomuschat*, Verfassungsgewohnheitsrecht?, 1972, S. 138 ff.; *Schulze-Fielitz*, in: SZ, § 11 Rn. 74; *Haug*, S. 63; für § 1 Abs. 1 GO-BT als Ausdruck des Verfassungsgewohnheitsrechts etwa *Arndt*, Parlamentarische Geschäftsordnungsautonomie und autonomes Parlamentsrecht, 1966, S. 132.

117 Vgl. *Schulze-Fielitz*, in: SZ, § 11 Rn. 15; *Brocker*, in: BK, Art. 40 Rn. 95; *Schwerin*, Der Deutsche Bundestag als Geschäftsordnungsgeber, 1998, S. 265.

118 Vgl. *Schulze-Fielitz*, in: SZ, § 11 Rn. 14.

119 Vgl. *Rothaug*, Die Leitungskompetenz des Bundestagspräsidenten, 1979, S. 87.

120 Vgl. *Versteyl*, in: MK, Art. 40 Rn. 19; *Haug*, Bindungsprobleme und Rechtsnatur parlamentarischer Geschäftsordnungen, 1995, S. 39.

121 Vgl. *Cancik*, in: MSW, § 9 Rn. 46; *Schulze-Fielitz*, in: SZ, § 11 Rn. 24; für den Reichstag schon *Perels*, Das autonome Reichstagsrecht, 1903, S. 7.

122 Vgl. etwa *Schulze-Fielitz*, in: SZ, § 11 Rn. 6; *Achterberg*, S. 66; *Rothaug*, Die Leitungskompetenz des Bundestagspräsidenten, 1979, S. 87.

123 Vgl. *Achterberg*, S. III.

124 Vgl. etwa *Steiger*, Organisatorische Grundlagen des parlamentarischen Regierungssystems, 1973, S. 48 f.; *Stern*, StaatR II, S. 83.

125 Vgl. *Troßmann*, Kommentar, § 127 (a.F.) Rn. 5; *Schulze-Fielitz*, in: SZ, § 11 Rn. 7; *Roll*, § 126 Rn. 2; *Brocker*, in: BK, Art. 40 Rn. 93; *Rothaug*, Die Leitungskompetenz des Bundestagspräsidenten, 1979, S. 86; *Haug*, Bindungsprobleme und Rechtsnatur parlamentarischer Geschäftsordnungen, 1995, S. 159.

126 Ebenso *Schulze-Fielitz*, in: SZ, § 11 Rn. 73 f.

1. Parlamentsgewohnheitsrecht

Zu den Regeln des Parlamentsgewohnheitsrechts gehören im Wesentlichen die im Folgenden genannten Fälle.

a) Vorschlagsrecht für den Bundestagspräsidenten

119 Schon seit der Wahl *Paul Löbes* (SPD) zum Reichstagspräsidenten im Jahr 1920 und erst recht seit dem Bestehen der Bundesrepublik stellt die stärkste Fraktion den Parlamentspräsidenten. Dies war allerdings zunächst nicht unwidersprochen. In der Weimarer Zeit und in den ersten Jahren der Bundesrepublik gab es immer wieder mehrere Kandidaten, wobei sich der Vorschlag der stärksten Fraktion jedoch immer durchsetzte.[127] Seit der dritten Wahlperiode des Bundestages[128] liegt das *Vorschlagsrecht* gewohnheitsrechtlich und damit zwingend immer bei der stärksten Fraktion; die übrigen Fraktionen haben dessen Wahl durch Zustimmung oder Enthaltung sicherzustellen.[129] Da diese Regel schon seit langem zur Parlamentstradition gehört und in ganz Deutschland auf Bundes- und Landesebene unbestrittenermaßen befolgt wird, ist sie Teil des verbindlichen Parlamentsgewohnheitsrechts. Sie ist folglich nicht Teil des Parlamentsbrauchs.[130] Ein Vorschlagsrecht einzelner Mitglieder besteht daher nach zutr. Ansicht nicht.[131] Die GO-BT geht selbst davon aus, dass der Bundestagspräsident aus der stärksten Fraktion stammt (was nach aller politischen Erfahrung dann der Fall ist, wenn ihn diese auch vorschlägt): Gemäß § 7 Abs. 6 GO-BT wird der Bundestagspräsident im Verhinderungsfall durch einen seiner Stellvertreter aus der *zweit*stärksten Fraktion vertreten.[132]

b) Unvereinbarkeitsregeln

120 Ein Regierungsamt als Kanzler, Minister oder Parlamentarischer Staatssekretär ist mit der Mitgliedschaft in einem Ausschuss[133] oder im Parlamentspräsidium[134] unvereinbar. In der Praxis wird ohnehin nicht erwogen, Inhaber von Regierungsämtern zu Ausschuss- oder Präsidiumsmitgliedern zu machen. Die hohe Arbeitsbelastung der Minister und Parlamentarischen Staatssekretäre und der Umstand, dass auch die „einfachen" Abgeordneten bei der Vergabe von Ausschusssitzen zum Zuge kommen sollen, schließt solche Überlegungen aus.

---

127 Vgl. z.B. Verhandlungen des Reichstags, Bd. 454, 6 f.
128 Vgl. *Edinger*, Wahl und Besetzung parlamentarischer Gremien, 1991, S. 166 f.
129 Vgl. *Pieroth*, in: JP, Art. 40 Rn. 1; *Schulze-Fielitz*, in: SZ, § 11 Rn. 10; *Blum*, in: MSW, § 21 Rn. 2; *Steiger*, Organisatorische Probleme des parlamentarischen Regierungssystems, 1973, S. 47; *Rothaug*, Die Leitungskompetenz des Bundestagspräsidenten, 1979, S. 87 f.; *Achterberg*, S. 67, 190 f.
130 So aber *Troßmann*, JöR 28 (1979), 1 (108); *Magiera*, in: Sachs, Art. 40 Rn. 5; *Brocker*, in: BK, Art. 40 Rn. 107; *Leisner*, in: Sodan, Art. 40 Rn. 5; *Zeh*, in: HStR III, § 52 Rn. 28, § 53 Rn. 13; *Edinger*, Wahl und Besetzung parlamentarischer Gremien, 1991, S. 125, 166; *Stevens*, Die Rechtsstellung der Bundestagsfraktionen, 2000, S. 109; *Pfeil*, Der Abgeordnete und die Fraktion, 2008, S. 49 f.; *M. Fuchs/A. Fuchs/K. Fuchs*, DÖV 2009, 232 (235).
131 Vgl. *Klein*, in: MD, Art. 40 Rn. 89; *Ritzel/Bücker/Schreiner*, Bd. 2, § 2 Anm. I.1 lit. c; *Bücker*, in: SZ, § 27 Rn. 2; *Demmler*, Der Abgeordnete im Parlament der Fraktionen, 1994, S. 395.
132 Vgl. *Edinger*, Wahl und Besetzung parlamentarischer Gremien, 1966, S. 166.
133 Vgl. *Blischke*, in: FS Schellknecht, 1984, S. 71 f., der aber offenlässt, ob es sich um einen Parlamentsbrauch oder Verfassungs(gewohnheits)recht handele.
134 Vgl. für den Parlamentspräsidenten *Blum*, in: MSW, § 21 Rn. 11.

Die ganz h.M. ist der Ansicht (und hält dies vereinzelt sogar für Verfassungsgewohn- **121** heitsrecht[135]), die gleichzeitige Mitgliedschaft im Bundestag und im Bundesrat bzw. in einer Landesregierung sei unzulässig.[136] Dies ist unzutreffend.[137] Die gleichzeitige Mitgliedschaft im Bundestag und im Bundesrat bzw. in einer Landesregierung ist zulässig, denn der Verfassungstext ordnet eine Unzulässigkeit nicht an. Auch Art. 51 Abs. 1 GG, der die Mitgliedschaft im Bundesrat regelt, schließt eine gleichzeitige Mitgliedschaft im Bundestag nicht aus. Ferner regelt Art. 38 Abs. 1 GG die Wahl der Abgeordneten des Bundestages, verbietet eine Mitgliedschaft etwa im Bundesrat aber nicht. Eine Unvereinbarkeit mit der Mitgliedschaft im Bundestag oder im Bundesrat besteht hingegen ausdrücklich für das Amt des Bundespräsidenten (Art. 55 Abs. 1 GG) und für das Amt der Richter des BVerfG (Art. 94 Abs. 1 S. 3 GG). Dass in zwei Fällen die Inkompatibilität ausdrücklich geregelt ist, in den Vorschriften über den Bundesrat und den Bundestag aber nicht, spricht für die Zulässigkeit einer gleichzeitigen Mitgliedschaft im Bundestag und im Bundesrat. Die Staatspraxis kennt durchaus Fälle, in denen eine Mitgliedschaft im Bundesrat und im Bundestag bestand. Sie währte aus politischen Gründen sowie aus solchen der Arbeitsbelastung stets nur kurz.

c) Abstimmungsreihenfolge

Der Bundestag stimmt über eine Ausschussüberweisung vor allen anderen Anträ- **122** gen[138] und über einen Änderungsantrag vor dem Hauptantrag[139] ab.

In einigen Geschäftsordnungen der Landesparlamente ist dies ausdrücklich geregelt, so z.B. in § 126 der Geschäftsordnung des Bayerischen Landtages, in § 51 der Geschäftsordnung der Bremischen Bürgerschaft und in § 94 der Geschäftsordnung des Landtages Mecklenburg-Vorpommern.

Bei mehreren Änderungsanträgen stimmt der Bundestag über den inhaltlich am weitesten gehenden zuerst ab (wobei umstritten sein kann, welcher Antrag weiter reicht).[140] Ist in Bezug auf eine Ausschussüberweisung strittig, welcher Ausschuss federführend sein soll, stimmt der Bundestag zunächst über den Antrag ab, der voraussichtlich abgelehnt wird.[141] Das Parlament stimmt über Rückverweisungsanträge in der zweiten Beratung vor Änderungsanträgen ab.[142]

---

135 So *Jekewitz*, Landesregierungsamt und Abgeordnetenmandat im Deutschen Bundestag und im Europäischen Parlament, 1978, S. 23; *Blischke*, in: FS Schellknecht, 1984, S. 73.

136 Hierfür etwa *Partsch/Genzer*, AöR 76 (1950/51), 186 (199, 201 f.); *Tsatsos*, Die Unzulässigkeit der Kumulation von Bundestags- und Bundesratsmandat, 1965, S. 29 ff., 43; *Sturm*, Die Inkompatibilität, 1967, S. 107; *Achterberg*, S. 231; *Blischke*, in: FS Schellknecht, 1984, S. 72 f.; *Jekewitz*, Landesregierungsamt und Abgeordnetenmandat im Deutschen Bundestag und im Europäischen Parlament, 1978, S. 21 ff.; *Badura*, in: BK, Art. 38 Rn. 76; *Magiera*, in: Sachs, Art. 38 Rn. 57; *Schreiber*, in: BerlK, Art. 38 Rn. 229; *Hahlen*, in: Schreiber, Bundeswahlgesetz, 10. Aufl. 2017, § 46 Rn. 3; ebenso § 2 GO-BR.

137 Vgl. *Austermann*, in: AS, § 29 Rn. 21.

138 Vgl. *Troßmann*, Kommentar, § 127 (a.F.) Rn. 5; *Blischke*, in: FS Schellknecht, 1984, S. 69; *Achterberg*, S. 638 f.; *Haug*, Bindungsprobleme und Rechtsnatur parlamentarischer Geschäftsordnungen, 1995, S. 40; a.A. (Parlamentsbrauch) *Ritzel/Bücker/Schreiner*, § 80 Anm. I.1 lit. e.

139 Vgl. *Blischke*, in: FS Schellknecht, 1984, S. 69; a.A. (Parlamentsbrauch) *Ritzel/Bücker/Schreiner*, § 46 Anm. 2 lit.d.

140 Vgl. *Blischke*, in: FS Schellknecht, 1984, S. 69; *Achterberg*, S. 638.

141 A.A. (Parlamentsbrauch) *Ritzel/Bücker/Schreiner*, § 46 Anm. 2 lit. d, § 80 Anm. I.1 lit. e.

142 Vgl. *Hadamek*, in: Kluth/Krings, § 17 Rn. 78 f.

d) Zwischenrufe in der parlamentarischen Debatte

123 Zwischenrufe von Abgeordneten während der Plenardebatten sind zulässig[143] (da sie kein „Sprechen" im Sinne von § 27 Abs. 1 S. 1 GO-BT sind). Sie werden in das Plenarprotokoll aufgenommen (arg. § 119 Abs. 1 GO-BT).[144]

e) Weitere Regeln des Parlamentsgewohnheitsrechts

124 Der sitzungsleitende Präsident darf in einer Debatte nicht kritisiert werden.[145] Der Ort für Kritik an der Sitzungsleitung ist der nicht-öffentlich tagende Ältestenrat (§ 6 GO-BT) als „Clearing-Stelle" zwischen den Fraktionen.

Für Anträge einer Fraktion genügt es, wenn nur der Fraktionsvorsitzende sie mit dem Zusatz „und Fraktion" unterschreibt.[146]

2. Parlamentsbrauch (parlamentarische Übung)

125 In der Vergangenheit – insb. im Zuge der Geschäftsordnungsreformen der Jahre 1969 und 1980 – wurden viele Parlamentsbräuche in das formelle Geschäftsordnungsrecht übernommen. Dazu gehören z.B. die Verständigung über den Arbeitsplan des Bundestages (Termine, Tagesordnungen, Zeitplan für Sitzungswochen) in § 6 Abs. 2 oder die Einberufung von Ausschusssitzungen in § 60 GO-BT.[147] Parlamentsbräuche sind, da sie rechtlich nicht verbindlich sind, ab und an Gegenstand politischer Auseinandersetzungen.

a) Interfraktionelle Vereinbarungen

126 Den wichtigsten Fall des Parlamentsbrauches stellen die interfraktionellen Vereinbarungen (Absprachen) dar.[148] Sie besitzen als **„politische Verträge"**[149] **keine Rechtsqualität**.[150] Das Plenum kann von ihnen abweichen. Dies zeigen insb. § 20 Abs. 1 Hs. 2 und § 35 Abs. 1 S. 2 GO-BT. Wirksam werden interfraktionelle Vereinbarungen erst, wenn sie dem Plenum mitgeteilt wurden und sich dort kein Widerspruch erhebt. Die interfraktionellen Absprachen erfolgen einvernehmlich und nicht durch Mehrheitsbeschluss.[151] Interfraktionelle Vereinbarungen können im Ältestenrat (wo-

---

143 Vgl. *Troßmann*, Kommentar, § 32 (a.F.) Rn. 1; *Bücker*, in: FS Schellknecht, 1984, S. 43; *Blischke*, in: FS Schellknecht, 1984, S. 63; *Roll*, § 27 Rn. 1; *Ritzel/Bücker/Schreiner*, § 27 Anm. I.1 lit. b; *Brocker*, in: BK, Art. 40 Rn. 95; a.A. (Parlamentsbrauch) *Schulze-Fielitz*, in: SZ, § 11 Rn. 15.

144 Vgl. *Blischke*, in: FS Schellknecht, 1984, S. 63.

145 Vgl. *Zeh*, ZParl. 17 (1986), 396 (407); a.A. (Parlamentsbrauch) *Schulze-Fielitz*, in: SZ, § 11 Rn. 34.

146 Vgl. *Steiger*, Organisatorische Grundlagen des parlamentarischen Regierungssystems, 1973, S. 116; *Kürschner*, Das Binnenrecht der Bundestagsfraktionen, 1995, S. 78.

147 Vgl. *Blischke*, in: FS Schellknecht, 1984, S. 55, 64.

148 Vgl. *Schulze-Fielitz*, in: SZ, § 11 Rn. 46; *Roll*, in: FS Blischke, 1982, S. 95; diff. *Achterberg*, S. 131.

149 So *Schulze-Fielitz*, in: SZ, § 11 Rn. 53; a.A. *Schwerin*, Der Deutsche Bundestag als Geschäftsordnungsgeber, 1998, S. 268; diff. *Rothaug*, Die Leitungskompetenz des Bundestagspräsidenten, 1979, S. 91.

150 Insoweit zutr. *Roll*, in: SZ, § 28 Rn. 47; *Arndt*, Parlamentarische Geschäftsordnungsautonomie und autonomes Parlamentsrecht, 1966, S. 108; *Rothaug*, Die Leitungskompetenz des Bundestagspräsidenten, 1979, S. 89 f.; *Haug*, Bindungsprobleme und Rechtsnatur parlamentarischer Geschäftsordnungen, 1995, S. 164.

151 Vgl. zur Vereinbarung der Sitzungstermine und der Tagesordnung *Hadamek*, in: Kluth/Krings, § 17 Rn. 42.

ran z.B. § 6 Abs. 2 S. 2, § 20 Abs. 1, § 35 Abs.1 S. 1 GO-BT anknüpfen), zwischen den (1.) Parlamentarischen Geschäftsführern der Fraktionen oder auf anderem Wege stattfinden.

aa) Vereinbarungen mit Anknüpfungspunkt in der GO-BT.   Zu den interfraktionel-   **127**
len Absprachen, die an formelles Geschäftsordnungsrecht anknüpfen, gehören insb. die folgenden:

Die Tagesordnung gilt für den betreffenden Sitzungstag[152] als festgestellt, wenn beim Aufruf des ersten Tagesordnungspunktes kein Widerspruch erfolgt oder keine Änderungsanträge gestellt werden (vgl. § 20 Abs. 2 S. 2, 3 GO-BT).

Die Rednerabfolge in einer Debatte (beginnende Fraktion, darauffolgende Fraktionen) wird zu Beginn der Wahlperiode durch interfraktionelle Vereinbarungen geregelt. In der Regel wechseln sich Redner der Koalitions- und Redner der Oppositionsfraktionen ab. Wenn die Oppositionsfraktionen ihre Redezeit erschöpft haben, folgen nur noch Redner der Koalitionsfraktionen.

Beispiel: Die Redezeitkontingente für eine 60-minütige Debatte sind wie folgt verteilt: C-Fraktion 27 Minuten, S-Fraktion 17 Minuten, L-Fraktion acht Minuten und G-Fraktion ebenfalls acht Minuten. Die Reihenfolge könnte in der „ersten Runde" so aussehen: C, S, L, G. In der „zweiten Runde" genauso. Wenn man davon ausgeht, dass eine Plenarrede mindestens drei Minuten dauern sollte, damit der Redner seine Gedanken ausführen kann, würde dies bedeuten, dass L und G in der „dritten Runde" nur noch jeweils zwei Minuten zur Verfügung stünden und einer „vierten Runde" gar keine Zeit mehr. Dann sprächen nur noch Redner von C und S, ggf. sogar mehrere von C hintereinander.

Die Proporzregeln für die Redezeit pro Fraktion, die an § 35 Abs. 1 S. 1 GO-BT an-   **128**
knüpfen, werden in der Regel aufgrund eines „Debattenschemas" zu Beginn einer Wahlperiode vereinbart. Vertreter der Bundesregierung oder des Bundesrates werden bei den Fraktionskontingenten angerechnet. Die Redezeit von Mitgliedern oder Beauftragten der Bundesregierung und des Bundesrates wird auf die Redezeit einer Fraktion angerechnet.[153] Sie fügt sich somit in das Plenargeschehen ein. Die Anrechnung geschieht wie folgt: Jedes Mitglied der Bundesregierung oder des Bundesrates (und jeder Beauftragte) wird einer Fraktion zugeordnet. Die Zuordnung folgt der Parteizugehörigkeit bzw. genauer der Frage, von welcher Partei der Besetzungsvorschlag für das jeweilige Ressort stammt. Bei Bundesratsmitgliedern, die einer im Bundestag nicht vertretenen Partei angehören, wird die Zuordnung zwischen den Fraktionen vereinbart.

Beispiel: Die Redezeit der Bundesminister oder Bundesratsmitglieder, die der CDU angehören, wird auf das Kontingent der CDU-CSU-Fraktion angerechnet und in der Regel auch von der Fraktion dem Sitzungsvorstand im Plenum mitgeteilt. Bei den übrigen Fraktionen verhält es sich genauso. Als die FDP nicht im Bundestag vertreten war (2013-17), sprachen die ihr angehörenden Bundesratsmitglieder „auf dem Kontingent" der CDU/CSU.

---

152   Vgl. *Hadamek*, in: Kluth/Krings, § 17 Rn. 43.
153   Ebenso *Blischke*, in: FS Schellknecht, 1984, S. 62; a.A. (Parlamentsgewohnheitsrecht) *Zeh*, in: HStR III, § 53 Rn. 31; *Brocker*, in: BK, Art. 40 Rn. 93.

129 Die grundsätzliche Regelung der Abfolge und Länge der Tagesordnungspunkte pro Sitzungswoche (Koalitions- und Oppositionsanliegen) wird, anknüpfend an § 20 Abs. 1 GO-BT, durch eine interfraktionelle Vereinbarung in der Regel zu Beginn der Wahlperiode getroffen. Sie wird durch mögliche Abweichungen während einzelner Sitzungswochen ergänzt. Darin wird dann festgelegt, ob ein Punkt „ohne Debatte" auf der Tagesordnung steht. Zu diesen „o.D."-Punkten gehören „Überweisungen im vereinfachten Verfahren" und „Abschließende Beratungen ohne Aussprache".

130 Zum Parlamentsbrauch gehört auch die Vereinbarung, welche Fraktion welchen Ausschussvorsitz und welchen stellvertretenden Vorsitz erhält. Die Verständigung (im Ältestenrat) ist vorgesehen in § 6 Abs. 2 S. 2 GO-BT. Der Vorsitz des Haushaltsausschusses wird nach einem Parlamentsbrauch[154] durch ein Mitglied der stärksten Oppositionsfraktion besetzt.

Die Verteilung der Sachverständigen in öffentlichen Anhörungen (und erweiterten Berichterstattergesprächen) folgt dem Fraktionsproporz (anknüpfend an § 70 Abs. 2 S. 2 GO-BT).

131

Donnerstag, 07. Mai 2020 (158. Sitzung)				
09.00-09.35 Uhr	30 Min.	TOP 8	Hilfsmaßnahmen im Veranstaltungsrecht und Kulturbereich	A
09.35- 10.10 Uhr	30 Min.	TOP 9	Unterstützung von Wissenschaft und Studierenden	A
10.10-10.45 Uhr	30 Min.	TOP 10	Elterngeld und Hilfe für Familien	A
10.45- 11.50 Uhr	60 Min.	TOP 11	Rückkehr in die Normalität	Ü
11.50-12.55 Uhr	60 Min.	TOP 12	Schutz der Bevölkerung bei epidemischer Lage	Ü
12.55-14.00 Uhr	60 Min.	TOP 13	Sozialer Schutz während der Corona-Krise	Ü
14.00- 14.10 Uhr	10 Min.	TOP 25	Überweisungen im vereinfachten Verfahren	Ü
		TOP 26	Abschließende Beratungen ohne Aussprache	A
14.10- 14.30 Uhr	6x3 Min.	TOP 14	Abgeordnetenentschädigung	A
14.30- 15.05 Uhr	30 Min.	TOP 15	Bundeswehreinsatz EUNAVFOR MED I RIM I	A1
15.05 - 15.40 Uhr	30 Min.	TOP 16	Wirtschaftliche Belebung	Ü
15.40-16.15 Uhr	30 Min.	TOP 17	Änderung des SGB IV	A
16.15- 16.50 Uhr	30 Min.	TOP 18	Schutz vor Konversionsbehandlungen	A

---

154 Vgl. *Roll*, § 58 Rn. 1; *Hasenjäger*, in: MSW, § 25 Rn. 1; *C. Schönberger/S. Schönberger*, JZ 2018, 105 (111); a.A. (Parlamentsgewohnheitsrecht) *Eickenboom*, in: SZ, § 44 Rn. 1; *Zeh*, in: HStR III, § 53 Rn. 13; wieder a.A. (Verfassungsgewohnheitsrecht) *Hanke*, ZParl. 25 (1994), 410 (423).

16.50- 17.25 Uhr	30 Min.	TOP 19	Ökologisches und sozial gerechtes Zukunftspaket	Ü
17.25 - 18.00 Uhr	30 Min.	TOP 20	Änderung des Strafgesetzbuches - Bildaufnahmen	Ü
18.00 - 18.35 Uhr	30 Min.	TOP 21	Stärkung des Gesundheitssystems	Ü
18.35- 19.10 Uhr	30 Min.	TOP 22	Wohnungseigentumsmodernisierungsgesetz	Ü

Schaubild 1: Beispiel einer Plenartagesordnung. „Ü" steht für Überweisung, „A" für Abstimmung.

bb) Vereinbarungen ohne Anknüpfungspunkt in der GO-BT. Zum Parlamentsbrauch gehören interfraktionelle Absprachen, die nicht an eine Vorschrift der GO-BT anknüpfen. Zu nennen sind Pairing-Vereinbarungen, nach denen ein Mitglied einer Regierungsfraktion, das einer Sitzung fernbleiben möchte, mit einem Mitglied einer Oppositionsfraktion übereinkommen kann, dass dieses ebenfalls nicht an der Sitzung teilnimmt, damit die Mehrheitsverhältnisse gewahrt bleiben. In der 17., 18. und 19. Wahlperiode wurde bzw. wird dieses Verfahren nicht praktiziert. Eine weitere Absprache[155] ohne Anknüpfungspunkt in der GO-BT betrifft die Platzierung der Fraktionen im Plenarsaal. Politisch als links eingestufte Fraktionen sitzen, vom Präsidentenstuhl aus gesehen, links etc.

132

b) Weitere parlamentarische Übungen

Es ist Parlamentsbrauch, dass einer der beiden Schriftführer, die mit dem sitzungsleitenden Bundestagspräsidenten den Sitzungsvorstand bilden, der Parlamentsmehrheit (Regierungsmehrheit) und der andere der Parlamentsminderheit (Opposition) angehört.[156]

133

Das Zeremoniell zur Eröffnung jeder Sitzung folgt altem Parlamentsbrauch.[157] Nach einem Gongschlag erheben sich die Abgeordneten, und der sitzungsleitende Präsident betritt mit zwei Schriftführern und dem Direktor oder einem Abteilungsleiter der Bundestagsverwaltung den Plenarsaal und nimmt seinen Platz auf dem Präsidentenstuhl ein.

Einige Inkompatibilitäten sind Ausdruck eines Parlamentsbrauchs: Wer ein Fraktionsamt innehat, also Vorsitzender, stellvertretender Vorsitzender, Parlamentarischer Geschäftsführer oder Arbeitsgruppen-/Arbeitskreissprecher ist, wird nicht Mitglied des Präsidiums. Die Fraktionsvorsitzenden verzichten zudem auf eine Ausschussmitgliedschaft.

---

155   A.A. (Parlamentsgewohnheitsrecht) *Brocker*, in: BK, Art. 40 Rn. 93.
156   Vgl. *Brocker*, in: BK, Art. 40 Rn. 154.
157   Vgl. *Blischke*, in: FS Schellknecht, 1984, S. 56.

Kritik am Bundespräsidenten ist in Plenardebatten untunlich.[158]

Eine Kleiderordnung besteht für den Bundestagspräsidenten oder die Abgeordneten schon seit Längerem nicht mehr. Die über lange Zeit beachtete Übung, dass männliche Schriftführer eine Krawatte zu tragen hatten, ist in letzter Zeit ins Wanken geraten.

Zur Steuerung der Ausschussarbeit bestehen nach parlamentarischer Übung bestimmte Klärungs- und Informationsformate: Obleuterunden und Berichterstattergespräche. *Obleute* sind Abgeordnete, die innerhalb eines Ausschusses für ihre jeweilige Fraktion eine führende und koordinierende Rolle einnehmen. Ihre Rolle entspricht derjenigen der Parlamentarischen Geschäftsführer, allerdings beschränkt auf den betreffenden Ausschuss. Jede Fraktion hat in jedem Ausschuss einen Obmann. *Berichterstatter* sind Abgeordnete, die in einem bestimmten Ausschussthema die Federführung besitzen. Üblicherweise bestimmt jede Fraktion zu jedem Thema ein Ausschussmitglied zum Berichterstatter. Die Berichterstatter treffen sich zu Gesprächen vor allem Klärungs- und Informationsbedarf zu strittigen Gesetzentwürfen oder Anträgen. Das Berichterstattergespräch kann helfen, einen von mehreren oder allen Fraktionen getragenen Änderungsantrag zu formulieren, um eine möglichst einstimmige Verabschiedung im Ausschuss zu erreichen. Sachverständige können hinzugezogen werden (erweitertes Berichterstattergespräch in Form einer „kleinen Anhörung").

Leitentscheidungen: BVerfGE 1, 144 (Geschäftsordnungsautonomie); 10, 4 (Redezeiten); 44, 308 (Beschlussfähigkeit); 70, 324 (Haushaltskontrolle der Nachrichtendienste); 80, 188 (Wüppesahl); 130, 318 (Stabilisierungsmechanismusgesetz).

Literatur zu § 3: *Arndt*, Parlamentarische Geschäftsordnungsautonomie und autonomes Parlamentsrecht. 1966; *Blischke*, Ungeschriebene Regeln im Deutschen Bundestag, in: FS Schellknecht, 1984; *Bücker*, Das Parlamentsrecht in der Hierarchie der Rechtsnormen, ZParl. 17 (1986), 324; *Cancik*, Rechtsquellen des Parlamentsrechts, in: MSW, § 9; *Dreier*, Regelungsform und Regelungsinhalt des autonomen Parlamentsrechts, JZ 1990, 310; *Edinger*, Wahl und Besetzung parlamentarischer Gremien, 1991; *Hanke*, Informale Regeln als Substrat des parlamentarischen Verhandlungssystems, ZParl. 25 (1994), 410; *Hatschek*, Das Parlamentsrecht des Deutschen Reiches, Erster (und einziger) Teil, 1915; *Haug*, Bindungsprobleme und Rechtsnatur parlamentarischer Geschäftsordnungen, 1995; *Köhler*, Die Rechtsstellung des Alterspräsidenten des Deutschen Bundestages, ZParl. 22 (1991), 177; *Kretschmer*, Zur Organisationsgewalt des Deutschen Bundestages im parlamentarischen Bereich, ZParl. 17 (1986), 334; *ders.*, Geschäftsordnungen deutscher Volksvertretungen, in: SZ, § 9; *Meinel*, Selbstorganisation des parlamentarischen Regierungssystems, 2019; *Perels*, Das autonome Reichstagsrecht, 1903; *Pietzcker*, Schichten des Parlamentsrechts, in: SZ, § 10; *Roll*, Auslegung und Fortbildung der Geschäftsordnung, in: FG Blischke, 1982; *ders.*, Geschäftsordnung des Deutschen Bundestages. Kommentar, 2001; *Rothaug*, Die Leitungskompetenz des Bundestagspräsidenten, 1979; *Schäfer*, Der Bundestag, 4. Aufl. 1982; *Schmidt*, Die Geschäftsordnungen der Verfassungsor-

---

158 Vgl. ebd., S. 57. Hier ist aus jüngerer Zeit der Auftritt des AfD-Abgeordneten *Brandner* in der Debatte am 16. Mai 2019 zum 70-jährigen Jubiläum des GG zu erwähnen, der den anwesenden Bundespräsidenten *Steinmeier* beschuldigte, „offen Werbung für eine linksextremistische Veranstaltung" gemacht zu haben, „auf der sogenannte Musikgruppen ihre primitiven Gewaltfantasien ausgelebt" hätten; vgl. BT-StenB. 19/101, S. 12162 C. Bundestagspräsident *Schäuble* ermahnte ihn daraufhin, vgl. S. 12162 D.

gane als individuell-abstrakte Regelungen des Innenrechts, AöR 128 (2003), 608; *Schulze-Fielitz*, Parlamentsbrauch, Gewohnheitsrecht, Observanz, in: SZ, § 11; *Schwerin*, Der Deutsche Bundestag als Geschäftsordnungsgeber, 1998; *Steiger*, Organisatorische Grundlagen des parlamentarischen Regierungssystems, 1973; *Troßmann*, Parlamentsrecht des Deutschen Bundestages. Kommentar zur Geschäftsordnung des Deutschen Bundestages unter Berücksichtigung des Verfassungsrechts, 1977; *ders.*, Der Bundestag: Verfassungsrecht und Verfassungswirklichkeit, JöR 28 (1979), 1; *Zeh*, Altersschichten in der Geschäftsordnung des Deutschen Bundestages, ZParl. 17 (1986), 396; *ders.*, Parlamentarisches Verfahren, in: HStR III, § 53.

§ 4 Mitglieder des Parlaments: Die Rechtsstellung der Abgeordneten

▶ **Literatur:** *Degenhart*, Staatsrecht I, § 7 Rn. 657–676; *Hillgruber/Goos*, Verfassungsprozessrecht, § 4 Rn. 457–464.

Fall 2: Die KPD-Fraktion zur Zeit der Weimarer Republik verlangte von ihren Abgeordneten, ein Formular zu unterschreiben, mit dem sie auf ihr Mandat verzichteten. Das Datum einzutragen, wurde der Fraktionsführung überlassen (Blankorevers). Die Fraktionsführung konnte auf diese Weise den Mandatsverzicht eines missliebigen Abgeordneten herbeiführen, indem sie das Verzichtsschreiben an den Reichstagspräsidenten weiterleitete. Wäre dieses Vorgehen heutzutage zulässig? **Lösung Rn. 144**

134

Der Bundestagsabgeordnete besitzt nach ständiger Rechtsprechung des BVerfG einen eigenen verfassungsrechtlichen **Status**.[1] Der Status ist die **verfassungsmäßig gewährleistete Rechts-**[2] und **Pflichtenstellung des Abgeordneten**.[3] (Zum Begriff des Abgeordnetenrechts Rn. 13.) Ein Teil der Literatur spricht anschaulich von einem Status der **Freiheit**, der **Gleichheit** und der **Öffentlichkeit**.[4] Andere Bestimmungen der Rechtsstellung, die etwa zwischen „Amtsträgerrechten" und „besonderen Statusrechten" unterscheiden wollen,[5] überzeugen weniger. Zum Status zählen **diejenigen Rechte und Pflichten des Abgeordneten, die dem Schutz der Funktionsfähigkeit des Parlaments und der Sicherung der Unabhängigkeit des Abgeordneten dienen oder die Abgeordnetentätigkeit erleichtern sollen**.[6] Dies sind **Art. 38 Abs. 1 S. 2, Art. 46, 47, 48 Abs. 2, 3 GG** sowie die parlamentarischen Mitwirkungsrechte. Zum Abgeordnetenstatus gehört außerdem die **Mitwirkungspflicht**. Art. 38 Abs. 1 S. 2 GG ist die Kernnorm, die „Magna Charta"[7] des Abgeordnetenstatus.

135

---

1 Vgl. nur BVerfGE 2, 143 (164); 102, 224 (231 f.).
2 Vgl. BVerfGE 10, 4 (10).
3 Vgl. *Badura*, in: SZ, § 15 Rn. 59; *Klein*, in: Maunz/Dürig, Art. 38 Rn. 193; *Magiera*, in: Sachs, Art. 38 Rn. 53; *Austermann*, Die Anrechnungsbestimmung im Abgeordnetenrecht des Bundes und der Länder, 2011, S. 37 ff.
4 Vgl. nur *Häberle*, NJW 1976, 537 (538, 542); *Morlok*, in: Dreier, Art. 38 Rn. 139; *Morlok/Michael*, Rn. 687.
5 So *Stern*, StaatsR I, S. 1057 ff.
6 Angelehnt an *Badura*, in: SZ, § 15 Rn. 60.
7 Vgl. *Achterberg*, S. 219; *Schreiber*, in: BerlK, Art. 38 Rn. 170; *Butzer*, in: BeckOK-GG, Art. 38 Rn. 87.

Art. 46 bis 48 GG sind gewissermaßen „Ausführungsvorschriften" dazu.[8] Der in Art 48 Abs. 1 GG geregelte Anspruch auf Wahlvorbereitungsurlaub gehört nicht zum verfassungsrechtlichen Abgeordnetenstatus. Die Vorschrift gilt nur für Mandats*bewerber* und nicht für Mandatsinhaber. Der Abgeordnetenstatus **entsteht** mit dem **Mandatserwerb**.

136 Die meisten Statusrechte blicken auf eine **lange Parlamentstradition** zurück. Art. 38 Abs. 1 S. 2 sowie Art. 46, 47 und 48 Abs. 3 GG haben im Wortlaut ähnliche Vorbilder in Art. 21 S. 2, Art. 36 bis 38 und Art. 40 WRV. Diese gehen – mit Ausnahme des Art. 38 WRV – auf ähnliche Vorschriften der Verfassung des Norddeutschen Bundes von 1867 und der Reichsverfassung von 1871 sowie der preußischen Verfassung von 1850 und der Paulskirchenverfassung von 1849 zurück. Die Wurzeln liegen zum Teil bereits im süddeutschen Frühkonstitutionalismus (ab 1815/18). Frühere Vorbilder finden sich in den französischen Verfassungen der 1790er Jahre und in der Charte Constitutionelle von 1814. Für die „zweite Welle" des Konstitutionalismus ab 1830 war die belgische Verfassung von 1831 prägend.[9] Die Statusvorschriften des Grundgesetzes haben „Verwandte" im Parlamentsrecht der Bundesländer und der meisten westlichen Demokratien.

137 Der Abgeordnete kann einen **Organstreit** (Art. 93 Abs. 1 Nr. 1 GG i.V.m. §§ 13 Nr. 5, 63 ff. BVerfGG) anstrengen, um die (vermeintliche) **Verletzung eines Statusrechts** (aus Art. 38 Abs. 1 S. 2, 46–48 GG) feststellen zu lassen.[10] Wenn der Status durch eine öffentliche Stelle verletzt wurde, die nicht Verfassungsorgan (sondern z.B. ein Gericht) ist, steht dem Abgeordneten nach dem Durchlaufen des fachgerichtlichen Rechtswegs die **Verfassungsbeschwerde** (Art. 93 Abs. 1 Nr. 4a GG i.V.m. §§ 13 Nr. 8a, 90 ff. BVerfGG) offen.[11] Ein **Beispiel** für eine hoheitliche, in ein Statusrecht eingreifende Maßnahme, die mit der Verfassungsbeschwerde gerügt werden kann, ist die Beschlagnahme eines Schriftstücks, die nach Ansicht des betreffenden Abgeordneten gegen Art. 47 S. 2 GG verstieß.[12] Ein weiteres **Beispiel** wäre die Verletzung des Anspruchs auf willkürfreie Entscheidung des Bundestages über Anträge der Justiz gemäß Art. 46 Abs. 2, 3 GG, die seine Immunität betreffen,[13] oder die Verletzung der Immunität durch eine Strafverfolgungsbehörde. In jedem Fall hat der Abgeordnete im Hinblick auf seinen repräsentativen Status einen Anspruch auf eine willkürfreie Entscheidung.

I. Repräsentantenstellung und freies Mandat

Die Abgeordneten sind nach Art. 38 Abs. 1 S. 2 die Vertreter des ganzen Volkes, an Aufträge und Weisungen nicht gebunden sowie nur ihrem Gewissen unterworfen.

---

8 So zu Art. 48 GG BVerfGE 118, 277 (334); ähnlich *Müller-Terpitz*, in: BK, Art. 47 Rn. 17; ebenso zu Art. 48 Abs. 3 GG BT-Drs. 17/12500, S. 10.
9 Zur historischen Entwicklung von Indemnität und Immunität *Klein*, in: SZ, § 17 Rn. 11 ff.
10 Vgl. statt vieler BVerfGE 2, 143 (164); 102, 224 (231 f.); 104, 310 (325).
11 Vgl. BVerfGE 108, 251 (266 ff.); 134, 141 (169 f.); BVerfG, NJW 2014, 3085 (3086 f.).
12 Vgl. etwa *Butzer*, in: BeckOK-GG, Art. 47 Rn. 12; *Klein*, in: MD, Art. 47 Rn. 37; ausf. *Gausing*, Das Abgeordnetenmandat zwischen Staat und Gesellschaft, 2018.
13 Vgl. statt vieler BVerfGE 104, 310 (328).

1. Vertreter des ganzen Volkes

Die Abgeordneten haben „ein Mandat inne, also einen Auftrag. Ihr Auftraggeber ist **138** das Wahlvolk".[14] Sie üben die vom Volk i.S.v. Staatsvolk ausgehende Gesetzgebungsgewalt (Art. 20 Abs. 2 GG) aus. Art. 38 Abs. 1 S. 2 GG ist Ausprägung und Konkretisierung des Art. 20 Abs. 2 GG.[15] Art. 38 Abs. 1 S. 2 GG spricht von „Vertretern des ganzen Volkes". Das lässt an die zivil- oder prozessrechtliche Stellvertretung i.S.d. §§ 164 ff. BGB oder §§ 78 ff. ZPO denken. Nach zutr. h.M. beschreibt die Bezeichnung der Abgeordneten als Vertreter des ganzen Volkes jedoch keine wie auch immer geartete Stellvertretung, sondern die parlamentarische Repräsentation.[16] „Repräsentation ist das Handeln für andere, anstelle anderer."[17] Parlamentarische Repräsentation bedeutet, dass das Parlament das nicht im Ganzen anwesende Volk vergegenwärtigt („anwesend macht"), indem es *durch* die Abgeordneten, die in periodischen Volkswahlen und durch ständigen Bürgerkontakt legitimiert werden, für das Volk handelt.[18] Die von den Abgeordneten im Parlament abgegebenen Erklärungen sind ihre eigenen und nicht die des Volkes. Der Bundestag wird anstelle des (schon aus tatsächlichen Gründen nicht stets und in jeder Frage zur Entscheidung fähigen) Volkes tätig.[19] „Der Wille des Parlaments gilt als (hypothetischer) Volkswille".[20] Dass *keine Vertretung im Rechtssinne* vorliegt, ergibt sich aus Folgendem: Erstens fehlt die für eine Vertretung charakteristische rechtliche Zurechnung: Das Handeln der Volksvertretung wird im Rechtssinne nicht dem Volk, sondern dem Staat, dessen Organ das Parlament ist, zugerechnet. Allenfalls besteht eine ideell-politische, legitimierende Zurechnung des Parlamentshandelns zum Volkswillen.[21] Zweitens passt die enge Pflichtgebundenheit des Vertreters nicht zum Bild der an Aufträge und Weisungen nicht gebundenen und nur ihrem Gewissen unterworfenen Abgeordneten. Mit anderen Worten: Die Entscheidung des Wählers und das durch den Wahlakt in die Abgeordneten gesetzte Vertrauen sind gerade nicht Gegenstand einer justiziablen Rechtsbeziehung zwischen dem Volk und den Abgeordneten.[22] Drittens hat der Repräsentationsbegriff in der europäischen Parlamentsgeschichte seit der französischen Revolutionsverfassung von 1791 einen historisch gewachsenen und gefestigten Inhalt gefunden. Wenngleich die deutschen Verfassungen seit 1815 nie wörtlich von der Repräsentation, sondern von der Vertretung des Volkes gesprochen haben und sprechen, knüpften und knüpfen sie doch an den in der französischen Verfassung zum Ausdruck gekommenen Repräsentationsgedanken an. Vorarbeiten zum Verständnis des Repräsentationsbegriffs leisteten der englische Schriftsteller und Abgeordnete *Edmund Burke*, u.a. in seiner berühmten „Rede an die Wähler von Bristol" (1774), und der französische Abbé *Emmanuel-Joseph Sieyes* in seinem Werk „Was ist der Dritte

---

14 *Morlok/Sokolov*, DÖV 2014, 405 (407).
15 Vgl. *Schröder*, Grundlagen und Anwendungsbereich des Parlamentsrechts, 1979, S. 274; *Oppermann*, VVDStRL33 (1975), 9 (51).
16 Vgl. nur BVerfGE 44, 308 (315 f.); 112, 118 (134).
17 *Stern*, StaatsR I, S. 961.
18 Vgl. *Hofmann/Dreier*, in: SZ, § 5 Rn. 23; *Badura*, in: SZ, § 15 Rn. 6.
19 Vgl. *Butzer*, in: BeckOK-GG, Art. 38 Rn. 8; *Magiera*, in: Sachs, Art. 38 Rn. 8; *Klein*, in: HStR III, § 50 Rn. 1; so schon *Kelsen*, Das Problem des Parlamentarismus, 1926, S. 7.
20 Vgl. *Stern*, StaatsR II, S. 39.
21 Vgl. *Schröder*, Grundlagen und Anwendungsbereich des Parlamentsrechts, 1979, S. 275.
22 Vgl. *Badura*, in: FS H.P. Schneider, 2008, S. 156.

Stand?" (1789). Der Begriff der Repräsentation ist historisch-politisch eingeführt. Weil Art. 38 Abs. 1 S. 2 GG vom „ganzen" Volk spricht, wird eine (Teil-)Repräsentation einzelner Volksgruppen, seien sie nach konfessionellen, berufsständischen, landsmannschaftlichen, wahlkreisspezifischen oder sonstigen Interessengesichtspunkten zusammengesetzt, ausgeschlossen.[23] Nach richtiger Auffassung haben die Abgeordneten die Repräsentantenstellung in ihrer Gesamtheit inne (**Kollektiv- bzw. Gesamtrepräsentation**).[24] Dies ergibt sich aus dem Wortlaut des Art. 38 Abs. 1 S. 2 GG, der die Abgeordneten im Plural erwähnt. Die politischen Strömungen, die im Volk vertreten sind, werden durch die Gesamtheit des Parlaments, also die Gesamtheit aller Abgeordneten abgebildet.[25]

139 Nur radikal-demokratische Varianten demokratischer Herrschaft sehen Repräsentation als etwas Wesenhaftes, als Identität von Herrschern und Beherrschten.[26] Erstaunlicherweise bleibt ein überzeugendes Repräsentationsmodell auch in der Gegenwart eher blass.[27] Nach dem grundgesetzlichen Repräsentationsmodell ist das Staatsvolk als Legitimationssubjekt zwar oberste Instanz, es entscheidet und regiert jedoch nicht selbst.[28] Repräsentation meint dann ein **politisches, kein rechtliches „Band" zwischen Wählern und Gewählten.**[29] Der Abgeordnete hat sich dementsprechend *politisch*, nicht rechtlich zu rechtfertigen. Sanktionsmittel sind damit nicht rechtlicher, sondern politischer Natur – ein Zusammenhang, der bei der zunehmenden Verrechtlichung des Abgeordnetenstatus von Gesetzgeber wie Gerichten nicht stets hinreichend beachtet wird.[30] Wie gerade die neuere Rechtsprechung des BVerfG in Erinnerung gerufen hat, ist parlamentarische Legitimation auf den einzelnen Abgeordneten rückzuführen.[31] Der Gedanke parlamentarischer Repräsentation verwirklicht sich damit nicht zuletzt im Status des freien Mandats der Abgeordneten:[32] „Im demokratisch-parlamentarischen System des Grundgesetzes vollzieht sich die Repräsentation des Volkes im Parlament durch die Abgeordneten."[33] Der Deutsche Bundestag ist freilich mehr als die Summe seiner Mitglieder. Er ist selbst, als solcher Staatsorgan.[34] Wenn Art. 38 Abs. 1 S. 2 GG die Abgeordneten als „Vertreter des ganzen Volkes" anspricht, meint dies – wie bereits entwickelt – die Abgeordneten in ihrer Gesamtheit, d.h. das Parlament, denn dieses übt die legitimierte Staatsgewalt aus.[35] Es handelt sich

---

23 Vgl. BVerfGE 44, 308 (316); 56, 396 (405); 80, 188 (217 f.); 84, 304 (321); 118, 277 (324).
24 Vgl. hierzu BVerfGE 44, 308 (316); 104, 310 (329); 130, 318 (342); 134, 141 (174 f., 200); a.A. etwa BVerfGE 2, 1 (74); *Leisner,* in: Sodan, Art. 38 Rn. 4; *Hartmann,* AöR 134 (2009), 1 (8).
25 Vgl. *Meyer,* in: Symposion für Hofmann, 2000, S. 106.
26 So, je unterschiedlich, *Schmitt,* Verfassungslehre, 1. Aufl. 1928 S. 235; *Leibholz,* Strukturprobleme der modernen Demokratie, 3. Aufl. 1967 S. 146 f. und passim. Zur Ideen- und Entwicklungsgeschichte von Repräsentation *Scheuner,* in: FS Hans Huber, 1961, S. 222; *Hofmann,* Repräsentation, 3. Aufl. 1998; *Badura,* in: BK Art. 38 Rn. 2 ff.
27 *Schneider,* in: FG BVerfG II, 2001, S. 627 (631); *Meinel,* Vertrauensfrage, S. 18 ff., 100 ff.
28 *Mößle,* Regierungsfunktionen des Parlaments, 1985, S. 14.
29 *Badura,* in: BK, Art. 38 Rn. 31 ff.
30 *Waldhoff,* ZParl. 37 (2006), 251; *Badura,* in: SZ, § 15 Rn. 41 ff.; *ders.,* in: BK, Art. 38 Rn. 51; a.A. etwa *Morlok,* in: Dreier, GG II, Art. 38 Rn. 168 f.
31 Vgl. etwa BVerfGE 142, 25 (60 ff. Rn. 95 ff.).
32 *Badura,* in: BK, Art. 38 Rn. 48.
33 BVerfGE 44, 308 (315); auch BVerfGE 80, 188 (217 f.).
34 BVerfGE 90, 286 (342 f.).
35 *Badura,* in: BK, Art. 38 Rn. 50; *Trute,* in: vMK, Art. 38 Rn. 77.

bei der parlamentarischen Repräsentation um einen juristischen **Zurechnungstatbestand zur Herstellung von Legitimität** für staatsorganisatorische Zwecke. Gelingt die parlamentarische Repräsentation, werden die vom Parlament beschlossenen Gesetze und sonstigen Entscheidungen anerkannt.

2. Grundsatz des freien Mandats, Art. 38 Abs. 1 S. 2 GG

Der Abgeordnete ist in seiner Mandatsausübung an Aufträge und Weisungen nicht gebunden und nur seinem Gewissen unterworfen: Er übt ein unabhängiges, freies Mandat aus. Das freie Mandat ist ein Angelpunkt einer demokratisch-parlamentarischen Verfassung, ein notwendiges Strukturelement und Kernstück der parlamentarisch-repräsentativen Demokratie.[36] Das freie Mandat gehört zu den klassischen Elementen des parlamentarischen Systems. Es blickt, wie auch die Bezeichnung der Abgeordneten als Vertreter des ganzen Volkes, auf eine lange verfassungsrechtliche Geschichte bis zur Französischen Revolution zurück. Bereits § 96 der Paulskirchenverfassung und die folgenden Verfassungen statuierten das freie Mandat. **140**

Art. 38 Abs. 1 S. 2 GG ist sprachlich sehr knapp gehalten. Er gibt nur das **Nichtgebundensein an Aufträge und Weisungen** (Instruktionsfreiheit) und die alleinige Gewissensunterworfenheit vor. Die Begriffe „Aufträge" und „Weisungen" sind nicht zu unterscheiden, sondern als Tautologie anzusehen.[37] Sie schützen vor allen denkbaren Fällen einer äußeren Einflussnahme, jeglicher Art und Herkunft.[38] Denn „nur die rechtlich freie Entscheidung fördert das Denken in Alternativen, öffnet die Aufmerksamkeit für die Vielfalt der Interessen und ermöglicht deren Ausgleich".[39] Zur Instruktionsfreiheit tritt als verstärkendes Element[40] die Formulierung „und nur ihrem Gewissen unterworfen" hinzu. Die **Gewissensunterworfenheit** ist Teil des freien Mandats. Der Begriff „Gewissen" in Art. 38 Abs. 1 S. 2 entspricht nicht dem durch Art. 4 Abs. 1 GG geschützten Gewissen.[41] Er meint vielmehr die politische, durch Abwägung gewonnene Überzeugung des Abgeordneten.[42] Mit anderen Worten: Der Abgeordnete hat das „Letztentscheidungsrecht", wie er sich verhält. **141**

Jeder Abgeordnete soll zusammen mit den anderen Parlamentsmitgliedern nach dem Willen der Verfassung Mehrheitsentscheidungen zustande bringen, was ein Mindestmaß an politischer Beweglichkeit, an Kooperationswillen und Kompromissbereitschaft voraussetzt.[43] Das **Gemeinwohl** ist ohnehin nicht vorgegeben,[44] sondern eine je nach politisch-ethischer Auffassung oder Interesse verschiedene Größe, das sich prozedural bildet. Frei von Sonderinteressen, aber auch von den Einflüssen seiner Biographie und seiner Lebensumstände, seiner Partei, der Bürger seines Wahlkreises **142**

---

36 Vgl. BVerfGE 2, 143 (171); Enquête-Kommission „Verfassungsreform", BT-Drs. 7/5924, S. 23 f.
37 Vgl. *Klein*, in: MD, Art. 38 Rn. 194; *Schreiber*, in: BerlK, Art. 38 Rn. 101; *Butzer*, in: BeckOK-GG, Art. 38 Rn. 94.
38 Vgl. *Magiera*, in: Sachs, Art. 38 Rn. 47.
39 Vgl. BVerfGE 102, 224 (138 f.).
40 Vgl. nur *Morlok*, in: Dreier, Art. 38 Rn. 153; *Trute*, in: vMK, Art. 38 Rn. 88.
41 Vgl. *Kluth*, in: SBHH, Art. 38 Rn. 74.
42 Vgl. *Magiera*, in: Sachs, Art. 38 Rn. 47; *Klein*, in: MD, Art. 38 Rn. 195; *Schreiber*, in: BerlK, Art. 38 Rn. 102.
43 Vgl. *Isensee*, in: FS Oberreuter, 2007, S. 261; *Troßmann*, JöR 28 (1979), 1 (95).
44 Vgl. *Henke*, DVBl. 1973, 553 (559).

oder anderer Interessengruppen kann (und muss) ein Parlamentarier nicht sein. Er soll es auch nicht sein, wenn er seine dem Mandat entspringende Aufgabe, sich mit dem Wahlvolk „rückzukoppeln"[45] und dessen Meinungen und Wünsche in den politischen Prozess einfließen zu lassen (s. Rn. 15, 17), wahrnehmen möchte. Gerade der parlamentarische Prozess ist für verschiedene Einflüsse und im Ergebnis offen.[46]

143 Weil der Abgeordnete in Bezug auf sein Mandat **keinen privat- oder öffentlich-rechtlichen Bindungen** („Aufträgen und Weisungen") unterworfen werden darf, ist jeder Versuch einer rechtlichen Bindung eines Mandatsträgers (gewissermaßen ein „Vertrag über die Mandatsausübung") gemäß § 134 BGB nichtig.[47] Ob ein Abgeordneter sich verpflichten möchte oder nicht, ist belanglos. Alle mandatsbezogenen Absprachen mit Dritten (über das Abstimmungsverhalten etc.) sind unwirksam.

144 **Lösung Fall 2 (Rn. 134):** Eine solche Vereinbarung, wie sie die KPD-Fraktion und ihre Miglieder trafen, ist (jedenfalls) nach heutigem Recht verfassungswidrig und gemäß § 134 BGB nichtig.[48] Denn sie überlässt es der Fraktionsführung, über das Mandat zu verfügen. Die Mandatsfreiheit der Abgeordneten aus Art. 38 Abs. 1 S. 2 GG wird dadurch unzulässig eingeschränkt. Es steht nämlich zu befürchten, dass sie nicht mehr ihrem Gewissen, sondern den Vorgaben und Meinungen der Partei folgen, um ihr Mandat nicht zu verlieren. Sie werden zu bloßen Parteimarionetten.

145 Die **einzige Kontrolle** der Abgeordneten erfolgt durch die Wähler.[49] Die Abgeordneten dürfen als solche allein durch das Wahlverhalten politisch sanktioniert werden. Obwohl die Bedeutung oder „Zeitgemäßheit" des freien Mandats immer wieder in Frage gestellt worden ist, besitzt es – das zeigt das Vorgesagte – weiterhin eine **eminente Bedeutung für die parlamentarische Demokratie.**[50] Das freie Mandat sichert die Unabhängigkeit des Abgeordneten von seiner Fraktion, seiner Partei und seinen Wählern. Außerdem gewährleistet Art. 38 Abs. 1 S. 2 – verstärkt durch Art. 47 GG – zum einen eine **von staatlicher Beeinflussung freie Kommunikationsbeziehung** – zwischen dem Abgeordneten und den Wählern sowie zum anderen die Freiheit des Abgeordneten von exekutiver Beobachtung, Beaufsichtigung und Kontrolle.[51] Die freie Kommunikationsbeziehung ist in der parlamentarischen Demokratie, zu deren Kennzeichen die Repräsentation des Volkes durch die Abgeordneten gehört, für die Willens- und Entscheidungsfindung der Mandatsträger unentbehrlich. Nur durch eine ungestörte Kommunikation können die Bürger den Abgeordneten ihre Anliegen vortragen und die Abgeordneten ihrer Rolle als Bindeglied zwischen Parlament und Bürger (Staat und Gesellschaft) gerecht werden (s. auch Rn. 15, 17). In der Beobachtung eines Abgeordneten durch Behörden des Verfassungsschutzes liegt nach Ansicht des BVerfG ein Eingriff[52] in das freie Mandat (Art. 38 Abs. 1 S. 2 GG), der allerdings im

---

45 Vgl. BVerfGE 112, 118 (134); 118, 277 (333, 353).
46 Vgl. *Badura*, in: FS H.P. Schneider, 2008, S. 158; *Meessen*, in: FS Scheuner, 1973, S. 434: „salus publica ex processu".
47 Vgl. statt vieler *Klein*, in: MD, Art. 38 Rn. 194.
48 In diese Richtung auch *Degenhart*, Rn. 680.
49 Vgl. nur BVerfGE 134, 141 (176).
50 Vgl. etwa BVerfGE 2, 1 (74).
51 Vgl. BVerfGE 134, 141 (171 f., 175 ff.); näher *Degenhart*, Rn. 674 ff.
52 A.A. zur offenen Beobachtung *Söllner*, DVBl. 2009, 926 f.

Einzelfall zum Schutz der freiheitlichen demokratischen Grundordnung gerechtfertigt sein kann.[53]

II. Formale Gleichbehandlung aller Abgeordneten

Zum Abgeordnetenstatus gehört auch der Anspruch jedes Mitglieds des Bundestages 146 auf formale Gleichbehandlung mit den anderen Abgeordneten. Die Abgeordneten üben nicht nur ein repräsentatives und ein freies, sondern auch ein in ihrer Rechtsstellung gleiches Mandat aus. Die Gleichheit folgt aus der aktiven und passiven Wahlrechtsgleichheit der Bürger (Art. 38 Abs. 1 S. 1) sowie nach Ansicht des BVerfG zusätzlich aus dem repräsentativen Status des Abgeordneten (Art. 38 Abs. 1 S. 2 GG), also aus dem Umstand, dass nur die Gesamtheit der Abgeordneten die Volksvertretung bildet.[54] Es besteht formale Gleichheit (s. Rn. 21). Differenzierungen zwischen den Abgeordneten bedürfen stets eines besonderen rechtfertigenden (zwingenden) Grundes. Infolge dessen haben alle Abgeordneten grundsätzlich die gleichen Mitwirkungsrechte und das gleiche Recht auf Entschädigungsleistungen (mit gewissen Ausnahmen[55] für Präsidiumsmitglieder, Fraktionsvorsitzende und Ausschussvorsitzende).

III. Parlamentarische Mitwirkungsrechte

Zu den verfassungsrechtlich garantierten parlamentarischen Mitwirkungsrechten des 147 einzelnen Abgeordneten gehören[56]

- das Recht, an Plenar- und Ausschusssitzungen teilzunehmen (Teilnahme- oder Anwesenheitsrecht),
- das Antragsrecht,
- das Rederecht,
- das Stimmrecht bei parlamentarischen Wahlen und Abstimmungen,
- das Frage- und Informationsrecht,
- das Recht, sich mit anderen Abgeordneten zu einer Fraktion oder einer Gruppe zusammenzuschließen (Assoziationsrecht, s. Rn. 250) und
- das Recht auf Mitgliedschaft in einem ständigen Ausschuss.

Alle diese Rechte **entspringen dem freien Mandat** (Art. 38 Abs. 1 S. 2 GG).[57] Das 148 freie Mandat kann **durch andere Rechtsgüter von Verfassungsrang begrenzt** wer-

---

53 Vgl. BVerfGE 134, 141 (172, 179 ff.).
54 Vgl. BVerfGE 102, 224 (237 f.); *Morlok*, in: Dreier, Art. 38 Rn. 169. Früher stützte sich die Rspr. entweder allein auf Art. 38 Abs. 1 S. 1 GG (vgl. BVerfGE 40, 296 [317 f.]; 80, 188 [220]; 93, 195 [204]) oder nur auf Art. 38 Abs. 1 S. 2 GG (vgl. BVerfGE 84, 305 [325]).
55 Hierzu eingehend *Austermann*, Die Anrechnungsbestimmungen im Abgeordnetenrecht des Bundes und der Länder, 2011, S. 104 ff.; BT-Drs. 12/17500, S. 32 ff.; *Sinner*, in: AS, § 11 Rn. 52 ff.
56 Die meisten nennt BVerfGE 130, 318 (342) m.w.N.
57 Vgl. *Morlok*, in: Dreier, Art. 38 Rn. 156 ff., 159; *Glauben/Breitbach*, DÖV 2018, 855 (857); speziell zum Rederecht BVerfGE 10, 4 (11 f.); 60, 374 (379 f.); 80, 188 (218); explizit zum Stimmrecht BVerfGE 10, 4 (12); 80, 188 (218); zum Assoziationsrecht BVerfGE 70, 324 (362 f.); 80, 188 (220); 84, 304 (317); 96, 264 (278) m.w.N.

den:[58] durch die Funktionsfähigkeit des Bundestages[59] und die Repräsentationsfunktion,[60] durch das Bundesstaatsprinzip und den Gewaltenteilungsgrundsatz sowie durch den formalisierten Gleichheitssatz und die Grundrechte Dritter.[61] Einschränkungen der Mitwirkungsrechte, vornehmlich durch die GO-BT, sind nur zulässig, wenn sie einem der genannten Rechtsgüter dienen. Die Abwägung, ob das Mitwirkungsrecht oder ein Rechtsgut von Verfassungsrang vorrangig ist, trifft der Bundestag im Rahmen seiner Geschäftsordnungsautonomie.[62]

149 Im Interesse der **Funktionsfähigkeit des Bundestages**, deren Wahrung verfassungsrechtlich geboten ist,[63] dürfen die Mitwirkungsrechte nicht schrankenlos und ohne Rücksicht auf die anderen Abgeordneten (Rechtsinhaber) ausgeübt werden. Die Mitwirkungsrechte müssen einander zugeordnet und aufeinander abgestimmt werden.[64] So ist das **Rederecht** des Abgeordneten beschränkt, da andernfalls andere Abgeordnete ihr Rederecht nicht ausüben könnten. Durch eine Festlegung bestimmter Debattenlängen, durch die Verteilung von Redezeitkontingenten in den Debatten auf die Fraktionen und durch die fraktionsintere Zuweisung von Redezeiten auf Fraktionsmitglieder bleibt das Rederecht handhabbar. Nur so hat jedes Mitglied des Bundestages die Möglichkeit, angemessen zu Wort zu kommen. Im Interesse der Funktionsfähigkeit des Parlaments darf auch das **Antragsrecht** für bestimmte Vorlagen (z.B. Gesetzentwürfe) exklusiv den Fraktionen übertragen werden. Auch ist es aus diesem Grund, nämlich zur Vermeidung von Verzögerungen,[65] zulässig, das Recht des einzelnen Abgeordneten, Änderungsanträge zu Gesetzentwürfen zu stellen, durch § 82 Abs. 1 GO-BT auf die zweite Beratung zu beschränken. Das **Assoziationsrecht** darf ebenfalls zur Sicherung der Funktionsfähigkeit des Parlaments durch § 10 GO-BT beschränkt werden: Eine Aufsplitterung des Bundestages in Zwergfraktionen und die daraus folgende Lähmung der Parlamentsarbeit (durch eine höhere Zahl von Anträgen etc.) soll vermieden werden. Ebenfalls zur Sicherung der Funktionsfähigkeit dürfen Abgeordnete, welche die Ordnung oder die Würde des Bundestages gröblich verletzen, gemäß § 38 GO-BT von den Sitzungen des Plenums und der Ausschüsse ausgeschlossen werden. Während des **Ausschlusszeitraums** haben sie kein **Anwesenheits-, Antrags- und Stimmrecht**. Wiederum aus Gründen der Funktionsfähigkeit darf das **Anwesenheitsrecht** jedes Abgeordneten gemäß § 69 Abs. 2 GO-BT auf Sitzungen des jeweiligen ständigen Ausschusses, in dem er ordentliches Mitglied ist, beschränkt werden.

150 Die Repräsentationsfunktion und der formalisierte Gleichheitsgrundsatz rechtfertigen es, **fraktionslosen Abgeordneten im Ausschuss kein Stimmrecht** zu gewähren. Alle Abgeordneten sind grundsätzlich gleich zu behandeln, die Fraktionen ebenfalls. Abgeordnete sind Fraktionen – also den Zusammenschlüssen mehrerer Abgeordneter

---

58 Vgl. hierzu BVerfGE 134, 141 (179) m.w.N.; BVerwGE 137, 275 (305).
59 Vgl. BVerfGE 134, 141 (179, 199) m.w.N.; *Morlok*, in: Dreier, Art. 38 Rn. 161.
60 Vgl. BVerfGE 134, 141 (179) m.w.N.
61 Vgl. *Morlok*, in: Dreier, Art. 38 Rn. 160, 168.
62 Vgl. *Morlok*, in: Dreier, Art. 38 Rn. 162.
63 Vgl. *Brocker*, in: BK, Art. 40 Rn. 52, 54.
64 Vgl. BVerfGE 80, 188 (219).
65 Vgl. *Demmler*, Der Abgeordnete im Parlament der Fraktionen, 1994, S. 384.

– nicht gleichzustellen. Fraktionslosen Abgeordneten steht daher ein Stimmrecht im Ausschuss nicht zu. Andernfalls besäßen sie im Vergleich zu den Fraktionen und den fraktionsangehörigen Abgeordneten ein überproportionales Gewicht.

Das **Frage- und Informationsrecht** des einzelnen Abgeordneten besteht ebenfalls **151** nicht uneingeschränkt (wie auch das Enquêterecht, das denselben Einschränkungen unterliegt). Zum einen setzt die GO-BT Grenzen. Sie räumt dem einzelnen Abgeordneten nur das Recht zur Teilnahme an der Fragestunde (§ 105, Anlage 4 zur GO-BT) und an der Regierungsbefragung (§ 106 Abs. 2, Anlage 7 zur GO-BT) ein. Die Große (§§ 100 ff.) und die Kleine Anfrage (§ 104) stehen – aus Gründen der Funktionsfähigkeit des Parlaments – nur den Fraktionen oder mindestens fünf Prozent der Abgeordneten zu (§ 76 Abs. 1 GO-BT). Zum anderen beschränken das Bundesstaatsprinzip, der Gewaltenteilungsgrundsatz, das Staatswohl und die Grundrechte Dritter das Fragerecht des einzelnen Abgeordneten (und auch die Große und die Kleine Anfrage sowie die Ansprüche nach dem PUAG, s. Rn. 539 ff., 552 ff.).

Die **GO-BT** konkretisiert die dem freien Mandat entspringenden parlamentarischen **152** Mitwirkungsrechte nicht nur, indem sie sie begrenzt, sondern auch, indem sie verschiedene eigenständige parlamentarische Verfahrensrechte gewährt. Der Abgeordnete hat das Recht,

- Akten des Bundestages einzusehen (§ 16),
- Anträge zur Geschäftsordnung zu stellen (§ 29),
- Erklärungen abzugeben (§§ 30 ff.),
- die Teilung und Verlesung einer zur Abstimmung gestellten Frage (d.h. eines Sachverhalts) zu begehren (§ 47),
- Vorlagen auf elektronischem Wege oder in Papierform zu erhalten (§ 77),
- die Niederschrift seiner Rede zu berichtigen (§§ 117 f. GO-BT).

IV. Indemnität

Indemnität (von lat. *indemnitas*: Schadloshaltung) bedeutet, dass Abgeordnete wegen **153** parlamentarischer Abstimmungen und Äußerungen nicht außerhalb des Bundestages gerichtlich oder dienstlich verfolgt oder sonst zur Verantwortung gezogen werden dürfen (Art. 46 Abs. 1 S. 1 GG). Eine Ausnahme gilt für verleumderische Beleidigungen (Art. 46 Abs. 1 S. 2 GG).

1. Zweck

Die Indemnität soll den Abgeordneten davor schützen, durch Eingriffe der Legisla- **154** tive und v.a. der Exekutive in seiner parlamentarischen Arbeit behindert zu werden.[66] Sie sichert – wie die übrigen in Art. 46-48 GG genannten Statusrechte – die Freiheit des repräsentativen Mandats. Die Indemnität schützt außerdem die Arbeits- und Funktionsfähigkeit des Bundestages[67]; namentlich die Redefreiheit und eine

---

66 Vgl. *Magiera*, in: BK, Art. 46 Rn. 84; *Wiefelspütz*, in: MSW, § 13 Rn. 1.
67 Vgl. BVerfGE 134, 141 (183).

offene parlamentarische Diskussion.[68] Die Indemnität hat ihren Sinn bis heute behalten.[69]

2. Persönlicher und zeitlicher Schutzbereich

155 Die Indemnität schützt **nur Bundestagsabgeordnete**. Bundesminister und Parlamentarische Staatssekretäre, die zugleich Mitglieder des Bundestages sind, genießen nach zutr. Ansicht nur dann Indemnität, wenn sie sich *als Bundestagsabgeordnete* äußern.[70] Ob dies der Fall ist, ist z.B. anhand der Rednerliste zu ermitteln, aus der hervorgeht, in welcher Funktion jemand spricht. Wird hinter dem Rednernamen eine Fraktionsbezeichnung genannt, spricht die Person als Abgeordneter. Auch Äußerungen in Fraktionssitzungen über Fraktionsinterna sind Äußerungen als Abgeordneter. Hingegen sind Äußerungen für die Bundesregierung, z.B. im Plenum bei der Beantwortung einer Frage oder Berichte in den Ausschüssen, nicht durch Art. 46 Abs. 1 GG geschützt. An Abstimmungen im Bundestag nehmen Bundesminister und Parlamentarische Staatssekretäre naturgemäß immer als Bundestagsabgeordnete teil.

156 Die Indemnität gilt nur für Abstimmungen und Äußerungen **während der Mandatszeit**. Denn der Wortlaut des Art. 46 Abs. 1 S. 1 GG knüpft an die Abgeordnetenstellung an. Der Strafausschließungsgrund besteht aber dem Normzweck gemäß nach dem Mandatsende bis zum Lebensende fort.[71] Die nicht strafbaren bzw. nicht verfolgbaren Verhaltensweisen bleiben unverfolgbar. Weder der Abgeordnete noch der Bundestag können auf die Indemnität verzichten oder sonstwie über sie verfügen.[72]

3. Sachlicher Schutzbereich

157 Geschützt sind Abstimmungen sowie Äußerungen des Abgeordneten. **Abstimmungen** i.S.d. Art. 46 Abs. 1 S. 1 GG sind Sachentscheidungen und Personalentscheidungen (Wahlen).[73] **Äußerungen** sind Meinungs- und Willenskundgaben sowie Tatsachenbehauptungen.[74] Sie können mündlich, schriftlich oder durch Gesten erfolgen.[75] Ein „durch aktives, aggressives Tun erfolgende[r] unmittelbare[r] Angriff auf eine Person unter Anwendung physischer Kraft" (Tätlichkeit) ist **keine Äußerung**.[76] Auch das Tragen bestimmter Kleidung, z.B. einer Uniform, ist nicht als Äußerung anzusehen. Die Indemnität schützt ausdrücklich nicht **verleumderische Beleidigungen** nach § 187 StGB (Art. 46 Abs. 1 S. 2 GG). Sie können nach Aufhebung der Immuni-

---

68 Vgl. *Schulze-Fielitz*, in: Dreier, Art. 46 Rn. 9; *Klein*, in: MD, Art. 46 Rn. 31, 103; BGHZ 75, 384.

69 Ebenso *Klein*, in: MD, Art. 46 Rn. 103; *Magiera*, in: BK, Art. 46 Rn. 88 f., 91; a.A. *Kelsen*, Das Problem des Parlamentarismus, 1926, S. 15; *ders.*, Vom Wesen und Wert der Demokratie, 2. Aufl. 1929, S. 42.

70 Wie hier *Klein*, in: MD, Art. 46 Rn. 35; *Magiera*, in: BK, Art. 46 Rn. 106; *Schulze-Fielitz*, in: Dreier, Art. 46 Rn. 11; *Butzer*, in: BeckOK-GG, Art. 46 Rn. 2; a.A. *Graul*, NJW 1991, 1717 ff.

71 Vgl. z.B. *Klein*, in: MD, Art. 46 Rn. 37.

72 Vgl. nur *Klein*, in: MD, Art. 46 Rn. 33; *Magiera*, in: BK, Art. 46 Rn. 135.

73 Vgl. *Klein*, in: MD, Art. 46 Rn. 38.

74 Ähnlich *Klein*, in: MD, Art. 46 Rn. 38; *Magiera*, in: BK, Art. 46 Rn. 110; *Schulze-Fielitz*, in: Dreier, Art. 46 Rn. 13.

75 Ebd.

76 Vgl. BVerwGE 83, 1 (16) zum Besprtzen mit Blut.

tät verfolgt werden. Privatgespräche ohne Mandatsbezug schützt die Indemnität ebenfalls nicht.[77]

Umstritten ist, wann bei **schriftlichen Anfragen** gemäß §§ 100 ff. GO-BT und Anlage 7 zur GO-BT – die auch Äußerungen sind – der Indemnitätsschutz beginnt. Verschiedene Zeitpunkte werden für maßgeblich gehalten: die Einreichung der Frage bei der Fraktion[78] (relevant bei Kleinen und Großen Anfragen, die nur die Fraktion stellen kann) oder (bei den übrigen Fragen für die Fragestunde nach Anlage 4 zur GO-BT) beim Bundestagspräsidenten,[79] die Weiterleitung an die Bundesregierung,[80] die Veröffentlichung als Bundestagsdrucksache[81] und die Beantwortung durch die Regierung. Die Indemnität schützt die Äußerung als zumindest parlamentsöffentliche Kundgabe. Somit ist der Zeitpunkt entscheidend, in dem die Anfrage beim Bundestagspräsidenten eingeht. **Andere schriftliche Äußerungen**, z.B. Anträge oder Erklärungen nach § 31 GO-BT, sind geschützt, sobald sie in den dafür vorgesehenen Geschäftsgang gegeben wurden.[82]

158

4. Räumlicher Schutzbereich

Die Indemnität schützt nach Art. 46 Abs. 1 S. 1 GG nur Abstimmungen und Äußerungen, die „im Bundestag oder in einem seiner Ausschüsse" erfolgt sind. Erfasst sind **innerparlamentarische Abstimmungen und Äußerungen**, also im Plenum, in einem Ausschuss, in einem Unterausschuss, in einer Enquête-Kommission, im PKGr, im Präsidium oder im Ältestenrat.[83] Der Tagungsort ist ohne Belang.[84] Auch auswärtige Sitzungen sind geschützt. Ebenfalls geschützt sind Abstimmungen und Äußerungen in den Fraktionen und deren Gremien (z.B. Vorstand, Arbeitsgruppe/-kreis).[85] **Nicht geschützt** sind Äußerungen außerhalb des Bundestages, etwa in den Medien, auf Partei- oder Wahlveranstaltungen oder im Wahlkreis,[86] es sei denn sie zitieren wörtlich eine parlamentarische Äußerung[87].

159

Weiter reichen z.B. Art. 94 der Landesverfassung der Freien Hansestadt Bremen, Art. 37 der Verfassung des Landes Baden-Württemberg und Art. 55 Abs. 1 S. 1 der Verfassung des Freistaates Sachsen. Sie schützen alle Äußerungen, die in Ausübung der Abgeordnetentätigkeit getan wurden.

160

5. Rechtsfolgen

Die Indemnität garantiert den Abgeordneten „außerparlamentarische Verantwortungsfreiheit für ihre innerparlamentarische Tätigkeit."[88] Die Indemnität schließt jede gerichtliche, dienstliche oder sonstige Verfolgung außerhalb des Bundestages wegen

161

---

77 Vgl. *Klein*, in: MD, Art. 46 Rn. 39; *Magiera*, in: BK, Art. 46 Rn. 112.
78 Hierfür *Bücker*, in: FG Blischke, 1982, S. 58 f.
79 So *Schulze-Fielitz*, in: Dreier, Art. 46 Rn. 17; *Butzer*, in: BeckOK-GG, Art. 46 Rn. 3.1; *Kluth*, in: SBHH, Art. 46 Rn. 8; *Storr*, in: vMKS, Art. 46 Rn. 19.
80 Hierfür *Meyer-Hesemann*, DÖV 1981, 288 (289 f.); *Pieroth*, in: JP, Art. 46 Rn. 2a.
81 So *Schröder*, Der Staat 21 (1982), 25 (40).
82 Vgl. etwa *Magiera*, in: BK, Art. 46 Rn. 114; *Schulze-Fielitz*, in: Dreier, Art. 46 Rn. 17.
83 Vgl. *Klein*, in: MD, Art. 46 Rn. 42; *Magiera*, in: BK, Art. 46 Rn. 115 ff.
84 Vgl. *Schulze-Fielitz*, in: Dreier, Art. 46 Rn. 15; *Wiefelspütz*, in: MSW, § 13 Rn. 6.
85 Vgl. *Klein*, in: MD, Art. 46 Rn. 43; *Magiera*, in: BK, Art. 46 Rn. 120.
86 Vgl. *Klein*, in: MD, Art. 46 Rn. 44; *Magiera*, in: BK, Art. 46 Rn. 121.
87 Vgl. *Schulze-Fielitz*, in: Dreier, Art. 46 Rn. 16; *Magiera*, in: BK, Art. 46 Rn. 121.
88 *Schulze-Fielitz*, in: Dreier, Art. 46 Rn. 9.

einer Abstimmung oder Äußerung aus. Erfasst sind **alle zivil-, straf-, disziplinar-** und **standesrechtlichen Verfahren,** auch **Verfahren auf Unterlassung** und **Schadensersatz.**[89] Die Indemnität schließt innerparlamentarische Ordnungsmaßnahmen des sitzungsleitenden Präsidenten (§§ 36 ff. GO-BT), disziplinarische Maßnahmen einer Fraktion oder die Stasi-Überprüfung nach § 44c AbgG nicht aus.[90] Der Beobachtung und Auswertung der parlamentarischen Abstimmungen und Äußerungen durch den Verfassungsschutz steht Art. 46 Abs. 1 S. 1 GG entgegen.[91]

162 Die Indemnität schützt **nur vor staatlichen Maßnahmen,** mögen sie auch – wie Zivilprozesse – von Privatpersonen angestrengt worden sein. Privatrechtliche Rechtsgeschäfte oder Willenserklärungen, wie z.B. eine Kündigung oder ein Parteiausschluss, fallen nicht darunter.[92] Bestimmte privatrechtliche Maßnahmen gegenüber Bundestagsabgeordneten, z.B. die erwähnte Kündigung, verbietet aber Art. 48 Abs. 2 GG.

163 Die Indemnität ist ein Verfahrenshindernis.[93] Im Bereich des Strafrechts ist sie nach zutr. h.M. ein **persönlicher Strafausschließungsgrund.**[94] Tatbestandsmäßigkeit, Rechtswidrigkeit und Schuld schließt die Indemnität also nicht aus.[95] Tatbeteiligte bleiben strafbar.

V. Immunität

164 Die Abgeordneten genießen Immunität (Art. 46 Abs. 2-4 GG). Immunität (von lat. *immunitas:* Freisein von Leistungen) ist die Freiheit der Abgeordneten von allen staatlichen Verfolgungsmaßnahmen (z.B. Strafverfolgung und -vollstreckung und Freiheitsbeschränkungen), welche die Abgeordnetentätigkeit behindern könnten.[96] Sie zeigt sich in einem grundsätzlichen Genehmigungsvorbehalt des Parlaments für Verfolgungsmaßnahmen (Art. 46 Abs. 2, 3 GG). Die Praxis des Bundestages kennt aber einige Ausnahmen, insb. für Ermittlungsverfahren. Ausdruck der Immunität ist außerdem das Recht des Bundestages, eine Verfahrensaussetzung zu verlangen (Art. 46 Abs. 4 GG).

1. Zweck

165 Die Immunitätsregeln der Paulskirchenverfassung (§§ 117-120) wurden nahezu unverändert in die Verfassung des Norddeutschen Bundes und die Reichsverfassung (Art. 31) aufgenommen. Auch auf der Ebene der meisten Einzel- bzw. Bundesstaaten wurde die Immunität verfassungsrechtlich garantiert. Ein Bedarf hierfür bestand da-

---

89 Vgl. *Klein,* in: MD, Art. 46 Rn. 45 f.; *Magiera,* in: BK, Art. 46 Rn. 122.
90 Vgl. *Klein,* in: MD, Art. 46 Rn. 47; *Schulze-Fielitz,* in: Dreier, Art. 46 Rn. 19.
91 Vgl. BVerfGE 134, 141 (183 f.).
92 Vgl. *Klein,* in: MD, Art. 46 Rn. 48; *Magiera,* in: BK, Art. 46 Rn. 126.
93 Vgl. nur *Klein,* in: MD, Art. 46 Rn. 32.
94 Vgl. etwa *Storr,* in: vMKS, Art. 46 Rn. 4; *Magiera,* in: BK, Art. 46 Rn. 134; *Schulze-Fielitz,* in: Dreier, Art. 46 Rn. 10; *Butzer,* in: BeckOK-GG, Art. 46 Rn. 8; a.A. *Klein,* in: MD, Art. 46 Rn. 32, der bereits eine Verfahrenseinleitung für unzulässig hält.
95 Vgl. *Schulze-Fielitz,* in: Dreier, Art. 46 Rn. 10.
96 Vgl. *Schulze-Fielitz,* in: Dreier, Art. 46 Rn. 21.

mals unter dem Eindruck einer übermächtigen, vom Monarchen dominierten Exekutive, die durchaus in Zusammensetzung und Arbeitsweise der Volksvertretungen eingriff, um politisch gewünschte (Abstimmungs-)Ergebnisse zu erhalten. Seit den Zeiten der Weimarer Republik wird immer wieder die Auffassung vertreten, die Immunität sei im demokratischen Rechtsstaat überholt und überflüssig,[97] die Immunität sei ein Anachronismus. Anders als zu Zeiten des Konstitutionalismus stehe nicht zu erwarten, dass die Exekutive oder Judikative unliebsame Abgeordnete strafrechtlich verfolge und somit das Parlament in seiner Arbeit behindere. In der Weimarer Republik wurde die Immunität vereinzelt auch als Privileg der Abgeordneten abgelehnt.[98] Auch unter dem Grundgesetz war die Forderung zu hören, das Immunitätsrecht zumindest einzuschränken.[99] In den letzten Jahren ist die Immunität aus einem anderen Grund in die Kritik geraten. Abgeordnete meinen, die Immunität sei für sie nur eine Belastung. Die Öffentlichkeit erfahre von bestimmten Vorwürfen gegen Abgeordnete nur, weil eine Aufhebung der Immunität erforderlich sei. Abgeordnete würden insofern schlechter gestellt als andere Bürger. Es könne zu einer Vorverurteilung und letztlich sogar zum Ende der politischen Karriere kommen, ohne dass sich die Vorwürfe schlussendlich bewahrheiteten. Die Auffassungen, die für eine gänzliche oder teilweise Abschaffung des Immunitätsschutzes plädieren (aber in letzter Zeit kaum noch vertreten werden), sind unzutreffend. Auch in der Gegenwart ist die Immunität ein unabdingbarer parlamentsbezogener Rechtsgrundsatz:[100] Sie hat den Zweck, **die Arbeits- und Funktionsfähigkeit des Parlaments**[101] **dadurch zu sichern, dass die Mitglieder des Parlaments vor willkürlichen Eingriffen der Judikative oder der Exekutive geschützt werden.** Sie ist nicht etwa ein „Freibrief" für die Abgeordneten.[102] Zwar gibt es keine Monarchen und keine von diesen abhängige Exekutive und Judikative mehr. Das Parlament muss willkürliche Eingriffe der an Verfassung und Gesetz gebundenen anderen Staatsgewalten kaum mehr befürchten. Gleichwohl ist die Gefahr willkürlicher Verfolgung von Abgeordneten nicht gänzlich auszuschließen.[103] Die Strafverfolgung geschieht (mit Ausnahme der Bundesanwaltschaft und des BGH) durch Staatsanwaltschaften und Gerichte der Länder, die personell und finanziell vom Bund und vom Bundestag unabhängig sind. Zugleich sind Staatsanwälte weisungsgebunden und die Generalstaatsanwälte in manchen Bundesländern politische Beamte. Eine parteipolitisch motivierte Beeinflussung erscheint damit nicht un-

---

97   Vgl. etwa *Kelsen*, Das Problem des Parlamentarismus, 1926, S. 14 f.; *ders.*, Wesen und Wert der Demokratie, 2. Aufl. 1929, S. 41 f.; *Bockelmann*, Unverfolgbarkeit der Abgeordneten nach deutschem Immunitätsrecht, 1951, S. 11 f.; weitere Nachweise bei *Andriof*, Rechtfertigung und praktische Bedeutung der Immunität der Abgeordneten, 1969, S. 14 f.; *Stern*, StaatsR II, S. 98; *Marschall*, Parlamentarismus, 3. Aufl. 2018, S. 89.

98   So *von Freytagh-Loringhoven*, Die Weimarer Verfassung in Lehre und Wirklichkeit, 1924, S. 93: „bevorrechtete Klasse von Staatsbürgern".

99   So *Andriof*, Rechtfertigung und praktische Bedeutung der Immunität der Abgeordneten, 1969, S. 89 ff.; *Ahrens*, Immunität von Abgeordneten, 1970, S. 115 ff.

100 Vgl. BVerfGE 104, 310 (328 ff.); zum Ganzen ausf. und überzeugend *Kischel*, in: Manssen (Hrsg.), Die verfassungsrechtlich garantierte Stellung der Abgeordneten in den Ländern Mittel- und Osteuropas, 2009, S. 87 (95 ff.).

101 Vgl. statt vieler BVerfGE 104, 310 (325, 329).

102 Vgl. *Magiera*, in: BK, Art. 46 Rn. 94.

103 Vgl. BVerfGE 104, 310 (328).

möglich.[104] Und „[...] selbst korrekte, nicht in politischer Absicht veranlasste behörd-liche [und man muss ergänzen: gerichtliche, d. Verf.] Maßnahmen [sind geeignet], die Arbeit des Parlaments zu beeinträchtigen. Das gilt gleichermaßen für jene Ermitt-lungen, die entweder durch Anzeigen, die Streitlust Privater oder durch Verdächti-gungen seitens der Medien ausgelöst worden sind [...]."[105] Außerdem dient die Im-munität vor allem als Schutz in Krisenzeiten.

166   Der mögliche Einwand, die Untauglichkeit der Immunität im Krisenfall werde durch die Ver-haftung von Abgeordneten der KPD und der SPD 1933 belegt, trägt nicht. Art. 37 WRV, der Immunitätsartikel, galt nämlich grundsätzlich nicht in der „parlamentslosen" Zeit, die nach der Weimarer Verfassung zwischen zwei Wahlperioden bestand (Ausnahme: Art. 40a WRV). Art. 46 GG lässt solche Schutzlücken nicht zu.

167   Ferner rechtfertigt das Repräsentationsprinzip die Immunität: Durch eine Behinde-rung der parlamentarischen Arbeit des einzelnen Mandatsträgers wird der betreffende Abgeordnete gehindert, sich in die Parlamentsarbeit einzubringen, und werden die vom Volk in Wahlen festgelegten Mehrheitsverhältnisse verändert.[106] Der beschrie-bene Zweck der Immunität rechtfertigt die unterschiedliche Behandlung von Man-datsträgern und Nicht-Mandatsträgern bei Strafverfolgungsmaßnahmen.[107]

2.   Anspruchsinhaber

168   Die Immunität ist **Ausdruck der Parlamentsautonomie**[108] (s. Rn. 89, 312 ff.). Um-stritten ist, welcher Rechtssphäre die Immunität zuzuordnen ist. Eine Ansicht meint, sie sei nur ein Recht des Parlaments[109] und schütze den Abgeordneten nur „reflex-haft". Die Gegenansicht sieht sie als ausschließliches Recht des Abgeordneten und das Parlament als nur reflexhaft geschützt an.[110] Eine vermittelnde, wohl h.M.[111] er-kennt mit Recht eine „**Doppelbezüglichkeit**"[112] **der Immunität**. Allein das Parla-ment darf über die Immunität seiner Mitglieder verfügen, da deren Zweck darin liegt, die Funktionsfähigkeit des Bundestages zu sichern. Der **Abgeordnete kann nicht auf sie verzichten,**[113] da seine privaten Interessen angesichts eines Strafverfahrens

---

104   Vgl. *Kischel*, in: Manssen (Hrsg.), Die verfassungsrechtlich garantierte Stellung der Abgeordneten in den Ländern Mittel- und Osteuropas, 2009, S. 87 (95 f.).
105   BVerfGE 104, 310 (328 f.); vgl. auch BayVerfGHE 11, 146 (157).
106   Vgl. BVerfGE 104, 310 (329).
107   Vgl. *Bücker*, in: FG Blischke, 1982, S. 51.
108   Vgl. BVerfGE 102, 224 (236); 104, 310 (332).
109   So *Badura*, in: BK, Art. 38 Rn. 79; *Butzer*, in: BeckOK-GG, Art. 46 Rn. 10; *ders.*, Immunität im de-mokratischen Rechtsstaat, 1991, S. 86 ff., 93 f.; *Bockelmann*, Unverfolgbarkeit der Abgeordneten nach deutschem Immunitätsrecht, 1951, S. 25; *Ahrens*, Immunität von Abgeordneten, 1970, S. 36, 47; *Achterberg*, S. 243; *Herlan*, MDR 1950, 517 (518); *Schorn*, NJW 1966, 234 (235); Abg. *Schmid*, BT-StenB. 1/14, S. 335 B: „Prärogative des Parlaments"; ebenso schon die Auffassung zu Art. 37 WRV, vgl. *Meißner*, Das Staatsrecht des Reichs und seiner Länder, 2. Aufl. 1923, S. 66.
110   So *Kischel*, in: Manssen (Hrsg.), Die verfassungsrechtlich garantierte Stellung der Abgeordneten in den Ländern Mittel- und Osteuropas, 2009, S. 87 (97 ff., 108 f.).
111   Vgl. BVerfGE 104, 310 (325 ff.); 134, 141 (176); *Schulze-Fielitz*, in: Dreier, Art. 46 Rn. 23; *Wiefels-pütz*, in: MSW, § 13 Rn. 25; *Bartmann*, Die Justiziabilität von Immunitätsentscheidungen des Deut-schen Bundestages, Diss. iur. Köln 1976, S. 90 ff.; *Austermann*, Die Anrechnungsbestimmungen im Abgeordnetenrecht des Bundes und der Länder, 2011, S. 111.
112   So *Trute*, in: vMK, Art. 46 Rn. 1 und *Klein*, in: MD, Art. 46 Rn. 51, die beide die h.M. teilen.
113   Vgl. statt vieler BVerfGE 104, 310 (327) m.w.N.; NJW 2014, 3085 (3086).

etc. hinter den Interessen des Parlaments zurücktreten müssen und eine unbefangene Entscheidung des Mandatsträgers kaum erwartet werden kann.[114] Gleichwohl hat der Abgeordnete – und hier zeigt sich die Doppelbezüglichkeit – im Hinblick auf seinen repräsentativen Status einen **Anspruch auf eine willkürfreie Entscheidung** des Bundestages über Anträge der Justiz gemäß Art. 46 Abs. 2, 3 GG, die seine Immunität betreffen.[115] Er hat auch einen Anspruch auf eine willkürfreie Entscheidung des Bundestages, ob das Parlament sein Reklamationsrecht aus Art. 46 Abs. 4 GG ausübt. Durch beide Ansprüche wird der Abgeordnete davor geschützt, dass sich die Parlamentsmehrheit bei der Entscheidung über die Genehmigung sachfremde Erwägungen der Strafverfolgungsorgane zu Eigen macht.[116] Die Historie zeigt, wie wichtig der Schutz des einzelnen Abgeordneten gegen die Parlamentsmehrheit sein kann. Im März 1933 war die Reichstagsmehrheit aus NSDAP und DNVP nicht bereit, einem von der SPD beantragten Begehren auf Haftentlassung einiger Abgeordneter zuzustimmen. Zwar erscheint in der heutigen Zeit ein solches, gegen Teile der Abgeordnetenschaft gerichtetes Verhalten der Mehrheit nur noch theoretisch möglich zu sein. Es ist aber immerhin denkbar. „Der Abgeordnete kann je nach dem parlamentarischen Kräfteverhältnis auch gegenüber dem Parlament schutzbedürftig sein."[117] Die Immunität weist eine „Doppelbezüglichkeit" auf und ist insoweit auch ein Statusrecht des Abgeordneten, weil der Abgeordnete aus der Immunität eigene Rechte herleiten kann und weil – was zumeist übersehen wird – auch die ungehinderte Mandatsausübung durch die Immunität geschützt wird. Sie steht in enger Beziehung zur Arbeits- und Funktionsfähigkeit des Bundestages, die ohne die Arbeitsfähigkeit der einzelnen Abgeordneten nicht denkbar ist.

3. Schutzumfang

Art. 46 Abs. 2–4 GG bestimmen den Schutzumfang der Immunität. Geschützt sind **169** Bundestagsabgeordnete (nur) **während ihrer Mandatszeit**. Denn Art. 46 spricht ausdrücklich vom Abgeordneten. Eine etwaige Tatzeit ist ohne Belang. Entscheidend ist allein, ob jemand ein Bundestagsmandat innehat. Der Schutz beginnt mit dem Mandatserwerb, also mit der konstituierenden Sitzung des neu gewählten Bundestages (Art. 39 Abs. 1 S. 2 GG) oder bei Listennachfolgern („Nachrückern") mit der Annahmeerklärung gemäß § 48 Abs. 1 BWahlG.[118] Wer aus dem Bundestag ausscheidet (also sein Mandat verliert), verliert auch den Immunitätsschutz. Der Mandatsverlust richtet sich nach § 46 BWahlG. Wenn ein Abgeordneter auf sein Mandat während der Wahlperiode gemäß § 46 Abs. 3 BWahlG verzichtet, scheidet er gemäß § 47 Abs. 3

---

114 Vgl. *Kischel*, in: Manssen (Hrsg.), Die verfassungsrechtlich garantierte Stellung der Abgeordneten in den Ländern Mittel- und Osteuropas, 2009, S. 87 (103 f.).

115 Vgl. statt vieler BVerfGE 104, 310 (328); ebenso Teil A Nr. 4 S. 1 Hs. 2 der Grundsätze in Immunitätsangelegenheiten (Anlage 6 zur GO-BT).

116 Vgl. zum Anspruch auf willkürfreie Entscheidung über Genehmigungsanträge BVerfGE 104, 310 (330). Der Gedanke ist auf den Anspruch auf willkürfreie Entscheidung über das Reklamationsrecht ohne Weiteres zu übertragen.

117 BVerfGE 104, 310 (330).

118 Ebenso etwa *Magiera*, in: BK, Art. 46 Rn. 169; *Klein*, in: MD, Art. 46 Rn. 71; für Vorwirkungen hingegen *Payandeh*, in: MSW, § 7 Rn. 19; *Schmahl*, in: AS, § 1 Rn. 4; auf die Mandatsannahme abstellend *Butzer*, in: BeckOK-GG, Art. 46 Rn. 20.

BWahlG „mit der Entscheidung" des Bundestagspräsidenten aus. Verzichtet der Abgeordnete auf das Mandat nicht zur Niederschrift (also in Anwesenheit) des Bundestagspräsidenten, sondern zur Niederschrift eines Notars, richtet sich die Wirksamkeit des Ausscheidens nach dem VwZG (§ 47 Abs. 3 S. 3 BWahlG).[119] Wenn jemand, gegen den ein Verfahren läuft, ein Mandat erwirbt, erwirbt er nach dem Schutzzweck der Norm in diesem Zeitpunkt den Immunitätsschutz für dieses sog. **mitgebrachte Verfahren.** Während einer vorangegangenen Wahlperiode begonnene Verfahren gegen einen Abgeordneten können – nach einer erneuten Genehmigung durch den neu gewählten Bundestag – **fortgesetzt** werden.[120]

a) Art. 46 Abs. 2 GG

170   Ein Abgeordneter darf wegen einer mit Strafe bedrohten Handlung nur mit Genehmigung des Bundestages **zur Verantwortung gezogen oder verhaftet** werden (Art. 46 Abs. 2 GG). Eine Ausnahme besteht, wenn der Abgeordnete bei Begehung der Tat oder im Laufe des folgenden Tages festgenommen wird. Solange und soweit eine Genehmigung oder der beschriebene zeitliche Zusammenhang einer möglichen Festnahme zur Tat fehlt, schützt Art. 46 Abs. 2 GG den Abgeordneten vor Strafverfolgung.

171   **Eine Handlung i.S.d. Art. 46 Abs. 2 GG ist ein bestimmter geschichtlicher Vorgang** (unabhängig von der rechtlichen Beurteilung, die etwa die Staatsanwaltschaft bei der Mitteilung oder der Einholung einer Genehmigung vertreten hat).[121] **Mit Strafe bedrohte Handlungen** i.S.d. Art. 46 GG sind:

- strafrechtliche Delikte nach dem StGB und dem Nebenstrafrecht sowie Maßregeln der Besserung und Sicherung,[122]
- Sanktionen des Disziplinar- und Standesrechts,[123] da auch diese die Funktionsfähigkeit des Bundestages beeinträchtigen können.

Ob auch Sanktionen des **Ordnungswidrigkeitenrechts** unter Art. 46 Abs. 2 GG fallen, ist strittig. Die Praxis des Bundestages nimmt Sanktionen des Ordnungswidrigkeitenrechts vom Immunitätsschutz aus.[124] Die h.M. bezieht sie hingegen in den Immunitätsschutz mit ein.[125] Hierfür spricht, dass Ordnungswidrigkeiten und Straftaten nicht in einem Aliud-Verhältnis stehen und eine Funktionsbeeinträchtigung des Bundestages durch ordnungswidrigkeitenrechtliche Sanktionen durchaus möglich erscheint.[126] Allerdings haben Ordnungswidrigkeiten, auch nach Ansicht weiter Teile der Bevölkerung, einen geringeren Unrechtsgehalt als Straftaten. Außerdem sind die Sanktionen deutlich geringer als bei Straftaten. Insofern ist kaum vorstellbar, wie eine „Verstrickung" in ein Ordnungswidrigkeitenverfahren zu einer Funktionsbeein-

---

119   Einen praktischen Fall liefert BVerfG, NJW 2014, 3085 (3087).
120   Vgl. Teil A Nr. 16 S. 2 der Grundsätze in Immunitätsangelegenheiten (Teil der Anlage 6 zur GO-BT).
121   Vgl. *Magiera*, in: BK, Art. 46 Rn. 141.
122   Vgl. z.B. *Schulze-Fielitz*, in: Dreier, Art. 46 Rn. 26; *Klein*, in: MD, Art. 46 Rn. 61 f.; a.A. zum Disziplinarrecht BVerwGE 83, 1 (8 f.).
123   Vgl. *Butzer*, in: BeckOK-GG, Art. 46 Rn. 13.2; *Ahrens*, Immunität von Abgeordneten, 1970, S. 12; Teil A. Nr. 9 der Grundsätze in Immunitätsangelegenheiten (Teil der Anlage 6 zur GO-BT); a.A. zum Disziplinarrecht BVerwGE 83, 1 (8 f.).
124   Vgl. Nr. 2 lit. b des Immunitätsbeschlusses (Teil der Anlage 6 zur GO-BT).
125   So *Butzer*, in: BeckOK-GG, Art. 46 Rn. 13.1; *Pieroth*, in: JP, Art. 46 Rn. 6; *Schulze-Fielitz*, in: Dreier, Art. 46 Rn. 26; *Klein*, in: MD, Art. 46 Rn. 61 f.; *Magiera*, in: BK, Art. 46 Rn. 143.
126   Vgl. *Butzer*, in: BeckOK-GG, Art. 46 Rn. 13.1.

trächtigung des Bundestages führen sollte. Die Ausnahme, welche die Bundestagspraxis vorsieht, ist daher verfassungsgemäß. Sie ist auch zweckmäßig, da sie den Bundestag von Bagatellen entlastet.

Vom Immunitätsschutz **ausgenommen** sind: **172**

- zivilgerichtliche Verfahren,[127]
- Beugemaßnahmen, die in erster Linie ein künftiges Verhalten bewirken sollen (z.B. Ordnungsgeld nach §§ 51, 70 StPO, §§ 380, 390 ZPO) oder die keine Untersuchung erfordern (wie z.B. Ordnungsgeld wegen Ungebühr vor Gericht, § 178 GVG),
- gebührenpflichtige Verwarnungen nach §§ 56 ff. OWiG[128] (wegen ihres Bagatellcharakters und der Freiwilligkeit ihrer Bezahlung),
- Ordnungsmaßnahmen des Präsidenten (§§ 36 ff. GO-BT) oder des Präsidiums (§ 8 VR).[129]

Der Schutz gilt für das **„Zur-Verantwortung-Ziehen"**, also für jede behördliche **173** oder strafgerichtliche Untersuchung mit dem Ziel einer (Straf-)Verfolgung oder einer entsprechenden Sanktion, etwa durch die Polizei, die Staatsanwaltschaft oder eine für disziplinar-, berufs- und ehrengerichtliche Ermittlungen zuständige Behörde.[130] Die Untersuchung schließt Durchsuchungen und Beschlagnahmen sowie die Überwachung der Telekommunikation ein.[131] **Nicht** zu den (Straf-)Verfolgungsmaßnahmen gehören: Maßnahmen der Gefahrenabwehr (wie Überwachungsmaßnahmen nach dem G 10,[132] da sie präventiv wirken sollen), die Entgegennahme von Anzeigen, Ermittlungen mit dem Ziel der Einstellung wegen offensichtlicher Unzulässigkeit oder Unbegründetheit, Ermittlungen, um festzustellen, ob die Genehmigung des Bundestages gemäß Art. 46 Abs. 2, 3 GG einzuholen ist (z.B. die Ermittlung, ob jemand Bundestagsabgeordneter ist), die Beobachtung durch den Verfassungsschutz oder parlamentarische Maßnahmen wie die Überprüfung auf eine Stasi-Tätigkeit (nach § 44c AbgG oder durch einen Untersuchungsausschuss).[133] Ebenfalls nicht zu den (Straf-)Verfolgungsmaßnahmen i.S.d. Art. 46 GG (also weder des Abs. 2 noch des Abs. 3) gehören nach zutr. Ansicht strafrechtliche **Ermittlungen** (mitsamt Ermittlungsmaßnahmen wie Durchsuchungen und Beschlagnahmen) **gegen Dritte**, durch die der Abgeordnete betroffen wird, z.B. weil sie in Räumen des Abgeordneten stattfinden oder gegen einen seiner Mitarbeiter erfolgen (vgl. Nr. 191 Abs. 3 lit. d, e RiStBV).[134] Hier

---

127 Vgl. *Magiera*, in: BK, Art. 46 Rn. 151; *Butzer*, in: BeckOK-GG, Art. 46 Rn. 14; a.A. *Kischel*, in: Manssen (Hrsg.), Die verfassungsrechtlich garantierte Stellung der Abgeordneten in den Ländern Mittel- und Osteuropas, 2009, S. 87 (93).
128 Vgl. nur *Schulze-Fielitz*, in: Dreier, Art. 46 Rn. 27; *Klein*, in: MD, Art. 46 Rn. 63.
129 Vgl. *Pieroth*, in: JP, Art. 46 Rn. 7.
130 Vgl. *Schulze-Fielitz*, in: Dreier, Art. 46 Rn. 28; *Klein*, in: MD, Art. 46 Rn. 64.
131 Vgl. *Schulze-Fielitz*, in: Dreier, Art. 46 Rn. 28; *Klein*, in: MD, Art. 46 Rn. 66.
132 Wie hier auch *Schulze-Fielitz*, in: Dreier, Art. 46 Rn. 29; *Klein*, in: MD, Art. 46 Rn. 79; *Borchert*, DÖV 1992, 58 (59); *Wiefelspütz*, NVwZ 2003, 38 (43); a.A. (freiheitsbeschränkende Maßnahme und daher nach Art. 46 Abs. 3 GG genehmigungspflichtig) *Trute*, in: vMK, Art. 46 Rn. 36; *Butzer*, Immunität im demokratischen Rechtsstaat, 1991, S. 277.
133 Vgl. zum Ganzen *Schulze-Fielitz*, in: Dreier, Art. 46 Rn. 29 m.w.N.
134 Ebenso etwa *Klein*, in: MD, Art. 46 Rn. 66, 77; *Schulze-Fielitz*, in: Dreier, Art. 46 Rn. 29; *Magiera*, in: BK, Art. 46 Rn. 147.

greift allenfalls Art. 47 S. 2 GG.[135] Die Gegenansicht, die einen Genehmigungsvorbehalt auch für solche Maßnahmen für möglich hält,[136] übersieht, dass bei Ermittlungen gegen einen Dritten dieser und nicht der Abgeordnete „zur Verantwortung gezogen" wird.

174 **Verhaftungen** i.S.d. Art. 46 Abs. 2 GG sind nur solche Freiheitsentziehungen, die während des Ermittlungs- bzw. Untersuchungsverfahrens wegen einer mit Strafe bedrohten Handlung erfolgen (z.B. Untersuchungshaft nach §§ 112 ff. StPO, Festnahmen gemäß § 127 Abs. 2 StPO, Mitnahme [sog. Sistierung] zum Zwecke einer Blutentnahme gemäß § 81a StPO oder zum Zwecke erkennungsdienstlicher Maßnahmen gemäß § 81b StPO).[137] Sie sind genehmigungsbedürftig, wenn sie nicht bei Begehung der Tat – also „auf frischer Tat" („in flagranti") im Sinne von §§ 127 Abs. 1, 104 Abs. 1 StPO – oder im Laufe des folgenden Tages (bis 24 Uhr) erfolgen (vgl. **Art. 46 Abs. 2 Hs. 2 GG**).

175 **Genehmigungsfrei** sind demnach:

- Zufallsfestnahmen bei der Tatbegehung,
- Festnahmen ohne weiteren Ermittlungsaufwand, da die Voraussetzungen einer Festnahme nach § 127 Abs. 2 StPO oder eines Haftbefehls nach §§ 112 ff. StPO (z.B. durch Videoaufnahmen) offenkundig vorliegt,
- Freiheitsentziehungen anlässlich eines Untersuchungsverfahrens wegen einer mit Strafe bedrohten Handlung (z.B. die Entnahme einer Blutprobe oder die erkennungsdienstliche Behandlung im Zusammenhang mit einem Verkehrsdelikt),[138]
- präventiv-polizeiliche Maßnahmen,[139]
- Maßnahmen, die keine Festnahme oder Sistierung erfordern (z.B. die Wegnahme des Führerscheins).[140]

176 Zulässige Festnahmen machen eine **Genehmigung des nachfolgenden Untersuchungsverfahrens** (auch bei einer zwischenzeitlichen Freilassung[141]) **entbehrlich**. Bei einer erneuten Verhaftung[142] oder bei der Vollstreckung einer Freiheitsstrafe ist eine Genehmigung aber erforderlich.[143]

b) Art. 46 Abs. 3 GG

177 Art. 46 Abs. 3 GG stellt **Beschränkungen der persönlichen Freiheit des Abgeordneten, die nicht bereits von Abs. 2 erfasst sind,** und das Verwirkungsverfahren nach Art. 18 GG unter Genehmigungsvorbehalt. Beschränkungen der persönlichen Freiheit sind – wie bei Art. 2 Abs. 2 S. 2, 104 GG – alle staatlichen Maßnahmen, wel-

---

135 Vgl. *Klein*, in: MD, Art. 46 Rn. 77; zur Überwachung der Telekommunikation eines nicht beschuldigten Abgeordneten *Klein*, in: MD, Art. 46 Rn. 78; zu Maßnahmen nach dem G 10 *Borchert*, DÖV 1992, 58 (60 f.).
136 Vgl. *Kluth*, in: SBHH, Art. 46 Rn. 34.
137 Vgl. *Schulze-Fielitz*, in: Dreier, Art. 46 Rn. 30; *Klein*, in: MD, Art. 46 Rn. 66.
138 Vgl. *Schulze-Fielitz*, in: Dreier, Art. 46 Rn. 31; *Pieroth*, in: JP, Art. 46 Rn. 8.
139 Vgl. *Pieroth*, in: JP, Art. 46 Rn. 8; *Klein*, in: MD, Art. 46 Rn. 79.
140 Vgl. *Schulze-Fielitz*, in: Dreier, Art. 46 Rn. 31; *Butzer*, in: BeckOK-GG, Art. 46 Rn. 16.
141 Vgl. nur *Schulze-Fielitz*, in: Dreier, Art. 46 Rn. 31; *Klein*, in: MD, Art. 46 Rn. 70.
142 Vgl. *Magiera*, in: BK, Art. 46 Rn. 156.
143 Vgl. *Schulze-Fielitz*, in: Dreier, Art. 46 Rn. 31; *Klein*, in: MD, Art. 46 Rn. 70.

che **die körperlich-räumliche Bewegungsfreiheit** des Abgeordneten für eine gewisse Mindestdauer durch Freiheitsentziehungen oder durch kurzfristige Freiheitsbeschränkungen (vor allem präventiv-polizeilicher Art) beeinträchtigen.[144]

Beispiele für Freiheitsentziehungen: Vollstreckung einer Freiheitsstrafe, Unterbringung in einer geschlossenen Anstalt, Ordnungshaft, Ersatzzwangshaft, Polizeigewahrsam, persönlicher Arrest.

Beispiele für kurzfristige Freiheitsbeschränkungen: Aufenthaltsbeschränkungen nach §§ 68 ff. StGB, Platzverweis, Sistierung, Durchsuchung der Person, unmittelbarer Zwang oder zwangsweise Unterbringung.

Freiheitsentziehungen und Freiheitsbeschränkungen **aufgrund zivilrechtlicher Vollstreckung** unterfallen ebenfalls Art. 46 Abs. 3 GG.[145] Sofern eine Maßnahme (z.B. eine zwangsweise Untersuchung in einem psychiatrischen Krankenhaus) bereits abgeschlossen ist, ist sie nicht nachträglich zu genehmigen.

Staatliche **Zwangsmaßnahmen**, welche die Freiheit des Abgeordneten **nicht i.S.d. Art. 46 Abs. 3 GG körperlich-räumlich beschränken** (wie die Ladung und die Vernehmung als Zeuge, die Anordnung des persönlichen Erscheinens als Prozesspartei und die Vollstreckung von anderen als [Ersatz-]Freiheitsstrafen) **sind nicht genehmigungsbedürftig.**[146] Auch die Festsetzung einer Freiheitsstrafe ist – anders als die Vollstreckung einer Freiheitsstrafe (s.o. und Nr. 4 des Immunitätsbeschlusses sowie Teil A Nr. 8 S. 1 und Nr. 14 der Grundsätze in Immunitätsangelegenheiten) – nicht genehmigungsbedürftig.[147] Da sie die **körperlich-räumliche Freiheit des Abgeordneten nicht beschränken**, fallen auch Durchsuchungen von Wohnungen, Geschäftsräumen oder Fahrzeugen, Beschlagnahmen und die Überwachung des Telekommunikationsverkehrs des Abgeordneten nach bestrittener, aber zutr. Ansicht nicht unter Art. 46 Abs. 3 GG, sondern in aller Regel – wenn sie ein „Zur-Verantwortung-ziehen" darstellen – unter Art. 46 Abs. 2 GG.[148] Die Beobachtung durch den Verfassungsschutz ist weder ein Fall des Abs. 2[149] noch des Abs. 3[150]. Maßnahmen **gegen Dritte** wie Durchsuchungen und Beschlagnahmen oder die Überwachung der Telekommunikation fallen, auch wenn sie den Abgeordneten betreffen, nach zutr. Ansicht weder unter Abs. 2 noch unter Abs. 3. Lediglich das Zeugnisverweigerungsrecht aus Art. 47 S. 2 GG kann solche Maßnahmen begrenzen.

Art. 46 Abs. 3 GG stellt auch das **Verfahren**, in dem über die **Verwirkung von Grundrechten** entschieden wird (Art. 18 GG, § 36 BVerfGG), unter Genehmigungs-

178

179

---

144   Vgl. etwa *Schulze-Fielitz*, in: Dreier, Art. 46 Rn. 33; *Klein*, in: MD, Art. 46 Rn. 73 ff.
145   Ebenso z.B. *Schulze-Fielitz*, in: Dreier, Art. 46 Rn. 33; *Klein*, in: MD, Art. 46 Rn. 74.
146   Vgl. nur *Schulze-Fielitz*, in: Dreier, Art. 46 Rn. 34; *Klein*, in: MD, Art. 46 Rn. 74; a.A. *Kluth*, in: SBHH, Art. 46 Rn. 29 f.
147   Vgl. *Schulze-Fielitz*, in: Dreier, Art. 46 Rn. 34; *Klein*, in: MD, Art. 46 Rn. 74.
148   Wie hier *Magiera*, in: BK, Art. 46 Rn. 164; *Schulze-Fielitz*, in: Dreier, Art. 46 Rn. 34; *Pieroth*, in: JP, Art. 46 Rn. 10; *Storr*, in: vMKS, Art. 46 Rn. 60; a.A. (Art. 46 Abs. 3 GG) *Klein*, in: MD, Art. 46 Rn. 79; *Butzer*, in: BeckOK-GG, Art. 46 Rn. 18 f.; *Trute*, in: vMK, Art. 46 Rn. 36; *Kluth*, in: SBHH, Art. 46 Rn. 33.
149   Wie hier BVerwGE 137, 275 (307); *Schulze-Fielitz*, in: Dreier, Art. 46 Rn. 29; *Morlok/Sokolov*, DÖV 2014, 405 (406); a.A. *Butzer*, in: BeckOK-GG, Art. 46 Rn. 18.1.
150   Vgl. BVerwGE 137, 275 (307); *Magiera*, in: BK, Art. 46 Rn. 164: a.A. *Kluth*, in: SBHH, Art. 46 Rn. 30.

vorbehalt. Das Verfahren hatte bislang für Abgeordnete keine und auch insgesamt kaum praktische Bedeutung.

c) Art. 46 Abs. 4 GG

180 Der Bundestag hat das **Anforderungs- oder Reklamationsrecht** (Art. 46 Abs. 4 GG): Jedes Strafverfahren und jedes Verwirkungsverfahren, jede Haft und jede sonstige Beschränkung der Freiheit eines Abgeordneten sind auf Verlangen des Parlaments auszusetzen. Der Schutzbereich des Art. 46 Abs. 4 GG knüpft erkennbar an den Schutzbereich der Abs. 2 und 3 an, weshalb dem „Strafverfahren" das „Zur-Verantwortung-Ziehen", der „Haft" die „Verhaftung" etc. gleichsteht.[151] Das Reklamationsrecht sichert das Immunitätsrecht zusätzlich ab.[152] Es besteht daher unabhängig davon, ob eine Genehmigung erteilt wurde oder nicht.[153] Ob das Reklamationsrecht geltend gemacht wird, liegt im Ermessen des Bundestages. Bislang wurde das Recht nur einmal ausgeübt.[154] Der betroffene Abgeordnete hat – wie auch hinsichtlich der Genehmigung nach Art. 46 Abs. 2 oder 3 – einen Anspruch gegen den Bundestag, dass dieser willkürfrei über ein von dem Abgeordneten formuliertes Aussetzungsverlangen entscheidet.[155] Wenn ein Genehmigungsersuchen einer Strafverfolgungsbehörde oder eines Gerichts formell mangelhaft oder unschlüssig ist, kann daraus ein Anspruch des betroffenen Abgeordneten erwachsen, dass der Bundestag die Genehmigung ablehnen bzw., wenn die Genehmigung bereits erfolgt ist, die Aussetzung des Verfahrens bzw. der Maßnahme verlangen muss.[156] Die Rechtsfolge eines Aussetzungsverlangens ist das sofortige Ruhen des Verfahrens oder der Maßnahme oder dass die Vollstreckung eines rechtskräftigen Urteils gehemmt wird – bis zum Mandatsende.[157] Der Bundestag kann nach einer Reklamation ein Verfahren genehmigen und dadurch dessen Fortgang ermöglichen.

4. Genehmigungsbedürftige und genehmigungsfreie Sachverhalte

181 Das Immunitätsverfahren ist in Art. 46 Abs. 2-4 GG und § 107 GO-BT nur rudimentär geregelt. Die Details finden sich in **Anlage 6 zur GO-BT**. Die Anlage 6 besteht aus zwei Teilen.

Sie enthält erstens einen (erstmals 1969 gefassten) Beschluss des Bundestages, den dieser sich zu Beginn einer jeden Wahlperiode mit Übernahme der GO-BT und ihrer Anlagen auch für die anstehende Legislaturperiode zu eigen macht (im Folgenden: **Immunitätsbeschluss**).[158]

---

151 Vgl. *Magiera*, in: BK, Art. 46 Rn. 167; *Klein*, in: MD, Art. 46 Rn. 81.
152 Vgl. *Schulze-Fielitz*, in: Dreier, Art. 46 Rn. 43; *Klein*, in: MD, Art. 46 Rn. 86.
153 Vgl. etwa *Klein*, in: MD, Art. 46 Rn. 82, der Fallkonstellationen nennt; *Butzer*, in: BeckOK-GG, Art. 46 Rn. 27.
154 Vgl. BT-Drs. 13/9045.
155 Vgl. *Magiera*, in: BK, Art. 46 Rn. 194; *Klein*, in: MD, Art. 46 Rn. 85.
156 Vgl. etwa *Klein*, ebd.
157 Vgl. *Schulze-Fielitz*, in: Dreier, Art. 46 Rn. 45; *Klein*, in: MD, Art. 46 Rn. 83.
158 Auch dieser Beschluss unterliegt nämlich der Diskontinuität, vgl. *Bücker*, in: FS Blischke, 1984, S. 53. S. hierzu Nr. 3 Abs. 3 des Immunitätsbeschlusses.

Zweitens umfasst die Anlage 6 die **„Grundsätze in Immunitätsangelegenheiten"**. Sie werden vom Ausschuss für Wahlprüfung, Immunität und Geschäftsordnung (1. Ausschuss) gemäß § 107 Abs. 2 GO-BT zu Beginn einer Wahlperiode beschlossen. Sie beschreiben vornehmlich den Verfahrensablauf (Antragsbefugnis, Mitteilungen, Entscheidungen). Die GO-BT bindet nach h.M. nur den Bundestag als Geschäftsordnungsgeber.[159] Die in Anlage 6 zur GO-BT enthaltenen Regelungen (Grundsätze in Immunitätsangelegenheiten und Immunitätsbeschluss) können nach zutr. Ansicht keine weitere Bindungswirkung entfalten als die GO-BT, da sie zum einen aufgrund der GO-BT erlassen wurden und zum anderen Teil der GO-BT sind. Sie binden daher nur den Bundestag[160] und entfalten **keine Außenwirkung** für Gerichte, Staatsanwaltschaften und Vollstreckungsgläubiger.[161] Eine Außenwirkung der in Anlage 6 zur GO-BT enthaltenen Regelungen ist auch nicht notwendig. Zum einen verpflichten Art. 46 Abs. 2-4 GG und gesetzliche Vorschriften (arg. § 78b StGB: Verfolgungshindernis) unmittelbar Gerichte, Staatsanwaltschaften und Vollstreckungsgläubiger. Die Staatsanwaltschaften werden zusätzlich durch die Nr. 191 bis 192a RiStBV gebunden. Zum anderen entfaltet die Anlage 6 zur GO-BT eine politische (mittelbare) Wirkung. Gerichte, Staatsanwaltschaften und Vollstreckungsgläubiger halten sich in aller Regel schon deshalb an die Anlage 6 zur GO-BT, weil sie andernfalls riskieren, eine nach Art. 46 Abs. 2 oder 3 GG erforderliche Genehmigung nicht zu erhalten oder sich einer Reklamation nach Art. 46 Abs. 4 GG ausgesetzt zu sehen.

Durch den **Immunitätsbeschluss sind strafrechtliche Ermittlungsverfahren gegen Abgeordnete**, mit Ausnahme von Beleidigungen politischen Charakters, **generell genehmigt**. „Genehmigung" bedeutet – anders als nach den §§ 183, 184 BGB – „Einwilligung", sie ist also **vorab** zu erteilen.[162] Die Ermittlungsabsicht muss dem Bundestagspräsidenten zuvor mitgeteilt werden. 48 Stunden, nachdem dieser den Zugang bestätigt hat[163], darf das Ermittlungsverfahren eröffnet werden (Nr. 1 Abs. 3 S. 1 des Immunitätsbeschlusses). Der Bundestagspräsident kann im Einvernehmen mit dem Vorsitzenden des Ausschusses für Wahlprüfung, Immunität und Geschäftsordnung die Frist für die Einleitung von Ermittlungen über die 48-Stunden-Frist hinaus verlängern (Nr. 1 Abs. 3 S. 2 des Immunitätsbeschlusses). **182**

Die **Ausnahme für Beleidigungen politischen Charakters** ermöglicht es dem Bundestag, im Einzelfall darüber zu entscheiden, ob die Einleitung eines Ermittlungsverfahrens genehmigt wird oder nicht. Bevor die generelle Ermittlungsfreigabe in der 5. Wahlperiode erteilt wurde, versagte die ständige Parlamentspraxis seit der 1. Wahlperiode die Genehmigung für Ermittlungsverfahren in solchen Fällen. Die Ausnahme von der generellen Genehmigung wird damit begründet, dass „bei dem zeitweilig rauen Handwerk der Politik nicht alles und jedes auf die Goldwaage" gelegt werden **183**

---

159 Vgl. etwa BVerfGE 1, 144 (148); *Brocker*, in: BK, Art. 40 Rn. 218, 226; *Pieroth*, in: JP, Art. 40 Rn. 9; *Magiera*, in: Sachs, Art. 40 Rn. 22; a.A. *Schwerin*, Der Deutsche Bundestag als Geschäftsordnungsgeber, 1998, S. 77 ff.; *Klein*, in: MD, Art. 40 Rn. 64 ff., 105.

160 A.A. (keine Bindungswirkung) *Ahrens*, Immunität von Abgeordneten, 1970, S. 45.

161 A.A. *Butzer*, Immunität im demokratischen Rechtsstaat, 1991, S. 138 ff.; *Wiefelspütz*, in: MSW, § 13 Rn. 35 ff.

162 Vgl. etwa *Magiera*, in: BK, Art. 46 Rn. 175; *Klein*, in: MD, Art. 46 Rn. 90.

163 A.A. *Bücker*, in: FG Blischke, 1982, S. 48.

soll.[164] Dadurch erhalten Abgeordnete für die Mandatszeit einen Verfolgungsschutz für außerparlamentarische Äußerungen (die dem Indemnitätsschutz gemäß Art. 46 Abs. 1 GG nicht unterfallen). Der Schutz ermöglicht es Abgeordneten, sich gemäß ihrer Rolle als Volksvertreter kritisch zu bestimmten Personen und Sachverhalten zu äußern, ohne ein Ermittlungs- oder Strafverfahren fürchten zu müssen. So können Abgeordnete z.B. die Wahrhaftigkeit der Äußerungen von Regierungsvertretern in Zweifel ziehen und sich im Wahlkampf zugespitzt äußern. Ebenfalls als Beleidigungen politischen Charakters gelten beleidigende Äußerungen eines Abgeordneten, die er als Zeuge in einem Untersuchungsausschuss macht (vgl. Teil A Nr. 5 Abs. 3 S. 4 der Grundsätze in Immunitätsangelegenheiten). Verleumderische Beleidigungen gelten – wie auch nach Art. 46 Abs. 1 GG – nicht als Beleidigungen politischen Charakters (Teil A Nr. 5 Abs. 3 S. 3 der Grundsätze in Immunitätsangelegenheiten).[165]

184 Die seit der 5. Wahlperiode praktizierte generelle Genehmigung von Ermittlungsverfahren hat folgenden Sinn:[166] Die Abgeordneten sollen anderen Staatsbürgern gleichgestellt werden, und es soll eine **praktikable Handhabung des Immunitätsrechts** ermöglicht werden; außerdem sollen Staatsanwaltschaften ihre Ermittlungen ohne öffentlichen Druck ungestört durchführen können. Durch die 48-Stunden-Frist hat der Bundestag genügend Zeit, um zu prüfen, ob er das Ermittlungsverfahren aufhalten möchte. Dies kann durch eine vom Bundestagspräsidenten festgesetzte Fristverlängerung oder durch einen ausdrücklichen Beschluss des Plenums geschehen. Die Rechtsgrundlage dafür ist Art. 46 Abs. 2 GG. Die Ansicht, die das Aussetzungsrecht für einschlägig hält,[167] verkennt, dass sich Art. 46 Abs. 4 GG ausdrücklich auf Strafverfahren bezieht.

185 Sog. **Vorermittlungen** (auch Prüfvorgänge genannt), also die Prüfung, ob ein Ermittlungsverfahren eingeleitet werden soll, sind nicht zu genehmigen. Im Rahmen von Vorermittlungen darf eine Staatsanwaltschaft

- ein Verfahren gegen einen Abgeordneten zum Zwecke der Einstellung einleiten, wenn der Sachverhalt die Einstellung ohne Beweiserhebung rechtfertigt (Nr. 191 Abs. 3 lit. b RiStBV),
- die Frage klären, ob eine Anzeige offensichtlich unbegründet ist und den davon betroffenen Abgeordneten die Möglichkeit geben, sich dazu zu äußern (Nr. 191 Abs. 3 lit. c RiStBV) und
- Feststellungen über die Persönlichkeit des Anzeigeerstatters sowie über andere für die Beurteilung der Ernsthaftigkeit der Anzeige wichtige Umstände treffen (Nr. 191 Abs. 4 RiStBV).

186 Vereinzelt wird vertreten, die generelle Vorabgenehmigung der Ermittlungsverfahren (mit Ausnahme der Beleidigungen politischen Charakters) sei nicht **verfassungsgemäß**: Art. 46 GG verlange eine Abwägung im Einzelfall, die bei einer generellen Vorabgenehmigung nicht gegeben sei.[168] Richtiger Auffassung nach ist die generelle

---

164 Vgl. BT-Präsident *Gerstenmaier*, BT-StenB. 4/92, S. 4275 A.
165 Vgl. *Butzer*, Immunität im demokratischen Rechtsstaat, 1991, S. 296.
166 Vgl. BT-Drs. V/3790, S. 1 f.
167 So *Klein*, in: MD, Art. 46 Rn. 98.
168 So *Trute*, in: vMK, Art. 46 Rn. 29.

Vorabgenehmigung mit der Verfassung vereinbar.[169] Zwar stellt ein Ermittlungsverfahren ein „Zur-Verantwortung-ziehen" i.S.d. Art. 46 Abs. 2 GG dar. Eine Genehmigungspflicht – d.h. eine Pflicht, eine Erlaubnis des Plenums vor Durchführung eines Ermittlungsverfahrens einzuholen – besteht demnach. Allerdings ist Art. 46 GG nicht zu entnehmen, dass stets eine Einzelfallprüfung erfolgen muss. Zudem steht es unbestrittenermaßen im Ermessen des Bundestages, eine Genehmigung zu erteilen oder zu versagen. Dieses Ermessen erfasst auch die Frage, ob Ermittlungsverfahren generell genehmigt werden. Außerdem verbleibt dem Bundestag das Reklamationsrecht aus Art. 46 Abs. 4 GG, mit dessen Hilfe er Verfahren aussetzen lassen kann – etwa weil sie willkürlich sind. Deswegen ist die Mitteilungspflicht der Staatsanwaltschaften und Gerichte so bedeutsam. Sie sichert dem Bundestag faktisch sein Reklamationsrecht. Die jahrzehntelange Praxis der generellen Genehmigung zeigt, dass sich daraus keine Nachteile für die Abgeordneten ergeben. Die generelle Genehmigung ist auch zweckmäßig.[170] Erstens entlastet sie das Plenum. Zweitens ermöglicht sie es den Staatsanwaltschaften, ohne öffentlichen Druck zu ermitteln. Drittens gestattet die generelle Genehmigung es etwaigen Zeugen, ohne öffentlichen Druck auszusagen und ohne, dass die Öffentlichkeit von ihrer Rolle in einem angeblichen Tatgeschehen erfährt, die für sie privat oder geschäftlich von Nachteil wäre. Viertens kann sie dazu beitragen, das Ansehen und damit die Funktionsfähigkeit des Bundestages zu schützen. Das Ansehen würde leiden, wenn für jede Einleitung eines Ermittlungsverfahrens – und sei der Tatvorwurf noch so geringfügig oder die Beschuldigung noch so haltlos – eine Genehmigung durch das Plenum erforderlich wäre, zumal eine spätere Verfahrenseinstellung kaum publik wird. Durch das derzeitige Vorgehen besteht jedenfalls die Möglichkeit, dass die Fälle, in denen das Ermittlungsverfahren eingestellt wird und es nicht zu einem Strafverfahren oder freiheitsbeschränkenden oder freiheitsentziehenden Maßnahmen kommt, der Öffentlichkeit nicht bekannt werden. Abgeordnete werden insofern genauso behandelt wie Bürger ohne Mandat, von deren Ermittlungsverfahren die Öffentlichkeit auch solange nichts erfährt, wie es nicht zu einer Anklageerhebung oder freiheitsbeschränkenden oder freiheitsentziehenden Maßnahme kommt. Diese **Gleichbehandlung schützt Abgeordnete vor falschen Verdächtigungen** – schließlich kann jeder aufgrund einer Anzeige Beschuldigter eines Ermittlungsverfahrens werden – und zugleich das Ansehen des Bundestages in seiner Gesamtheit. Allerdings ist zuzugeben, dass auch ohne Genehmigungsbedürftigkeit die Öffentlichkeit von einzelnen Ermittlungsverfahren (etwa durch Presseerklärungen der Staatsanwaltschaften oder das Mitteilungsbedürfnis mancher Zeitgenossen) erfährt. Gleichwohl ist die grundsätzliche Möglichkeit, geschützt zu sein, besser als die generelle Offenlegung vertraulicher Umstände, die geeignet sind, das Ansehen des Abgeordneten und des Parlaments zu vermindern.

Zum Teil wird erwogen, die generelle Vorabgenehmigung **auf Ermittlungsmaßnahmen mit Eingriffscharakter wie insb. Hausdurchsuchungen** oder Beschlagnahmen zu erstrecken.[171] Vereinzelt wird sogar davon ausgegangen, Durchsuchungen   **187**

---

169 Ebenso *Wiefelspütz*, in: MSW, § 13 Rn. 44 ff.; *Butzer*, Immunität im demokratischen Rechtsstaat, 1991, S. 313 f.
170 Ebenso *Butzer*, Immunität im demokratischen Rechtsstaat, 1991, S. 314 f.
171 Hierfür de constitutione ferenda *Trute*, in: vMK, Art. 46 Rn. 37, 40; *Schulze-Fielitz*, in: Dreier, Art. 46 Rn. 40; hierfür de constitutione lata *Butzer*, Immunität im demokratischen Rechtsstaat, 1991, S. 378; für eine Erstreckung auf disziplinarrechtliche und ehren- oder berufsgerichtlichen Ermittlungsverfahren *ders.*, S. 319.

von Wohnräumen, Nebenräumen und Sachen seien keine freiheitsbeschränkenden Maßnahmen und daher von der Vorabgenehmigung für Ermittlungsverfahren umfasst.[172] Diese Ansicht ist aber mit Nr. 2 lit. c des Immunitätsbeschlusses nicht vereinbar, wonach – in Anlehnung an Art. 46 Abs. 3 GG – freiheitsbeschränkende Maßnahmen der Genehmigung des Plenums bedürfen. Hingegen wäre eine ausdrückliche, also sich im Wortlaut des Immunitätsbeschlusses niederschlagende, Ausweitung der bisherigen Genehmigung auch auf Durchsuchungen und Beschlagnahmen (und ggf. weitere freiheitsbeschränkende Ermittlungsmaßnahmen) mit Art. 46 Abs. 3 GG vereinbar.[173] Die Gründe sind dieselben, die auch für eine generelle Genehmigung der Ermittlungsverfahren sprechen. Entscheidend ist letztlich das fortbestehende Reklamationsrecht des Bundestages aus Art. 46 Abs. 4 GG. Zweckmäßig wäre eine Ausweitung jedenfalls auf Durchsuchungen und Beschlagnahmen. Dadurch könnte das bisherige, unter bestimmten Auflagen (vgl. Nr. 5 des Immunitätsbeschlusses) stehende, praktisch kaum handhabbare Verfahren abgelöst werden. Zur Sicherung des Reklamationsrechts wäre eine vorherige Mitteilung an den Präsidenten, ggf. die Einbeziehung des jeweiligen Fraktionsvorsitzenden sowie der Ablauf einer angemessenen Frist seit Eingang der Mitteilung (wie auch nach Nr. 1 Abs. 3 des Immunitätsbeschlusses für die Ermittlungsverfahren) erforderlich. Eine Übertragung der abschließenden Entscheidungsbefugnis auf den Ausschuss für Wahlprüfung, Immunität und Geschäftsordnung – die vereinzelt befürwortet wird[174] – wäre hingegen de constitutione lata verfassungswidrig.[175] Sie widerspräche dem Wortlaut der Abs. 2-4 des Art. 46 GG, in denen vom Handeln des „Bundestages" die Rede ist. Damit ist, anders als in den Fällen des Art. 43 GG, in denen das Grundgesetz ausdrücklich die Ausschüsse erwähnt, stets das Plenum gemeint.

Art. 94 Abs. 4 RhPfVerf. gestattet hingegen eine abschließende Entscheidung eines Ausschusses (mit Zweidrittelmehrheit). Der Landtag kann die Entscheidung des Ausschusses aufheben.

188   **Bestimmte Verfahren und Maßnahmen** der Strafverfolgungsbehörden oder Gerichte sind nach Nr. 2 und 4 des Immunitätsbeschlusses **vom Plenum zu genehmigen**. Dazu gehören z.B. die Erhebung der öffentlichen Klage oder der Antrag auf Erlass eines Strafbefehls, freiheitsbeschränkende oder freiheitsentziehende Maßnahmen im Ermittlungsverfahren (wie eine Hausdurchsuchung) sowie Haft. Auch ausländische Strafverfahren sind zu genehmigen.[176] Liegt die Genehmigung nicht vor, bestehe ein Verfahrenshindernis[177] und ein Verbot, die Maßnahme durchzuführen. Da der Bundestag die Genehmigung auch gänzlich verweigern dürfte, hat er das Recht, die Durchführung bestimmter Ermittlungsmaßnahmen **unter Auflagen** zu genehmi-

---

172   So *Elf*, NStZ 1994, 375.
173   A.A. wohl *Magiera*, in: BK, Art. 46 Rn. 178 f.
174   Vgl. *Butzer*, Immunität im demokratischen Rechtsstaat, 1991, S. 381 ff.; *Schwerin*, Der Deutsche Bundestag als Geschäftsordnungsgeber, 1998, S. 178; *Elf*, NStZ 1994, 375; *Wiefelspütz*, NVwZ 2003, 38 (41).
175   Ebenso *Schulze-Fielitz*, in: Dreier, Art. 46 Rn. 40; *Klein*, in: MD, Art. 46 Rn. 94; *Trute*, in: vMK, Art. 46 Rn. 37, 40; *Ahrens*, Immunität von Abgeordneten, 1970, S. 32, 34. Bedenklich ist daher die von Teil A Nr. 17 der Grundsätze in Immunitätsangelegenheiten vorgesehene (wenngleich noch nie erfolgte) Behandlung von Amnestiefällen.
176   Vgl. *Klein*, in: MD, Art. 46 Rn. 97; *Härth*, NStZ 1987, 109 f.; a.A. *Walter*, NStZ 1987, 396 ff.
177   Vgl. statt vieler BVerfGE 104, 310 (326); 134, 141 (176).

gen,[178] oder eine Genehmigung bedingt, befristet oder sonst begrenzt zu erteilen.[179] Hausdurchsuchungen werden gemäß Nr. 5 des Immunitätsbeschlusses z.B. nur unter der Auflage genehmigt, dass beim Vollzug der Maßnahme ein anderes Mitglied des Bundestages und – falls die Vollstreckung in den Räumen des Bundestages erfolgen soll – ein Vertreter des Präsidenten anwesend sind.

Die Entscheidung des Plenums oder die Vorentscheidung des Ausschusses **hebt die Immunität des Abgeordneten insoweit auf**, wie die das zu genehmigende Verfahren oder die zu genehmigende Maßnahme (z.B. Anklageerhebung, Strafbefehlserlass, Durchsuchung) reicht.   **189**

Verweigert der Bundestag die Genehmigung, besteht ein **gesetzliches Hindernis für eine Strafverfolgung und eine Haftvollstreckung**.[180] Ein Ermittlungsverfahren ist einzustellen.[181] Ermittlungsmaßnahmen (z.B. eine Beschlagnahme) sind zu unterlassen bzw. zu beenden.[182] Wird eine Ermittlungsmaßnahme trotzdem durchgeführt, gilt ein Beweisverwertungsverbot.[183] Disziplinarverfahren sind einzustellen. Ergeht eine Entscheidung im Straf- oder Strafbefehlsverfahren ohne Genehmigung, ist sie zwar fehlerhaft und anfechtbar, aber nicht eo ipso nichtig.[184] Ohne Anfechtung wird sie sogar rechtskräftig.[185] Dasselbe gilt für ein ohne Genehmigung durchgeführtes Disziplinarverfahren. Eine Geldstrafe kann vollstreckt werden; eine Freiheitsstrafe bedarf allerdings wegen Art. 46 Abs. 3 GG in jedem Fall der Genehmigung des Bundestages.[186]   **190**

5. Verfahren in Immunitätsangelegenheiten

Am **Beginn** eines Immunitätsverfahrens steht üblicherweise die **Mitteilung** einer Staatsanwaltschaft, dass sie ein **Ermittlungsverfahren** beabsichtige (dem ggf. Vorermittlungen vorausgegangen sind). Die Mitteilung ist dem Bundestagspräsidenten zuzuleiten (Teil A Nr. 2 lit. a der Grundsätze in Immunitätsangelegenheiten, Nr. 192a Abs. 3 RiStBV). Dass der Bundestagspräsident Adressat aller staatsanwaltlichen und gerichtlichen Schreiben in Immunitätsangelegenheiten ist, folgt nicht nur aus der RiStBV, sondern ergibt sich aus seiner Vertreterstellung gemäß § 7 Abs. 1 GO-BT und Ziff. 1 S. 2 des Immunitätsbeschlusses. Der Bundestagspräsident leitet die Mitteilung an den Ausschuss für Wahlprüfung, Immunität und Geschäftsordnung weiter (§ 107 Abs. 1 GO-BT). 48 Stunden, nachdem der Bundestagspräsident den Eingang der Mitteilung bestätigt hat, darf die Staatsanwaltschaft das Ermittlungsverfahren eröffnen. Die Staatsanwaltschaft muss dem betroffenen Abgeordneten ebenfalls mittei-   **191**

---

178 Vgl. *Bücker*, in: FS Blischke, 1984, S. 50; *Butzer*, Immunität im demokratischen Rechtsstaat, 1991, S. 317.
179 Vgl. *Magiera*, in: BK, Art. 46 Rn. 189.
180 Vgl. etwa *Magiera*, in: BK, Art. 46 Rn. 172.
181 Vgl. *Butzer*, in: BeckOK-GG, Art. 46 Rn. 26.
182 Vgl. *Butzer*, Immunität im demokratischen Rechtsstaat, 1991, S. 385 f.
183 Vgl. *Butzer*, in: BeckOK-GG, Art. 46 Rn. 26; *Schulze-Fielitz*, in: Dreier, Art. 46 Rn. 41; *Klein*, in: MD, Art. 46 Rn. 88; *Glauben*, DÖV 2012, 378 (380); ein „entsprechendes Verbot zumindest in gravierenden Verstoßfällen" erwägt *Magiera*, in: BK, Art. 46 Rn. 191.
184 Vgl. *Butzer*, in: BeckOK-GG, Art. 46 Rn. 26; *Magiera*, in: BK, Art. 46 Rn. 191.
185 Vgl. *Butzer*, in: BeckOK-GG, Art. 46 Rn. 26.
186 Vgl. *Butzer*, Immunität im demokratischen Rechtsstaat, 1991, S. 388.

len, dass gegen ihn ermittelt werden soll, soweit nicht Gründe der Wahrheitsfindung entgegenstehen (Teil A Nr. 2 lit. a der Grundsätze in Immunitätsangelegenheiten, Nr. 192a Abs. 3 RiStBV). Der Vorsitzende des Ausschusses für Wahlprüfung, Immunität und Geschäftsordnung teilt das Ermittlungsersuchen dem Ausschuss mit. Der Präsident kann im Einvernehmen mit dem Ausschussvorsitzenden die Frist für die Einleitung von Ermittlungen über die 48-Stunden-Frist hinaus verlängern (Nr. 1 Abs. 3 S. 2 des Immunitätsbeschlusses). Eine mehrmalige Verlängerung ist zulässig, aber unüblich.

192 Am Beginn eines Immunitätsverfahrens kann auch **ein Antrag eines Gerichts, eines Ehren- oder Berufsgerichts öffentlich-rechtlichen Charakters, einer berufsständischen Einrichtung oder eines Gläubigers im Vollstreckungsverfahren** stehen.[187] Der betroffene Abgeordnete selbst ist nach zutr. Ansicht nicht antragsberechtigt,[188] da andernfalls jeder Abgeordnete in jedem Fall die Aufhebung seiner Immunität beantragen müsste, um nicht in den Verdacht zu geraten, erhobene Tatvorwürfe könnten berechtigt sein.[189]

193 Beantragt eine Staatsanwaltschaft oder ein Gericht eine **genehmigungsdürftige Maßnahme** (z.B. eine Hausdurchsuchung, die Erhebung der öffentlichen Klage oder den Erlass eines Strafbefehls), ist der Antrag auf dem Dienstweg innerhalb der jeweiligen Justizverwaltung (über den Generalstaatsanwalt und über den Landesjustizminister) über das Bundesministerium der Justiz und für Verbraucherschutz an den Bundestagspräsidenten zu richten (Teil A Nr. 2 lit. a der Grundsätze in Immunitätsangelegenheiten, Nr. 192 Abs. 3 RiStBV). Dieser leitet den Antrag an den Ausschuss weiter. Im Einzelfall kann bereits das Ermittlungsersuchen zugleich den Antrag an den Bundestag enthalten, eine bestimmte Maßnahme zu genehmigen. Der Auschuss gibt – anders als bei den nicht genehmigungsbedürften Ermittlungsersuchen – dem Plenum gegenüber eine Beschlussempfehlung ab. Ihr ist zu entnehmen, ob die beantragte Maßnahme, ggf. unter Auflagen, genehmigt werden soll oder nicht. In der Parlamentspraxis wird die Beschlussfassung kurzfristig auf die Plenartagesordnung gesetzt. So wird die nötige Geheimhaltung gewahrt. Das Plenum berät die Beschlussempfehlung in der Regel ohne Aussprache. Die Beschlussempfehlung ist nicht fristgebunden und kann verlesen werden (§ 107 Abs. 3 GO-BT). Sofern es sich um eine eilbedürftige Maßnahme wie eine Hausdurchsuchung handelt, entscheidet das Plenum am Tag der Ausschusssitzung.

194 Wenn jemand ein Mandat erwirbt, gegen den ein Ermittlungs- oder Strafverfahren läuft (**sog. mitgebrachtes Verfahren**), ist das Ermittlungsverfahren wegen des mit dem Mandatserwerb einsetzenden Immunitätsschutzes (Art. 46 Abs. 2 GG) vorläufig einzustellen.[190] Die Ermittlungsabsicht ist dem Bundestagspräsidenten – wie bei Ermittlungsverfahren während einer Wahlperiode – anzuzeigen. Nach dem Verstreichen der 48-Stunden-Frist kann das Ermittlungs-

---

187 Vgl., auch zu weiteren Antragsberechtigten, Teil A. Nr. 1 der Grundsätze in Immunitätsangelegenheiten.
188 Vgl. *Magiera*, in: BK, Art. 46 Rn. 183; *Klein*, in: MD, Art. 46 Rn. 92; *Schorn*, NJW 1966, 234 (235); ebenso Teil A Nr. 3 S. 1 Hs. 2 der Grundsätze in Immunitätsangelegenheiten; a.A. etwa *Schulze-Fielitz*, in: Dreier, Art. 46 Rn. 41; *Trute*, in: vMK, Art. 46 Rn. 30.
189 Vgl. *Magiera*, in: BK, Art. 46 Rn. 183.
190 Vgl. etwa *Ritzel/Bücker/Schreiner*, § 107 Anm. 4.c; *Schorn*, NJW 1966, 234 (236 f.); *Glauben*, DÖV 2012, 378 (380).

verfahren fortgeführt werden. Ein vor dem Mandatserwerb begonnenes Strafverfahren ist von Amts wegen auszusetzen, bis es vom Bundestag genehmigt worden ist (Nr. 191 Abs. 2 RiStBV). Dasselbe gilt für genehmigungsbedürftige Maßnahmen wie z.B. Hausdurchsuchungen und Beschlagnahmen (vgl. Teil A. Ziff. 16 S. 1 der Grundsätze in Immunitätsangelegenheiten). Die Staatsanwaltschaften und Gerichte müssen beim Bundestag um die Genehmigung nachsuchen. **Während einer vorangegangenen Wahlperiode gegen ein Mitglied des Bundestages** begonnene Strafverfahren können wegen des Grundsatzes der sachlichen Diskontinuität erst nach einer Genehmigung durch den neu gewählten Bundestag fortgesetzt werden (Nr. 191 Abs. 2 RiStBV). Zur Fortsetzung von Ermittlungsverfahren genügt wegen der generellen Ermittlungsgenehmigung durch den Immunitätsbeschluss eine Mitteilung an den Bundestag (Teil A Nr. 16 S. 2 der Grundsätze in Immunitätsangelegenheiten).

Gerichtliche Strafverfahren sowie freiheitsbeschränkende oder freiheitsentziehende Maßnahmen sind auch dann nach Art. 46 GG genehmigungsbedürftig, wenn sie bereits von einem Landesparlament genehmigt wurden. Die Pflicht zur Genehmigung ergibt sich unmittelbar aus Art. 46 Abs. 2-4 GG. Art. 46 GG knüpft allein an die Eigenschaft als Mitglied des Bundestages an. Der grundgesetzliche Immunitätsschutz für Bundestagsabgeordnete besteht unabhängig von einem anderen, z.B. landesverfassungsrechtlichen Immunitätsschutz. **195**

Vor der Konstituierung des Ausschusses für Wahlprüfung, Immunität und Geschäftsordnung – also in der ersten Zeit einer Wahlperiode – kann der Bundestagspräsident unmittelbar dem Plenum eine Beschlussempfehlung vorlegen (§ 107 Abs. 4 GO-BT). Diese im Ermessen des Bundestagspräsidenten stehende Möglichkeit wurde in der 11. Wahlperiode in die GO-BT eingefügt, um in eilbedürftigen Fällen vor der Konstituierung des Ausschusses handeln zu können.[191] Sie wurde bislang nicht genutzt. In rechtlich oder politisch heiklen Fällen sollte der Bundestagspräsident den Fall unter Einbeziehung der Fraktionen beraten und demgemäß die Beschlussempfehlung für das Plenum erstellen. **196**

Der Ausschuss für Wahlprüfung, Immunität und Geschäftsordnung wird durch Nr. 3 des Immunitätsbeschlusses ermächtigt, zur Vereinfachung des Geschäftsganges bei Verkehrsdelikten und Bagatellstraftaten die nach Nr. 2 erforderliche Genehmigung im Wege der **Vorentscheidung** zu erteilen. Auch die Ermächtigung zur Strafverfolgung gemäß § 90b und § 194 Abs. 4 StGB kann im Wege der Vorentscheidung erteilt werden. Die Vorentscheidung, die einstimmig erfolgen muss,[192] gilt nach Nr. 7 des Immunitätsbeschlusses und Teil A Nr. 13 der Grundsätze in Immunitätsangelegenheiten als Entscheidung des Plenums, wenn nicht innerhalb von sieben Tagen nach Mitteilung (Niederlegen in die Fächer der Abgeordneten) schriftlich beim Präsidenten Widerspruch erhoben wird. Die Vorentscheidung wird also – anders als die Genehmigung – nicht durch eine Bundestagsdrucksache und das Plenarprotokoll öffentlich. Sie ist aber „parlamentsöffentlich", da sie den Abgeordneten mitgeteilt wird. Wenn man Art. 46 Abs. 2 und 3 GG so versteht, dass über Immunitätsfälle zwingend das Plenum zu entscheiden hat, könnte dies gegen die Vorentscheidung sprechen. Sie ersetzt ja gerade einen Beschluss des Plenums. Indessen steht allen Abgeordneten durch die Verteilung der Vorentscheidung und die Möglichkeit eines Widerspruchs innerhalb einer angemessenen Sieben-Tage-Frist eine hinreichende Einflussmöglichkeit **197**

---

191 Vgl. BT-Drs. 11/1207, S. 3.
192 Vgl. *Ritzel/Bücker/Schreiner*, § 107 Ziff. 8.b; unzutr. *Schulze-Fielitz*, in: Dreier, Art. 46 Rn. 39, *Butzer*, in: BeckOK-GG, Art. 46 Rn. 23.3 und *Achterberg*, S. 244.

(Art. 46 Abs. 4 GG) zu. Die Vorentscheidung kann dem Bundestag zugerechnet werden. Sie ist daher richtiger Ansicht nach mit Art. 46 Abs. 2 – 4 GG vereinbar.[193]

198 Nach Teil A Nr. 3 der Grundsätze in Immunitätsangelegenheiten soll der betroffene Abgeordnete im Plenum das **Wort zur Sache** nicht erhalten. So wird verhindert, dass die Tätigkeit der Justiz in dem betreffenden Fall in den politischen Meinungskampf hineingezogen und ggf. erschwert wird.[194] In Ausnahmefällen ist nach den Grundsätzen – wie das Wort „soll" zeigt – eine Worterteilung möglich. Der Ausschuss für Wahlprüfung, Immunität und Geschäftsordnung kann dem betroffenen Abgeordneten auf Antrag einer Fraktion Gelegenheit zur Äußerung im Ausschuss geben (Teil A Nr. 3 S. 2 der Grundsätze in Immunitätsangelegenheiten). Der politische Stil dürfte es stets gebieten, von einer Debatte anlässlich eines Immunitätsfalles und insb. von einer Wortmeldung des Betroffenen im Plenum Abstand zu nehmen. Gleichwohl gehen Teile des Schrifttums davon aus, es bestehe ein verfassungsrechtlicher **Anspruch auf rechtliches Gehör**, sofern nicht zwingende Gründe wie die Vereitelung der in Rede stehenden Maßnahmen entgegenstünden[195] bzw. ein Anspruch, im Plenum zur Sache zu sprechen.[196] Als Gewährung rechtlichen Gehörs wäre eine Wortmeldung im Plenum und im Ausschuss denkbar. Eine schriftliche Äußerung käme dem nur gleich, wenn sie wie eine Wortmeldung in die Plenardebatte oder Ausschusssitzung eingeführt würde (z.B. durch Verteilung als Bundestagsdrucksache oder durch Verlesung). Das BVerfG hat einen Anspruch auf rechtliches Gehör für den Fall verneint, dass der Zweck der zu genehmigenden Maßnahme (hier: einer Hausdurchsuchung) vereitelt würde, sie aber ansonsten offengelassen.[197] Zutr. Ansicht nach besteht ein Äußerungsrecht in einer Immunitätsangelegenheit, die einen selbst betrifft, **weder im Ausschuss noch im Plenum.**[198] Ein solcher Anspruch kann in den Ausschüssen schon deshalb nicht bestehen, weil dort grundsätzlich nur die Mitglieder das Rederecht besitzen, was als Ausdruck der Geschäftsordnungsautonomie verfassungsgemäß ist. Nichtmitglieder können zwar zu Ausschussthemen schriftlich Stellung nehmen, haben aber keinen Anspruch, dass ihr Beitrag in einer Ausschusssitzung behandelt wird. Im Plenum besteht der Anspruch auf rechtliches Gehör nicht, weil der Bundestag befugt ist, das Rederecht seiner Mitglieder zu beschränken, um die eigene Entscheidungsfreiheit in Immunitätsangelegenheiten (Art. 46 Abs. 2-4) und die Unabhängigkeit der Gerichte (Art. 97 Abs. 1 GG) zu wahren sowie die nur dem Gesetz verpflichtete Tätigkeit der Staatsanwaltschaften (Art. 20 Abs. 3 GG) nicht unsachgemäß zu beeinflussen. Dasselbe würde für schriftliche Stellungnahmen des Betroffenen gelten.

---

193 Ebenso *Klein*, in: MD, Art. 46 Rn. 94; *Schulze-Fielitz*, in: Dreier, Art. 46 Rn. 39; *Butzer*, in: BeckOK-GG, Art. 46 Rn. 23.2; *Achterberg*, S. 244 f.; a.A. *Ahrens*, Immunität von Abgeordneten, 1970, S. 31 ff.

194 Ein plastisches Beispiel, warum es sinnvoll ist, auf eine Worterteilung an den Betroffenen – und auf eine Aussprache überhaupt – zu verzichten, liefert die erste Diskussion eines Immunitätsfalles durch den Bundestag am 3.11.1949, in der sich auch der betroffene Abg. *Loritz* zu Wort meldete, vgl. BT-StenB. 1/14, S. 334 f.

195 So *Klein*, in: MD, Art. 46 Rn. 93; *Magiera*, in: BK, Art. 46 Rn. 181; *Schulze-Fielitz*, in: Dreier, Art. 46 Rn. 41; *Kischel*, in: Manssen (Hrsg.), Die verfassungsrechtlich garantierte Stellung der Abgeordneten in den Ländern Mittel- und Osteuropas, 2009, S. 87 (105).

196 So *Herlan*, MDR 1950, 517 (519).

197 Vgl. BVerfGE 104, 310 (334 f.).

198 Vgl. *Butzer*, in: BeckOK-GG, Art. 46 Rn. 23; Storr, in: vMKS, Art. 46 Rn. 49; *Ahrens*, Immunität von Abgeordneten, 1970, S. 37; *Herlan*, MDR 1950, 517 (519); *Schorn*, NJW 1966, 234 (235).

Überdies ist die Genehmigung nicht die abschließende Entscheidung in einem Strafverfahren. Der Abgeordnete kann in dem Strafverfahren rechtliches Gehör in hinreichendem Maße in Anspruch nehmen.

Umstritten ist, ob der von dem Immunitätsverfahren betroffene Abgeordnete im Ausschuss **199** oder im Plenum über die Genehmigung einer gegen ihn gerichteten Maßnahme **abstimmen** darf. Eine Ansicht lehnt dies ab.[199] Sie folgert dies aus dem in § 17 WPrüfG niedergelegten Rechtsgedanken, dass ein Abgeordneter sein Amt nicht in ausschließlich eigener Sache ausüben dürfe (bzw. aus einer Analogie zu § 17 WPrüfG). Diese Auffassung ist aus mehreren Gründen abzulehnen:[200] Erstens existiert ein verfasungsrechtlicher Grundsatz, bei Selbstbetroffenheit nicht abstimmen zu dürfen, nicht.[201] Selbst wenn ein Mitglied des Bundestages entgeltlich mit einem Gegenstand beschäftigt ist, der in einem Ausschuss beraten wird, muss es zwar die Interessenverknüpfung offenlegen, darf aber dennoch mit abstimmen (§ 6 der Anlage 1 zur GO-BT). Zweitens ist § 32 Abs. 2 a.F. GO-BT, der eine Worterteilung des betroffenen Mitglieds ausschloss, gestrichen worden. Auch beschäftigt sich Teil A. Nr. 3 S. 1 der Grundsätze in Immunitätsangelegenheiten nur mit der Worterteilung im Plenum. Das Stimmrecht erfasst die Vorschrift nicht.

Die **Entscheidung des Bundestages** – also die des Plenums und auch die vorberei- **200** tende des Ausschusses – erfolgt mit einfacher Mehrheit (vgl. Art. 42 Abs. 2 S. 1 GG).[202] Der Bundestag muss seine Funktionsfähigkeit mit den Belangen der anderen hoheitlichen Gewalten (insb. mit dem öffentlichen Interesse an einer wirksamen Strafverfolgung) abwägen. Dabei hat er einen weiten Entscheidungsspielraum. Der betroffene Abgeordnete hat **Anspruch auf eine willkürfreie Entscheidung**.[203] Dies bedeutet, dass der Bundestag eine Genehmigung nicht erteilen darf, wenn „vernünftigerweise kein Zweifel bestehen kann, dass das Strafverfahren gegen den Abgeordneten aus sachfremden, insb. politischen Motiven durchgeführt wird."[204] In den beiden Fällen geht es um einen evidenten Missbrauch des Strafverfahrens oder einer Ermittlungsmaßnahme. Über die Abwägung und eine Evidenzkontrolle hinausreichende Prüfungen muss der Bundestag nicht anstellen. Er darf die Schlüssigkeit des erhobenen Tatvorwurfs prüfen, ist aber dazu nicht verpflichtet. Das Parlament darf die Rechtmäßigkeitskontrolle der Ermittlungsmaßnahmen den hierfür zuständigen Gerichten überlassen, und zwar selbst dann, wenn sich eine politische Motivierung des Strafverfahrens oder einzelner Ermittlungsmaßnahmen nicht ausschließen lassen. Es kann auch in einer solchen Situation durchaus im Interesse des Bundestages (und des betroffenen Abgeordneten) liegen, zunächst den Ausgang des Ermittlungsverfahrens abzuwarten und eine gerichtliche Kontrolle der Ermittlungsmaßnahmen zu ermöglichen. Der Bundestag hat stets das Recht und ggf. die Pflicht, gemäß Art. 46 Abs. 4 GG die Aussetzung des Verfahrens zu verlangen, wenn eine politische Motivierung

---

199 So etwa *Magiera*, in: BK, Art. 46 Rn. 180; *Schorn*, NJW 1966, 234 (235); *Ahrens*, Immunität von Abgeordneten, 1970, S. 38.
200 Wie hier *Klein*, in: MD, Art. 46 Rn. 96; *Pieroth*, in: JP, Art. 46 Rn. 9; *Butzer*, in: BeckOK-GG, Art. 46 Rn. 23.
201 Auch die Auslegungsentscheidungen 10/9 vom 8.11.1984 und 11/24 vom 28./30.9.1988 gehen davon aus, dass nach geltendem Recht keine zwingenden Gründe für den Ausschluss vom Stimmrecht eines Abgeordneten bei Entscheidungen des Bundestages, die diesen Abgeordneten selbst begünstigen können, vorliegen.
202 Vgl. etwa *Schulze-Fielitz*, in: Dreier, Art. 46 Rn. 36; *Butzer*, in: BeckOK-GG, Art. 46 Rn. 23.
203 Vgl. BVerfGE 104, 310 (332).
204 Vgl. BVerfGE 104, 310 (333).

des Strafverfahrens durchscheint.[205] Die Grundsätze in Immunitätsangelegenheiten spiegeln in Teil A Nr. 4 die Rechtsprechung des BVerfG wider. Sie legen auch fest, dass eine Beweiswürdigung sowie die Feststellung von Recht oder Unrecht, Schuld oder Nichtschuld unterbleibt.

201 In den meisten **Bundesländern** unterscheidet sich das Immunitätsverfahren allenfalls in Details vom Bundesrecht. Größere Unterschiede im Immunitätsrecht bestehen zwischen dem Bund und den Ländern Brandenburg, Bremen, Hamburg und Sachsen-Anhalt. Die Verfassungen der genannten Länder machen staatsanwaltliche Ermittlungen nicht von einer (generellen oder im Einzelfall erfolgenden) Genehmigung des Parlaments abhängig. Nach Art. 15 Abs. 1 HbgVerf. ist allerdings jede Verhaftung (mit einer dem Art. 48 Abs. 2 GG entsprechenden Ausnahme) und nach Art. 95 Abs. 1 BremVerf. auch jede andere die Freiheit oder das Mandat beschränkende Maßnahme genehmigungsbedürftig. Brandenburg und Sachsen-Anhalt kennen einen Genehmigungsvorbehalt nicht. In Brandenburg, Hamburg und Sachsen-Anhalt besteht ein Reklamationsrecht des Parlaments (Art. 58 BbgVerf.; Art. 15 Abs. 2 HbgVerf.; Art. 58 SachsAnhVerf.), in Bremen hingegen nicht. Eine Mitteilungspflicht der Staatsanwaltschaften ist in allen vier Ländern nicht normiert worden. Die Parlamentspräsidenten in Brandenburg und Hamburg werden in der Praxis aber informiert.

6. Rechtsschutz

202 Der Abgeordnete kann um Rechtsschutz nachsuchen: Er kann eine Verletzung seines Anspruchs auf willkürfreie Entscheidung im **Organstreitverfahren** (Art. 93 Abs. 1 Nr. 1 GG) gegen den Bundestag geltend machen.[206] Der Beweis, dass eine Genehmigungsentscheidung i.S.d. Art. 46 Abs. 2 und 3 GG (oder die Verweigerung eines Aussetzungsverlangens nach Art. 46 Abs. 4 GG) des Plenums willkürlich war, dürfte aber schwer zu führen sein, da der Bundestag einen Entscheidungsspielraum hat und unklar ist, wann ein Strafverfahren bzw. eine Ermittlungsmaßnahme offenkundig sachfremden Motiven folgt.[207] Im vom BVerfG zu entscheidenden Fall des Abgeordneten *Pofalla* lagen solche Motive jedenfalls angesichts des Zeitbezuges der Hausdurchsuchung zum Landtagswahlkampf in NRW und des Umstandes, dass der Abgeordneten als Ministerkandidat gehandelt wurde, sehr nahe.[208] Wenn der Abgeordnete nicht seine organschaftliche Stellung gegenüber dem Bundestag, sondern die Verletzung seiner Immunität als eines subjektiven öffentlichen Rechts durch einen anderen Träger der öffentlichen Gewalt (z.B. eine Staatsanwaltschaft oder ein Gericht) geltend macht, kann er **Verfassungsbeschwerde** (Art. 93 Abs. 1 Nr. 4a GG) erheben.[209] Allerdings muss er zuvor die Verletzung seiner Immunität im fachgerichtlichen Verfahren gerügt haben. Andernfalls steht der Grundsatz der materiellen Subsidiarität der Zulässigkeit der Verfassungsbeschwerde entgegen.[210]

---

205 Vgl. BVerfGE 104, 310 (333).
206 Vgl. statt vieler BVerfGE 104, 310 (325).
207 Vgl. *Butzer*, in: BeckOK-GG, Art. 46 Rn. 25.1; ähnlich *Glauben*, DÖV 2012, 378 (381); den recht unscharfen Prüfungsmaßstab kritisiert auch *Schulze-Fielitz*, in: Dreier, Art. 46 Rn. 41.
208 *Butzer*, in: BeckOK-GG, Art. 46 Rn. 25.1 meint zutr.: „Wenn hier schon nicht, wann dann?". Ähnlich *Klein*, in: MD, Art. 46 Rn. 101.
209 Vgl. etwa BVerfG, NJW 2014, 3085 (3086).
210 Vgl. BVerfG, NJW 2014, 3085 (3087).

VI. Zeugnisverweigerungsrecht und Beschlagnahmeverbot

Die Bundestagsabgeordneten sind berechtigt, über Personen, die ihnen in ihrer Eigen- **203**
schaft als Abgeordnete oder denen sie in dieser Eigenschaft Tatsachen anvertraut haben, sowie über diese Tatsachen selbst das Zeugnis zu verweigern (Art. 47 S. 1 GG).
Soweit dieses Zeugnisverweigerungsrecht reicht, ist die Beschlagnahme von Schriftstücken unzulässig (Art. 47 S. 2 GG), um eine Umgehung des Zeugnisverweigerungsrechts zu verhindern[211].

1. Zweck

Art. 47 GG sichert – wie Art. 46 und 48 GG – die **freie Mandatsausübung**.[212] Die **204**
Vorschrift **schützt die Kommunikation** (Informationsbeschaffung und -weitergabe)
des Abgeordneten mit den Bürgern[213] (Mandatsgeheimnis, s. auch Rn. 19 f.) sowie
das Vertrauensverhältnis zwischen dem Abgeordneten und einem Dritten[214] und so
das generelle Vertrauen in die Abgeordneten und ihre Rolle als Volksvertreter.[215] Dadurch wird mittelbar die Arbeits- und Funktionsfähigkeit des Bundestages geför-
dert.[216] Denn besonders Abgeordnete und Fraktionen in der Opposition benötigen für
ihre Arbeit, vornehmlich für die parlamentarische Kontrolle, vertrauliche Informationen aus den Behörden und aus der Gesellschaft.

2. Zeugnisverweigerungsrecht

a) Persönlicher Geltungsbereich

Das Zeugnisverweigerungsrecht steht vorrangig **Abgeordneten** zu. Akzessorisch **205**
muss es, um nicht leicht umgangen werden zu können, auch Personen zustehen, die
den Abgeordneten in seiner Mandatstätigkeit unterstützen (**Hilfspersonen**).[217] § 53a
StPO spiegelt dies wider. Hilfspersonen in diesem Sinne stehen zumeist in einem Arbeitsverhältnis zu dem Abgeordneten gemäß § 12 Abs. 3 AbgG (Abgeordnetenmitarbeiter). Aber auch Personen, die nicht in einem Arbeitsverhältnis zu dem Abgeordneten stehen, sind Hilfspersonen und können sich auf ein Zeugnisverweigerungsrecht
berufen, wenn sie die Mandatstätigkeit (z.B. als Fraktionsangestellte) unterstützen.[218]
Ob dies auch für Mitarbeiter der Bundestagsverwaltung gilt,[219] ist fraglich. Dass dieser Personenkreis überhaupt Kenntnis von Sachverhalten erlangt, die Art. 47 GG
schützen soll, ist praktisch ohnehin eher zweifelhaft. Theoretisch denkbar ist es
gleichwohl. Bspw. unterstützen Mitarbeiter der Bundestagsverwaltung in den Aus-
schusssekretariaten die Ausschussvorsitzenden und ihre Stellvertreter in ihrer Vorsit-

---

211 Vgl. etwa *Klein*, in: MD, Art. 47 Rn. 27; *Butzer*, in: BeckOK-GG, Art. 47 Rn. 7.
212 Vgl. *Müller-Terpitz*, in: BK, Art. 47 Rn. 17, 44; *Butzer*, in: BeckOK-GG, Art. 47 Rn. 1.
213 Vgl. *Butzer*, in: BeckOK-GG, Art. 47 Rn. 1.
214 Vgl. BVerfGE 108, 251 (266).
215 Vgl. *Butzer*, in: BeckOK-GG, Art. 47 Rn. 1.
216 Vgl. BVerfGE 108, 251 (266, 269); 109, 279 (323); 129, 208 (265).
217 Vgl. etwa BVerfGE 108, 251 (269 f.).
218 Vgl. statt vieler *Klein*, in: MD, Art. 47 Rn. 17; *Müller-Terpitz*, in: BK, Art. 47 Rn. 21.
219 Hierfür *Klein*, in: MD, Art. 47 Rn. 17; *Müller-Terpitz*, in: BK, Art. 47 Rn. 21; *Butzer*, in: BeckOK-
     GG, Art. 47 Rn. 1a.

zendentätigkeit. Sie könnten auf diesem Wege – zumindest theoretisch – von bestimmten Sachverhalten erfahren. Insofern müssen sie auch als Hilfspersonen des Abgeordneten angesehen werden.

b) Sachlicher und zeitlicher Geltungsbereich

206 Das Zeugnisverweigerungsrecht erfasst zum einen Tatsachen, die Abgeordneten in ihrer Eigenschaft als Abgeordnete von anderen, den Informanten, anvertraut worden sind, und zum anderen Tatsachen, die Abgeordnete in ihrer Abgeordneteneigenschaft anderen anvertraut haben (Art. 47 S. 1 GG). **Tatsachen** sind Informationen über Sachverhalte, die der Informant oder der Abgeordnete beobachtet, gelesen, gehört oder sonst wahrgenommen hat,[220] und auch die Identität des Informanten oder des Informierten (Adressaten) selbst.[221] **Anvertraut** sind die Tatsachen, wenn sie dem Informationsempfänger (dem Abgeordneten oder von diesem einem anderen) vertraulich, also mit einer beschränkten Verwertungsbefugnis[222], mitgeteilt wurden, auch wenn sie objektiv nicht vertraulich sind.[223] Die Übermittlung muss auf legalem Wege erfolgt sein.[224] **In der Eigenschaft als Abgeordneter** anvertraut sind Tatsachen, wenn sie in einem unmittelbaren Zusammenhang zur parlamentarischen Tätigkeit stehen. Dies ist z.B. bei Bürgerbriefen der Fall. Nicht der Fall ist es bei rein privater oder geschäftlicher Korrespondenz (z.B. als Rechtsanwalt oder Steuerberater) und bei Informationen, die jemand als Minister oder Parlamentarischer Staatssekretär in amtlicher Eigenschaft erhält.[225] Ferner sind parteibezogene Informationen kein Gegenstand, über den das Zeugnis verweigert werden dürfte.[226]

207 Das Zeugnisverweigerungsrecht gilt – wegen des weiten Wortlauts des Art. 47 S. 1 GG – für **alle Zeugenaussagen** des Abgeordneten oder seiner Hilfspersonen vor Gericht, vor Behörden und vor Untersuchungsausschüssen.[227] Das einfache Recht nimmt die Verfassungsvorgabe auf (vgl. z.B. § 53 Abs. 1 S. 1 Nr. 4 StPO, § 383 Abs. 1 Nr. 6 ZPO, § 98 VwGO i.V.m. § 383 Abs. 1 Nr. 6 ZPO, § 22 PUAG i.V.m. § 53 Abs. 1 S. 1 Nr. 4 StPO), auch hinsichtlich der Hilfspersonen (vgl. etwa § 53a Abs. 1 S. 1 StPO, § 22 PUAG i.V.m. § 53a Abs. 1 S. 1 StPO).

208 Umstritten ist, ob Abgeordnete oder ihre Hilfspersonen das Zeugnis auch dann gemäß Art. 47 S. 1 GG verweigern können, wenn sie selbst **Beschuldigte** sind. Die h.M. lehnt dies ab.[228] Sie kann sich auf den Wortlaut des Art. 47 S. 1 GG und die Rechtshistorie berufen. Art. 47 S. 1 GG spricht ausdrücklich über das Recht, das „Zeugnis" zu verweigern. Hätten auch Beschuldigte erfasst werden sollen, müsste Art. 47 S. 1 GG nach üblicher und schon 1949 bekannter strafprozessualer Terminologie das Recht enthalten, die „Aussage" zu verweigern. Dies gilt erst recht, weil der Wortlaut des Art. 47 S. 1 GG dem Art. 38 S. 1 WRV (mit Ausnahme der durch Art. 38 S. 1

---

220 Vgl. *Butzer*, in: BeckOK-GG, Art. 47 Rn. 2.3.
221 Vgl. *Müller-Terpitz*, in: BK, Art. 47 Rn. 25.
222 Vgl. *Müller-Terpitz*, in: BK, Art. 47 Rn. 29; *Neumann*, ZParl. 31 (2000), 797 (798).
223 Vgl. *Magiera*, in: Sachs, Art. 47 Rn. 4; *Butzer*, in: BeckOK-GG, Art. 47 Rn. 2.3.
224 Vgl. *Klein*, in: MD, Art. 47 Rn. 24.
225 Vgl. *Müller-Terpitz*, in: BK, Art. 47 Rn. 27; *Butzer*, in: BeckOK-GG, Art. 47 Rn. 3.
226 Ebd.; a.A. *Neumann*, ZParl. 31 (2000), 797 (799).
227 Vgl. etwa *Butzer*, in: BeckOK-GG, Art. 47 Rn. 2; *Müller-Terpitz*, in: BK, Art. 47 Rn. 32 ff.
228 Vgl. BVerfGE 108, 251 (269); a.A. *Butzer*, in: BeckOK-GG, Art. 47 Rn. 2.1 ff.

WRV einbezogenen Landtagsabgeordneten) entspricht und Art. 38 S. 1 WRV nach einhelliger Ansicht nur Zeugen erfasste.[229] Auch als **Partei oder Beteiligter** an einem Verwaltungs- oder Gerichtsverfahren darf sich ein Abgeordneter[230] oder eine Hilfsperson nicht auf ein Zeugnisverweigerungsrecht berufen.

Das Zeugnisverweigerungsrecht wirkt **über das Mandatsende hinaus fort**.[231] Erstens nennt Art. 47 S. 1 GG kein Enddatum. Zweitens gebietet der Normzweck das Fortwirken. Andernfalls würde der Informanten- und Informationsschutz entwertet. Die Schutzwirkung wäre nämlich gering, wenn das Recht aus Art. 47 S. 1 GG nur während der Mandatszeit bestände. Denn das Mandat kann ja jederzeit (z.B. durch einen Verzicht) und spätestens durch die nächste Bundestagswahl beendet werden. Dieser Umstand könnte Bürger dazu veranlassen, sich Abgeordneten doch lieber nicht anzuvertrauen. Im Falle eines Mandatsverlusts infolge eines Parteiverbots (Art. 21 Abs. 2 GG i.V.m. § 46 Abs. 1 Nr. 5 BWahlG) bleibt das Zeugnisverweigerungsrecht nach zutr. h.M. bestehen.[232] Andernfalls wäre der Schutz, auf den sich Informanten und Informierte verlassen dürfen, von einer nachträglichen Umstand abhängig, der im Zeitpunkt des Anvertrauens nicht (sicher) feststeht oder gar unbekannt ist. Im Interesse eines umfassenden Schutzes und einer effektiven Wirkung des Art. 47 darf die Anwendbarkeit der Vorschrift nicht vom Grund eines Mandatsverlusts, welcher der Informationsübermittlung zeitlich nachfolgt, abhängen. Ohnehin wirkt eine Verbotsentscheidung nicht zurück, sondern lediglich ex nunc.

209

c) Subjektiv-öffentliches Recht des Abgeordneten

Das Zeugnisverweigerungsrecht ist ein subjektiv-öffentliches Recht des Abgeordneten.[233] Der **Abgeordnete** ist zur **Zeugnisverweigerung** berechtigt, aber **nicht verpflichtet**. Er entscheidet selbst, nach Maßgabe seines Gewissens i.S.d. Art. 38 Abs. 1 S. 2 GG, wie er sich verhält.[234] Der Bundestag, andere Verfassungsorgane oder die Informanten können ihn nicht dazu verpflichten, sein Zeugnisverweigerungsrecht auszuüben, eingeschränkt auszuüben oder gar nicht auszuüben:[235] Eine Schweigeverpflichtung durch Dritte ist ebenso wenig möglich wie eine Entbindung von der Schweigepflicht.[236]

210

Bestehen gesetzliche oder auf der GO-BT basierende mandatsbezogene **Verschwiegenheitspflichten** (z.B. nach § 17 i.V.m. Anlage 3 zur GO-BT, § 16 PUAG, § 10 PKGrG, § 10a BHO, § 5 StabMechG, § 10a FMstFG), darf der Abgeordnete nur aussagen, wenn der Bundestagspräsident ihn vor der Äußerung von seiner Schweigeverpflichtung durch eine Aussagegenehmigung entbunden hat (§ 44d AbgG).[237]

229 Vgl. etwa *Graf zu Dohna*, in: Anschütz/Thoma (Hrsg.), Handbuch des Deutschen Staatsrechts, Bd. 1, 1930, S. 448.
230 Vgl. *Müller-Terpitz*, in: BK, Art. 47 Rn. 37.
231 Vgl. nur *Klein*, in: MD, Art. 47 Rn. 25; *Müller-Terpitz*, in: BK, Art. 47 Rn. 42.
232 So *Klein*, in: MD, Art. 47 Rn. 25; *Müller-Terpitz*, in: BK, Art. 47 Rn. 43; *Storr*, in: vMKS, Art. 47 Rn. 9; *Schulze-Fielitz*, in: Dreier, Art. 47 Rn. 6; *Trute*, in: vMK, Art. 47 Rn. 5; a.A. *Ignor/Bertheau*, in: Löwe-Rosenberg, StPO, GVG, Bd. 2, 26. Aufl. 2008, § 53 StPO Rn. 44.
233 Vgl. BVerfGE 108, 251 (266).
234 Vgl. *Klein*, in: MD, Art. 47 Rn. 20; *Müller-Terpitz*, in: BK, Art. 47 Rn. 39.
235 Vgl. *Klein*, in: MD, Art. 47 Rn. 20 f.; *Butzer*, in: BeckOK-GG, Art. 47 Rn. 5.
236 Vgl. *Müller-Terpitz*, in: BK, Art. 47 Rn. 40; *Klein*, in: MD, Art. 47 Rn. 21.
237 Eingehend dazu *Kopp*, in: AS, § 44d Rn. 1 ff.

211   **Hilfspersonen**, die den Abgeordneten in seiner Mandatstätigkeit unterstützen, dürfen nur in dem Maße das Zeugnis verweigern, wie der Abgeordnete es getan hat und auch nur, wenn er dies anordnet.[238] Ihr Recht ist nämlich – wie gesehen – lediglich akzessorisch zu seinem. Kann der Abgeordnete nicht entscheiden, weil er verstorben, nicht mehr äußerungsfähig oder für längere Zeit abwesend ist, wird aus dem akzessorischen ein originäres Recht der Hilfsperson.[239]

212   Will der Abgeordnete oder die Hilfsperson das Zeugnis verweigern, muss er oder sie die anspruchsbegründenden Tatsachen **darlegen** und im Bestreitensfalle glaubhaft machen.[240] Einfachgesetzlich ist dies z.B. in § 56 StPO, § 22 Abs. 4 PUAG, § 294 Abs. 1 ZPO geregelt. Die Glaubhaftmachung kann etwa durch eine Versicherung an Eides statt erfolgen, wie z.B. § 56 S. 2 StPO und § 294 Abs. 1 ZPO zeigen. Die rechtliche Entscheidung, ob die Verweigerungsgründe vorliegen, trifft stets die vernehmende Stelle.

3.   Beschlagnahmeverbot

a)   Persönlicher, sachlicher und zeitlicher Geltungsbereich

213   Art. 47 S. 2 GG ordnet ein Beschlagnahmeverbot für „Schriftstücke" an, „[s]oweit" dieses Zeugnisverweigerungsrecht [nach S. 1] reicht". Der Umfang des Beschlagnahmeverbots deckt sich folglich mit demjenigen des Zeugnisverweigerungsrechts in persönlicher, sachlicher und zeitlicher Hinsicht.[241] Das Beschlagnahmeverbot ist akzessorisch zum Zeugnisverweigerungsrecht.[242] Ist der Abgeordneter Beschuldigter, greift Art. 46, aber nicht Art. 47 GG.

214   **Schriftstücke** i.S.d. Art. 47 S. 2 GG sind „gegenständlich verfestigte Mitteilungen".[243] Dazu gehören Akten, Briefe, Terminkalender und Daten auf elektronischen Datenträgern wie CD-ROM, DVD, PC- und Handy-Festplatten sowie USB-Sticks.[244] Art. 47 S. 2 GG ist, um jedwede Kommunikation effektiv zu schützen, weit auszulegen.

215   Geschützt sind nur Schriftstücke, die sich im **funktionalen Herrschaftsbereich des Abgeordneten** befinden.[245] Entscheidend ist, ob das Schriftstück dem Direktionsrecht des Abgeordneten unterliegt. Dies ist **in Räumen des Bundestages**, insb. im Abgeordnetenbüro oder im Büro einer Hilfsperson, der Fall.[246] Dasselbe gilt, wenn der Abgeordnete ein Schriftstück mit sich führt oder in seiner Wohnung aufbewahrt.[247] Wenn ein Schriftstück sich bei der Person befindet, die den Abgeordneten

---

238   Vgl. *Brocker*, DVBl. 2003, 1321 (1322).
239   Vgl. *Schulze-Fielitz*, in: Dreier, Art. 47 Rn. 6; Klein, in: MD, Art. 47 Rn. 23; enger *Müller-Terpitz*, in: BK, Art. 47 Rn. 23 (nur im Todesfall).
240   Vgl. *Klein*, in: MD, Art. 47 Rn. 26; *Butzer*, in: BeckOK-GG, Art. 47 Rn. 11.
241   Vgl. *Butzer*, in: BeckOK-GG, Art. 47 Rn. 6.
242   Vgl. etwa *Klein*, in: MD, Art. 47 Rn. 28; *Müller-Terpitz*, in: BK, Art. 47 Rn. 44.
243   Vgl. BVerfGE 108, 251 (269).
244   Vgl. *Klein*, in: MD, Art. 47 Rn. 30; *Müller-Terpitz*, in: BK, Art. 47 Rn. 46.
245   Vgl. BVerfGE 108, 251 (269 f.); *Butzer*, in: BeckOK-GG, Art. 47 Rn. 10; für das Erfordernis eines Gewahrsams wie gemäß § 242 StGB BVerwGE 121, 115 (123); *Müller-Terpitz*, in: BK, Art. 47 Rn. 51.
246   Vgl. BVerfGE 108, 251 (269 f.).
247   Vgl. *Butzer*, in: BeckOK-GG, Art. 47 Rn. 10.1; *Ohler*, NVwZ 2004, 696 (697).

informiert hat oder von diesem informiert wurde, besteht nach zutr. Ansicht keine funktionale Herrschaft des Abgeordneten.[248] Umstritten ist, ob ein Schriftstück den funktionalen Herrschaftsbereich des Abgeordneten verlässt, wenn es durch eine Hilfsperson aus den Bundestagsräumlichkeiten herausgebracht wird und sich **im Herrschaftsbereich der Hilfsperson** befindet. Das ist z.B. der Fall, wenn die Hilfsperson ein Schriftstück auf Reisen mitnimmt oder in ihrer Privatwohnung aufbewahrt. Das BVerfG hat zu der Frage ausgeführt: „Soweit sich Schriftstücke außerhalb der Räume des Bundestags bei einem Mitarbeiter befinden, ist die rechtliche und tatsächliche Beherrschungsmöglichkeit des Abgeordneten soweit gelockert, dass der Schutzbereich des Art. 47 GG verlassen wird. Insb. in den durch Art. 13 GG geschützten Wohnräumen des Mitarbeiters kann der Abgeordnete nicht mehr ohne dessen Einwilligung auf die Schriftstücke zugreifen. Der Abgeordnete, der dem Mitarbeiter gestattet, vertrauliche Schriftstücke aus der Beherrschungssphäre des Bundestags zu verbringen, oder entsprechende Eigenmächtigkeiten des Mitarbeiters nicht wirksam verhindert, lockert selbst seine nach Art. 47 GG vorausgesetzte Herrschaft über Schriftstücke, die beschlagnahmefrei sind.“[249] Das Gericht geht folglich davon aus, dass Schriftstücke des Abgeordneten, die sich bei einer Hilfsperson befinden, nicht gemäß Art. 47 S. 2 GG vor einer Beschlagnahme geschützt sind.[250] Die vorzugswürdige Gegenansicht[251] sieht das **Direktionsrecht des Abgeordneten**, also seine **funktionale Herrschaft**, auch dann als gewahrt an, wenn Hilfspersonen Schriftstücke mit Erlaubnis des Mandatsträgers auf Reisen mit sich führen oder in ihrer Privatwohnung aufbewahren. Der **akzessorische Schutz der Hilfspersonen** richtet sich – wie beim Zeugnisverweigerungsrecht – am Schutzumfang für die Abgeordneten aus. Die hier vertretene Auffassung sorgt für eine möglichst effektive Wirkung des Art. 47 S. 2 GG: Die Arbeitsbedingungen des politischen Geschäfts werden angemessen berücksichtigt. In vielen Fällen ist es sinnvoll, dass die Abgeordneten ihren Hilfspersonen erlauben, Schriftstücke aus den Bundestagsräumlichkeiten mitzunehmen, um damit zu arbeiten. Andernfalls könnten manche mandatsbezogenen Aufgaben nicht erledigt werden. Auch der Schutzumfang des § 97 Abs. 4 StPO entspricht der hier vertretenen Auffassung (wenngleich die StPO aufgrund der Normenhierarchie nicht die Reichweite des Art. 47 S. 2 GG definieren kann). Befindet sich ein Schriftstück im Herrschaftsbereich einer **Person, die weder Abgeordneter noch Hilfsperson eines Abgeordneten** ist, ist es durch Art. 47 S. 2 GG zweifelsohne nicht mehr geschützt. Dasselbe gilt, wenn die Hilfsperson ein Schriftstück unerlaubt aus dem Herrschaftsbereich des Abgeordneten herausgeschafft hat.[252]

Art. 47 S. 2 GG gilt nach zutr. Ansicht auch in dem Fall, dass eine Hilfsperson **Beschuldigter** eines Strafverfahrens ist, sofern sich der zu beschlagnahmende Gegenstand im Herrschaftsbereich des Abgeordneten befindet. Macht der Abgeordnete das **216**

---

248 Wie hier *Klein*, in: MD, Art. 47 Rn. 32 f.; a.A. *Umbach*, in: Umbach/Clemens, Art. 47 Rn. 17; *Borchert*, DÖV 1992, 58 (61).
249 BVerfGE 108, 251 (269 f.).
250 Auslegung wie hier *Brocker*, DVBl. 2003, 1321 (1322); *Ohler*, NVwZ 2004, 696 (697); a.A. *Klein*, in: MD, Art. 47 Rn. 34.
251 Vgl. *Schulze-Fielitz*, in: Dreier, Art. 47 Rn. 12; *Müller-Terpitz*, in: BK, Art. 47 Rn. 54; *Klein*, in: MD, Art. 47 Rn. 34; *Butzer*, in: BeckOK-GG, Art. 47 Rn. 10.1; *Brocker*, DVBl. 2003, 1321 (1322).
252 Vgl. *Butzer*, in: BeckOK-GG, Art. 47 Rn. 10.1.

Zeugnisverweigerungsrecht oder das Beschlagnahmeverbot geltend, darf der Gegenstand nicht beschlagnahmt werden.[253]

217 Der verfassungsrechtliche Begriff „**Beschlagnahme**" ist – wie der Begriff „Schriftstücke" – weit zu verstehen,[254] um einen effektiven Schutz zu gewährleisten. Er reicht daher weiter als der in § 94 Abs. 2 StPO verwendete Begriff.[255] Beschlagnahme ist die Gewahrsamserlangung, notfalls unter Zwang.[256] Ein kurzfristiger Zugriff genügt, z.B. das Lesen eines Briefes oder einer SMS. Erfasst werden daher präventiv-polizeiliche Sicherstellungen und Beschlagnahmen sowie andere hoheitliche Maßnahmen, die eine Wegnahme bezwecken und somit der Beschlagnahme gleichstehen, z.B. die Herausgabeerzwingung (§ 95 StPO), bzw. einer Beschlagnahme in Wirkung und Ziel gleichwertig sind, z.B. die Kopie von Schriftstücken oder Daten sowie eine Telekommunikationsüberwachung (§§ 100a ff. StPO); ferner sind Maßnahmen im Vorfeld einer Beschlagnahme wie Durchsuchungen (§§ 102 ff. StPO) und Briefkontrollen (§ 2 G 10) von Art. 47 S. 2 GG erfasst.[257] Art. 47 S. 2 GG bewahrt auch zufällig entdeckte Schriftstücke (Zufallsfunde) vor einer Beschlagnahme.[258]

218 Soll eine **Beschlagnahme in den Bundestagsräumlichkeiten** stattfinden, ist eine Genehmigung des Bundestagspräsidenten nötig (Art. 40 Abs. 2 S. 2 GG). Der betroffene Abgeordnete hat einen Anspruch darauf, dass der Bundestagspräsident bei seiner Ermessensentscheidung den Abgeordnetenstatus nicht grob verkennt und sich nicht von sachfremden, willkürlichen Motiven leiten lässt: Die Genehmigung muss daher Art. 47 GG berücksichtigen.[259] Folglich muss dem Abgeordneten Gelegenheit gegeben werden, an der Durchsuchung und Beschlagnahme teilzunehmen, um darauf hinweisen zu können, welche Gegenstände gemäß Art. 47 S. 2 GG nicht beschlagnahmt werden dürfen.[260] Widerspricht der Abgeordnete der Beschlagnahme, muss der betreffende Gegenstand bis zur Klärung durch den Ermittlungsrichter (§ 98 Abs. 2 StPO) im Bundestag sicher hinterlegt werden.[261]

b) Subjektiv-öffentliches Recht des Abgeordneten

219 Das Beschlagnahmeverbot ist ein subjektiv-öffentliches Recht des Abgeordneten.[262] Der Mandatsträger ist zur Geltendmachung des **Beschlagnahmeverbotes** berechtigt, aber **nicht verpflichtet**. Er entscheidet selbst, nach Maßgabe seines Gewissens, wie er sich verhält, ohne dass der Bundestag, andere Verfassungsorgane oder die Informanten ihn dazu verpflichten könnten, sein Recht auszuüben, eingeschränkt auszuüben oder gar nicht auszuüben.

220 **Hilfspersonen**, die den Abgeordneten in seiner Mandatstätigkeit unterstützen, dürfen nur in dem Maße das Beschlagnahmeverbot geltend machen, wie der Abgeordnete es

---

253 Vgl. *Wiefelspütz*, in: MSW, § 14 Rn. 34; a.A. *Ohler*, NVwZ 2004, 696 (697 f.).
254 Vgl. *Klein*, in: MD, Art. 47 Rn. 31; *Müller-Terpitz*, in: BK, Art. 47 Rn. 47.
255 Ebd.
256 Ähnlich *Klein*, in: MD, Art. 47 Rn. 31.
257 Vgl. *Butzer*, in: BeckOK-GG, Art. 47 Rn. 8; *Müller-Terpitz*, in: BK, Art. 47 Rn. 47 f.
258 Vgl. *Butzer*, in: BeckOK-GG, Art. 47 Rn. 8.
259 Vgl. BVerfGE 108, 251 (273 ff.).
260 Vgl. *Butzer*, in: BeckOK-GG, Art. 47 Rn. 11; *Ohler*, NVwZ 2004, 696 (698 f.).
261 Vgl. *Ohler*, NVwZ 2004, 696 (698).
262 Vgl. BVerfGE 108, 251 (266).

getan hat und auch nur, wenn er dies anordnet, da ihr Recht nämlich lediglich akzessorisch zu seinem ist.

Zur **Darlegungslast** und Glaubhaftmachung gilt dasselbe wie beim Zeugnisverweigerungsrecht. Ein **Verstoß gegen das Beschlagnahmeverbot** führt zu einem Beweisverwertungsverbot und zu einer Pflicht zur Löschung etwaiger Aufzeichnungen gem. § 160a Abs. 1, 3 i.V.m. § 53 Abs. 1 S. 1 Nr. 4 StPO sowie zu einem Anspruch auf Rückgabe der erlangten Beweismittel.[263]

221

VII. Behinderungsverbot

Art. 48 Abs. 2 S. 1 GG verbietet es, jemanden zu hindern, das Amt eines Abgeordneten zu übernehmen oder auszuüben. Die Vorschrift schützt den Mandatsbewerber und dessen passives Wahlrecht sowie den Mandatsinhaber gegen die öffentliche Gewalt und gegen das Verhalten privater Dritter. Die Vorschrift sichert die Unabhängigkeit der Mandatsbewerber und -inhaber sowie die Funktionsfähigkeit des Parlaments. Art. 48 Abs. 2 S. 2 GG nennt mit Kündigung und Entlassung zwei Beispiele für unzulässiges Verhalten.[264] Verboten ist darüber hinaus alles, was die Mandatsbewerbung und -ausübung des Bewerbers oder des Abgeordneten erschwert und beeinträchtigt. Dies erfasst alle Benachteiligungen im Dienst-, Arbeits- oder einem anderen Vertragsverhältnis. Nach Ansicht der h.M. ist aber nur zweckgerichtetes Verhalten verboten.[265] Ein Verhalten, dem diese Zielsetzung fehlt, das aber unvermeidlicherweise die Übernahme oder Ausübung des Mandats hindert, verhindert oder erschwert, verstößt nicht gegen Art. 48 Abs. 2 GG. Von vornherein keine Behinderungen i.S.d. Art. 48 Abs. 2 S. 1 GG sind Beeinträchtigungen, die sich durch das Bundesstaatsprinzip, den Gewaltenteilungsgrundsatz oder durch andere verfassungsrechtliche Gründe (wie z.B. Inkompatibilitätsregeln[266]) rechtfertigen lassen.[267]

222

Umstritten ist, ob Art. 48 Abs. 2 S. 1 GG auch **behindernde Gesetze**, welche die Berufsausübung während der Mandatszeit stark einschränken und einer Untersagung gleichkommen, erfasst.[268] Bei den meisten dieser Gesetze, vornehmlich den §§ 44a, b AbgG, fehlt es ohnehin an der Behinderungsabsicht des Gesetzgebers. Doch selbst wenn sie gegeben sein sollte, verbietet Art. 48 Abs. 2 S. 1 GG nur Behinderungen aus der gesellschaftlichen (d.h. vor allem: beruflichen) Sphäre.[269] Der Wortlaut des Satzes 1 gestattet es zwar, auch Gesetze mit Behinderungswirkung darunter zu subsumieren. Aber die Beispiele des Satzes 2, die alle aus der Arbeitswelt stammen, zeigen die Zwecksetzung des Art. 48 Abs. 2 GG. Auch die Normgeschichte spricht gegen die Annahme, Gesetze mit Behinderungswirkung seien verboten. Außerdem schützt be-

223

---

263 Vgl. *Brocker*, DVBl. 2003, 1321 (1322); *Klein*, in: MD, Art. 47 Rn. 36.
264 Vgl. BVerfGE 42, 312 (328).
265 Vgl. etwa BVerfGE 42, 312 (329); BVerwGE 76, 157 (170); a.A. (verboten ist nur diskriminierendes Verhalten) *Klein*, in: MD, Art. 48 Rn. 88, 102; *Butzer*, in: BeckOK-GG, Art. 46 Rn. 9.3; diff. *Welti*, in: AS, § 2 Rn. 10.
266 Vgl. BVerfGE 42, 312 (327).
267 Vgl. *Butzer*, in: BeckOK-GG, Art. 48 Rn. 9.1.
268 So BVerfGE 118, 277 (347) – dissentierende Richter; *Butzer*, in: BeckOK-GG, Art. 48 Rn. 10.1.
269 Wie hier BVerfGE 118, 277 (334).

reits Art. 38 Abs. 1 S. 2 GG hinreichend gegen gesetzliche Beeinträchtigungen der Mandatsbewerbung oder Mandatsausübung.

VIII. Entschädigungsanspruch und Freifahrtanspruch

224 **Fall 3:**
a) **Indexierung:** Der Gesetzgeber beschließt eine Änderung des Abgeordnetengesetzes. § 11 Abs. 4 AbgG sieht nunmehr vor, dass die Abgeordnetenentschädigung sich jedes Jahr entsprechend dem vom Statistischen Bundesamt errechneten Nominallohnindex prozentual verändert (steigt oder sinkt). Einige Verfassungsrechtler halten diese Indexierung für verfassungswidrig. Sie meinen, der Bundestag müsse über jede Diätenerhöhung getrennt entscheiden und dürfe die Anpassung daher nicht an einem Index ausrichten. **Lösung Rn. 227**
b) **Steuerfreie Kostenpauschale:** Abgeordnete haben gemäß § 12 Abs. 2 AbgG Anspruch auf eine monatliche Kostenpauschale. Der Bürger Rolf Zänk hält die Steuerfreiheit für verfassungswidrig. Zu Recht? **Lösung Rn. 232**

1. Entschädigungsanspruch

225 Abgeordnete haben Anspruch auf eine angemessene, ihre Unabhängigkeit sichernde **Entschädigung** und das Recht auf **freie Benutzung aller staatlichen Verkehrsmittel** (Art. 48 Abs. 3 S. 1, 2 GG).

226 Die Entschädigung (oftmals „Diäten" genannt) dient dazu, die politische und wirtschaftliche Unabhängigkeit des Abgeordneten zu sichern. Er soll sein Mandat frei von jedem Zwang ausüben können. Art. 48 Abs. 3 S. 1 GG nimmt erkennbar auf Art. 38 Abs. 1 S. 2 GG Bezug. Die staatliche Bezahlung, das **„Abgeordnetengehalt"** (wie die Entschädigung eigentlich heißen sollte[270]) sichert die Unabhängigkeit des Mandats. Das Gehalt wird monatlich ausgezahlt. Seine Höhe orientiert sich an den Bezügen eines Bundesrichters (Besoldungsgruppe 6 mit bestimmen Anlagen, § 11 Abs. 1 S. 1 AbgG). Das Gehalt wird jährlich nach einem Index angepasst (§ 11 Abs. 4, 5 AbgG).

227 **Lösung Fall 3a): Indexierung (Rn. 224)**
Die Indexierung der Abgeordnetenentschädigung (des monatlichen Gehalts) ist verfassungsgemäß.[271] Art. 48 Abs. 3 S. 3 GG besagt nur, dass die Entschädigung durch ein Bundesgesetz zu regeln sei. Das Verfahren, wie die Höhe der Entschädigung ermittelt wird, gibt Art. 48 GG nicht vor. Das BVerfG hat sich nur gegen eine Kopplung der Abgeordnetenentschädigung an die Beamtenbesoldung ausgesprochen. Eine Indexierung anhand der Lebenshaltungskosten etc. ist zulässig. Den durch das BVerfG genannten Anforderungen einer **eigenen, öffentlich nachvollziehbaren Entscheidung** genügt es, wenn der Bundestag die

---

270 Dazu *Austermann*, in: AS, Vor § 11 Rn. 5, 7 f.
271 Vgl. Unabhängige Kommission zu Fragen des Abgeordnetenrechts, BT-Drs. 17/12500, S. 18; *Sinner*, in: AS, § 11 Rn. 83 ff.; *Schmidt-Jortzig*, ZParl. 45 (2014), 247 (252 f.); *Straßburger*, JZ 2015, 33 (34 ff.); a.A. *von Arnim*, DVBl. 2014, 605 (607); *Schulze-Fielitz*, in: Dreier, Art. 48 Rn. 35 f.; *Umbach*, in: Umbach/Clemens, Art. 48 Rn. 35.

Faktoren bestimmt, aus denen sich die Höhe der Abgeordnetenentschädigung ergibt, und wenn das Ergebnis der indexbedingten automatischen Anpassung öffentlich bekannt gemacht wird; die Benennung der Höhe in Euro und Cent im Gesetz ist nicht erforderlich.[272] Der Bundestag muss nicht jeden Erhöhungsschritt selbstständig beschließen.[273] Jedoch müssen die Vorgaben des Gesetzes so eindeutig sein, dass auf deren Grundlage unter Heranziehung „harter Daten" nurmehr eine mechanische Berechnung, ohne Entscheidungsspielraum für Dritte, vorzunehmen ist[274] und die jeweilige Höhe der Entschädigung durch das Gesetz verbindlich vorgezeichnet wird.[275]

Die Formulierung „angemessene, die Unabhängigkeit sichernde Entschädigung" in **228** Art. 48 Abs. 3 S. 1 GG meint nicht nur das monatliche Gehalt. Sie umfasst auch **weitere finanzielle und Sachleistungen**. Dies folgt aus der die Unabhängigkeit sichernden Funktion der Entschädigung. Um Abgeordnete wirklich während des Mandats politisch und wirtschaftlich unabhängig zu halten, ist es erforderlich, sie in der Übergangszeit nach dem Mandatsende und im Alter finanziell nicht im Ungewissen zu lassen. Niemand soll sich dazu gezwungen sehen, in Bezug auf das Mandat Konzessionen zu machen, um für spätere Zeiten abgesichert zu sein. Abgeordneten ist wie anderen Amtsträgern auch ein Beitrag zur Altersversorgung zu gewähren.[276] Damit wird der Umstand ausgeglichen, dass das **Mandat als „fulltime-job"** den ganzen Menschen fordert und eine andere, zu Versorgungsansprüchen berechtigende Berufstätigkeit allenfalls am Rande gestattet.[277] Außerdem gebietet es die Verfassung aus denselben Erwägungen, die auch für die Versorgung gelten, die Abgeordneten nach dem Mandatsende für eine Übergangszeit finanziell abzusichern.[278] Gerade Freiberufler, die keinen Anspruch haben, von einem früheren Arbeitgeber wieder beschäftigt zu werden, sind auf eine Überbrückungs- oder Anschubfinanzierung für eine neue Berufstätigkeit angewiesen.

Das Abgeordnetengesetz sieht daher vor, dass Abgeordnete nach dem Ausscheiden **229** aus dem Bundestag ein **Übergangsgeld** erhalten. Die Bezugsdauer beträgt höchstens 18 Monate. Sie richtet sich nach der Dauer des Mandats (§ 18 Abs. 1 AbgG). Anderweitige Einkünfte werden ab dem zweiten Monat nach dem Mandatsende in voller Höhe angerechnet. Das Übergangsgeld wird entsprechend gekürzt (§ 18 Abs. 2 AbgG).

Beispiel: Der Abgeordnete, der Architekt, Arzt oder Rechtsanwalt ist, kann mithilfe des Übergangsgeldes eine Praxis eröffnen oder sich als Teilhaber in eine Praxis einkaufen.

Für jedes Jahr der Mitgliedschaft im Bundestag erwerben Abgeordnete *Pensions*an- **230** **wartschaften** (§§ 19, 20 AbgG). Sobald sie das 67. Lebensjahr erreicht haben, ist die Pension auszuzahlen (unter Umständen mit Abschlägen schon früher).[279] Auch eine

---

272 So die Unabhängige Kommission zu Fragen des Abgeordnetenrechts, BT-Drs. 17/12500, S. 18; *Trute*, in: vMK, Art. 48 Rn. 28.
273 Vgl. etwa *Braun/Jantsch/Klante*, § 11 Rn. 76; *Sinner*, in: AS, § 11 Rn. 83.
274 *Klein*, in: MD, Art. 48 Rn. 147.
275 Ebd.
276 Zur Zulässigkeit einer Altersversorgung BVerfGE 32, 157 (165); 40, 296 (311).
277 Vgl. BVerfGE 40, 296 (311).
278 Vgl. *Austermann*, in: AS, § 18 Rn. 38 ff.
279 Zu den Einzelheiten *Sinner*, in: AS, § 19 Rn. 28 ff., § 20 Rn. 12 ff.

Hinterbliebenenversorgung ist vorgesehen (§§ 24, 25 AbgG). Sie ist ebenfalls aus Gründen der Unabhängigkeitssicherung verfassungsrechtlich geboten.[280] Abgeordnete sollen ihr Mandat nach ihrem Gewissen ausüben und nicht sich in bestimmter Weise verhalten, um ihre Familie abzusichern.

Die Entschädigung, das Übergangsgeld sowie die Alters- und die Hinterbliebenenversorgung sind gemäß § 22 Nr. 4 EStG **steuerpflichtig.**

Ebenfalls dem Gedanken der Unabhängigkeitssicherung und zudem sozialen Erwägungen entsprechen die **Zuschüsse in Krankheits-, Pflege- und Geburtsfällen**, welche die Abgeordneten als hälftigen Zuschuss zur gesetzlichen oder privaten Krankenversicherung oder als Beihilfe erhalten (§ 27 AbgG).

231 Den Abgeordneten sind während der Mandatszeit die Mittel zur Verfügung zu stellen, die für eine wirksame Mandatsausübung erforderlich sind. Dies folgt aus der Verfassungserwartung, dass der Bundestag und seine Mitglieder ihre Aufgaben effektiv erfüllen. Den Abgeordneten steht eine **steuerfreie Aufwandsentschädigung** aus Geld- und Sachleistungen zu (§ 12 Abs. 1 AbgG). Sie erhalten die Aufwendungen für die Beschäftigung von Mitarbeitern gegen Nachweis innerhalb eines bestimmten Rahmens ersetzt (§ 12 Abs. 3)[281] sowie eine monatlich feste Summe für weitere mandatsbedingte Kosten ohne Nachweis (**Kostenpauschale**, § 12 Abs. 2 AbgG). Außerdem dürfen sie unter anderem ein ausgestattetes Büro in den Bundestagsliegenschaften und in Berlin die Fahrbereitschaft des Bundestages kostenfrei nutzen (§ 12 Abs. 4 AbgG). Kosten für mandatsbedingte Reisen werden gegen Nachweis erstattet (§ 16 AbgG).

232 **Lösung Fall 3b): Kostenpauschale (Rn. 224)**

Die Kostenpauschale ist verfassungsgemäß.[282] Die unterschiedliche Behandlung der Abgeordneten im Vergleich zu anderen Steuerbürgern ist sachlich gerechtfertigt.[283] Die Kostenpauschale dient dem Ausgleich eines Aufwandes, den andere Steuerbürger im Rahmen ihrer Einkommensteuererklärung als Werbungskosten absetzen können.

Ob die derzeitige Höhe der Kostenpauschale (2019: 4.418,09 € pro Monat) angemessen ist, ist eine andere Frage. Denkbar wäre es, typische mandatsbedingte Kosten (Zweitwohnung in Berlin, Unterhalt eines Wahlkreisbüros) bis zu einer Obergrenze gegen Nachweis zu erstatten und die Kostenpauschale in deutlich geringerem Maße zur Abdeckung sonstiger mandatsbedingter Kosten (z.B. Fahrten im Wahlkreis mit dem eigenen PKW, Porto) zu gewähren.[284]

---

280 Vgl. *Austermann*, in: AS, § 25 Rn. 17 ff.
281 Die praktische Abwicklung der Arbeitsverhältnisse der Abgeordnetenmitarbeiter übernimmt die Bundestagsverwaltung.
282 Ebenso BFHE 223, 39; BVerfGK 17, 438; Unabhängige Kommission zu Fragen des Abgeordnetenrechts, BT-Drs. 17/12500, S. 31 f.; *Schwarz*, in: AS, § 12 Rn. 9; *Waldhoff*, FR 2007, 225 (228 ff.); a.A. *von Arnim*, DVBl. 2014, 605 (611 ff.); *Englisch*, NJW 2009, 894 (895); *Stalbold*, Die steuerfreie Kostenpauschale der Abgeordneten, 2004, S. 48 ff.
283 Vgl. BVerfGK 17, 438 (439).
284 Diesen Vorschlag hat die Unabhängige Kommission zu Fragen des Abgeordnetenrechts erwogen, aber mehrheitlich abgelehnt, vgl. BT-Drs. 17/12500, S. 31 f.

2. Freifahrtanspruch

Der Freifahrtanspruch trägt (Art. 48 Abs. 3 S. 2 GG) wie die Leistungen nach § 12 **233** AbgG dazu bei, jedermann die Mandatsausübung unabhängig vom persönlichen Vermögen zu gestatten. Auch wenn diese Regelung sichtlich auch an Verhältnisse in der Nachkriegszeit anknüpft, würden doch auch heute manche Interessenten von der Mandatsübernahme abgehalten oder in der Mandatsausübung beschränkt, wenn sie nicht das Freifahrtrecht hätten und alle mandatsbedingten Reisekosten selbst bestreiten müssten.

3. Regelung durch ein Bundesgesetz

Entschädigungs- und Freifahrtanspruch sind durch Bundesgesetz zu regeln (Art. 48 **234** Abs. 3 S. 3 GG). Der Bundestag *muss* folglich über die Entschädigung (das Gehalt) und die Ausgestaltung des Freifahrtsanspruchs der Abgeordneten selbst entscheiden. Eine Entscheidung einer externen Kommission ist damit und generell wegen des demokratischen Verfassungsprinzips ausgeschlossen. Das Bundesgesetz, das der Bundestag erlassen hat, ist das bereits zitierte Abgeordnetengesetz.

IX. Abgeordnetenpflichten

Teil des Abgeordnetenstatus sind auch verfassungsrechtliche Pflichten. Das BVerfG **235** hat ausgeführt, dass das freie Mandat *nicht eine Freiheit von Pflichten*, sondern lediglich *die Freiheit in der inhaltlichen Wahrnehmung dieser Pflichten* bedeutet.[285]

Nach zutr. Ansicht besteht eine **verfassungsrechtliche Pflicht zur Mitwirkung im** **236** **parlamentarischen Prozess**, d.h. zur Wahrnehmung der parlamentarischen Befugnisse.[286] Zwar **schulden Abgeordnete keine Dienste**. Dies bedeutet aber nur, dass die Abgeordnetentätigkeit nicht in einem Synallagma zur Entschädigung steht. Alle Abgeordneten sind gemeinsam Vertreter des ganzen Volkes. Sie üben die vom Volke gemäß Art. 20 Abs. 2 GG ausgehende gesetzgebende Staatsgewalt aus. Dafür sind ihnen die parlamentarischen Befugnisse eingeräumt worden. Ohne gesetzgebendes Organ, dem neben der Gesetzgebung noch weitere staatsleitende Funktionen zukommen, etwa bei der Regierungskontrolle oder der Truppenentsendung ins Ausland, ist ein Staat nicht handlungsfähig. Wenngleich sich oftmals streiten lässt, ob ein bestimmtes Gesetz notwendig ist, gibt es Fälle, in denen ein Gesetzgebungsbedarf unstrittig besteht. Zu denken ist etwa an die Haushaltsgesetzgebung. Ohne Budget blieben die Staatsorgane mittellos und somit handlungsunfähig. Der Verfassung liegt deswegen die Erwartung zugrunde, dass die Abgeordneten die ihnen eingeräumten Befugnisse auch nutzen. Gleichwohl existieren verfassungsrechtliche Sanktionen nicht. Es bestehen nur einfachgesetzliche Sanktionen wie die Kürzung der Kostenpauschale beim Nichteintragen in die Anwesenheitsliste (§ 14 AbgG, § 13 Abs. 2 S. 2, 3 GO-

---

285 Vgl. BVerfGE 118, 277 (326); von Pflichten aus der Mitgliedschaft ging schon BVerfGE 6, 445 (447 f.) aus.
286 Vgl. *Austermann*, DÖV 2011, 352 ff.; *Badura*, in: BK, Art. 38 Rn. 50.

BT) – und vor allem natürlich auch hier wieder die politische Sanktion durch das Wahlverhalten der Bürger.

237 Auf der **unterverfassungsrechtlichen Ebene** finden sich weitere Abgeordnetenpflichten. § 13 Abs. 2 S. 1 GO-BT wiederholt die verfassungsrechtliche Pflicht zur Mitwirkung an den Arbeiten des Bundestages. Die Pflicht zur Eintragung in die Anwesenheitsliste wurde bereits erwähnt. Aus §§ 44a Abs. 4, 44b AbgG, § 18 GO-BT und den Verhaltensregeln für Mitglieder des Bundestages (Anlage 1 zur GO-BT) folgt für Abgeordnete die Pflicht, Nebentätigkeiten, daraus fließende Einkünfte sowie Spenden dem Bundestagspräsidenten anzuzeigen. Die Geheimschutzordnung des Bundestages (Anlage 3 zur GO-BT) verpflichtet die Abgeordneten dazu, eingestufte Dokumente vertraulich zu behandeln. Verstöße gegen die Geheimschutzordnung sind gemäß § 353b Abs. 2 StGB strafbar. Eine Ausnahme besteht, wenn der Bruch der Vertraulichkeit vom Indemnitätsschutz (Art. 46 Abs. 1 GG) erfasst wird. Dies ist z.B. der Fall, wenn ein Abgeordneter den Inhalt eingestufter Dokumente in einer Plenardebatte öffentlich macht.

X. Verhaltensregeln

238 **Fall 4: Verhaltensregeln**

Der Bundestag erlässt Verhaltensregeln für die Mitglieder des Bundestages. Sie verpflichten die Abgeordneten, bestimmte Tätigkeiten, die sie neben dem Mandat ausüben und etwaige Einkünfte, die sie aus diesen Tätigkeiten erzielen, dem Bundestagspräsidenten anzuzeigen. Dieser veröffentlicht die Angaben auf den Internetseiten des Bundestages. Die Einkünfte werden in drei Stufen unterteilt veröffentlicht.

a) Abgeordneter M fühlt sich in seinen Rechten verletzt. Er befürchtet, zum „gläsernen Abgeordneten" gemacht zu werden. Hat er Recht? (abgewandelt nach BVerfGE 118, 277)

b) Abgeordneter S hat Einkünfte von 55.000 €, die er von einem Vertragspartner im Jahr 2018 erhalten hat, nicht fristgemäß angezeigt. Das Präsidium des Bundestages verhängt gegen ihn, nachdem ein ordnungsgemäßes Verfahren nach § 8 VR durchlaufen wurde, ein Ordnungsgeld in Höhe von zwei Diäten (20.000 €). S möchte dagegen klagen. Was kann er tun? Wird er Recht bekommen? (abgewandelt nach BVerwGE 135, 77).
Lösung Rn. 243

239 Das Mandat muss im **Mittelpunkt der beruflichen Tätigkeit** eines jeden Mitglieds des Bundestages stehen (§ 44a Abs. 1 S. 1 AbgG). Unbeschadet dieser Verpflichtung bleiben Tätigkeiten beruflicher oder anderer Art neben dem Mandat grundsätzlich zulässig (§ 44a Abs. 1 S. 2 AbgG). Ja, sie sind bei richtiger Betrachtung sogar erwünscht. Als Widerspruch im Diätenurteil des BVerfG wurde kritisiert, dass der Abgeordnete einerseits nach Auffassung des Senats einen „full-time-job" ausübe, andererseits das Urteil jedoch davon ausgehe, dass (Neben-)Tätigkeiten üblich und zulässig seien.[287] Demgegenüber hat etwa *Häberle* zutr. darauf hingewiesen, dass es „der Freiheit des Abgeordneten überlassen [ist], wie intensiv er sein Mandat erfüllt: Ob er etwa der inneren Balance seiner Persönlichkeit wegen noch andere (bezahlte) ,Ne-

---

287 BVerfGE 40, 296 (318 f.).

bentätigkeiten' [...] wahrnimmt. Das ist ein legitimes ,Existenzinteresse'."[288] Der Grundsatz des freien Mandats gilt auch gegenüber wirtschaftlichen Abhängigkeiten. Arbeitslose Nebeneinkünfte sind daher zu Recht unzulässig. Die Ausübung eines bürgerlichen Berufs neben dem Abgeordnetenmandat mit entsprechenden Einkünften kann die **Unabhängigkeit** – vor allem **gegenüber der eigenen Partei und Fraktion** – demgegenüber stärken.

Um **mögliche Interessenkonflikte** zwischen dem Mandat und anderen Tätigkeiten **240** **zu vermeiden**[289], hat der Bundestag im Jahr 2005 §§ 44a und b AbgG geändert und „Verhaltensregeln für Mitglieder des Deutschen Bundestages" (VR) als Anlage 1 zur GO-BT erlassen (auch „Transparenzregeln" genannt). Die Verhaltensregeln schreiben den Abgeordneten unter anderem vor, Tätigkeiten neben dem Mandat (Nebentätigkeiten) und etwaige Bruttoeinkünfte daraus dem Bundestagspräsidenten anzuzeigen (§ 1 VR). Voraussetzung ist, dass die Einkünfte 1.000 € im Monat oder 10.000 € im Jahr übersteigen. Die Anzeige muss innerhalb einer Dreimonatsfrist erfolgen (§ 1 Abs. 6 VR). Der Bundestagspräsident veröffentlicht die Angaben der Abgeordneten auf den Internetseiten des Bundestages. Besteht eine (z.B. anwaltliche) Verschwiegenheitspflicht, können die Vertragspartner (Mandanten) anonymisiert werden. Die Einkünfte werden nicht in „Klarbeträgen", sondern in einer von zehn Stufen veröffentlicht (§ 3 S. 2, 3 VR). Auch Spenden über 5.000 € sind anzuzeigen und werden, wenn sie 10.000 € übersteigen, publiziert (§ 4 VR). Verstößt ein Abgeordneter gegen diese Pflichten, so kann dies sanktioniert werden (§ 8 VR). In minder schweren Fällen bzw. bei leichter Fahrlässigkeit (z.B. bei der Überschreitung von Anzeigefristen) ermahnt der Bundestagspräsident den Abgeordneten (§ 8 Abs. 2 S. 1 VR). In allen anderen Fällen wird das Präsidium mit dem Fall befasst. Es hat den betreffenden Abgeordneten anzuhören und dann festzustellen, ob dieser gegen die Verhaltensregeln verstoßen hat. Falls ja, ist die Feststellung in einer Bundestagsdrucksache zu veröffentlichen (§ 8 Abs. 2 S. 2-5 VR). Außerdem kann das Präsidium nach erneuter Anhörung des Abgeordneten ein Ordnungsgeld verhängen (§ 44a Abs. 4 AbgG). Dessen Höhe richtet sich nach dem Grad des Verschuldens (§ 8 Abs. 4 VR). Der von Sanktionsmaßnahmen betroffene Abgeordnete kann erstinstanzlich beim BVerwG um Rechtsschutz nachsuchen (§ 50 Abs. 1 Nr. 5 VwGO).

Der Bundestagspräsident hat gemäß § 1 Abs. 4 VR **Ausführungsbestimmungen** zu den Verhaltensregeln erlassen.[290] Sie regeln Einzelheiten des Verfahrens, stellen aber zum Teil auch eigene Anforderungen auf. Die Rechtslage kann dadurch unübersichtlich werden. Daher sollte der Inhalt der Ausführungsbestimmungen de lege ferenda in die Verhaltensregeln übernommen werden.

Die **Rechtsnatur** der Verhaltensregeln für die Bundestagsabgeordneten ist strittig. **241** Für ihre **Zuordnung zum Geschäftsordnungsrecht**[291] sprechen die Art ihres Erlasses (allein durch den Bundestag), der Wille des Normgebers (vgl. § 18 GO-BT) und

288 *Häberle* in: ders., Kommentierte Verfassungsrechtsprechung 1979, S. 215 (225); insges. ähnlich *Welti*, Die soziale Sicherung der Abgeordneten des Deutschen Bundestages, der Landtage und der deutschen Abgeordneten des Europäischen Parlaments, 1998, S. 286 f.
289 Vgl. *Raue*, in: AS, Vor § 44a und § 44b Rn. 1, 18.
290 Ausführungsbestimmungen vom 18.6.2013 (BGBl. I 1645).
291 So *Klein*, in: MD, Art. 40 Rn. 52.

ihr Standort in der Anlage 1 zur GO-BT. Das BVerfG meint, die Verhaltensregeln und die Ausführungsbestimmungen stünden dem Geschäftsordnungsrecht zumindest nahe. Sie entfalteten keine Außenwirkung und seien daher Binnenrecht des Parlaments.[292] Andere Stimmen halten die Verhaltensregeln für Rechtssätze sui generis.[293] Richtigerweise sind die Verhaltensregeln und die Ausführungsbestimmungen dem Geschäftsordnungsrecht zuzuweisen. Dass sie Binnenrecht ohne Außenwirkung sind, ist unbestritten. Dann ist es angesichts des Normgebers, der Erwähnung in § 18 GO-BT und ihres Standortes folgerichtig, sie als Geschäftsordnungsrecht anzusprechen. Sie unterliegen damit zum einen der Auslegungskompetenz des Bundestages (so auch § 7 VR) und der sachlichen Diskontinuität.

In manchen Bundesländern stehen die Verhaltensregeln im jeweiligen Abgeordnetengesetz und sind damit einfaches Gesetzesrecht.

242   Der Zweite Senat des BVerfG hat in seinem Urteil vom 4.7.2007 zu keiner gemeinsamen Ansicht gefunden, ob § 44b, die Verhaltensregeln und die Ausführungsbestimmungen **verfassungsgemäß** sind.[294] Es erging eine **4 zu 4-Entscheidung**. Die Anträge waren daher abzuweisen. Die vier das Urteil tragenden Richter hatten eine andere Sicht auf den Abgeordneten und seine Freiheiten, als die vier dissentierenden Richter. Letztere hielten § 44b AbgG, die Verhaltensregeln und die Ausführungsbestimmungen für nicht verfassungskonform.[295] Die vier Richter, die die Regelungen billigten, gehen davon aus, dass Tätigkeiten neben dem Mandat, insb. bezahlte, die Unabhängigkeit des Abgeordneten beschränken könnten.[296] Der Abgeordnete könnte sich demjenigen besonders verpflichtet fühlen, der ihn für eine außerhalb des Mandats liegende Tätigkeit (als Rechtsanwalt, Vortragsredner oder Vorstand, Aufsichtsrats- oder Beiratsmitglied einer Gesellschaft) bezahlt. Dieser potenzielle Interessenkonflikt zwischen dem Abgeordnetenamt und der Nebentätigkeit rechtfertige bereits die Verhaltensregeln, ihre gesetzliche Grundlage in § 44b AbgG und die Ausführungsbestimmungen. Dabei soll keineswegs außer Acht bleiben, wie sinnvoll Tätigkeiten neben dem Mandat für die Abgeordnetentätigkeit sein können (worauf die dissentierenden Richter verweisen). Eine **Berufstätigkeit neben dem Mandat** ist grundsätzlich sinnvoll – nicht nur, weil sie es Abgeordneten erleichtert, nach einer Zeit wieder in den Beruf zurückzukehren und die **Unabhängigkeit gegenüber der eigenen Partei und Fraktion stärkt**. Eine Berufstätigkeit vermittelt nämlich Wissen und Alltagserfahrungen, die der Abgeordnete in das Mandat einbringen kann. Wer Rechtsanwalt ist, kann berufliche Erfahrungen als Mitglied des Innen- oder Rechtsausschusses einbringen. Defizite der Gesetze können so vielleicht schneller behoben werden. Andere Nebentätigkeiten, die keinen Beruf darstellen, können ebenfalls wichtige Kenntnisse vermitteln, die in die Mandatstätigkeit einfließen können. Man denke z.B. an die Mitgliedschaft in Leitungsorganen oder Beiräten privatrechtlicher Gesellschaften oder

---

292 Vgl. BVerfGE 118, 277 (359).
293 Vgl. *Heck*, Mandat und Transparenz, 2013, S. 92, 157; *Herbertz*, Verhaltensregeln, 1998, S. 150 f.; *Roll*, in: SZ, § 19 Rn. 21.
294 BVerfGE 118, 277.
295 Vgl. BVerfGE 118, 277 (296 ff., 377 ff.).
296 Ebenso BVerwGE 135, 77 Rn. 31 ff.; *Raue*, in: AS, Vor § 44a und § 44 b Rn. 31 ff.; für eine Verfassungsgemäßheit der Verhaltensregeln auch *Möllers*, Jura 2008, 937 (942); *Zivier*, RuP 2007, 194 (195); a.A. *Linck*, NJW 2008, 24 (25 f.); diff. *Heck*, Mandat und Transparenz, 2013, S. 124 ff.

Vereine. Aber die Möglichkeit der Beeinflussung bleibt stets. Ihr kann durch die Verhaltensregeln begegnet werden. Der Wähler weiß dadurch besser, wen er wählt,[297] d.h. wer sich neben dem Mandat für andere Belange einsetzt (und vielleicht das Mandat oder allgemeine Interessen dabei vernachlässigt). Gleichwohl sind auch die Grenzen und Gefahren dieser Meinung nicht zu verkennen, denn sie führen zu einer grundsätzlich **problematischen weiteren Verrechtlichung des Abgeordnetenmandats**, auch wenn das Szenarium des „gläsernen Abgeordneten" im geltenden Recht sicher noch nicht erreicht ist.[298] Außerdem weckt schon der Begriff der Nebentätigkeiten **Fehlassoziationen** dahingend, das „Amt" des Abgeordneten mit dem Amtsbegriff des Beamtenrechts kurzuschließen und die politische mit einer rechtlichen Verantwortung des Abgeordneten zu vermischen.[299]

Lösung Fall 4: Verhaltensregeln (Rn. 238)   **243**

a) Der Abgeordnete M könnte ein Organstreitverfahren vor dem BVerfG anstrengen. Er könnte sich auf sein freies Mandat (Art. 38 Abs. 1 S. 2 GG) und die Grundrechte (vor allem die Berufsfreiheit und das Recht auf informationelle Selbstbestimmung) berufen. Wie oben diskutiert, sind § 44b, die Verhaltensregeln und die Ausführungsbestimmungen aber verfassungsgemäß. Die Klage wird daher keinen Erfolg haben. Ohnehin droht der befürchtete „gläserne Abgeordnete" nicht. Vertragspartner, für die eine Verschwiegenheitspflicht geltend gemacht werden kann, sind nur anonymisiert zu nennen und Einkünfte werden nicht in „Klarbeträgen", sondern nur in einer von zehn Stufen veröffentlicht.

b) Der Abgeordnete S könnte gegen das Ordnungsgeld den Rechtsweg zum BVerwG beschreiten (§ 50 Abs. 1 Nr. 5 VwGO). Er könnte vortragen, dass die formellen und materiellen Voraussetzungen für ein Ordnungsgeld nicht vorgelegen hätten. Der Sachverhalt gibt aber dies bezüglich nichts her. Verfahrensfehler haben ausdrücklich nicht vorgelegen. Die materiellen Voraussetzungen für die Verhängung eines Ordnungsgeldes lagen vor: S hat seine Einkünfte, die über 10.000 € im Jahr betrugen, nur in einer von ihm errechneten Stufe gemäß § 3 S. 2, 3 VR und nicht als „Klarbetrag" angezeigt. Damit hat S gegen § 1 Abs. 3 VR verstoßen. Ein Ordnungsgeld war folglich zulässig. Zu prüfen wäre aber vom BVerwG, ob die Höhe verhältnismäßig war. Das Präsidium hat – so das BVerwG – bei seiner Entscheidung über die Festsetzung eines Ordnungsgeldes die Frage zu beantworten, ob die festgestellte Pflichtverletzung über ihre förmliche Feststellung hinaus einer weiteren Sanktion in Form eines Ordnungsgeldes bedarf; in die Beantwortung dieser Frage sind neben der in erster Linie maßgeblichen Schwere der Pflichtverletzung alle anderen bedeutsamen Umstände des Einzelfalls einzubeziehen.[300]

Leitentscheidungen: BVerfGE 10, 4 (Redezeiten); 40, 296 („Diätenurteil"); 102, 224 (Funktionszulagen in Thüringen); 104, 310 („Pofalla II"); 108, 251 (Durchsuchung und Beschlagnahme im Bundestag); 118, 277 (Nebentätigkeiten); 134, 141 (Beobachtung von Abgeordneten durch den Verfassungsschutz); BVerwGE 135, 77 (Verstoß gegen die Verhaltensregeln und Ordnungsgeld, „Schily").

---

297   Vgl. BVerfGE 118, 277 (353): „Der Wähler muss wissen, wen er wählt."

298   Zu entsprechenden Gefahren *Waldhoff*, ZParl. 37 (2006), 251.

299   Als antizipierte Kritik *Waldhoff*, ZParl. 37 (2006), 251; ähnlich *Badura*, in: BK, Art. 38 Rn. 51.

300   BVerwGE 135, 77 Rn. 60.

Literatur zu § 4: *Austermann*, Die Anrechnungsbestimmungen im Abgeordnetenrecht des Bundes und der Länder, 2011; *ders.*, Verfassungsrechtliche Abgeordnetenpflichten nach dem Grundgesetz, DÖV 2011, 352; *ders.*, Das Abgeordnetenbild des Bundesverfassungsgerichts, ZParl. 43 (2012), 719; *ders.*, Die Anrechnungsvorschriften im Abgeordnetenrecht des Bundes, DÖV 2013, 187; *Badura*, Die Stellung des Abgeordneten, in: SZ, § 15; *Borchert*, Abgeordnete des Deutschen Bundestages im G 10-Verfahren, DÖV 1992, 58; *Butzer*, Immunität im demokratischen Rechtsstaat, 1991; *Gausing*, Das Abgeordnetenmandat zwischen Staat und Gesellschaft, 2018; *Glauben*, Immunität der Parlamentarier – Relikt aus vordemokratischer Zeit?, DÖV 2012, 378; *Häberle*, Freiheit, Gleichheit und Öffentlichkeit des Abgeordnetenstatus, NJW 1976, 537; *Heck*, Mandat und Transparenz, 2013; *Hofmann/Dreier*, Repräsentation, Mehrheitsprinzip und Minderheitenschutz, in: SZ, § 5; *Kischel*, Immunität als Recht des Abgeordneten, in: Manssen (Hrsg.), Die verfassungsrechtlich garantierte Stellung der Abgeordneten in den Ländern Mittel- und Osteuropas, 2009, S. 87; *Klein*, Indemnität und Immunität, in: SZ, § 17; *ders.*, Status des Abgeordneten, in: HStR III, § 51; *Linck*, Verfestigung des Leitbilds vom Berufsabgeordneten durch das BVerfG, NJW 2008, 24; *du Mesnil de Rochemont/Müller*, Die Rechtsstellung der Bundestagsabgeordneten, JuS 2016, 504 ff., 603 ff.; *Ohler*, Verfassungsrechtliche Grenzen staatsanwaltschaftlicher Durchsuchungen im Bundestag, NVwZ 2004, 696; *Waldhoff*, Das missverstandene Mandat, ZParl. 37 (2006), 251; *Wiefelspütz*, Abgeordnetenmandat, in: MSW, § 12; *ders.*, Indemnität und Immunität, in: MSW, § 13.

§ 5 Fraktionen, Gruppen und fraktionslose Abgeordnete

▶ **Literatur:** *Degenhart*, Staatsrecht I, v.a. § 7 Rn. 677–682.

I. Fraktionen

244
Fall 5: Selbe Partei, neue Fraktion
Nach einem internen Streit in der A-Fraktion treten einige Abgeordnete aus der Fraktion aus. Sie gründen eine neue Fraktion. Die Mitglieder beider Fraktionen sind Mitglieder der A-Partei. Ist das zulässig? **Lösung Rn. 254**

1. Politische Bedeutung

245 Die Fraktionen sind die **maßgeblichen und wichtigsten Faktoren im Parlament** (s. Rn. 17). Der Bundestag ist ein „Fraktionenparlament".[1] Das Grundgesetz bildet dies allerdings nicht ab. Es erwähnt die Fraktionen nur im Zusammenhang mit dem Gemeinsamen Ausschuss (Art. 53a Abs. 1 S. 2 GG). Die politische Bedeutung der Fraktionen ergibt sich aus den in der GO-BT genannten Fraktionsrechten. Statusfragen, insb. der Finanzierung regeln die §§ 49-54 AbgG.

---

1 Vgl. etwa *Thaysen*, Parlamentarisches Regierungssystem in der Bundesrepublik Deutschland, 2. Aufl. 1976, S. 69, 80; *Klein*, in: MSW, § 17 Rn. 1; *Butzer*, in: BeckOK-GG, Art. 38 Rn. 134.

Der Umstand, dass die Rechtsstellung maßgeblich durch die GO-BT bestimmt wird, ist historisch gewachsen.[2] Die Rechtsprechung des BVerfG und die Literatur beurteilen die hohe Bedeutung der Fraktionen einhellig. Das Schrifttum spricht bspw. von den **Fraktionen als „Motor der Parlamentsarbeit"**[3], weist ihnen eine **„Schlüsselstellung im Bundestag"**[4] zu und stellt fest: die Willensbildung des Bundestages vollziehe sich ganz maßgeblich über die Fraktionen.[5] Fraktionen müssten vorhanden sein, damit das Parlament überhaupt seine eigenen Funktionen erfüllen könne.[6] Sie stellten die „Handlungs- und Entscheidungsfähigkeit des Parlaments" sicher.[7] Das BVerfG nennt die Fraktionen **„notwendige Einrichtungen des Verfassungslebens und maßgebliche Faktoren der politischen Willensbildung"**[8] Das Gericht hat in seiner Entscheidung zur Sitzverteilung im Vermittlungsausschuss ausgeführt: *„Sie [die Fraktionen, d. Verf.] nehmen im parlamentarischen Raum Koordinierungsaufgaben wahr, bündeln die Vielfalt der Meinungen zur politischen Stimme, wählen aus und spitzen Themen als politisch entscheidbar zu. Diese Aufgaben sind angesichts der Vielzahl und Vielschichtigkeit der im Parlament zu behandelnden Regelungsbedürfnisse für die parlamentarische Arbeit unabdingbar. Wenn der einzelne Abgeordnete im Parlament politischen Einfluss von Gewicht ausüben, wenn er gestalten will, bedarf er der abgestimmten Unterstützung anderer Abgeordneter."*[9] Fraktionen hegen einerseits den einzelnen Abgeordneten in vielfältiger Weise ein, verstärken aber andererseits seine politische Wirkmächtigkeit.[10] Der fraktionslose Abgeordnete vermag demgegenüber nahezu keine politische Rolle zu spielen.

246

Merke: Keine Demokratie ohne politische Parteien. Keine parlamentarische Demokratie ohne Fraktionen.

2. Rechtsstatus

Die Rechtsnatur der Fraktion ist umstritten, wobei sich das BVerfG einer Stellungnahme bislang enthalten hat. In der Diskussion lassen sich **drei Grundströmungen** ausmachen: Die erste hält eine rechtliche Einordnung für unmöglich,[11] für unergiebig[12] oder für nicht zwingend geboten.[13] Die zweite Grundströmung geht von einer

247

---

2   Vgl. *Jekewitz*, in: SZ, § 37 Rn. 5 ff.; *Hölscheidt*, Das Recht der Parlamentsfraktionen, 2001, S. 142 ff.
3   *Jekewitz*, in: SZ, § 37 Rn. 47.
4   *Ipsen*, Rn. 271.
5   Vgl. *Degenhart*, Rn. 642.
6   Vgl. *Hauenschild*, Wesen und Rechtsnatur parlamentarischer Fraktionen, 1968, S. 126.
7   Vgl. *Schmidt-Jortzig/Hansen*, NVwZ 1994, 1145 (1146).
8   BVerfGE 80, 188 (219); 84, 304 (322); 112, 118 (135).
9   BVerfGE 112, 118 (135); inhaltlich ebenso BVerfGE 20, 56 (104); 62, 194 (202); 80, 188 (231); 140, 1 (26).
10 Vgl. statt vieler *Austermann*, Die Anrechnungsbestimmungen im Abgeordnetenrecht des Bundes und der Länder, 2011, S. 53 ff.; *Trute*, Jura 1990, 184 (185).
11 So *Jekewitz*, in: SZ, § 37 Rn. 54; *Stern*, StaatsR I, S. 1027; *Klein*, in: MD, Art. 40 Rn. 83; *K. Schönberger*, Die Rechtsstellung der Parlamentsfraktionen, 1990, S. 187; *Pfeil*, Der Abgeordnete und die Fraktion, 2008, S. 77 f.; ähnlich *Kretschmer*, Fraktionen, 2. Aufl. 1992, S. 46 f., der aber zumindest bemerkt, Fraktionen seien „mit an Sicherheit grenzender Wahrscheinlichkeit" keine Institutionen des Privatrechts.
12 Vgl. *von Münch/Mager*, Rn. 203; *Demmler*, Der Abgeordnete im Parlament der Fraktionen, 1994, S. 208; *Schwerin*, Der Deutsche Bundestag als Geschäftsordnungsgeber, 1998, S. 125.
13 So *Braun/Jantsch/Klante*, § 46 Rn. 1.

privatrechtlichen Natur der Fraktion aus und versucht, sie anhand zivilrechtlicher Organisationsformen zu kategorisieren, etwa als Verein[14] oder vereinsähnliche Vereinigung. Die dritte Argumentationsrichtung nimmt eine öffentlich-rechtliche Natur an, z.B. als Organ des Bundestages,[15] als Teil des Verfassungsorgans Bundestag,[16] als Staatsorgan sui generis[17] oder als öffentlich-rechtlicher Verein oder öffentlich-rechtliche Körperschaft[18]. Zum Teil wird die „Doppelnatur" der Fraktionen als Organteile und rechtlich selbstständige Vereinigungen besonders unterstrichen.[19] Richtigerweise sind die Fraktionen als **rechtlich selbstständige öffentlich-rechtliche Teile des Verfassungsorgans Bundestag** anzusehen: Sie sind *Organteile*, da sie von den Abgeordneten, die Teile des Organs Bundestag sind, gebildet werden. Der verfassungsrechtliche Status der Fraktionen leitet sich aus dem Status der Abgeordneten ab.[20] Die Rechte der Abgeordneten können auch die Fraktionen entsprechend geltend machen.[21] Die Fraktionen besitzen als Teile eines Verfassungsorgans *öffentlich-rechtliche Natur*. Sie können auch privatrechtlich tätig werden, z.B. beim Abschluss von Arbeits-, Kauf-, Reise-, und Dienstverträgen und beim Eigentumserwerb. Die privaten Rechtsgeschäfte unterstützen die Parlamentsarbeit aber lediglich. Die Befugnis, solche Geschäfte abzuschließen, ändert nichts an der parlamentsbezogenen Funktion und Rechtsstellung der Fraktionen. Teil der Exekutive sind die Fraktionen als Organteile der Legislative nicht. § 46 Abs. 3 AbgG stellt klar, dass die Entscheidungen der Fraktionen keine Verwaltungsakte, sondern Parlamentsrechtsakte sind.[22]

3.   Begriff, Bildung und Auflösung

248   Der Begriff „Fraktion" leitet sich ab vom lateinischen Verb *frangere* (brechen, zerbrechen) und dem Substantiv *fractio* (Bruchstück, Bruchteil).[23] Die Frage, was Fraktionen eigentlich sind, beantwortet die **Legaldefinition in § 10 Abs. 1 S. 1 GO-BT**: Fraktionen sind Vereinigungen von mindestens fünf Prozent der Mitglieder des Bundestages, die derselben Partei oder solchen Parteien angehören, die aufgrund gleichgerichteter politischer Ziele in keinem Land miteinander im Wettbewerb stehen (**Homogenitätsgebot**[24]). Eine im Wesentlichen gleiche politische Gesinnung ist nicht mit einer Zugehörigkeit in derselben Partei oder einer nicht im Wettbewerb stehenden Partei im Sinne von § 10 Abs. 1 S. 1 GO-BT gleichzusetzen.[25] Politischer Wettbewerb ist gegeben, wenn Landeslisten miteinander im Wettstreit um Wählerstimmen

---

14   Hierfür z.B. *Achterberg*, S. 278: innenrechtsfähiger Verein des bürgerlichen Rechts.
15   So *Hauenschild*, Wesen und Rechtsnatur der Parlamentsfraktionen, 2001, S. 167.
16   Hierfür *Butzer*, in: BeckOK-GG, Art. 38 Rn. 135; *Brocker*, in: BK, Art. 40 Rn. 176; *Hölscheidt*, Das Recht der Parlamentsfraktionen, 2001, S. 326, 690; *Austermann*, Die Anrechnungsbestimmungen im Abgeordnetenrecht des Bundes und der Länder, 2011, S. 246 f.
17   So *Schmidt*, DÖV 1990, 102 (105).
18   Hierfür *Steiger*, Organisatorische Probleme des parlamentarischen Regierungssystems, 1973, S. 114.
19   So *Schmidt-Jortzig/Hansen*, NVwZ 1994, 1145 (1147); *Stevens*, Die Rechtsstellung der Bundestagsfraktionen, 2000, S. 60 ff., 75 ff.; *Ipsen*, Rn. 270;
20   Vgl. BVerfGE 70, 324 (362 f.); 93, 195 (203 f.).
21   Vgl. *Pieroth*, in: JP, Art. 38 Rn. 60.
22   Vgl. BT-Drs. 12/6067, S. 10.
23   Vgl. *Pfeil*, Der Abgeordnete und die Fraktion, 2008, S. 6.
24   Das ist verfassungsrechtlich geboten, vgl. *Klein*, in: MSW, § 17 Rn. 13.
25   So aber *Stevens*, Die Rechtsstellung der Bundestagsfraktionen, 2000, S. 93, 100; *Pfeil*, Der Abgeordnete und die Fraktion, 2008, S. 83; *Hohm*, NJW 1985, 408 (410).

bei Bundestags-, Landtags- und Europawahlen stehen.[26] Ein Wettbewerb besteht auch zwischen den Parteien, deren Wahlkreisbewerber um das Direktmandat konkurrieren. *Das* klassische Beispiel für eine Fraktionsgemeinschaft zweier Parteien, die in keinem Land miteinander im Wettbewerb miteinander stehen, ist die CDU/CSU-Bundestagsfraktion. § 10 Abs. 1 GO-BT ist verfassungsgemäß.[27]

Die in § 10 Abs. 1 GO-BT genannte **Mindeststärke** orientiert sich augenscheinlich an der Sperrklausel des § 6 Abs. 3 BWahlG. Sie muss sich aber nicht zwingend daran ausrichten.[28] Eine andere Mindeststärke ist prinzipiell denkbar. Die Festlegung einer Mindeststärke ist Ausdruck der Geschäftsordnungsautonomie.[29] Die Mindeststärke ist dazu geeignet, die Funktionsfähigkeit des Bundestages zu sichern. Somit ist auch eine Heraufsetzung der Mindeststärke grundsätzlich zulässig.[30] Sie muss aber sachgerecht sein.[31] Das Homogenitätsgebot entspringt ebenfalls der Geschäftsordnungsautonomie.[32] **249**

Das **Recht zur Fraktionsbildung (Assoziationsrecht)** folgt aus dem freien Mandat der Abgeordneten (Art. 38 Abs.1 S. 2 GG).[33] § 45 Abs. 1 AbgG unterstreicht dies: Die Abgeordneten *können* sich zu Fraktionen zusammenschließen. Sie müssen dies aber nicht tun. Die Fraktionszugehörigkeit ist freiwillig. Fraktionen sind keine Zwangskorporationen.[34] Um eine Fraktion zu bilden, müssen diejenigen, die sich zusammenschließen wollen, nach h.M. einen entsprechenden Beschluss fassen; denn Fraktionen entstehen nicht automatisch dadurch, dass Abgeordnete einer gemeinsamen Partei angehören.[35] Da die Fraktionszugehörigkeit freiwillig ist und die Fraktionen rechtlich von den Parteien unabhängig sind, sind die Fraktionen nur politisch, aber nicht rechtlich als „Parteien im Parlament" zu bezeichnen.[36] Die Partei und ihre Positionen wirken (nur) faktisch in die Fraktionsarbeit hinein und umgekehrt. Die Fraktion bringt die von der Partei entwickelten Vorstellungen in die Parlamentsarbeit ein. Ihre parlamentarischen Erfahrungen kommen wiederum der Partei zugute. Die Fraktionen sind das Scharnier, das Parteien und Parlament miteinander verbindet.[37] Man kann die Fraktionen auch als **„parlamentarische Repräsentanten der Parteien"** bezeichnen.[38] Eine Partei darf eine Fraktion, die aus Mitgliedern dieser Partei besteht, aber wegen des freien Mandats der Abgeordneten (Art. 38 Abs. 1 S. 2 GG) **250**

---

26 Vgl. *Ipsen*, NVwZ 2006, 176 (178).

27 Vgl. BVerfGE 84, 304 (322).

28 Vgl. BVerfGE 84, 304 (325); a.A. (Fünf-Prozent-Hürde als Obergrenze) *Ipsen*, Rn. 275; *Stevens*, Die Rechtsstellung der Bundestagsfraktionen, 2000, S. 90.

29 Vgl. BVerfGE 84, 304 (324); 96, 264 (278).

30 Vgl. BVerfGE 84, 304 (325); a.A. *Morlok/Michael*, Rn. 719.

31 Vgl. BVerfGE 96, 264 (278).

32 Vgl. BVerfGE 84, 304 (324); 96, 264 (278).

33 Vgl. statt vieler BVerfGE 70, 324 (362 f.); 80, 188 (220); 84, 304 (317); 96, 264 (278).

34 Vgl. *Ipsen*, NVwZ 2006, 176.

35 Vgl. etwa *Klein*, in: MSW, § 17 Rn. 7; *Hauenschild*, Wesen und Rechtsnatur parlamentarischer Fraktioen, 1968, S. 42; *Achterberg*, S. 281; *Stevens*, Die Rechtsstellung der Bundestagsfraktionen, 2000, S. 82; *Pfeil*, Der Abgeordnete und die Fraktion, 2008, S. 79 f.; a.A. *Steiger*, Organisatorische Probleme des parlamentarischen Regierungssystems, 1973, S. 108; *Meyer*, in: SZ, § 4 Rn. 101.

36 Vgl. *Morlok*, in: Dreier, Art. 38 Rn. 183; ausf. *Demmler*, Der Abgeordnete im Parlament der Fraktionen, 1994, S. 180 ff.

37 Vgl. BVerfGE 70, 324 (374 f.) – Sondervotum *Mahrenholz*; 80, 188 (241) – Sondervotum *Kruis*; *Klein*, in: MSW, § 17 Rn. 1.

38 Vgl. *Zeh*, in: HStR III, § 52 Rn. 14; *Stern*, StaatsR I, S. 1027.

rechtlich nicht binden. Die Fraktion ist Teil der organisierten Staatlichkeit, die Partei hingegen nicht.[39] Deswegen ist die auch in Entscheidungen des BVerfG zu findende Behauptung, das Grundgesetz erkenne mit der Anerkennung der Parteien in Art. 21 auch die Fraktionen an,[40] unzutreffend.[41] Eine zusätzliche Verankerung der Fraktionen in Art. 21 GG ist auch gar nicht notwendig.[42] Das Assoziationsrecht aus Art. 38 Abs. 1 S. 2 GG genügt als Daseinsgrundlage der Fraktionen. Hinzu tritt die Geschäftsordnungsautonomie (Art. 40 Abs. 1 S. 2 GG), welche die Grundlage bildet für die geschäftsordnungsmäßigen Bildungsvoraussetzungen und Rechte der Fraktionen im Parlament etc.

251 Die **Existenz der Fraktion als rechtsfähige Einheit beginnt** mit der Entscheidung zum Zusammenschluss, aber frühestens mit der Konstituierung des neu gewählten Bundestages nach Art. 39 Abs. 1 S. 2 GG – wenngleich in der Praxis viele Fraktionen sich schon vorher als sog. Vor-Fraktionen zusammenfinden und Beschlüsse fassen.[43] Fraktionsbildungen im Laufe einer Wahlperiode sind ebenfalls möglich. Die Fraktion als rechtsfähige Einheit besteht ab dem Gründungsbeschluss.

252 Jede Fraktion muss dem Bundestagspräsidenten ihre Bildung, ihre Bezeichnung sowie die Namen der Vorsitzenden, Mitglieder und Gäste schriftlich mitteilen (§ 10 Abs. 2 GO-BT). Diese **Mitteilungspflicht** hat nur deklaratorische Wirkung.[44] Sie dient der Information des Bundestagspräsidenten und der übrigen politischen Akteure. Der Präsident hat von Amts wegen zu prüfen, ob die Bedingungen des § 10 Abs. 1 S. 1 GO-BT erfüllt sind.[45] Wenn sie nicht erfüllt sind, weil die Mindeststärke nicht erreicht wird oder weil es an der nötigen politischen Homogenität fehlt,[46] kann der Bundestag die Fraktion durch Beschluss anerkennen (§ 10 Abs. 1 S. 2 GO-BT). Das Zustimmungserfordernis soll verhindern, dass Mitglieder verschiedener Kräfte politisch fragile „Zweckehen" allein aus dem Grund schließen, die Vorteile des Fraktionsstatus zu erhalten.[47]

253 Jeder Abgeordnete darf nur einer Fraktion angehören (**Verbot der Doppelmitgliedschaft**).[48] Andernfalls wäre die politische Homogenität der Fraktionen infrage gestellt.

---

39 Vgl. BVerfGE 20, 56 (101 f.).
40 Vgl. BVerfGE 10, 4 (14); 70, 324 (350); 84, 304 (324).
41 Wie hier etwa *Hauenschild*, Wesen und Rechtsnatur parlamentarischer Fraktionen, 1968, S. 171; *Demmler*, Der Abgeordnete im Parlament der Fraktionen, 1994, S. 192 ff.;
42 Für eine „synoptische Konkordanz" des Abgeordnetenstatus (Art. 38 Abs. 1 S. 2), des Parteistatus (Art. 21) und der Geschäftsordnungsautonomie im weiteren Sinne (Art. 40 Abs. 1 GG) hingegen *H.-P. Schneider*, in: AK, Art. 38 Rn. 35; *Brocker*, in: BK, Art. 40 Rn. 181; *Schwerin*, Der Deutsche Bundestag als Geschäftsordnungsgeber, 1998, S. 137; *Hölscheidt*, Das Recht der Parlamentsfraktionen, 2001, S. 244 f.; *Trute*, Jura 1990, 184 (189).
43 Vgl. etwa *Klein*, in: MSW, § 17 Rn. 8; *Lontzek*, in: AS, § 45 Rn. 41.
44 Vgl. nur *Stevens*, Die Rechtsstellung der Bundestagsfraktionen, 2000, S. 94; *Pfeil*, Der Abgeordnete und die Fraktion, 2008, S. 81.
45 Vgl. *Stevens*, Die Rechtsstellung der Bundestagsfraktionen, 2000, S. 94.
46 Vgl. etwa *Troßmann*, Kommentar, § 10 Rn. 4; *Hohm*, NJW 1985, 408 (410); *Ipsen*, NVwZ 2006, 176 (177).
47 Vgl. BT-Drs. V/4008, S. 2; *Ritzel/Bücker/Schreiner*, § 10 Anm. I.2.g.
48 Vgl. *Klein*, in: MSW,§ 17 Rn. 11; *Lontzek*, in: AS, § 45 Rn. 37; *Achterberg*, S. 280; *Hölscheidt*, Das Recht der Parlamentsfraktionen, 2001, S. 406 f.; *Stevens*, Die Rechtsstellung der Bundestagsfraktionen, 2000, S. 85 f.; *Pfeil*, Der Abgeordnete und die Fraktion, 2008, S. 81.

Lösung Fall 5: Selbe Partei, neue Fraktion (Rn. 244)   **254**

Es gilt das **Verbot der Fraktionsvermehrung**.[49] Zwei Fraktionen aus jeweils unterschiedlichen Abgeordneten derselben Partei können nicht gebildet werden. Andernfalls könnte eine Partei durch Aufspaltung ihrer Mitglieder in mehrere Fraktionen Vorteile erreichen, die sie allein nicht erhielte, z.B. bei der Besetzung der Ausschüsse und der Fraktionsfinanzierung (ggf. sogar mit Oppositionszuschlag).

Die Fraktion **verliert ihre Existenz** in vier Fällen: wenn der Fraktionsstatus erlischt,   **255**
die Fraktion aufgelöst wird oder die Wahlperiode endet (§ 54 Abs. 1 AbgG) oder wenn die Partei, der die Fraktionsmitglieder angehören, verboten wird (da das Parteiverbot nach § 46 Abs. 1 S. 1 Nr. 5 BWahlG den Mandatsverlust bewirkt[50]). Der Fraktionsstatus **erlischt**, wenn die Voraussetzungen des § 10 Abs. 1 S. 1 GO-BT nicht mehr vorliegen (§ 54 Abs. 1 Nr. 1 AbgG). Dies ist insb. der Fall, wenn die Mindeststärke von fünf Prozent der Bundestagsabgeordneten durch Austritte oder Ausschlüsse von Fraktionsmitgliedern unterschritten wird.[51] Fraglich ist, wie sich ein Verlust der innerfraktionellen politischen Homogenität auswirkt. Zu denken ist an den Fall, dass ein Teil der Fraktionsmitglieder sich einer neuen, bislang nicht im Bundestag vertretenen, Partei anschließt und diese der Partei, der die übrigen Fraktionsmitglieder angehören, bei Landtags- oder einer Europawahl Konkurrenz macht. Man könnte annehmen, das Fraktionsende trete automatisch (ipso iure) ein. Doch wäre das Ende mit vielen tatsächlichen Unsicherheiten und Fragen behaftet. Um den Beendigungszeitpunkt sicher festzulegen, ist in einem solchen Fall ein Beschluss des Plenums nötig, der das Ende des Fraktionsstatus anordnet (wenngleich weder die GO-BT noch das AbgG ihn vorsehen).[52] Erst durch den Beschluss verliert die Fraktion (nach § 54 Abs. 1 Nr. 1 AbgG i.V.m. § 10 Abs. 1 S. 1 GO-BT) ihre Existenz.[53]

Die Fraktion kann sich **durch einen einfachen**[54] **Mehrheitsbeschluss** ihrer Mitglie-   **256**
der **auflösen** (§ 54 Abs. 1 Nr. 2 AbgG). Das **Wahlperiodenende** beendet – als Ausdruck des Grundsatzes personeller Diskontinuität[55] – ebenfalls die Existenz einer Fraktion (§ 54 Abs. 1 Nr. 3 AbgG). Falls sich nicht binnen 30 Tagen nach Beginn der anschließenden Legislaturperiode eine Nachfolgefraktion gebildet hat, wird die alte Fraktion liquidiert (§ 54 Abs. 7 S. 1 AbgG). Ansonsten ist die neu konstituierte Fraktion die Rechtsnachfolgerin der Fraktion der vorhergehenden Periode (§ 54 Abs. 7

---

49 Ebenso *Hölscheidt*, Das Recht der Parlamentsfraktionen, 2001, S. 406 f.; *Klein*, in: MSW, § 17 Rn. 11; *Lontzek*, in: AS, § 45 Rn. 37.
50 So schon vor der wahlgesetzlichen Regelung BVerfGE 2, 1 (75 ff.); 5, 85 (392); a.A. *Pfeil*, Der Abgeordnete und die Fraktion, 2008, S. 121 ff.
51 Vgl. *Jekewitz*, in: SZ, § 37 Rn. 40; *Hauenschild*, Wesen und Rechtsnatur parlamentarischer Fraktionen, 1968, S. 192; *Stevens*, Die Rechtsstellung der Bundestagsfraktioen, 2000, S. 96; *Ipsen*, NVwZ 2006, 176 (177); *Görlitz*, DÖV 2009, 261 (267); ungenau *Achterberg*, S. 282, der meint, die Fraktion sei damit aufgelöst.
52 Vgl. *Görlitz*, DÖV 2009, 261 (267 f.); *Butzer*, in: BeckOK-GG, Art. 38 Rn. 142.
53 Vgl. z.B. *Stevens*, Die Rechtsstellung der Bundestgsfraktionen, 2000, S. 97, 101; *Pfeil*, Der Abgeordnete und die Fraktion, 2008, S. 119.
54 Unzutr. unter Bezugnahme auf § 41 BGB *Stevens*, S. 96: Dreiviertelmehrheit. Das Vereinsrecht ist aber auf Fraktionen nicht anzuwenden.
55 Vgl. *Klein*, in: MSW, § 17 Rn. 13; *Morlok*, in: Dreier, Art. 38 Rn. 189; *Butzer*, in: BeckOK-GG, Art. 38 Rn. 142; *Stevens*, Die Rechtsstellung der Bundestagsfraktionen, 2000, S. 94; *Pfeil*, Der Abgeordnete und die Fraktion, 2008, S. 117.

S. 2 AbgG). Zu einer Liquidation kommt es auch in den Fällen der § 54 Abs. 1 Nr. 1 und 2 sowie § 46 Abs. 1 S. 1 Nr. 5 BWahlG. Fraktionen sind insolvenzfähig.

4.　Rechte und Pflichten der Fraktionen

a)　Rechte

257 **aa) Fraktionsautonomie.** Aus dem Recht der Abgeordneten, sich zu Fraktionen zusammenzuschließen (Assoziationsrecht), folgt die **Befugnis der Fraktion, sich selbst zu organisieren** (Fraktionsautonomie).[56] § 48 AbgG schreibt dieses Recht, das aus Art. 38 Abs. 1 S. 2 GG herzuleiten ist, einfachgesetzlich fest.[57] Gegenstand und Reichweite der Fraktionsautonomie sind anhand der Reichweite des freien Mandats zu bestimmen. Grenzen ziehen das Verfassungsrecht, vor allem das Demokratieprinzip, das freie Mandat der Fraktionsmitglieder und die schutzwürdigen Rechte der anderen Fraktionen, sowie die Geschäftsordnungsautonomie. Die §§ 45 ff. AbgG und das Geschäftsordnungsrecht konkretisieren beide die Verfassung gemäß Art. 38 Abs. 3 und Art. 40 Abs. 1 S. 2 GG. Die Fraktionen genießen interne und externe Autonomie: Im Innenverhältnis geht es um die Rechte und Pflichten innerhalb des Parlaments, im Außenverhältnis z.B. um das Recht zur Führung eines eigenen Namens und die Rechtsfähigkeit im allgemeinen Rechtsverkehr (§ 46 Abs. 1, 2 AbgG).[58]

258 **bb) Mitwirkungsrechte.** Ein Parlament kann nur funktionieren und seine verfassungsmäßigen Aufgaben erfüllen, wenn die wesentlichen Mitwirkungsrechte größeren Zusammenschlüssen der Abgeordneten übertragen werden. Die Fraktionen stellen die „Handlungs- und Entscheidungsfähigkeit des Parlaments"[59] und damit die **Funktionsfähigkeit des Bundestages** sicher. Sie sind für die Aufgabenerfüllung des Parlaments **unverzichtbar.**[60] Die Aufgabenerfüllung wäre infrage gestellt, wenn alle parlamentarischen Mitwirkungsrechte den einzelnen Abgeordneten oder sehr kleinen Gruppen von Abgeordneten zustünden. Daher ist es rechtlich nicht zu beanstanden,[61] ja geradezu geboten, die parlamentarische Mitwirkungsbefugnisse grundsätzlich den Fraktionen zuzusprechen. Die Differenzierung zwischen Fraktionen (oder mindestens fünf Prozent der Abgeordneten) und anderen Zusammenschlüssen ist gerechtfertigt, weil sie der Gefahr begegnet, dass die Parlamentsarbeit durch eine Vielzahl (letztlich aussichtsloser) Anträge kleiner Gruppen oder einzelner Mitglieder behindert wird.[62]

259 **(1) Quoren.** Dementsprechend sind **die meisten parlamentarischen Mitwirkungsbefugnisse** den Fraktionen oder einer die Fraktionsstärke erreichenden Gruppe von mindestens fünf Prozent der Abgeordneten übertragen. Manche Rechte stehen

---

56　Vgl. etwa *Klein*, in: MD, Art. 38 Rn. 263; *Butzer*, in: BeckOK-GG, Art. 38 Rn. 148; *Brocker*, in: BK, Art. 40 Rn. 185; *Grzeszick*, NVwZ 2017, 985 (988); a.A. *Hauenschild*, Wesen und Rechtsnatur der parlamentarischen Fraktionen, 1968, S. 200 (Herleitung aus der Parlamentsautonomie).
57　Vgl. *Lontzek*, in: AS, § 45 Rn. 20; a.A. *Krings*, in: MSW, § 17 Rn. 16: § 45 AbgG.
58　Vgl. *Grzeszick*, NVwZ 2017, 985 (990).
59　Vgl. *Schmidt-Jortzig/Hansen*, NVwZ 1994, 1145 (1146); inhaltlich ebenso statt vieler *Butzer*, in: BeckOK-GG, Art. 38 Rn. 144.
60　Vgl. etwa BVerfGE 112, 118 (135); 118, 277 (329).
61　Vgl. BVerfGE 80, 188 (220); 84, 304 (321).
62　Vgl. BVerfGE 96, 264 (279).

sogar *ausschließlich Fraktionen* zu (z.B. die Benennung der Mitglieder des Ältesten-rates und der Ausschüsse), manche einer Fraktionen oder einer *Anzahl von Abgeord-neten, welche zumindest die Fraktionsmindeststärke* von fünf Prozent der Abgeord-neten erreicht (z.B. § 52, § 76 Abs. 1 GO-BT). Manche Rechte setzen ein noch höheres, *die Fraktionsmindeststärke überschreitendes Quorum* voraus (z.B. Art. 39 Abs. 3 S. 3 GG, 44 Abs. 1 S. 1 GG i.V.m. § 1 Abs. 1 PUAG).

Die den *einzelnen Abgeordneten* zustehenden Befugnisse sind demgegenüber zahlen-mäßig gering. Sie beschränken sich im Wesentlichen auf bestimmte Antrags-, Erklä-rungs- und Fragerechte (z.B. nach § 20 Abs. 2 S. 3, §§ 30 ff., § 47 S. 1, § 82 Abs. 1 S. 2, § 105 GO-BT i.V.m. Anlage 4 zur GO-BT, § 106 Abs. 2 i.V.m. Anlage 7). **260**

(2) Gleichbehandlungsgrundsatz. Die **Aufgaben der Fraktionen** entsprechen de-nen des Bundestages: Sie wirken an der Ausübung der Wahlfunktion, der Gesetzge-bungsfunktion, der Kontrollfunktion und der Repräsentationsfunktion mit.[63] Der Bun-destag ist **zur Ausgestaltung der Fraktionsrechtsstellung** innerhalb des parlamen-tarischen Verfahrens aufgrund seiner Geschäftsordnungsautonomie berechtigt.[64] Er ist dabei natürlich an die Vorgaben der Verfassung (insb. Art. 38 Abs. 1 S. 2 GG[65]) gebunden. Die Fraktionen haben als Zusammenschlüsse von Abgeordneten **alle Rechte, die auch die einzelnen Abgeordneten** haben: Die Abgeordneten sind strikt (formal) gleich zu behandeln, weil die Wahlgleichheit „auf der zweiten Stufe der Ent-faltung demokratischer Willensbildung, d.h. im Status und der Tätigkeit des Abge-ordneten" fortwirkt.[66] Die **Fraktionen sind so gleich zu behandeln** wie die Abge-ordneten untereinander auch.[67] Es ergibt sich also folgende „Reihung: Wahlgleichheit – Abgeordnetengleichheit – Fraktionsgleichheit."[68] **261**

(3) Spiegelbildlichkeitsgrundsatz. Die Bestimmung der Zahl der Ausschüsse, der Mitgliederzahl und der Verteilung der einzelnen Sitze auf die Fraktionen fällt grund-sätzlich in die Geschäftsordnungsautonomie des Bundestages. Die Geschäftsord-nungsautonomie kann aber durch andere verfassungsrechtliche Vorgaben im Sinne praktischer Konkordanz eingeschränkt werden. Zu diesen Vorgaben gehören die Fraktionsgleichheit und die Repräsentationsfunktion des Bundestages aus Art. 20 Abs. 1 GG. Aus der Fraktionsgleichheit und aus der Repräsentationsfunktion folgt, dass **Parlamentsgremien wie Ausschüsse, Enquêtekommissionen und das Parla-mentarische Kontrollgremium (PKGr) grundsätzlich nach dem Stärkeverhält-nis der Fraktionen besetzt** werden müssen. Die Ausschüsse und das PKGr nehmen wesentliche Teile der Informations-, Kontroll- und Untersuchungsrechte des Bundes-tages wahr. Enquêtekommissionen bereiten die Gesetzgebungstätigkeit vor. **262**

Die Rolle der Ausschüsse prägt die Parlamentsarbeit. Dasselbe gilt in abgeschwäch-tem Maße für das PKGr und die Enquêtekommissionen. Daher muss jedes Gremium ein verkleinertes Abbild des Plenums sein und in seiner Zusammensetzung die Zu- **263**

---

63 Ebenso *Brocker*, in: BK, Art. 40 Rn. 183.
64 Vgl. etwa BVerfGE 80, 188 (219); 102, 224 (236).
65 Vgl. z.B. BVerfGE 102, 224 (237).
66 Vgl. etwa BVerfGE 112, 118 (134).
67 Vgl. BVerfGE 84, 304 (322 f.); 112, 118 (133).
68 *Dreier*, JZ 1990, 310 (813).

sammensetzung des Plenums in seiner politischen Gewichtung (Stärke der Fraktionen) widerspiegeln[69] (**Grundsatz der Spiegelbildlichkeit** oder Proportionalitätsgrundsatz, § 57 Abs. 1 S. 1 i.V.m. § 12 S. 1 GO-BT). Spiegelbildlichkeit ist grundsätzlich immer dann zu gewährleisten, wenn das Plenum einen Teil seiner Aufgaben z.B. an Ausschüsse, den Ältestenrat oder Enquêtekommissionen delegiert[70] oder wenn ein Gremium wie das PKGr Plenaraufgaben qua Verfassung (Art. 45d GG) wahrnimmt. Die Entscheidung, wie dem Spiegelbildlichkeitsgrundsatz konkret Rechnung zu tragen ist, vor allem durch welches Berechnungsverfahren, fällt grundsätzlich in die Entscheidungsbefugnis des Bundestages.[71] Wie die Ausschussgrößen, die Mitgliederzahlen und das Berechnungsverfahren in einer vorhergehenden Wahlperiode gehandhabt wurden, ist für die Rechtmäßigkeit einer Entscheidung nach § 57 Abs. 1 S. 1 GO-BT ohne Belang. Wegen des Diskontinuitätsgrundsatzes binden Geschäftsordnungsentscheidungen nachfolgende Bundestage nicht.[72] Seit mehreren Wahlperioden wird grundsätzlich das Verfahren der mathematischen Proportionen nach *St. Laguë/Schepers* angewandt; führt dieses Verfahren nicht zu einer Wiedergabe der parlamentarischen Mehrheiten oder zu mehrdeutigen Ergebnissen, errechnet sich die Verteilung nach dem Höchststimmenverfahren nach *d'Hondt*.[73] Die Berechnungsverfahren sind verfassungskonform.

264 In der **Praxis** entstehen bei der Besetzung der Gremien keine Probleme. Der Spiegelbildlichkeitsgrundsatz wird dadurch gewahrt, dass die Größe der Ausschüsse und sonstigen Gremien schon im Einsetzungsbeschluss entsprechend gewählt ist.[74] Somit werden alle Fraktionen in jedem Ausschuss und sonstigen Gremium mit mindestens einem Sitz berücksichtigt (sog. **Grundmandat im Ausschuss**). Wenn diese Regelung zu einer leichten proportionalen Bevorzugung der kleineren Fraktionen führt, ist dies nicht zu beanstanden, denn das Grundmandat dient der Verwirklichung des Repräsentationsgedankens in den Ausschüssen. Die Abbildung der politischen Meinungen im Volk hat Vorrang vor einer mathematisch exakten Proportionalität. Ohnehin lässt sich eine vollständige Gleichheit der Fraktionen mit keinem Proportionalverfahren erreichen, da nur ganze Sitze verteilt werden können.[75] Darin liegt eine „immanente inhaltliche Grenze" des Spiegelbildlichkeitsgrundsatzes.[76] Neben einer Grundmandatsist auch eine **Vorausmandatsregelung** zulässig, welche die **Regierungsmehrheit auch im Ausschuss abbildet**.[77] Sie bringt das Mehrheitsprinzip (Art. 42 Abs. 2 S. 1 GG) in den die Plenarentscheidung vorbereitenden Gremien zum Ausdruck. Zu diesem Zweck kann die Mitgliederzahl eines Gremiums entsprechend vergrößert werden.[78] Dies alles gilt auch für die Einsetzung des PKGr (§ 2 Abs. 2 PKGrG). Somit sind zwei „Korrekturfaktoren" denkbar, welche die Spiegelbildlichkeit teilweise auf-

---

69 Vgl. nur BVerfGE 80, 188 (222); 84, 304 (323); 112, 118 (133); 130, 318 (354).
70 Vgl. *Steinbach*, DÖV 2016, 286 (287).
71 Vgl. BVerfGE 96, 264 (283); 130, 318 (354); s. auch BT-Drs. 18/212.
72 RhPfVerfGH, NVwZ-RR 2018, 546 (553); *Kuhn*, NVwZ 2018, 1116 (1118).
73 Vgl. z.B. BT-Drs. 18/212. Für die Zulässigkeit der genannten Verfahren und des (vom Bundestag nicht genutzten) Verfahrens nach Hare/Niemeyer BVerfGE 96, 264 (283); 130, 318 (354 f.).
74 Näher *Winkelmann*, in: MSW, § 23 Rn. 30.
75 Vgl. BVerfGE 96, 264 (283); 112, 118 (136).
76 So RhPfVerfGH, NVwZ-RR 2018, 546 (549).
77 Vgl. BVerfGE 96, 264 (283); 112, 118 (137, 140 f.); 130, 318 (355).
78 Vgl. BVerfGE 112, 118 (137).

heben: das Grundmandat zugunsten der kleineren Fraktionen und das Vorausmandat zugunsten der Regierungsmehrheit.[79]

Wenn **ausnahmsweise ein Gesetz** (wie Art. 95 Abs. 2 GG, § 3 Abs. 2 S. 1 WPrüfG) **eine bestimmte Größe** eines Gremiums **vorschreibt**, kann es dazu kommen, dass als Ergebnis der Sitzberechnung nicht auf alle Fraktionen ein Sitz entfällt. Fraglich ist, ob das zulässig ist oder ob alle Fraktionen Anspruch darauf haben, in jedem Ausschuss zumindest einen Sitz (ein Grundmandat) zu erhalten. Erneut ist darauf hinzuweisen, dass sich eine vollständige Gleichheit der Fraktionen ohnehin mit keinem Proportionalverfahren erreichen lässt, da nur ganze Sitze verteilt werden können. Das BVerfG meint, dem Parlament sei es „jedenfalls in sachlich begründeten Fällen verfassungsrechtlich unbenommen, für Ausschüsse oder ähnliche Gremien eine Mitgliederzahl vorzusehen, die bei Anwendung der üblichen Regeln für die Sitzverteilung eine Berücksichtigung aller parlamentarischen Gruppierungen nicht ermöglicht."[80] In einer weiteren Entscheidung hat das Gericht ausgeführt, Gruppen seien bei der Zuweisung der Ausschusssitze „jedenfalls" zu berücksichtigen, „wenn auf sie bei der gegebenen Größe der Ausschüsse und auf Grundlage des vom Bundestag jeweils angewendeten Proportionalverfahrens ein oder mehrere Sitze entfielen."[81] Folglich sind Abweichungen vom Spiegelbildlichkeitsgrundsatz, die auf das Berechnungsverfahren und die Ausschussgröße zurückzuführen sind, nach Ansicht des BVerfG zulässig.[82] Zwar hat das Gericht in einer jüngeren Entscheidung ausgeführt, dass in Ausnahmefällen eine zu geringe Größe eines Gremiums zu einer Verletzung des Art. 38 Abs. 1 S. 2 GG führen könne.[83] In welchen Fällen dies der Fall sein könnte, ließ es aber offen.[84] Eine in der Literatur vertretene Ansicht meint hingegen, die Beteiligung einer jeden Bundestagsfraktion in jedem Ausschuss des Bundestags mit mindestens einem Mitglied sei verfassungsrechtlich gefordert.[85] Der Repräsentationsgrundsatz gehe dem Spiegelbildlichkeitsgrundsatz vor. Diese Ansicht ist angesichts der Bedeutung der Ausschusstätigkeit für die Parlamentsarbeit zutreffend, aber nur, wenn zugleich mit der Erhöhung der Mitgliederzahl sichergestellt ist, dass die Mehrheitsverhältnisse gewahrt bleiben.[86]

Anders ist es aber bei der Besetzung der Bundestagsbank im Vermittlungsausschuss gemäß Art. 77 Abs. 2 GG. Hier darf vom Grundsatz der Spiegelbildlichkeit nicht abgewichen werden.[87]

Die entsprechenden gesetzlichen Vorgaben zur Größe eines Gremiums (wie § 3 Abs. 2 S. 1 WPrüfG) sind verfassungskonform wie folgt auszulegen: Das Gremium ist so zu vergrößern, dass ihm von jeder Fraktion mindestens ein Mitglied angehören kann. Eine Ausnahme gilt nur für den Richterwahlausschuss. Er verdankt seine Zusammensetzung Art. 95 Abs. 2 GG. Der eindeutige Verfassungswortlaut kann nicht über eine Auslegung umgangen werden. Es ist folglich unzulässig, die Mitgliederzahl des Richterwahlausschusses, und sei es auch nur durch beratende Mitglieder ohne Stimmrecht,[88] zu erhöhen.

265

---

79 RhPfVerfGH, NVwZ-RR 2018, 546 (550).
80 BVerfGE 70, 324 (364).
81 BVerfGE 84, 304 (323 f.).
82 So ausdrücklich BVerfGE 112, 118 (151) – Sondervotum *Osterloh, Gerhardt.*
83 Vgl. BVerfGE 130, 318 (354).
84 Im Falle des Sondergremiums nach dem StabMechG („Neunergremium") sah es jedenfalls keinen Verstoß, vgl. BVerfGE 130, 318 (364 ff.). Dort waren (und sind) alle Fraktionen vertreten.
85 So *Dreier*, JZ 1990, 310 (319); *Morlok*, in: Dreier, Art. 40 Rn. 30; *Steiger*, Organisatorische Probleme des parlamentarischen Regierungssystems, 1973, S. 125 f.; *Demmler*, Der Abgeordnete im Parlament der Fraktionen, 1994, S. 414 ff.; *Edinger*, Wahl und Besetzung parlamentarischer Gremien, 1992, S. 298 ff.; *Stevens*, Die Rechtsstellung der Bundestagsfraktionen, 2000, S. 117 ff.; *Geis*, in: HStR III, § 54 Rn. 43; *Kuhn*, NVwZ 2018, 1116 (1118).
86 Ebenso *Edinger*, Wahl und Besetzung parlamentarischer Gremien, 1992, S. 301.
87 Vgl. BVerfGE 112, 118 (141 ff.); a.A. BVerfGE 112, 118 (155 ff.) – Sondervotum *Lübbe-Wolff.*
88 Vgl. *Edinger*, Wahl und Besetzung parlamentarischer Gremien, 1992, S. 301 f.

266 Sofern Gremienmitglieder nicht nach § 57 Abs. 2 GO-BT von den Fraktionen bzw. als Fraktionslose vom Bundestagspräsidenten benannt werden, sondern **vom Plenum zu wählen** sind (§ 5 RiWG, § 3 Abs. 2 S. 3 WPrüfG, § 2 Abs. 2 PKGrG), dürfen die Abgeordneten nicht gezwungen sein, einen Bewerber einer Fraktion zu wählen, nur damit die Spiegelbildlichkeit gewahrt ist. Die Freiheit der Wahlentscheidung (Art. 38 Abs. 1 S. 2 GG) verdrängt insoweit den Spiegelbildlichkeitsgrundsatz.[89] Der Spiegelbildlichkeitsgrundsatz „reserviert" einer Fraktion nur einen Platz in einem Gremium. Wer ihn einnimmt, entscheidet allein die Mehrheit des Bundestages. Wird ein Kandidat nicht gewählt, bleibt ein Platz in dem Gremium frei. Alle Fraktionen sind daher – wie immer – gut beraten, konsensfähige Kandidaten vorzuschlagen.

Die Ausschussmitglieder und deren Stellvertreter werden gemäß § 57 Abs. 2 S. 2 GO-BT von den Fraktionen nach ihrem Stärkeverhältnis (§ 57 Abs. 1 S. 1 i.V.m. § 12 S. 1 GO-BT) **benannt**. Diese Verfahrensweise ist ausreichend demokratisch legitimiert und damit verfassungsgemäß.[90] Das Benennungsrecht steht in einer langen parlamentarischen Tradition und ist, bei gewissen Verschiedenheiten, eine gemeineuropäische Entwicklung des Parlamentsrechts.[91]

267 (4) **Fraktionsexklusive Rechte.** Die GO-BT räumt den Fraktionen (und fünf Prozent aller Abgeordneten) **über die Rechte, die den einzelnen Abgeordneten zustehen, hinaus weitere Rechte** ein. Die Fraktionen dürfen u.a.[92]

- mindestens einen Vizepräsidenten stellen (§ 2 Abs. 1 S. 2), vorausgesetzt, er erhält die nötige Mehrheit (Abs. 2),
- Schriftführer vorschlagen (§ 3),
- Kandidaten für die Kanzlerwahl vorschlagen (§ 4 S. 2 GO-BT i.V.m. Art. 63 Abs. 3, 4 GG) und ein konstruktives Misstrauensvotum anstrengen (§ 97 GO-BT i.V.m. Art. 67 Abs. 1 GG),
- neben den Mitgliedern der Ausschüsse auch die Mitglieder des Ältestenrates nach Maßgabe der Fraktionsstärke benennen (§ 6 Abs. 1 S. 1 i.V.m. § 12 S. 1),
- die Ausschussvorsitzenden und deren Stellvertreter benennen (nach dem Stärkeverhältnis der Fraktionen und üblicherweise aufgrund einer interfraktionellen Einigung nach § 6 Abs. 2 S. 2 GO-BT),
- die Tagesordnung und die Redner (und Redezeiten) im Ältestenrat interfraktionell bestimmen (§§ 6 Abs. 1, 20 Abs. 1),
- eine namentliche Abstimmung verlangen (§ 52),
- Gesetzentwürfe und andere Vorlagen einbringen (§§ 75, 76),
- Sachverständige für öffentliche Anhörungen benennen (§ 70),
- eine Aussprache im Plenum vor der zweiten Beratung verlangen (§ 79),

89 Vgl. *C. Schönberger/S. Schönberger*, JZ 2018, 105 (109).
90 Ebenso BVerfGE 80, 188 (223); *Klein*, in: MD, Art. 40 Rn. 132; *Winkelmann*, in: MSW, § 23 Rn. 31; *Demmler*, Der Abgeordnete im Parlament der Fraktionen, 1994, S. 352; wohl auch BVerfGE 77, 1 (41); a.A. *Abmeier*, Die parlamentarischen Befugnisse des Abgeordneten des Deutschen Bundestages, 1984, S. 84 ff. (Wahl der Ausschussmitglieder durch das Plenum).
91 Vgl. *Trute*, Jura 1990, 184 (189) m.w.N.
92 Eine sehr umfassende Aufzählung der Initiativ- und Verfahrensrechte, der Rechte der „Fraktion im Ausschuss" und der Kontrollrechte bieten *Stevens*, Die Rechtsstellung der Bundestagsfraktionen, 2000, S. 123 ff., und *Pfeil*, Der Abgeordnete und die Fraktion, 2008, S. 145 ff.

- Änderungsanträge in der dritten Beratung einbringen (§ 85 Abs. 1; in der zweiten Beratung darf dies noch jedes Mitglied allein, § 82 Abs. 1 S. 2),
- den Vermittlungsausschuss anrufen (§ 85 Abs. 1),
- „Große Anfragen" (§§ 100 ff.), die wichtige politische Fragen betreffen und als sog. selbstständige Vorlagen auf die Tagesordnung des Plenums gesetzt werden können, an die Bundesregierung stellen (§ 76 Abs. 1),
- „Kleine Anfragen" (§ 104), die nicht auf die Tagesordnung des Plenums gesetzt werden dürfen (§ 75 Abs. 3), stellen (§ 76 Abs. 1),
- eine „Aktuelle Stunde" zu einem bestimmten Thema beantragen (§ 106 Abs. 1 i.V.m. Anlage 5 zur GO-BT).

Vereinbarungen im Ältestenrat, z.B. zu Terminen und Tagesordnungen (§ 20) oder zur Rededauer (Debattenzeit, § 35 GO-BT), werden zwischen den Fraktionen ausgehandelt.

cc) Öffentlichkeitsarbeit. Fraktionen haben grundsätzlich das Recht, Öffentlichkeitsarbeit zu betreiben,[93] also ihre politischen Positionen öffentlich darzustellen und dafür zu werben, z.B. durch Pressemitteilungen, auf Veranstaltungen, in Broschüren und im Internet. Dies zeigt sich einfachgesetzlich in § 47 Abs. 3 und § 52 Abs. 2 lit. f AbgG. Die aus Fraktionsmitteln finanzierte Öffentlichkeitsarbeit ist aber von derjenigen der Parteien strikt zu trennen, da andernfalls eine verbotene Parteienfinanzierung (über Umwege) vorläge (§ 50 Abs. 4 S. 2 AbgG).[94] Eine Maßnahme der Öffentlichkeitsarbeit ist zulässig, wenn sie einen hinreichenden Bezug zur politischen Arbeit der Fraktion im Bundestag erkennen lässt, wobei aufgrund der Fraktionsautonomie ein weiter Einschätzungsspielraum besteht.[95] Im Einzelfall kann eine **Abgrenzung zwischen Partei- und Fraktionsaufgaben** schwierig sein. Eine trennscharfe Abgrenzung der Aufgabenbereich von Fraktionen und Parteien ist letztlich nicht möglich.[96] Insofern ist ein großzügiger Bewertungsmaßstab anzulegen.   **268**

Art. 85b Abs. 2 S. 1 der Verfassung des Landes Rheinland-Pfalz spricht den Fraktionen und den Mitgliedern des Landtags, welche die Landesregierung nicht stützen, ausdrücklich das Recht auf ihrer Stellung entsprechende Wirkungsmöglichkeiten in Parlament und Öffentlichkeit zu. Das schließt die Öffentlichkeitsarbeit mit ein.[97] Eine trennscharfe Abgrenzung der Aufgabenbereich von Fraktionen und Parteien ist auch nach Ansicht des RhPfVerfGH nicht möglich.[98]

b) Pflichten

Wie auch die Abgeordneten, aus denen sie sich zusammensetzen und aus deren Status ihr Status hergeleitet wird, haben die Fraktionen die verfassungsrechtliche **Pflicht**, an den Arbeiten des Bundestages mitzuwirken.[99] Diese Pflicht wird in § 47 Abs. 1 AbgG   **269**

---

93 Vgl. etwa BVerfGE 140, 1 (27) unter Verweis auf § 47 Abs. 3 AbgG.
94 Vgl. *Lontzek*, in: AS, § 47 Rn. 15; *Waldhoff*, in: AS, § 50 Rn. 24.
95 Vgl. *Waldhoff*, in: AS, § 50 Rn. 26.
96 Vgl. *Heintzen*, DVBl. 2003, 706 (707).
97 Vgl. RhPfVerfGH, NVwZ 2003, 75 (77).
98 Vgl. RhPfVerfGH, NVwZ 2003, 75 (78).
99 Vgl. *Klein*, in: MD, Art. 38 Rn. 260; *Stevens*, Die Rechtsstellung der Bundestagsfraktionen, 2000, S. 181; a.A. *Achterberg*, S. 295 ff.

wiederholt. Wenn eine Fraktion diese Pflicht verletzt, löst dies aber keine rechtlichen Sanktionen aus:[100] Zum einen hat die Fraktion Teil an der Freiheit ihrer Mitglieder, wie das Mandat ausgeübt wird. Zum anderen ist der Inhalt der Mitwirkungspflicht nur schwer genau abzustecken. Keine Fraktion kann gezwungen werden, sich bei jedem Beratungsgegenstand in gleicher Weise zu engagieren. Eigene Schwerpunkte zu setzen, ist gerade Ausdruck der politischen (Mandats-)Freiheit. Sich bestimmten Vorhaben oder Arbeiten zu verweigern, kann durchaus politisch gerechtfertigt sein. Maßgeblich ist letztlich, wie die Wähler das Verhalten einer Fraktion und ihrer Mitglieder bewerten. Sie allein können das Verhalten sanktionieren. Sie können es durch ihr Wahlverhalten „belohnen" oder „bestrafen". Neben der verfassungsrechtlichen und von § 47 Abs. 1 AbgG wiederholten Mitwirkungspflicht finden sich weitere Fraktionspflichten in den Vorschriften der § 48 und §§ 51 f. AbgG sowie im oben bereits erwähnten § 10 Abs. 2 GO-BT.

5.   Organe und Verfahren (Binnenstruktur)

270   Fraktionen sind **ähnlich wie Vereine organisiert**. Sie haben Mitglieder, einen Vorstand, eine Vollversammlung, ggf. weitere Organe und eine Geschäftsordnung als internes Regelwerk.

a)   Fraktionsgeschäftsordnung

271   Die Fraktionen müssen sich eine Fraktionsgeschäftsordnung, auch Fraktionssatzung oder (bei der CDU/CSU) Arbeitsordnung genannt, geben (§ 48 Abs. 2 AbgG). Die Fraktionsgeschäftsordnungen entsprechen in vielem einer Vereinssatzung. Sie regeln die Mitgliedschaft (Eintritt, Austritt, Ausschluss,[101] Rechte und Pflichten) und legen die Bestellung sowie die Aufgaben der Organe fest. Auch können sie Instrumente für die Aufrechterhaltung der Ordnung in den Sitzungen der Fraktionsgremien vorsehen (Ordnungs- oder Disziplinarmittel, z.B. Rüge, Sach- und Ordnungsruf, Wortentziehung, Sitzungsausschluss,[102] Geldbußen).

Geldbußen verhängen die Fraktionen in der Praxis zwar nicht, sie wären aber im Falle schwerer Ordnungsverstöße in Sitzungen zulässig.[103]

272   Die jeweilige Fraktionsgeschäftsordnung ist für die Fraktionsmitglieder **verbindliches Binnenrecht**.[104] Außenwirkung besitzt sie nicht. Als Teil des Parlamentsrechts gehört sie zum öffentlichen Recht.[105] Sie unterliegt wie die Fraktion selbst der Dis-

---

100   Vgl. *Klein*, in: MD, Art. 38 Rn. 260; *Butzer*, in: BeckOK-GG, Art. 38 Rn. 145.
101   Dazu *Leunig*, ZParl. 50 (2019), 276 (283 ff).
102   Vgl. zu allem *Hauenschild*, Wesen und Rechtsnatur der parlamentarischen Fraktionen, 1968, S. 72; *Stevens*, Die Rechtsstellung der Bundestagsfraktionen, 2000, S. 187; *Pfeil*, Der Abgeordnete und die Fraktion, 2008, S. 186.
103   Vgl. *Stevens*, Die Rechtsstellung der Bundestagsfraktionen, 2000, S. 187, nach *Schmidt*, DÖV 2003, 846 (851) und *Pfeil*, Der Abgeordnete und die Fraktion, 2008, S. 206, aber nur, wenn eine ausdrückliche Rechtsgrundlage besteht.
104   Vgl. etwa *Hölscheidt*, Das Recht der Parlamentsfraktionen, 2001, S. 265; *Klein*, in: MD, Art. 38 Rn. 264; *Brocker*, in: BK, Art. 40 Rn. 187.
105   Vgl. *Kürschner*, Die Statusrechte des fraktionslosen Abgeordneten, 1984, S. 74; *Stevens*, Die Rechtsstellung der Bundestagsfraktionen, 2000, S. 141 f.; *Krings*, in: MSW, § 17 Rn. 18; *Lontzek*, in: AS, § 48 Rn. 17; a.A. *Achterberg*, S. 278.

kontinuität.[106] Weiteres Regelungsinstrument neben der Fraktionsgeschäftsordnung sind die Fraktionsbeschlüsse.[107] Ungeschriebenes Fraktionsgeschäftsordnungsrecht sowie fraktionsinterne Übungen bestehen ebenfalls.[108]

b) Mitgliedschaftsverhältnis – fraktionsinterne Bedeutung des freien Mandats

Die Mitgliedschaft wird durch die Beteiligung an der Gründungsversammlung zu Beginn einer Wahlperiode oder durch einen späteren Beitritt während der Wahlperiode, z.B. als Nachrücker oder Fraktionswechsler, **begründet**. Ein Anspruch auf Aufnahme eines Abgeordneten als Mitglied besteht nach zutr. h.M. nicht. Die Fraktion ist ein **freiwilliger Zusammenschluss** von Abgeordneten und entscheidet daher nach freiem Ermessen über die Aufnahme neuer Mitglieder.[109] Die Ablehnung bedarf keines sachlichen Grundes.[110] Die Mitgliedschaft **endet** mit dem Ausscheiden des Mitglieds aus dem Bundestag, dem Austritt, dem Ausschluss oder dem Tod des Mitglieds. **273**

Die Mitglieder stehen zu ihrer Fraktion in einem **öffentlich-rechtlichen** (Dauer-)-**Verhältnis**,[111] da die Aufgaben der Fraktion ausschließlich das Gebiet des öffentlichen Rechts betreffen.[112] Das **Verhältnis der einzelnen Abgeordneten zu ihrer Fraktion** hat zwei Seiten:[113] Zum einen verstärkt die Fraktion die politische Wirksamkeit ihrer Mitglieder, zum anderen schränkt sie ihre Mitglieder aber auch ein, da sie diese in einen größeren Wirkungsverband einbindet, der durch eine (je nach Fraktion unterschiedliche) Hierarchisierung und Arbeitsteilung geprägt ist. Die Fraktionen sind „der Dreh- und Angelpunkt des parlamentarischen Lebens in der Bundesrepublik"[114]. Sie sind der Motor der Parlamentsarbeit (s. Rn. 246). **274**

Sie **verstärken die politische Effektivität** ihrer Mitglieder zum ersten **aus rechtlichen Gründen**. Ein fraktionsangehöriger Abgeordneter profitiert neben den Befugnissen, die jedem Abgeordneten nach der Verfassung und der GO-BT zustehen, zugleich von den Rechten, welche die GO-BT exklusiv den Fraktionen einräumt. Ein fraktionsloser Abgeordneter kann sich dagegen nur auf die jedem einzelnen Mitglied des Bundestages zustehenden Rechte berufen: unter anderem das Teilnahme-, das Stimm-, das Rede- sowie das Frage- und Informationsrecht. In einem Ausschuss sind fraktionslose Abgeordnete nur beratendes Mitglied (§ 57 Abs. 2 S. 2 GO-BT). **275**

Dass die Arbeit eines Abgeordneten durch die Einbindung in eine Fraktion politisch effektiver wird, hat zum zweiten **tatsächliche Gründe**. Ist ein Abgeordneter fraktionslos, ist seine Arbeit zeitlich auf die verbleibende Wahlperiode begrenzt, da seine **276**

---

106 Vgl. z.B. *Klein*, in: MD, Art. 38 Rn. 264; *Brocker*, in: BK, Art. 40 Rn. 190; *Kürschner*, Die Statusrechte des fraktionslosen Abgeordneten, 1984, S. 70, 72.
107 Vgl. etwa *Lontzek*, in: Austermann/Schmahl, § 45 Rn. 20.
108 Vgl. *Kürschner*, Die Statusrechte des fraktionslosen Abgeordneten, 1984, S. 77.
109 Vgl. z.B. *Jekewitz*, in: SZ, § 37 Rn. 40; *Stern*, StaatsR I, S. 1030; *Hölscheidt*, Das Recht der Parlamentsfraktionen, 2001, S. 379.
110 A.A. *Stevens*, Die Rechtsstellung der Bundestagsfraktionen, 2000, S. 164 f.
111 Vgl. etwa *Hölscheidt*, S. 374; *Klein*, in: MD, Art. 38 Rn. 251; *Pfeil*, Der Abgeordnete und die Fraktion, 2008, S. 157.
112 Vgl. *Lontzek*, in: AS, § 45 Rn. 19.
113 Zum Ganzen schon *Austermann*, Die Anrechnungsbestimmungen im Abgeordnetenrecht des Bundes und der Länder, 2011, S. 53 ff.
114 *Hölscheidt*, ZParl. 25 (1994), 353 (355).

politische Karriere mangels Unterstützung durch eine Partei mit der nächsten Wahl in aller Regel beendet ist. Seine Arbeit ist dadurch wenig nachhaltig. Noch gewichtiger ist die Bedeutung der Organisation, die eine Fraktion darstellt, für die politische Effektivität der einzelnen Fraktionsmitglieder. Immerhin muss die Parlamentsarbeit zum einen wegen des Arbeitsanfalls, zum anderen aber auch wegen der immer stärkeren Ausdifferenzierung der politischen Arbeitsfelder arbeitsteilig[115] erledigt werden. Politische „Allrounder" sind praktisch unmöglich. Kein Mitglied eines modernen Parlaments kann alle Themen, mit denen sich das Parlament befasst, übersehen oder gar inhaltlich seriös mitgestalten. Als Beispiel: Allein in seiner 18. Wahlperiode publizierte der Deutsche Bundestag mehr als 12.000 Bundestagsdrucksachen (darunter Gesetze mitsamt dem umfangreichen Bundeshaushaltsplan, Anträge, Kleine und Große Anfragen, Beschlussempfehlungen und Berichte der Ausschüsse). Hinzu treten Zehntausende Seiten an Ausschussdrucksachen. Die inhaltliche Arbeitsteilung bedeutet, dass der einzelne Abgeordnete sich als Fachpolitiker einem Thema zuwendet, etwa der Haushalts- oder der Rechtspolitik, und sich diesem Thema in dem entsprechenden Ausschuss und der dazugehörenden Fraktionsarbeitsgruppe widmet. Nur wenige Abgeordnete übersehen auch nur den Bereich ihres Fachausschusses vollständig, was vor allem für die personell starken Ausschüsse mit weitreichenden Zuständigkeiten, wie z. B. dem Haushaltsausschuss, gelten dürfte. Die meisten spezialisieren sich auf ein noch kleineres Fachgebiet, z. B. den Verteidigungshaushalt. Bei den von ihm nicht betreuten Fragen verlässt sich der Einzelne auf die parallele Arbeit seiner Fraktionskollegen in anderen Ausschüssen und Arbeitsgruppen und trägt diese bei den abschließenden Plenardebatten und Abstimmungen mit.[116] Auch durch die Arbeit der fachnäheren Kollegen kann er, neben eigener Sachkenntnis, die für die politischen Entscheidungen notwendige Überzeugung erlangen und verantwortlich entscheiden.[117] Nicht zu unterschätzen ist überdies der Vorteil der Fraktionsfinanzierung. Sie ermöglicht den Fraktionen die **Beschäftigung eigener Angestellter**, die die Fraktionsarbeit organisatorisch und inhaltlich unterstützen. Auch die Öffentlichkeitsarbeit der Fraktion wird durch die finanziellen Mittel ermöglicht. Sie kommt der Fraktion und jedem ihrer Mitglieder zugute. Die **politische Einbindung des einzelnen Abgeordneten** in (die Partei und) die Fraktion ist **verfassungsrechtlich gewollt**.[118] Die Fraktionen sind – mehr noch als die Parteien – „politische Schicksalsgemeinschaften". Ihr Personalbestand hängt von ihrem politischen Erfolg ab. Bestünde das Parlament aus lauter „eigenbrötlerischen Einzelkämpfern", würden diese ihre Energien in dem gegenseitigen Wettstreit verzehren, ohne die für das Zusammenleben im Staat erforderlichen Maßnahmen zu treffen,[119] und so politisch weitgehend wirkungslos bleiben. Die innerparlamentarische Organisation ist deswegen notwendig. In die Arbeit der Fraktion können sich die einzelnen Mitglieder durch ihre satzungsmäßigen Mitgliedsrechte einbringen.[120]

---

115 Vgl. nur *Arndt*, in: SZ, § 21 Rn. 6.
116 Vgl. *Scholz*, Deutschland – in guter Verfassung?, 2004, S. 99.
117 Vgl. BVerfGE 44, 308 (318): „indirekte Mitarbeit".
118 Vgl. nur *Butzer*, in: BeckOK-GG, Art. 38 Rn. 90. *Meyer*, VVDStRL 33 (1975), 69 (96, 113) spricht von einem „osmotischen Verhältnis" zwischen Abgeordneten, ihrer Partei und ihrer Fraktion.
119 Vgl. *Klein*, in: MD, Art. 38 Rn. 200.
120 Näher dazu *Stevens*, Die Rechtsstellung der Bundestagsfraktionen, 2000, S. 196 ff.

Die Fraktionsbindung **beschränkt die Handlungsmöglichkeiten** des einzelnen Ab- **277**
geordneten aber auch. Dies ergibt sich schon aus der soeben angesprochenen struktu-
rierenden Funktion der Fraktionen im Parlamentsbetrieb. Nicht ohne Grund widmet
die GO-BT den Fraktionsrechten deutlich mehr Raum als den Rechten des einzelnen
Abgeordneten. Denn die starke Rechtsstellung der Fraktionen dient der Funktionsfähigkeit des Parlaments. Außerdem achten die Fraktionen als faktischer „verlängerter
Arm" einer Partei im Parlament darauf, dass die von den Wahlbürgern gewählte politische Richtung möglichst effektiv im Parlament zur Geltung kommt. Ein einheitliches, geschlossenes politisches Auftreten im Parlament und nach außen, um möglichst großen Erfolg im Sinne ihrer politischen Ausrichtung und ihrer Wähler zu erreichen, ist daher eines ihrer Hauptziele. Dies gilt für Regierungs- ebenso wie für Oppositionsfraktionen. Erstere wollen die Regierung stützen; Letztere trachten danach, sie
politisch in Bedrängnis zu bringen und einen späteren Regierungswechsel zu erreichen. Der Sinn des Zusammenschlusses in einer Fraktion würde verfehlt, wenn ein
einzelner Abgeordneter oder gar eine Gruppe von Abgeordneten, die einer Fraktion
angehören, in ihrem politischen Handeln ständig aus den Fraktionsreihen ausscheren
würden. Zwar ist die innerfraktionelle Diskussion wichtig und kann fruchtbare Ergebnisse zeitigen. Ein einzelner Abgeordneter kann bislang unbeackerte Themenfelder
besetzen. Er kann so die Fraktionslinie „vordenken" und dadurch entscheidend prägen. Selbst wenn bereits eine Fraktionslinie existiert, kann diese durch die innerfraktionelle Diskussion modifiziert werden. Dies kann z.B. dann der Fall sein, wenn eine
Position anlässlich bestimmten Widerstandes in der Bevölkerung oder gewandelter
tatsächlicher Verhältnisse als unhaltbar erscheint. Der Rückhalt der Fraktion und damit jedes einzelnen Mitglieds muss von der Fraktionsführung immer wieder neu gewonnen und dann auch erhalten werden. Auf Dauer gelingt das nur bei überzeugender
politischer Führung und sichtbaren Wahlerfolgen. Druck der Fraktionsspitze bewirkt
auf längere Sicht meist deutlich weniger.[121] Letztendlich, also im Falle einer Uneinigkeit in einer bestimmten Frage, die auch nach der innerfraktionellen Auseinandersetzung fortbesteht, haben die Fraktionen aber das Recht, eine einheitliche Linie herzu-
stellen und für Geschlossenheit zu sorgen. Im Gegenzug muss trotz der Einbindung in
eine Fraktion für Diskussionen und abweichende Meinungen und im Sonderfall auch
für abweichendes Abstimmungsverhalten Platz sein. Die Fraktionen sind nach demokratischen Grundsätzen zu organisieren (§ 48 Abs. 1 AbgG). Die verfassungsrechtlich garantierte rechtliche Unabhängigkeit (Art. 38 Abs. 1 S. 2 GG) schützt den Abgeordneten davor, durch die Fraktion zur Gänze vereinnahmt zu werden. Wie sich die
Unabhängigkeit auswirkt, zeigt sich anhand der drei (durch die jeweilige Fraktionsgeschäftsordnung konkretisierten) grundsätzlichen **Pflichten gegenüber der Fraktion**:
der **Treuepflicht**, der **Pflicht zur Wahrung des Mehrheitsprinzips** sowie der
Pflicht zur Wahrung der Fraktionsgeschlossenheit[122] und der Fraktionsbeschlüsse.
Die Mitgliedspflichten und die Fraktionsbeschlüsse binden die fraktionsangehörigen
Abgeordneten lediglich politisch-faktisch.

Was im Rahmen des Art. 38 Abs. 1 S. 2 GG an **Fraktionsmaßnahmen zur Gewin-** **278**
nung und Beibehaltung einer einheitlichen Linie zulässig ist, ist vor allem in der

---

121 Zutr. *Zeh*, in: Andersen (Hrsg.), Der Deutsche Bundestag, 2015, S. 87.
122 Näher *Stevens*, Die Rechtsstellung der Bundestagsfraktionen, 2000, S. 184 f.

Bezeichnung und der Abgrenzung umstritten. Nach zutr. h.M. ist zwischen dem **verfassungswidrigen Fraktionszwang und der verfassungskonformen Fraktionsdisziplin** zu differenzieren.[123] Nur wenn „die notwendige Entscheidungsfreiheit und Selbstverantwortlichkeit des einzelnen Abgeordneten erhalten bleibt", ist eine Maßnahme verfassungsrechtlich zulässig.[124]

279 **Fraktionszwang** ist nach h.M. die von der Fraktion auferlegte Verpflichtung zu einer bestimmten Ausübung des Mandats, die mit einer von der Fraktion zu verwirklichenden Sanktionsdrohung verbunden wird.[125] Eine solche Verpflichtung kann etwa auf ein bestimmtes Verhalten bei einer Abstimmung abzielen.[126] Der Fraktionszwang ist **verfassungswidrig**, weil er die notwendige Entscheidungsfreiheit und Selbstverantwortlichkeit des einzelnen Abgeordneten (Art. 38 Abs. 1 S. 2 GG) minimiert oder gar ausschließt. Ein Beispiel für unzulässigen Fraktionszwang stellt die Androhung eines Fraktionsausschlusses[127] oder eines Parteiausschlusses bzw. Parteiordnungsverfahrens[128] dar. Zulässig ist hingegen die Drohung, eine erneute Aufstellung als Wahlkreis- und/oder Listenkandidat zu verhindern zu suchen,[129] da zum einen die Partei(-basis) und nicht die Fraktion die Kandidaten nominiert und zum anderen die Parteimitglieder das Verhalten eines Abgeordneten in der bisherigen Mandatszeit aufgrund ihrer der Wahlfreiheit durchaus zum Kriterium für eine erneute Nominierung machen können.

280 Die **Fraktionsdisziplin** (auch: Fraktionsloyalität oder Fraktionssolidarität) kennzeichnet nach h.M. das Ziel einer Fraktion, vor parlamentarischen Entscheidungen ein einheitliches Auftreten zu erreichen, ohne dabei mit Sanktionen zu drohen.[130] Dies geschieht durch eine vorbereitende interfraktionelle Willensbildung wie Fraktionsbeschlüsse oder „Probeabstimmungen" oder durch den Versuch, im direkten Gespräch mögliche Abweichler zu überzeugen („Seelenmassage"). Zulässig ist es auch, von den Fraktionsmitgliedern zu verlangen, ein abweichendes Abstimmungsverhalten der Fraktion vorab mitzuteilen und zu begründen.[131] Einen Verstoß gegen die Fraktionsdisziplin stellt es z.B. dar, wenn ein Abgeordneter im Plenum oder in einem Ausschuss regelmäßig anders abstimmt, als von der Fraktion beschlossen.

---

123 Vgl. statt vieler *Magiera*, in: Sachs, Art. 38 Rn. 50; *Morlok*, in: Dreier, Art. 38 Rn. 196; *Badura*, in: BK, Art. 38 Rn. 91; a.A. *Trachternach*, DVBl. 1975, 85 (86); *Sendler*, NJW 1985, 1425 (1427); *Wefelmeier*, Repräsentation und Abgeordnetenmandat, 1991, S. 163 f.; *Isensee*, in: FS Oberreuter, 2007, S. 265.
124 Vgl. BVerfGE 10, 4 (14).
125 Vgl. *Klein*, in: MD, Art. 38 Rn. 216; *Butzer*, in: BeckOK-GG, Art. 38 Rn. 102; *Lontzek*, in: AS, § 45 Rn. 23 f.; *Stern*, StaatsR I, S. 1075; *Morlok/Michael*, Rn. 722; zu weitgehend *Achterberg*, S. 218, und *Kürschner*, Die Statusrechte des fraktionslosen Abgeordneten, 1984, S. 63, die Zwang auch ohne Androhung oder Anwendung von Sanktionsmitteln für möglich halten.
126 Vgl. *Krings*, in: MSW, § 17 Rn. 24.
127 Vgl. *Klein*, in: MD, Art. 38 Rn. 216.
128 Vgl. *Butzer*, in: BeckOK-GG, Art. 38 Rn. 104.
129 Vgl. *Butzer*, in: BeckOK-GG, Art. 38 Rn. 105.1; *Hauenschild*, S. 204; *Kürschner*, Die Statusrechte des fraktionslosen Abgeordneten, 1984, S. 141.
130 Vgl. *Badura*, in: BK, Art. 38 Rn. 91; *Magiera*, in: Sachs, Art. 38 Rn. 50; *Butzer*, in: BeckOK-GG, Art. 38 Rn. 102; *Lontzek*, in: AS, § 45 Rn. 25; *Stern*, StaatsR I, S. 1075.
131 Vgl. *Butzer*, in: BeckOK-GG, Art. 38 Rn. 102; *Kürschner*, Die Statusrechte des fraktionslosen Bundestagsabgeordneten, 1984, S. 144.

Die Fraktion kann **Verstöße gegen die Fraktionsdisziplin sanktionieren**, um den   **281**
Zusammenhalt und die Arbeitsfähigkeit der Fraktion zu gewährleisten. Sanktionsmittel sind die mündliche Ermahnung, die von der Fraktionsversammlung beschlossene (förmliche) Rüge oder die Abwahl aus einem Fraktionsamt oder deren Androhung.[132]
Ein wichtiger Grund ist für die Abwahl aus einem Fraktionsamt nicht erforderlich,[133]
denn er ist auch für die Wahl in ein Fraktionsamt nicht Voraussetzung.

Fraktionsämter werden in der Regel nicht für die volle Wahlperiode, sondern für kürzere Zeiträume, z.B. ein oder zwei Jahre, vergeben, so dass die Amtsinhaber sich regelmäßig Wahlen stellen müssen.

Als Sanktionsmaßnahmen sind außerdem der Rückruf (das „Abziehen") aus einem Ausschuss und – als (bislang sehr seltene) Ultima Ratio – der Fraktionsausschluss nach zutr. h.M. zulässig.

Die Fraktionen benennen die Ausschussmitglieder (§§ 12, 57 Abs. 2 S. 1 GO-BT),   **282**
woraus sich ergibt, dass sie Mitglieder nach zutr. Auffassung durch Mehrheitsbeschluss auch gegen deren Willen[134] aus einem Ausschuss abberufen können (**Ausschussrückruf**). Die Ausschussmitgliedschaft trägt nämlich „Delegationscharakter".[135] Der Rückruf ist *actus contrarius* der Benennung.[136] Ein wichtiger oder sachlicher Grund (wie eine schwere Verfehlung, eine persönliche Befangenheit oder dauernde Krankheit), der über die Disziplinierung eines Fraktionsmitgliedes hinausgeht, muss nicht vorliegen.[137] Die formalen Voraussetzungen eines Fraktionsausschlusses (s. sogleich) sind nicht zu erfüllen.[138] Ein Ausschussrückruf setzt auch nicht den vorherigen Fraktionsausschluss voraus.[139] Im Falle eines Fraktionsausschlusses oder -austritts ist eine Abberufung aus einem Ausschuss aber unstrittig auch gegen den Willen des betroffenen Abgeordneten zulässig.[140] Ein Ausschussrückruf durch bloße Mitteilung ist unzulässig bei Mitgliedern, die vom Bundestag in das Gremium gewählt wurden (vgl. § 3 Abs. 2 WPrüfG; § 6 Abs. 2 S. 1 BVerfGG; § 5 Abs. 1 RiWG). Damit gewählte Mitglieder den Ausschusssitz verlieren, muss das Plenum sie mit Mehrheit abwählen.

---

132 Vgl. *Lontzek*, in: AS, § 45 Rn. 26; *Kürschner*, Die Statusrechte des fraktionslosen Bundestagsabgeordneten, 1984, S. 139 f.; *Stevens*, Die Rechtsstellung der Bundestagsfraktionen, 2000, S. 187.

133 Wie hier wohl *Troßmann*, JöR 28 (1979), 1 (96); a.A. *Pfeil*, Der Abgeordnete und die Fraktion, 2008, S. 207; ähnlich *Butzer*, in: BeckOK-GG, Art. 38 Rn. 103 (nur bei belegbaren, erheblichen Verstößen gegen die Fraktionsdisziplin).

134 Ebenso *Morlok*, in: Dreier, Art. 38 Rn. 194; *Trute*, in: vMK, Art. 38 Rn. 91; *Ritzel/Bücker/Schreiner*, § 57 Anm. II.1.a; *Krings*, in: MSW, § 17 Rn. 25; *Troßmann*, JöR 28 (1979), 1, 897; a.A. *Klein*, in: MD, Art. 38 Rn. 217; *Butzer*, in: BeckOK-GG, Art. 38 Rn. 103.2; *Hölscheidt*, Das Recht der Parlamentsfraktionen, 2001, S. 463 ff.; *Demmler*, Der Abgeordnete im Parlament der Fraktionen, 1994, S. 371; *Birk*, NJW 1988, 2521 (2523); diff. *Grigoleit/Kersten*, DÖV 2001, 363 (365): Abberufung zulässig, wenn die Benennung für einen anderen Ausschuss angeboten wird.

135 Vgl. *Morlok*, in: Dreier, Art. 38 Rn. 194 m.w.N.

136 Ähnlich *Degenhart*, Rn. 682.

137 So aber *Schreiber*, in: BerlK, Art. 38 Rn. 202; *Geis*, in: HStR III, § 54 Rn. 61; *Kürschner*, Das Binnenrecht der Bundestagsfraktionen, 1995, S. 139 m.w.N.; *Stevens*, Die Rechtsstellung der Bundestagsfraktionen, 2000, S. 122; *Pfeil*, Der Abgeordnete und die Fraktion, 2008, S. 217 f.

138 So aber *Müller*, in: vMKS, Art. 38 Rn. 61; *Lenz/Schulz*, NVwZ 2018, 627 (629); BWVerfGH, NVwZ-RR 2018, 129 (131 f.).

139 A.A. *Badura*, in: SZ, § 15 Rn. 56; *Butzer*, in: BeckOK-GG, Art. 38 Rn. 103.2.

140 Vgl. nur *Klein*, in: MD, Art. 38 Rn. 217; *Müller*, in: vMKS, Art. 38 Rn. 60; *Demmler*, S. 373 f.

283 Der **Fraktionsausschluss** ist zulässig,[141] da er *actus contrarius* zur Aufnahme eines Mitglieds ist, die Fraktion sich selbst organisieren und selbst über ihren Mitgliederbestand bestimmen darf. Der Fraktionsausschluss ist aber bestimmten Regeln unterworfen. Zum Teil finden sie sich in den Fraktionsgeschäftsordnungen.[142] Der Ausschluss darf insb. nicht willkürlich erfolgen. Denn das Fraktionsmitglied hat durch seinen Beitritt durch Fraktion eine schützenswerte Rechtsposition erworben.[143] Diese liegt in den gegenüber einem fraktionslosen Abgeordneten deutlich gesteigerten parlamentarischen Wirkungsmöglichkeiten: durch die Rechte, die nur von Fraktionen (oder mindestens fünf Prozent der Abgeordneten) wahrgenommen werden dürfen, durch die innerfraktionelle Arbeitsteilung und durch die organisatorische Hilfe der Fraktion.[144] Auch verlieren fraktionslose Abgeordnete das Stimmrecht im Ausschuss. Der Fraktionsausschluss nimmt dem betroffenen Abgeordneten somit einen Großteil seiner Wirkungsmöglichkeiten. Er stellt „einen schwerwiegenden Eingriff in den verfassungsrechtlichen Status des betroffenen Abgeordneten" dar.[145] Zwar sind alle Abgeordneten dem Status nach gleich und ist eine Fraktionsmitgliedschaft nicht zwingend. Wurde sie aber einmal erworben, ist sie grundsätzlich schutzwürdig.[146] Mit anderen Worten: Das Assoziationsrecht wandelt sich zu einem Recht um, dem Zusammenschluss auch weiterhin angehören zu dürfen.[147] Auf der anderen Seite besteht ein schutzwürdiges Interesse der Fraktion und der in ihr zusammengeschlossenen Abgeordneten, dass sich alle Fraktionsmitglieder grundsätzlich an die Fraktionsdisziplin halten. Die Fraktion kann nicht gezwungen sein, ein illoyales Mitglied mit möglicherweise schädigender Wirkung in der Fraktion zu dulden. Art. 38 Abs. 1 S. 2 GG gibt nicht nur den Abgeordneten ein Recht zum Zusammenschluss, sondern auch der Fraktion das Recht zum Ausschluss.[148] Es ist also ein Ausgleich zu finden zwischen den Mitwirkungsrechten (dem Bleibeinteresse) des betroffenen Abgeordneten und dem Selbstbestimmungsrecht (dem Ausschlussinteresse) der Fraktion.[149] Um Willkür zu verhindern, setzt ein Fraktionsausschluss einen „wichtigen Grund" und ein Verfahren, das rechtsstaatlichen Mindestanforderungen genügt, voraus.[150]

284 Ein **wichtiger Grund** ist noch nicht, dass ein Mitglied gelegentlich anderer Meinung ist oder in Einzelfällen anders abstimmt als die übrige Fraktion. Fraktionsinterne Demokratie (§ 48 Abs. 1 AbgG) garantiert grundsätzlich auch fraktionsinterne Opposition. Ein wichtiger Grund für einen Ausschluss besteht aber, wenn das Vertrauensverhältnis zwischen dem Mitglied und der Fraktion nachhaltig gestört ist und den übri-

---

141 Vgl. etwa *Klein*, in: MD, Art. 38 Rn. 250; *Morlok*, in: Dreier, Art. 38 Rn. 192; RhPfVerfGH, NVwZ 2019, 786 (788).
142 S. *Leunig*, ZParl. 50 (2019), 276 (283 ff.).
143 Vgl. etwa *Bäcker*, Der Ausschluss aus der Bundestagsfraktion, 2011, S. 169.
144 Vgl. *Grimm*, in: SZ, § 6 Rn. 26; *Kürschner*, Die Statusrechte des fraktionslosen Abgeordneten, 1984, S. 131.
145 Vgl. *Klein*, in: MD, Art. 38 Rn. 250; inhaltlich ebenso *Grimm*, in: SZ, § 6 Rn. 27; *Kürschner*, Die Statusrechte des fraktionslosen Abgeordneten, 1984, S. 132.
146 Vgl. etwa *Bäcker*, Der Ausschluss aus der Bundestagsfraktion, 2011, S. 169; BerlVerfGH, NVwZ-RR 2006, 441 (442); a.A. *Ipsen*, NVwZ 2005, 361 (364).
147 Vgl. *Morlok*, ZParl. 35 (2004), 633 (640); *du Mesnil de Rochemont/Müller*, JuS 2016, 603 (606).
148 Vgl. *Bäcker*, Der Ausschluss aus der Bundestagsfraktion, 2011, S. 166.
149 Vgl. *Bäcker*, Der Ausschluss aus der Bundestagsfraktion, 2011, S. 170.
150 Vgl. statt vieler *Klein*, in: MD, Art. 38 Rn. 252; *Badura*, in: BK, Art. 38 Rn. 92; RhPfVerfGH, NVwZ 2019, 786 (788).

gen Mitgliedern eine weitere Zusammenarbeit nicht zugemutet werden kann.[151] Treten in einem besonderen Einzelfall oder fortwährend grundsätzliche politische Differenzen zutage, kann ein Ausschlussgrund bestehen. Dies ist auch der Fall, wenn ein Mitglied erheblich gegen die Fraktionsgeschäftsordnung verstoßen oder der Fraktion einen schweren politischen oder finanziellen Schaden zugefügt hat.[152] So kann ein „wichtiger Grund" darin bestehen, dass ein Fraktionsmitglied durch sein Verhalten das Ansehen der Fraktion in der Öffentlichkeit nachhaltig schädigt und die Außenwirkung der Fraktion und deren Wirkungsmöglichkeiten damit beeinträchtigt.[153] Eine strafrechtliche Verurteilung kann, je nach Delikt, einen schweren politischen Schaden verursachen.[154] Der Parteiaustritt oder Parteiausschluss kann ein Grund für einen Fraktionsausschluss sein.[155] Ein Parteiausschluss führt aber nicht automatisch zum Fraktionsausschluss.[156] Denn die Partei und die Fraktion sind rechtlich voneinander unabhängig. Außerdem beruht die jeweilige Mitgliedschaft auf zwei verschiedenen Rechtsakten. Die Parteimitgliedschaft setzt die Aufnahmeerklärung der Partei voraus. Die Fraktionsmitgliedschaft kommt durch die Erklärung zum Zusammenschluss zu einer Fraktion oder – bei im Laufe einer Wahlperiode nachrückenden Abgeordneten – durch die Aufnahmeerklärung der Fraktion zustande. Letztlich hat die Fraktion als „Tendenzorganisation"[157] nach ihrem politischen Ermessen zu entscheiden, wann sie einen wichtigen Grund für gegeben hält.[158] Die gerichtliche Nachprüfbarkeit ist insoweit eingeschränkt. Der Ausschluss setzt nicht voraus, dass alle anderen Sanktionsmittel (z.B. Rüge oder Ausschussrückruf) zuvor ausgeschöpft wurden.[159]

Das **Ausschlussverfahren** hat sich an folgenden Kriterien zu orientieren: Zuständig für den Fraktionsausschluss ist die Fraktionsversammlung, nicht der Vorsitzende oder der Vorstand.[160] Das Ausschlussverfahren kann nur auf Antrag eröffnet werden. Die Fraktionsgeschäftsordnungen können die Zahl der erforderlichen Antragsteller festlegen.[161] Der Antrag und seine Gründe müssen nicht schriftlich vorliegen.[162] Eine schriftliche Begründung ist aber sinnvoll, um dem Betroffenen die Verteidigung und der Fraktionsversammlung die Entscheidungsfindung zu erleichtern. Die Beratung

285

---

151 Vgl. etwa *Schreiber*, in: BerlK, Art. 38 Rn. 198; *Stern*, StaatsR I, S. 1029; *Kürschner*, Die Statusrechte des fraktionslosen Abgeordneten, 1984, S. 136; BerlVerfGH, NVwZ-RR 2006, 441 (444); RhPfVerfGH, NVwZ 2019, 786 (789).

152 Vgl. *Butzer*, in: BeckOK-GG, Art. 38 Rn. 103.1; *Kürschner*, Die Statusrechte des fraktionslosen Abgeordneten, 1984, S. 136.

153 So BerlVerfGH, NVwZ-RR 2006, 441 (444); RhPfVerfGH, NVwZ 2019, 786 (790).

154 Vgl. etwa *Schmidt*, DÖV 2003, 846 (850).

155 Vgl. z.B. *Grimm*, in: SZ, § 6 Rn. 28; *Morlok/Michael*, Rn. 723; *Kürschner*, S. 135; *Stevens*, Die Rechtsstellung der Bundestagsfraktionen, 2000, S. 178; a.A. *Schmidt*, DÖV 2003, 846 (850).

156 Vgl. nur *Morlok*, in: Dreier, Art. 38 Rn. 192; *Hauenschild*, Wesen und Rechtsnatur der parlamentarischen Fraktionen, 1968, S. 202.

157 *Morlok*, in: Dreier, Art. 38 Rn. 192.

158 Vgl. *Morlok*, ebd.

159 Vgl. *Lenz*, NVwZ 2005, 364 (369); a.A. *Stevens*, S. 173; *Pfeil*, S. 228 ff.; *Bäcker*, Der Ausschluss aus der Bundestagsfraktion, 2011, S. 170 ff., 182.

160 Vgl. etwa *Klein*, in: MD, Art. 38 Rn. 252; *Stevens*, Die Rechtsstellung der Bundestagsfraktionen, 2000, S. 169.

161 Vgl. *Bäcker*, Der Ausschluss aus der Bundestagsfraktion, 2011, S. 192; *Lenz*, NVwZ 2005, 364 (366).

162 A.A. *Schmidt*, DÖV 2003, 846 (848); *Lenz*, NVwZ 2005, 364 (367); *Bäcker*, Der Ausschluss aus der Bundestagsfraktion, 2011, S. 194 f.

über den Ausschluss muss auf der Tagesordnung der Fraktionsversammlung stehen.[163] Eine feste Ladungsfrist besteht nicht. Sinnvollerweise sollte eine Frist von zwei oder drei Tagen eingehalten werden. Die Fraktionsversammlung muss die belastenden und die entlastenden Gesichtspunkte würdigen. Dem betroffenen Abgeordneten ist rechtliches Gehör zu gewähren. Er muss seinen Standpunkt gegenüber der Fraktion darlegen können.[164] Die Fraktionsversammlung kann geheim oder offen abstimmen.[165] Erforderlich ist zumindest die einfache Mehrheit der Mitglieder (inklusive des betroffenen Abgeordneten).[166] Die Fraktionsgeschäftsordnungen können auch höhere Quoren vorsehen.[167] Der Abgeordnete scheidet mit dem Beschluss sofort aus der Fraktion aus.[168]

286 Der Ausschluss oder der **Austritt aus einer Fraktion**, die beide in den letzten 70 Jahren ab und an vorgekommen sind, bewirken nicht den Mandatsverlust,[169] wenngleich die „politische Schlagkraft" des Abgeordneten mangels Fraktionszugehörigkeit deutlich gemindert ist. Auch bei einem **Fraktionswechsel** behält der betreffende Abgeordnete sein Mandat[170] und bleibt den anderen Abgeordneten gleichgestellt. Sowohl der Austritt als auch der Wechsel sind Ausdruck der freien Mandatsausübung. Auch der Parteiaustritt, Parteiausschluss oder Parteiwechsel bewirken nicht den Mandatsverlust.[171]

c) Fraktionsversammlung

287 Das oberste Beschlussorgan der Fraktion ist die Fraktionsversammlung.[172] Sie wählt den **Fraktionsvorstand** und bestimmt die Inhaber weiterer **Fraktionsämter**. Die Inhaber der Fraktionsämter werden in der Regel nicht für eine Wahlperiode gewählt, sondern für kürzere Zeiträume. Sie müssen sich daher – selbst wenn sie politisch unangefochten sind und sich in der Fraktion einer Mehrheit sicher sein können – im Laufe einer Wahlperiode mehrfach für eine Wiederwahl bewerben. Bspw. wählen einige Fraktionen ihre Funktionsträger zu Beginn einer Wahlperiode für ein Jahr. Danach erfolgt die Wahl für weitere zwei Jahre oder gleich für den Rest der Legislaturperiode. Die Fraktionsversammlung beschließt über die Fraktionsgeschäftsordnung und stimmt über parlamentarische Anträge und das politische Vorgehen ab. Sie ist für die Entscheidung über die Aufnahme (nachrückender Abgeordneter in die Fraktion) und für den Ausschluss von Fraktionsmitgliedern zuständig. Die erforderlichen

---

163 Ebd.; *Pfeil*, Der Abgeordnete und die Fraktion, 2008, S. 192.
164 Vgl. nur *Kürschner*, Die Statusrechte des fraktionslosen Abgeordneten, 1984, S. 136; *Lenz*, NVwZ 2005, 364 (367).
165 Vgl. *Lenz*, NVwZ 2005, 364 (367); *Pfeil*, Der Abgeordnete und die Fraktion, 2008, S. 193; *Bäcker*, Der Ausschluss aus der Bundestagsfraktion, 2011, S. 203.
166 Vgl. nur *Hauenschild*, S. 202; *Stevens*, Die Rechtsstellung der Bundestagsfraktionen, 2000, S. 171.
167 Vgl. etwa *Lenz*, NVwZ 2005, 364 (368); *Schmidt*, DÖV 2003, 846 (848 f.); Beispiele bei *Leunig*, ZParl. 50 (2019), 276 (291).
168 Vgl. *Lenz*, NVwZ 2005, 364 (368, 369).
169 Vgl. statt vieler *Klein*, in: MD, Art. 38 Rn. 208; *Morlok*, in: Dreier, Art. 38 Rn. 154, 193.
170 Vgl. *Schreiber*, in: BerlK, Art. 38 Rn. 197; *Hölscheidt*, ZParl. 25 (1994), 353 (361).
171 Vgl. etwa die Enquête-Kommission „Verfassungsreform", BT-Drs. 7/5924, S. 25 ff.; für die Verankerung des Parteiwechsels als Verlustgrund hingegen Abg. *Schäfer*, BT-Drs. 7/5924, S. 29 f.
172 *Krings*, in: MSW, § 17 Rn. 27; *Stevens*, Die Rechtsstellung der Bundestagsfraktionen, 2000, S. 145; *Pfeil*, Der Abgeordnete und die Fraktion, 2008, S. 107.

Mehrheiten für fraktionsinterne Wahlen und die Wahlmodalitäten unterscheiden sich zum Teil zwischen den einzelnen Fraktionen. In der CDU/CSU-Bundestagsfraktion werden einige Ämter nur von den CDU-Mitgliedern, andere nur von den CSU-Mitgliedern gewählt. Ein prägnantes Beispiel ist der 1. Stellvertretende Vorsitzende, der zugleich Vorsitzender der CSU-Abgeordneten im Bundestag, der CSU-Landesgruppe ist. Er wird nur von den CSU-Abgeordneten gewählt. Die Fraktionsversammlungen nominieren oftmals auch die Kandidaten für Parlamentsämter (Bundestagspräsident, Vizepräsidenten, Ausschussvorsitzende und stellvertretende Ausschussvorsitzende) sowie für die parlamentarischen und außerparlamentarischen Gremien, die auf der Gremienliste des Bundestages aufgeführt sind.

d) Fraktionsvorstand, weitere Funktionsträger und Gremien

Der Fraktionsvorstand führt die Fraktionsgeschäfte. Er erarbeitet die politischen Leitlinien für die täglichen Entscheidungen.[173] Ihm gehören neben dem (oder den[174]) Fraktionsvorsitzenden mehrere stellvertretende Fraktionsvorsitzende, die Parlamentarischen Geschäftsführer, ein oder mehrere Justiziare, die Vorsitzenden der Arbeitsgruppen oder Arbeitskreise und sonstigen fraktionsinternen Gruppen sowie in einigen Fraktionen mehrere Beisitzer an. Ein „Geschäftsführender Vorstand" als noch kleineres Führungsgremium besteht zumeist ebenfalls. Die Zusammensetzung variiert je nach Fraktion. Der **Fraktionsvorsitzende** ist der oberste Repräsentant der Fraktion im Parlament und in der Öffentlichkeit. Er hat die Aufgabe, politische Leitlinien zu entwickeln und die Fraktion zusammenzuhalten, um ein einheitliches Abstimmungsverhalten zu erreichen. Gerade die Regierungsfraktionen müssen einheitlich abstimmen, um die erforderlichen Mehrheiten für die Regierungspolitik zu garantieren. Politisch ist der Fraktionsvorsitzende „allzuständig". Er spricht üblicherweise zu jedem Thema, das er aufgreifen möchte, ohne dass dies von der Fraktion infrage gestellt würde. Die **stellvertretenden Fraktionsvorsitzenden** sind üblicherweise für einen bestimmten Politikbereich zuständig. Je größer die Fraktion, desto enger sind die Zuständigkeiten gefasst. In Oppositionsfraktionen nehmen die stellvertretenden Fraktionsvorsitzenden häufig die Rolle eines Gegenspielers zum jeweiligen Minister ein. Sie antworten in Debatten als Erster auf den Minister oder einen Parlamentarischen Staatssekretär aus dem betreffenden Ressort. Sie äußern sich zu dem betreffenden Politikbereich für ihre Fraktion in den Medien.

288

Der 1. Stellvertretende Vorsitzende der CDU/CSU-Bundestagsfraktion, der **CSU-Landesgruppenvorsitzende**, nimmt eine Sonderstellung ein. Er ist angesichts der politischen Eigenständigkeit der CSU nicht auf einen bestimmten Politikbereich beschränkt, sondern besitzt eine ähnlich umfassende Rolle wie der Fraktionsvorsitzende.

Das „Alltagsgeschäft der Fraktion"[175] verantworten die **Parlamentarischen Geschäftsführer** (PGF). Sie sind die „Fraktionsmanager" bzw. „Manager des Parlaments"[176]. Sie sind „entscheidende Dirigenten der parlamentarischen Abläu-

289

---

173 Vgl. *Krings*, in: MSW, § 17 Rn. 28.
174 Die Fraktionen Bündnis 90/Die Grünen und Die Linke. haben jeweils einen männlichen Vorsitzenden und eine weibliche Vorsitzende.
175 *Krings*, in: MSW, § 17 Rn. 30.
176 *Petersen*, in: FS Ismayr, 2010, S. 292.

fe".[177] Erstens steuern sie gemeinsam mit ihren Kollegen aus den anderen Fraktionen – durch Gespräche in der sog. PGF-Runde und interfraktionelle Absprachen im Ältestenrat – weitgehend die parlamentarischen Vorgänge.

Beispiele: Die Parlamentarischen Geschäftsführer besprechen sich vor der Sitzung des Ältestenrates. Sie verabreden die einzelnen Tagesordnungspunkte und deren Dauer. Dabei gehen sie immer wieder Kompromisse ein.

290 Alle Parlamentarischen Geschäftsführer sind Mitglieder des Ältestenrates. Je grundlegender eine Frage ist, desto enger stimmen die Parlamentarischen Geschäftsführer ihr Vorgehen mit dem Fraktionsvorstand ab. Während der Plenarsitzungen hat jeweils ein Parlamentarischer Geschäftsführer jeder Fraktion „Plenardienst". Er muss dann (wie ein „whip" im britischen Unterhaus) die Anwesenheit seiner Fraktionskollegen im Plenum und die Geschlossenheit bei Abstimmungen sicherstellen. Er ist Ansprechpartner des Sitzungsvorstandes. Er „meldet" die Redner seiner Fraktion mitsamt den jeweiligen Redezeiten beim zuständigen Schriftführer sowie Kurzinterventionen beim Sitzungsvorstand an. Wenn ein angemeldeter Redner (z.B. ein Minister) nicht anwesend ist, klärt der Parlamentarische Geschäftsführer, wer ersatzweise einspringt. Er trägt Beschwerden, die sich im laufenden Plenarbetrieb ergeben (z.B. über Zwischenrufe anderer Fraktionen oder Überziehungen der Redezeit), beim Sitzungsvorstand vor. Er stimmt sich während einer Debatte mit den anderen Parlamentarischen Geschäftsführern darüber ab, ob ein Tagesordnungspunkt zu Protokoll gegeben oder abgesetzt werden soll.

291 *Zweitens* regeln die Parlamentarischen Geschäftsführer neben dem Fraktionsvorsitzenden den Ablauf und die Organisation innerhalb der Fraktion. Eine herausgehobene Stellung nimmt in jeder Fraktion der 1. Parlamentarische Geschäftsführer ein. Politisch ist er der zweitwichtigste Funktionsträger nach dem Fraktionsvorsitzenden. Kaum ein anderer Funktionsträger in der Bundespolitik – vielleicht mit Ausnahme des Chefs des Bundeskanzleramtes – hat ein so breit gefächertes Aufgabenfeld wie der „1. PGF" einer (großen) Bundestagsfraktion mit teilweise mehr als 300 Abgeordneten und entsprechend vielen Fraktionsmitarbeitern.[178] Die übrigen Parlamentarischen Geschäftsführer betreuen nach einem Geschäftsverteilungsplan jeweils einen bestimmten Aufgabenbereich (z.B. das Personal und die Wirtschaftsführung, die Veranstaltungen, die Fraktionsgeschäftsordnung, die Präsenz im Plenum und in den Ausschüssen).

292 **Arbeitsgruppen oder Arbeitskreise** „spiegeln" die Ausschüsse des Bundestages und damit in den meisten Fällen auch die Ressorts der Bundesregierung. Die kleineren Fraktionen haben Arbeitskreise, die größere Themengebiete und Ausschüsse (z.B. „Innen und Recht") abdecken. Die größeren Fraktionen haben eine Arbeitsgruppe für jeden Ausschuss. Die Vorsitzenden der Arbeitsgruppen oder Arbeitskreise nehmen innerhalb ihrer Fraktion eine wichtige Rolle als Hauptvertreter eines bestimmten Politikfeldes wahr. Häufig werden sie, gerade in den großen Fraktionen, als „Sprecher" (für Haushaltspolitik, Verteidigungspolitik etc.) bezeichnet.

---

177 Vgl. *Petersen*, in: FS Ismayr, 2010, S. 287.
178 Vgl. *Kretschmer*, ZParl. 31 (2000), 787 (790); *Petersen*, in: FS Ismayr, 2010, S. 289.

Weitere Untergliederungen sind die **Landesgruppen**. Für jedes Bundesland besteht 293 in der Regel eine Landesgruppe. Mitglieder sind die in diesem Land gewählten Fraktionsmitglieder. Die Landesgruppen sind vor allem für die Postenbesetzung nach dem informellen „Regionalproporz" bedeutsam.

Die Fraktionen unterhalten einen eigenen Mitarbeiterstab (**Fraktionsverwaltung**). Zu Beginn 294 der 18. Wahlperiode im Jahr 2013 hatten alle Fraktionen zusammen ca. 850 Angestellte. Mit der 19. Wahlperiode und dem um zwei Fraktionen vergrößerten Bundestag dürfte die Zahl der Fraktionsmitarbeiter bei über 1.000 liegen. Die Fraktionsmitarbeiter nehmen Aufgaben ähnlich denen des öffentlichen Dienstes wahr. Sie sind als Referenten, Sachbearbeiter, Bürosachbearbeiter, Sekretärin, Bürobote und Fahrer tätig. Die Aufgaben reichen von organisatorischen und Unterstützungstätigkeiten bis hin zur fachlichen Beratung in den verschiedenen Politikbereichen. Ein Teil des Personals besteht aus sonderbeurlaubten Beamten (vgl. § 22 Abs. 1 SUrlV), vorrangig aus der Ministerialverwaltung des Bundes.

6. Fraktionsfinanzierung

Die Fraktionen haben **drei Finanzquellen**: den **Bundeshaushalt**, **Beiträge von** 295 **Fraktionsmitgliedern** und **Spenden**.

Die Fraktionen haben nach § 50 Abs. 1 AbgG zur Erfüllung ihrer Aufgaben einen Anspruch auf **Geld- und Sachleistungen** aus dem Bundeshaushalt. Dies ist verfassungsrechtlich zulässig,[179] ja sogar geboten,[180] denn die Tätigkeit der Fraktionen als ständige, der organisierten Staatlichkeit eingefügte Gliederungen steuert und erleichtert die Parlamentsarbeit und ermöglicht sie in vielen Fällen erst durch Koordination und Lenkung.[181] Die *Geldleistungen* (**Fraktionszuschüsse**) setzen sich aus einem Grundbetrag für jede Fraktion, aus einem Beitrag für jedes Mitglied („Kopfbetrag") und einem weiteren Zuschlag für jede Fraktion, die nicht die Regierung trägt (**Oppositionszuschlag**) , zusammen (§ 50 Abs. 2 S. 1 AbgG). Der Oppositionszuschlag ist dadurch gerechtfertigt, dass er die Vorteile ausgleicht, welche die Regierungsfraktionen unter anderem durch den Zugriff auf die Bundesministerien haben,[182] z.B. bei der Vorbereitung von Gesetzentwürfen. Der Oppositionszuschlag ist verfassungsrechtlich geboten.[183] Die Höhe der Beträge legt der Bundestag jährlich fest. Der Bundestagspräsident erstattet im Benehmen mit dem Ältestenrat jeweils bis zum 30. September einen Bericht über die Angemessenheit der Beiträge und des Oppositionszuschlages und legt zugleich einen Anpassungsvorschlag vor (§ 50 Abs. 2 S. 2, 3 AbgG). Die Fraktionszuschüsse machen fast 100 Prozent der Fraktionsmittel aus. Eine staatliche Vollfinanzierung ist – anders als bei Parteien – zulässig, da die Fraktionen dem staatlichen Bereich zuzuordnen sind.[184] Die Fraktionszuschüsse werden vor allem für Per-

---

179 Vgl. etwa *Morlok*, in: Dreier, Art. 38 Rn. 190; *Braun/Jantsch/Klante*, § 50 Rn. 5; *Hobusch*, DÖV 2018, 552 (554).
180 Vgl. *Waldhoff*, in: AS, § 50 Rn. 12.
181 Vgl. BVerfGE 20, 56 (104); 62, 194 (202); 80, 188 (231); 140, 1 (26).
182 Vgl. *Krings/Klein*, in: MSW, § 17 Rn. 72; *Morlok*, NJW 1995, 29 (30); a.A. *Klenner*, DÖV 2018, 563 (566 f.).
183 Vgl. *Hölscheidt*, Das Recht der Parlamentsfraktionen, 2001, S. 603; a.A. *Brocker*, in: BK, Art. 40 Rn. 206; *Gelze*, Das Parlament der (qualifizierten) Großen Koalition, 2019, S. 270 ff.; für Verfassungswidrigkeit *Klenner*, DÖV 2018, 563 (565 ff.).
184 Vgl. etwa *Waldhoff*, in: AS, § 50 Rn. 13; *Hobusch*, DÖV 2018, 552 (554 f.).

sonalkosten, die Öffentlichkeitsarbeit und den laufenden Geschäftsbetrieb ausgegeben.[185] Zum Teil werden mit ihrer Hilfe auch Rücklagen gebildet (§ 50 Abs. 5 AbgG). Die Fraktionszuschüsse sind – wie die übrigen Fraktionsmittel[186] – **zweckgebunden**: Sie „dienen ausschließlich der Finanzierung von Tätigkeiten des Bundestages, die den Fraktionen nach Verfassung und Geschäftsordnung obliegen. [...] Die Fraktionszuschüsse sind für die Finanzierung dieser der Koordination dienenden Parlamentsarbeit bestimmt [...].“[187] Sie dürfen nicht für Parteiaufgaben verwendet werden (vgl. § 50 Abs. 4 S. 2 AbgG). Andernfalls stünde die Chancengleichheit der Parteien (aus Art. 21 Abs. 1 i.V.m. Art. 38 Abs. 1 S. 1 GG) infrage.[188] **Fraktionsfinanzen und Parteifinanzen sind zu trennen.** Ein Verstoß gegen die Parteienfinanzierung aus Fraktionsmitteln läge z.B. vor, wenn Fraktionen Wahlkampfaufwendungen einer Partei übernähmen oder Fraktionsmitarbeiter dauerhaft in der Parteizentrale Parteiaufgaben wahrnähmen.[189] Die Fraktionszuschüsse dürfen auch nicht für die gleichen Zwecke verwendet werden, für die ein Abgeordneter gemäß § 12 AbgG eine Amtsausstattung erhält.[190] Indessen gibt es Bereiche, in denen sich die Fraktions- und die Partei- oder die Abgeordnetentätigkeit überschneiden. Denkbar ist dies z.B. bei „mittelbaren Informationsflüsse[n] und Sekundärverwertungen der Fraktionsarbeit“; diese sind grundsätzlich unbedenklich.[191] Letztlich ist der Einzelfall entscheidend und ein eher großzügiger Maßstab anzulegen. Die *Sachleistungen* (z.B. Räume mitsamt Ausstattung, die Nutzung des Wissenschaftlichen Dienstes) werden nach Maßgabe des Haushaltsgesetzes erbracht (§ 50 Abs. 3 AbgG).

296   **Beiträge der Fraktionsmitglieder** („Fraktionssteuern“) und **Spenden** machen nur einen sehr geringen Teil der Fraktionsmittel aus. Die Beitragspflicht oder die Möglichkeit zur Beitragserhebung ist zumeist in den Fraktionsgeschäftsordnungen verankert (vgl. z.B. § 11 AO-CDU/CSU). Eine Beitragspflicht dürfte zwar noch grundsätzlich zulässig sein,[192] ist jedoch letztlich funktional verfehlt. Für Fraktionsspenden gelten die Regelungen zu Abgeordnetenspenden (§ 44a Abs. S. 4 AbgG, § 4 der Anlage 1 zur GO-BT) analog.[193]

297   Die **Haushalts-, Wirtschafts- und Rechnungsführung** der Fraktionen richtet sich nach den §§ 51-53 AbgG. Die Fraktionen sind zur Buchführung (§ 51 Abs. 2) und Rechnungslegung (§ 52 AbgG) verpflichtet. Die Rechnungsprüfung ist Aufgabe des Bundesrechnungshofes (§ 53 AbgG). Welche Ausgaben zulässig sind, ergibt sich aus § 52 Abs. 2 Nr. 2 AbgG. Nr. 2 lit. a nennt Leistungen an Fraktionsmitglieder für die Wahrnehmung besonderer Funktionen in der Fraktion. Ob solche Funktionszulagen oder Funktionsvergütungen zulässig sind bzw. für welche Fraktionsämter eine Zulage gezahlt werden darf, ist umstritten. Nach zutr. Auffas-

---

185   Vgl. die Bekanntmachung der geprüften Rechnungen der Fraktionen im Deutschen Bundestag für das Kalenderjahr 2015, BT-Drs. 18/9490, S. 2 (CDU/CSU), 5 f. (SPD), 8 f. (Die Linke.), 11 ff. (Bündnis 90/Die Grünen).
186   Vgl. *Waldhoff*, in: AS, § 50 Rn. 25; a.A. BVerfG (Vorprüfungsausschuss), NVwZ 1982, 613.
187   BVerfGE 80, 188 (231).
188   Vgl. BVerfG (Vorprüfungsausschuss), NVwZ 1982, 613; BVerfGE 140, 1 (31).
189   Vgl. *Neumeier/Waldhoff*, ZParl. 48 (2017), 163 (166).
190   Vgl. BVerfGE 80, 188 (231).
191   Ebd.
192   Vgl. *Lontzek*, Die Sonderbeiträge von Abgeordneten an Partei und Fraktion, 2012, S. 227 ff.; *Waldhoff*, in: AS, § 50 Rn. 11.
193   Vgl. *Krings*, in: MSW, § 17 Rn. 77; *Waldhoff*, in: AS, § 50 Rn. 11 Fn. 62.

sung[194] fällt die Beantwortung der Frage in die Fraktionsautonomie. Die Fraktion entscheiden selbst, welche Funktionsträger eine Vergütung aus Fraktionsmitteln erhalten.

Fraktionsmittel, die **zweckwidrig eingesetzt** wurden (etwa für Parteiaufgaben, für die **298** Wahlwerbung von Abgeordneten oder für von der Amtsausstattung abgedeckte Aufwendungen), können z.Z. nicht von der Fraktion **zurückgefordert** werden.[195] Denn dafür fehlt schlicht eine Anspruchsgrundlage. Das Abgeordnetengesetz enthält keine; der öffentlich-rechtliche Erstattungsanspruch greift nicht. Außerdem unterfällt das Fraktionsrecht der Geschäftsordnungsautonomie (Art. 40 Abs. 1 S. 2 GG), weshalb für eine Rückforderung eine vom Parlament getroffene (parlamentsrechtliche) Regelung nötig wäre.[196] Rechtspolitisch sollte eine entsprechende Anspruchsgrundlage geschaffen werden.

7. Prozessrechtliche Fragen des Fraktionsrechts

Fraktionen können gemäß § 46 Abs. 2 AbgG vor Gericht klagen und verklagt werden. **299** Im **Organstreitverfahren** sind sie aktiv und passiv parteifähig.

Beispiel: Streitigkeiten zwischen einem Abgeordneten und einer Fraktion wegen eines Ausschussrückrufes oder Fraktionsausschlusses.

Fraktionen können entweder, da sie nach der GO-BT (z.B. gemäß §§ 12, 57 Abs. 2 S. 1) mit eigenen Rechten ausgestattet sind, eigene Rechte (Art. 93 Abs. 1 Nr. 1 GG, § 63 BVerfGG) oder in Prozessstandschaft[197] Rechte des Bundestages in seiner Gesamtheit geltend machen.

Gäbe es diese Möglichkeit nicht, könnten Verletzungen der Rechte des Bundestages nicht gerügt werden, sofern die Regierungsfraktionen sich damit abfänden.[198]

Auch die „Fraktion im Untersuchungsausschuss" ist parteifähig, da die GO-BT ihr eigene Rechte zuweist[199] (s. Rn. 590). Sie kann aber nur eigene Rechte geltend machen und nicht in Prozessstandschaft auftreten. Fraglich ist, ob (außerhalb von Untersuchungsausschüssen) Fraktionen im Ausschuss generell parteifähig sind. Dies ist jedenfalls für die Ausschüsse zu bejahen, die wie die Untersuchungsausschüsse mit eigenen Rechten ausgestattete Hilfsorgane des Bundestages sind, z.B. der EU-Ausschuss.[200]

Fraktionen sind im **Wahlprüfungsverfahren** beschwerdebefugt (§ 48 BVerfGG) **300** und können die Verletzung von Prozessgrundrechten (Art. 101, 103 GG) durch Fach-

---

194 Vgl. etwa Unabhängige Kommission zu Fragen des Abgeordnetenrechts, BT-Drs. 17/12500, S. 32 ff.; *Krings*, in: MSW, § 17 Rn. 80; *Sinner*, in: AS, § 11 Rn. 52 ff.; *Waldhoff*, in: AS, § 52 Rn. 6 f.; a.A. *von Arnim*, Der Verfassungsbruch, 2011, S. 49 ff.
195 Vgl. *Neumeier/Waldhoff*, ZParl. 48 (2017), 163 (185); a.A. *Butzer*, in: BeckOK-GG, Art. 38 Rn. 151 (verfassungsrechtlicher Erstattungsanspruch).
196 Vgl. *Neumeier/Waldhoff*, ZParl. 48 (2017), 163 (185).
197 Vgl. BVerfGE 2, 143 (164); 90, 286 (342); 67, 100 (125); 121, 135 (151).
198 Vgl. *Morlok*, in: Dreier, Art. 38 Rn. 197.
199 Vgl. BVerfGE 67, 100 (124); 105, 197 (220).
200 Vgl. *Klein*, in: MSW, § 17 Rn. 82.

gerichte mit der **Verfassungsbeschwerde** rügen.[201] Außerdem sind sie in arbeits-, zivil- und verwaltungsgerichtlichen Streitigkeiten parteifähig (§ 46 Abs. 2 AbgG).

II. Gruppen

1. Voraussetzungen der Anerkennung

301   Wie bereits erwähnt, folgt aus Art. 38 Abs. 1 S. 2 GG das Recht jedes Mitglieds des Bundestages, sich mit anderen dauerhaft zusammenzuschließen, um die politische Schlagkraft zu erhöhen (Assoziationsrecht). Abgeordnete können sich nicht nur in Fraktionen, sondern auch „in anderer Weise zu gemeinsamer Arbeit zusammenfinden".[202] Der Bundestag kann einen Zusammenschluss, der die Voraussetzungen für eine Fraktion gemäß § 10 Abs. 1 GO-BT (insb. die Mindeststärke) nicht erfüllt, durch Beschluss als Gruppe anerkennen (§ 10 Abs. 4 GO-BT). Praktisch bedeutsam war dies bisher, wenn eine Partei Mandate erhielt, z.B. aufgrund der Grundmandatsklausel, sie aber nicht die Fraktionsmindeststärke (§ 10 Abs. 1 S. 1 GO-BT) erreichte.

Beispiel: Bündnis 90 und die seinerzeitige PDS stellten nach der Bundestagswahl 1990, bei der es genügte, die Fünfprozenthürde im west- *oder* ostdeutschen Wahlgebiet zu überspringen, weniger als fünf Prozent der Abgeordneten. Die PDS gewann bei der Bundestagswahl 1994 drei Direktmandate, blieb aber unter der Fünfprozenthürde.

302   Der Bundestag kann einen Zusammenschluss nur unter zwei Voraussetzungen als Gruppe anerkennen. *Erstens* müssen sich **mindestens drei**[203] Abgeordnete zusammengetan haben.

Beispiel: Die PDS blieb bei der Bundestagswahl 2002 unter der Fünfprozenthürde und gewann nur zwei Direktmandate. Die beiden Abgeordneten konnten keine Gruppe bilden.

303   *Zweitens* muss der Zusammenschluss **politisch homogen** sein.[204] Das Schrifttum beurteilt unterschiedlich, wann politische Homogenität vorliegt. Einigkeit besteht über zwei Umstände. Zum einen: Gehören die Abgeordneten, die sich zu einer Gruppe zusammenschließen wollen, (ggf. auch durch einen Parteiwechsel nach der Wahl) derselben Partei an oder haben sie jedenfalls für dieselbe Partei kandidiert, besteht Homogenität. Zum anderen: Die Mitglieder der Gruppe müssen nicht derselben Partei angehören.[205] Hier beginnt nun der Meinungsstreit. Einige Autoren sind der Auffassung, für die Homogenität genügten gemeinsame Ziele oder eine gemeinsame politische Grundhaltung (z.B. konservativ, links, liberal etc.), selbst wenn die zusammen-

---

201   Vgl. *Stevens*, Die Rechtsstellung der Bundestagsfraktionen, 2000, S. 211; *Klein*, in: MSW, § 17 Rn. 83; *Butzer*, in: BeckOK-GG, Art. 38 Rn. 153; a.A. *Umbach*, in: Umbach/Clemens, BVerfGG, 2. Aufl. 2005, §§ 63, 64 Rn. 71.
202   BVerfGE 84, 304 (322).
203   Vgl. *Ritzel/Bücker/Schreiner*, § 10 Anm. IV.1.b; *Loibl*, Der Status der Abgeordnetengruppe im Deutschen Parlament, Diss. iur. Köln 1995, S. 27; a.A. (mindestens zwei Abgeordnete) *Kassing*, Das Recht der Abgeordnetengruppe, 1988, S. 32; *Hölscheidt/Mundil*, DÖV 2018, 546 (548).
204   Ebenso z.B. *Brocker*, in: BK, Art. 40 Rn. 198; *Kassing*, Das Recht der Abgeordnetengruppe, 1988, S. 33 f.; *Hölscheidt/Mundil*, DÖV 2018, 546 (549).
205   Vgl. *Ritzel/Bücker/Schreiner*, § 10 Anm. IV.1.c; *Kassing*, Das Recht der Abgeordnetengruppe, 1988, S. 33 f.; *Loibl*, Der Status der Abgeordnetengruppe im Deutschen Parlament, Diss. iur. Köln 1995, S. 29; *Hölscheidt/Mundil*, DÖV 2018, 546 (549).

schlusswilligen Abgeordneten Parteien angehören, die bei der Wahl gegeneinander im Wettbewerb standen.[206] Nach der hier vertretenen Ansicht bedeutet politische Homogenität, in Anlehnung an § 10 Abs. 1 S. 1 GO-BT, dass die Mitglieder der Gruppe sich bei der vorangegangenen Wahl nicht in einem politischen Wettbewerb um Mandate befunden haben, und dass die politische Zielsetzung dieselbe ist. Grundsätzlich liegt es im **Ermessen des Bundestages**, ob er einen Zusammenschluss als Gruppe anerkennt, sogar wenn der Zusammenschluss die Mindeststärke erreicht und politisch homogen ist.[207] Ein Zusammenschluss ist **aber zwingend** als Gruppe **anzuerkennen**, wenn auf ihn – wenn er als Gruppe anerkannt würde – seiner Größe wegen nach den Grundsätzen der Spiegelbildlichkeit mindestens ein Ausschusssitz entfiele.[208]

Eine Gruppe **endet** aus denselben Gründen wie eine Fraktion, typischerweise mit dem Ende der Wahlperiode (Diskontinuität) oder wenn die Voraussetzungen (Mindeststärke, politische Homogenität) nicht mehr vorliegen.[209] Spätestens zum Ablauf einer Wahlperiode ist die Gruppe zu liquidieren.[210] Eine Gruppe oder Fraktion kann vom neu gewählten Bundestag zur Nachfolgerin bestimmt werden.[211]   **304**

2. Rechte und Pflichten

Der GO-BT lässt sich zu den **Rechten** einer Gruppe nichts entnehmen. Die Gruppe besitzt jedenfalls die (im Vergleich zur Fraktion wenigen) Rechte, die ein einzelner Abgeordneter hat.[212] Außerdem hat die Gruppe Anspruch auf angemessene, d.h. abgestufte Ausstattung mit sachlichen und personellen Mitteln, sofern auch Fraktionen solche erhalten.[213] Außerdem darf die Gruppe wegen des Grundsatzes der Spiegelbildlichkeit Mitglieder mit Antrags-, Rede- und Stimmrecht in die Ausschüsse und auch in Unterausschüsse[214] entsenden, sofern auf sie bei der gegebenen Ausschussgröße und auf der Grundlage des jeweils angewendeten Proportionalverfahrens mindestens ein Sitz entfiele.[215] Die Gruppe darf – wie die Fraktion – benennen, welches ihrer Mitglieder welchen der ihr zustehenden Ausschusssitze einnimmt.[216] Die Gruppe hat die Rechte der „Fraktion im Ausschuss", die im VII. Abschnitt der GO-BT enthalten sind. Dazu gehört z.B. das Recht, die Einberufung einer Ausschusssitzung zu verlangen (§ 60 Abs. 2). Sofern das vom Bundestag bei der Ausschusseinsetzung gewählte Berechnungsmodell aber ergibt, dass einer Gruppe in einem Untersuchungsausschuss oder einer Enquêtekommission kein Sitz zusteht, ist dies verfassungsgemäß. Die Gruppen haben keinen Anspruch auf ein „Grundmandat" in jedem Gremium.[217] Ebenso hat eine Gruppe kein Recht, im Vermittlungsausschuss von Bundestag   **305**

---

206   So etwa *Kassing*, Das Recht der Abgeordnetengruppe, 1988, S. 34.
207   A.A. *Hölscheidt/Mundil*, DÖV 2018, 546 (549).
208   Vgl. BVerfGE 84, 304 (324).
209   Vgl. *Hölscheidt/Mundil*, DÖV 2018, 546 (550).
210   Vgl. die Auslegungsentscheidung 13/21 vom 28.5.1998, abgedr. bei *Ritzel/Bücker/Schreiner*, § 10 Anm. VI.4.a.
211   Vgl. BT-StenB. 14/1, S. 16 A.
212   Vgl. BVerfGE 84, 304 (318); *von Münch/Mager*, Rn. 208.
213   Vgl. BVerfGE 84, 304 (324, 333); *Kassing*, Das Recht der Abgeordnetengruppe, 1988, S. 49.
214   Vgl. BVerfGE 84, 304 (328).
215   Vgl. BVerfGE 84, 304 (323 f.); *Brocker*, in: BK, Art. 40 Rn. 199.
216   Vgl. *Demmler*, Der Abgeordnete im Parlament der Fraktionen, 1994, S. 369.
217   Vgl. BVerfGE 84, 304 (332); 96, 264 (280); krit. dazu *Birk*, BJ 1991, 157 (160).

und Bundesrat vertreten zu sein.[218] Sie hat ferner keinen verfassungsrechtlichen Anspruch, bei der Vergabe von Ausschussvorsitzen und stellvertretenden Vorsitzen berücksichtigt zu werden. Der Vorsitz ist nämlich kein spezifisch mitgliedschaftliches Recht.[219] Dasselbe gilt für den Sitz im Ältestenrat[220] und im Präsidium (arg. § 2 Abs. 1 S. 2 GO-BT).

306 Der Bundestag kann der Gruppe – als Ausdruck seiner Geschäftsordnungsautonomie – **durch einen (Status-)Beschluss bestimmte Rechte**, die den Fraktionen zustehen, einräumen. So kann er einer Gruppe z.B. das Gesetzesinitiativrecht oder das Recht, Kleine und Große Anfragen zu stellen, zugestehen.

Beispiele: Erstmals geschah dies – bedingt durch die Wiedervereinigung – zum Ende der 11. Wahlperiode im Jahr 1990, als den Abgeordneten der seinerzeitigen PDS der Gruppenstatus und eine Reihe von Befugnissen zuerkannt wurden.[221] Weitere Beschlüsse gab es in der 12. und in der 13. Wahlperiode.[222]

Gruppen haben keinen Anspruch auf einen solchen Statusbeschluss. Er steht im Ermessen des Bundestages, einen solchen Beschluss zu fassen oder zu unterlassen.

307 Die Gruppe ist **im Organstreitverfahren parteifähig**, da ihr die GO-BT Rechte verleiht (vgl. § 63 BVerfGG).[223] Die verfassungsrechtlichen und die geschäftsordnungsrechtlichen (vgl. § 10 Abs. 4 S. 2 i.V.m. Abs. 2, 3 GO-BT) **Pflichten** der Gruppe entsprechen denen der Fraktion.

III. Fraktionslose Abgeordnete

1. Tatsächliche Bedeutung, Gründe der Fraktionslosigkeit

308 Fraktionslose Abgeordnete sind ein Randphänomen geblieben. Gründe für Fraktionslosigkeit sind: Ein Mitglied des Parlaments will vom Mandatsbeginn an keiner Fraktion angehören oder wird in keine aufgenommen; ein Mitglied tritt freiwillig aus einer Fraktion aus oder wird von ihr ausgeschlossen.

Beispiel: Der bekannteste Fall, in dem zugleich der Status des fraktionslosen Mitglieds des Bundestages in einem Organstreitverfahren geklärt worden ist, ist derjenige des Abg. *Wüppesahl*, den die Grünen-Fraktion am 26. Januar 1988 ausgeschlossen hatte.[224]

2. Rechte

309 Für die Rechtsstellung der fraktionslosen Abgeordneten hat das Wüppesahl-Urteil des BVerfG folgende Leitlinien aufgestellt: Fraktionslose sind keine Abgeordneten min-

---

218 Vgl. BVerfGE 84, 304 (333); 96, 264 (282 ff.).
219 Vgl. BVerfGE 84, 304 (328); 96, 264 (280).
220 Vgl. BVerfGE 96, 264 (280); a.A. *Kassing*, Das Recht der Abgeordnetengruppe, 1988, S. 41; *Loibl*, Der Status der Abgeordnetengruppe im Deutschen Parlament, Diss. iur. Köln 1995, S. 41 f.
221 Vgl. BT-Drs. 11/8169 (PDS).
222 Vgl. BT-Drs. 12/149 (Bündnis 90/Die Grünen); 12/150 (PDS/Linke Liste); 13/684 (PDS).
223 Vgl. BVerfGE 84, 304 (318).
224 Vgl. BVerfGE 80, 188.

deren Rechts.[225] Jeder Abgeordnete ist gleichermaßen berufen, an den Arbeiten des Bundestages teilzunehmen. Das Mitwirkungsrecht darf nicht grundsätzlich entzogen werden. Jedoch hat das Parlament bei der Regelung seines Geschäftsganges einen **weiten Gestaltungsspielraum**. Es darf die Rechte der einzelnen Abgeordneten ausgestalten und insoweit auch einschränken.[226] Ein fraktionsloser Abgeordneter hat natürlich **alle Rechte, welche die Geschäftsordnung einzelnen Abgeordneten zuweist:** Er darf Geschäftsordnungsanträge (§ 29 GO-BT), Änderungsanträge in zweiter Beratung (§ 78 Abs. 3, 82 Abs. 1 GO-BT) sowie Fragen an die Bundesregierung im Rahmen der sog. Fragestunde und der sog. Regierungsbefragung (§ 105 GO-BT i.V.m. Anlage 4 zur GO-BT, § 106 Abs. 2 i.V.m. Anlage 7 GO-BT) stellen. Rechte, die nach der Geschäftsordnung an ein Quorum gebunden oder den Fraktionen zugewiesen sind, stehen fraktionslose Abgeordneten nicht zu. Fraktionslose dürfen zumindest **Mitglied eines ständigen Ausschusses** sein – jedenfalls wenn der Zahl der Abgeordneten eine entsprechend große Zahl an Ausschusssitzen gegenübersteht, wie dies der Regelfall ist.[227] Fraktionslose haben im Ausschuss das Rede- und das Antragsrecht, aber **nicht das Stimmrecht**; sie sind also nur „beratendes Mitglied".[228] Die Gegenansicht überzeugt nicht. Hätten Fraktionslose im Ausschuss auch das Stimmrecht, würde dies ihren Anteil an der Sitzverteilung überzeichnen (s. auch Rn. 150). Wie auch fraktionsangehörige Abgeordnete können Fraktionslose sich den Ausschuss, in dem sie Mitglied sind, nicht selbst aussuchen. Der Bundestagspräsident bestimmt, in welchem Ausschuss ein fraktionsloser Abgeordneter Mitglied ist (§ 57 Abs. 2 S. 2 GO-BT). Das ist verfassungsgemäß.[229] Ein Anspruch auf Mitgliedschaft im Ältestenrat oder in Enquêtekommissionen besteht nicht.[230] Dasselbe gilt für die Besetzung eines Ausschussvorsitzes oder die Teilnahme an Berichterstatter- oder Obleutegesprächen. Diese sind auf die Fraktionen bezogen. Eine Berücksichtigung in diesen Gremien und Gesprächsrunden würde – wie auch die Zubilligung eines Stimmrechts im Ausschuss – die fraktionslosen gegenüber den fraktionsangehörigen Abgeordneten überproportional und damit gleichheitswidrig aufwerten. Beim Rederecht und der Redezeit besteht kein Anspruch fraktionsloser Abgeordneter, wie eine Fraktion behandelt zu werden.[231] In der Regel bestimmt der Ältestenrat – wie bei den fraktionsangehörigen Abgeordneten auch – das Rederecht und die Redezeit, indem er die Dauer der Debatten und die Redezeiten für die Fraktionen und ggf. für die fraktionslosen Abgeordneten festlegt. Das Rederecht und die Redezeit kann auch der sitzungsleitende Präsident, der nach § 27 das Wort erteilt und nach § 28 Abs. 1 GO-BT die Rednerreihenfolge festlegt, bestimmen.

---

225 Vgl. BVerfGE 70, 324 (354); BremStGH, DÖV 1970, 639 (641).
226 Vgl. BVerfGE 80, 188 (220).
227 Vgl. BVerfGE 80, 188 (222, 224).
228 Vgl. BVerfGE 80, 188 (224); *Klein*, in: MSW, § 18 Rn. 29; *Badura*, in: BK, Art. 38 Rn. 94, 96; *Magiera*, in: Sachs, Art. 38 Rn. 59; *Steiger*, Organisatorische Grundlagen des parlamentarischen Regierungssystems, 1973, S. 79; *Schwerin*, Der Deutsche Bundestag als Geschäftsordnungsgeber, 1998, S. 155; a.A. BVerfGE 88, 188 (235 ff.) – Sondervotum *Mahrenholz*; *Morlok*, in: Dreier, Art. 38 Rn. 170; *Morlok/Michael*, Rn. 726; *Schreiber*, in: BerlK, Art. 38 Rn. 219; *Demmler*, Der Abgeordnete im Parlament der Fraktionen, 1994, S. 368; *Trute*, Jura 1990, 184 (190 f.); *Schulze-Fielitz*, DÖV 1989, 829 (833).
229 Vgl. BVerfGE 80, 188 (226).
230 Vgl. BVerfGE 80, 188 (227, 230).
231 Vgl. BVerfGE 80, 188 (229).

In der Parlamentspraxis melden fraktionlose Abgeordneten dem Bundestagspräsidenten einen Tag vor der betreffenden Plenarsitzung schriftlich, zu welchem Tagesordnungspunkt sie sprechen möchten. Dabei ist darauf zu achten, dass sie ihr Rederecht nicht überschreiten.

310 Bei jeder Zuteilung – egal ob im Ältestenrat oder durch den Präsidenten – sind das Gewicht des Verhandlungsgegenstandes und die Gesamtdauer der Aussprache sowie der Umstand, ob sich ein Fraktionsloser politisch auch für andere Fraktionslose äußert, zu berücksichtigen.[232] Für die Redezeiten der Fraktionslosen hat sich ein gewisser Schlüssel herausgebildet.

Beispiel: In der 18. Wahlperiode durfte eine fraktionslose Abgeordnete in der auf 25 Minuten angesetzten Debatte zur Änderung der GO-BT (zehn Minuten CDU/CSU, acht Minuten SPD, je vier Minuten Die Linke und Bündnis 90/Die Grünen) drei Minuten sprechen. In der 19. Wahlperiode erhielten fraktionslose Abgeordnete bislang zwei Minuten Redezeit in Debatten unter 60 Minuten, drei Minuten Redezeit in Debatten ab 60 und unter 120 Minuten sowie fünf Minuten Redezeit in Debatten ab 120 Minuten. Soweit fraktionslose Abgeordnete gleichgerichtete politische Ziele verfolgen, werden die genannten Redezeiten jeweils nur einem dieser Abgeordneten gewährt. Üblicherweise reden fraktionslose Abgeordnete in einer Debatte zu einem Tagesordnungspunkt nicht als letzter Redner.

311 Da die Redezeit nicht auf die Fraktionskontingente angerechnet werden kann, verlängert sich die Debatte um die Redezeit fraktionsloser Abgeordneter. Hinsichtlich der Finanzausstattung werden Fraktionslose nicht mit den Fraktionen gleichgestellt, da sich ihr Status von demjenigen der Fraktionen unterscheidet. Die Fraktionszuschüsse dienen der Koordinierungs- und Steuerungstätigkeit, welche die Fraktionen für ihre Mitglieder und das gesamte Parlament erbringen und welche bei fraktionslosen Abgeordneten nicht vorhanden ist.[233] Die Informationsvorteile, welche fraktionsangehörige Abgeordnete durch ihre Fraktion erfahren, können im Einzelfall insb. durch die Inanspruchnahme des Wissenschaftlichen Dienstes, die allen Abgeordneten offensteht, ausgeglichen werden.[234] Die fraktionslosen Abgeordneten sind politisch schwächer als die fraktionsgebundenen Abgeordneten. Zugleich ist ihre politische Laufbahn erkennbar zeitlich begrenzt. Wenn sie – wie üblich – nicht eine neue Partei finden, die sie als Wahlbewerber nominiert, endet ihr Mandat mit der Legislaturperiode. Den Kampf um die Direktmandate machen die Bewerber der im Bundestag vertretenen Parteien unter sich aus.

Leitentscheidungen: BVerfGE 80, 188 (Wüppesahl); 140, 1 (Politikfinanzierung); 142, 25 (Oppositionsrechte).

Literatur zu § 5: *Achterberg*, Die Fraktion, JA 1984, 9; *Austermann*, Grundfälle zum Geschäftsordnungsrecht, JuS 2018, 760; *Bäcker*, Der Ausschluss aus der Bundestagsfraktion, 2011; *Demmler*, Der Abgeordnete im Parlament der Fraktionen, 1994; *Görlitz*, Voraussetzungen und Grenzen des Rechts auf Fraktionsbildung im Deutschen Bundestag, DÖV 2009, 261; *Grzeszick*, Fraktionsautonomie als Teil des verfassungsrechtlichen Status der Bundestagsfraktionen, NVwZ 2017, 985; *Hauenschild*, Wesen und Rechtsnatur der parlamentarischen Fraktionen, 1968; *Hobusch*, Rücklagenbildung der Bundestagsfraktionen, DÖV 2018, 552; *Höl-*

---

232 Vgl. BVerfGE 80, 188 (228 f.).
233 Ebd.
234 Vgl. BVerfGE 80, 188 (232); *Trute*, Jura 1990, 184 (192).

scheidt, Das Recht der Parlamentsfraktionen, 2001; *Hölscheidt/Mundil*, Bildung und Status von Abgeordnetengruppen, DÖV 2018, 546; *Ipsen*, Erwerb und Verlust des Fraktionsstatus im Deutschen Bundestag, NVwZ 2006, 176; *Kassing*, Das Recht der Abgeordnetengruppe, 1988; *Kürschner*, Das Binnenrecht der Bundestagsfraktionen, 1995; *Lenz*, Der Fraktionsausschluss – Zwischenbilanz nach den Fällen Möllemann und Hohmann, NVwZ 2005, 364; *Leunig*, Rechtliche Regelungen des Fraktionsausschlusses im Bundestag und in den Landesparlamenten, ZParl. 50 (2019), 276; *Loibl*, Der Status der Abgeordnetengruppe im Deutschen Parlament, Diss. Köln 1995; *Neumeier/Waldhoff*, Die Rückforderung zweckwidrig verwendeter Fraktionsmittel im System des Parlamentsrechts, ZParl. 48 (2017), 163; *Pfeil*, Der Abgeordnete und die Fraktion, 2008; *Schmidt-Jortzig/Hansen*, Neue Rechtsgrundlage für die Bundestagsfraktionen, NVwZ 1994, 1145; *Stevens*, Die Rechtsstellung der Bundestagsfraktionen, 2000.

§ 6 Selbstorganisation und Organe des Parlaments

▶ **Literatur:** *Degenhart*, Staatsrecht I, § 7 insbes. Rn. 644–653, 683–685.

I. Selbstorganisationsrecht als Teil der Parlamentsautonomie

Der Bundestag besitzt die Befugnis, seine inneren Angelegenheiten unabhängig von anderen Staatsgewalten selbst zu regeln.[1] Diese Befugnis nennt man Parlamentsautonomie. Diese leitet sich aus Art. 20 Abs. 2 S. 2 GG ab. Sie umfasst die im Grundgesetz allenfalls in Ansätzen skizzierte Aufbau- und Ablauforganisation des Parlaments, einschließlich des Rechts, sich durch eine eigene Verwaltung selbst zu verwalten.[2] **312**

Man kann als Teilbereiche oder Ausprägungen der Parlamentsautonomie die **Organisationsautonomie** und die auf den Verfahrensgang bezogene Geschäftsordnungsautonomie (**Verfahrensautonomie**) unterscheiden. Die Organisationsautonomie betrifft vorrangig die *Aufbauorganisation*, die Geschäftsordungsautonomie die *Ablauforganisation*.[3] Beide Begriffe überlappen sich. Rechtliche Konsequenzen hat die Unterscheidung ohnehin nicht. Es kann daher offenbleiben, ob man Grundlage der Organisationsautonomie Art. 40 Abs. 1 S. 1 und als Grundlage der Geschäftsordnungsautonomie Art. 40 Abs. 1 S. 2 oder für beide nur Art. 40 Abs. 1 S. 2 GG heranzieht. Die GO-BT vollzieht die begriffliche Trennung ebenfalls nicht nach. Sie regelt nicht allein den Verfahrensgang, sondern auch die Struktur und den Aufbau des Parlaments mit seinen Organen und den Zusammenschlüssen von Abgeordneten (Fraktionen und Gruppen). In den Anlagen zur GO-BT bspw. finden sich mit den Verhaltensregeln Vorschriften, die den Verfahrensgang und die Organisation des Bundestages gar nicht oder nur in Ansätzen betreffen.

Die heutige Parlamentsautonomie steht in der **Tradition** der seit dem frühen 19. Jh. bis 1918 erstrittenen und gewährten Unabhängigkeit der Volksvertretungen/Parla- **313**

---

1 Vgl. BVerfGE 80, 188 (218 f.); 102, 224 (235); 104, 310 (332); s. hierzu auch die Übersicht bei *Katz/Sander*, Staatsrecht, 19. Aufl. 2019, S. 202.
2 Vgl. nur *Schliesky*, in: MSW, § 5 Rn. 59, 65; *Brocker*, in: BK, Art. 40 Rn. 57.
3 Vgl. *Brocker*, in: BK, Art. 40 Rn. 209.

mente vom monarchischen Landesherrn. Dieser durfte, soweit wie die Parlamentsautonomie reichte, nicht mehr in den Verfahrensgang und die Organisation der Volksvertretung hineinregieren. Auch heute ist Parlamentsautonomie bedeutsam als Freiraum von Einflussnahmen anderer Verfassungsorgane, insb. der Regierung.

314 Den **Kern der Parlamentsautonomie** bilden neben der Geschäftsordnungsautonomie (Art. 40 Abs. 1 S. 2 GG) die Wahl eigener Organe (Art. 40 Abs. 1 S. 1 GG), der Schutz vor Eingriffen von außen in die räumliche Integrität (Hausrecht und Polizeigewalt des Präsidenten, Art. 40 Abs. 2 GG) oder den personellen Bestand des Parlaments (Indemnität und Immunität, Art. 46 GG), das Selbstversammlungsrecht (Art. 39 Abs. 3 GG) und das Enquêterecht (Art. 44 GG).[4] Auch das Wahlprüfungsrecht (Art. 41 GG) zählt dazu.[5] Das BVerfG zählt zu den Regelungsgegenständen des Selbstorganisationsrechts – womit es die Parlamentsautonomie meint – die Abläufe des Gesetzgebungsverfahrens, soweit dieses nicht in der Verfassung selbst geregelt ist, sowie die Funktion, Zusammensetzung und Arbeitsweise der Ausschüsse, die Wahrnehmung von Initiativ-, Informations- und Kontrollrechten, die Bildung und die Rechte von Fraktionen und die Ausübung des parlamentarischen Rederechts.[6] Außerdem gehören der Verfahrensgang außerhalb der Gesetzgebung (z.B. bei der Beratung von Anträgen, Petitions- oder Wahlprüfungssachen), die Bestimmung der Beschlussfähigkeit[7] und die Zahlung von besonderen Vergütungen an Inhaber bestimmter Parlamentsfunktionen[8] dazu. Alle diese Fragen werden durch das materielle Geschäftsordnungsrecht geregelt. Ausnahmen bilden die gesetzlich geregelten Fälle: vor allem die Funktionsvergütungen und die Wahlprüfung.

Das Parlament hat bei der Entscheidung darüber, welche Regeln es zu seiner Selbstorganisation und zur Gewährleistung eines ordnungsgemäßen Geschäftsganges benötigt, einen weiten Gestaltungsspielraum.

II. Bundestagspräsident

315 **Fall 6: Präsident aus der zweitstärksten Fraktion**
Fraktion A, die den Bundestagspräsidenten stellt, ist nach dem Austritt mehrerer Fraktionsmitglieder nur noch zweitstärkste Fraktion. Hat dies Auswirkungen auf die Person des Präsidenten? **Lösung Rn. 320**

316 Eine große Versammlung wie der Bundestag benötigt einen Sitzungs- und Verwaltungsleiter. Die GO-BT sieht **neben dem Bundestagspräsidenten zwei weitere Leitungsorgane** vor: das **Präsidium** und den **Ältestenrat**. Sie unterstützen den Präsidenten bei der Ausübung seiner umfangreichen Befugnisse, namentlich der Steuerung des Parlamentsgeschehens und der Verwaltungsaufgaben. Der Ältestenrat besitzt auf-

---

4 Vgl. *Brocker*, in: BK, Art. 40 Rn. 1; ähnliche Formulierung in BVerfGE 102, 224 (236).
5 Ebenso *Klein*, in: MD, Art. 40 Rn. 31.
6 Vgl. BVerfGE 80, 188 (219); 102, 224 (236).
7 Vgl. BVerfGE 44, 308 (314 f., 317); 123, 39 (67).
8 Vgl. BVerfGE 102, 224 (237 ff., 242 ff.).

grund der Vielzahl seiner Kompetenzen größere rechtliche und tatsächliche Bedeutung als das Präsidium.

1. Bestellung und Abwahl

Der Bundestag **wählt** gemäß Art. 40 Abs. 1 S. 1 GG seinen Präsidenten. Nach § 2 **317**
Abs. 1 S. 1 GO-BT erfolgt die Wahl für die Dauer einer Wahlperiode. Eine Abweichung davon wäre gemäß § 126 GO-BT mit Zweidrittelmehrheit möglich. Die Wahl erfolgt zwingend in der konstituierenden Sitzung zu Beginn einer Wahlperiode (§ 1 Abs. 4 GO-BT)[9] oder nach dem Rücktritt oder Tod des Präsidenten. Gewählt werden darf nur ein Mitglied des Bundestages. Es muss einer Fraktion angehören.[10] Zwar ist dies Art. 40 Abs. 1 S. 1 GG nicht ausdrücklich zu entnehmen. Aber das Geschäftsordnungsrecht geht davon aus: Der Bundestagspräsident wird im Verhinderungsfall von einem Stellvertreter aus der zweitstärksten *Fraktion* vertreten (§ 7 Abs. 6 GO-BT).

Das **Wahlverfahren** beschreibt § 2 Abs. 2, 3 GO-BT. Es ähnelt dem in Art. 63 GG **318**
für die Kanzlerwahl festgelegten Prozedere. Gewählt wird mit verdeckten Stimmzetteln (§ 49 GO-BT), also geheim. Geleitet wird die Wahl – wenn sie, wie üblich, während der konstituierenden Sitzung erfolgt – vom sog. **Alterspräsidenten**. Dies ist seit dem Beginn der 19. Wahlperiode[11] das Mitglied des Bundestages, das die längste Mandatszeit aufweist (§ 1 Abs. 2 GO-BT). Der Alterspräsident ernennt vorläufige Schriftführer, die ihm bei der Wahl assistieren. Eine Aussprache oder Vorstellung der Kandidaten ist in der GO-BT nicht vorgesehen. Sie wäre zulässig, findet in der Praxis aber nicht statt.

Ob der Bundestagspräsident **abgewählt** werden darf, ist umstritten. Eine Ansicht ver- **319**
neint dies unter Berufung auf die fehlende Regelung in der GO-BT[12] oder auf den Wortlaut des § 2 Abs. 1 GO-BT, wonach die Wahl „für die Dauer einer Wahlperiode" erfolgt.[13] Auch wird angeführt, eine unparteiische Amtsführung sei nur möglich, wenn der Parlamentspräsident nicht befürchten müsse, von der Mehrheit aufgrund eines missliebigen Verhaltens abgewählt zu werden.[14] Nach zutr. Auslegung darf der Bundestagspräsident abgewählt werden.[15] Die Begründung hierfür variiert im Schrifttum. Richtigerweise ist die Abwahl *actus contrarius* zur Wahl. Sie ist mit der Mehrheit der Mitglieder möglich. Der Wortlaut des § 2 Abs. 1 GO-BT steht der Abwahl

---

9   Vgl. z.B. BT-StenB. 18/1, S. 4; 19/1, S. 12.
10 Vgl. *Brocker*, in: BK, Art. 40 Rn. 106; a.A. *Blum*, in: MSW, § 21 Rn. 1.
11 Bis einschließlich zur 18. Wahlperiode des Bundestages war dies nach § 1 Abs. 2 GO-BT a.F. das lebensälteste Mitglied. Zu den Gründen für die Änderung BT-Drs. 18/12376, S. 1, 4.
12 So *Ritzel/Bücker/Schreiner*, § 2 Anm. I.1.e; *Ipsen*, Rn. 256; im Ergebnis ebenso, aber ohne Begründung *Roll*, § 2 Rn. 3.
13 So *Troßmann*, JöR 28 (1979), 1 (107); *Achterberg*, S. 213; *Blum*, in: MSW, § 21 Rn. 6; *Zeh*, in: HStR III, § 52 Rn. 27.
14 So *Köhler*, Die Rechtsstellung der Parlamentspräsidenten in den Ländern der Bundesrepublik Deutschland und ihre Aufgaben im parlamentarischen Geschäftsgang, 2000, S. 46 f.; *Rothaug*, Die Leitungskompetenz des Bundestagspräsidenten, 1979, S. 160 f. (Abwahl nur bei Ausscheiden aus der stärksten Fraktion).
15 Vgl. *Versteyl*, in: vMK, Art. 40 Rn. 4; *Brocker*, in: BK, Art. 40 Rn. 115 f.; *Edinger*, Wahl und Besetzung parlamentarischer Gremien, 1992, S. 171 f.; *Wilrich*, DÖV 2002, 152 (153); C. *Schönberger*/ S. *Schönberger*, JZ 2018, 105 (110 Fn. 46).

nicht entgegen. Die Dauer einer Wahlperiode lässt sich auch als die äußerste Grenze der Amtsdauer (während einer Wahlperiode) verstehen. Überdies schreibt § 2 Abs. 1 GO-BT nur eine Formulierung fort, die erstmals im Jahr 1922 in der GO-RT verankert wurde, um die Abkehr von der vormals gültigen vierwöchigen Probeamtszeit des Reichstagspräsidenten zu verdeutlichen.[16] Außerdem ist es der Abwahl immanent, dass sie zu einer Beendigung eines Amtes vor Ablauf der festgelegten Amtsperiode führt. Ferner endet die Amtsperiode des Bundestagspräsidenten unzweifelhaft, wenn er sein Mandat verliert oder als Präsident zurücktritt. Art. 40 Abs. 1 S. 1 GG spricht ohnehin nur lapidar davon, dass der Bundestag seinen Präsidenten „wählt". Das umfasst semantisch auch eine Neuwahl.[17] Die neutrale Stellung des Präsidenten wird durch die Abwahlmöglichkeit nicht eingeschränkt. Politischen Ämtern ist es in der Demokratie immanent, dass ihre Inhaber sich Kritik stellen und mit einer Abwahl rechnen müssen. Darin zeigt sich ihre politische Verantwortlichkeit gegenüber denjenigen, die sie gewählt haben. Vorschriften, die einer Abwahl entgegenstehen, finden sich im Grundgesetz nicht. Eine Abwahl ist damit verfassungsrechtlich zulässig. Eine Zweidrittelmehrheit ist für die Abwahl nicht notwendig, denn die Abwahl ist keine Abweichung von der GO-BT nach deren § 126.[18] § 126 GO-BT zielt auf eine Abweichung im Einzelfall mit Wirkung für die Zukunft ab und nicht auf den Eingriff in einen dauerhaften Rechtsstatus.[19]

320 **Lösung Fall 6: Präsident aus der zweitstärksten Fraktion (Rn. 315)**
Der Präsident wird für die Dauer einer Wahlperiode gewählt (2 Abs. 1 S. 1 GO-BT). Dass seine „Heimatfraktion" nicht mehr stärkste Fraktion ist, beendet die Amtsstellung als Präsident ebenso wenig[20] wie ein Fraktionsausschluss, -austritt oder -wechsel.[21] Das Parlament kann den Amtsinhaber aber abwählen.

Die Präsidenten des Deutschen Bundestages seit seiner Erstkonstituierung 1949:
- Erich Köhler, CDU (1949 – 1950)
- Hermann Ehlers, CDU (1950 – 1954)
- Eugen Gerstenmeier, CDU (1954 – 1969)
- Kai-Uwe von Hassel, CDU (1969 – 1972)
- Annemarie Renger, SPD (1972 – 1976)
- Karl Carstens, CDU (1976 – 1979)
- Richard Stücklen, CSU (1979 – 1983)
- Rainer Barzel, CDU (1983 – 1984)
- Philipp Jenninger, CDU (1984 – 1988)
- Rita Süssmuth, CDU (1988 – 1998)
- Wolfgang Thierse, SPD (1998 – 2005)
- Norbert Lammert, CDU (2005 – 2017)
- Wolfgang Schäuble, CDU (seit 2017).

---

16 Vgl. nur *Edinger*, Wahl und Besetzung parlamentarischer Gremien, 1992, S. 171 m.w.N.
17 Vgl. *Wilrich*, DÖV 2002, 152 (153).
18 So aber *Klein*, in: MD, Art. 40 Rn. 90; *Pieroth*, in: JP, Art. 40 Rn. 1; *Magiera*, in: Sachs, Art. 40 Rn. 5; *Leisner*, in: Sodan, Art. 40 Rn. 5; wie hier *Brocker*, in: BK, Art. 40 Rn. 116.
19 Insoweit zutr. *Ritzel/Bücker/Schreiner*, § 2 Anm. I.1.e.
20 Vgl. *Klein*, in: MD, Art. 40 Rn. 89; *Brocker*, in: BK, Art. 40 Rn. 112; *Achterberg*, S. 191.
21 *Troßmann*, JöR 28 (1979), 1 (107); *Stern*, StaatsR II, S. 90.

2. Funktionen und Befugnisse

Der Bundestagspräsident ist staatsrechtlich der **Repräsentant des Bundestages**, oh-ne aber ein Verfassungsorgan zu sein.[22] Da der Bundestag das Volk repräsentiert, ist der Bundestagspräsident **protokollarisch der „zweite Mann" im Staat** nach dem Bundespräsidenten.[23] Der Vertreter der Bundespräsidenten ist aber nicht der Bundes-*tags*-, sondern der Bundes*rats*präsident (Art. 57 GG). Der Bundestagspräsident nimmt Funktionen innerhalb des Bundestages und nach außen wahr. Die „Mindest-funktionen" werden in Art. 40 Abs. 2 GG genannt. § 7 GO-BT nennt die Aufgaben, Befugnisse und Verhaltensvorgaben nur überblicksartig. Die Aufgaben und Befug-nisse, die sich aus anderen Vorschriften der GO-BT und einfachen Gesetzen (dem AbgG, dem PartG und dem BBG) ergeben, reichen über Art. 40 Abs. 2 GG und § 7 GO-BT hinaus. Die Aufgaben und Befugnisse lassen sich in solche, die nach außen wirken und solche, die nach innen wirken, unterscheiden. Überschneidungen und Wechselwirkungen sind möglich. Der Grund für die umfangreiche Aufgabenzuwei-sung an den Präsidenten liegt darin, dass er viele Aufgaben als Vertreter wahrnimmt, die in ihrer Fülle und Detailliertheit das Plenum lähmen würden (z.B. Personal-, Ma-terial- oder Betriebsfragen). Einige Aufgaben weisen über das Parlamentsrecht hi-naus. Der Bundestagspräsident ist **Leiter der Bundesversammlung** (Art. 54 Abs. 4 S. 2 GG, § 8 S. 1 BPräsWahlG), **sitzt dem Gemeinsamen Ausschuss vor** (§ 7 Abs. 1 GO-GemA), hat die Befugnis, einen Wahleinspruch einzulegen (§ 2 Abs. 2 WPrüfG) und ein Antragsrecht in Disziplinarsachen, die den Präsidenten und den Vizepräsi-denten des Bundesrechnungshofes betreffen (§ 18 Abs. 2 S. 2 BRHG i.V.m. § 63 Abs. 2 bzw. § 66 Abs. 3 DRiG).

321

a) Nach außen gerichtete Funktionen und Befugnisse

Nach außen **vertritt** der Präsident (als „symbolische und offizielle Personifizierung des Parlaments"[24]) *den* Bundestag (§ 7 Abs. 1 S. 1 GO-BT), also das Parlament in sei-ner Gesamtheit.

322

Er besitzt die Aktiv- und Passivlegitimation in allen (auch in verfassungsrechtli-chen[25]) Rechtsstreitigkeiten des Bundestages (s. Rn. 112 f., 137, 202, 299 f., 307, 358, 563).

Er ist als „Poststelle"[26] des Bundestages offizieller Adressat und Absender jeglichen Schriftverkehrs (etwa mit anderen Verfassungsorganen, z.B. im Gesetzgebungsver-fahren, mit Abgeordneten, z.B. beim Mandatsverzicht, mit Behörden des Bundes und der Länder, z. B. in Immunitätsangelegenheiten, sowie mit Bürgern, z.B. bei Petitio-nen, Wahleinsprüchen, sonstiger Bürgerpost).

Er darf als „Sprecher des Bundestages"[27] rechtsverbindliche und rein politische öf-fentliche Erklärungen vor dem Bundestag oder der Presse im Namen des Bundestages

---

22 Vgl. *Brocker*, in: BK, Art. 40 Rn. 104; *Blum*, in: MSW, § 21 Rn. 8.
23 Vgl. nur *Blum*, in: MSW, § 21 Rn. 13 m.w.N.; a.A. etwa *Hartmann*, Staatszeremoniell, 4. Aufl. 2007, S. 96 f., 103.
24 *Loewenberg*, Parlamentarismus im politischen System der Bundesrepublik Deutschland, 1969, S. 173.
25 Vgl. BVerfGE 1, 115 f.
26 BVerfGE 104, 310 (324).
27 Ähnlich *Brocker*, in: BK, Art. 40 Rn. 124.

abgeben, z.B. wenn die Ehre eines Mitglieds in Frage gestellt oder Parlamentsbediensteten Fehlverhalten im Dienst vorgeworfen wird (§ 7 Abs. 1 S. 2 GO-BT: Wahrung der Würde des Hauses)[28].

Der Parlamentspräsident heißt in angelsächsischen Staaten nicht ohne Grund „Speaker". Darin verkörpert sich seine traditionelle Rolle als derjenige, der nach außen (vor allem gegenüber dem König) für das Parlament sprach bzw. spricht.

Er hat die Pflicht, die **Beschlüsse des Bundestages auszufertigen oder zu vollziehen und weiterzuleiten** (§§ 120, 122) und ggf. ein Berichtigungsverfahren einzuleiten (§ 122 Abs. 3 GO-BT).

Er tritt als **Verwaltungsbehörde**[29] gemäß § 35 VwVfG nach außen auf, vor allem bei:

- der Festsetzung der Höhe der staatlichen Mittel für jede anspruchsberechtigte Partei für das vorangegangene Jahr (§ 19a Abs. 1 S. 1 PartG),
- der Prüfung der Rechenschaftsberichte der Parteien (§ 23 Abs. 3, 4, § 23a PartG),
- der Festsetzung und Rückforderung von Leistungen nach dem AbgG[30] (monatliche Entschädigung, Übergangsgeld, Altersversorgung, Beihilfe oder Beitragszuschuss für die Krankenversicherung).

b) Nach innen gerichtete Funktionen und Befugnisse

323   Der Präsident nimmt bundestagsintern **Leitungs- und Geschäftsführungsaufgaben** wahr.

Er führt als Leiter der Bundestagsverwaltung die internen personellen und technischen Geschäfte des Bundestages (§ 7 Abs. 1 S. 1 GO-BT). Dazu gehören insb. die Stellung als oberste Dienstbehörde der Bundestagsbeamten (176 Abs. 1 BBG, § 7 Abs. 4 S. 1, 2 GO-BT) und oberster Vorgesetzter der Tarifbeschäftigten (§ 7 Abs. 4 S. 3 GO-BT) sowie die Anweisung von Ausgaben im Rahmen des Haushaltsplanes (§ 7 Abs. 3 S. 2 GO-BT).

Er ist Vorsitzender des Präsidiums und des Ältestenrates, der ihn bei der Führung der Geschäfte unterstützt (§ 6 Abs. 2 S. 1 GO-BT).

Er übt das **Hausrecht und die Polizeigewalt in den Gebäuden des Bundestages** aus (Art. 40 Abs. 2 S. 1 GG).

Er prüft Kleine und Große Anfragen auf die in der GO-BT genannten Voraussetzungen, z.B. ihre Bestimmtheit oder die Vermeidung unsachlicher Feststellungen oder Wertungen (§ 100 S. 1, § 104 S. 2 GO-BT, Anlage 4 zur GO-BT).

Er (oder ein sitzungsleitender Vizepräsident) **leitet die Verhandlungen** als „primus inter pares"[31] gerecht und unparteiisch (§ 7 Abs. 1 S. 2, § 22 S. 1 GO-BT). Zu seinen sitzungsleitenden Aufgaben gehören vor allem:

---

28   Vgl. *Ritzel/Bücker/Schreiner*, § 7 Anm. I.2.a.
29   Vgl. nur *Blum*, in: MSW, § 21 Rn. 40.
30   Vgl. *Austermann*, in: AS, Vor § 11 Rn. 12.
31   Ebenso *Zeh*, ZParl. 17 (1986) 396 (407).

- die Einberufung der Sitzung (§ 21 GO-BT, Art. 39 Abs. 3 S. 2, 3 GG),
- die Festsetzung der Tagesordnung (wenn nicht – wie in der Regel – durch Ältestenrat, § 21 Abs. 1 Var. 1 GO-BT; Sonderfälle: § 20 Abs. 5, § 21 Abs. 1 Var. 2 GO-BT),
- die Eröffnung der Sitzung (§ 22 S. 1 GO-BT),
- die Eröffnung und die Schließung der Aussprache zu jedem TOP (§ 23, § 25 Abs. 1 GO-BT),
- die Worterteilung (§ 27 GO-BT),
- die Bestimmung der Rednerreihenfolge (wenn nicht eine vorherige Absprache besteht, § 28 Abs. 1 GO-BT),
- die Ordnungsgewalt in Sitzungen (§§ 7 Abs. 1 S. 2, 36-41, 119 Abs. 2 GO-BT, dazu unten dd),
- die Herbeiführung von (verabredeten) Abstimmungen und Wahlen sowie die Feststellung oder Verkündung des Ergebnisses (ggf. zugleich die Feststellung, ob die vorgeschriebene Mehrheit vorliegt, § 48 Abs. 3 GO-BT),
- die Aussetzung einer Abstimmung (§ 45 Abs. 2 GO-BT),
- die Entscheidung über die Auslegung der GO-BT im Einzelfall (§ 127 Abs. 1 GO-BT),
- die Schließung der Sitzung und die Bekanntgabe des nächsten Sitzungstermins (§ 22 GO-BT; Sonderfall: § 40 S. 1 GO-BT).

Der Bundestagspräsident weist fraktionslose Abgeordneten als beratende Mitglieder einem Ausschuss zu (§ 57 Abs. 2 S. 2 GO-BT, s. Rn. 437). Er hat beratende Stimme in allen Ausschüssen (§ 7 Abs. 1 S. 3 GO-BT). **324**

Er hat die Befugnis zur Verfolgung von Ordnungswidrigkeiten nach § 112 OWiG. Er entscheidet über eine Verfolgungsermächtigung nach § 353b Abs. 4 Nr. 1 StGB und über eine Aussagegenehmigung nach § 44d AbgG.

c) Insb.: Hausrecht und Polizeigewalt

Fall 7: Hungerstreik im Bundestag **325**

In einem Fraktionsraum in den Liegenschaften des Bundestages findet ein Hungerstreik statt. Kann der Bundestagspräsident den Teilnehmern ein Hausverbot erteilen und dieses auch durchsetzen? **Lösung Rn. 333**

Fall 8: Hausverbot **326**

Der Bundestagspräsident hat einem Störer ein Hausverbot erteilt. Eine Fraktion ist damit nicht einverstanden. Kann sie die Maßnahme des Präsidenten zum Gegenstand einer Plenardebatte machen mit dem Ziel, die Maßnahme aufzuheben? **Lösung Rn. 336**

Das Hausrecht und die Polizeigewalt (Art. 40 Abs. 2 S. 1 GG) schützen die Bundestagsgebäude gegen Eingriffe von Exekutive und Judikative[32] sowie sonstiger Dritter.[33] Beide Befugnisse machen den Bundestag zum **„Herrn im eigenen Haus".**[34] Sie **327**

---

32 Vgl. etwa BVerfG(K), NJW 2005, 2843.
33 Vgl. *Brocker*, in: BK, Art. 40 Rn. 241.
34 *Klein*, in: MD, Art. 40 Rn. 180.

schützen die Funktionsfähigkeit (Arbeitsfähigkeit) des Bundestages[35], insb. die Freiheit seiner Willensbildung.[36] Hausrecht und Polizeigewalt sind nach dem ausdrücklichen Wortlaut des Art. 40 Abs. 2 S. 1 GG voneinander zu unterscheidende, eigenständige Befugnisse des Bundestagspräsidenten.[37] Ihre Ausübung ist ihm allein übertragen. Der Bundestag darf ihm keine Vorgaben machen. Hausrechts-[38] und Polizeimaßnahmen können vom Plenum nicht aufgehoben werden.

328 Der räumliche (sachliche) und der persönliche Geltungsbereich beider Befugnisse sind identisch.[39] Hausrecht und Polizeigewalt gelten **in allen Gebäuden des Bundestages**, d.h. in allen Liegenschaften (Gebäuden, Gebäudeteilen und Grundstücken), die dem Parlament zur Erfüllung seiner verfassungsgemäßen Aufgaben dienen.[40] Tagt der Bundestag oder ein Ausschuss außerhalb der Bundestagsliegenschaften, gelten das Hausrecht und die Polizeigewalt nach zutr. Auffassung auch für den temporären Tagungsraum.[41] Die Gegenansicht[42] übersieht, dass Art. 40 Abs. 2 S. 1 GG andernfalls in einem solchen Fall – der ja auch dadurch veranlasst sein kann, dass die Bundestagsliegenschaften zeitweise nicht nutzbar sind – ins Leere liefe. Für Fraktionssitzungen und Abgeordnetenbüros außerhalb der Bundestagsliegenschaften besitzt der Bundestagspräsident hingegen weder das Hausrecht noch die Polizeigewalt.[43]

329 Umstritten ist, wem das Hausrecht an den Bundestagsräumlichkeiten zusteht, die den **Fraktionen** überlassen werden. Einige vertreten die Ansicht, die Fraktionen hätten ein ausschließliches Hausrecht.[44] Richtiger Ansicht nach haben *auch* die Fraktionen in den ihnen überlassenen Bundestagsräumlichkeiten das Hausrecht.[45] Nur wenn sie ihr Hausrecht missbrauchen, wenn also die Funktionsfähigkeit des Bundestages gestört wird, ist der Bundestagspräsident berechtigt, sein Hausrecht *vorrangig* auszuüben.[46] Die Polizeigewalt besteht unabhängig vom Hausrecht. Der Bundestagspräsident darf sie, sofern ihre Tatbestandsvoraussetzungen erfüllt sind, auch in den Räumlichkeiten ausüben, die Fraktionen oder Abgeordneten zur Nutzung überlassen worden sind.[47] Einen Missbrauch des Nutzungsrechts setzt sie nicht voraus.

---

35 Vgl. zum Hausrecht VG Berlin, NJW 2002, 1063 (1064); vgl. zur Polizeigewalt *Ramm*, NVwZ 2010, 1461 (1462).
36 Vgl. *Klein*, in: MD, Art. 40 Rn. 180.
37 Vgl. nur BVerfGE 108, 251 (273); *Klein*, in: MD, Art. 40 Rn. 147; a.A. *Ritzel/Bücker/Schreiner*, § 7 Anm. II.1.a.
38 Vgl. *Köhler*, Die Rechtsstellung der Parlamentspräsidenten in den Ländern der Bundesrepublik Deuschland, 2000, S. 240.
39 Vgl. nur *Klein*, in: MD, Art. 40 Rn. 164.
40 Vgl. etwa *Brocker*, in: BK, Art. 40 Rn. 243; *Klein*, in: MD, Art. 40 Rn. 165; *Pieroth*, in: JP, Art. 40 Rn. 13.
41 Vgl. *Brocker*, in: BK, Art. 40 Rn. 244.
42 Vgl. *Klein*, in: MD, Art. 40 Rn. 165.
43 Wie hier *Brocker*, in: BK, Art. 40 Rn. 246; *Klein*, in: MD, Art. 40 Rn. 165; a.A. für die Polizeigewalt *Köhler*, DVBl. 1992, 1577 (1582).
44 So *Schmidt*, DÖV 1990, 102 (106); *Köhler*, Die Rechtsstellung der Parlamentspräsidenten in den Ländern der Bundesrepublik Deutschland, 2000, S. 238 f.
45 So *Klein*, in: MD, Art. 40 Rn. 168; *Blum*, in: MSW, § 21 Rn. 34; *Hölscheidt*, Das Recht der Parlamentsfraktionen, 2001, S. 281 f.; BerlVerfGH, NJW 1996, 2567 (2568); a.A. *Brocker*, in: BK, Art. 40 Rn. 245.
46 Vgl. *Klein*, in: MD, Art. 40 Rn. 168; *Blum*, in: MSW, § 21 Rn. 34.
47 Ebenso *Hölscheidt*, Das Recht der Parlamentsfraktionen, 2001, S. 282; *Schmidt*, DÖV 1990, 102 (106).

Adressat der Maßnahmen, die auf das Hausrecht oder die Polizeigewalt gestützt **330** werden, ist grundsätzlich jeder, der sich in den Bundestagsliegenschaften aufhält.[48] Adressaten können daher z.B. Besucher, Mitarbeiter der Verwaltung, der Fraktionen und der Abgeordneten sowie Fraktionen und Abgeordnete sein. Das Hausrecht wird in Plenarsitzungen durch die Ordnungsgewalt des sitzungsleitenden Präsidenten und in Ausschusssitzungen durch die Ordnungsgewalt des Ausschussvorsitzenden verdrängt.[49] Der Polizeigewalt sind Abgeordnete auch während der Plenarsitzungen unterworfen.[50] Die Ordnungsgewalt verdrängt die Polizeigewalt nach zutr. Ansicht nicht.[51]

Inhalt des Hausrechts ist die eigenständige Befugnis des Bundestagspräsidenten, zu **331** bestimmen, wer zu den Parlamentsgebäuden Zutritt hat und in ihnen verweilen darf.[52] Das Hausrecht wird durch die Hausordnung – eine Verwaltungsvorschrift,[53] die im Einvernehmen[54] mit dem Ausschuss für Wahlprüfung, Immunität und Geschäftsordnung zu erlassen ist (§ 7 Abs. 2 S. 2 GO-BT) – und Zutritts- und Verhaltensregeln konkretisiert. Die **Rechtsnatur des Hausrechts** ist umstritten. Die h.M. qualifiziert das Hausrecht als privatrechtlich (fiskalisch),[55] eine andere Ansicht als öffentlich-rechtlich,[56] und eine vermittelnde Auffassung weist ihm eine doppelte Rechtsnatur zu („doppeltes Hausrecht"): Bei einer Nutzung im Rahmen des Widmungszwecks sei das Hausrecht öffentlich-rechtlicher Natur; bei einer Nutzung außerhalb des Widmungszwecks sei das Hausrecht privater Natur. Die Zuweisung **allein zum öffentlichen Recht** überzeugt. Das Hausrecht dient nicht dazu, das privatrechtliche Eigentum des Bundes an den Bundestagsliegenschaften zu sichern. Das Hausrecht soll vielmehr die **Funktionsfähigkeit des Parlaments**, dessen Betrieb die Bundestagsliegenschaften gewidmet sind, schützen. Eine privatrechtliche Verankerung des Hausrechts ist daher abzulehnen. Auch die vermittelnde Ansicht überzeugt aus diesem Grund nicht.

Als **Hausrechtsmaßnahmen** kommen neben dem Erlass einer Hausordnung auch **332** **Hausverbote** in Betracht. Sie sind nach zutr. Ansicht Verwaltungsakte.[57] Da das Hausrecht präventiven Charakter hat, rechtfertigt eine einmalige Hausrechtsverletzung ein Hausverbot nur dann, wenn die Gefahr einer weiteren oder fortdauernden Verletzung besteht.[58] Der Bundestagspräsident hat bei der Ausübung des Hausrechts grundsätzlich einen Ermessensspielraum. Dieser umfasst etwa die Frage, wer das Gebäude des Reichstages zu privaten Zwecken, z.B. für eine Kunstaktion, nutzen darf.[59]

---

48 Vgl. *Klein*, in: MD, Art. 40 Rn. 164; *Brocker*, in: BK, Art. 40 Rn. 247.
49 Vgl. *Blum*, in: MSW, § 21 Rn. 32; zu weit *Brocker*, in: BK, Art. 40 Rn. 248.
50 Vgl. *Brocker*, in: BK, Art. 40 Rn. 249 f.; StGH BW, NJW 1988, 3199 (3200).
51 A.A. *Blum*, in: MSW, § 21 Rn. 36; *Ramm*, NVwZ 2010, 1461 (1463).
52 Vgl. *Schmidt*, DÖV 1990, 102 (103); *Köhler*, Die Rechtsstellung der Parlamentspräsidenten in den Ländern der Bundesrepublik Deuschland, 2000, S. 235.
53 Vgl. *Klein*, in: MD, Art. 40 Rn. 162.
54 Für eine verfassungskonforme Auslegung des Einvernehmens im Sinne eines bloßen Benehmens *Klein*, in: MD, Art. 40 Rn. 159; *Brocker*, in: BK, Art. 40 Rn. 257; jedenfalls krit. zum Einvernehmenserfordernis *Leisner*, in: Sodan, Art. 40 Rn. 9, der allerdings irrtümlich vom „Wahlprüfungsausschuss" spricht.
55 Vgl. statt vieler *Brocker*, in: BK, Art. 40 Rn. 252; *Magiera*, in: Sachs, Art. 40 Rn. 29.
56 Vgl. nur *Klein*, in: MD, Art. 40 Rn. 144; *Morlok*, in: Dreier, Art. 40 Rn. 35.
57 Ebenso *Klein*, in: MD, Art. 40 Rn. 173; a.A. *Brocker*, in: BK, Art. 40 Rn. 255.
58 Vgl. VG Berlin, NJW 2002, 1063 (1064).
59 Vgl. BVerfG(K), NJW 2005, 2843 f.

Gleichwohl sind Zugangsbeschränkungen an Sitzungstagen wegen des Öffentlichkeitsgebots (Art. 42) oder der Zutrittsberechtigung der Zutritts- und Redeprivilegierten (Art. 43 Abs. 2 GG) nur aus Kapazitätsgründen oder anderen Gründen der Gefahrenabwehr zulässig. Das Recht zur **Durchsetzung des Hausrechts** folgt unmittelbar aus Art. 40 Abs. 2 S. 1 GG.[60] Die Vollstreckung richtet sich nach dem UZwG (§ 7 Abs. 1, 2 der Hausordnung); Amtshilfe nach Weisungen des Bundestagspräsidenten ist möglich.[61] Der im Falle einer Hausrechtsmaßnahme zu beschreitende Rechtsweg richtet sich danach, ob man das Hausrecht privat- oder öffentlich-rechtlich einordnet. Wenn um Verfassungsrechtspositionen gestritten wird, ist das BVerfG zuständig. Dies ist z.B. der Fall, wenn der Bundestagspräsident einem Abgeordneten den Zutritt zum Parlamentsgebäude verwehrt.[62]

333   **Lösung Fall 7: Hungerstreik (Rn. 325)**
Der Bundestagspräsident darf den Teilnehmern ein Hausverbot erteilen und dieses auch durchsetzen. Die Begründung dafür ist jedoch strittig. Nach zutr. Ansicht haben die Fraktionen ein eigenständiges Hausrecht in den ihnen zugewiesenen Räumen; der Präsident hat ein übergeordnetes Hausrecht, das er, wenn die Fraktionen – wie hier – ihr Nutzungsrecht missbrauchen, ausüben und durchsetzen kann. Nach der Gegenansicht haben allein die Fraktionen das Hausrecht inne. Der Präsident kann aber im Falle einer Störung kraft seiner Polizeigewalt gegen die Störer vorgehen. Dies zeigt der Wortlaut des Art. 40 Abs. 2 S. 1 GG, wonach ausdrücklich der Präsident das Hausrecht ausübt und insoweit nicht – wie bei anderen Kompetenzen – der Bundestag als Inhaber der Befugnis genannt wird.

334   **Durchsuchungen und Beschlagnahmen** (s. Rn. 121 ff.), die **in den Gebäuden des Bundestages** erfolgen sollen, z.B. in einem Abgeordnetenbüro, bedürfen der Genehmigung des Bundestagspräsidenten (Art. 40 Abs. 2 S. 2 GG). Der Begriff „Genehmigung" meint, anders als im Zivilrecht, nicht die nachträgliche, sondern die vorherige Zustimmung (Einwilligung).[63] Dasselbe gilt nach zutr. Ansicht erst recht für schwerwiegendere Eingriffe wie eine Festnahme oder eine Verhaftung.[64] Sofern ein Abgeordneter als Beschuldigter von der Maßnahme betroffen ist, muss zusätzlich das Plenum die Maßnahme genehmigen (Art. 46 Abs. 2 GG), also insoweit die Immunität aufheben (eine Festnahme ohne Genehmigung des Plenums ist gemäß Art. 46 Abs. 2 Hs. 2 GG nur bei Begehung der Tat oder im Laufe des folgenden Tages zulässig). Soll also das Büro eines Abgeordneten in den Bundestagsgebäuden wegen eines Tatverdachts gegen den Abgeordneten durchsucht werden, sind zwei Genehmigungen nötig: eine für die Ermittlungsmaßnahme gemäß Art. 46 Abs. 2 und eine für die Durchsuchung im Bundestag gemäß Art. 40 Abs. 2 S. 2 GG. Eine mutmaßliche oder konkludente Einwilligung des Bundestagspräsidenten genügt im Notfall.[65] Unverzüg-

---

60   Vgl. *Klein*, in: MD, Art. 40 Rn. 173.
61   Ebd.; *Morlok/Michael*, Rn. 684.
62   Vgl. *Blum*, in: MSW, § 21 Rn. 33; diff. *Köhler*, Die Rechtsstellung der Parlamentspräsidenten in den Länder der Bundesrepublik Deutschland, 2000, S. 237 f., 243.
63   Vgl. etwa *Klein*, in: MD, Art. 40 Rn. 175; a.A. *Lang*, in: BerlK, Art. 40 Rn. 56.
64   Vgl. etwa *Versteyl*, in: vMK, Art. 40 Rn. 29; *Klein*, in: MD, Art. 40 Rn. 175; *Brocker*, in: BK, Art. 40 Rn. 276; a.A. *Morlok*, in: Dreier, Art. 40 Rn. 38; *Pieroth*, in: JP, Art. 40 Rn. 16; *Lang*, in: BerlK, Art. 40 Rn. 53.
65   Vgl. *Köhler*, DVBl. 1992, 1577 (1581); a.A. *Schneider*, in: AK, Art. 40 Rn. 18; *Pieroth*, in: JP, Art. 40 Rn. 16; *Brocker*, in: BK, Art. 40 Rn. 58.

lich ist aber um eine ausdrückliche Genehmigung nachzusuchen.[66] Die Reichweite des Art. 40 Abs. 2 S. 2 GG entspricht der des Satzes 1. Allein zuständig ist – wie bei Maßnahmen nach S. 1 – der Bundestagspräsident.

Das Genehmigungserfordernis **gehört seinem Schutzzweck nach zum Bereich des Hausrechts**[67] und nicht zum Bereich der Polizeigewalt.[68] Das Genehmigungserfordernis schützt in erster Linie die räumliche Integrität des Parlaments und daneben die Autorität des Bundestagspräsidenten und der Abgeordneten. Es ergänzt den persönlichen Schutz der Abgeordneten aus Art. 46 GG funktionell. Die Genehmigung steht im Ermessen des Präsidenten. Er muss sich aber von dem Ziel leiten lassen, die Funktionsfähigkeit des Parlaments zu sichern. Jedes Mitglied hat nur einen Anspruch darauf, dass der Bundestagspräsident bei Genehmigungsentscheidungen den Abgeordnetenstatus (Art. 46, 47 GG) nicht grob verkennt (Evidenzkontrolle) und sich nicht von sachfremden, willkürlichen Motiven leiten lässt.[69] Bis zur Genehmigung besteht – wie auch bis zur Genehmigung immunitätsrelevanter Maßnahmen – ein Verfahrenshindernis für die konkrete Maßnahme.[70] Wird eine nicht genehmigte Maßnahme durchgeführt, besteht im anschließenden Strafprozess nach zutr. Ansicht ein Beweisverwertungsverbot.[71] Hat das Plenum den Vollzug einer gerichtlich angeordneten Durchsuchung und/oder Beschlagnahme oder einer schwerer wiegenden Maßnahme gegen ein Mitglied des Bundestages in den Bundestagsliegenschaften – also insb. im Abgeordnetenbüro – genehmigt, ist der Bundestagspräsident beauftragt, die Genehmigung mit der Auflage zu verbinden, dass beim Vollzug der Zwangsmaßnahme ein anderes Mitglied des Bundestages und ein zusätzlicher Vertreter des Bundestagspräsidenten anwesend sein soll (Ziff. 5 des „Beschlusses des Deutschen Bundestages betr. Aufhebung der Immunität von Mitgliedern des Bundestages", Anlage 6 zur GO-BT). Der Vertreter des Bundestagspräsidenten ist üblicherweise ein Beamter der Bundestagsverwaltung. Er soll etwaige Eingriffe in das Hausrecht, die über das notwendige Maß hinausgehen, unterbinden. Das als Zeuge anwesende Mitglied des Bundestages hat darauf zu achten, dass die parlamentarische Tätigkeit des von der Durchsuchung und ggf. Beschlagnahme betroffenen Abgeordneten so wenig wie möglich beeinträchtigt wird. Der von der Maßnahme betroffene Abgeordnete darf vor Ort anwesend sein, um auf Schriftstücke, die Art. 47 S. 2 GG unterfallen, hinweisen und einer Beschlagnahme entgegentreten zu können.

335

> **Lösung Fall 8: Hausrecht (Rn. 326)**
>
> Das Plenum darf Hausrechtsmaßnahmen nicht aufheben; denn das Hausrecht steht dem Präsidenten als eigenständige, höchstpersönliche Kompetenz zu. Gemäß Art. 40 Abs. 2 S. 1 GG übt ausdrücklich der Präsident das Hausrecht aus. Fraglich ist schon, ob das Plenum über Hausrechtsmaßnahmen überhaupt diskutieren darf. Da das Hausrecht allein dem Präsidenten zusteht, wird das Plenum darüber zwar diskutieren können. Folgen hat eine solche Debatte aber nicht.

336

---

66 Vgl. *Köhler*, DVBl. 1992, 1577 (1581).
67 Vgl. BVerfGE 108, 251 (273).
68 Vgl. *Köhler*, DVBl. 1992, 1577 (1580).
69 Vgl. BVerfGE 108, 251 (273 ff.).
70 Vgl. *Brocker*, in: BK, Art. 40 Rn. 275.
71 So *Brocker*, ebd.; a.A. für Verstöße gegen das Immunitätsrecht *Pfeiffer*, StPO, 5. Aufl. 2005, § 152a Rn. 8; *Meyer-Goßner*, StPO, 61. Auf. 2018, § 152a Rn. 13.

337 Die parlamentarische **Polizeigewalt** kann auf Vorläufer im mittelalterlichen England und in der französischen Verfassung von 1791 zurückblicken. Die Polizeigewalt ist die (wegen des Wortlauts des Art. 40 Abs. 2 S. 1 GG) öffentlich-rechtliche Befugnis des Bundestagspräsidenten, eine Störung der öffentlichen Sicherheit und Ordnung in den Liegenschaften des Bundestages abzuwehren.[72] Der Umfang der Befugnisse richtet sich wegen der Parlamentsautonomie wie auch zur Weimarer Zeit nach dem **materiellen Polizeibegriff**, d.h. die Polizeigewalt umfasst alle Befugnisse zur Abwehr von Gefahren für die öffentliche Sicherheit und Ordnung in den Bundestagsgebäuden.[73] Zu sog. verwaltungspolizeilichen Maßnahmen, die grundsätzlich besonderen Ordnungsbehörden, z.B. im Bereich des Bau- oder Gewerberechts, vorbehalten sind, berechtigt die Polizeigewalt nach zutr. Auffassung nur dann, wenn die verfassungsgemäße Aufgabenwahrnehmung des Parlaments berührt ist.[74] **Dritte**, also andere Polizei-, Strafverfolgungs- oder Verwaltungsbehörden, dürfen Maßnahmen der Gefahrenabwehr nach richtiger Auffassung nur dann treffen, wenn sie entweder im Wege der Amtshilfe[75] (Art. 35 Abs. 1 GG i.V.m. §§ 5 f. VwVfG) auf Anforderung und auf Weisung des Bundestagspräsidenten oder bei Gefahr im Verzug[76] tätig werden. **Amtshilfe** wird erbeten, wenn die Bundestagspolizei zu einer Maßnahme nicht selbst in der Lage ist. Gefahr im Verzug ist anzunehmen, wenn ein rechtzeitiges Handeln des Bundestagspräsidenten oder seines Vertreters objektiv nicht möglich ist und sich die Gefahr gerade deshalb zu verwirklichen droht.[77]

338 Der Bundestag verfügt über eine eigene Polizei. Die **Polizei beim Deutschen Bundestag** (die kleinste Polizei des Bundes) wird vom Bundestagspräsidenten geleitet (Art. 40 Abs. 2 S. 1 GG). Die Vorläuferparlamente des Bundestages hatten kein eigenes Polizeipersonal. Sie mussten die Polizeibehörden um Hilfe bitten. Die **Rechtsgrundlage für Eingriffe** der Bundestagspolizei durch Polizeiverfügungen, Polizeirechtsverordnungen und Realakte ist nach richtiger Ansicht unmittelbar Art. 40 Abs. 2 S. 1 GG.[78] Eine einfach-gesetzliche Rechtsgrundlage besteht – was verfassungsrechtlich nicht unproblematisch ist – nicht. Hingegen besteht eine Rechtsgrundlage für den Vollzug polizeilicher Maßnahmen. Polizeiverfügungen und Polizeiverordnungen können durch Zwangsmittel gemäß §§ 6 ff. VwVG und § 1 Abs. 1, § 6 Nr. 1 UZwG durchgesetzt werden.[79] Repressive Maßnahmen nach StPO oder OWiG sind der Bundestagspolizei grundsätzlich verboten,[80] da die Polizeigewalt nur präven-

---

72 Vgl. *Blum*, in: MSW, § 21 Rn. 35.
73 Vgl. statt vieler *Klein*, in: MD, Art. 40 Rn. 152; *Morlok*, in: Dreier, Art. 40 Rn. 36.
74 Vgl. *Klein*, in: MD, Art. 40 Rn. 152; *Brocker*, in: BK, Art. 40 Rn. 262; für eine generelle Erstreckung auf die verwaltungspolizeilichen Maßnahmen *Achterberg*, S. 125.
75 Vgl. nur *Klein*, in: MD, Art. 40 Rn. 155.
76 Vgl. etwa *Klein*, in: MD, Art. 40 Rn. 150; *Ramm*, NVwZ 2010, 1461 (1464); diff. *Köhler*, DVBl. 1992, 1577 (1583).
77 Vgl. *Blum*, in: MSW, § 21 Rn. 35; *Köhler*, Die Rechtsstellung der Parlamentspräsidenten in den Ländern der Bundesrepublik Deutschland, 2000, S. 274.
78 Wie hier *Klein*, in: MD, Art. 40 Rn. 171; *Brocker*, in: BK, Art. 40 Rn. 265; *Köhler*, Die Rechtsstellung der Parlamentspräsidenten in den Ländern der Bundesrepublik Deutschland, 2000, S. 266 ff.; a.A. *Ramm*, NVwZ 2010, 1461 (1465 f.); *Friehe*, DÖV 2016, 521 (522 ff.); *Riegel*, Polizei- und Ordnungsrecht des Bundes und der Länder, 1991, S. 3.
79 Vgl. *Köhler*, Die Rechtsstellung der Parlamentspräsidenten in den Ländern der Bundesrepublik Deutschland, 2000, S. 269; ebenso zum UZwG *Klein*, in: MD, Art. 40 Rn. 172.
80 Vgl. *Klein*, in: MD, Art. 40 Rn. 152; *Ramm*, NVwZ 2010, 1461 (1463).

tive Maßnahmen der Gefahrenabwehr umfasst. Ob die Bundestagspolizei gleichwohl die Befugnisse nach § 127 Abs. 2 und § 163 StPO besitzt, ist umstritten.[81] Gegen polizeiliche Maßnahmen des Bundestagspräsidenten ist der Verwaltungs- und für Entschädigungsansprüche der Zivilrechtsweg eröffnet. Wenn die Maßnahme einen Adressaten betrifft, der durch das Grundgesetz oder die GO-BT mit eigenen Rechten ausgestattet ist (z.B. eine Fraktion oder ein Abgeordneter), und die Möglichkeit einer Verletzung in grundgesetzlichen Rechten besteht, liegt eine Verfassungsstreitigkeit vor.

Hausrecht und Polizeigewalt **schließen sich gegenseitig nicht aus.**[82] Art. 40 Abs. 2 S. 1 GG stellt beide Befugnisse gleichberechtigt nebeneinander. Zudem reicht die Polizeigewalt weiter als das Hausrecht: Sie schließt den Eingriff der Exekutive und der Judikative in den Bundestagsbetrieb aus. Ausnahmen sind für die Exekutive – wie gesehen – Amtshilfe und Gefahr im Verzug. Beide Befugnisse können aufeinander aufbauen: Eine Verletzung des Hausrechts, z.B. der Hausordnung oder der Zutritts- und Verhaltensregeln, stellt einen Hausfriedensbruch (§ 123 StGB) und damit eine zu polizeilichen Maßnahmen berechtigende Störung der öffentlichen Sicherheit und Ordnung dar.[83]   **339**

d) Insb.: Ordnungsgewalt im Plenum

Die Ordnungsgewalt im Plenum (**Disziplinargewalt**) ist die Befugnis, die Plenarsitzungen von Störungen der Ordnung und der Würde des Parlaments frei zu halten. Originärer **Träger der Ordnungsgewalt** ist – anders als bei Hausrecht und Polizeigewalt – der Bundestag in seiner Gesamtheit (vgl. auch § 39 GO-BT). Der Bundestag hat die Ausübung seiner Ordnungsgewalt auf den sitzungsleitenden Präsidenten übertragen (§§ 7 Abs. 1 S. 2, 36-41 GO-BT). Dieser übt die Ordnungsgewalt im Plenum in eigener Verantwortung und unabhängig aus.[84]   **340**

Die Ordnungsgewalt besteht gegenüber **Mitgliedern des Bundestages,** Sitzungsteilnehmern, die keine Bundestagsabgeordneten sind oder nicht als solche teilnehmen, und Zuhörern. Zu den **Sitzungsteilnehmern, die keine Bundestagsabgeordneten sind oder nicht als solche teilnehmen**, zählen die Zutritts- und Redeprivilegierten nach Art. 43 Abs. 2 GG sowie der Wehrbeauftragte. Dieser hat ein gewohnheitsrechtliches Zutrittsrecht und ein Rederecht aus § 115 Abs. 1 GO-BT. Die Zutritts- und Redeprivilegierten und der Wehrbeauftragte haben eigene Sitzplätze im Plenum: die Regierungsbank, die Bundesratsbank und den neben der Präsidentenempore installierten Stuhl des Wehrbeauftragten. **Zuhörer** sind Bürgerinnen und Bürger sowie Journalisten. Sie dürfen nur auf den Tribünen Platz nehmen.   **341**

Die Ordnungsgewalt **beschränkt** das Anwesenheits-, das Rede- und das Stimmrecht der Abgeordneten (s. Rn. 149). Sie findet ihre Grundlage und Rechtfertigung seit alters her in der **Geschäftsordnungsautonomie** (Art. 40 Abs. 1 S. 2 GG). Deren tradi-   **342**

---

81   Dafür *Riegel,* Polizei- und Ordnungsrecht des Bundes und der Länder, 1991, S. 3; *Köhler,* DVBl. 1992, 1577 (1584); a.A. etwa *Ramm,* NVwZ 2010, 1461 (1463 f.).
82   Vgl. *Köhler,* DVBl. 1992, 1577 (1578).
83   Vgl. *Klein,* in: MD, Art. 40 Rn. 180.
84   Vgl. BVerfGE 60, 374 (379).

tionelle Inhalte sind „Geschäftsgang und Disziplin".[85] Auch für das Ordnungsgeld (§ 37 GO-BT) ist ein Rückgriff auf Art. 38 Abs. 3 GG nicht erforderlich.[86]

343   Woraus die **Ordnungsgewalt gegenüber sonstigen im Plenarsaal Anwesenden** resultiert, ist umstritten. Wenn man mit der h.M. davon ausgeht, dass die Geschäftsordnung Binnenrecht ist und nur die Abgeordneten bindet, muss man richtigerweise das **Hausrecht** (Art. 40 Abs. 2 S. 1 GG) **als Quelle der Ordnungsgewalt gegenüber Nichtabgeordneten** ansehen.[87] Die Gegenansicht hält auch in Bezug auf Nichtabgeordnete die Geschäftsordnungsautonomie (Art. 40 Abs. 1 S. 2 GG) für die Grundlage der Ordnungsgewalt.[88] Sie überzeugt nicht, da sie die Binnenrechtsnatur der Geschäftsordnung überdehnt. Außerdem verwischt sie die Abgrenzung zwischen Hausrecht und Geschäftsordnung, die der Wortlaut und die Systematik des Art. 40 GG aber voraussetzen. Andernfalls wären das Hausrecht als Recht des Präsidenten und die Geschäftsordnungsautonomie als Recht des Bundestages nicht in unterschiedlichen Absätzen des Art. 40 GG geregelt worden.

Geschäftsordnungsautonomie (Art. 40 I 2 GG)	Hausrecht (Art. 40 II 1 Alt. 1 GG)	Polizeigewalt (Art. 40 II 1 Alt. 2 GG)
Ordnungsgewalt (Disziplinargewalt) → ggü. MdB in Sitzungen	Ordnungsgewalt → ggü. Nicht-MdB (in h.M.) und außerhalb von Sitzungen → ggü. MdB außerhalb von Sitzungen	bei Gefahr für die öffentliche Sicherheit und Ordnung
(sitzungsleitender) Präsident (oder Ausschussvorsitzender) handelt aufgrund vom Bundestag übertragener Befugnis	BT-Präsident handelt aufgrund eigener Befugnis	BT-Präsident handelt aufgrund eigener Befugnis

344   Die **formellen Ordnungsmittel für das Plenum** sind in den §§ 36-41 GO-BT geregelt. Diese Vorschriften konkretisieren § 7 Abs. 1 S. 2 GO-BT. Bei den Ordnungsmitteln im Plenum ist zu unterscheiden zwischen solchen gegenüber Bundestagsabgeordneten (§§ 36-40 GO-BT) und solchen gegenüber Sitzungsteilnehmern, die nicht Mitglied des Bundestages sind, sowie Zuhörern (§ 41 GO-BT). Störungen **in anderen Bereichen des Bundestages und außerhalb von Plenarsitzungen** werden durch das **Hausrecht** und – bei Gefahr für die öffentliche Sicherheit und Ordnung – durch die **Polizeigewalt** erfasst.[89]

---

85   Vgl. BVerfGE 44, 308 (314 f.) unter Verweis auf Art. 78 Abs. 1 S. 2 PrVerf, Art. 27 S. 2 RV; BVerfGE 60, 374 (379); 80, 188 (218).

86   So aber *Ingold/Lenski*, JZ 2012, 120 (121); *Schürmann*, in: MSW, § 20 Rn. 58.

87   Ebenso etwa *Brocker*, in: BK, Art. 40 Rn. 138, 250; *Schröder*, in: BK, Art. 43 Rn. 111; *Magiera*, in: Sachs, Art. 40 Rn. 22, 31; *Roll*, § 41 Rn. 2; *Bücker*, in: SZ, § 34 Rn. 5; *Blum*, in: MSW, § 21 Rn. 28; *Achterberg*, S. 659 f.; *Versteyl*, NJW 1983, 379 (380); *Queng*, JuS 1998, 610 (613).

88   So z.B. *Klein*, in: MD, Art. 40 Rn. 66 ff., 100, Art. 43 Rn. 165 ff. (unter zusätzlicher Berufung auf die Verfassungsorgantreue); *Morlok*, in: Dreier, Art. 40 Rn. 14; *Pieroth*, in: JP, Art. 43 Rn. 7; *Schürmann*, in: MSW, § 20 Rn. 65; *Haug*, Bindungsprobleme und Rechtsnatur parlamentarischer Geschäftsordnungen, 1994, S. 120; *Schwerin*, Der Deutsche Bundestag als Geschäftsordnungsgeber, 1998, S. 79 ff., 114.

89   Vgl. *Ritzel/Bücker/Schreiner*, Vor §§ 36-41 Anm. 6.

Die **praktische Bedeutung** der Ordnungsmittel hängt von der jeweiligen politischen Lage ab. In manchen Wahlperioden waren sie bedeutsamer als in anderen. In der Tendenz nimmt die Bedeutung aktuell zu: Schon in den ersten beiden Jahren der 19. Wahlperiode wurden mehr Ordnungsrufe erteilt als in der gesamten 18. Wahlperiode. Der Bundestagspräsident verhängte sogar erstmalig ein Ordnungsgeld gegen einen Abgeordneten.[90]

aa) Ordnungsmittel gegenüber Mitgliedern des Bundestages.

Fall 9: Twittern   345

Abgeordneter A sitzt im Plenum und beleidigt den Abgeordneten B, der gerade eine Rede hält, in einem Tweet als „Dummschwätzer B". A's Twitter-Account „folgen" viele Abgeordnete aller Fraktionen. Kann der sitzungsleitende Bundestagspräsident ein Ordnungsmittel gegen A ergreifen? **Lösung Rn. 351**

Fall 10: Der widerspenstige Abgeordnete   346

Abgeordneter A weigert sich, nach einer Rede im Plenum das Rednerpult zu verlassen. Er entrollt ein Transparent und ruft, er werde den Platz nicht verlassen, bevor die Regierung einen Gesetzentwurf zurückgenommen habe. Was kann der sitzungsleitende Bundestagspräsident tun? **Lösung Rn. 356**

Die gegenüber Bundestagsabgeordneten möglichen Ordnungsmittel sind, je nach   347 Schwere der Ordnungs- oder Würdeverletzung, abgestuft (in der folgenden Darstellung vom leichten zum schweren Fall). Sie schließen einander wegen des unterschiedlichen Schweregrades grundsätzlich aus (Ausnahme: § 37 S. 3 i.V.m. § 38 Abs. 2 S. 3 GO-BT oder § 38 Abs. 2 S. 3 GO-BT). Sie **bauen nicht aufeinander auf**, sondern können – sofern die Tatbestandsvoraussetzungen vorliegen – unmittelbar verhängt werden.[91] Folgende Ordnungsmittel sind möglich:

Der praktisch kaum relevante **Sachruf** kommt in Betracht, wenn ein Redner vom   348 Thema abschweift (§ 36 Abs. 1 S. 1 GO-BT). Der Sachruf hat nur indirekt disziplinarischen Charakter.[92]

Der **Ordnungsruf** ist das am häufigsten ergriffene Ordnungsmittel. Er wird erteilt bei   349 einer *einfachen*[93] Verletzung der Ordnung oder Würde des Bundestages (§ 36 Abs. 1 S. 2 GO-BT). Ein Verschulden ist nicht erforderlich[94]. Eine Definition der Begriffe „Ordnung" und „Würde" findet sich im AbgG oder der GO-BT nicht. Es handelt sich um unbestimmte Rechtsbegriffe. Die „Ordnung" erstreckt sich auf geschriebene und ungeschriebene Regeln des Parlamentsrechts und des Parlamentsbrauchs.[95] Die „Würde" (oder das „Ansehen") wurde schon bis zu ihrer ausdrücklichen, lediglich klarstellenden Aufnahme[96] in einige Ordnungsmittelvorschriften der GO-BT als

---

90   Vgl. BT-StenB. 19/19, S. 1597 A.
91   Vgl. *Jacobs*, DÖV 2016, 563 (564); *Schürmann*, in: MSW, § 20 Rn. 64.
92   *Versteyl*, NJW 1983, 379 (380).
93   Vgl. BT-Drs. 17/6309, S. 6.
94   A.A. *Brocker*, in: BK, Art. 40 Rn. 135.
95   Vgl. *Bücker*, in: SZ, § 34 Rn. 7; *Borowy*, ZParl. 43 (2012), 635 (637); *Glauben/Breitbach*, DÖV 2018, 855 (859 f.); SächsVerfGH, NVwZ-RR 2012, 89 (90); a.A. *Ingold/Lenski*, JZ 2012, 120 (122).
96   Vgl. BT-Drs. 17/5471, S. 3 f.; BT-Drs. 17/6309, S. 6.

Schutzgut oder Unterfall der Ordnungsgewalt angesehen.[97] Es ist nicht erforderlich, Ordnung und Würde voneinander abzugrenzen. Folgende Kasuistik hat sich entwickelt:[98]

- strafrechtliche Wertungen gelten selbstverständlich auch für das Plenum; unzulässig sind z. B. Verunglimpfung des Staates und seiner Symbole (§ 90a StGB)[99], Volksverhetzung (§ 130 StGB)[100], Beleidigungen (§§ 185 ff. StGB)[101], körperliche Angriffe (§§ 223 ff. StGB) oder Nötigungen (§ 240 StGB)[102];
- parlamentarische Beratungsabläufe wie Reden, Abstimmungen oder Wahlen dürfen nicht gestört oder zu verhindern versucht werden;
- sitzungsleitenden Hinweisen des Bundestagspräsidenten ist zu entsprechen[103]; dessen Sitzungsleitung ist im Plenum auch nicht zu kritisieren;[104]
- Meinungen sind durch das Wort und nicht durch Transparente, Abzeichen, gleichförmiges Auftreten (Uniformen etc.), Schweigen am Rednerpult („Schweigeminute")[105] oder sonstige demonstrative Akte kundzutun;[106]
- auch Redner müssen sich grundsätzlich auf Wortbeiträge beschränken und nonverbale Akzentuierungen (Aufsetzen von Mütze und Sonnenbrille bei einer Rede zum Vermummungsverbot, Werfen einer Frisbeescheibe, Hochhalten eines löchrigen Regenschirmes in einer Haushaltsdebatte)[107] unterlassen;
- Beleidigungen und Fäkalsprache sind unzulässig;[108]
- Vergleiche mit dem NS-[109] oder dem SED-Regime sind unzulässig;
- Äußerungen, die das Andenken der Opfer des NS- oder des SED-Regimes beleidigen, sowie Beifallsbekundungen für solche Äußerungen aus dem Kreis der im Plenum befindlichen Abgeordneten sind unzulässig;
- Essen und Trinken sind im Plenarsaal grundsätzlich untersagt;[110]
- der „innere Bereich" des Plenums ist allein den Abgeordneten (sowie ggf. Plenarassistenten, Stenografen und dem Sitzungsdienst) vorbehalten;

---

97 Vgl. *Ritzel/Bücker/Schreiner*, Vor §§ 36-41 Anm. 1 d; *Brocker*, in: BK, Art. 40 Rn. 117; *Borowy*, ZParl. 43 (2012), 635 (638); vgl. LVerfG M-V, Urteil vom 27.1.2011, Az. 4/09 Rn. 31 (juris).

98 Vgl. zum Folgenden *Ritzel/Bücker/Schreiner*, Vor §§ 36-41 Anm. 1.c; *Schürmann*, in: MSW, § 20 Rn. 60 ff.

99 Vgl. *Glauben/Breitbach*, DÖV 2018, 855 (862).

100 Ebd.; für ein Beispiel vgl. LVerfG M-V, NVwZ 2010, 958.

101 So auch *Glauben/Breitbach*, DÖV 2018, 855 (862).

102 Vgl. BT-StenB. 1/49, S. 1684 B.

103 Vgl. z.B. für einen Sitzungsausschluss wegen Nichtbeachtung einer Aufforderung des Bundestagspräsidenten BT-StenB. 1/46, S. 1561 B.

104 Vgl. *Glauben/Breitbach*, DÖV 2018, 855 (862); krit. *C. Schönberger/S. Schönberger*, JZ 2018, 105 (113).

105 Vgl. BT-StenB. 19/39, S. 3742 C.

106 Ebenso *Glauben/Breitbach*, DÖV 2018, 855 (859); a.A. *C. Schönberger/S. Schönberger*, JZ 2018, 105 (113).

107 Vgl. BT-StenB. 10/150, S. 11266 f.; 11/162, S. 12289 B; 16/190, S. 20480 B; klargestellt durch die ausdrückliche Aufnahme der „Würde des Bundestages" in die §§ 36, 38 (sowie die Erwähnung im neuen § 37) GO-BT, vgl. BT-Drs. 17/5471, S. 4; 17/6309, S. 5 f.

108 Vgl. für Beispiele etwa BT-StenB. 19/45, S. 4699 A, 4700 A; *Ritzel/Bücker/Schreiner*, § 36 Anhang (zum Teil leicht angegraute Fälle); *Versteyl*, NJW 1983, 379 (380); SächsVerfGH, NVwZ-RR 2011, 129 (130); NVwZ-RR 2011, 134.

109 Vgl. das Urteil des BbgLVerfG vom 24. September 2018, Az. VfGBbg 31/17, zu der Äußerung eines Abgeordneten, ein Teil einer Rede eines anderen Abgeordneten sei wie „Goebbels für Arme" gewesen.

110 Ebenso *Glauben/Breitbach*, DÖV 2018, 855 (860).

- Zurufe oder Beifallsbekundungen von der Regierungs- oder der Bundesratsbank sind unzulässig;
- Telefonate mit Handys und die Verwendung von Laptops sind im Plenum unzulässig;
- die Kleidung darf allgemeine Anstandsregeln nicht verletzen;[111]
- dauerhafte Unruhe durch fortwährende störende Zwischenrufe,[112] Pfeifen, Singen oder anderen Lärm ist nicht gestattet;
- ob Kritik am Bundespräsidenten einen Ordnungsruf rechtfertigt,[113] hängt vom Einzelfall ab.[114]

Eine **inhaltliche Kontrolle** (Zensur) der Redebeiträge darf demgegenüber **nicht** stattfinden, selbst wenn sie unerträgliche und historisch abwegige Äußerungen zur deutschen Geschichte oder unzutreffende Tatsachenbehauptungen enthalten.[115] Der Widerstreit der politischen Positionen im Parlament als dem Forum der Repräsentation lebt nicht zuletzt von Debatten, die mit Stilmitteln wie Überspitzung, Polarisierung, Vereinfachung oder Polemik arbeiten.[116] Äußert sich ein Redner in einer Weise, die andere Abgeordnete oder Fraktionen unsäglich finden, sind sie gut beraten, darauf in der Debatte – und sei es durch eine Zwischenfrage bzw. Zwischenbemerkung oder eine Kurzintervention (§ 27 GO-BT) – zu reagieren. Bei historisch abwegigen Äußerungen kann allerdings der Tatbestand der Volksverhetzung (§ 130) oder der Beleidigung (§ 185 ff. StGB) erfüllt sein. Strafrechtlich relevante Äußerungen verletzen die parlamentarische Ordnung. Hinsichtlich nicht verleumderischer Beleidigungen kompensiert das Ordnungsrecht den Indemnitätsschutz aus Art. 46 Abs. 1 GG:[117] Zwar kann der Abgeordnete für bestimmte Äußerungen im Parlament nicht strafrechtlich, wohl aber ordnungsrechtlich belangt werden. **350**

> **Lösung Fall 9: Twittern (Rn. 345)**
>
> Ein Ordnungsmittel ist zulässig (a.A. vertretbar). Die Ordnung und Würde des Bundestages ist durch die Beleidigung verletzt. Zwar geschah die Tat in einem sozialen Netzwerk. Aber es besteht ein deutlicher Plenarbezug. Der Tweet ist geeignet, die Sitzung zu stören. In anderen Fällen dürfte es für den Bundestagspräsidenten schon schwierig zu ermitteln sein, ob wirklich der als Inhaber des Accounts genannte Abgeordnete getwittert hat, und ggf. auch, wo dieser im Zeitpunkt der Versendung war. **351**

Der Präsident kann einem Redner **das Wort entziehen**, wenn ein dreimaliger Sach- *oder* Ordnungsruf in derselben Rede (auch bei Kurzinterventionen und Erklärungen nach §§ 30 ff. GO-BT[118]) nicht erfolgreich war und beim zweiten Mal auf die mögli- **352**

---

111 Vgl. BT-Drs. 17/5471, S. 4. Die Anlage 3 zur Hausordnung des Landtages Mecklenburg-Vorpommern ist eine Liste unangemessener Kleidung. Sie erfasst alle Personen, die sich in den Landtagsliegenschaften aufhalten.
112 Ebenso *Glauben/Breitbach*, DÖV 2018, 855 (860).
113 In der Sitzung des Bundestages am 16.5.2019 ermahnte der Bundestagspräsident einen Redner, erteilte ihm aber keinen Ordnungsruf. Dieses Vorgehen war angemessen.
114 A.A. *Degenhart*, Rn. 662.
115 Vgl. z.B. SächsVerfGH, NVwZ-RR 2011, 132 (133); NVwZ-RR 2012, 89.
116 Wie hier *Glauben/Breitbach*, DÖV 2018, 855 (860 ff.); SächsVerfGH, NVwZ-RR 2011, 129 (131); NVwZ-RR 2012, 89 (90).
117 Vgl. *Borowy*, ZParl. 43 (2012), 635 (640, 655 f.); LVerfG M-V, NVwZ 2010, 958 (960).
118 Vgl. *Ritzel/Bücker/Schreiner*, § 36 Anm. 4.b.

che Wortentziehung hingewiesen wurde (§ 36 Abs. 2 GO-BT). Ein Verschulden des Redners ist erforderlich.[119] Die Wortentziehung nach § 36 Abs. 2 GO-BT ist nicht zu verwechseln mit dem Wortentzug bei Überschreitung der Redezeit nach einmaliger Mahnung nach § 35 Abs. 3 GO-BT. Letzterer ist kein Odnungsmittel.[120]

353 Bei einer *nicht nur geringfügigen Verletzung* der Ordnung oder Würde des Bundestages kann der Präsident ein **Ordnungsgeld** von 1.000 € verhängen. Im Wiederholungsfall beträgt das Ordnungsgeld 2.000 € (§ 44a Abs. 5 S. 1, 2 AbgG i.V.m. § 37 GO-BT). „Ein Wiederholungsfall liegt in der Regel dann vor, wenn das betroffene Mitglied innerhalb von drei Sitzungswochen erneut Anlass für die Festsetzung eines Ordnungsgeldes aus ähnlichen Gründen gegeben hat."[121] Folglich muss bereits ein Ordnungsgeld festgesetzt worden und die Störung im Wesentlichen vergleichbar sein. Wegen des Strafcharakters des Ordnungsgeldes ist ein Verschulden des sanktionierten Abgeordneten erforderlich.[122] Ein Ordnungsgeld kann auch in der nächstfolgenden Plenarsitzung verhängt werden, wenn der Präsident es sich vorbehalten hat (§ 37 S. 3 i.V.m. § 38 Abs. 2 GO-BT). Das Ordnungsgeld ist in Fällen zulässig, für die ein Ordnungsruf zu wenig und ein Sitzungsausschluss zu hart erscheint:[123] „im Zweifel Ordnungsgeld statt Ausschluss".[124] Es muss also bereits ein Ordnungsgeld festgesetzt worden sein und die Störung im Wesentlichen vergleichbar sein.

354 **Beispiele:** Störung des Plenarbetriebes durch das Hochhalten eines Transparents oder das Tragen von Ansteckplaketten politischen Inhalts oder sonstiges provokatives Verhalten[125] wie etwa das Dokumentieren des eigenen Wahlverhaltens durch ein getwittertes Handyfoto.[126] Ein Wiederholungsfall ist z.B. gegeben, wenn erneut ein Transparent hochgehalten oder ein Button erneut angesteckt und getragen wird.[127]

Ein Ordnungsgeld darf außer im Bundestag nur im saarländischen Landtag (vgl. § 73 SaarlLTG) und im Europäischen Parlament verhängt werden.

355 Ein Abgeordneter kann wegen *gröblicher Verletzung*[128] der Ordnung oder Würde des Bundestages für bis zu 30 Tage von den Sitzungen ausgeschlossen werden (§ 44a Abs. 5 S. 3 AbgG i.V.m. § 38 Abs. 1 GO-BT). Auch hierfür ist ein Verschulden des Abgeordneten erforderlich.[129] Der Abgeordnete darf an Plenar- und Ausschusssitzungen nicht teilnehmen (§ 38 Abs. 5 GO-BT). Zugleich ist ihm das Stimmrecht für die Dauer des Ausschlusses entzogen.[130] Er darf sich nicht in die Anwesenheitsliste eintragen. Trägt er sich dennoch ein, ist die Eintragung nicht zu berücksichtigen. Die Folge der Nichteintragung ist die Kürzung der Kostenpauschale nach § 14 AbgG. Der Abgeordnete ist trotz des Ausschlusses weiterhin berechtigt, sich an Gesetzentwür-

---

119 Vgl. *Brocker*, in: BK, Art. 40 Rn. 135; *Ritzel/Bücker/Schreiner*, Vor §§ 36-41 Anm. 4.c.
120 A.A. *Blum*, in: MSW, § 21 Rn. 25.
121 BT-Drs. 17/5471, S. 4, und BT-Drs. 17/6309, S. 6.
122 Vgl. *Ritzel/Bücker/Schreiner*, Vor §§ 36-41 Anm. 4.c; *Raue*, in: AS, § 44a Rn. 117.
123 Vgl. BT-Drs. 17/5471, S. 3; 17/6309, S. 5.
124 *Borowy*, ZParl. 43 (2012), 635 (648).
125 Vgl. BT-Drs. 17/5471, S. 3; 17/6309, S. 6.
126 Vgl. Vgl. BT-StenB. 19/19, S. 1597 A.
127 Vgl. *Borowy*, ZParl. 43 (2012), 645 (650).
128 Vgl. BT-Drs. 17/5471, S. 4
129 Vgl. *Brocker*, in: BK, Art. 40 Rn. 135; *Ritzel/Bücker/Schreiner*, Vor §§ 36-41 Anm. 4.c.
130 Wie hier *Ritzel/Bücker/Schreiner*, § 38 Anm. 7.a; *Borowy*, ZParl 43 (2012), 635 (652); a.A. *Ingold/Lenski*, JZ 2012, 120 (123 f.).

fen, Anfragen oder anderen Initiativen zu beteiligen.[131] Der Sitzungsausschluss ist die Ultima Ratio,[132] um die parlamentarische Ordnung zu gewährleisten. Der Ausgeschlossene muss den Plenarsaal unverzüglich verlassen. Weigert er sich, kann er zwangsweise entfernt werden (gestützt auf Hausrecht und Polizeigewalt), da die Weigerung einen Hausfriedensbruch darstellt.[133]

Beispiele: Nichtverlassen des Rednerpultes nach Wortentziehung, gewaltsamer Widerstand gegen Sitzungsausschluss eines Fraktionskollegen, schwere Beleidigungen, Angriff auf Redner, Anstiften von Tumult im Saal, Handgreiflichkeiten, Versuch, eine Rede oder Abstimmung zu verhindern.[134]

Die **Sitzungsunterbrechung** (§ 40 GO-BT) ist kein Ordnungsmittel.

Lösung Fall 10: Der widerspenstige Abgeordnete (Rn. 346)   356

Das Entrollen des Transparents stellt eine nicht nur geringfügige Verletzung der Ordnung und Würde des Bundestages dar. Daher kann der Bundestagspräsident gegen A ein Ordnungsgeld in Höhe von 1.000 € verhängen (§ 44a Abs. 5 S. 1, 2 AbgG i.V.m. § 37 GO-BT).

Die Weigerung, das Pult auf unbestimmte Zeit nicht zu verlassen, verletzt die Ordnung und Würde des Bundestages in gröblicher Weise. Der Bundestagspräsident kann A deswegen von der Sitzung ausschließen (§ 44a Abs. 5 S. 3 AbgG i.V.m. § 38 Abs. 1 GO-BT) und – sollte A dem Ausschluss nicht Folge leisten – durch die Bundestagspolizei aus dem Plenarsaal geleiten lassen.

In der Parlamentspraxis wird der Bundestagspräsident, bevor er das Ordnungsgeld verhängt und den Sitzungsausschluss anordnet, den A zunächst ermahnen, das Transparent einzurollen und das Rednerpult zu verlassen. Erst bei einer Weigerung des A wird er dann die genannten Ordnungsmittel ergreifen.

Der sitzungsleitende Präsident hat einen verfassungsgerichtlich lediglich begrenzt   357
überprüfbaren[135] **Spielraum für die Beurteilung der Frage**, ob und wie schwer die Ordnung oder die Würde des Bundestages verletzt ist. Denn es handelt sich um unbestimmte Rechtsbegriffe.[136] Welche Rechtsfolge eine Ordnungs- oder Würdeverletzung nach sich zieht, entscheidet der Präsident – außer im Falle der Wortentziehung – nach **Ermessen**: Er kann ein Ordnungsmittel nutzen oder auch davon absehen. Ermessensleitend sind das Interesse an einem geordneten Sitzungsablauf und die Wahrung des Ansehens des Parlaments einerseits sowie die Bedeutung der betroffenen Statusrechte andererseits zu berücksichtigen.[137] Der sitzungsleitende Präsident kann durchaus auf eine Ordnungsmaßnahme verzichten, wenn dies opportun erscheint, z.B. um eine aufgeheizte Situation zu beruhigen.[138] Ordnungsmaßnahmen werden in der Regel als unmittelbare Reaktion auf eine aktuelle Lage im Plenarsaal getroffen. Auf diese Weise kann eine Störung möglichst schnell beendet und die Arbeit des Plenums

---

131 Vgl. *Ritzel/Bücker/Schreiner*, § 38 Anm. 7.a; a.A. *Achterberg*, S. 659.
132 *Brocker*, in: BK, Art. 40 Rn. 134; *Borowy*, ZParl. 43 (2012), 635 (648, 655); *Jacobs*, DÖV 2016, 563 (569).
133 Vgl. *Ritzel/Bücker/Schreiner*, § 38 Anm. 7.c; *Achterberg*, S. 659.
134 Vgl. *Ritzel/Bücker/Schreiner*, § 38 Anm. 2.a, 11; *Brocker*, in: BK, Art. 40 Rn. 134.
135 Vgl. *Schürmann*, in: MSW, § 20 Rn. 64.
136 Vgl. *Ritzel/Bücker/Schreiner*, Vor §§ 36–41 Anm. 4.b; *Borowy*, ZParl. 43 (2012), 635 (641).
137 Vgl. *Borowy*, ZParl. 43 (2012), 635 (642).
138 Vgl. *Ritzel/Bücker/Schreiner*, Vor §§ 36–41 Anm. 4.b; *Brocker*, in: BK, Art. 40 Rn. 134.

fortgesetzt werden. Außerdem erwarten die übrigen Abgeordneten und die Öffentlichkeit in aller Regel eine zügige und entschiedene Reaktion. Ferner führt eine sofortige Maßnahme etwaigen Nachahmern mögliche Konsequenzen vor Augen. Sie kann somit zum ungestörten weiteren Sitzungsverlauf beitragen. Ein Ordnungsgeld oder ein Sitzungsausschluss **kann nachträglich**, also nicht unmittelbar nach dem Ordnungsverstoß, sondern **in der nächstfolgenden Plenarsitzung** verhängt werden. Der sitzungsleitende Präsident muss es sich aber durch Feststellung einer „Verletzung der Ordnung" in der betreffenden Sitzung **vorbehalten** haben (§§ 37 S. 3, 38 Abs. 2 GO-BT). Ein nachträglicher Ordnungsruf ist nach Parlamentsgewohnheitsrecht ebenfalls zulässig.[139]

358   Als **Rechtsbehelf** gegen Ordnungsruf, Ordnungsgeld und Sitzungsausschluss steht dem betroffenen Mitglied der schriftliche **Einspruch** bis zum nächsten Plenarsitzungstag zur Verfügung (§ 39 S. 1 GO-BT). Der Einspruch hat keine aufschiebende Wirkung; das Plenum entscheidet darüber ohne Aussprache (§ 39 S. 3, 4 GO-BT). Der sitzungsleitende Präsident, der eine Ordnungsmaßnahme getroffen hat, kann diese bis zur Entscheidung über den Einspruch zurücknehmen.[140] Als Rechtsbehelf gegen die Einspruchsentscheidung kann das betroffene Mitglied ein **Organstreitverfahren** vor dem BVerfG anstrengen.[141] Legt der Abgeordnete keinen Einspruch gegen ein Ordnungsmittel ein, so besitzt er nach Ansicht des BVerfG kein Rechtsschutzbedürfnis für ein Organstreitverfahren.[142]

359   Teilweise wird die **Verfassungsmäßigkeit** des Verlusts des Stimmrechts als Folge des Sitzungsausschlusses, des Sitzungsausschluss für künftige Sitzungen und des Ordnungsgeldes in Abrede gestellt.[143] Das BVerfG hat sich bislang zu diesen Fragen nicht geäußert. Es hat lediglich den zeitweiligen Sitzungsausschluss eines Abgeordneten und die Wortentziehung nach dem dritten Ordnungsruf als Beispiele für eine Beschränkung der Redebefugnis kraft der Parlamentsautonomie bezeichnet.[144]

360   Diejenigen Autoren, die die genannten Ordnungsmittel für verfassungswidrig halten, meinen, schon der Begriff „Würde des Bundestages" sei als Voraussetzung für einen Sitzungsausschluss und ein Ordnungsgeld zu unbestimmt. Dabei übersehen sie jedoch, dass eine Verletzung der „Würde des Bundestages" schon nach der bisherigen Parlamentstradition als Unterfall der Verletzung der „Ordnung" sanktioniert werden konnte. Die Tradition reicht zum Teil bis in das Preußische Abgeordnetenhaus des Jahres 1910 (vgl. § 64 Abs. 2 in dessen Geschäftsordnung) zurück.

361   Auch die Behauptung, **der Verlust des Stimmrechts** sei unzulässig, da er keinen Bezug zur Störung der Plenardebatte aufweise und das Stimmrecht nicht einschränkbar sei, ist unzutreffend. Das Stimmrecht ist – wie alle sich auf die Mitwirkung beziehen-

---

139   Vgl. *Ritzel/Bücker/Schreiner*, § 36 Anm. 2.i; *Borowy*, ZParl. 43 (2012), 635 (642).
140   Vgl. *Ritzel/Bücker/Schreiner*, Vor §§ 36-41 Anm. 5.c.
141   Vgl. *Raue*, in: AS, § 44a Rn. 121; BT-Drs. 17/6309, S. 7; ein Beispiel für ein unzulässiges Organstreitverfahren liefert BVerfGE 60, 374.
142   Vgl. BVerfG, NVwZ 2019, 1755 (1757 f.) mit zust. Anm. *Brocker*; a.A. *Hillgruber*, JA 2020, 71 (73 f.).
143   Vgl. *Ingold/Lenski*, JZ 2012, 120 (123 f.); *Daniels*, Sitzungsausschluss und Ordnungsgeld, 2017, S. 123 f., 161, 172 f., 238 ff.; *C. Schönberger/S. Schönberger*, JZ 2018, 105 (112).
144   Vgl. BVerfGE 10, 4 (13).

den Statusrechte der Abgeordneten – einschränkbar, wenn dies geboten ist, um die Arbeit des Bundestages und die Mitwirkung anderer Abgeordneter zu schützen. Der Stimmrechtsentzug ist eine Sanktion für eine gravierende Ordnungsverletzung und nicht für das Stimmverhalten – das übrigens auch die Ordnung verletzen kann, z.B. durch non-verbale Aktionen bei der Stimmabgabe oder die Störung der Stimmabgabe anderer.

Zu einem **Sitzungsausschluss** kommt es in den seltenen Fällen, in denen die Anwe- 362
senheit eines Mitglieds des Bundestages aufgrund seines Verhaltens für eine bestimmte Zeit untragbar geworden ist. Wenn die Anwesenheit während einer Debatte untragbar ist, gilt dies auch für eine Anwesenheit während einer Abstimmung. Auch der Sitzungsausschluss für die Zukunft ist verfassungsgemäß. Die Möglichkeit dazu bestand im Reichstag schon seit 1929; seit 1922 hatte es nur die automatische Verlängerung bei Nichtverlassen des Saales gegeben. Die Gegenansicht meint, der Sitzungsausschluss für die Zukunft sei ein schwerwiegender Eingriff in die Statusrechte, da er im Extremfall dazu führen könne, dass ein Mitglied bis zu ca. einem halben Jahr sein Mandat, soweit es das Plenum betrifft, nicht ausüben könne. Das Ordnungsmittel wehre insoweit keine Störung ab, sondern weise allein Strafcharakter auf und sei daher nicht gerechtfertigt. Dieser Einwand greift nicht durch. Der Sitzungsausschluss für denselben Tag ist gerechtfertigt, wenn er die Arbeitsfähigkeit des Plenums und der Mitwirkungsrechte der übrigen Abgeordneten sicherstellt. Diese Rechtfertigung gilt auch für den Sitzungsausschluss für die Zukunft. Der Sitzungsausschluss hat vor allem präventiven Charakter. Selbst wenn man ihm auch einen gewissen repressiven Charakter zuweist,[145] ist er verfassungsrechtlich nicht zu beanstanden. Die Geschäftsordnungsautonomie umfasst – wie oben gesehen – neben dem Geschäftsgang auch die Disziplin. Disziplinarische Maßnahmen dürfen Strafcharakter tragen. In Extremfällen, z.B. bei sehr knappen Mehrheitsverhältnissen, kann ein längerfristiger Sitzungsausschluss durch eine fallweise Zulassung zu Abstimmungen – in Abweichung von der GO-BT gemäß § 126 – „aufgeweicht" werden.[146] Verfassungsrechtlich zwingend ist dies aber nicht.[147] Zum einen muss der Ausschluss verhältnismäßig sein. Er kann durch den Einspruch sowie den Organstreit überprüft werden. Zum anderen ist nirgendwo vorgeschrieben, dass alle Abgeordneten an allen Abstimmungen teilnehmen müssen. Knappe Mehrheitsverhältnisse verdienen keinen besonderen Schutz. Vielmehr sind die Fraktionen selbst dazu angehalten, auf das Verhalten ihrer Mitglieder Einfluss zu nehmen und ordnungs- oder würdewidriges Verhalten (und einen möglichen Sitzungsausschluss) von vornherein zu verhindern.

Gegen das **Ordnungsgeld** wird vorgetragen, es sei verfassungswidrig: Jedenfalls die 363
pauschalierte (d.h. vom Verschulden unabhängige) Höhe des Ordnungsgeldes verstoße gegen das rechtsstaatliche Schuldprinzip. Auch sei die Maßnahme als Eingriff in das freie Mandat sowie Durchgriff auf die persönliche Rechtsstellung des jeweiligen Abgeordneten nicht erforderlich und damit unverhältnismäßig. Doch auch diese Annahmen gehen fehl. Die Regelung des Ordnungsgeldes in § 44a Abs. 5 S. 1, 2 AbgG und § 37 GO-BT ist verfassungsgemäß. Das Ordnungsgeld ist schon deswegen zuläs-

---

145 Vgl. *Ritzel/Bücker/Schreiner*, § 38 Anm. 2.a, 5.b.
146 Vgl. *Borowy*, ZParl. 43 (2012), 635 (657).
147 A.A. *Schürmann*, in: MSW, § 20 Rn. 64.

sig, da es im Vergleich zum grundsätzlich als verfassungskonform anerkannten Sitzungsausschluss ein milderes Mittel ist. Die in § 44a Abs. 5 S. 1, 2 AbgG und § 37 GO-BT festgelegte Höhe ist auch nicht – wie die Gegensansicht meint – zu pauschal. Das Ordnungsgeld ist Teil des Katalogs an abgestuften Ordnungsmitteln. Es darf nicht isoliert, sondern muss im Zusammenhang mit den anderen Ordnungsmitteln gesehen werden.[148] Der sitzungsleitende Präsident kann auf jede Art der Verletzung der Ordnung oder Würde mit einem bestimmten, dafür geeigneten Ordnungsmittel und somit verhältnismäßig reagieren. Ein Ordnungsgeld kommt – wie gesehen – per se nur in Betracht, wenn ein Verhalten mit einem Ordnungsruf nicht mehr und mit einem Sitzungsausschluss noch nicht angemessen sanktioniert würde. Die Bemessung eines Ordnungsgeldes muss sich daher nicht an der Schwere des Einzelfalles ausrichten. Entweder es kommt in Betracht – oder eben nicht. Außerdem verhindern die feststehenden Beträge von 1.000 € oder im Wiederholungsfall 2.000 € eine Ungleichbehandlung bei der Bemessung von Ordnungsgeldern.[149]

bb) Ordnungsmittel gegenüber Zutritts- und Redeprivilegierten.

364 **Fall 11: Senator in Fahrt**

Senator S spricht als Mitglied des Bundesrates in einer Plenardebatte des Bundestages. Als er die angemeldete Redezeit von 15 Minuten weit überschritten (und zudem inhaltlich kaum zum Tagesordnungspunkt gesprochen sowie zuletzt die Sitzungsleitung der Präsidentin kritisiert) hat, entzieht ihm die sitzungsleitende Präsidentin das Wort und stellt das Rednermikrofon aus. Zu Recht? (Nach BT-StenB. 14/251, S. 25443 ff.) **Lösung Rn. 367**

365 **Fall 12: Feierstunde ohne Tumult**

Der Bundestag hält eine Festveranstaltung zum Tag der Deutschen Einheit in der Berliner Philharmonie ab. Abgeordneter A hatte in einer Sitzung zuvor Transparente hochgehalten und durch lautes Zwischenrufen mehrere Reden gestört. Der Bundestagspräsident schloss A schriftlich von der Teilnahme an der Festveranstaltung aus. A will dennoch teilnehmen. Hat er das Recht dazu? (Nach SächsVerfGH, Urteil vom 14.1.2011, Az. Vf. 87-I-10.) **Lösung Rn. 369**

366 Ob gegenüber Zutritts- und Redeprivilegierten formelle Ordnungsmittel in Betracht kommen können, wird unterschiedlich gesehen. Einer Auffassung nach sind sie unzulässig.[150] Nach einer anderen Ansicht sind formelle Ordnungsmittel (Sach- und Ordnungsruf, Wortentziehung, Sitzungsausschluss) grundsätzlich auch gegenüber den in Art. 43 Abs. 2 GG genannten Personen zulässig, sofern diese in der Geschäftsordnung erwähnt werden.[151] Diese Auffassung ist allerdings mit dem Wortlaut des Art. 43 Abs. 2 GG nicht vereinbar. Die Vorschrift erwähnt mögliche Einschränkungen des Zutritts- und Rederechts nicht. Nach der überzeugenden h.M. kann der sitzungsleitende Präsident formelle Ordnungsmittel gegenüber Zutritts- und Redeprivilegierten nur dann verhängen, **wenn sie ihr Zutritts- oder Rederecht unter Verstoß**

---

148 Vgl. *Jacobs*, DÖV 2016, 563 (569).
149 Vgl. BT-Drs. 17/6309, S. 6.
150 Vgl. *Rothaug*, Die Leitungskompetenz des Bundestagspräsidenten, 1979, S. 62.
151 So *Schürmann*, in: MSW, § 20 Rn. 65 f.; *Haug*, Bindungsprobleme und Rechtsnatur parlamentarischer Geschäftsordnungen, 1994, S. 119 ff.

gegen das Gebot der Verfassungsorgantreue missbrauchen.[152] Die Verfassungsorgane sind verpflichtet, „bei Inanspruchnahme ihrer verfassungsmäßigen Kompetenzen auf die Interessen anderer Verfassungsorgane Rücksicht zu nehmen."[153] Ein treuwidriger Rechtsmissbrauch liegt vor, wenn die Zutritts- und Redeprivilegierten den Verfahrensgang grundsätzlich infrage stellen, also z.B. den Plenarablauf oder die Verabschiedung eines Gesetzes vorsätzlich stören, den Bundestag „durch eine übermäßige Häufung von Regierungsreden an der Erfüllung seiner Aufgaben" hindern oder „den Oppositionsabgeordneten eine Darlegung ihres Standpunktes unmöglich […] machen oder sie während günstiger Rundfunk- und Fernsehempfangszeit geflissentlich von der Rednertribüne [fernhalten]".[154] Eine solche unzulässige Redezeitüberschreitung zur Verhinderung eines Beschlusses wird als **Filibustern** bezeichnet. Eine bloße „Überziehung" der Redezeit *ohne* Verhinderungsabsicht genügt nicht, um zu Ordnungsmitteln greifen zu dürfen. Denn die Redeprivilegierten sind nicht an die Redezeit gebunden, da sie nach Art. 43 Abs. 2 S. 2 GG „jederzeit gehört" werden müssen.[155] Das Zutrittsrecht nach Art. 43 Abs. 2 S. 1 GG könnte z.B. dadurch missbraucht werden, dass jemand andere Sitzungsteilnehmer bedrängt oder sie vom Rednerpult fernzuhalten sucht. Wer bloß flegelhaft auftritt, missbraucht sein Zutrittsrecht aber noch nicht. Folglich stellt nicht bereits jede Verletzung der parlamentarischen Ordnung gleich einen Missbrauch des Zutritts- und Rederechts dar. Hierfür ist eine massive Störung der Arbeitsabläufe des Bundestages zu verlangen. Ob eine solche Störung vorliegt, ist im Einzelfall zu beurteilen. Liegt ein Missbrauch des Zutritts- und Rederechts vor, ist der sitzungsleitende Präsident (oder Ausschussvorsitzende) nicht auf die milderen Ordnungsmaßnahmen des § 41 Abs. 2 GO-BT beschränkt. Er kann dann auch zu den in den §§ 36 ff. GO-BT erwähnten Ordnungsmitteln greifen.[156] Möglich sind der Ordnungsruf, die Wortentziehung nach dreimaligem Ordnungsruf und der Sitzungsausschluss.[157] Der Sachruf kommt hingegen nicht in Betracht, da die Redebefugnis aus Art. 43 Abs. 2 S. 2 GG nicht an die Tagesordnung bindet.[158] In der Parlamentspraxis freilich werden die Debattenbeiträge der Redeprivilegierten in die Redeordnung (die sog. Fraktionskontingente) eingepasst. Auch sind die Redner auch daran interessiert, sich zum betreffenden Tagesordnungspunkt zu äußern.

---

152 Vgl. zum Zutritts- und Rederecht: *Brocker*, in: BeckOK-GG, Art. 43 Rn. 16, 31; *Schwerin*, Der Deutsche Bundestag als Geschäftsordnungsgeber, 1998, S. 116; zum Rederecht: BVerfGE 10, 4 (18); *Klein*, in: MD, Art. 40 Rn. 105, Art. 43 Rn. 150; *Pieroth*, in: JP, Art. 43 Rn. 7; *Magiera*, in: Sachs, Art. 43 Rn. 13; *Versteyl*, NJW 1983, 379 (380); Auslegungsentscheidung 13/8 vom 30.1.1997, abgedruckt bei *Ritzel/Bücker/Schreiner*, Vor §§ 36-41 Anm. 2.b.

153 Vgl. BVerfGE 45, 1 (39).

154 BVerfGE 10, 4 (18).

155 Vgl. BVerfGE 96, 264 (286).

156 Etwas anders, aber nicht konsequent *Quenng*, JuS 1998, 610 (614) und *Schröder*, in: BK, Art. 43 Rn. 112, denen zufolge sich ergriffene Maßnahmen mit den in §§ 36-40 GO-BT vorgesehenen decken bzw. einen vergleichbaren Inhalt annehmen können, ohne dass diese Vorschriften aber direkt angewandt werden dürften.

157 Vgl. nur *Brocker*, in: BK, Art. 40 Rn. 140; a.A. zur Wortentziehung und zum Sitzungsausschluss *Pietzcker*, in: SZ, § 10 Rn. 24; *Blum*, in: MSW, § 21 Rn. 29; *Köhler*, Die Rechtsstellung der Parlamentspräsidenten in den Ländern der Bundesrepublik Deutschland, 2000, S. 231.

158 Vgl. *Quenng*, JuS 1998, 610 (614); a.A. *Rothaug*, Die Leitungskompetenz des Bundestagspräsidenten, 1979, S. 129; *Schwerin*, Der Deutsche Bundestag als Geschäftsordnungsgeber, 1998, S. 116.

367   **Lösung Fall 11: Senator in Fahrt (Rn. 364)**

Die Wortentziehung war korrekt. S hat das Redeprivileg aus Art. 43 Abs. 2 GG missbraucht, als er die vorab vereinbarte Redezeit überschritt, zudem kaum zur Sache sprach sowie die Präsidentin kritisierte.

368   In der Praxis wird gerade gegenüber Zutritts- und Redeprivilegierten versucht, formelle Ordnungsmittel durch **informelle Ermahnungen und Rügen** (z.B. einen Hinweis, auf die Sprache zu achten oder eine mittelbare Einwirkung über die Plenarassistenten oder einen Parlamentarischen Geschäftsführer[159]) oder sog. hypothetische Ordnungsrufe („Herr Minister XYZ, wenn Sie Abgeordneter wären, hätte ich Sie zur Ordnung gerufen"[160] bzw. „…, wäre ihre Redezeit abgelaufen") zu vermeiden. Bei Ministern oder Parlamentarischen Staatssekretären, die **zugleich Bundestagsabgeordnete** sind, ist für die Zulässigkeit der Ordnungsmittel entscheidend, in welcher Funktion sie auftreten.[161]

369   **Lösung Fall 12: Feierstunde ohne Tumult (Rn. 365)**

Ordnungsmittel kommen zwar nicht in Betracht, da es sich nicht um eine Plenarveranstaltung handelt. Der Bundestagspräsident hat aber bei außerparlamentarischen Veranstaltungen das Hausrecht inne, und zwar auch bei solchen, die außerhalb der Gebäude des Bundestages stattfinden. Das Verhalten des A – das auch zum (nachträglichen) Sitzungsausschluss für die Zukunft berechtigt hätte – lässt befürchten, dass er erneut stören wird. Diese Störung muss der Präsident nicht dulden.

Die gegenüber den nach Art. 43 Abs. 2 GG Zutritts- und Redeprivilegierten zulässigen Ordnungsmittel können – unter denselben Voraussetzungen – auch gegenüber dem **Wehrbeauftragten** angewandt werden.

In § 88 Abs. 1 S. 2 der Geschäftsordnung der Niedersächsischen Landtages ist die **Rüge für Mitglieder der Landesregierung** in den Katalog der Ordnungsmittel aufgenommen worden. Sie tritt für diesen Personenkreis an die Stelle des Ordnungsrufes.

370   cc) **Ordnungsmittel gegenüber Zuhörern.**   Der sitzungsleitende Präsident kann Zuhörer wegen Beifalls- oder Missfallensbekundungen von der Tribüne entfernen oder die Tribüne wegen störender Unruhe räumen lassen (§ 41 Abs. 2 GO-BT). Hierzu bedient er sich der Plenarassistenten oder in schweren Fällen der Bundestagspolizei.

e) **Vertretung des Bundestagspräsidenten**

371   Die Vertretung im Plenum („Plenarsitzungsdienst") regelt der Bundestagspräsident im Einvernehmen mit seinen Stellvertretern (§ 8 Abs. 2 GO-BT). Ist der **Bundestagspräsident ansonsten verhindert,** wird er in seinen Dienstgeschäften durch einen seiner Stellvertreter aus der zweitstärksten Fraktion als „amtierender Präsident" **vertreten** (§ 7 Abs. 6 GO-BT). Die Regelung verweist indirekt auf das Parlamentsgewohnheitsrecht, wonach immer der von der stärksten Fraktion vorgeschlagene Bewerber

---

159   Vgl. *Ritzel/Bücker/Schreiner,* Vor §§ 36-41 Anm. 2.a.
160   Vgl. die Beispiele bei *Ritzel/Bücker/Schreiner,* § 41 Anm. I.d.bb.
161   Vgl. *Ritzel/Bücker/Schreiner,* § 41 Anm. I.b; *Rothaug,* Die Leitungskompetenz des Bundestagspräsidenten, 1979, S. 62.

Bundestagspräsident wird. Die weitere Reihenfolge der Stellvertretung, nach Fraktionsstärke oder „Dienstalter", kann das Präsidium regeln. Die Vertretung erfasst die volle Rechtsstellung des Bundestagspräsidenten, also auch seine Stellung als oberste Dienstbehörde[162] sowie die Polizeigewalt.[163] Die Ansicht, der zufolge die Vertretung in Verwaltungsangelegenheiten dem verbeamteten Direktor beim Deutschen Bundestag und die Vertretung im parlamentarisch-politischen Bereich den Vizepräsidenten übertragen ist,[164] ist mit § 7 Abs. 6 GO-BT nicht vereinbar. Sie ist daher abzulehnen.

III. Präsidium

Fall 13: Vizepräsidentenwahl   372

Bei der Wahl der Stellvertreter erhält A, der Kandidat der A-Fraktion, auch im dritten Wahlgang nicht die erforderliche Mehrheit. Die A-Fraktion will an ihrem Kandidaten festhalten. Ist das möglich? **Lösung Rn. 375**

Das Präsidium **besteht aus dem Bundestagspräsidenten und seinen Stellvertre-**   373
tern (§ 5 GO-BT), den Vizepräsidenten.

Der Bundestag hat nach Art. 40 Abs. 1 S. 1 GG neben dem Präsidenten auch „dessen Stellvertreter" zu **wählen**. Der Wortlaut der Vorschrift gestattet einen oder mehrere Stellvertreter des Präsidenten (Vizepräsidenten). Die Zahl der Stellvertreter legt das Parlament im Rahmen seiner Geschäftsordungsautonomie frei fest. Der Bundestag hat sich für mehrere Stellvertreter entschieden (§ 2 Abs. 1 S. 2 GO-BT). Die genaue Zahl legt er zu Beginn einer Wahlperiode durch einen **Beschluss** fest.[165] Dabei muss er auf das Stärkeverhältnis der Fraktionen keine Rücksicht nehmen.[166] Ein verfassungsrechtlicher Anspruch jeder Fraktion, mindestens einen Vizepräsidenten zu stellen, existiert nicht.[167] Gleichwohl hat sich der Bundestag dafür entschieden, jeder Fraktion durch § 2 Abs. 1 S. 2 GO-BT das „Recht" einzuräumen, mindestens einen Stellvertreter zu stellen (sog. Grundmandat im Präsidium). Eine Fraktion kann auch mehrere Stellvertreter stellen. Natürlich besteht **keine Pflicht der Abgeordneten, einen Bewerber zu wählen**. Im Plenum herrscht Wahlfreiheit (Art. 38 Abs. 1 S. 2 GG). Somit ist das „Recht" jeder Fraktion, mindestens einen Vizepräsidenten zu stellen (§ 2 Abs. 1 S. 2 GO-BT), eine reine Absichtserklärung. Juristisch bindend ist sie nicht.[168]

Die Vizepräsidenten verlieren durch einen Fraktionsausschluss oder eine Änderung   374
des Stärkeverhältnisses nicht automatisch ihr Amt.[169] Sie können aber – wie auch der

---

162 Vgl. *Ritzel/Bücker/Schreiner*, § 7 Anm. VI.b.
163 Vgl. *Klein*, in: MD, Art. 40 Rn. 147; *Ritzel/Bücker/Schreiner*, § 7 Anm. VI.b; *Rothaug*, Die Leitungskompetenz des Bundestagspräsidenten, 1979, S. 94.
164 So *Brocker*, in: BK, Art. 40 Rn. 147; *Blum*, in: MSW, § 21 Rn. 50.
165 Vgl. etwa BT-Drs. 18/2, 18/3; 19/3.
166 Vgl. *Demmler*, Der Abgeordnete im Parlament der Fraktionen, 1994, S. 423 f.
167 Vgl. *Demmler*, Der Abgeordnete im Parlament der Fraktionen, 1994, S. 428 ff.; *C. Schönberger/ S. Schönberger*, JZ 2018, 105 (110); diff. *Edinger*, Wahl und Besetzung parlamentarischer Gremien, 1992, S. 307.
168 Ebenso *M. Fuchs/A. Fuchs/K. Fuchs*, DÖV 2009, 232 (235).
169 Vgl. *Blum*, in: MSW, § 21 Rn. 49.

Präsident – mit der Mehrheit der Mitglieder des Bundestages **abgewählt** werden.[170] Denn die Abwahl ist *actus contrarius* zur Wahl.[171]

375   **Lösung Fall 13: Vizepräsidentenwahl (Rn. 372)**

Ein weiterer Wahlgang ist nur möglich, wenn er im Ältestenrat vereinbart wurde (§ 2 Abs. 3 S. 1 GO-BT). Die Wahl eines anderen Bewerbers aus der A-Fraktion ist dagegen auch ohne Ältestenratsvereinbarung möglich. Der Platz der A-Fraktion im Präsidium bleibt solange frei, bis ein Bewerber aus dieser Fraktion die nötige Mehrheit im Plenum erreicht. In der Parlamentspraxis ist es üblich, dass eine Fraktion, deren Bewerber nicht die nötige Mehrheit erhalten, das Gespräch mit den übrigen Fraktionen sucht und ggf. deren Einwände berücksichtigt. Eine Verpflichtung, eine bestimmte Person zu wählen, besteht gleichwohl naturgemäß nicht.

376   Die vor allem im Vergleich zu denen des Präsidenten sehr begrenzten Aufgaben des Präsidiums sind der GO-BT, dem AbgG und dem PartG zu entnehmen oder ihm in der Parlamentspraxis zugewiesen:

- Verträge, die für die Bundestagsverwaltung von erheblicher Bedeutung sind, schließt der Bundestagspräsident im Benehmen mit seinen Stellvertretern (§ 7 Abs. 3 S. 1 GO-BT);

- bestimmte Personalmaßnahmen im höheren Dienst trifft der Bundestagspräsident im Benehmen oder mit Zustimmung seiner Stellvertreter (§ 7 Abs. 4 S. 4 GO-BT). Für die dem Wehrbeauftragten unterstellten Bediensteten gilt dasselbe; hier ist zusätzlich dessen Benehmen erforderlich (§ 7 Abs. 5 GO-BT);

- das Präsidium ist zuständig dafür, einen Verstoß gegen die Verhaltensregeln festzustellen (§ 44a Abs. 4 AbgG i.V.m. § 8 Abs. 2 S. 3 VR), und ggf. ein Ordnungsgeld wegen der Verletzung der Anzeigepflicht (§ 2 VR) zu verhängen (§ 44a Abs. 4 AbgG i.V.m. § 8 Abs. 4 VR);

- außerdem bespricht das Präsidium grundsätzliche Fragen der Sitzungsleitung und der Anwendung der Geschäftsordnung sowie Angelegenheiten der Öffentlichkeitsarbeit und besondere Veranstaltungen im Bereich des Bundestages.

377   **Exkurs Schriftführer:** Die Schriftführer bilden gemeinsam mit dem sitzungsleitenden Präsidenten den Sitzungsvorstand (§ 8 Abs. 1 GO-BT). Sie sind vom Bundestag zu wählen (Art. 40 Abs. 1 S. 1 GG); üblicherweise geschieht dies auf Vorschlag aller Fraktionen[172] en bloc. In der Praxis schließt sich diese Wahl nicht immer unmittelbar an die Wahl des Präsidenten und seiner Stellvertreter an. Die Aufgaben der Schriftführer nennt § 9 GO-BT. Sie unterstützen den sitzungsleitenden Präsidenten. Auf diese Weise veranschaulichen sie das Prinzip der parlamentarischen Selbstverwaltung.[173] Im Sitzungsvorstand ist der – vom sitzungsleitenden Präsidenten aus gesehen – rechte Schriftführer für die Überwachung und Aufzeichnung der Redezeiten, der linke Schriftführer für die Erstellung der Rednerlisten (auf Meldung der PGF) und weitere Meldungen, z.B. Anmeldung einer Kurzintervention, zuständig. Einer der Schriftführer gehört nach dem Parlamentsbrauch der Parlamentsmehrheit (also einer der Regierungsfraktionen), der andere der Minderheit (also einer der Oppositionsfraktionen) an. Bei namentlichen Abstimmun-

---

170   Wie hier *Brocker*, in: BK, Art. 40 Rn. 150; *C. Schönberger/S. Schönberger*, JZ 2018, 105 (110); a.A. *Troßmann*, JöR 28 (1979), 1 (107); *Blum*, in: MSW, § 21 Rn. 49.
171   Vgl. *C. Schönberger/S. Schönberger*, JZ 2018, 105 (110).
172   Vgl. z.B. BT-Drs. 18/289.
173   Vgl. *Zeh*, in: HStR III, § 53 Rn. 19.

gen stehen jeweils zwei Schriftführer an jeder Urne und kontrollieren, dass ordnungsgemäß abgestimmt wird.

IV. Ältestenrat

Fall 14: Zutritt zum Ältestenrat   378

Bundesminister M hat sich wiederholt über im Plenum laut gewordene Kritik an seiner Arbeit geärgert. Er möchte dies in einer Sitzung des Ältestenrates zum Ausdruck bringen. Als er dem Bundestagspräsidenten sein Ansinnen vorträgt, lehnt dieser ab. Zu Recht?
Lösung Rn. 380

Für jede Volksvertretung ist eine interne Vorbereitung des parlamentarischen Ablaufs   379
unverzichtbar. Deswegen sieht die GO-BT den Ältestenrat als **„Koordinations- und
Lenkungsgremium"**[174] vor. Der Ältestenrat unterstützt den Präsidenten bei der Führung der Parlamentsgeschäfte (§ 6 Abs. 2 S. 1 GO-BT). Der Ältestenrat **setzt sich** aus
dem Bundestagspräsidenten als Vorsitzendem, seinen Stellvertretern und 23 weiteren
Mitgliedern **zusammen.** Sie werden von den Fraktionen proportional nach dem Stärkeverhältnis benannt (§ 6 S. 1 i.V.m. § 12 S. 1 GO-BT). Dementsprechend können sie
von ihrer Fraktion auch abberufen und durch ein neues Mitglied ersetzt werden.[175]
Der Ältestenrat setzt sich also nicht – wie es der Name nahelegt – aus den ältesten
Abgeordneten zusammen. In der Parlamentspraxis sind u.a. die Parlamentarischen
Geschäftsführer (PGF) und der Vorsitzende des Ausschusses für Wahlprüfung, Immunität und Geschäftsordnung Mitglieder des Ältestenrates.[176] Stellvertretende Mitglieder werden nur in Ausnahmefällen zugelassen.[177] Ein solcher Ausnahmefall dürfte vorliegen, wenn durch eine Verhinderung von Mitgliedern nicht mehr das Stärkeverhältnis im Plenum widergespiegelt würde. Parlamentarische Gruppen haben kein
aus der Verfassung herzuleitendes Recht, an der Besetzung des Ältestenrates mitzuwirken oder Vertreter dorthin zu entsenden.[178] Der Bundestag kann ihnen dieses
Recht aber durch einen Beschluss ermöglichen. Der Ältestenrat tagt stets nicht-öffentlich.

Lösung Fall 14: Zutritt zum Ältestenrat (Rn. 378)   380

Der Bundestagspräsident hat das Ansinnen des Bundesministers M zu Recht abgelehnt. Das
jederzeitige Zutritts- und Rederecht aus Art. 43 Abs. 2 GG gilt nur für Plenar- und Ausschusssitzungen. Die Sitzungen des Ältestenrates als Lenkungsgremium, das aufgrund der
Parlamentsautonomie eingesetzt wurde, stehen den Zutritts- und Redeprivilegierten nicht
offen.[179] In der Praxis nimmt ein Staatsminister als Vertreter des Bundeskanzleramtes an
den Sitzungen teil und informiert z.B. über Vorhaben der Bundesregierung, erklärt Abwe-

---

174 *Morlok*, in: Dreier, Art. 40 Rn. 28; ähnlich BT-Drs. V/4373, S. 5: „Lenkungsorgan".
175 Vgl. *Blum*, in: MSW, § 21 Rn. 57.
176 Vgl. BT-Drs. V/4373, S. 6.
177 Vgl. *Ritzel/Bücker/Schreiner*, § 6 Anm. I.1.d; *Roll*, in: SZ, § 28 Rn. 7.
178 Vgl. BVerfGE 96, 264 (280); *Brocker*, in: BK, Art. 40 Rn. 163; a.A. *Kassing*, Das Recht der Abgeordnetengruppe, 1988, S. 41; *Loibl*, Der Status der Abgeordnetengruppe im Deutschen Parlament,
     Diss. iur. Köln 1995, S. 41 f.
179 Vgl. *Blum*, in: MSW, § 21 Rn. 58.

senheiten von Bundesministern im Plenum oder nimmt Beschwerden wegen eine Verhaltens des Bundesregierung gegenüber Abgeordneten oder im Plenum entgegen.

381 Der Ältestenrat ist beschlussfähig, wenn die Mehrheit der Mitglieder anwesend ist.[180] Er ist kein Ausschuss.[181] Der Ältestenrat wird nicht vom Plenum eingesetzt, sondern „konstituiert sich gleichsam selbst".[182]

In der Zeit zwischen einer Bundestagswahl und der Konstituierung des Ältestenrates des neu gewählten Parlaments stellt der informelle und in der GO-BT nicht erwähnte **„Vor-Ältestenrat"** unter dem Vorsitz des amtierenden Bundestagspräsidenten die organisatorischen und personellen Weichen für die anstehende Wahlperiode. Er bespricht die Tagesordnung der konstituierenden Sitzung und legt die Sitzordnung im Plenarsaal (Welche Fraktion sitzt wo?) sowie die Raumverteilung in den Bundestagsliegenschaften fest. Damit klärt er vorab Fragen, die oftmals zwischen den Fraktionen umstritten sind. Auf diese Weise entlastet er die konstituierende Sitzung von Organisationsstreitigkeiten.

Der Ältestenrat ist zum einen ein Absprache- und Verständigungsgremium und zum anderen ein Beschlussorgan.

1. Verständigungsgremium

382 Interfraktionelle Vereinbarungen aller Art werden in der Regel hier (oder in einer Runde der 1. Parlamentarischen Geschäftsführer, der sog. PGF-Runde) getroffen. Außerdem erfolgt hier die

● Verständigung über das Verfahren zur Ermittlung der Sitzverteilung (seit 9. Wahlperiode: Berechnung nach *St. Laguë/Schepers* oder, wenn sich dadurch keine Mehrheit für die Regierungsfraktionen ergibt, nach *d'Hondt*),
● Verständigung über die Besetzung der Vorsitzenden und stellvertretenden Vorsitzenden der Ausschüsse (§ 6 Abs. 2 S. 2 GO-BT),
● Verständigung über den Arbeitsplan (§ 6 Abs. 2 S. 2 GO-BT): Der Ältestenrat legt die Anzahl und die Daten der Sitzungswochen für das darauffolgende Jahr fest. Der Ältestenrat legt in seiner Sitzung am Donnerstagnachmittag einer Sitzungswoche die Tagesordnung der darauffolgenden Sitzungswoche fest (§ 20 Abs. 1 GO-BT). Er bestimmt, welche Punkte an welchem Tag in welcher Reihenfolge auf der Tagesordnung stehen und ob die Punkte debattiert werden sowie in welcher Länge (§ 35 Abs. 1 GO-BT ist daher praktisch ohne Bedeutung). Vorlagen von Mitgliedern des Bundestages sind spätestens drei Wochen nach der Drucksachenverteilung aufzusetzen (§ 20 Abs. 4 GO-BT). Diese Regelung betrifft zumeist Vorlagen der parlamentarischen Minderheit. Das Aufsetzungsrecht ist „eines der bedeutendsten Minderheitsrechte" der GO-BT.[183]

Die Tagesordnungen des Plenums folgen seit vielen Wahlperioden einem bestimmten Schema: Mittwochs stehen die Regierungsbefragung und die Fragestunde sowie ggf. eine Aktuelle Stunde und unter Umständen weitere Beratungen auf der Tagesordnung. Für die Regierungsbefra-

---

180 Vgl. *Blum*, in: MSW, § 21 Rn. 67.
181 Unzutr. *Leisner*, in: Sodan, Art. 40 Rn. 8: „ständiger notwendiger Ausschuss".
182 *Zeh*, in: HStR III, § 53 Rn. 20.
183 *Hadamek*, in: Kluth/Krings, § 17 Rn. 48.

gung sind der Wochentag und die Dauer in Nr. 1 der Anlage 7 zur GO-BT fixiert. Für die Fragestunde ist die Höchstdauer von 180 Minuten in Ziff. I. der Anlage 4 zur GO-BT normiert. Donnerstags und freitags finden vor allem die Beratungen von Vorlagen (mit Überweisungen und Abstimmungen) sowie ggf. jeweils eine Aktuelle Stunde statt. Die Debattenformate (Debattendauer), die Verteilung der Redezeit und die Rednerreihenfolge werden üblicherweise in einer interfraktionellen Vereinbarung zu Beginn der Wahlperiode geregelt.

Die genannten Einigungen können **nur einvernehmlich** erfolgen. Der Bundestag ist **383** insoweit kein Beschlussorgan (§ 6 Abs. 2 S. 3 GO-BT). Mehrheitsbeschlüsse sind unzulässig. Denn sie würden dem Ziel zuwiderlaufen, Lösungen zu finden, mit denen alle Fraktionen leben können. Wenn keine Einigung über die Tagesordnung oder über die Rededauer erzielt wird, kann das Plenum die Tagesordnung und die Rededauer beschließen (§ 20 Abs. 1, § 35 Abs. 1 S. 2 GO-BT). Einigt sich der Ältestenrat nicht über die Besetzung der Stellen der Ausschussvorsitzenden und ihrer Stellvertreter, ist in der GO-BT ein Mehrheitsbeschluss nicht vorgesehen. Das Plenum kann ihn dennoch fassen,[184] da es in Fragen der Selbstorganisation allzuständig ist.

2. Beschlussorgan

Fall 15: Wechsel des Sitzungssaales **384**

Da Mitglieder einer Fraktion den Plenarsaal blockieren, möchte der Präsident auf einen anderen Sitzungssaal ausweichen. Er teilt von seinem Platz aus mit, dass die Plenarsitzung in einer halben Stunde in einem anderen Raum fortgesetzt werde. Ist dieses Vorgehen rechtmäßig? **Lösung Rn. 389**

Der Ältestenrat **beschließt mit Mehrheit seiner Mitglieder** über alle inneren Ange- **385** legenheiten des Bundestages („Allzuständigkeit"[185]), soweit sie nicht dem Präsidenten oder dem Präsidium zugewiesen sind (§ 6 Abs. 3 GO-BT). Gegenstand eines Beschlusses sind

- die Verwendung (Zuteilung) der dem Bundestag vorbehaltenen Räume (§ 6 Abs. 3 S. 2 GO-BT),
- die Aufstellung des Voranschlages für den Haushaltseinzelplan des Bundestages („EP 02"), von dem der Haushaltsausschuss nur im Benehmen mit dem Ältestenrat abweichen darf (§ 6 Abs. 3 S. 3 GO-BT),
- der Erlass von Ausführungsbestimmungen zum Abgeordnetengesetz,
- Neubauangelegenheiten,
- die Erteilung von Hausausweisen,
- die Organisation und die Aufgabenverteilung der Bundestagsverwaltung.

In den genannten Fällen ist ein Beschluss nötig, um langwierige und unter Umständen **386** ergebnislose Diskussionen zu vermeiden, die dazu führen könnten, dass die Abgeordneten und Fraktionen keine Arbeitsräume bekämen und kein Haushalt aufgestellt werden könnte. Der Ältestenrat ist nicht ein nur vorbereitendes Organ (wie ein Ausschuss), das überwiesene Vorlagen berät – es sei denn eine Vorlage ist ihm aus-

---

184 Ebenso *Roll*, in: SZ, § 28 Rn. 31.
185 Vgl. *Ritzel/Bücker/Schreiner*, § 6 Anm. III.1.a.

nahmsweise vom Plenum überwiesen worden.[186] Er entscheidet anhand eines eigenständigen Kompetenzkanons. Seine Beschlüsse bedürfen **grundsätzlich keiner Bestätigung durch das Plenum**.[187]

387 Der Ältestenrat setzt – über den in § 6 Abs. 4 GO-BT genannten Unterausschuss hinaus – üblicherweise **verschiedene vorbereitende Kommissionen** unter der Leitung jeweils eines Vizepräsidenten ein, z.B. ein Gremium, das Fragen der Rechtsstellung der Abgeordneten berät (Rechtsstellungskommission), oder ein Gremium, das sich u.a. mit der IT-Technik befasst (IuK-Kommission). Des Weiteren besteht der Kunstbeirat, der – anders als die übrigen Kommissionen – grundsätzlich selbstständig entscheidet. Das Plenum kann seine Entscheidungen selbstverständlich revidieren.[188]

388 **Einberufen** wird der Ältestenrat vom Präsidenten (vgl. § 6 Abs. 1 S. 2 GO-BT). Eine Fraktion oder 5 % der Mitglieder des Bundestages können die Einberufung verlangen (§ 6 Abs. 1 S. 3 GO-BT).

Der **Rechtsweg** (Organstreit oder Verfassungsbeschwerde) ist gegen Absprachen und Beschlussfassungen des Ältestenrates nicht eröffnet.[189]

389 **Lösung Fall 15: Wechsel des Sitzungssaales (Rn. 384)**

Der Präsident kann zwar die Sitzung unterbrechen und den Wiederbeginn festlegen (§ 40 GO-BT). Er kann aber nicht selbstständig den Sitzungsort bestimmen. Hierzu bedürfte es eines Beschlusses des Ältestenrates, wodurch alle Fraktionen von dem geänderten Ort erführen. Andernfalls drohte die Gefahr, dass manche Abgeordnete, die von der Änderung nichts wissen, nicht an der Sitzung mitwirken (und ggf. nicht reden oder mit abstimmen) könnten.

V. Plenum

390 **Fall 16: Geheime Abstimmung**

Die Regierungsfraktionen haben einen Gesetzentwurf in den Bundestag eingebracht, der in der Bevölkerung sehr umstritten ist. Um den Abgeordneten die Zustimmung zu erleichtern, beschließt der Bundestag mit der Mehrheit der Regierungsfraktionen gegen die Stimmen der Oppositionsfraktionen, die Abstimmung solle geheim erfolgen. Die Oppositionsfraktionen protestieren gegen dieses Vorgehen. Sie halten es für rechtswidrig. Ist der Beschluss des Bundestages rechtmäßig? **Lösung Rn. 397**

Wenn das Grundgesetz, ein einfaches Gesetz und die GO-BT vom „Bundestag" sprechen, meinen sie damit das Plenum, die (Voll-)Versammlung der Mitglieder des Bundestages (von lat. *plenus* = voll).

---

186 Vgl. *Ritzel/Bücker/Schreiner*, § 6 Anm. III.3.b.
187 Ebd.
188 Vgl. *Ritzel/Bücker/Schreiner*, § 6 Anm. IV.d.
189 Vgl. *Brocker*, in: BK, Art. 40 Rn. 164.

1. Aufgaben und Befugnisse

Das Plenum ist das **Hauptorgan des Bundestages**.[190] Es nimmt alle Aufgaben und Befugnisse wahr, die Rechtsnormen dem „Bundestag" zuweisen. Sind diese zwingend vom Plenum wahrzunehmen, spricht man vom **Plenarvorbehalt**. Zu den unter Plenarvorbehalt stehenden Aufgaben und Befugnissen gehören: **391**

- die Wahl von Amtsträgern: die Kanzlerwahl (Art. 63, 67 GG); die Wahl einer Hälfte der Richter des BVerfG (Art. 94 Abs. 1 S. 2 GG); die Wahl des Wehrbeauftragten (Art. 45b GG i.V.m. § 13 WBeauftrG); die Wahl des Präsidenten und des Vizepräsidenten des Bundesrechnungshofes (§ 5 Abs. 1 BRHG); die Wahl des Bundesbeauftragten für den Datenschutz und die Informationsfreiheit (§ 22 Abs. 1 BDSG),
- die Beschlussfassung über Bundesgesetze (Art. 76-79, 110 GG), wozu ausdrücklich auch das Wahlrecht (Art. 38 Abs. 3 GG), das Wahlprüfungsrecht (Art. 41 Abs. 3 GG) und die Regelungen über die Abgeordnetenentschädigung (Art. 48 Abs. 3 GG) gehören,
- die Mitwirkung in EU-Angelegenheiten (Art. 23 Abs. 2, 3; ggf. die Erhebung einer Subsidiaritätsklage nach Art. 23 Abs. 1a GG),
- die Bestimmung des Schlusses und des Wiederbeginns der Sitzungen des Bundestages (Selbstversammlungsrecht, Art. 39 Abs. 3 S. 1 GG),
- die Wahl des Präsidenten und der Erlass einer Geschäftsordnung (Art. 40 Abs. 1 GG),
- die Wahlprüfung (Art. 41 Abs. 1 GG i.V.m. § 1 WPrüfG),
- das Zitierrecht, das aber auch den Ausschüssen zusteht (Art. 43 Abs. 1 GG),
- die Bestellung von Untersuchungsausschüssen, der Pflichtausschüsse und des PKGr (Art. 44-45d GG) sowie des Wahlprüfungsausschusses (§ 3 Abs. 2 S. 3 WPrüfG),
- die Genehmigung freiheitsbeschränkender Maßnahmen gegen Abgeordnete oder eines Verfahrens nach Art. 18 GG (Art. 46 Abs. 3 GG) sowie das Aussetzungsverlangen (Art. 46 Abs. 4 GG),
- die Feststellung des Verteidigungsfalles (Art. 115a Abs. 1 GG) sowie weitere Rechte im Verteidigungsfall (Art. 115a Abs. 5, 115d, 115f, 115l GG) und die Feststellung des Spannungsfalles (Art. 80a Abs. 1, 3 GG),
- weitere Befugnisse nach dem Grundgesetz (Art. 13 Abs. 6, 29 Abs. 7, 53a Abs. 1 S. 4, 61 Abs. 1, 87a Abs. 4 S. 2, 91c Abs. 2 S. 3, 104 Abs. 3, 114, 115 Abs. 2 S. 6 GG), dem einfachen Gesetzesrecht und der GO-BT (z.B. die Wahl der Vizepräsidenten, § 2 Abs. 1 S. 1, und der Schriftführer, § 3 GO-BT).

Der Plenarvorbehalt **gilt nicht ausnahmslos**. Umstritten ist, wann eine Übertragung auf ein Parlamentsorgan (vertikale Delegation) zulässig ist.[191] Einer Ansicht nach ist sie nur erlaubt, wenn das Grundgesetz es ausdrücklich gestattet[192] (vor allem in Art. 45 S. 2, 3 GG). Eine andere Auffassung grenzt nach materiellen Kriterien (z.B. **392**

---

190 Vgl. etwa *Steiger*, Organisatorische Probleme des parlamentarischen Regierungssystems, 1973, S. 81.
191 Umfassend jetzt *Pfengler*, Plenarvorbehalt und Delegation, 2020.
192 So etwa *Scholz*, in: MD, Art. 23 Rn. 155; *Rojahn*, in: vMK, Art. 45 Rn. 8; *Krings*, in: BerlK, Art. 45 Rn. 13.

Funktionsgerechtigkeit, Außenwirkung, Wesentlichkeit), eine weitere Ansicht nach formellen Kriterien (Wahl der Mitglieder des Parlamentsorgans durch das Plenum oder Letztverantwortung beim Plenum) ab.[193] Nach hiesiger Auffassung hängt die Zulässigkeit einer vertikalen Delegation, außerhalb einer Ermächtigung durch das Grundgesetz, davon ab, ob eine fortwirkende Einwirkungsmöglichkeit des Plenums besteht.

393   Die **Praxis des Bundestages** sieht derzeit wie folgt aus: Der Plenarvorbehalt erfasst *vorbereitende Maßnahmen* nicht. So ist z.B. die Vorbereitung von Plenarbeschlüssen durch Ausschüsse (§ 62 Abs. 1 S. 1, 2 GO-BT, § 3 Abs. 1 WPrüfG) zulässig. In einigen Fällen kann der Bundestag sogar die *Entscheidung* auf ein Parlamentsorgan übertragen: Eine bislang nicht genutzte Möglichkeit für das plenarersetzende Tätigwerden eines Ausschusses findet sich in Art. 45 S. 2, 3 GG, § 93b Abs. 2 GO-BT für den EU-Ausschuss. Auch die Vorentscheidungen des Ausschusses für Wahlprüfung, Immunität und Geschäftsordnung im Immunitätsverfahren nach Teil A Nr. 8, 11 und 12 der Grundsätze in Immunitätsangelegenheiten (ein Teil der Anlage 6 zur GO-BT) sind eine Ausnahme zum Plenarvorbehalt. Sie gelten als Entscheidung des Bundestages (Plenarbeschluss), wenn ihnen nicht innerhalb von sieben Tagen widersprochen wird (Teil A Nr. 13 S. 2 der Grundsätze in Immunitätsangelegenheiten). Eine vierte Ausnahme findet sich im Haushaltsrecht: Der Bundestag darf den Haushaltsausschuss im Haushaltsplan, der zum Haushaltsgesetz gehört, dazu ermächtigen, Sperrvermerke im Bundeshaushalt aufzuheben, und Zustimmungsvorbehalte des Haushaltsausschusses formulieren.[194] Das Sondergremium nach § 3 Abs. 3 StabMechG und § 6 ESMFinG besitzt ebenfalls eigenständige Entscheidungsbefugnisse.[195] *Kontrollbefugnisse* des Bundestages werden kraft verfassungsrechtlicher Delegation durch Untersuchungsausschüsse (Art. 44 Abs. 1), durch den Verteidigungsausschuss als Untersuchungsausschuss (Art. 45a Abs. 2) und durch das Parlamentarische Kontrollgremium (Art. 45d GG) wahrgenommen. Das einfache Gesetzesrecht weist dem Haushaltsausschuss (§ 4 StabMechG, § 5 ESMFinG) und dem Vertrauensgremium (§ 10a Abs. 2 BHO) Kontrollbefugnisse zu. Die *Auslegung der Geschäftsordnung* obliegt dem sitzungsleitenden Präsidenten und im Übrigen dem 1. Ausschuss (§ 127 Abs. 1 GO-BT). Der Bundestagspräsident (§ 1 Abs. 4 der Anlage 1 zur GO-BT, § 13 der Anlage 3 zur GO-BT) und der Ältestenrat (§ 12 Abs. 2 S. 3, Abs. 3 S. 5, Abs. 4 S. 2, § 51 Abs. 1 AbgG) sind in bestimmten Fällen zum Erlass von *Ausführungsbestimmungen* befugt. Die *Ordnungsgewalt im Plenum* delegieren die §§ 35 ff. GO-BT an den sitzungsleitenden Präsidenten. Das Hausrecht und die Polizeigewalt stehen dem Präsidenten hingegen unmittelbar nach Art. 40 Abs. 2 GG zu. In allen Fällen besteht eine fortdauernde Einwirkungsmöglichkeit des Plenums. So entscheidet z.B. das Plenum nach § 39 GO-BT über einen Einspruch gegen eine Ordnungsmaßnahme. Die Befugnisse des Haushaltsausschusses kann das Plenum durch einfachen Mehrheitsbeschluss an sich ziehen (§ 4 Abs. 4 StabMechG, § 5 Abs. 5 ESMFinG). Die Einwirkungsmöglichkeit rechtfertigt die Delegation von Aufgaben und Befugnissen des Plenums auf Parlamentsorgane.

2.   Verfahren

a)   Antragserfordernis

394   *„Womit auch immer der Bundestag sich beschäftigen soll: es muss von jemandem beantragt werden.“*[196] Wer einen Antrag stellt, also sein verfassungsmäßiges Antrags-

---

193 Nachweise bei *Schürmann*, in: MSW, § 19 Rn. 16; eingehend zum Problem ebd., Rn. 19 ff.
194 Hierzu *Hasenjäger*, in: MSW, § 25 Rn. 28 ff.; für verfassungswidrig hält dies *Troßmann* JöR 28 (1979), 1 (54 f.).
195 Eingehend *Hasenjäger*, in: MSW, § 25 Rn. 64 ff.
196 *Zeh*, ZParl. 17 (1986), 396 (403).

recht wahrnimmt, löst damit die Pflicht des Bundestages aus, sich mit dem Antrag zu befassen und darüber zu beschließen.[197] Dies gilt für sämtliche Vorlagen, auch für Gesetzentwürfe[198]. Allerdings ist diese Befassungs- und Beschlusspflicht bezogen auf **Gesetzentwürfe** nur dann verletzt, wenn die Beratung und die Beschlussfassung über einen Gesetzentwurf ohne sachlichen Grund gänzlich oder auf unbestimmte Zeit verweigert werden.[199] Dies ist allenfalls in Ausnahmefällen gegeben, etwa wenn die Behandlung eines Gesetzentwurfs erkennbar ohne jeden sachlichen Grund verschleppt und auf diese Weise versucht wird, das Initiativrecht des Antragstellers zu entleeren.[200] Sonst haben der Bundestag und bei überwiesenen Vorlagen die Ausschüsse nicht die Pflicht, über das Vorhaben innerhalb einer Legislaturperiode abschließend zu entscheiden. Es ist hinzunehmen, dass Gesetzentwürfe der sachlichen Diskontinuität (§ 125 S. 1 GO-BT) anheimfallen.[201] Zwar nennt das Grundgesetz in Art. 76 Abs. 3 S. 6 deklaratorisch eine nicht nur dem Bundesrat, sondern allen Initianten gegenüber bestehende Pflicht, über Vorlagen „in angemessener Frist" zu beraten.[202] Was angemessen ist, definiert die Verfassung aber nicht. Sie gibt – ebenso wie die GO-BT – keine konkreten Bearbeitungszeiträume vor,[203] anders als etwa bei den Stellungnahmefristen des Art. 76 GG. Der Bundestag hat daher einen politischen Beurteilungsspielraum.[204] Auch eine Nichtbefassung über ein Jahr hinweg kann noch zulässig sein.[205] Das BVerfG hat es für zulässig gehalten, drei Gesetzentwürfe zu einem Thema insgesamt 25 Mal von der Ausschusstagesordnung abzusetzen (zu „vertagen").[206] Das zu den Gesetzentwürfen Ausgeführte gilt auch für **Anträge nach § 75 Abs. 1 lit. d GO-BT**. Mit anderen Worten: Der Bundestag bestimmt grundsätzlich selbst, wann er über welche Vorlage berät und beschließt. Auch die Ausschüsse bestimmen dem Grunde nach selbst, wann sie überwiesene Vorlagen abschließend beraten, sofern nicht Zeitvorgaben des Plenums bestehen. Nur in „exeptionellen Missbrauchsfällen" kommt eine Verletzung des Anspruchs auf Beratung und Beschlussfassung in Betracht.[207]

Ob der Bundestag oder ein Ausschuss einer Vorlage, ggf. mit Änderungen, zustimmt **395** oder sie ablehnt, steht ohnehin in seinem freien politischen Ermessen.[208] Änderungen dürfen eine Vorlage, z.B. den Gesetzentwurf[209] oder Antrag[210] einer Minderheitsfraktion, aber nicht in ein Aliud verwandeln. Denn auf diesem Wege würde das Initiativrecht der Fraktion verletzt, da eine Beschlussfassung über ihr Anliegen nicht zustande käme.[211] Änderungsanträge sind ebenfalls unzulässig zu Verträgen mit auswärtigen

---

197 BayVerfGHE 47, 194; NWVerfGH, NVwZ-RR 2000, 265 (266).
198 Vgl. etwa BVerfGE 1, 144 (153); 84, 304 (329); 145, 348 (359); a.A. für Gesetzentwürfe aus der Mitte des Bundestages *Hartmann*, ZG 2008, 42 (48).
199 Vgl. BVerfGE 1, 144 (154 f.); 145, 348 (360).
200 Vgl. BVerfGE 145, 348 (361).
201 Vgl. ebd.
202 Vgl. BVerfGE 145, 348 (360) m.w.N.
203 Vgl. etwa BVerfGE 145, 348 (360 f.).
204 Ebenso *Kersten*, in: MD, Art. 76 Rn. 65.
205 A.A. *Hölscheidt/Menzenbach*, DÖV 2008, 139 (143 Fn. 81).
206 BVerfGE 145, 348. Krit. *Schwander*, DÖV 2017, 953 (955).
207 Vgl. *Sachs*, JuS 2017, 803 (804); ebenso zu Art. 76 Abs. 3 S. 6 GG *Mann*, in: Sachs, Art. 76 Rn. 35.
208 Vgl. *Troßmann*, JöR 28 (1979), 1 (44).
209 Vgl. *Brocker*, in: BK, Art. 40 Rn. 77; *Kabel*, in: SZ, § 31 Rn. 68.
210 Vgl. *Brocker*, in: BK, Art. 40 Rn. 78.
211 Vgl. NWVerfGH, NVwZ-RR 2000, 265 (267).

Staaten und ähnlichen Verträgen, welche die politischen Beziehungen des Bundes regeln oder sich auf Gegenstände der Bundesgesetzgebung beziehen (§ 82 Abs. 2 GO-BT i.V.m. Art. 59 Abs. 2 GG).

b) Öffentlichkeitsgrundsatz

396 Das Plenum verhandelt grundsätzlich öffentlich (Art. 42 Abs. 1 S. 1 GG, § 19 S. 1 GO-BT). Im Ausnahmefall kann die Öffentlichkeit durch einen mit Zweidrittelmehrheit gefassten Beschluss ausgeschlossen werden (Art. 42 Abs. 1 S. 2 GG, § 19 S. 2 GO-BT). Die Ausschüsse tagen hingegen grundsätzlich nichtöffentlich (§ 69 Abs. 1 S. 1 GO-BT). Die Öffentlichkeit der Plenumssitzungen ist „eine notwendige Funktionsvoraussetzung für eine repräsentative Demokratie, [weil sie] die Kontrollrechte des Volkes als Souverän gewährleistet, und zwar sowohl im Hinblick auf die Abgeordneten selbst als auch zumindest indirekt auf die von diesen kontrollierte Regierung".[212] Nur die freie und offene Rückkopplung zwischen den Abgeordneten und dem Volk schafft durch den Zwang zur Rechtfertigung politische Verantwortlichkeit[213] und trägt dem Gedanken Rechnung, dass die parlamentarische Demokratie auf dem Vertrauen des Volkes beruht.[214] Erst die Öffentlichkeit der Parlamentsverhandlungen ermöglicht eine demokratische Kontrolle des Parlaments und seiner Mitglieder durch die Wähler.[215] Öffentlichkeit nach Art. 42 Abs. 1 GG bedeutet **Sitzungsöffentlichkeit**, also den freien und ungehinderten Zutritt für jedermann[216] im Rahmen der bestehenden Kapazitäten.[217] Ein besonderer Fall der Sitzungsöffentlichkeit ist die **Berichterstattungsöffentlichkeit**, d.h. der freie und ungehinderte Zutritt für Medienvertreter.[218] „Verhandeln" meint die Beratung und die Beschlussfassung.[219] Umstritten ist, ob Wahlen (Personalentscheidungen) und Abstimmungen (Sachentscheidungen) öffentlich sein müssen oder auch geheim sein dürfen. Richtiger Auffassung nach sind geheime Wahlen mit dem Öffentlichkeitsgrundsatz vereinbar,[220] da sie die Unabhängigkeit der Entscheidung (Art. 38 Abs. 1 S. 2 GG) sichern. Geheime Abstimmungen sind hingegen mit dem Öffentlichkeitsgrundsatz unvereinbar, weil sie den Bürgern die Möglichkeit nehmen, die parlamentarischen Entscheidungen ihrer Repräsentanten zu erfahren und ihr Wahlverhalten danach auszurichten.[221] Verfassungsgewohnheitsrecht stellt das Verbot geheimer Abstimmungen aber nicht dar.[222]

---

212 *Brocker*, in: BeckOK-GG, Art. 42 Rn. 1.
213 Vgl. BVerfGE 112, 118 (134); 125, 104 (123 f.).
214 Vgl. BVerfGE 118, 277 (353); 134, 141 (174).
215 Vgl. BVerfGE 134, 141 (176).
216 Vgl. *Brocker*, in: BeckOK-GG, Art. 42 Rn. 3; *Morlok/Hientzsch*, JuS 2011, 1 (2).
217 Vgl. *Pieroth*, in: JP, Art. 42 Rn. 1a.
218 Vgl. ebd.; *Brocker*, in: BeckOK-GG, Art. 42 Rn. 4.
219 Vgl. statt vieler *Brocker*, in: BeckOK-GG, Art. 42 Rn. 5.
220 Wie hier *Klein*, in: MD, Art. 42 Rn. 37; *Pieroth*, in: JP, Art. 42 Rn. 1a; *Brocker*, in: BeckOK-GG, Art. 42 Rn. 8; *Schliesky*, in: vMKS, Art. 42 Rn. 26; a.A. *Buschmann/Ostendorf*, ZRP 1977, 153 ff.; *Linck*, DVBl. 2005, 793 (796 f.).
221 Ebenso *Brocker*, in: BeckOK-GG, Art. 42 Rn. 7; *Linck*, DVBl. 2005, 793 (794, 797 f.); a.A. *Klein*, in: MD, Art. 42 Rn. 37; *Kluth*, in: SBHH, Art. 42 Rn. 18; *Demmler*, S. 387 ff..
222 So jedoch *Pieroth*, in: JP, Art. 42 Rn. 1a; *Risse/Witt*, in: Hömig/Wolff, Art. 42 Rn. 1; *Schliesky*, in: vMKS, Art. 42 Rn. 26;

Lösung Fall 16: Geheime Abstimmung (Rn. 390) Das Verfahren war verfassungswidrig. Der Beschluss des Bundestages ist unwirksam.	**397**

c) Anwesenheitsrecht

Die Mitglieder des Bundestages haben das Recht auf jederzeitige Anwesenheit im **398**
Plenarsaal. Das Anwesenheitsrecht ist eine Ausprägung des repräsentativen und frei-
en Mandats (Art. 38 Abs. 1 S. 2 GG, s. Rn. 147 f.). Das Anwesenheitsrecht kann im
Interesse der Funktionsfähigkeit des Bundestages durch einen Sitzungsausschluss
(§ 38 GO-BT) beschränkt werden.

Die Mitglieder der Bundesregierung und des Bundesrates haben gemäß Art. 43 **399**
Abs. 2 GG, der eine alte Verfassungstradition fortschreibt (s. Rn. 42), jederzeitiges
Zutrittsrecht zum Plenum (und zu den Ausschüssen). Das Zutrittsrecht kann aber in
Ausnahmefällen beschränkt werden: Erstens, wenn es **missbraucht** wird, und zweitens aus **Kapazitätsgründen**. Voraussetzung für eine Zutrittsverweigerung aus Kapazitätsgründen ist, dass grundsätzlich eine Teilnahme von Mitgliedern des privilegierten Personenkreises möglich ist. Dies ist stets der Fall. Die „Regierungsbank" und
die „Bundesratsbank" im Plenum bieten ausreichend Plätze für alle Mitglieder der
Bundesregierung und des Bundestages sowie für eine ausreichende Zahl von Beauftragten (d.h. Mitarbeitern). Zutrittswilligen, die keinen Platz mehr im Umfeld der Re-
gierungs- oder der Bundesratsbank fänden, kann der Zutritt verweigert werden. Ein
die Platzkapazitäten beachtendes Zutrittsregime sichert den ungestörten Geschäftsgang und damit die Funktionsfähigkeit des Bundestages.

d) Aussprache (Debatte)

Beschlüssen des Plenums geht in aller Regel eine Aussprache (Debatte) voraus. Wah- **400**
len erfolgen ohne Aussprache (vgl. z.B. Art. 63 Abs. 1 GG). Die Plenardebatte dient
in aller Regel nicht dazu, andere Abgeordnete zu überzeugen. Die Beschlüsse des Plenums werden nicht „herbeidiskutiert". Die Ergebnisse stehen in aller Regel (mit Ausnahme der Entscheidungen in ethisch heiklen Bereichen wie Abtreibung oder Sterbehilfe) schon vorher fest. Die Aussprache fasst den Sach- und Meinungsstand vornehmlich für die Öffentlichkeit zusammen.[223] Sie ist ein „kommunikatives Scharnier
zwischen Parlament und Volk".[224] Die Debattenbeiträge (Reden, Zwischenfragen und
-bemerkungen, Kurzinterventionen) sind „appellativ nach außen gerichtet"; die Parla-
mentsdebatte ist daher „einer der zentralen Schauplätze kommunikativer Auseinandersetzung" zwischen der Regierung und der sie stützenden Parlamentsmehrheit auf
der einen Seite und den Oppositionsfraktionen oder Oppositionsabgeordneten auf der
anderen Seite.[225] Dem Publikum wird auf diese Weise ermöglicht, die unterschiedlichen politischen Anschauungen, sachlichen Alternativen, den Entscheidungsprozess
und die Beweggründe für bestimmtes Abstimmungsverhalten kennenzulernen.

---

223 Vgl. *Zeh*, ZParl. 36 (2005), 473 (484 f.); *Dreier*, JZ 1990, 310 (318).
224 *Schürmann*, in: MSW, § 20 Rn. 9.
225 *Di Fabio*, Der Staat 29 (1990), 599 (603); *Pfengler*, Plenarvorbehalt und Delegation, 2020, S. 42 ff.

401   Das **Rederecht** steht allen **Mitgliedern des Bundestages** zu. Es ist ein „Angelpunkt einer demokratisch-parlamentarischen Verfassung"[226] und gehört zum verfassungsrechtlichen Status des Abgeordneten aus Art. 38 Abs.1 S. 2 GG[227] (s. Rn. 147, 149). Wie alle Mitgliedschafts- oder Mitwirkungsrechte steht das Rederecht des einzelnen Mitglieds im Zusammenhang mit dem Rederecht der übrigen Abgeordneten. Außerdem folgt der Debatte die Entscheidung. Der einzelne Abgeordnete darf also nicht unbegrenzt reden, um nicht zum einen das Rederecht der anderen Abgeordneten zu beschränken und um nicht zum anderen die Entscheidungsfindung zu erschweren oder unmöglich zu machen. Das Rederecht des Einzelnen muss sich also einfügen. Dem trägt die Debattenpraxis des Bundestages Rechnung.

402   Das Rederecht steht auch den Mitgliedern der Bundesregierung und des Bundesrates sowie ihren Beauftragten (den **Zutritts- und Redeprivilegierten**) zu (Art. 43 Abs. 2 GG). Das jederzeitige Rederecht von Mitgliedern der Bundesregierung ist die Kehrseite ihrer aus Art. 43 Abs. 1 GG abzuleitenden Pflicht, dem Parlament und seinen Ausschüssen „Rede und Antwort" zu stehen. Es ist gewissermaßen ein „Notwehrrecht"[228] und dient der Regierung dazu, ihren Standpunkt im Parlament darzulegen und ggf. schon vorbeugend zu verteidigen.[229] Das Rederecht der Redeprivilegierten kann angesichts des klaren Verfassungswortlauts („jederzeit") nur im Missbrauchsfall, z.B. bei einer Störung der Arbeitsfähigkeit des Bundestages durch sehr lange Wortbeiträge mehrerer Regierungsredner (etwa durch sog. Filibustern im Gesetzgebungsverfahren), durch eine Wortentziehung (§ 36 Abs. 2 GO-BT) beschränkt werden (s. Rn. 366 ff.). Ein allgemeines Antragsrecht besitzen die Zutritts- und Redeprivilegierten nicht, da es in Art. 43 Abs. 2 GG nicht erwähnt wird.[230] Ihnen stehen nur die in der Verfassung ausdrücklich genannten Antragsrechte zu, vornehmlich aus Art. 42 Abs. 1 S. 2, 68 Abs. 1 S. 1, 76 Abs. 1 GG. Regierungsmitglieder, die zugleich Bundestagsabgeordnete sind, können außerdem selbstverständlich in ihrer Rolle als Abgeordnete die Antragsrechte, die jedem Abgeordneten zustehen, geltend machen.

403   Auch der **Wehrbeauftragte** (s. Rn. 596 ff.) besitzt das Rederecht in der Aussprache über seine Berichte, wenn es von einer Fraktion oder fünf Prozent der Abgeordneten verlangt worden ist (§ 115 Abs. 1 GO-BT). Ihm kann das Rederecht – wie den nach Art. 43 Abs. 2 GG Redeprivilegierten – im Missbrauchsfall entzogen werden. Er unterliegt der Ordnungsgewalt nach § 41 Abs. 1 GO-BT.

404   In der **Praxis des Bundestages**[231] wird die **Gesamtredezeit** auf die Fraktionen nach ihrem Stärkeverhältnis und einigen politischen Faktoren (Zeitzuschlag für die Opposition oder antragstellende kleinere Fraktionen) **verteilt** (s. Rn. 128, 267). Der Berechnungsmodus heißt „Berliner Stunde" (zuvor „Bonner Stunde"). Er wird zu Beginn einer Wahlperiode interfraktionell vereinbart.

---

226   BVerfGE 2, 143 (171).
227   Vgl. BVerfGE 10, 4 (12); 60, 374 (379 f.); 80, 188 (218); 96, 264 (284).
228   So *Bücker*, in: FS Schellknecht, 1984, S. 41, der den früheren Vizepräsidenten *Schmitt-Vockenhausen* zitiert.
229   Vgl. BVerfGE 10, 4 (18).
230   Vgl. etwa *Klein*, in: MD, Art. 43 Rn. 145; *Brocker*, in: BeckOK-GG, Art. 43 Rn. 30; *Schröder*, in: BK, Art. 43 Rn. 96.
231   Zu den Landesparlamenten s. *Schürmann*, in: MSW, § 20 Rn. 37 f.

Beispiel: In der 18. Wahlperiode wurden die Redezeiten in einer 60-minütigen Debatte wie folgt verteilt: CDU/CSU 27 Minuten, SPD 17 Minuten, Die Linke und Bündnis 90/Die Grünen jeweils acht Minuten. In der 19. Wahlperiode sieht die Verteilung so aus: CDU/CSU 20, SPD 13, AfD 8, FDP 7 und Die Linke sowie Bündnis 90/Die Grünen jeweils sechs Minuten.

Durch die Verteilung der **Gesamtredezeit auf die Fraktionen** wird das Rederecht   **405** nicht verletzt. In den Worten des BVerfG: *„Die quotale Aufteilung der Redezeit ist geeignet, die sachliche Arbeit des Parlaments zu fördern. Durch sie wird sichergestellt, dass Abgeordnete aller Richtungen sprechen und dass nicht durch Zufälligkeiten des Ablaufs der Debatte die eine oder die andere Fraktion unverhältnismäßig kurz zu Wort kommt. Bei Festsetzung einer Gesamtredezeit ohne Verteilung auf die Fraktionen bestünde zudem die Gefahr, dass einzelne Redner ihre Reden übermäßig ausdehnten, nur um ihre politischen Gegner um das Wort zu bringen. Diese Gefahr ist beseitigt, wenn jeder Sprecher weiß, dass eine unangebrachte Ausdehnung seiner Rede nur seine Gesinnungsfreunde benachteiligt."*[232] Außerdem erteilt der Bundestagspräsident in der Debatte das Wort (§ 27 Abs. 1 S. 1 GO-BT). Er kann also Abgeordneten, die nicht auf der Rednerliste stehen, auch gegen den Willen ihrer Fraktion sprechen lassen.[233] Die Verteilung der Redezeit auf die Fraktionen *nach ihrer Stärke* ist keine unzulässige Einschränkung des Rederechts: Durch diesen **Verteilungsschlüssel** wird gerade gesichert, dass die Redebefugnis des einzelnen Abgeordneten nicht über die Beschränkung hinaus, die schon in der Festsetzung der Gesamtredezeit liegt, beeinträchtigt wird. Jeder Abgeordnete erhält die gleiche rechnerische Chance, zu Wort zu kommen, ohne Rücksicht darauf, welcher Fraktion er angehört.[234] Auch die **Begrenzung der Redezeit pro Redner** ist keine unzulässige Beschränkung des Rederechts.[235] Denn nur so kann die zulässige Verteilung auf die Fraktionen nach ihrer Stärke erreicht werden. In der Parlamentspraxis werden die Redebeiträge der Redeprivilegierten in die Redezeitkontingente der Fraktionen integriert: Mitglieder der Bundesregierung und Parlamentarische Staatssekretäre werden der Fraktion, der sie angehören bzw. deren Mitglieder in derselben Partei sind wie sie, zugeordnet. Für Mitglieder des Bundesrates gilt dasselbe. Sofern sie Mitglied einer Partei sind, die nicht im Bundestag vertreten ist, werden sie einer der Bundestagsfraktionen zugeordnet. Die Zuordnung richtet sich dann nach der Partei, welche die jeweilige Landesregierung führt.[236] Die Reden der Mitglieder der Bundesregierung oder des Bundesrates oder ihrer Beauftragten werden je nach ihrer Parteizugehörigkeit einer Fraktion zugeordnet. So wird z.B. die Rede eines Bundesministers oder eines Ministerpräsidenten, welcher der CDU angehört, auf das Redekontingent der CDU/CSU-Fraktion angerechnet (also davon abgezogen).

Die **Rednerabfolge** bestimmt der sitzungsleitende Präsident (§ 18 Abs. 1 S. 1 GO- **406** BT). Er richtet sich in der Praxis allerdings nach interfraktionellen Absprachen, die in der Regel zu Beginn der Wahlperiode getroffen werden (s. Rn. 127 f.). Bei der Rednerabfolge sind das Prinzip von Rede und Gegenrede sowie die Stärke der Fraktionen

---

232   Vgl. BVerfGE 10, 4 (14 f.).
233   Vgl. BVerfGE 10, 4 (15 f.).
234   Vgl. BVerfGE 10, 4 (16).
235   Vgl. etwa *Bücker*, in: FS Schellknecht, 1984, S. 52.
236   Reden von Landesministern der FDP wurden in der 18. Wahlperiode, in der die Partei nicht im Bundestag vertreten war, auf das Redekontingent der CDU/CSU-Fraktion angerechnet.

zu beachten (§ 28 Abs. 1 S. 2 GO-BT). Fraglich ist, ob die Redeprivilegierten sich unter Berufung auf ihrer jederzeitiges Rederecht stets an die Rednerabfolge halten müssen. Zum Teil wird diese Frage bejaht. Das Prinzip von Rede und Gegenrede folge aus der Verfassung. Die Aufgabe des Parlaments, Forum für Rede und Gegenrede zu sein, setze sich auch gegenüber privilegierten Rednern durch und sei eine verfassungsimmanente Schranke des Art. 43 Abs. 2 GG.[237] Diese Auffassung überdehnt aber die dafür in Anspruch genommenen Aussagen des BVerfG. Das Gericht befasste sich in der betreffenden Entscheidung mit den Redezeiten. Zu den Redeprivilegierten äußerte es sich nicht. Im Übrigen stünde es dem Präsidenten gemäß § 28 Abs. 1 S. 2 GO-BT frei, nach einem Redeprivilegierten einen Redner einer abweichenden Meinung zuzulassen und die Rednerabfolge entsprechend zu ändern. Auch „Abweichlern" darf der Präsident das Wort erteilen.

407   Der Bundestag ist eher ein **Arbeits- als ein Redeparlament**: Im Vordergrund steht nicht die öffentliche Debatte, sondern die detaillierte Sacharbeit durch spezialisierte Abgeordnete in den Ausschüssen und in den fraktionsinternen Fachgremien (Arbeitsgruppen oder Arbeitskreisen)[238]. Das Gegenstück zum Arbeitsparlament ist das Redeparlament, das auf konkrete Mitgestaltung verzichtet und die Detailarbeit der Regierung überlässt.[239]

e)   Entscheidungsarten: Wahl und Beschluss

408   Das Plenum trifft *Personal*entscheidungen durch die Wahl und *Sach*entscheidungen durch den Beschluss. Ein Beschluss ist nur gültig, wenn der Bundestag **beschlussfähig** ist. Der Bundestag ist beschlussfähig, wenn mehr als die Hälfte seiner Mitglieder im Sitzungssaal (Plenarsaal) anwesend ist (§ 45 Abs. 1 GO-BT). Selbst wenn weniger als die Hälfte der Abgeordneten im Plenarsaal anwesend ist, wird die **Beschlussfähigkeit** solange fingiert, wie sie nicht angezweifelt und vom Sitzungsvorstand einmütig bejaht wird (§ 45 Abs. 2 S. 1 GO-BT). Wenn die Beschlussfähigkeit bezweifelt wird und der Sitzungsvorstand diese Zweifel teilt oder sie nicht einmütig verwirft, findet eine Zählung der Stimmen nach § 51 GO-BT statt. Zunächst wird eine Gegenprobe gemacht (Abs. 1). Bei bleibender Uneinigkeit kommt es auf Anordnung des Sitzungsvorstandes zum „Hammelsprung" (§ 51 Abs. 2 GO-BT). Während einer Kernzeit-Debatte (donnerstags von 9 bis 13 Uhr) wird die Beschlussfähigkeit durch namentliche Abstimmung (§ 52 GO-BT) ermittelt. Die **Fiktion der Beschlussfähigkeit** ist in der Parlamentspraxis von großer Bedeutung. An den Plenarsitzungen nehmen selten die meisten Abgeordneten teil. Zum einen findet ein wichtiger Teil der Arbeit des Bundestages und seiner Abgeordneten außerhalb des Plenums (in Ausschusssitzungen, fraktionsinternen Sitzungen, in Gesprächen mit Bürgern und Interessenvertretern etc.) statt. Zum anderen macht es die Arbeitsteilung innerhalb der Fraktionen nicht erforderlich, an allen Abstimmungen teilzunehmen. Die Abgeordneten nehmen üblicherweise an den Debatten, die ihren Ausschuss oder ihr Arbeitsgebiet betreffen, teil sowie an den Debatten, die eine alle Abgeordneten betreffende politische Bedeutung besitzen (das sind meistens solche in der Kernzeit). Die Regelung

---

237   So *Schürmann*, in: MSW, § 20 Rn. 30 unter Berufung auf BVerfGE 10, 4 (13).
238   BVerfGE 44, 308; zur Kritik etwa *Meinel*, Selbstorganisation, S. 278 f.
239   Vgl. *Schürmann*, in: MSW, § 20 Rn. 4.

der Beschlussfähigkeit ist ein traditioneller Teil der Geschäftsordnungsautonomie (vgl. Art. 32 Abs. 2 WRV).

Umstritten ist, ob es trotz der geschäftsordnungsrechtlichen Fiktion eine **verfassungsrechtliche Untergrenze der Beschlussfähigkeit**, d.h. eine Grenze der Fiktion, gibt. Einige Autoren gehen davon aus, dass eine Untergrenze besteht. *Brocker* sieht sie „zumindest dort als erreicht" an, wo nach § 45 GO-BT aus der Mitte des Parlaments die Feststellung der Beschlussunfähigkeit nicht mehr herbeigeführt werden kann, wenn also weniger als fünf Prozent der Mitglieder anwesend sind.[240] Man könnte auch vertreten, es bestehe von Verfassungs wegen nach unten keinerlei Grenze. Das BVerfG hat offen gelassen, unter welchen Umständen eine ausreichende Repräsentation bei der Schlussabstimmung im Plenum nicht mehr gegeben ist. Das Gericht hat aber festgehalten, dass die geschäftsordnungsrechtliche Regelung der Beschlussfähigkeit „dem repräsentativen Prinzip hinreichend Rechnung" trägt und „die Gewähr dafür" bietet, „dass das Volk als Träger der Staatsgewalt beim Zustandekommen parlamentarischer Entscheidungen in der Regel auch dann angemessen repräsentiert ist, wenn bei der Schlussabstimmung im Plenum nur wenige Abgeordnete anwesend sind. Für eine ausreichende Repräsentation [spreche] in solchen Fällen eine Vermutung."[241] Die Vermutung könne widerlegt sein in Fällen, in denen die Mehrheit der Abgeordneten aus tatsächlichen Gründen gehindert sei, zur Schlussabstimmung im Plenum zu erscheinen, nachdem eine umfassende Vorbereitung der Plenarentscheidung in den Ausschüssen und Fraktionen unterbleibe oder in diesem Verfahrensabschnitt kein Konsens über das betreffende Vorhaben habe erzielt werden können.[242] Das BVerfG stellt eher auf die Frage ab, ob ein Vorhaben ausreichend beraten wurde, als auf die Frage, wer an der Schlussabstimmung teilnimmt. Dieser Sichtweise ist beizupflichten. Eine feste Grenze der Beschlussunfähigkeit nennt das Grundgesetz nicht. Wenn ein ordnungsgemäßer Beratungsgang bis zur Schlussabstimmung stattgefunden hat und alle Abgeordneten an dieser Abstimmung teilnehmen können, können auch sehr wenige Anwesende einen wirksamen Beschluss fassen. Der in der Literatur genannte Fall lediglich eines Anwesenden wird praktisch nie vorkommen. Alle Fraktionen werden, um Abstimmungsniederlagen möglichst zu vermeiden, stets daran arbeiten, jedenfalls eine für eine Debatte ausreichende Präsenz sicherzustellen.

409

Der Bundestag kann **beratungsunfähig** sein. Dies ist der Fall, wenn die Zahl der anwesenden Mitglieder in einer **Kernzeitdebatte** ein Viertel unterschreitet, der Sitzungsvorstand bezweifelt, dass ein Viertel der Mitglieder anwesend sind und die Zahl durch eine namentliche Abstimmung festgestellt wird (§ 45 Abs. 4 S. 2 GO-BT). Der Bundestagspräsident kann in einem solchen Fall im Einvernehmen mit den Fraktionen die Sitzung unterbrechen (§ 45 Abs. 4 S. 1 GO-BT).

410

f) Abstimmungsverfahren

Die Abstimmungsverfahren sind den §§ 48 ff. GO-BT zu entnehmen:

411

---

240 *Brocker*, in: BeckOK-GG, Art. 42 Rn. 20.5.
241 Vgl. BVerfGE 44, 308 (320); 123, 39 (67); in der Sache zustimmend *Beckermann*, DÖV 2020, 273; kritisch *Cancik*, Der Staat 59 (2020), 7; BVerfG, NVwZ 2019, 1593 erschöpft sich in der Abwägung zum einstweiligen Rechtsschutz.
242 Vgl. BVerfGE 44, 308 (320 f.).

- Abstimmung durch Handzeichen (Regelfall) oder Aufstehen und Sitzenbleiben (§ 48 Abs. 1),
- Wahlen mit verdeckten Stimmzetteln (geheime Wahl, § 49),
- Verfahren bei der Auswahl des Sitzes einer Bundesbehörde (§ 50),
- Abstimmung durch „Hammelsprung" (§ 51 Abs. 1 S. 3, Abs. 2),
- namentliche Abstimmung (§ 52).

g) Mehrheitserfordernisse

412 Das Plenum entscheidet **grundsätzlich mit einfacher (relativer) Mehrheit** der abgegebenen Stimmen (**Abstimmungsmehrheit**[243], Art. 42 Abs. 2), es sei denn die Verfassung oder das einfache Gesetzesrecht verlangt eine stärkere (vgl. z.B. Art. 42 Abs. 1 S. 2, 63 Abs. 2 S. 1, Abs. 3, Art. 79 Abs. 2 GG, § 22 Abs. 1 S. 1 BDSG, § 5 Abs. 1 S. 2 BRHG) oder eine geringere Mehrheit (vgl. etwa Art. 44 Abs. 2 GG). Eine (einfache) **Mehrheit** ist gegeben, wenn die Zahl der Ja-Stimmen die der Nein-Stimmen überwiegt. Enthaltungen und ungültige Stimmen werden nach überkommener[244] und zutr. h.M. nicht berücksichtigt.[245] Bei Stimmengleichheit ist keine Mehrheit gegeben. Die zur Abstimmung stehende Frage ist damit verneint (§ 48 Abs. 2 S. 2 GO-BT). Stärkere Mehrheiten als die einfache Mehrheit sind die „Mehrheit der Mitglieder des Bundestages" (**Mitglieder- oder Kanzlermehrheit,** auch absolute Mehrheit genannt, Art. 121 GG) und die **Zweidrittelmehrheit** (vgl. z.B. Art. 42 Abs. 1 S. 2, Art. 79 Abs. 2 GG).

413 Die **Anwesenheitsmehrheit**, die § 80 Abs. 2, § 81 Abs. 1 S. 2, § 84 S. 1 lit. b und § 126 GO-BT sowie § 10 Abs. 3 WPrüfG[246] vorschreiben, wird im Grundgesetz nicht erwähnt. Sie ist nach zutr. Ansicht verfassungskonform.[247] Zwar gestattet Art. 42 Abs. 2 S. 2 GG geschäftsordnungsrechtliche Ausnahmen von der in Satz 1 genannten Regelmehrheit nur für die vom Bundestag vorzunehmenden Wahlen. Aber die genannten Vorschriften der GO-BT beziehen sich allein auf das interne Verfahren des Parlaments und fallen damit in die Geschäftsordnungsautonomie,[248] zumal sie an eine parlamentsrechtliche Tradition anknüpfen.[249]

414 Außerdem entsprechen sich die Abstimmungs- und die Anwesenheitsmehrheit im Bundestag in aller Regel. Wer anwesend ist, stimmt üblicherweise auch ab. Nur wenn Anwesende nicht an einer Abstimmung teilnehmen, besteht ein Unterschied zwischen Abstimmungs- und Anwesenheitsmehrheit.

---

243 Vgl. nur *Klein*, in: MD, Art. 42 Rn. 83; *Magiera*, in: Sachs, Art. 42 Rn. 10; *Achterberg*, S. 588.
244 So schon § 100 Abs. 4 GO-RT vom 12.12.1922.
245 Vgl. *Klein*, in: MD, Art. 42 Rn. 84; *Brocker*, in: BeckOK-GG, Art. 42 Rn. 19; *Pieroth*, in: JP, Art. 42 Rn. 4; *Morlok*, in: Dreier, Art. 42 Rn. 34; *Schliesky*, in: vMKS, Art. 42 Rn. 62; *Magiera*, in: Sachs, Art. 42 Rn. 10; *Ritzel/Bücker/Schreiner*, § 48 Ziff. II.1.b; *Achterberg*, S. 587 Fn. 111; *Kaiser*, JuS 2017, 221 (223); a.A. *Höfling/Burkiczak*, Jura 2007, 561 (566); jedenfalls krit. *Versteyl*, in: vMK, Art. 42 Rn. 25.
246 Vgl. *Achterberg*, S. 589.
247 Ebenso *Klein*, in: MD, Art. 42 Rn. 91; *Brocker*, in: BeckOK-GG, Art. 42 Rn. 20.1; *Dicke*, in: Umbach/Clemens, Art. 42 Rn. 46; a.A. *Pieroth*, in: JP, Art. 42 Rn. 4; *H.-P. Schneider*, in: AK, Art. 42 Rn. 12.
248 Wie hier *Brocker*, in: BeckOK-GG, Art. 42 Rn. 20.2.; *Dicke*, in: Umbach/Clemens, Art. 42 Rn. 46.
249 Vgl. zu § 80 Abs. 2 S. 1 GO-BT den § 19 GO-NRT vom 12.6.1868, § 21 GO-NV vom 6.2.1919, § 47 Abs. 1 GO-RT vom 12.12.1922 und zu § 126 GO-BT den § 114 GO-RT vom 12.12.1922.

Für die vom Bundestag vorzunehmenden **Wahlen** kann das einfache Gesetzesrecht   **415**
oder die GO-BT abweichende Mehrheitserfordernisse vorsehen (Art. 42 Abs. 2 S. 2
GG).

Bei der Feststellung, ob die vorgeschriebene Mehrheit erreicht wurde, ist zwischen der **Bezugszahl** und der **Stimmenquote** zu unterscheiden. Die Bezugszahl meint die Personen- oder Stim-
mengruppe, deren Mehrheit für eine Entscheidung erforderlich ist:[250] die Zahl der abgegebenen
Stimmen, die Zahl der Anwesenden, die Zahl der Mitglieder. Die Stimmenquote ist der Anteil
der Stimmen an der Bezugszahl, der für eine Entscheidung erforderlich ist:[251] mehr als die
Hälfte (fünfzig Prozent plus eine Stimme) oder Zweidrittel. Ein Sonderfall[252] ist die Anforderung, dass derjenige mit den meisten Stimmen gewählt ist (vgl. Art. 63 Abs. 4 S. 1 GG). Hier
geht es nicht um eine Mehrheit der Stimmen, sondern um einen Stimmenvorsprung vor anderen
Bewerbern (Möglichkeiten).

Ein verfahrensgemäß zustandegekommener, sachentscheidender Beschluss, z.B. die   **416**
Schlussabstimmung über einen Gesetzentwurf oder die Abstimmung in zweiter Beratung eines Antrages, ist in der Regel **unverrückbar**.[253] Dasselbe gilt für Wahlen.[254]
Der Bundestag kann einen **Gesetzesbeschluss nur durch einen weiteren Gesetzesbeschluss ändern oder aufheben**,[255] dem ein Gesetzgebungsverfahren (mitsamt Gesetzentwurf, Beratung und Abstimmung) vorausgehen muss.[256] Nur Druckfehler und
andere offenbare Unrichtigkeiten in der angenommenen Fassung eines Gesetzes, die
nach dem Plenarbeschluss festgestellt werden, dürfen vom Bundestags- oder dem
Bundesratspräsidenten ohne Plenarbefassung können korrigiert werden (§ 122 Abs. 3
GO-BT).

3.   Ablauf einer Plenarsitzung

Plenarsitzungen werden üblicherweise nach einem bestimmten Schema vorbereitet   **417**
und besitzen ein gewisses Gerüst:

Zunächst legt (in der Regel) der Ältestenrat die **Tagesordnung** (Abfolge und Dauer
der TOP) fest (s. Rn. 129, 267, 289). Diese Vereinbarung kann durch interfraktionelle
Absprachen nachträglich ergänzt werden. Vorlagen aus der Mitte des Bundestages,
d.h. zumeist Vorlagen einer oder mehrerer Oppositionsfraktionen, sind zwingend auf
die Tagesordnung zu setzen, wenn seit der Drucksachenverteilung (§ 123) mindestens
drei Wochen vergangen sind (§ 20 Abs. 4 GO-BT).

Der **Bundestagspräsident beruft die Sitzung ein**, in der Regel durch einen Hinweis
am Ende der vorherigen Sitzung.[257] Zur konstituierenden Sitzung und zu außerplan-
mäßigen Sitzungen (Sondersitzungen) lädt der Präsident die Abgeordneten schriftlich
ein.

---

250 Vgl. *Magsaam*, Mehrheit entscheidet, 2014, S. 67; *Kaiser*, JuS 2017, 221 (222).
251 Vgl. *Kaiser*, JuS 2017, 221 (222).
252 Ebd.
253 Vgl. *Steiger*, Organisatorische Probleme des parlamentarischen Regierungssystems, 1973, S. 103 f.;
     zum Gesetzesbeschluss *Kersten*, in: MD, Art. 77 Rn. 25; *Mann*, in: Sachs, Art. 77 Rn. 3.
254 Vgl. *Steiger*, Organisatorische Probleme des parlamentarischen Regierungssystems, 1973, S. 104.
255 Vgl. *Kersten*, in: MD, Art. 77 Rn. 25; BVerfGE 119, 96 (133).
256 Vgl. etwa *Mann*, in: Sachs, Art. 77 Rn. 3 Fn. 6.
257 Vgl. z.B. BT-StenB. 19/126, S. 15754 C.

418 Der Bundestagspräsident **eröffnet** die Sitzung. Eine Vertagung ist möglich (§ 26 GO-BT), kommt aber nie vor. Vor Eintritt in die Tagesordnung wird über Anträge mindestens eines Mitglieds zur Änderung der Tagesordnung abgestimmt. Solche Anträge sind nur zulässig, wenn sie bis 18 Uhr des Vortages dem Präsidenten zugeleitet wurden (§ 20 Abs. 2 S. 3 GO-BT). Die übliche Folge eines Antrages auf Änderung der Tagesordnung ist eine Geschäftsordnungsdebatte, in der über die beantragte Änderung diskutiert wird.

419 Der Bundestagspräsident **ruft** sodann den ersten **Tagesordnungspunkt auf**. Durch ausbleibenden Widerspruch wird die Tagesordnung bindend (§ 20 Abs. 2 S. 2 GO-BT). Ggf. können nach Feststellung der Tagesordnung Anträge auf deren Erweiterung gestellt werden. Solche Anträge sind nur zulässig, wenn nicht eine Fraktion oder fünf Prozent der Mitglieder des Bundestages widersprechen oder die GO-BT es anderweitig gestattet (§ 20 Abs. 3 S. 1 GO-BT). Das Plenum kann Tagesordnungspunkte mit Mehrheit absetzen, sofern die GO-BT dies nicht ausschließt[258] (§ 20 Abs. 3 S. 2 GO-BT).

420 Die **Beratung** jedes Tagesordnungspunktes läuft wie folgt ab: Zunächst wird der Tagesordnungspunkt mit Nennung des Beratungsgegenstandes aufgerufen. In der Regel geht es um eine Vorlage.[259] Andere Fälle sind die Aktuelle Stunde, die Vereinbarte Debatte, die Regierungsbefragung und die Fragestunde sowie die Regierungserklärung. An den Aufruf des Tagesordnungspunktes schließt sich grundsätzlich die **Aussprache**[260] (Debatte) an. Die Aussprache entfällt, wenn dies bei der Festsetzung der Tagesordnung vereinbart wurde (sog. o[hne]. D[ebatte].-Punkt) oder sich alle Fraktionen darauf verständigen, die **Reden zu Protokoll** geben zu lassen (§ 78 Abs. 6 GO-BT). Reden dürfen nur gehalten werden, wenn der Präsident das Wort erteilt hat. Dies gilt auch für Redeprivilegierte.[261] Die Worterteilung folgt in der Regel der vorab festgelegten Rednerreihenfolge mit den vorher festgelegten Redezeiten pro Fraktion. Vor Beginn des Tagesordnungspunktes werden die Namen der Redner und die auf die entfallenden Redeminuten durch einen Parlamentarischen Geschäftsführer beim (vom Präsidenten aus gesehen) linken Schriftführer gemeldet. Zwischenfragen und Zwischenbemerkungen (§ 27 Abs. 2 S. 1, 2 GO-BT) sind während einer Rede, Kurzinterventionen (§ 27 Abs. 2 S. 3 GO-BT) sind nach einer Rede möglich. Der Bundestagspräsident schließt die Aussprache (§ 25 GO-BT), wenn kein Redner mehr auf der Rednerliste steht und auch keine weiteren Redewünsche geäußert werden. Wenn eine Abstimmung ansteht, weist er zuvor auf etwaige Erklärungen zur Abstimmung (§ 31 GO-BT) hin.

---

258 Dies ist der Fall bei Regierungserklärungen (wegen Art. 43 Abs. 2 GG), bei Aufsetzungen nach § 20 Abs. 4, bei Aktuellen Stunden und Regierungsbefragungen (vgl. § 106) sowie bei Einsprüchen nach § 39 GO-BT, vgl. *Roll*, § 20 Rn. 6.

259 Die Dreiteilung in Antrag (im Bundestag: Vorlage), Diskussion des Antrages (Debatte) und Entscheidung (Abstimmung) über den Antrag finden sich als feststehende Stadien des parlamentarischen Geschäftsganges in allen überkommenen Demokratien, vgl. *Friedrich*, Der Verfassungsstaat der Neuzeit, 1953, S. 377; *Bücker*, in: FS Schellknecht, 1984, S. 44.

260 Außerhalb der Aussprache: Geschäftsordnungsanträge (§ 29 Abs. 1, 2) und Wortmeldungen zur Geschäftsordnung (§ 29 Abs. 3, 4), Erklärungen zur Aussprache (§ 30), Erklärungen außerhalb der Tagesordnung (§ 32 GO-BT).

261 Vgl. *Schröder*, in: BK, Art. 43 Rn. 80; *Ritzel/Bücker/Schreiner*, § 43 § 27 Anm. I.1.a; *Roll*, § 27 Rn. 1; *Schürmann*, in: MSW, § 19 Rn. 28.

An die Aussprache schließt sich eine **Abstimmung** (Entscheidung) an, wenn der Tagesordnungspunkt die Beratung einer Vorlage betraf. Vorlagen sind z.B. Gesetzentwürfe oder Anträge (§ 75 GO-BT). Nach der ersten Beratung („**ersten Lesung**") einer Vorlage wird grundsätzlich über die Überweisung an einen oder mehrere Ausschüsse abgestimmt. In seltenen Fällen wird direkt, d.h. ohne Ausschussüberweisung, abgestimmt (§ 80 Abs. 2 S. 1 GO-BT). Solche direkten Abstimmungen werden in der Regel im Ältestenrat vereinbart. Petitions- oder Wahlprüfungsvorlagen werden immer nach ihrer Einbringung ins Plenum abgestimmt. Eine Ausschussüberweisung ist hier nicht nötig, da der Wahlprüfungs- bzw. Petitionsausschuss die Eingaben direkt von den Bürgern erhält. **421**

An die **Ausschussberatung**, die mehrere Wochen oder Monate dauern kann, schließt sich die zweite Beratung („**zweite Lesung**") an. In ihr wird über die Beschlussempfehlung des federführenden Ausschusses abgestimmt. Bei Anträgen und Vertragsgesetzen bleibt es bei dieser Abstimmung. **422**

Bei Gesetzentwürfen kommt es zu einer **dritten Beratung und Schlussabstimmung** (§ 86 GO-BT), wenn nicht der Entwurf in der zweiten Beratung abgelehnt wurde. Wenn der Gesetzentwurf nach der zweiten Beratung abgelehnt wurde, entfällt die dritte Beratung (§ 83 Abs. 3 GO-BT). Nach der Schlussabstimmung wird über einen etwaigen Entschließungsantrag abgestimmt (§ 88 GO-BT). **423**

Die Geschäftsordnungen einiger **Landesparlamente** sehen grundsätzlich auch für die Gesetzesberatung nur zwei Lesungen vor (vgl. z.B. § 24 Abs. 1 der Geschäftsordnung des Schleswig-Holsteinischen Landtages, § 47 der Geschäftsordnung des Landtages Mecklenburg-Vorpommern). Auf Antrag kann eine dritte Lesung hinzukommen. Mehrere Geschäftsordnungen gestatten es, Anträge in nur einer Beratung zu behandeln (vgl. z.B. § 24 Abs. 2 der Geschäftsordnung des Schleswig-Holsteinischen Landtages; 30 Abs. 2 S. 3 der Geschäftsordnung des Abgeordnetenhauses von Berlin). **424**

Abstimmungen können **namentlich** erfolgen. Das bedeutet, dass die Abgeordneten eine Stimmkarte (auf der „Ja", „Nein" oder „Enthaltung" steht) in eine Urne werfen. Die Schriftführer zählen dann die Stimmen aus. **425**

Sind alle Tagesordnungspunkte verhandelt worden, schließt der Bundestagspräsident die Sitzung und beruft die nächste Sitzung ein.

Über jede Sitzung werden ein Stenografischer Bericht (**Plenarprotokoll**, § 116) und ein Beschlussprotokoll (Amtliches Protokoll, § 120 S. 1 GO-BT) erstellt. Beide werden an die Mitglieder des Bundestages verteilt. Das Amtliche Protokoll beurkundet die Beschlüsse des Bundestages. Es gilt als genehmigt, wenn bis zu dem auf die Verteilung folgenden Sitzungstag – wie üblich – kein Einspruch gemäß § 121 erhoben wird (§ 120 S. 2 GO-BT).

In der politischen Diskussion um den „Euro-Rettungsschirm" EFSF in der 17. Wahlperiode entzündete sich ein Meinungsstreit um das **Rederecht für „Abweichler"**. Abweichler sind Abgeordnete, die sich in einer Rede in einer Plenardebatte entgegen der politischen Linie ihrer Fraktion äußern möchten. Fraktionen benennen solche Abgeordneten üblicherweise nicht als Redner, um ihre Fraktionslinie nicht zu konterkarieren. Im genannten Fall handelte es sich um mehrere Abgeordnete der Regierungsfraktionen, die den Rettungsschirm und Finanzhilfen für Griechenland ablehnten und **426** ihre Ansicht im Plenum äußern wollten. Der Bundestagspräsident ließ zwei Abweichler (einen pro Regierungsfraktion) in der Debatte am 29. September 2011[262] sprechen. Dafür wurde er im Ältestenrat fraktionsübergreifend kritisiert. Es wurde moniert, dass das Zulassen von Abweichlern als Rednern die Debattenplanung erschweren oder gar unmöglich machen könne. Auch im juristischen Schrifttum wurde und wird zum Teil bestritten, dass der sitzungsleitende Präsident berechtigt ist, Abweichlern das Wort zu einem Debattenbeitrag zu erteilen.[263] Jedoch haben die Fraktionen nach einer frühen Entscheidung des BVerfG nicht das ausschließliche Verfügungsrecht über die Redezeit. Vielmehr befinde der Bundestagspräsident auch bei festgesetzten Fraktionsredezeiten nach Maßgabe des § 33 GO-BT (a.F. = § 28 GO-BT n.F.) bei jedem Abgeordneten, der sich melde, über die Worterteilung. Es sei „also nicht ausgeschlossen", dass ein einzelner Abgeordnete sich notfalls auch gegen den Willen seiner Fraktionsfreunde zu Wort melde und es erhalte, um das auszusprechen, was sein Gewissen ihm gebiete.[264] Im Schrifttum wird diese zutr. Ansicht von vielen geteilt.[265] Sie kann sich auf überzeugende Argumente stützen. Erstens steht das Recht grundsätzlich allen Abgeordneten – unabhängig von ihrer politischen Ausrichtung in einzelnen Fragen – gleichermaßen zu. Die Fraktion und die Redeordnung hegen es nur solange ein, wie der redewillige Abgeordnete die Fraktionslinie teilt und die von seiner Fraktion benannten Redner quasi stellvertretend auch für ihn reden. Sofern ein Abgeordneter aber eine von seiner Fraktion abweichende Ansicht vertritt, besitzt er ein Rederecht in der das Thema betreffenden Debatte. Vornehmlich gilt dies, wenn seine Meinung auch von den anderen Fraktionen nicht geteilt,[266] aber in der gesellschaftlichen Debatte vertreten wird.[267] Der Widerspruch zur Fraktionslinie darf in der Debatte ebenso wie in der anschließenden Entscheidung seinen Ausdruck finden. Andernfalls könnten Abweichler frei abstimmen, jedoch ihr Abstimmungsverhalten nicht in der vorhergehenden Debatte begründen. Das freie Mandat würde teilweise entwertet. Außerdem dürfen fraktionsangehörige Abweichler nicht anders behandelt werden als fraktionslose Abgeordnete, die unbestrittenermaßen ein Rederecht besitzen.[268] Des Weiteren lässt sich die Repräsentations- und Integrationsfunktion des Parlaments als „Forum der Nation" zur Begründung eines Rederechts für Abweichler heranziehen.[269] Gerade die Debatte ist der Ort, an dem politische Diskussionen und Unterschiede sichtbar werden sollen – auch fraktionsinterne, sofern dies ein Abgeordneter wünscht. Das Rederecht für Abweichler findet zudem eine Stütze in § 28 Abs. 1 S. 2 Hs. 2 GO-BT: Mit der dort genannten „abweichenden Meinung" sind auch die abweichenden Ansichten von Abgeordneten der Regierungsfraktionen gemeint.[270] Abweichler müssen sich nicht auf die Erklärungsmöglichkeiten nach § 30 oder § 31 Abs. 1 oder auf

---

262 Vgl. BT-StenB. 17/130, S. 15225 B.
263 So *Butzer*, in: BeckOK-GG, Art. 38 Rn. 127.1; *van Essen*, in: Herzog (Hrsg.), „Oder gilt das nur in Demokratien?", 2012, S. 34.
264 Vgl. BVerfGE 10, 4 (15 f.).
265 Vgl. etwa *Klein*, in: Herzog (Hrsg.), „Oder gilt das nur in Demokratien?", 2012, S. 64; der sogar von einer Pflicht des Bundestagspräsidenten zur Zulassung des Redebeitrages ausgeht; *ders.*, in: MD, Art. 38 Rn. 231; *Höfling*, in: BerlK, Art. 38 Rn. 204; *Schürmann*, in: MSW, § 20 Rn. 47.
266 Vgl. *Klein*, in: Herzog (Hrsg.), „Oder gilt das nur in Demokratien?", 2012, S. 64.
267 Vgl. *Schürmann*, in: MSW, § 20 Rn. 46.
268 Vgl. BVerfGE 80, 188 (228).
269 Vgl. *Schürmann*, in: MSW, § 20 Rn. 46.
270 Vgl. BT-Drs. V/4373, S. 7 (zu § 33 a.F., heute § 28 GO-BT).

die Kurzintervention nach § 27 Abs. 2 S. 3 GO-BT verweisen lassen.[271] Zwar ermöglichen auch die genannten Äußerungsmöglichkeiten die Darstellung eines abweichenden Standpunktes. Sie werden auch ins Plenarprotokoll aufgenommen. Gerade die (schriftliche) Erklärung nach § 31 Abs. 1 GO-BT spielt für die Äußerung abweichender Ansichten in der Plenarpraxis eine große Rolle. Jedoch besitzt der Widerspruch in der Plenarrede politisch eine höhere Bedeutung als der Widerspruch in einer Erklärung oder in einer Kurzintervention. Auch die jedem fraktionsangehörigen Abgeordneten zustehende Möglichkeit, während des innerfraktionellen Willensbildungsprozesses seine abweichende Ansicht in der Fraktionsversammlung, in einem Fraktionsarbeitskreis oder einer Fraktionsarbeitsgruppe oder in einem anderen Fraktionsgremium vorzutragen, schließt ihn nicht davon aus, an der Aussprache mit einem eigenen Redebeitrag teilzunehmen. Um aber die Debatte und die Entscheidungsfindung nicht dadurch zu erschweren oder unmöglich zu machen, dass viele Abweichler sprechen oder gar filibustern, ist es zulässig, je Debatte nur jeweils einem abweichenden Redner pro Fraktion das Wort zu erteilen.[272] Als Mindestredezeit ist – wie bei fraktionslosen Rednern – die Zeitspanne einzuräumen, die zur angemessenen Darstellung des Standpunktes unter Beachtung von Gewicht und Schwierigkeit des Verhandlungsgegenstandes und der Gesamtdauer der Aussprache erforderlich ist[273]: bei kürzeren Debatten drei und bei längeren fünf Minuten.[274] Sofern die jeweilige Fraktion keinen Platz in ihrem Rednerkontingent freimacht, verlängert sich die Debatte – wie bei Redebeiträgen Fraktionsloser – um den oder die Redebeiträge von Abweichlern. Vorzugswürdig ist es, wenn Fraktionen in internen Konfliktfällen – wie es in der 18. Wahlperiode fallweise geschehen ist – einen Abweichler als Redner benennen, damit die vereinbarte Debattendauer eingehalten und anschließend das Plenum eine Entscheidung treffen kann.

Abgeordnete haben das bereits angesprochene Recht, **Erklärungen** abzugeben, die **427** kein Debattenbeitrag sind (§§ 30 ff. GO-BT). Der wichtigste Fall ist die Erklärung zu Abstimmung, mit der das eigene Stimmverhalten erläutert wird (§ 31 Abs. 1 GO-BT). Dieses Mittels bedienen sich üblicherweise Abgeordnete, die vom Stimmverhalten ihrer Fraktion abweichen möchten.

VI. Ausschüsse und sonstige Gremien

Fall 17: Ungeeigneter Vorsitzender   **428**

Die Mehrheit der Ausschussmitglieder möchte den Vorsitzenden B wegen einer eindeutigen Parteinahme zugunsten seiner Fraktion in Ausschusssitzungen sowie extremistischen Äußerungen in den Medien abwählen. Ist das zulässig? **Lösung Rn. 441**

---

271 So aber *van Essen*, in: Herzog (Hrsg.), „Oder gilt das nur in Demokratien?", 2012, S. 33; *Butzer*, in: BeckOK-GG, Art. 38 Rn. 127.1; wie hier zu § 31 GO-BT *Klein*, in: Herzog (Hrsg.), „Oder gilt das nur in Demokratien?", 2012, S. 64 f.

272 Vgl. *Klein*, in: Herzog (Hrsg.), „Oder gilt das nur in Demokratien?", 2012, S. 65; *Schürmann*, in: MSW, § 20 Rn. 47.

273 Vgl. *Schürmann*, in: MSW, § 20 Rn. 47; im Ergebnis ebenso *Klein*, in: Herzog (Hrsg.), „Oder gilt das nur in Demokratien?", 2012, S. 64.

274 Das Meinungsbild hierzu ist nicht einheitlich, vgl. *Schürmann*, in: in: MSW, § 20 Rn. 47 m.w.N.

429 Ausschüsse sind **vorbereitende Beratungs- und Beschlussorgane** des Bundestages (§ 62 Abs. 1 S. 1, 2 GO-BT). In ihnen findet ein Großteil der inhaltlichen Arbeit des Bundestages,[275] insb. im Bereich der Gesetzgebung und der Kontrolle der Bundesregierung, statt. Ausschüsse sind, wie die Fraktionen, für die arbeitsteilige Aufgabenwahrnehmung eines modernen Parlaments unverzichtbar.[276] Das Plenum trifft zwar de iure die Letztentscheidung. Wesentliche Sachentscheidungen (oder gar alle) treffen – insb. im Gesetzgebungsverfahren – de facto aber die Ausschüsse:[277] Ihre Beschlussempfehlungen (§ 66 GO-BT), die häufig Änderungen der Vorlage empfehlen, werden im Plenum nur äußerst selten verändert.[278] Das Plenum dient der öffentlichen Darstellung der Ausschussberatung und dazu, der Öffentlichkeit die politischen Standpunkte zu einer Vorlage aufzuzeigen. Die Ausschüsse sind aber nicht die einzigen Orte, an denen Kompromisse gefunden werden und wesentliche Vorentscheidungen fallen. **Vorbereitende, aus den Ausschusssitzungen ausgelagerte Gesprächsrunden zwischen Ausschussmitgliedern** sind ein maßgeblicher Faktor im politischen Geschehen. Typische Runden sind in der Parlamentspraxis **die Obleute- und die Berichterstattergespräche.** *Obleute* sind die Führungspersonen ihrer Fraktion im Ausschuss. Pro Fraktion gibt es einen Obmann oder eine Obfrau in jedem Ausschuss. Die Obleute treffen sich mit dem Ausschussvorsitzenden in jeder Sitzungswoche, zumeist unmittelbar vor oder nach der Ausschusssitzung. Sie koordinieren die Ausschussarbeit. Die **Berichterstatter** sind diejenigen Abgeordneten, die für ihre Fraktion zu einem bestimmten Tagesordnungspunkt sprechen. Pro Fraktion gibt es zu jedem Thema einen Berichterstatter. Sie treffen sich mit dem Vorsitzenden, um bestimmte Ausschussthemen, z.B. durch Informationsgesprächen mit Regierungsvertretern oder Sachverständigen, zu beraten. Den Obleuterunden und den Berichterstattergesprächen sind wiederum die fraktionsinternen Absprachen und Diskussionsrunden (vor allem in den Arbeitsgruppen oder Arbeitskreisen, in den Fraktionsvorständen und Fraktionsversammlungen) vor- und zum Teil auch zur weiteren Klärung nachgelagert.

430 Ausschüsse zeichnen sich dadurch aus, dass ihnen **ausschließlich Mitglieder des Bundestages angehören** (dürfen). Gremien, denen auch, aber nicht allein Bundestagsabgeordnete angehören (z.B. der Vermittlungsausschuss oder Enquêtekommissionen), sind keine Ausschüsse. Üblicherweise ist die Bereitschaft, sich auf die Positionen der politischen Gegner einzulassen und Kompromisse zu erzielen, im Ausschuss größer als im Plenum. Davon abgesehen, kann ein Kompromiss im Ausschuss leichter umgesetzt werden: Er muss nur in eine Beschlussempfehlung eingearbeitet werden. Im Plenum wäre ein Änderungsantrag nötig. Die höhere Gesprächs- und Kompromissbereitschaft im Ausschuss folgt aus drei Umständen: Erstens sind Ausschusssitzungen in der Regel nicht öffentlich (§ 69 Abs. 1 GO-BT). Alle Mitglieder können so auf die politische Gegenseite zugehen, ohne sich öffentlich festlegen zu müssen. Zweitens können die Ausschussmitglieder gemeinsam und unmittelbar auf den Sachverstand der üblicherweise anwesenden Fachbeamten der Bundesregierung zurück-

275 Vgl. etwa *Morlok*, in: Dreier, Art. 40 Rn. 29.
276 Vgl. statt vieler *Trute*, Jura 1990, 184 (189).
277 Vgl. z.B. *Morlok*, in: Dreier, Art. 40 Rn. 30.
278 Vgl. etwa *Trute*, Jura 1990, 184 (189).

greifen. Drittens fördert der regelmäßige persönliche Umgang durch die Teilnahme an Ausschussitzungen und weiteren Terminen des Ausschusses wie Obleutegesprächen, Berichterstattergesprächen und Delegationsreisen das gegenseitige Vertrauen der Mitglieder.

1. Arten von Ausschüssen

a) Ständige Ausschüsse

Es gibt mehrere Arten von Ausschüssen. Die meisten sind **ständige Ausschüsse**. Sie werden zu Beginn **einer** Wahlperiode eingerichtet. Einige dieser Ausschüsse sind in der Verfassung genannt (**Pflichtausschüsse**, vgl. Art. 45, 45a, 45c GG). Die Mehrzahl wird aufgrund der Organisationsautonomie des Bundestages eingerichtet (§ 54 Abs. 1 S. 1 GO-BT). Die meisten Ausschüsse „spiegeln" ein Bundesministerium. Sie sind dessen „parlamentarischer Gesprächspartner".[279] Ändert sich die Aufgabenzuweisung der Bundesministerien (in der Regel zu Beginn einer Wahlperiode), ändert der Bundestag auch die Aufgaben der Ausschüsse. Manche Ausschüsse haben kein „Spiegelressort", sondern sind mit Querschnitts- oder allein parlamentsinternen Aufgaben betraut, z.B. der Ausschuss für Angelegenheiten der Europäischen Union, der Ausschuss für Wahlprüfung, Immunität und Geschäftsordnung oder der Petitionsausschuss. Unter den Ausschüssen, die ein Ressort spiegeln, gibt es fünf, die die Hauptlast der Ausschussarbeit im Gesetzgebungsverfahren tragen (sog. Gesetzgebungsausschüsse). Dies ergibt sich daraus, dass fünf Ministerien den Hauptanteil an den Gesetzentwürfen verantworten: das Innenministerium, das Ministerium der Justiz und für Verbraucherschutz, das Finanzministerium, das Ministerium für Arbeit und Soziales sowie das Gesundheitsministerium. Andere Ausschüsse wie der Auswärtige Ausschuss oder der Verteidigungsausschuss nehmen eher eine kontrollierende Funktion wahr. Auf ihren Tagesordnungen stehen häufig Berichte des jeweiligen Ministeriums.

Besondere Aufgaben haben der Ausschuss für Wahlprüfung, Immunität und Geschäftsordnung (1. Ausschuss), der Wahlprüfungsausschuss, der Petitionsausschuss, der Ausschuss für Angelegenheiten der Europäischen Union (EU-Ausschuss) und der Haushaltsausschuss. Der **1. Ausschuss** hat als einziger Ausschuss das Recht, dem Plenum Empfehlungen zu unterbreiten, ohne von diesem zuvor damit beauftragt worden zu sein. Die Empfehlungen müssen sich auf Änderungen der Geschäftsordnung beziehen (§ 128 GO-BT, s. Rn. 95, 105). Ein darüber hinausgehendes (Gesetzes-)Initiativrecht hat der Ausschuss nicht. Seine Federführung in allen Gesetzen, die zum Parlamentsrecht gehören (AbgG, PUAG, ParlBG, WPrüfG) sowie zur Beratung von Anträgen auf Einsetzung von Untersuchungsausschüssen erhält er durch eine Plenarüberweisung nach §§ 62, 63 GO-BT. Der 1. Ausschuss hat neben dem Initiativrecht nach § 128 GO-BT eine weitere besondere Befugnis, die andere Ausschüsse nicht besitzen. Er ist außerhalb des Plenums und generell zur Auslegung der Geschäftsordnung berufen. Das Letztentscheidungsrecht über die Interpretation der Geschäftsordnung hat indessen das Plenum (§ 127 Abs. 1 S. 2 GO-BT). Der **Wahlprüfungsausschuss** und der **Petitionsausschuss** befassen sich ausschließlich mit Bürgereingaben (Wahleinsprüchen oder Petitionen). Sie beraten keine Gesetzentwürfe. Der **EU-Ausschuss** ist – zusätzlich zu seiner wesensgemäßen Fokussierung auf die Europapolitik und das Handeln der EU-Organe – der einzige Ausschuss, der vom Plenum ermächtigt werden kann, plenarersetzend tätig zu werden (Art. 45 S. 2, 3 GG). Der Bundestag

431

432

---

279 *Achterberg*, S. 139.

hat von dieser Möglichkeit bislang nicht Gebrauch gemacht. Der **Haushaltsausschuss** ist vor allem an der Haushaltsgesetzgebung und -kontrolle sowie an der Finanzgesetzgebung beteiligt (§§ 95 f. GO-BT). Er nimmt im Wesentlichen das Budgetrecht des Bundestages wahr. Haushaltsvorlagen berät er ohne Mitberatung anderer Ausschüsse; andere Ausschüsse können sich nur gutachtlich beteiligen (§ 95 Abs. 1 S. 3 GO-BT). Der Haushaltsausschuss ist ferner herausgehoben an der Kontrolle der europäischen Maßnahmen zur Stabilisierung des Euroraumes (§ 4 StabMechG, § 5 ESMFinG) beteiligt. Der Haushaltsausschuss ist daher ein sehr einflussreiches Gremium. Die Berichterstatter zu den Einzelplänen des Budgets sind deshalb besonders einflussreiche Abgeordnete.

b) Sonderausschüsse, Untersuchungsausschüsse

433   Neben ständigen Ausschüssen können auch Sonderausschüsse zu einem bestimmten Thema (§ 54 Abs. 1 S. 2 GO-BT) und Untersuchungsausschüsse (Art. 44 GG) eingesetzt werden. Sonderausschüsse sind in der Praxis recht selten. In der 18. Wahlperiode wurden fünf Untersuchungsausschüsse eingesetzt, eine Zahl, die seit der 1. Wahlperiode nicht mehr erreicht wurde.[280]

c) Hauptausschuss

434   Einen Sonderfall stellt der Hauptausschuss dar.[281] Er wurde zum ersten Mal zu Beginn der 18. und dann auch zu Beginn der 19. Wahlperiode eingesetzt. Er war ein übergangsweiser Sonderausschuss gemäß § 54 Abs. 1 S. 2 GO-BT.[282] Der Bundestag setzte ihn wegen der langen Koalitionsverhandlungen nach der Wahl 2013 bzw. Sondierungs- und Koalitionsverhandlungen nach der Wahl 2017 für die Zeit bis zur Konstituierung der ständigen Ausschüsse des Bundestages am 28.11.2013 bzw. 21.11.2017 ein.[283]

435   Die ständigen Ausschüsse sollten nach dem Willen der Parlamentsmehrheit wie üblich erst nach der abgeschlossenen Regierungsbildung und der Ämtervergabe eingesetzt werden. Die Zuständigkeiten des 47-köpfigen Hauptausschusses wurden durch Überweisungen des Plenums begründet. Er war Ausschuss i.S.d. Art. 45, 45a und 45c GG (also EU-, Auswärtiger, Verteidigungs- und Petitionsausschuss) sowie Haushaltsausschuss i.S.d. entsprechenden gesetzlichen und geschäftsordnungsrechtlichen Vorgaben. Er besaß zudem die Befugnis, sich durch die Bundesregierung gemäß dem EUZBBG mündlich zu Angelegenheiten der EU unterrichten zu lassen. Das Selbstbefassungsrecht besaß er nicht, dafür aber das Recht, Anhörungen durchzuführen. Der Hauptausschuss sollte für dringende Angelegenheiten bis zur Regierungsbildung und Einsetzung der Ausschüsse die Ausschüsse vertreten. Er tagte in der 18. Wahlperiode drei und in der 19. Wahlperiode sechs Mal und beriet über wenige Vorlagen. Er beendete seine Tätigkeit mit der Konstituierung der ständigen Ausschüsse im Januar 2014 bzw. 2018. Zuvor waren die Fachausschüsse am 19.12.2013 bzw. 17.1.2018 eingesetzt worden.[284] Die Be-

---

280   Vgl. die Übersicht „Synopse der Untersuchungsausschüsse des Deutschen Bundestages" in *Waldhoff/Gärditz* (Hrsg.), PUAG, 2015, Anhang II.

281   Dazu jetzt umfassend *Gelze*, Das Parlament der (qualifizierten) Großen Koalition, 2019, S. 295 ff.

282   Vgl. *Koschmieder*, NVwZ 2014, 852 (853); *Straßburger*, JuS 2015, 714 (719); zweifelnd *Fuchs*, DVBl. 2014, 886 (888).

283   Vgl. BT-Drs. 18/101; BT-StenB. 18/3, S. 80 C; BT-Drs. 19/85; BT-StenB. 19/2, S. 43.

284   Vgl. BT-StenB. 18/6, S. 287 D; 19/6, S. 461 B. Der Petitionsausschuss und der Ausschuss für Wahlprüfung, Immunität und Geschäftsordnung waren in der 19. Wahlperiode schon vorab, am 21.11.2017, eingesetzt worden; vgl. BT-StenB. 19/2, S. 43 D. Durch den Beschluss vom 17.1.2018 erhöhte das Plenum lediglich ihre Mitgliederzahl.

ratung der vom Hauptausschuss nicht zu Ende beratenen Vorlagen wurde von den jeweils zuständigen Ausschüssen nach einer Plenarüberweisung[285] fortgesetzt. Im **Schrifttum** ist die Einsetzung des Hauptausschusses weitgehend auf **Ablehnung** gestoßen. Sie sei verfassungswidrig: Die Befugnisse der Pflichtausschüsse dürften nicht durch ein solches Gremium wahrgenommen werden.[286] Es bestehe eine Substanzgarantie dieser Ausschüsse.[287] Außerdem liege ein Verstoß gegen das Gebot, alle Abgeordneten gleich zu behandeln und allen gleiche Mitwirkungsmöglichkeiten an der Parlamentsarbeit zu gewähren.[288] Richtiger Auffassung nach ist die Einsetzung eines Hauptausschusses für den absehbar begrenzten Zeitraum bis zur Regierungsbildung und der kurz danach folgenden Einsetzung der Ausschüsse verfassungsrechtlich zulässig.[289] Der Bundestag kann im Rahmen seiner **Geschäftsordnungsautonomie** grundsätzlich entscheiden, welche Ausschüsse er einsetzt. Er muss allerdings bestimmte verfassungsrechtliche Schranken wie die Vorgaben für Pflichtausschüsse und den formalen Gleichheitssatz beachten. Die Kritiker des Hauptausschusses sehen einen Verstoß gegen beide Vorgaben. Ein solcher Verstoß ist aber nicht gegeben. Die Argumentation bezüglich der **Pflichtausschüsse** erscheint nicht zwingend. Zwar nennt das Grundgesetz den EU-Ausschuss (Art. 45), den Auswärtigen Ausschuss, den Verteidigungsausschuss (beide Art. 45a) sowie den Petitionsausschuss (Art. 45c). Diese Ausschüsse sind also zwingend einzusetzen. Fraglich ist aber, ob sie als vier *eigenständige* Ausschüsse einzusetzen sind. Dass das Grundgesetz die Ausschüsse in verschiedenen Artikeln erwähnt und innerhalb des Art. 45a Abs. 1 zwischen dem Auswärtigen und dem Verteidigungsausschuss unterscheidet sowie in Absatz 2 dem Verteidigungsausschuss die Rechte eines Untersuchungsausschusses zuweist, spricht für eine Pflicht des Bundestages, die vier Ausschüsse als eigenständige einzusetzen. Ein ausdrückliches Verbot, die genannten Ausschüsse in einem nur übergangsweise (bis zur Einsetzung der Fachausschüsse) bestehenden Gremium wie einem Hauptausschuss zusammenzufassen, ist dem Grundgesetz aber nicht zu entnehmen. Auch weist das Grundgesetz den Ausschüssen keine Rechte zu, die nicht auch ein die Pflichtausschüsse zusammenfassendes Gremium wahrnehmen könnte. Die Zusammenfassung in einem Gremium höhlte die Befugnisse der Pflichtausschüsse nicht aus.[290] Auch der Einwand, die Pflichtausschüsse hätten an der Organkontinuität des Bundestages teil und hörten auch mit dem Wahlperiodenablauf nicht auf zu existieren,[291] findet im Grundgesetz keine Stütze. Anders als teilweise behauptet, sind die Pflichtausschüsse auch nicht unmittelbar nach der Konstituierung eines neugewählten Bundestages zu bestellen,[292] sondern nur in einem nicht zu eng zu fassenden zeitlichen Zusammenhang[293] zum Wahlperiodenbeginn. Denn das Grundgesetz macht keine Zeitvorgabe. Zudem betraf die Zusammenfassung nur einen absehbar begrenzten Zeitraum bis zur Bildung einer neuen Bundesregierung bzw. zur Einsetzung der Aus-

---

285   Vgl. BT-StenB. 18/8, S. 445 B.

286   Vgl. *Fuchs*, DVBl. 2014, 886 8891); *Koschmieder*, NVwZ 2014, 852 (853 f.); *Straßburger*, JuS 2015, 714 (719); gegen eine Zusammenlegung des Auswärtigen und des Verteidigungsausschusses oder eine Übertragung ihrer Aufgaben auf andere Ausschüsse auch *Dürig/Klein*, in: MD, Art. 45a Rn. 12; *Magiera*, in: Sachs, Art. 45a Rn. 3.

287   Vgl. etwa *Fuchs*, DVBl. 2014, 886 (891, 894).

288   Vgl. *Kämmerer*, NVwZ 2014, 29 (31); *Koschmieder*, NVwZ 2014, 852 (854); *Straßburger*, JuS 2015, 714 (718).

289   Ebenso *Hadamek*, ZG 2014, 353 (363 ff.); *Gelze*, Das Parlament der (qualifizierten) Großen Koalition, 2019, S. 295 ff.; *Degenhart*, Rn. 646.

290   Ebenso *Hadamek*, ZG 2014, 353 (364 f.).

291   So *Straßburger*, JuS 2015, 714 (719); wie hier zum Auswärtigen und zum Verteidigungsausschuss *Dürig/Klein*, in: MD, Art. 45a Rn. 12; wie hier zum Petitionsausschuss *Klein*, in: MD, Art. 45c Rn. 19; *Brocker*, in: BeckOK-GG, Art. 45c Rn. 4.

292   So aber *Dürig/Klein*, in: MD, Art. 45a Rn. 12; *Koschmieder*, NVwZ 2014, 852 (854).

293   Für eine Frist zur Ausschusseinsetzung de constitutione ferenda *Koschmieder*, NVwZ 2014, 852 (855); zur verfassungsrechtlich nicht zu beanstandenden Lage zu Beginn der 18. Wahlperiode des Bundestages *Hadamek*, ZG 2014, 353 (362 f.).

schüsse. Danach wurden die üblichen Ausschüsse eingesetzt. Die Einordnung als Pflichtausschüsse steht einer Zusammenfassung in einem Ausschuss – insb. für einen begrenzten Zeitraum – nicht entgegen. Der Einwand, der Hauptausschuss verstoße gegen den **formalen Gleichheitssatz** ist ebenfalls nicht durchschlagend. Da nur wenige Abgeordnete Mitglied des Hauptausschusses waren, die meisten aber nicht und zudem keine anderen Ausschüsse bestanden, wurde die überwiegende Zahl der Abgeordneten während des Zeitraums, in dem ausschließlich der Hauptausschuss bestand, von der eigentlich zu garantierenden parlamentarischen Mitwirkung in den Ausschüssen zwar ausgeschlossen. Die Ungleichbehandlung lässt sich aber dadurch rechtfertigen, dass der betreffende Zeitraum sehr kurz war[294] und währenddessen nahezu keine Gesetzgebungsarbeit stattfand. Der Bundestag wurde in seinen Gesetzgebungsrechten nicht beschnitten. Er konnte über Initiativen beraten und abstimmen. Der Hauptausschuss schränkte auch die Kontrollfunktion des Bundestages nicht ein. Das Parlament konnte einen Untersuchungsausschuss einsetzen; die Abgeordneten und die Fraktionen konnten ihre Frage- und Informationsrechte wahrnehmen. Im Übrigen wäre die Mitwirkung der Abgeordneten auch bei einer Einsetzung der üblichen ständigen Ausschüsse direkt während oder unmittelbar nach der konstituierenden Sitzung des 18. und des 19. Bundestages bis zur Bildung einer neuen Bundesregierung mangels Gesetzesinitiativen auf ein Minimum beschränkt gewesen. Mithin war die Einsetzung des Hauptausschusses für den absehbar begrenzten Zeitraum bis zur Regierungsbildung verfassungskonform.

2. Einsetzung, Mitglieder, Vorsitz

a) Einsetzung und Mitglieder

436 Alle Ausschüsse werden durch einen Plenarbeschluss eingesetzt, üblicherweise auf Antrag aller Fraktionen. Das Plenum kann die Bezeichnung und die Mitgliederzahl der Ausschüsse durch einen Beschluss auch während der Wahlperiode ändern. Er kann die Ausschüsse auflösen, mit Ausnahme der durch die Verfassung oder ein einfaches Gesetz vorgeschriebenen Ausschüsse. Jedes Mitglied des Bundestages hat einen Anspruch auf einen Ausschusssitz,[295] auch fraktionslose Abgeordnete[296] (s. Rn. 147, 309). Diesen Anspruch formuliert § 57 Abs. 1 S. 2 GO-BT: Jedes Mitglied des Bundestages soll grundsätzlich einem Ausschuss angehören. Die Präsidiumsmitglieder sowie die Fraktionsvorsitzenden gehören in der Parlamentspraxis keinem Ausschuss an. Die Fraktionen benennen die Mitglieder der Ausschüsse und Gremien jeweils nach ihrem Stärkeverhältnis (§§ 57 Abs. 2 S. 1 i.V.m. 12 S. 1 GO-BT).

Allein die Mitglieder des Wahlprüfungsausschusses werden vom Plenum gewählt (§ 3 Abs. 2 S. 3 WPrüfG).

437 Abgeordnete haben nicht das Recht auf Mitgliedschaft in einem *bestimmten* Ausschuss.[297] Fraktionslose Abgeordnete weist der Bundestagspräsident einem Ausschuss zu (§ 57 Abs. 2 S. 2 GO-BT). Der Bundestagspräsident gibt die erstmalig benannten Mitglieder und die späteren, ggf. nur zweitweiligen, Änderungen dem Bundestag bekannt (§ 57 Abs. 3 GO-BT).

---

294 Ebenso *Hadamek*, ZG 2014, 353 (366).
295 Vgl. BVerfGE 44, 308 (316); 80, 188 (222).
296 Vgl. BVerfGE 80, 188 (222).
297 Vgl. *Klein*, in: MD, Art. 40 Rn. 132.

b) Vorsitz

Die Fraktionen legen außerdem für jeden Ausschuss fest, wer **Ausschussvorsitzen-** **438** **der** und wer **stellvertretender Vorsitzender** wird. Denn die Ausschüsse bestimmen ihren Vorsitzenden und dessen Stellvertreter nach den **interfraktionellen Vereinbarungen im Ältestenrat** (§ 58 i.V.m. § 6 Abs. 2 S. 2 GO-BT, s. Rn. 267). Die **Personalauswahl** ist damit Sache der Fraktionen. In der Praxis verständigen sich die 1. Parlamentarischen Geschäftsführer über die Verteilung der Ausschussvorsitze. Nur wenn sich die Parlamentarischen Geschäftsführer nicht einigen können, wird der Ältestenrat befasst, andernfalls nicht.[298] Die Verteilung erfolgt, aufgund einer interfraktionellen Verständigung[299] im Zugriffs- oder Zugreifverfahren[300]: die stärkste Fraktion sucht sich einen Ausschussvorsitz aus, dann die zweitstärkste usw., bis alle verteilt sind. Die Zahl der den Fraktionen zustehenden Vorsitzenden- und Stellvertreterposten richtet sich dabei nach dem **Stärkeverhältnis der Fraktionen.** Neben den Regierungsfraktionen werden auch die Oppositionsfraktionen bedacht (anders als in den meisten demokratischen Parlamenten auf der Welt, in denen die Mehrheit auch alle Vorsitzendenposten besetzt). Das Verfahren zur Bestimmung der Vorsitzenden ist geschäftsordnungs-, nicht aber verfassungsrechtlich zwingend. Unter dem Grundgesetz wäre es auch zulässig, wenn die Vorsitzenden und ihre Stellvertreter nur aus einer Fraktion stammten. Ein verfassungsrechtlicher Anspruch auf die Benennung von Ausschussvorsitzenden oder Stellvertretern besteht nicht.[301] Der Vorsitz des Haushaltsausschusses steht nach einem Parlamentsbrauch der größten Oppositionsfraktion zu. In der Parlamentspraxis stammen der Vorsitzende und sein Stellvertreter grundsätzlich (und im Untersuchungsausschuss nach § 7 Abs. 1 PUAG zwingend) aus unterschiedlichen Fraktionen, normalerweise aus der Regierungsmehrheit und der Opposition.

Im Einzelfall wird dieses Prinzip aber durchbrochen, so z.B. im Ausschuss für Wahlprüfung, Immunität und Geschäftsordnung sowie im Wahlprüfungsausschuss in der 18. Wahlperiode, als der Vorsitzende und seine Stellvertreterin beide derselben Fraktion angehörten.

„**Bestimmen**" i.S.d. § 58 i.V.m. § 6 Abs. 2 S. 2 GO-BT liegt begrifflich zwischen **439** „Wahl" und „Benennung durch die Fraktionen". Die Ausschussmitglieder vollziehen die Personalvorschläge in der konstituierenden Ausschusssitzung (auf Vorschlag des Obmannes der vorschlagsberechtigten Fraktion) nur noch formal nach,[302] üblicherweise per Akklamation. Sofern sich Widerspruch gegen einen Vorschlag erhebt, wird eine, unter Umständen auch geheime, Wahl durchgeführt.[303] Gewählt ist, wer mehr Ja- als Nein-Stimmen auf sich vereinigt; Enthaltungen bleiben unberücksichtigt. Wird ein Kandidat nicht gewählt, ist eine Lösung im Ältestenrat zu suchen. Nach einer gescheiterten Vorsitzendenwahl ist der Stellvertreter zu bestimmen. Scheitert auch die Bestimmung des stellvertretenden Vorsitzenden, übernimmt das mandatsälteste Aus-

---

298 Vgl. *Heynckes*, ZParl. 50 (2019), 351 (357).
299 Vgl. *Edinger*, Wahl und Besetzung parlamentarischer Gremien, 1992, S. 214.
300 Vgl. etwa *Krings*, in: MSW, § 17 Rn. 50; *Grigoleit/Kersten*, DÖV 2001, 363 (365).
301 Vgl. *C. Schönberger/S. Schönberger*, JZ 2018, 105 (110).
302 Ebenso *Steiger*, Organisatorische Probleme des parlamentarischen Regierungssystems, 1973, S. 129.
303 Vgl. *Heynckes*, ZParl. 50 (2019), 351 (359), dem zufolge die Wahl nicht automatisch geheim sein muss, ebd. S. 362. Für eine zwingend geheime Wahl *Edinger*, S. 216. Im Wahlprüfungsausschuss ist sind der Vorsitzenden und der stellvertretende Vorsitzende immer zu wählen (§ 3 Abs. 3 WPrüfG).

schussmitglied solange den Vorsitz (§ 74 i.V.m. § 8 Abs. 2 S. 2 GO-BT),[304] bis in einer Sitzung ein Vorsitzender bzw. stellvertetender Vorsitzender gekürt wird. Endet die Ausschussmitgliedschaft, endet auch das Amt als Vorsitzender oder stellvertretender Vorsitzender. Das Amt ist an die Ausschussmitgliedschaft gekoppelt, sofern nicht der Bundestag etwas anderes beschließt[305]. Eine vorschlagsberechtigte Fraktion kann den Ausschussvorsitzenden oder dessen Stellvertreter aus einem Ausschuss abberufen und ihm damit das Amt als (stellvertretender) Vorsitzender entziehen.[306] § 57 Abs. 2 S. 1 GO-BT legt die Benennung der Ausschussmitglieder allein in die Hand der Fraktionen. Die vorschlagsberechtigte Fraktion hat aber nicht das Recht, den Vorsitzenden oder stellvertretenden Vorsitzenden als Ausschussvorsitzenden „zurückzustufen", also ihn im Ausschuss zu belassen und ihn ohne Mitwirkung des Ausschusses durch ein anderes Fraktionsmitglied zu ersetzen.[307] Ein solches Recht widerspräche der Vorgabe, dass die Vorsitzenden und ihre Stellvertreter vom jeweiligen Ausschuss nach den Vereinbarungen im Ältestenrat bestimmt werden (§ 58 i.V.m. § 6 Abs. 2 S. 2 GO-BT).

440 Der Vorsitzende und sein Stellvertreter können durch den Ausschuss auch abgewählt werden.[308] Die **Abwahl** ist *actus contrarius* zur Wahl;[309] jedenfalls sofern der Vorsitzende ausnahmsweise sein Amt durch eine Wahl erhalten hat. Wenn er – wie üblich – durch Akklamation ins Amt gekommen ist, kann er durch einen Mehrheitsbeschluss abberufen werden. Voraussetzung dafür ist, dass er seine Vorsitzendenpflichten verletzt hat.

Beispiele: parteiische Sitzungsleitung, insb. zugunsten der eigenen Fraktion; öffentliche Äußerungen, die eine neutrale Amtsführung infrage stellen oder dem Ansehen des Ausschusses und unter Umständen auch dem des Bundestages schaden.

441 **Lösung Fall 17: Ungeeigneter Vorsitzender[310] (Rn. 428)**

Der Ausschuss kann den B mit der Mehrheit der abgegebenen Stimmen abwählen. B wurde durch den Ausschuss gewählt. Die Abwahl ist als actus contrarius zulässig.

Wenn B nicht gewählt, sondern durch Akklamation ins Amt gekommen wäre, könnte der Ausschuss ihn wegen Verletzung der Vorsitzendenpflichten abberufen: Parteinahme in Ausschusssitzungen ist einem Vorsitzenden untersagt; extremistische Äußerungen in der Öffentlichkeit sind geeignet, den Ruf des Ausschusses und des Bundestages insgesamt zu beschädigen.

---

304 Vgl. *Heynckes*, ZParl. 50 (2019), 351 (360).
305 Der Vorsitz der drei in der 19. Wahlperiode vorab eingesetzen Ausschüsse (Hauptausschuss, Petitionsausschuss sowie Ausschuss für Wahlprüfung, Immunität und Geschäftsordnung) wurde nach einem Beschluss des Bundestages von jeweils einem Vizepräsidenten wahrgenommen, vgl. BT-Drs. 19/85, S. 1.
306 Vgl. *Berntzen*, ZParl. 8 (1977), 36 (38); *Grigoleit/Kersten*, DÖV 2001, 363 (365); a.A. *Winkelmann*, in: MSW, § 23 Rn. 40 (Abwahl nötig).
307 So aber *Grigoleit/Kersten*, DÖV 2001, 363 (365).
308 So implizit auch die Auslegungsentscheidung Nr. 19/1 vom 7.11.2019, die allerdings nicht, wie es nötig wäre, zwischen Abwahl und Abberufung unterscheidet.
309 Vgl. *Winkelmann*, in: MSW, § 23 Rn. 40; *C. Schönberger/S. Schönberg*er, JZ 2018, 105 (110 f.); für die Untersuchungsausschüsse *Peters*, Rn. 162; *Brocker*, in: Glauben/Brocker, § 7 Rn. 20; a.A. *Berntzen*, ZParl. 8 (1977), 36 (38); *Grigoleit/Kersten*, DÖV 2001, 363 (365).
310 Vgl. BVerfG, Beschl. v. 4.5.2020 – 2 BvE 1/20, Ablehnung des Erlasses einer einstweiligen Anordnung gegen die Abberufung des Vorsitzenden des Rechtsausschusses.

Die **Aufgaben des Vorsitzenden** nennt § 59 GO-BT: Er hat die Ausschusssitzungen   442
vorzubereiten, einzuberufen und zu leiten sowie die Beschlüsse des Ausschusses um-
zusetzen. Der Ausschussvorsitzende ist Inhaber eines parlamentarischen Amtes, das
als solches gesondert vergütet wird (§ 11 Abs. 2 AbgG). Er hat eine Doppelstellung.
Sein Vorsitzendenamt muss er einerseits neutral versehen. Andererseits ist er voll-
wertiges Ausschussmitglied mit allen Rechten und Pflichten. Er darf z.B. an Abstimmungen im Ausschuss teilnehmen, mitdiskutieren und in Anhörungen Fragen stellen.
Zwischen der Mitgliedschaft und dem Amt besteht folglich ein Spannungsverhältnis.
Es obliegt dem Fingerspitzengefühl jedes Vorsitzenden, die unterschiedlichen Anforderungen auszutarieren.

Der **stellvertretende Vorsitzende** vertritt den abwesenden Vorsitzenden in den in   443
§ 59 GO-BT genannten Aufgaben. Kann auch der Stellvertreter an einer Ausschusssitzung nicht teilnehmen, übernimmt das Ausschussmitglied mit den meisten Mandatsjahren im Bundestag (als „Altersvorsitzender", § 74 i.V.m. § 8 Abs. 2 S. 2 GO-
BT).

3. Aufgaben

Einen Großteil ihrer Arbeitsaufträge erhalten die ständigen Ausschüsse durch die   444
Überweisungen des Plenums (§ 62 Abs. 1 S. 1, 2 GO-BT). In den Bundestag einge-
brachte Vorlagen wie Gesetzentwürfe oder Anträge (vgl. zu weiteren Arten von Vorlagen § 75) überweist das Plenum *durch Beschluss* an einen Ausschuss zur federführenden Beratung und zumeist an einen oder mehrere Ausschüsse zur Mitberatung
(§ 63 GO-BT). Der federführende Ausschuss muss dem Plenum über die Vorlage Bericht erstatten, wozu auch eine Beschlussempfehlung gehört (§ 66 GO-BT). Diese
lautet z.B.: „Der Bundestag wolle beschließen: Die Geschäftsordnung […] wird wie
folgt geändert: […]."

Eine Überweisung *kraft Gesetzes* formuliert § 3 Abs. 1 WPrüfG. Wahleinsprüche
sind vom Wahlprüfungsausschuss (ohne vorherige Befassung des Plenums) zu beraten. Der Ausschuss erstellt als Ergebnis der Beratung eine Beschlussempfehlung für
das Plenum.

Außer mit überwiesenen Vorlagen können sich Ausschüsse auch mit anderen Fragen   445
aus ihrem Geschäftsbereich befassen (**Selbstbefassungsangelegenheiten**, § 62
Abs. 1 S. 3 GO-BT). Die Beratung überwiesener Vorlagen dient wie die Selbstbefas-
sung auch der Kontrolle der Bundesregierung und der Rolle des Bundestages als „Forum der Nation" (Repräsentationsfunktion). Oftmals erbitten Fraktionen Berichte der
Bundesregierung zu Themen aus dem Geschäftsbereich des Ausschusses.

Beispiele: Berichte des Bundesministeriums des Innern zur Sicherheitslage oder Auskünfte
des Auswärtigen Amtes zur Situation in bestimmten Staaten.

4. Ablauf und interne Organisation der Ausschussarbeit

a) Einladung, Tagesordnung

Der **Vorsitzende**, der in Absprache mit den Fraktionen den Termin festlegt und die   446
Tagesordnung erstellt, beruft die Ausschusssitzungen im Rahmen des Zeitplanes ein

(§§ 60, 61 GO-BT). Die Absprache des Vorsitzenden mit den Fraktionen geschieht zumeist in einer **Obleuterunde** unmittelbar vor oder nach einer Ausschusssitzung. Die Fraktionen dominieren die Tagesordnung. Die Sitzungen finden in der Regel zu festen Zeiten statt, auch um die begrenzten Sitzungssäle bestmöglich auszunutzen. So tagen der Innenausschuss mittwochs ab 10 Uhr, der Sportausschuss mittwochs ab 14 Uhr und der Ausschuss für Wahlprüfung, Immunität und Geschäftsordnung donnerstags ab 16 Uhr (nach der Ältestenratssitzung). Der Vorsitzende ist zur Einberufung zum nächstmöglichen Termin innerhalb des Zeitplanes verpflichtet, wenn es eine Fraktion im Ausschuss oder ein Drittel der Ausschussmitglieder verlangt (§ 60 Abs. 2 GO-BT). Da die Ausschusssitzungen in aller Regel in jeder Sitzungswoche zu den üblichen Zeiten stattfinden, ist das Einberufungsverlangen nach § 60 Abs. 2 GO-BT zumeist nur für Sitzungen zu einer anderen als der üblichen Zeit bedeutsam. Sitzungen außerhalb des Zeitplans (Sondersitzungen), also z.B. in einer Nicht-Sitzungswoche oder parallel zu einer Plenar- oder Fraktionssitzung, sind vom Bundestagspräsidenten zu genehmigen (§ 60 Abs. 3 GO-BT). Der Präsident erteilt die Genehmigung in der Regel, wenn alle Fraktionen einverstanden sind. Wenn nicht alle einverstanden sind, hat der Präsident abzuwägen, ob er die Genehmigung erteilt. Die Tagesordnung einer Sitzung soll drei Tage vor der Sitzung **zugeleitet** werden (§ 61 Abs. 1 S. 2 GO-BT). Von dieser Soll-Vorschrift kann aus Gründen der politischen Dringlichkeit abgewichen werden.[311] Erforderlich ist letztlich nur die Bekanntgabe vor der Sitzung. Der Ausschuss kann die Tagesordnung mit Mehrheit ändern; erweitern kann er sie nur, wenn nicht eine Fraktion oder ein Drittel der Ausschussmitglieder widerspricht (§ 61 Abs. 2 GO-BT).

447 Ist dem Ausschuss eine Vorlage zur Mitberatung zugewiesen, hat er ein **Mitberatungsvotum** gegenüber dem federführenden Ausschuss innerhalb einer bestimmten Frist abzugeben. Aus der von § 63 Abs. 2 GO-BT vorgesehenen Vereinbarung der Ausschüsse ist in der Praxis ein verbindlicher Wunsch des federführenden Ausschusses geworden. Üblicherweise wird zum letzten Tag der Frist der Tag bestimmt, an dem die Vorlage im federführenden Ausschuss abschließend beraten werden soll. Wenn z.B. der federführende Innenausschuss einen Gesetzentwurf am 15.5. abschließend beraten (im Parlamentsdeutsch: „abschließen") und dann eine Beschlussempfehlung und einen Bericht für das Plenum abgeben möchte (wofür er das Mitberatungsvotum benötigt), wird er den mitberatenden Rechtsausschuss bitten, sein Mitberatungsvotum bis zum 15.5. mittzuteilen. Der Rechtsausschuss muss die Vorlage also spätestens am 15.5. auf die Tagesordnung einer Ausschusssitzung setzen und darüber beraten.

b) Sitzungsleitung, Nichtöffentlichkeit, Zutritts-, Beratungs- und Stimmrecht

448 Der Vorsitzende (oder im Verhinderungsfall der Stellvertreter oder, wenn auch dieser verhindert ist, das Mitglied mit den meisten Mandatsjahren) leitet die **Ausschusssitzungen** als „primus inter pares".[312] Er besitzt die Ordnungsgewalt während der Sitzung und kann daher Störungen des Sitzungsbetriebs unterbinden. Die Ordnungsgewalt erfasst ausdrücklich die Sitzungsteilnehmer, die nicht Mitglied des Bundestages

---

311 Vgl. die Auslegungsentscheidung 18/2 vom 17.12.2015.
312 Vgl. *Hadamek*, in: Kluth/Krings, § 17 Rn. 107.

sind (z.B. die Rede- und Zutrittsprivilegierten sowie die Sachverständigen in öffentlichen Anhörungen[313]), und die Zuhörer (§ 59 Abs. 3 GO-BT). § 59 Abs. 3 GO-BT erwähnt die Bundestagsabgeordneten zwar nicht. Daraus folgt aber nicht, dass sie nicht der Ordnungsgewalt des Ausschussvorsitzenden unterfielen. Vielmehr ist es selbstverständlich, dass sie der Ordnungsgewalt unterliegen. Eine Regelung in der GO-BT ist daher entbehrlich. Auch eine Analogie zu § 7 Abs. 1 S. 2 GO-BT ist nicht zu bemühen.[314] Der Ausschuss in seiner Gesamtheit besitzt keine Ordnungsgewalt über seine Mitglieder. Anträge zur Missbilligung des Verhaltens von Ausschussmitgliedern sowie Anträge zu Sachbeschlüssen in Selbstbefassungsangelegenheiten sind daher unzulässig. Über solche Anträge darf nicht abgestimmt werden. Dennoch gefasste Beschlüsse sind unwirksam.[315]

Zu möglichen **Ordnungsmittel** des Vorsitzenden: Die §§ 36-40 GO-BT sind nicht (analog) anwendbar.[316] Ordnungsruf, Wortentziehung, Sitzungsausschluss und Ordnungsgeld sind unzulässig. Bundestagsabgeordnete, Sitzungsteilnehmer, die keine Abgeordneten sind, und Zuhörer kann der Ausschussvorsitzende informell ermahnen. Der Vorsitzende darf nur solche Anwesenden, die keine Abgeordneten sind und kein Zutrittsrecht nach Art. 43 Abs. 2 GG besitzen, ausschließen. Zu den Zuhörern, die ausgeschlossen werden dürfen, gehören auch die sich im Sitzungssaal befindenden Bundestagsabgeordneten, die nicht Mitglied des betreffenden Ausschusses sind.[317] Ist der ordnungsgemäße Ablauf nicht mehr gewährleistet, kann der Vorsitzende die Sitzung unterbrechen oder sie im Einvernehmen mit den Fraktionen im Ausschuss aufheben (§ 59 Abs. 4 GO-BT). **449**

Ausschusssitzungen des Bundestages sind **grundsätzlich nicht öffentlich** (§ 69 Abs. 1 S. 1 GO-BT). Das bedeutet, dass der Zutritt zu den Sitzungen beschränkt ist. **450**

Einige **Landesparlamente** verfahren anders. Ihre Ausschusssitzungen sind grundsätzlich öffentlich (vgl. etwa § 26 Abs. 5 der Geschäftsordnung des Abgeordnetenhauses von Berlin; § 80 der Geschäftsordnung des Landtages Brandenburg; § 23 Abs. 3 S. 1 der Verfassung des Landes Schleswig-Holstein).

§ 69 Abs. 1 S. 1 GO-BT ist **verfassungskonform**. Art. 42 Abs. 1 GG verlangt nach h.M. die grundsätzliche Öffentlichkeit nur für die Plenarsitzungen.[318] Denn Art. 42 GG differenziert – wie auch Art. 43 Abs. 2 – zwischen dem Bundestag und seinen Ausschüssen. In Absatz 1 ist nur vom „Bundestag" die Rede, während Absatz 3 S. 1 von den öffentlichen Sitzungen des „Bundestages und seiner Ausschüsse" spricht. Außerdem ordnet Art. 44 Abs. 1 GG grundsätzlich die öffentliche Sitzung der Untersuchungsausschüsse an. Das wäre nicht nötig, wenn alle Ausschusssitzungen schon nach Art. 42 Abs. 1 GG öffentlich zu sein hätten. Der Bundestag dürfte aber aufgrund seiner Geschäftsordnungsautonomie die grundsätzliche Öffentlichkeit der Ausschusssitzungen anordnen und das bisherige Regel-Ausnahme-Verhältnis umdrehen.[319]

---

313 Vgl. *Bücker*, in: SZ, § 34 Rn. 58.
314 So aber *Bücker*, in: SZ, § 34 Rn. 56.
315 Vgl. die Auslegungsentscheidung Nr. 11/11 vom 26.4.1989.
316 Vgl. *Roll*, § 74 Rn. 2.
317 Vgl. *Bücker*, in: SZ, § 34 Rn. 57; *Ritzel/Bücker/Schreiner*, § 59 Anm. III.b.
318 Vgl. nur BVerfGE 1, 144 (152); krit. zur Nichtöffentlichkeit *Morlok/Michael*, Rn. 675.
319 Vgl. etwa *Steiger*, Organisatorische Probleme des parlamentarischen Regierungssystems, 1973, S. 141.

Ob der EU-Ausschuss, wenn er einmal gemäß Art. 45 S. 2, 3 GG plenarersetzend tätig würde, öffentlich tagen müsste, ist umstritten, aber abzulehnen.[320] Denn der EU-Ausschuss bliebe, auch wenn er plenarsetzend tätig würde, ein Ausschuss und würde nicht zum Plenum. Auch fehlt es an einer entsprechenden Vorgabe in Art. 45 GG. Da „nicht öffentlich" nur bedeutet, dass der Zutritt beschränkt ist, darf die Öffentlichkeit durch die Ausschussmitglieder über den Beratungsinhalt der Ausschusssitzungen unterrichtet werden. Eine Ausnahme gilt nur, wenn ein Ausschuss ausnahmsweise ausdrücklich geheim tagt.

451 An den nichtöffentlichen Ausschusssitzungen dürfen **alle Abgeordneten als Zuhörer teilnehmen**, auch wenn sie dem Ausschuss nicht als Mitglied oder stellvertretendes Mitglied angehören, es sei denn es handelt sich um einen sog. geschlossenen Ausschuss. An Sitzungen geschlossener Ausschüsse dürfen nur dessen Mitglieder und stellvertretende Mitglieder teilnehmen (§ 69 Abs. 2 S. 1GO-BT).

Ausschüsse sind entweder per se aufgrund eines Plenarbeschlusses bei der Einsetzung oder aufgrund eines Beschlusses im Einzelfall für bestimmte Verhandlungsgegenstände geschlossene Ausschüsse (vgl. § 69 Abs. 2 S. 1, 2 GO-BT). Zu den geschlossenen Ausschüssen nach § 69 Abs. 2 S. 1 GO-BT gehören der Auswärtige Ausschuss, der Verteidigungsausschuss und der Innenausschuss in Fragen der inneren Sicherheit.[321]

Als Zuhörer darf auch **ein Mitarbeiter pro Fraktion** teilnehmen (§ 57 Abs. 4 GO-BT). Je nach Ausschuss und Platzangebot wird zum Teil mehreren Mitarbeitern pro Fraktion und weiteren Gästen (wie Abgeordnetenmitarbeitern oder Praktikanten) der Zutritt gestattet. Die zum Teil beengten Verhältnisse in den Ausschüsssälen erzwingen jedoch u.U. eine Begrenzung.

452 Mit **beratender Stimme** (also mit Wortbeiträgen und dem Antragsrecht gem. § 71 Abs. 1 S. 1 GO-BT) dürfen Abgeordnete grundsätzlich nur in Ausschüssen, in denen sie Mitglied oder – im Falle der Verhinderung eines Mitgliedes – stellvertretendes Mitglied sind, teilnehmen. An Sitzungen (nicht geschlossener) Ausschüsse, in denen sie weder Mitglied noch stellvertretendes Mitglied sind, dürfen sie mit beratender Stimme nur teilnehmen,

- wenn der Ausschuss dies gestattet (§ 69 Abs. 3 S. 3 GO-BT),
- wenn sie Erstunterzeichner einer Vorlage sind oder einen Erstunterzeichner vertreten (§ 69 Abs. 3 S. 2 GO-BT),
- wenn sie Fraktionsvorsitzender sind oder ihren Fraktionsvorsitzenden vertreten (§ 69 Abs. 4 GO-BT) oder
- wenn sie Änderungsanträge zu überwiesenen Vorlagen an den federführenden Ausschuss stellen wollen (§ 71 Abs. 2 GO-BT).

Der Bundestagspräsident hat kraft Amtes beratende Stimme in allen Ausschüssen (§ 7 Abs. 1 S. 3 GO-BT).

453 An den Ausschusssitzungen dürfen gemäß Art. 43 Abs. 2 GG auch die Mitglieder und Beauftragten der Bundesregierung und des Bundesrates (die **Zutritts- und Redeprivilegierten**) mit beratender Stimme teilnehmen. Insb. Minister und Parlamentarische Staatssekretäre der Bundesregierung stehen, unterstützt von Ministerialbeamten, in Ausschusssitzungen Rede und Antwort. So berichten sie etwa auf Wunsch einer Frak-

---

320 Wie hier *Kretschmer*, in: BK, Art. 40 Rn. 226 ff.; a.A. *Brocker*, in: BeckOK-GG, Art. 42 Rn. 2; *Müller-Terpitz*, in: BK, Art. 42 Rn. 53; *Unger*, in: vMKS, Art. 45 Rn. 22.
321 Vgl. BT-Drs. 18/211, S. 2.

tion über Sachverhalte aus ihrem Geschäftsbereich. Außerdem nehmen die Zutritts- und Redeprivilegierten auf die Ausschussberatung überwiesener Vorlagen, vor allem der Gesetzentwürfe der Bundesregierung, Einfluss, indem sie sich an der Diskussion beteiligen oder Fragen beantworten. Außerhalb von Ausschussitzungen beteiligen sich Regierungs- und Bundesratsvertreter an Berichterstattergesprächen und an den Sitzungen der Arbeitsgruppen oder Arbeitskreise der Fraktionen. Die Ministerien leisten zum Teil umfangreiche „Formulierungshilfe" für Änderungsanträge der Regierungsfraktionen, die im Ausschuss gestellt werden. Der Ausschuss kann die Anwesenheit eines Mitglieds der Bundesregierung verlangen (**Zitierrecht**, Art. 43 Abs. 1 GG, § 68 GO-BT). Hingegen müssen Beamte und Tarifbeschäftigte der Bundesregierung oder einer nachgeordneten Behörde ebenso wie Private (Interessenvertreter, Auskunftspersonen und Sachverständige) nicht vor dem Ausschuss erscheinen.[322]

Das **Stimmrecht im Ausschuss** besitzen nur die Ausschussmitglieder oder im Vertretungsfall deren Stellvertreter. Fraktionslose Ausschussmitglieder haben nach § 57 Abs. 2 S. 2 GO-BT kein Stimmrecht. In einigen Ausschüssen bestehen nach ständiger Übung Redezeitkontingente pro Fraktion.[323]   **454**

c) Beschlussfähigkeit

Die Regelung der Beschlussfähigkeit (§ 67) ist parallel zu § 45 GO-BT gestaltet (s. Rn. 408). Der Ausschuss ist beschlussfähig, wenn die Mehrheit der Mitglieder anwesend ist (§ 67 S. 1 GO-BT). Selbst wenn diese Zahl unterschritten wird, gilt er solange als beschlussfähig, bis ein Mitglied vor einer Abstimmung verlangt, die Beschlussfähigkeit durch Auszählen festzustellen (§ 67 S. 2 GO-BT).   **455**

d) Öffentliche Anhörung

Ein Ausschuss kann zu Beratungsgegenständen – sowohl überwiesenen Vorlagen als auch Selbstbefassungsangelegenheiten – eine **öffentliche Anhörung** beschließen (§ 70 Abs. 1 S. 1 GO-BT). Die Anhörung dient nicht allein der Informationsbeschaffung. Sie wird auch zur Darstellung unterschiedlicher politischer Auffassungen genutzt. Gerade oppositionelle Fraktionen sind daran interessiert, vermeintliche sachliche oder rechtliche Mängel einer Regierungsvorlage durch Sachverständige herausarbeiten zu lassen. Anhörungen führen immer wieder zu Änderungsanträgen im Ausschuss, d.h. zur Nachbesserung einer Vorlage. Verlangt mindestens ein Viertel der Ausschussmitglieder eine Anhörung, so hat sie stattzufinden (§ 70 Abs. 1 S. 2 GO-BT). Die Zahl der Sachverständigen legt der Ausschuss fest. Die Fraktionen sind – üblicherweise nach ihrem Stärkeverhältnis (arg. § 70 Abs. 2 S. 2 GO-BT) – berechtigt, Sachverständige zu benennen. Sie suchen üblichwerweise Sachverständige aus, die ihre Ansichten teilen. Überraschende Auskünfte sind daher einerseits in aller Regel ausgeschlossen. Andererseits bürgt das Benennungsrecht der Fraktionen für eine große Bandbreite der von den Sachverständigen geäußerten Meinungen.   **456**

---

322 Vgl. etwa *Arndt*, Parlamentarische Geschäftsordnungsautonomie und autonomes Parlamentsrecht, 1966, S. 119.
323 Zur Redezeit im Ausschuss *Heynckes*, ZParl. 50 (2019), 351 (363).

e) Protokollierung

457 Über alle Ausschusssitzungen wird ein schriftliches Protokoll erstellt (§ 73 GO-BT). Für dessen Veröffentlichung und Weitergabe bestehen Richtlinien (Anhang 2 zur GO-BT). Protokolle können einen Geheimhaltungsgrad nach der Geheimschutzordnung (Anlage 3 zur GO-BT) erhalten („eingestuft" werden).

f) Ausschussberatung einer überwiesenen Vorlage

458 Die Ausschussberatung einer überwiesenen Vorlage läuft üblicherweise wie folgt ab: Zunächst setzt der Vorsitzende die Vorlage auf die Tagesordnung, in aller Regel nach Rücksprache mit den Obleuten oder auf Anregung einer Fraktion (§ 60 Abs. 2 GO-BT). In der Parlamentspraxis benennt jede Fraktion ein Mitglied als Berichterstatter. Wenn eine Fraktion sich weigert, einen Berichterstatter zu benennen, macht der Vorsitzende von seinem Benennungsrecht Gebrauch (§ 65 GO-BT).

Die Vorlage wird in der Sitzung aufgerufen und beraten. Die Beratung geschieht üblicherweise in einer Debatte, in der die jeweiligen Berichterstatter die Meinung ihrer Fraktion vortragen. Ggf. wird eine öffentliche Anhörung beschlossen. Möglich ist auch, dass die Vorlage „geschoben" (vertagt), d.h. abgesetzt und auf die Tagesordnung der nächsten Sitzung gesetzt, wird. In vielen Fällen informieren sich die Berichterstatter in den bereits erwähnten fraktionsübergreifenden Berichterstattergesprächen und stimmen sich in solchen Runden auch gegenseitig ab.

Sofern die Vorlage beschlussreif ist, weil kein Beratungsbedarf mehr besteht (und eine etwaige öffentliche Anhörung bereits durchgeführt wurde), stimmt der Ausschuss über die Vorlage ab, d.h. darüber, was er dem Plenum empfiehlt: Annahme (ggf. mit ändernden Maßgaben), Ablehnung oder (bei Unterrichtungen) Kenntnisnahme.

Der Ausschuss oder einzelne Mitglieder können die Kenntnisnahme nicht verweigern. Eine ablehnende Kenntnisnahme ist ebenfalls unzulässig.

Das Ausschusssekretariat erstellt, häufig schon vor der Sitzung, eine Beschlussempfehlung und einen Bericht für das Plenum (§ 66 GO-BT). Der Vorsitzende und die Berichterstatter unterschreiben diese. Der Vorsitzende kann Berichterstatter, welche die Unterschrift unter eine Beschlussempfehlung und einen Bericht verweigern oder aus Krankheitsgründen an der Unterschrift gehindert sind, gegen ihren Willen ersatzlos abberufen. Dies folgt als *actus contrarius* aus seinem Recht, die Berichterstatter zu benennen (§ 65 GO-BT).[324]

Das Parlamentssekretariat (PD 1) vergibt eine Drucksachennummer. Die Fraktionen vereinbaren im Ältestenrat oder vorab in der PGF-Runde, wann die Vorlage oder Beschlussempfehlung und Bericht auf die Tagesordnung des Plenums gesetzt werden.

g) Aufgaben des Ausschusssekretariats

459 Jeder Ausschuss des Bundestages verfügt über ein Sekretariat. Es setzt sich aus Mitarbeitern der Bundestagsverwaltung zusammen. Das Sekretariat kümmert sich vornehmlich um die Or-

---

324 Vgl. die Auslegungsentscheidung Nr. 16/3 vom 19.10.2006.

ganisation der Ausschusssitzungen im Einvernehmen und nach den Vorgaben des Vorsitzenden. Das Sekretariat berät den Vorsitzenden und die Obleute bei der Erstellung der Tagesordnung. Es versendet die Tagesordnung und etwaige Änderungen oder Ergänzungen der Tagesordnung sowie Ausschussdrucksachen an die Mitglieder und weitere Adressaten auf Seiten der Fraktionen, der Bundesregierung und des Bundesrates. Es lädt Sachverständige und Regierungsvertreter ein, hält den Kontakt zum für den Ausschuss jeweils relevanten Ministerium, kümmert sich um Räume für Sitzungen und die Tonbandaufzeichnung, klärt geschäftsordnungsrechtliche Fragen und prüft Änderungsanträge darauf, ob sie sich rechtstechnisch in einen Gesetzentwurf oder einen Antrag einfügen. Das Sekretariat unterstützt den Vorsitzenden in der Sitzungsleitung, protokolliert die Sitzungen, erstellt Beschlussempfehlungen und Berichte und organisiert Delegationsreisen und -besuche. Das Protokoll wird vom Vorsitzenden unterschrieben und verantwortet. Nachträgliche Änderungen, z.B. auf Wunsch einer Fraktion, sind eher unüblich.

5. Sonstige Gremien

Sonstige Gremien des Bundestages sind neben dem Parlamentarischen Kontrollgremium (Art. 45d GG) vor allem Enquête-Kommissionen und Expertenkommissionen. Die genannten Gremien sind keine Ausschüsse und mit Ausnahme des Kontrollgremiums auch **keine Parlamentsorgane**. Die Enquête- und die Expertenkommissionen sind Gremien sui generis.[325] **Enquête-Kommissionen** sind nicht unmittelbar in das Gesetzgebungsverfahren oder die Vorlagenbehandlung eingebunden. Sie dienen der Vorbereitung von Entscheidungen über umfangreiche und bedeutsame Sachkomplexe (§ 56 Abs. 1 S. 1 GO-BT). Sie werden durch einen Plenarbeschluss eingesetzt. Auf Antrag eines Viertels seiner Mitglieder ist der Bundestag zur Einsetzung verpflichtet (§ 56 Abs. 1 S. 2). Die Kommissionmitglieder werden im Einvernehmen der Fraktionen oder im Streitfall nach dem Stärkeverhältnis der Fraktionen bestimmt. Grundsätzlich darf pro Fraktion nur ein Mitglied des Bundestages benannt werden. Enquête-Kommissionen bestehen somit aus Parlamentariern und Externen. Die Kommission hat ihren Bericht so rechtzeitig vorzulegen, dass er bis zum Ende der Wahlperiode im Bundestag beraten werden kann (§ 56 Abs. 4 GO-BT) – und daraus gesetzgeberische Folgerungen gezogen werden können. **460**

Der Bundestag kann auch eine Kommission zur Aufarbeitung eines umfangreicheren Sachverhalts einsetzen, die nur aus externen Sachverständigen besteht (**Expertenkommission**). **461**

Beispiele aus der jüngeren Zeit sind die Unabhängige Kommission zu Fragen des Abgeordnetenrechts und die Expertenkommission zur Zukunft der Behörde des Bundesbeauftragten für die Unterlagen des Staatssicherheitsdienstes der ehemaligen DDR (BStU).[326] Die Geschäftsordnung besagt zu solchen Kommissionen nichts. Sie werden aufgrund eines Plenarbeschlusses eingesetzt, der die Zahl und oftmals auch die Namen der Mitglieder sowie den Arbeitsauftrag und die Frist für den Bericht festlegt.

---

325   So zur Enquête-Kommission *Schmittner*, ZParl. 3 (1972), 209 (221); *Kretschmer*, ZParl. 17 (1986), 334 (344).
326   Vgl. BT-Drs. 17/12500; 18/8050.

VII. Opposition als Untergliederung des Parlaments?

462 **Fall 18: Sehr große Koalition**

Die Regierungsfraktionen C und S kommen nach einer Bundestagswahl auf 504 von 631 Mandaten (fast 80 % der Sitze). Die beiden Oppositionsfraktionen L und G besitzen gemeinsam 127 Sitze (20,13 %). Sie können daher die Rechte, die von mindestens einem Viertel oder gar einem Drittel der Mitglieder geltend gemacht werden müssen (z.B. Art. 44 GG), nicht ausüben. Der Bundestag räumt den Oppositionsfraktionen in der betreffenden Wahlperiode die quorenabhängigen parlamentarischen Rechte ein (mit Ausnahme des Rechts, eine abstrakte Normenkontrolle anzustrengen). Der neu geschaffene § 126a GO-BT passt die Antragsquoren den bestehenden Sitzverhältnissen an, d.h. er senkt sie entsprechend ab.[327] Gemäß § 126a Abs. 1 GO-BT können die den gesamten Bundestag betreffenden Minderheitsrechte von 120 Mitgliedern des Bundestages und die einen Ausschuss betreffenden Rechte von allen Ausschussmitgliedern der Fraktionen, die nicht die Bundesregierung tragen, geltend gemacht werden. Der Bundestag darf von dieser Rechtslage gemäß § 126 Abs. 2 GO-BT auch nicht mit Zweidrittelmehrheit abweichen. Die Oppositionsfraktionen L und G hatten eine Fixierung niedrigerer Quoren auch in den betreffenden Vorschriften des Grundgesetzes und des einfachen Gesetzesrechts angestrebt. Ihre Gesetzentwürfe und Anträge waren aber letztlich nicht erfolgreich. Die L-Fraktion meint, der Bundestag hätte die auf die Änderung von Bestimmungen des Grundgesetzes und einfacher Gesetze gerichteten Gesetzentwürfe (mit dem Ziel der Absenkung von Quoren) nicht ablehnen und die Änderung der GO-BT nicht beschließen dürfen. Es bestehe eine Verfassungspflicht zur Aufwertung der Minderheits- bzw. Oppositionsrechte. Die L-Fraktion strengt ein Organstreitverfahren an. Wird es Erfolg haben? (Nach BVerfGE 142, 25) **Lösung Rn. 469**

463 **Opposition** ist zu definieren als die auf das Regierungshandeln bezogene Kritik, Kontrolle und Darstellung einer Alternative.[328] Das **Grundgesetz verwendet** den Begriff „Opposition" **nicht**, im Unterschied zu einigen **Landesverfassungen**.

Beispiele: Art. 38 Abs. 3, 49 Abs. 4 der Verfassung von Berlin; Art. 55 Abs. 2 der Verfassung des Landes Brandenburg; Art. 12 der Verfassung des Landes Schleswig-Holstein; Art. 59 der Verfassung des Freistaats Thüringen.

464 Das Grundgesetz enthält aber einen durch die Rechtsprechung des Gerichts konkretisierten allgemeinen **verfassungsrechtlichen Grundsatz effektiver Opposition**.[329] Den Grundsatz effektiver Opposition leitet das BVerfG aus einer „normativen Gesamtschau"[330] ab. Es beruft sich auf das Demokratieprinzip (Art. 20 Abs. 1, 2, Art. 28 Abs. 1 S. 1 GG), die Durchbrechungen des Mehrheitsprinzips durch Minderheitsrechte (Art. 23 Abs. 1a S. 2, 39 Abs. 3 S. 3, 44 Abs. 1 S. 1, 45a Abs. 2 S. 2, 93 Abs. 1 Nr. 2 GG) auf den Gewaltenteilungsgrundsatz, der aus dem Rechtsstaatsprinzip abzuleiten ist (Art. 20 Abs. 3, 28 Abs. 1 GG), die Grundkonzeption des parlamentarischen Regierungssystems (Art. 63, 67–69 GG), das freie Mandat (Art. 38 Abs. 1 S. 2 GG) und das grundgesetzliche Rechtsschutzsystem.[331] Die Bildung und Ausübung einer

---

327 Vgl. BT-Drs. 18/481; 18/997, S. 2.
328 Vgl. *Cancik*, ZParl. 48 (2017), 516 (517).
329 Vgl. BVerfGE 142, 25 (55) m.w.N.; a.A. *Schwarz*, ZRP 2013, 226 (227).
330 *Starski*, DÖV 2016, 750 (752).
331 Vgl. BVerfGE 142, 25 (55 f.).

organisierten politischen Opposition ist konstitutiv für die freiheitlich-demokratische Grundordnung.[332] Das Grundgesetz begründet jedoch weder explizit spezifische Oppositions-(fraktions-)rechte, noch lässt sich ein Gebot der Schaffung solcher Rechte aus dem Grundgesetz ableiten. Die Einführung solcher Rechte wäre vielmehr mit der Gleichheit der Abgeordneten und ihrer Zusammenschlüsse nach Art. 38 Abs. 1 S. 2 GG unvereinbar.[333]

Das **Grundgesetz kennt keine spezifischen Oppositionsrechte** (und damit auch keine institutionelle Oppositionsgarantie), sondern parlamentarische Kontrollrechte und weitere, das Verfahren beeinflussende (vgl. § 20 Abs. 4 GO-BT) Minderheitsrechte, die allen Fraktionen bzw. Abgeordneten des Bundestages gleichermaßen zuzustehen. Sie sind „politisch neutral" und können für Oppositionszwecke ebenso genutzt werden wie für die Unterstützung der Regierungspolitik. Die oben genannten Kontrollrechte (Zitierrecht, Interpellationsrecht, Enquêterecht, Recht auf Anstrengung einer abstrakten Normenkontrolle) sind aber **faktisch für eine effektive Opposition besonders bedeutsam** und werden vornehmlich von Oppositionsfraktionen genutzt. Die Ausübung der Kontrollrechte bescheren der Opposition größere öffentliche Beachtung: Kleine und Große Anfragen sind Bundestagsdrucksachen. Immer wieder sind sie Gegenstand von Medienberichten. Die Fragen und (mündlichen) Antworten in der Regierungsbefragung und der Fragestunde werden ins Plenarprotokoll aufgenommen. Die Beweisaufnahmen der Untersuchungsausschüsse sind öffentlich und erfahren üblicherweise eine hohe mediale Aufmerksamkeit. Dies gilt vor allem, wenn amtierende oder frühere Regierungsmitglieder im Untersuchungsfokus stehen. Auch abstrakte Normenkontrollverfahren werden in der Öffentlichkeit wahrgenommen, vor allem, wenn sie zur Aufhebung eines Gesetzes führen. Das Recht eines Drittels der Mitglieder des Bundestages, die Einberufung des Bundestages durch den Bundestagspräsidenten zu verlangen (Art. 39 Abs. 3 S. 3 GG) sowie die in einfachen Gesetzen (PUAG, ESM-Finanzierungsgesetz, StabMechG) und der GO-BT (§ 56 Abs. 1 S. 2, § 70 Abs. 1 S. 2 GO-BT) enthaltenen quorengebundenen Minderheitsrechte besitzen eine geringere Wirkung auf die Öffentlichkeit. Sie sind gleichwohl bedeutsam für eine effektive Oppositionsarbeit. Daneben sind das Recht auf freie Meinungsäußerung (Art. 5 Abs. 1 GG), die Versammlungs- und die Vereinigungsfreiheit (Art. 8, 9 GG) sowie die Gründungs- und Betätigungsfreiheit der politischen Parteien (Art. 21 GG) für jede politische Tätigkeit und damit für eine effektive – wenn ggf. auch außerparlamentarische – Oppositionsarbeit bedeutsam.[334] Dasselbe gilt für die über den Bundesrat ausgeübte Opposition der Länder, die von Parteien regiert werden, die nicht an der Bundesregierung beteiligt sind.[335]

465

Typischerweise übt eine parlamentarische Minderheit die Kontrollrechte aus. Sie ist in der Regel mit den Oppositionsfraktionen gleichzusetzen. Eine Ausnahme ist die Minderheitsregierung. Daher hat es sich eingebürgert, die von einem Minderheitsquorum abhängigen Rechte als **parlamentarische Minderheitsrechte** zu bezeichnen.

466

---

332 Vgl. BVerfGE 2, 1 (13); 5, 85 (199); 123, 267 (367).
333 Vgl. BVerfGE 142, 25 (58 ff.).
334 Zutr. *Rossi*, JZ 2016, 1169 (1171); *Ingold*, Das Recht der Oppositionen, 2015, S. 354, 628.
335 Ebd.

Der auch zu findende Begriff „Minderheitenrechte" gemahnt eher an den Schutz ethnischer Minderheiten (z.B. im Wahlrecht) und passt im Parlamentskontext nicht.

467 Auch der Begriff **„Oppositionsrechte"** ist zu finden. Er sollte aber vermieden werden, da **Minderheit und Opposition nicht immer gleichzusetzen sind**. Minderheitsrechte lassen sich nämlich durch jede sich situativ bildende Minderheit ausüben; jeder Abgeordnete besitzt das Recht zu opponieren.[336] So ist es in seltenen Fällen schon vorgekommen, dass auch Abgeordnete des „Regierungslagers" zur Minderheit gehörten – vornehmlich dann, wenn das Parlament über einen ethisch heiklen Sachverhalt wie die Zulassung aktiver Sterbehilfe entscheiden sollte und die verschiedenen Meinungslinien dazu quer durch die Fraktionen verliefen. Ähnliche Fälle werden auch zukünftig immer wieder zu beobachten sein. Ferner existiert in einem Parlament mit mehreren oppositionellen Fraktionen keine homogene Opposition. „Die" Opposition gibt es nicht, sondern oppositionelle Fraktionen und Abgeordnete. Ein Blick auf die Praxis bestätigt das: Oppositionsfraktionen stimmen immer wieder auch Regierungsvorlagen zu, wenn sie in der Sache damit einverstanden sind. Im Parlamentsalltag ist ab und an zu beobachten, dass die Oppositionsfraktionen nicht einig sind und eine von ihnen einem Gesetzentwurf der Regierung zustimmt, die andere ihn hingegen ablehnt. Daher handelt es sich bei den landesverfassungsrechtlichen Bestimmungen, die speziell Oppositionsrechte gewährleisten, verfassungspolitisch um einen Irrweg, der auf keinen Fall auf Bundesebene durch Grundgesetzänderung – wie gelegentlich vorgeschlagen – beschritten werden sollte.

468 Das Wahlergebnis kann für die **Oppositionsfraktionen so ungünstig ausfallen, dass sie nicht genügend Sitze** erhalten, um die Quoren zur Einsetzung eines Untersuchungsausschusses (oder zur Konstituierung des Verteidigungsausschusses als Untersuchungsausschuss), zur Erhebung einer abstrakten Normenkontrollklage oder zum Verlangen der Bundestagseinberufung sowie für die Rechte aus einfachen Gesetzen oder der GO-BT zu erfüllen. Eine solche Situation gab es in der Bundesrepublik zweimal. Zum ersten Mal trat sie mit der Bildung der ersten Großen Koalition von 1966-69 ein. Damals besaß die FDP als alleinige Oppositionspartei weniger als zehn Prozent der Sitze. Zum zweiten Mal ergab sie sich nach der Wahl zum 18. Bundestag im Jahr 2013.[337]

469 **Lösung Fall 18: Sehr große Koalition (Rn. 462)**

Der Antrag hat keinen Erfolg. Das Grundgesetz enthält zwar einen durch die Rechtsprechung des Gerichts konkretisierten allgemeinen verfassungsrechtlichen Grundsatz effektiver Opposition. Aber die Verfassung kennt keine spezifischen Oppositionsrechte. Sie kennt nur sondern parlamentarische Kontrollrechte und weitere, das Verfahren beeinflussende Minderheitsrechte, die allen Fraktionen bzw. Abgeordneten des Bundestages gleichermaßen zustehen. Eine Pflicht des Gesetzgebers (d.h. der Parlamentsmehrheit), die im Grundgesetz oder einfachgesetzlich festgeschriebenen Quoren zu verändern, besteht nicht.

Der Fall ist an die Situation in der 18. Wahlperiode des Bundestages (2013-17) angelehnt. Der Bundestag hatte mit § 126a GO-BT die Quoren zur Geltendmachung bestimmter Minderheitsrechte gesenkt. Das BVerfG, das Anträge der Fraktion DIE LINKE., soweit sie

---

336 Vgl. BVerfGE 142, 25 (57, 62).
337 Ausf. zum Ganzen *Gelze*, Das Parlament der (qualifizierten) Großen Koalitiom, 2019.

überhaupt zulässig waren, mit Urteil vom 3.5.2016 zurückwies, ließ zu Recht durchblicken, dass es Regelungen über Minderheitsrechte in Ausschüssen, die nach § 126a Abs. 1 Nr. 2 und Nr. 7-10 GO-BT nur den nicht die Regierung tragenden Fraktionen zustanden, als Verstoß gegen die Gleichheit aller Abgeordneten und Fraktionen für verfassungswidrig hielt.[338] Eine implizite Kritik[339] an § 126a Abs. 1 Nr. 1 GO-BT enthält auch der Beschluss des BVerfG vom 13.10.2016. Er stellt klar, dass eine Minderheit im Untersuchungsausschuss nicht im Organstreitverfahren antragsbefugt ist, wenn sie nicht von einer qualifizierten Einsetzungsminderheit i.S.d. Art. 44 Abs. 1 GG getragen wird.[340] § 126a GO-BT ist mit dem Beginn der 19. Wahlperiode am 24.10.2017 außer Kraft getreten.

Eine grundlegende Frage thematisierte das BVerfG nicht: Durfte sich der Bundestag durch seine Geschäftsordnung selbst dahingehend binden, dass er einer Minderheit (wie durch § 126 a.F. GO-BT) gestattete, bestimmte Rechte entgegen dem Verfassungswortlaut auszuüben? Die Frage ist zu verneinen. Eine Selbstbindung des Bundestages scheidet immer dort aus, wo sie dem Verfassungsrecht zuwiderläuft. Dies war bei Nr. 1-4 des § 126a Abs. 1 GO-BT der Fall. Eine Absenkung der Quoren durch den Geschäftsordnungsgeber ist unzulässig.[341] Nr. 1, 2, 7-10 des § 126a Abs. 1 a.F. GO-BT waren verfassungswidrig, weil sie – entgegen dem Grundsatz formaler Gleichbehandlung – die Abgeordneten der nicht die Bundesregierung tragenden Fraktionen bei der Ausübung bestimmter Rechte bevorzugten.[342] Die verfassungswidrigen Vorschriften ließen sich auch nicht als bloße Absichtserklärungen der Mehrheitsfraktionen „retten".[343] Politische Absichten in der GO-BT zu verankern, ist nicht nur ungewöhnlich. Es ist auch sinnlos, weil die Absichtserklärung rechtlich folgenlos bleibt und ihr Bruch nicht sanktionierbar und nicht nicht justiziabel ist. Bindungswirkung besaß allein die verfassungsgemäße Nr. 11 des § 126a Abs. 1 a.F. GO-BT. Sie wich zulässig von § 56 GO-BT ab.

Interfraktionell darf vereinbart werden, den Oppositionsfraktionen gemäß § 35 Abs. 1 GO-BT **mehr Redezeit im Plenum** zuzubilligen, als ihnen nach dem Fraktionsproporz zusteht. Ferner ist es zulässig, den **Oppositionszuschlag** von 10 auf 15 Prozent je Fraktionsmitglied zu **erhöhen**.[344] **470**

VIII. Parlamentsverwaltung

1. Aufgaben

Das Grundgesetz erwähnt die Bundestagsverwaltung bzw. die Parlamentsbediensteten – anders als einige Landesverfassungen (vgl. z.B. Art. 41 Abs. 5 S. 3 BerlVerf; Art. 69 Abs. 4 S. 2 BbgVerf) – nicht. Die parlamentseigene, von der Regierungsbüro- **471**

---

338 Vgl. BVerfGE 142, 25 (60).

339 Vgl. *Cancik*, ZParl. 48 (2017), 516 (520).

340 Vgl. BVerfGE 143, 101 (128 f.).

341 Vgl. zum Enquêterecht BVerfG, ebd.; BGH, NVwZ 2017, 651 (655); a.A. *Cancik*, NVwZ 2014, 18 (22); *Waack*, in: MSW, § 33 Rn. 83.

342 Vgl. zu § 126a Abs. 1 Nr. 1 S. 2 a.F. GO-BT *Ingold*, Das Recht der Oppositionen, 2015, S. 625 f.; *ders.*, ZRP 2016, 143 (144); diff. zu § 126a a.F. GO-BT *Cancik*, ZParl. 48 (2017), 516 (530).

343 So aber für den gesamten § 126a Abs. 1 GO-BT *Ritzel/Bücker/Schreiner*, § 126a Anm. 1; für § 126a Abs. 1 Nr. 1-8 GO-BT; für das Enquêterecht *Gärditz*, in: Waldhoff/Gärditz, § 2 Rn. 32; *Glauben*, NVwZ 2017, 129 (130).

344 Vgl. *Hölscheidt*, ZG 2015, 246 (254 f., 257); s. für die 18. Wahlperiode BT-Drs. 18/481, S. 5; 18/997, S. 8.

kratie unabhängige Verwaltung ist Ausdruck der Organisationsautonomie, die wiederum ein Teil der Parlamentsautonomie ist.[345] Die Bundestagsverwaltung handelt in Vertretung des Bundestagspräsidenten. Als Amtchef fungiert der Direktor beim Deutschen Bundestag im Range eines Staatssekretärs. Die Bundestagsverwaltung übernimmt zum einen Hilfsdienste für das Parlament und die Abgeordneten und nimmt zum anderen „klassische" hoheitliche Verwaltungsaufgaben wahr. Zu den **Hilfsdiensten** gehören die Organisation der Plenar-, Ausschuss- und Gremiensitzungen, der Stenografische Dienst, die Liegenschaftsverwaltung (Bau, Haustechnik etc., Bereitstellung von Büros), die Informations- und Kommunikationstechnik, der Fahrdienst, der Sprachendienst, die Parlamentsärztin, die Öffentlichkeitsarbeit, die Bibliothek und der Wissenschaftliche Dienst. Der Bereich des **Gesetzesvollzugs** umfasst neben der Personalverwaltung die finanziellen und sächlichen Leistungen an Abgeordnete, ehemalige Abgeordnete und Hinterbliebene sowie die Parteienfinanzierung. Auf diesem Feld erlässt der Bundestagspräsident (durch die Bundestagsverwaltung) auch Verwaltungsakte. Eine Sonderstellung nimmt die **Dienststelle des Wehrbeauftragten** ein, die gleichwohl mit Beschäftigten der Bundestagsverwaltung besetzt ist. Die Bundestagsverwaltung ist wie alle deutschen Parlamentsverwaltungen kein politischer Akteur und hat sich parteipolitisch neutral zu verhalten.

472 Von den Beschäftigten der Bundestagsverwaltung (Beamten und Tarifbeschäftigten des Öffentlichen Dienstes) sind die **Angestellten der Fraktionsverwaltungen** und die **Abgeordnetenmitarbeiter** zu unterscheiden. Anders als die Beamten des Bundestages sind die Fraktionsangestellten und die Abgeordnetenmitarbeiter privatrechtlich angestellt und nicht Teil des Öffentlichen Dienstes. Allerdings finden sich unter den Fraktionsangestellten einige sonderbeurlaubte Beschäftigte aus dem Öffentlichen Dienst (§ 22 SUrlV, § 28 TVöD). Vor allem Ministerialbeamte sind wegen ihres Fachverstands gesuchte Mitarbeiter. Bspw. beschäftigten die Fraktionen in ihren fachpolitischen Arbeitsgruppen zur Innenpolitik oftmals Beamte aus dem BMI.

2. Informationsansprüche gegen das Parlament

473 In jüngerer Zeit hat die Problematik von **Informationsansprüchen gegen das Parlament** an Bedeutung gewonnen. Der verwaltungskulturelle Paradigmenwechsel von der traditionellen Arkanmaxime zur Akten- und Verwaltungsöffentlichkeit[346] führt in seinen Auswirkungen auf den Deutschen Bundestag, konkret auf die Parlamentsverwaltung, zu bisher ungelösten Brüchen und Widersprüchen. Die einschlägige Rechtsprechung des Bundesverwaltungsgerichts[347] hat dabei weder die Funktionstüchtigkeit des Parlaments als solchem, noch die aus dem Grundsatz der Freiheit des Mandats folgenden Restriktionen richtig gewichtet, indem sie die **Besonderheiten der Bundestagsverwaltung** ignoriert hat. Aus verwaltungsrechtlicher (und verwaltungsrichterlicher) Perspektive scheinen entsprechende, die Arbeit von Abgeordneten und Parlament sichernde Freiräume nur schwer erträglich zu sein.[348] Die neue Transpa-

---

345   Vgl. etwa *Brocker*, in: MSW, § 34 Rn. 8.
346   Allgemein dazu etwa *Rossi*, in: Ehlers/Fehling/Pünder, Besonderes Verwaltungsrecht III, 3. Aufl. 2013, § 63 Rn. 5 ff.
347   BVerwG NJW 2015, 3528.
348   Ausf. *Rhein*, Informationsansprüche gegen Parlamente, 2020; ferner *Rossi*, DÖV 2013, 205; *Hölscheidt*, in: Informationsfreiheit und Informationsrecht Jahrbuch 2013, S. 63; *Waldhoff*, JuS 2016, 283; *Risse*, JZ 2018, 71 (72 f.); grds. a.A. *Schoch*, NVwZ 2015, 1.

renz hinsichtlich der Tätigkeit der Wissenschaftlichen Dienste des Deutschen Bundestages hat in problematischer Weise zu einer signifikanten Behinderung dieser wichtigen parlamentarischen Hilfsfunktion geführt.[349]

Leitentscheidungen: BVerfGE 10, 4 (Redezeiturteil); 44, 308 (Beschlussfähigkeit); 108, 251 (Durchsuchung im Bundestag); 142, 25 (Oppositionsrechte); 143, 101 (Minderheit im Untersuchungsausschuss).

Literatur zu § 6: *Austermann*, Grundfälle zum Geschäftsordnungsrecht, JuS 2018, 760; *Berntzen*, Rechtliche Stellung des Vorsitzenden eines parlamentarischen Ausschusses, ZParl. 8 (1977), 36; *Blum*, Leitungsorgane, in: MSW, § 21; *Borowy*, Parlamentarisches Ordnungsgeld und Sitzungsausschluss, ZParl. 43 (2012), 635; *Cancik*, „Effektive Opposition" im Parlament – eine ausgefallene Debatte?, ZParl. 48 (2017), 516; *Daniels*, Sitzungsausschluss und Ordnungsgeld, 2017; *Edinger*, Wahl und Besetzung parlamentarischer Gremien, 1991; *Friehe*, Extragesetzliche Parlamentspolizei?, DÖV 2016, 521; *Fuchs*, Zur Verfassungsmäßigkeit des Hauptausschusses des Deutschen Bundestages, DVBl. 2014, 886; *Geis*, Parlamentsausschüsse, in: HStR III, § 54; *Gelze*, Das Parlament der (qualifizierten) Großen Koalition, 2019; *Glauben/ Breitbach*, Abgeordnetenstatus versus Disziplinargewalt der Parlamentspräsidien, DÖV 2018, 855; *Grigoleit/Kersten*, Der Ausschußvorsitz als parlamentarisches Amt, DÖV 2001, 363; *Günther,* Hausrecht und Polizeigewalt des Parlamentspräsidenten, 2013; *Herzog* (Hrsg.), „Oder gilt das nur in Demokratien?", 2012; *Heynckes*, Zwischen Tradition und Moderne. Die Ausschusseinsetzung des Deutschen Bundestages in der 19. Wahlperiode, ZParl. 50 (2019), 351; *Huber*, Regierung und Opposition, in: HStR III, § 47; *Ingold*, Das Recht der Oppositionen, 2015; *Ingold/Lenski*, Ordnungsgeld und Sitzungsausschluss als Ordnungsmaßnahmen gegen Bundestagsabgeordnete, JZ 2012, 120; *Jacobs*, Die Wahrung der parlamentarischen Ordnung. Ordnungsmaßnahmen des Parlamentspräsidenten im Deutschen Bundestag und in den Landtagen, DÖV 2016, 563; *Kämmerer*, Deutschland auf dem Weg zur „Lame Duck Democracy"? – Eine kleine Systemkritik, NVwZ 2014, 29; *Kaiser*, Mehrheitserfordernisse im Staatsrecht, JuS 2017, 221; *Köhler*, Die Polizeigewalt des Parlamentspräsidenten im deutschen Staatsrecht, DVBl. 1992, 1577; *Köhler*, Die Rechtsstellung der Parlamentspräsidenten in den Ländern der Bundesrepublik Deutschland und ihre Aufgaben im parlamentarischen Geschäftsgang, 2000; *Koschmieder*, Verfassungsrechtliche Bedenken gegen die Einsetzung eines „Hauptausschusses" im Bundestag, NVwZ 2014, 85; *Kuhn*, Der Verfassungsgrundsatz effektiver parlamentarischer Opposition, 2019; *Morlok/Hientzsch*, Das Parlament als Zentralorgan der Demokratie, JuS 2011, 1; *Pfengler*, Plenarvorbehalt und Delegation, 2020; *Queng*, Das Zutritts- und Rederecht nach Art 43 II GG, JuS 1998, 610; *Ramm*, Die Polizeigewalt des Bundestagspräsidenten, NVwZ 2010, 1461; *Rhein*, Informationsansprüche gegen Parlamente, 2019; *Schneider*, Die parlamentarische Opposition im Verfassungsrecht der Bundesrepublik Deutschland, 1974; *C. Schönberger/S. Schönberger*, Die AfD im Bundestag. Zum rechtlichen Umgang mit einem parlamentarischen Neuling, JZ 2018, 105; *Schürmann*, Plenardebatte; in: MSW, § 20; *Schwarz*, Unkontrollierbare Regierung – Die Rechte der Opposition bei der Bildung einer Großen Koalition im Deutschen Bundestag, ZRP 2013, 226; *Starski*, Die „Große Koalition" als Problem des Verfassungsrechts, DÖV 2016, 750; *Versteyl*, Der Bundestagspräsident und die parlamentarische Disziplinargewalt, NJW 1983, 379; *Wilrich*, Der Bundestagspräsident, DÖV 2002, 152.

---

349 *Risse*, JZ 2018, 71 (73).

§ 7 Handlungsformen des Parlaments

▶ **Literatur:** *Degenhart*, Staatsrecht I, § 3; § 9 Rn. 760–777.

474 Das Parlament entscheidet **Personalfragen** durch Wahl und **Sachfragen** durch den Gesetzesbeschluss sowie andere Beschlussarten. Weitere Handlungsformen des Parlaments sind die Plenardebatte (Aussprache) und die Mittel der Informationsbeschaffung (große und kleine Anfrage, Frage in der Fragestunde oder Regierungsbefragung, Anhörung).[1] Jedem Beschluss geht üblicherweise eine Aussprache voraus. Ausnahmen sind möglich.

I. Parlamentsgesetz

475 Das Gesetz ist die Äußerung des Staatswillens, die Vorrang gegenüber allen übrigen Rechtsakten besitzt.[2] Das Gesetz ist allgemeinverbindlich. In der Regel wendet es sich an den Bürger, an die Judikative und an die Exekutive. Ausnahmsweise sind Staatsorgane oder deren Teile der Adressat (so z.B. beim AbgG und beim ParlBG).

II. Beschluss

476 Außerhalb des Gesetzesbeschlusses (Art. 77 Abs. 1 GG) kennen Parlamentsrecht und Parlamentspraxis noch weitere Beschlussarten. Zum Teil werden sie alle unter den Begriff **„schlichter Parlamentsbeschluss"** gefasst. Das ist sinnvoll, weil auch die Verfassung nicht differenziert. Art. 42 Abs. 2 GG unterscheidet – hinsichtlich der Mehrheitsanforderungen – nur zwischen Beschlüssen und Wahlen des Bundestages.

477 Zum besseren Verständnis der Bandbreite parlamentarischen Handelns ist es zweckmäßig, zwischen **rechtlich bindenden** („echten") und **nicht rechtlich bindenden** („schlichten") Parlamentsbeschlüssen zu unterscheiden.[3]

Bindende Parlamentsbeschlüsse sind z.B.:

- der Gesetzesbeschluss (Art. 77 Abs. 1 GG),
- die Zustimmung zu Auslandseinsätzen der Bundeswehr (§ 1 Abs. 2 ParlBG),
- der Erlass (und die Änderung) der Geschäftsordnung (Art. 40 Abs. 1 S. 2 GG),
- die Entscheidung über einen Wahleinspruch (Art. 41 Abs. 1 GG),
- die Zitierung von Regierungsmitgliedern (Art. 43 Abs. 1 GG),
- die Einsetzung eines Untersuchungsausschusses (Art. 44 Abs. 1 S. 1 GG),
- die Entscheidung über einen Antrag auf Aufhebung der Immunität (Art. 46 Abs. 2, 3 GG),
- die Zurückweisung eines Einspruchs des Bundesrates gegen ein Gesetz (Art. 77 Abs. 4 GG),
- die Feststellung des Verteidigungsfalls (Art. 115a Abs. 1 GG).

---

1 Vgl. *Luch*, in: MSW, § 10 Rn. 63 f., 66.
2 Vgl. *Luch*, in: MSW, § 10 Rn. 6.
3 Ebenso *Kluth*, in: SBHH, Art. 40 Rn. 31 f.; *Luch*, in: MSW, § 10 Rn. 13.

Nicht rechtlich bindende ("einfache" oder "schlichte") Parlamentsbeschlüsse sind alle **478** Meinungskundgaben des Bundestages[4] (z.B. Entschließungsanträge ["Resolutionen"], Missfallensbekundungen). Sie haben nur politisch Bedeutung.

III. Wahlen

Das Gesetz und der Beschluss sind Sachentscheidungen. Die Wahl ist hingegen eine **479** Personalentscheidung des Parlaments. Das Grundgesetz, die einfachen Gesetze und die GO-BT übertragen dem Bundestag eine Reihe von Wahlen. Er wählt den Bundeskanzler, verschiedene Amtsträger des Bundes (die Hälfte der Richter des BVerfG, Präsident und Vizepräsident des Bundesrechnungshofs) und eigene Amtsträger (Präsident, Vizepräsidenten, Schriftführer) sowie seine "Hilfsorgane" Wehrbeauftragter und PKGr. Die Wahl erfolgt mit relativer Mehrheit, zum Teil hat sie auch mit der Mehrheit der Mitglieder (Art. 121 GG) zu geschehen.

Leitentscheidungen: BVerfGE 44, 308 (Beschlussfähigkeit).

Literatur zu § 7: *Butzer*, Der Bereich des schlichten Parlamentsbeschlusses, AöR 119 (1994), 61; *Holter*, Völkermord im Parlament. Der schlichte Parlamentsbeschluss des Deutschen Bundestages zur Anerkennung des Völkermords an den Armeniern als Problem zwischen Verfassung und Politik, 2020; *Luch*, Handlungsformen, in: MSW § 10; *Sester*, Der Parlamentsbeschluss, 2007; *Steiger*, Kreationsaufgaben und Wahlverfahren, in: SZ § 26.

§ 8 Funktionen des Parlaments

▸ **Literatur:** *Degenhart*, Staatsrecht I, § 7 Rn. 634.

Die Bundesrepublik Deutschland ist eine parlamentarische Demokratie. Das Volk ist **480** der Träger der Staatsgewalt. Alle Staatsgewalt geht von ihm aus (**Volkssouveränität**, Art. 20 Abs. 2 S. 2 GG). Das Volk kann die Staatsgewalt aber nur in gewissen Maßen selbst ausüben. Es kann nicht in toto über jedes Detail der Gesetzgebung, jeden Rechtsfall und jede Verwaltungsangelegenheit befinden. Nach dem Grundgesetz übt das Volk die Staatsgewalt durch Wahlen (von Personen sowie Abstimmungen nach Art. 29, 118a GG) aus; die Aufgaben der Legislative, Judikative und Exekutive – also die Entscheidung über Sachfragen[1] – nehmen **besondere Organe** wahr, die aber über eine ununterbrochene **Legitimationskette**[2] auf die Volkswahl zurückzuführen sind (Art. 20 Abs. 2 S. 2 GG). Zwischen "Volk und staatlicher Herrschaft" besteht ein "Zurechnungszusammenhang".[3]

---

4 Vgl. *Ipsen*, Rn. 218; ausf. Analyse am Beispiel der Armenienresolution des Bundestages bei *Holter*, Völkermord im Parlament, 2020.

1 Vgl. *Morlok/Hientzsch*, JuS 2011, 1.
2 Vgl. BVerfGE 137, 185 (232); 139, 194 (225); 146, 1 (40).
3 BVerfGE 83, 60 (71 f.); 137, 185 (232); 139, 194 (224).

481   Der Bundestag ist das „Herz der Demokratie", der „Mittelpunkt des staatlichen Willensbildungs- und Entscheidungsprozesses".[4] Er allein wird direkt vom Volk gewählt und ist damit das oberste Verfassungsorgan. Die Unabhängige Kommission zu Fragen des Abgeordnetenrechts hat Stellung des Bundestages im Verfassungsgefüge wie folgt beschrieben:

> *„ [...] der Bundestag [besitzt] eine keinem anderen Verfassungsorgan entsprechende, rechtlich und tatsächlich herausgehobene Stellung innerhalb des Verfassungsgefüges [...]. Das Grundgesetz hat den Bundestag als das zentrale Forum der politischen Auseinandersetzung und Willensbildung konzipiert. Ihm obliegt es aber ebenso, das operative Geschäft der Politik selbstständig zu betreiben und an ihm mitzuwirken. Aus dieser Funktionenbeschreibung lässt sich als Gesamtaufgabe des Parlaments und der Abgeordneten fassen, Legitimität durch Repräsentation zu erzeugen.[5] Denn die – höchst anspruchsvolle – Funktion, die das Parlament von allen Interessenvertretungen unterscheidet, ist die Repräsentation. "[6]*

482   Die Bedingungen für einen funktionierenden Parlamentarismus sind: Meinungsvielfalt, mindestens zwei konkurrierende Parteien (legale Opposition), freie Wahlen, Möglichkeit eines gewaltfreien Machtwechsels, unabhängige Abgeordnete und freie Mehrheitsbildung. Sie sind in der Bundesrepublik Deutschland unter dem Grundgesetz seit mehr als 70 Jahren gewahrt.

483   Der Bundestag hat **vielfältige Aufgaben**. Sie lassen sich verschiedenen Aufgabenbereichen – in Anlehnung an *Walter Bagehot*[7] **„Funktionen"** genannt – zuordnen.[8] Der Bundestag wählt den Bundeskanzler und Inhaber anderer Staatsämter (Wahl- oder **Kreationsfunktion**), er kontrolliert die Bundesregierung (und ihre nachgeordneten Behörden, **Kontrollfunktion**), er erlässt im Zusammenspiel mit anderen Staatsorganen Gesetze **(Gesetzgebungsfunktion)**, er repräsentiert das Volk **(Repräsentationsfunktion)** und nimmt an der „Gesamtleitung" des Staates in Angelegenheiten der EU und der NATO sowie beim Streitkräfteeinsatz teil **(„Gesamtleitungsfunktion")**.

484   Die genannten Funktionen überwölbt die **Öffentlichkeitsfunktion des Bundestages**. Demokratie als die „Staatsform der Öffentlichkeit"[9] fordert für das parlamentarische Verfahren grundsätzlich Öffentlichkeit. Diese Öffentlichkeitsfunktion kommt in Art. 42 Abs. 1 S. 1 GG nur unzureichend zum Ausdruck, geht über das dort Normierte hinaus.[10] Gleichwohl sind nichtöffentliche Ausschussberatungen in einem Arbeits-

---

4 *Dreier*, JZ 1990, 310.
5 Vgl. *Schüttemeyer*, Fraktionen im Deutschen Bundestag, 1998, S. 23.
6 BT-Drs. 17/12500, S. 14.
7 Vgl. *Bagehot*, The English Constitution, 2nd Edition, 1873 (deutsch: *Streifthau* (Hrsg.), Walter Bagehot. Die englische Verfassung, 1971, S. 136 ff.); grundlegend zur Funktionenlehre auch *Thaysen*, Parlamentarisches Regierungssystem in der Bundesrepublik Deutschland, 2. Aufl. 1976, S. 13, 17 ff.
8 Es existieren mehrere „Funktionskataloge", s. hierzu *Marschall*, S. 120 ff. Wie hier *Schmahl*, in: Austermann/Schmahl, Vor § 1 Rn. 5 ff.; zur Wahl- und Repräsentationsfunktion im Einzelnen *Ipsen*, Rn. 201 ff., 246 ff.
9 Für eine differenzierte Haltung *Meinel*, Selbstorganisation, S. 239.
10 *Kißler*, Die Öffentlichkeitsfunktion des Deutschen Bundestages, 1976; *Bröhmer*, Transparenz als Verfassungsprinzip, 2004, S. 97 ff. *Weiß*, Theorie der Parlamentsöffentlichkeit, 2010; *Klipper*, Die Öffentlichkeitsfunktion des Deutschen Bundestages angesichts der neueren Parlamentspraxis, 2018; zur Öffentlichkeitsfunktion des Europäischen Parlaments *Dialer/Maurer/Richter*, Handbuch Europäisches Parlament, 2015, S. 341 ff.

parlament prinzipiell hinzunehmen, soll die Funktion parlamentarischer Ausschüsse nicht durch Verlagerung in Arkanzonen erschwert oder unmöglich werden.[11] Parlamentarische Entscheidungsfindung ist stets auf Kompromisse angewiesen und Kompromisse können kaum öffentlich ausgehandelt werden. „Öffentlichkeit des Beratungs- und Entscheidungsprozesses ist kein Absolutum, sondern ein dem demokratischen Prinzip dienendes Prinzip."[12]

Das **Einwirken organisierter Interessen** auf die parlamentarische Willensbildung ist keine pathologische Erscheinung, sondern der Normfall im funktionierenden Parlamentarismus.[13] Sie wird in unterschiedlichen Zeiten unter unterschiedlichen Schlagwörtern diskutiert, früher meist als „Verbändeeinfluss".[14] Die oftmals einseitig-negative Konnotation von **„Lobbyismus"** in Deutschland, zeugt eher von antipluralistischen Affekten, denn von einem vertieften Verständnis parlamentarischer Repräsentation.[15] Lobbyistischer Einfluss von Umweltgruppen ist in der Gegenwart keinesfalls defizitär, womöglich sogar wirkmächtiger im Vergleich zum überkommenen Wirtschaftslobbyismus. Lobbyarbeit dient auch der Information der Parlamentarier. Sie fördert damit die für gelingende Repräsentation notwendige Rückkopplung an die gesellschaftliche Sphäre. Auch hier zeigen sich Grenzen einer möglichen Verrechtlichung. Lobbyregister wie sie etwa in den USA oder auf EU-Ebene[16] vorgeschrieben sind, bleiben in ihrer Wirkkraft begrenzt und werden tendenziell überschätzt.[17]   **485**

Parlamentarische Öffentlichkeit kann in der Gegenwart nur **medial vermittelt** funktionieren. Die Plenardebatte ist dabei regelmäßig nicht Forum parlamentarischer Kompromissfindung, sondern eher Medium der Unterrichtung der Öffentlichkeit. Die Zuschauertribüne im Deutschen Bundestag und in den Landtagen sind zwar verfassungsrechtlich nach wie vor zwingend.[18] Die Herstellung von Öffentlichkeit in einem substanziellen Sinn erfordert jedoch vermittelnde **Berichterstattung in den Massenmedien**. Kommentarlose Liveübertragungen von Parlamentsdebatten können Defizite in den redaktionell aufbereitenden Massenmedien dabei kaum kompensieren. Zur politischen Willensbildung breiterer Bevölkerungskreise gehört die journalistische Vermittlung und auch Wertung. Hier wird die Tatsache deutlich, dass das Öffentlichkeitsprinzip neben der Angebots- auch eine Nachfrageseite besitzt.[19] Versuche, die Öffentlichkeitswirkung des Bundestages durch neue parlamentarische Formate zu steigern, waren bisher von zweifelhaftem Erfolg.[20] Insgesamt erscheint die **schwin-**   **486**

---

11 *Meinel*, Selbstorganisation, S. 322 ff.; a.A. etwa *Pünder*, VVDStRL 72 (2013), S. 191 (241 f.).
12 *Kriele*, VVDStRL 29 (1971), S. 46 (67).
13 *Mößle*, Regierungsfunktionen des Parlaments, 1985, S. 17.
14 *Steinberg*, in: SZ, § 7.
15 Vgl. etwa *Piechaczek*, Lobbyismus im Deutschen Bundestag, 2014.
16 Vgl. *Dialer/Maurer/Richter*, Handbuch zum Europäischen Parlament, 2015, S. 347 ff.
17 Vgl. etwa *Pünder*, VVDStRL 72 (2013), S. 191 (235 ff.); diff. *Cancik*, VVDStRL 72 (2013), S. 268 (307 ff.).
18 Praxisferne Anforderungen insofern bei *Klipper*, Die Öffentlichkeitsfunktion des Deutschen Bundestages angesichts der neueren Parlamentspraxis, 2018, S. 118 ff.
19 *Mößle*, Regierungsfunktionen des Parlaments, 1985, S. 150.
20 Krit. zu einem misslungenen Versuch *von Achenbach*, Der Staat 58 (2019), 325; diff. *Schönberger*, in: FS Morlok, 2019, S. 173.

dende kommunikative Bedeutung der Plenardebatte** als Problem.[21] Jede **Flucht aus dem Plenum** stellt auch ein Problem parlamentarischer Öffentlichkeit dar.

487 Es besteht ein letztlich nur bedingt auflösbarer Gegensatz zwischen der Öffentlichkeitsfunktion des Deutschen Bundestages und den Erfordernissen für **Geheimschutz**. Dies scheint prototypisch in der **parlamentarischen Kontrolle der Nachrichtendienste** auf.[22] Wird parlamentarische Kontrolle aus einer Minderheitsposition initiiert, wie dies vorzugsweise – aber nicht nur – bei Untersuchungsausschüssen der Fall ist, verwirklicht sie sich über die Herstellung von Öffentlichkeit. Für verbindliche Entscheidungen in der Sache fehlt der Minderheit die Durchsetzungsmacht, nämlich die Mehrheit. Im Regelfall gewinnt parlamentarische Kontrolle erst durch die Veröffentlichung bekannt gewordener Missstände Wirkung. Das gilt für parlamentarische Untersuchungsausschüsse genauso wie für die Arbeit der Rechnungshöfe als Hilfsorgane des Parlaments, für die Kontrolle von Nachrichtendiensten jedoch nur modifiziert.[23] In der parlamentarischen Praxis regelt die als Anlage 3 zur GO-BT ergangene **Geheimschutzordnung** auf Ebene der Geschäftsordnung die daraus folgenden konkreten Konsequenzen. Das Regime der parlamentarischen Kontrolle der Nachrichtendienste hat eine eigenständige Regelung erfahren.

Literatur zu § 8: *Hofmann*, Repräsentation, 3. Aufl. 1998; *Klein*, Die Funktion des Parlaments im politischen Prozeß, ZG 1997, 209; *ders.*, Stellung und Aufgaben des Bundestages, in: HStR III, § 50; *Kißler*, Parlamentsöffentlichkeit: Transparenz und Artikulation, in: SZ § 36; *Mößle*, Regierungsfunktionen des Parlaments, 1985; *Morlok*, Volksvertretung als Grundaufgabe, in: MSW § 3; *Patzelt* (Hrsg.), Parlamente und ihre Funktionen, 2003; *Piechaczek*, Lobbyismus im Deutschen Bundestag, 2014; *Schliesky*, Parlamentsfunktionen, in: MSW § 5; *Steiger*, Kreationsaufgaben und Wahlverfahren, in: SZ § 26; *Steinberg*, Einwirkung organisierter Interessen, in: SZ § 7.

§ 9 Gesetzgebung durch das Parlament

▶ **Literatur:** *Degenhart*, Staatsrecht I, § 3, 8, 10 Rn. 806–814; *Hillgruber/Goos*, Verfassungsprozessrecht, §§ 4, 6, 7.

488 **Fall 19: Gesetzentwurf einer Handvoll**

Die Abgeordneten A, B und C haben einen Gesetzentwurf erstellt. Sie senden ihn an den Bundestagspräsidenten und die Fraktionen und bitten diese, den Entwurf auf die Tagesordnung der Plenarsitzung zu setzen. Der Bundestagspräsident und die Fraktionen verweigern dieses Ansinnen. Ist das rechtlich korrekt? **Lösung Rn. 501**

---

21 *Schönberger*, JZ 2016, 486 (490); zu der neuen Möglichkeit der „Rede zu Protokoll" *Kornmeier*, DÖV 2010, 676; *Bauer*, Der Staat 49 (2010), 587.
22 *Meinel*, Selbstorganisation, S. 236.
23 Zur Rechtslage und Praxis *Risse*, in: Bitburger Gespräche 2018, 2019, S. 77.

Fall 20: Eilverfahren	**489**

Die Bundesregierung hat einen Gesetzentwurf in den Bundestag eingebracht, den sie für sehr dringend hält. Mit der Mehrheit der Regierungsfraktionen beschließt der Bundestag gegen die Stimmen der Oppositionsfraktionen, auf eine Ausschussüberweisung zu verzichten und über den Gesetzentwurf nach einer Aussprache abschließend zu entscheiden. Ist das rechtlich zulässig? **Lösung Rn. 521**

Die Gesetzgebung ist die **zentrale Funktion des Parlaments**, da die Legislative die **490** beiden anderen Staatsgewalten Judikative und Exekutive durch die Gesetze bindet (Vorrang des Gesetzes, Art. 20 Abs. 3 GG).[1] An der Gesetzgebung auf Bundesebene sind weitere Staatsorgane beteiligt: der Bundesrat, die Bundesregierung und der Bundespräsident. Das Gegenstück zur **parlamentarischen, repräsentativen Gesetzgebung** ist die Volksgesetzgebung durch einen Volksentscheid.[2] Einen Volksentscheid ist auf Bundesebene nur zur Neugliederung des Bundesgebietes (Art. 29) oder über eine Zusammenlegung der Länder Berlin und Brandenburg (Art. 118a GG) zulässig.

I. Entstehung eines Gesetzentwurfs

Ein Gesetzentwurf fällt nicht „vom Himmel". Ihm gehen politische Ziele und Pläne **491** voraus. Nimmt man die Gesetzentwürfe, die Vorgaben des Unionsrechts in nationales Recht umsetzen sollen, aus, wird der Inhalt der Entwürfe von den Parteien bestimmt. Sie beschließen auf Parteitagen oder in anderen Parteigremien, welche Absichten sie verfolgen wollen und wie ihre Ziele erreicht werden sollen. Soll der Sozialstaat aus- oder abgebaut werden? Sollen Steuern erhöht oder gesenkt werden? Hinter den Einzelzielen stehen zumeist die Grundüberzeugungen der Parteien. Stehen Parteien in der Regierungsverantwortung, haben sie in einem Koalitionsvertrag die gemeinsamen politischen Ziele und Gesetzesvorhaben in der Regel bis ins kleinste Detail verabredet. Das ist der Grund, warum Koalitionsverhandlungen – je nachdem wie unterschiedlich die politischen Standpunkte (oder umgekehrt: wie groß die „inhaltlichen Schnittmengen") der Partner sind – in der Regel eine bestimmte Zeit in Anspruch nehmen und nicht unmittelbar nach einer Wahl „losregiert" wird. Nachjustierungen oder die Herangehensweise an neue, im Koalitionsvertrag nicht absehbare Aufgaben werden im Koalitionsausschuss zwischen den wichtigsten Politikern des Bündnisses (Bundeskanzler, Parteivorsitzende, Fraktionsvorsitzende, Minister) abgestimmt.

Jedem **Gesetzentwurf der Regierung** geht ein **Referentenentwurf** voraus. Er wird **492** vom zuständigen Ministerium (Ressort) erstellt und mit den sachlich gleichfalls beteiligten Ministerien abgestimmt. Der aus dieser Ressortabstimmung hervorgegangene Entwurf wird vom Kabinett in der üblicherweise mittwochvormittags stattfindenden **Kabinettssitzung** als Gesetzentwurf der Bundesregierung beschlossen. Er wird dem Bundesrat zugeleitet (Art. 76 Abs. 2 GG).

Gesetzentwürfe des **Bundesrates** stammen aus Landesministerien, Gesetzentwürfe **493** aus der **Mitte des Bundestages** von den Fraktionsmitarbeitern oder – in sehr seltenen

---

1 Vgl. *Schliesky*, in: MSW, § 5 Rn. 45.
2 Vgl. nur *Hartmann/Kamm*, Jura 2014, 283 (284, 293 f.).

Fällen – vom Wissenschaftlichen Dienst des Bundestages. Bundesministerien leisten bei Entwürfen der Regierungsfraktionen häufig „Formulierungshilfe", die zumeist darin besteht, den gesamten Entwurf zu formulieren. Man spricht hier gelegentlich vom **„inneren Gesetzgebungsverfahren"**, das – außer in der Gemeinsamen Geschäftsordnung der Bundesregierung – keine rechtliche Regelung gefunden hat.

494 Zu Gesetzentwürfen – unabhängig von ihrer Herkunft – nehmen **die Parteien und die Fraktionen** koalitionsintern, im Parlament oder in den Medien Stellung. Nachdem das Plenum einen Gesetzentwurf an einen oder mehrere Ausschüsse überwiesen hat, werden in den Fraktionsvorständen, in den Arbeitsgruppen oder Arbeitskreisen und in den Fraktionsversammlungen, zwischen den Fraktionen in den Berichterstattergesprächen und in den Ausschusssitzungen mögliche Änderungen des Entwurfs diskutiert.

495 Auch **Interessenverbände** begleiten die Gesetzgebung intensiv. Sie versuchen, durch Gespräche mit Abgeordneten und durch öffentliche Stellungnahmen als Sachverständige in Anhörungen oder in den Medien Einfluss auf den Inhalt eines Gesetzes zu nehmen.[3] Das ist nicht illegal oder illegitim, sondern Ausdruck der grundgesetzlich geschützten Meinungs- und Koalitionsfreiheit. Kein Gesetzgeber kann alles wissen. Inhaltliche Anstöße und Verbesserungsvorschläge sind durchaus im Sinne einer gemeinwohlorientierten Gesetzgebung. Daher ist es sinnvoll, dass sich Interessenvertreter dann zu Wort melden, wenn sie bestimmte Interessen und Ziele verwirklichen wollen oder gefährdet sehen. Interessenvertretung ist zunächst einmal wertneutral. Doch hat sie unter der Bezeichnung **„Lobbyismus"** in der Öffentlichkeit ein – vorsichtig gesprochen – ausbaufähiges Image. Häufig wird sie mit illegitimer, vor allem finanzieller, Beeinflussung der Abgeordneten gleichgesetzt. Davon abgesehen, dass Abgeordnetenbestechung gemäß § 108e StGB strafbar ist, wären Interessenvertreter schlecht beraten, die versuchen würden, Abgeordnete anders als mit Argumenten zu überzeugen. Sie würden sich sofort jeden Zugang zu politischen Entscheidungsträgern verbauen. In den Verdacht der Korruption will kein Politiker geraten. Interessenvertreter sind im Übrigen keine finanzkräftigen Dunkelmänner. Verbände, die sich für die Belange behinderter Menschen, religiöse oder soziale Anliegen, Kulturprojekte oder den Naturschutz einsetzen, gehören ebenso zu den „Lobbyisten" wie die „Hauptstadtrepräsentanten" großer börsennotierter, sehr auf ihr Image bedachter Konzerne. Ohnehin erschwert die hohe Mitgliederzahl des Bundestages das Lobbying.

II. Initiativrecht (Einbringungsverfahren)

496 Gesetzentwürfe können von der Bundesregierung und dem Bundesrat sowie aus der Mitte des Bundestages eingebracht werden (Art. 76 Abs. 1 GG). Ab der Einbringung wird manchmal vom **„äußeren Gesetzgebungsverfahren"** gesprochen, das im Gegensatz zum „inneren Gesetzgebungsverfahren" rechtlich in Grundgesetz und GO-BT normiert ist.

---

3 Zur Institutionalisierung in vergleichender Perspektive *Hugo*, Vernehmlassung, Anhörung, Konsultation, 2017.

1. Bundesregierung

Mehr als die Hälfte der Initiativen geht von der Bundesregierung aus. Sie ist das „geborene Initiativorgan"[4]. Sie ist organisatorisch und personell mit fast 20.000 Beschäftigten, die im höheren Dienst oftmals **Experten in einem Politik- bzw. Sachbereich** sind, in der Lage, auch umfangreiche und detaillierte Gesetzentwürfe zu erstellen. Sie können die politischen Vorgaben „in Paragraphenform gießen". Zwar haben die Fraktionen Mitarbeiterstäbe, die sich zum Teil aus sonderbeurlaubten Bediensteten der Ministerien oder der nachgeordneten Behörden zusammensetzen. Expertise ist hier durchaus vorhanden. Allerdings besteht schon rein von der Beschäftigtenzahl her ein massives Ungleichgewicht. Bspw. beschäftigen sich jeweils nur wenige Fraktionsmitarbeiter mit den Themen, für die das Bundesministerium des Innern (BMI) oder das Bundesministerium der Finanzen (BMF) zuständig ist. Beide Ressorts haben aber jeweils mehrere Tausend Beschäftigte (im Ministerium und im nachgeordneten Bereich). Die Mitarbeiter eines Fachreferats in einem Ministerium sind häufig zahlreicher als diejenigen einer Fraktionsarbeitsgruppe oder eines Fraktionsarbeitskreises. Die Regierungsentwürfe werden – über mehrere Wahlperioden betrachtet – zu fast 90 Prozent vom Bundestag verabschiedet.[5] Freilich versieht der Bundestag fast jeden Gesetzentwurf im parlamentarischen Verfahren mit Änderungen. Man nennt das im Parlamentsbetrieb nach dem ehemaligen Vorsitzenden der SPD-Bundestagsfraktion *Peter Struck* das **„Struck'sche Gesetz"**: Kein Entwurf verlässt den Bundestag so, wie er hineingekommen ist. Dennoch erteilt der Bundestag den Gesetzentwürfen der Bundesregierung letztlich in den meisten Fällen, wenn auch mit Änderungen, sein Plazet. Die hohe Erfolgsquote der Regierungsinitiativen belegt die enge, für das parlamentarische Regierungssystem typische politische Verbindung zwischen der Bundesregierung und der Bundestagsmehrheit. Nimmt die Zahl erfolgreicher Initiativen ab oder verzichtet die Regierung von sich aus auf bestimmte Entwürfe, um keine parlamentarische „Niederlage" zu erleiden, ist dies ein Indikator für politische Unstimmigkeiten im Regierungslager und unter Umständen für ein baldiges Ende der Koalition.

497

Bei besonderer Eilbedürftigkeit eines Gesetzesprojekts ist es – etwa in der Finanzkrise 2008 – vorgekommen, dass ein Ministerium die Erarbeitung eines Gesetzentwurfs samt Begründung einer fachlich spezialisierten Anwaltskanzlei übertragen hat (sog. **Gesetzgebungsoutsourcing**). Das ist nicht unproblematisch, kann es so doch leicht zu Interessenkonflikten kommen. Wenn sich das jeweilige Ministerium und die einbringende Bundesregierung den Entwurf jedoch politisch „zu eigen" machen und es sich um Notfall- und Ausnahmevorkommnisse handelt, dürften sie verfassungskonform sein.[6]

498

2. Bundesrat

Gesetzentwürfe des Bundesrates spielen eine geringe Rolle. Ihre Zahl lag von der 12.-17. Wahlperiode bei nur ca. 13 Prozent und in der 18. Wahlperiode bei weniger als acht Prozent. Sie waren in weniger als fünf Prozent der Fälle erfolgreich. Initiativen

499

---

4 *Ipsen*, Rn. 224.
5 Vgl. zur 18. Wahlperiode, *Ipsen*, Rn. 223, Rn. 22. Für mehr Einzelheiten und zu früheren Wahlperioden https://www.bundestag.de/dokumente/parlamentsarchiv/datenhandbuch/10/kapitel-10-475948 [zuletzt abgerufen am 7.10.2019].
6 Vgl. zu dem Phänomen *Schwerdtfeger*, Krisengesetzgebung, 2018, S. 41 ff.; *Kloepfer* (Hrsg.), Gesetzgebungsoutsourcing, 2011; *ders., NJW* 2011, 131.

des Bundesrates haben typischerweise dieselbe Funktion wie Gesetzentwürfe der Oppositionsfraktionen: Sie sollen **politische Alternativen zur Regierungspolitik aufzeigen** und Wähler davon überzeugen, die sie unterstützenden Kräfte zu wählen. Daher stammen Gesetzentwürfe des Bundesrates meist von Landesregierungen, die von im Bundestag oppositionellen oder gar nicht vertretenen Parteien gebildet werden und die im Bundesrat eine Mehrheit organisieren können. Dieses Phänomen ist häufig dann zu beobachten, wenn die Parteien, welche die Bundesregierung unterstützen, im Bundesrat keine Mehrheit besitzen.

3. Aus der „Mitte des Bundestages"

500 Gesetzentwürfe aus der Mitte des Bundestages können gemäß § 76 Abs. 1 GO-BT von einer Fraktion oder von fünf Prozent der Abgeordneten eingebracht werden.

501 **Lösung Fall 19: Gesetzentwurf einer Handvoll (Rn. 488)**

Dem Ansinnen der drei Abgeordneten steht § 76 Abs. 1 GO-BT entgegen. Fraglich ist aber, ob die Vorschrift verfassungsgemäß ist. Einige Autoren meinen, § 76 Abs. 1 GO-BT beschränke das Initiativrecht aus Art. 76 Abs. 1 GG in verfassungswidriger Weise. Auch ein Gesetzentwurf einer geringeren Zahl von Abgeordneten als fünf Prozent der Mitglieder stamme „aus der Mitte des Bundestages".[7] Zum Teil wird sogar ein einzelnes Mitglied als initiativberechtigt angesehen.[8] Die Gegenansicht hält § 76 Abs. 1 GO-BT für verfassungsgemäß.[9] Das BVerfG sich zu dieser Frage bisher nicht näher geäußert. Das Gericht hat lediglich festgestellt, dass Art. 76 Abs. 1 GG nicht bestimmt, in welcher Weise Gesetzesvorlagen aus der Mitte des Bundestages beim Bundestag eingebracht werden können, und dass die Verfassung die Form des Gesetzgebungsverfahrens der Geschäftsordnung und der parlamentarischen Praxis überlässt.[10] Nach überzeugender Lesart des Art. 76 Abs. 1 GG ist § 76 Abs. 1 GO-BT verfassungskonform. Fraktionen und fünf Prozent der Mitglieder sind unzweifelhaft Teil des Bundestages. Ihre Gesetzentwürfe entstammen dessen „Mitte". Aus der Aufgabe des Bundestages, Gesetze zu beschließen (Art. 77 Abs. 1 S. 1, Art. 20 Abs. 1 GG) folgt, dass das Parlament seine Aufgabe auch effektiv wahrnehmen können muss. Das Initiativrecht muss entsprechend ausgestaltet sein. Ein Initiativrecht für jeden einzelnen Abgeordneten oder für Abgeordnetengruppen, die weniger als fünf Prozent aller Mitglieder umfassen, könnte dazu führen, den Arbeitsanfall des Plenums und der Ausschüsse zu erhöhen und die Funktionsfähigkeit des Bundestages gefährden.[11] Dafür spricht jedenfalls die allgemeine Lebens- und Parlamentserfahrung. Zwar könnten auch die nach § 76 Abs. 1 GO-BT Initiativberechtigten die ohnehin schon hohe Zahl der Gesetzentwürfe weiter steigern, den Arbeitsanfall signifikant erhöhen und damit die Arbeitsfähigkeit des Bundestages infrage stellen. Nach den bisherigen, jahrzehntelangen Erfahrungen im Bundestag ist ein solches Szenario aber unwahrscheinlich. Überdies beschneidet § 76 Abs. 1 GO-BT, wenn man ihn als abschließende Regelung des Initiativrechts ansieht, kleineren Abgeordnetengruppen oder einzelnen Abgeordneten nicht deren politische Wirksamkeit. Gesetzesbeschlüsse sind

---

7 Hierfür *Dietlein*, in: BeckOK-GG, Art. 76 Rn. 7.3.
8 So *Kersten*, in: MD, Art. 76 Rn. 48, 111; a.A. etwa *Stern*, StaatsR II, S. 621; *Dietlein*, in: BeckOK-GG, Art. 76 Rn. 7.3.
9 Vgl. nur *Pieroth*, in: JP, Art. 76 Rn. 2; *Dietlein*, in: BeckOK-GG, Art. 76 Rn. 7; *Klein*, in: MD, Art. 40 Rn. 26; *Pieper*, in: MSW, § 40 Rn. 94; für verfassungsrechtliche Gebotenheit *Mann*, in: Sachs, Art. 76 Rn. 10.
10 Vgl. BVerfGE 1, 144 (153).
11 So *Mann*, in: Sachs, Art. 76 Rn. 10; *Pieper*, in: MSW, § 40 Rn. 94.

Mehrheitsentscheidungen (Art. 77 Abs. 1, Art. 42 Abs. 2 S. 1 GG). Wenn kleinere Abgeordnetengruppen oder einzelne Abgeordnete es nicht schaffen, ihre oder eine andere Fraktion oder eine Zahl von fünf Prozent aller Mitglieder für ihr Gesetzesvorhaben zu mobilisieren, hat ihre Idee keine Erfolgsaussicht. Die Erfolgsaussicht fehlt zwar auch manchen Fraktionsanträgen, vor allem der Opposition. Aber deren Zahl ist jedenfalls begrenzt. Auch zur Darstellung eigener politischer Inhalte und Alternativen zur Politik der Regierungsmehrheit ist ein Initiativrecht für kleine Abgeordnetengruppen oder einzelne Abgeordnete nicht erforderlich. Zur öffentlichen Darstellung genügen die üblichen Möglichkeiten, politische Ideen dem Publikum über die Medien oder soziale Netzwerke vorzustellen. Dies gilt vor allem für Initiativen, die auch die Oppositionsfraktionen nicht unterstützen mögen. Da § 76 Abs. 1 GO-BT verfassungskonform ist, war die Weigerung des Bundestagspräsidenten und der Fraktionen, den Gesetzentwurf auf die Tagesordnung zu setzen, rechtlich korrekt.

Gesetzentwürfe aus der Mitte des Bundestages sind **deutlich weniger erfolgreich** als Regierungsentwürfe. Sie werden nur in etwa einem Drittel der Fälle vom Bundestag beschlossen. Das liegt daran, dass sie zumeist von **Oppositionsfraktionen** eingebracht werden und keine Unterstützung der Mehrheit erfahren. Die Oppositionsfraktionen wissen um diesen Umstand natürlich. Ihre Entwürfe unterstreichen ihre politischen Absichten (für eine künftige Regierungsbeteiligung), sollen den Bürgern inhaltliche Alternativen zur Regierungspolitik aufzeigen und damit für die Initianten werben. Erfolgreich sind Gesetzentwürfe aus der Mitte des Bundestages üblicherweise dann, wenn sie von den Regierungsfraktionen oder über Koalitionsgrenzen hinweg eingebracht werden. **Regierungsfraktionen** überlassen die Einbringung in der Regel der von ihnen getragenen Bundesregierung. Sie bringen einen Entwurf, der eigentlich ein Regierungsentwurf ist, üblicherweise nur dann ein, wenn das Gesetzgebungsverfahren beschleunigt werden soll: Wäre die Bundesregierung die Initiantin, müsste sie den Entwurf zunächst dem Bundesrat zur Stellungnahme zuleiten (Art. 76 Abs. 2 S. 1 GG). Die Stellungnahme hat innerhalb von sechs oder, bei Vorliegen eines wichtigen Grundes, neun Wochen Zeit für die Stellungnahme (Art. 76 Abs. 2 S. 2, 3 GG). Selbst bei einer als besonders eilbedürftig bezeichneten Vorlage darf die Regierung erst nach drei oder, wenn der Bundesrat einen wichtigen Grund geltend macht, erst nach sechs Wochen die Vorlage auch ohne Stellungnahme des Bundesrates dem Bundestag zuleiten. Das Stellungnahmeverfahren wird dadurch vermieden, dass die Regierungsfraktionen den Gesetzentwurf direkt in den Bundestag einbringen und erst dessen Beschluss dem Bundesrat zugeleitet wird. Das Vorgehen ist nach richtiger Auffassung verfassungsrechtlich zulässig.[12] Nach Art. 76 Abs. 1 GG ist nur entscheidend, wer einen Entwurf einbringt und nicht, wer hinter einem Gesetzentwurf faktisch-politisch steht oder stehen könnte.[13] Ebenfalls üblich und zulässig ist es, dass die Bundesregierung dem Bundesrat einen Gesetzentwurf zugeleitet *und* die Regierungsfraktionen einen wortgleicher Entwurf in den Bundestag einbringen. Die verfassungsrechtliche Zulässigkeit dieses Vorgehens ist unbestritten.[14] Im Laufe des Gesetzgebungsverfahrens im Bundestag werden beide Entwürfe dann zusammengeführt oder einer der bei-

502

---

12 Vgl. *Degenhart*, Rn. 216; *Nolte/Tams*, Jura 2000, 158 (160); *Hartmann/Kamm*, Jura 2014, 283 (286 f.).

13 Ebenso *Sannwald*, in: SBHH, Art. 76 Rn. 42; *Ipsen*, Rn. 226; *Hartmann/Kamm*, Jura 2014, 283 (286 f.); a.A. *Mann*, in: Sachs, Art. 76 Rn. 26; *Haratsch*, in: Sodan, Art. 76 Rn. 11.

14 Vgl. etwa *Mann*, in: Sachs, Art. 76 Rn. 25.

den für erledigt erklärt oder nicht weiterverfolgt. In der Folge fällt er der sachlichen Diskontinuität anheim (§ 125 S. 1 GO-BT).

503 **„Lagerübergreifende" Gesetzentwürfe,** die von den Regierungs- und den (meisten) Oppositionsfraktionen unterstützt werden, betreffen vor allem das Wahlrecht, das Abgeordnetenrecht und das Parteienrecht. Solche Entwürfe, die alle Abgeordneten oder alle im Parlament vertretenen Parteien gleich betreffen (so dass manche verkürzend von „Gesetzgebung in eigener Sache" sprechen[15]), werden traditionell von den Fraktionen selbst erarbeitet. Die Bundesregierung, namentlich das für diese Rechtsgebiete zuständige BMI, leistet allenfalls die oben bereits angesprochene Formulierungshilfe.

4. Bundestag als Hauptorgan der Gesetzgebung

504 Der **Bundestag** ist das „Hauptorgan der Gesetzgebung"[16], da ohne einen Parlamentsbeschluss kein Gesetz zustandekommt. Er ist letztendlich das maßgebliche Gesetzgebungsorgan. Der **Bundesrat** ist demgegenüber ein **nachrangiges Gesetzgebungsorgan.** Er wirkt zwar an der Gesetzgebung mit (vgl. Art. 50): Er besitzt – wie gesehen – das Initiativrecht (Art. 76 Abs. 1); er darf zu Gesetzentwürfen der Bundesregierung Stellung nehmen (Art. 76 Abs. 2); er berät die vom Bundestag beschlossenen Gesetzentwürfe (Art. 77 Abs. 1 S. 2); er kann verlangen, dass der Vermittlungsausschuss einberufen wird (Art. 77 Abs. 2); er kann bei Zustimmungsgesetzen – also solchen, für die das Grundgesetz eine Zustimmung vorschreibt – das Zustandekommen des Gesetzes durch Ablehnung verhindern (Art. 77 Abs. 2a) und bei Einspruchsgesetzen durch einen Einspruch das Zustandekommen des Gesetzes zumindest verzögern, allerdings vom Bundestag mit mindestens der Mehrheit seiner Mitglieder („Kanzlermehrheit") überstimmt werden (Art. 77 Abs. 2, 3, Art. 78 GG). Der Bundesrat kann aber letztlich nur das Zustandekommen der Zustimmungsgesetze verhindern. Gleichwohl nimmt er Einfluss auf die Gesetzgebung.

505 In den letzten Jahren ist das Vermittlungsverfahren in den Hintergrund getreten. In der 18. Wahlperiode des Bundestages wurde der Vermittlungsausschuss nur dreimal angerufen. Die Länder nehmen stattdessen in Verhandlungen mit der Bundesregierung Einfluss auf Gesetzesvorhaben. Manchen Gesetzesinitiativen gehen umfangreiche Vorabsprachen voraus. Ein Beispiel ist die Neuregelung des bundesstaatlichen Finanzausgleichs im Juni 2017. Finanzielle Zusagen des Bundes gingen mit Kompetenzübertragungen auf den Bund einher.[17]

506 Der **Bundespräsident** ist kein Gesetzgebungsorgan i.e.S., sondern nur ein formelles Mitwirkungsorgan. Seine Beteiligung an der Gesetzgebung erschöpft sich, auch wenn man ihm mit der h.M. ein gewisses Prüfungsrecht (Rn. 530) zuspricht, auf die „notarielle Funktion" der Ausfertigung und Verkündung eines nach Art. 78 GG zustande gekommenen Gesetzes (Art. 82 Abs. 1 GG). Auch die **Bundesregierung oder ein Bundesminister** kann Bundesrecht in Gestalt der Rechtsverordnung setzen, aber nur sofern sie bzw. er dazu durch ein Bundesgesetz – also letztlich durch eine Entscheidung des Bundestages und ggf. des Bundesrates – ermächtigt wird (Art. 80 GG).

---

15 Vgl. *von Arnim,* DVBl. 2017, 1057 (1059); eingehend *Lang,* Gesetzgebung in eigener Sache, 2007.
16 Vgl. nur *Morlok,* in: Dreier, Art. 38 Rn. 39; *Magiera,* in: Sachs, Art. 38 Rn. 27.
17 Vgl. BT-Drs. 18/11135; 18/11185; 18/12589.

III. Zuleitung

Gesetzentwürfe von Bundesregierung und Bundesrat gelangen auf **unterschiedlichen**   507
Pfaden in den Bundestag.

Entwürfe der Bundesregierung sind zunächst dem Bundesrat zur Stellungnahme
zuzuleiten (Art. 76 Abs. 2 S. 1 GG). Der Bundesrat muss innerhalb von sechs oder,
bei Vorliegen eines wichtigen Grundes, von neun Wochen Stellung nehmen (Art. 76
Abs. 2 S. 2, 3 GG). Selbst bei einer als besonders eilbedürftig bezeichneten Vorlage
darf die Regierung erst nach drei oder, wenn der Bundesrat einen wichtigen Grund
geltend macht, erst nach sechs Wochen die Vorlage auch ohne Stellungnahme des
Bundesrates dem Bundestag zuleiten (Art. 76 Abs. 2 S. 4 GG).

Entwürfe des Bundesrates sind der Bundesregierung zu übermitteln, die sie dann in-   508
nerhalb von sechs oder, bei Fristverlängerung der Regierung, innerhalb von neun Wochen dem Bundestag zuleiten muss (Art. 76 Abs. 3 S. 1, 3 GG). Bei Entwürfen, die
der Bundesrat als eilbedürftig bezeichnet hat, beträgt die Übermittlungsfrist an den
Bundestag drei bzw. sechs Wochen (Art. 76 Abs. 1 S. 4 GG).

Bei Entwürfen zur **Änderung des Grundgesetzes und zur Übertragung von Ho-**
heitsrechten beträgt die Übermittlungsfrist stets neun Wochen (Art. 76 Abs. 2 S. 5,
Abs. 3 S. 5 GG).

IV. Gesetzesberatung und Gesetzesbeschluss im Bundestag (Hauptverfahren I)

Die Gesetzes*beratung* des Bundestages ist im Grundgesetz nicht näher geregelt. Der   509
Gesetzesbeschluss wird zwar erwähnt (Art. 77 Abs. 1 S. 1 GG), dessen Einzelheiten
aber nicht. Die Beratung und die Einzelheiten des Beschlusses fallen in die Geschäftsordnungsautonomie (Art. 40 Abs. 1 S. 2 GG). Sie werden durch die GO-BT
festgelegt. Im Einzelnen läuft das Verfahren im Bundestag wie folgt ab:

Zunächst erhält der Gesetzentwurf eine **Drucksachennummer und wird verteilt.** Er   510
wird nach den üblichen Vorabsprachen der Fraktionen und der Vereinbarung im Ältestenrat nach § 20 Abs. 1 GO-BT auf die Tagesordnung des Plenums gesetzt. Üblich
sind drei Beratungen (§ 78 Abs. 1 S. 1 GO-BT, häufig „Lesungen" genannt). Die Beratung beginnt frühestens am dritten Tag nach der Verteilung der Drucksache (§ 78
Abs. 5 i.V.m. § 123 GO-BT). Die Fraktionen können einen Fristverzicht vereinbaren.

In der Praxis wird im Gegenzug für einen Fristverzicht den übrigen Fraktionen z.B. die frühzei-
tige Aufsetzung eines Tagesordnungspunktes zugestanden.

1. Erste Beratung im Plenum („1. Lesung")

Im Plenum wird der Entwurf das erste Mal beraten. Auf die Aussprache kann von   511
vornherein verzichtet werden, ohne dass dies aber die Regel wäre.[18] Der Entwurf ist

---

18   Unzutr. daher *Ipsen*, Rn. 228; *Hartmann/Kamm*, Jura 2014, 283 (287), die sich am Wortlaut des § 79
     S. 1 GO-BT orientieren. Vgl. zur Bedeutung der ersten Beratung gerade für die Oppositionsfraktionen
     Hadamek, in: Kluth/Krings, § 17 Rn. 54 ff.

dann ein „Ohne-Debatte-Tagesordnungspunkt" („o.-D.-Punkt"). § 79 S. 1 GO-BT besitzt keine Bedeutung mehr. Die Vorschrift knüpft an frühere Parlamentsgepflogen-
heiten an, wonach eine Debatte in der ersten Beratung die Ausnahme war. Es ist auch
möglich, zunächst eine Debatte vorzusehen und dann im Laufe des Tages interfraktionell zu vereinbaren, die Reden zu Protokoll zu geben (§ 78 Abs. 6 GO-BT). Zum
Ende des Tagesordnungspunkts, also in der Regel nach einer Debatte, wird der Entwurf üblicherweise an einen Ausschuss zur federführenden Beratung und an einen
oder mehrere Ausschüsse zur Mitberatung überwiesen. § 80 Abs. 1 GO-BT, wonach
eine Überweisung an mehrere Ausschüsse eine Ausnahme bilden soll, ist überholt.[19]
Die Federführung wird im Streitfall durch Mehrheitsbeschluss entschieden. Eine namentliche Abstimmung (§ 52 GO-BT) ist unüblich, jedoch zulässig. Bei der Überweisung zur Mitberatung verfährt die Praxis großzügig. Fraktionen und Ausschüsse melden Wünsche an, die dann im Ältestenrat oder außerhalb zwischen den Fraktionen
vereinbart werden. Ausschussüberweisungen können nachträglich durch einen Plenarbeschluss geändert werden.[20] Haushaltsvorlagen werden grundsätzlich nur (§ 95
Abs. 1 GO-BT), Finanzvorlagen werden immer auch an den Haushaltsausschuss
überwiesen (§ 96 Abs. 2 GO-BT). Auf Antrag einer Fraktion oder von fünf Prozent
der Mitglieder des Bundestages kann der Bundestag – wie bei anderen Vorlagen auch
– mit Zweidrittelmehrheit beschließen, über den Gesetzentwurf direkt, d.h. ohne Ausschussüberweisung, abzustimmen (§ 80 Abs. 2 GO-BT). Das kommt jedoch praktisch
nicht vor. Größere Bedeutung hat die Überweisung im vereinfachten Verfahren (§ 80
Abs. 4 GO-BT). Die zur Überweisung anstehenden Vorlagen werden in einem Tagesordnungspunkt zusammengefasst und zur Abstimmung gestellt, wenn dies im Ältestenrat vereinbart wird. Eine Aussprache im Plenum entfällt.

2. Ausschussberatung(en)

512 Jeder Ausschuss, an den der Gesetzentwurf überwiesen wurde, berät den Gesetzentwurf (ggf. in mehreren Ausschusssitzungen, die üblicherweise mittwochs stattfinden)
und stimmt darüber ab. Der federführende Ausschuss erstellt (üblicherweise in *einem*
Dokument) eine Beschlussempfehlung und einen Bericht für das Plenum (§ 66 GO-
BT). Die Beschlussempfehlung kann empfehlen, dem Entwurf unverändert oder mit
Maßgaben (Änderungen und Ergänzungen) zuzustimmen oder ihn abzulehnen. Sie
lautet z.B.: „*Der Bundestag wolle beschließen: Der Gesetzentwurf ... wird angenommen.*"

513 Die **Beschlussempfehlung** des Ausschusses wird im üblichen Verfahren auf die **Tagesordnung des Plenums** gesetzt. Ein Minderheitsrecht zur Aufsetzung bestimmter
Punkte besteht für die zweite und dritte Beratung nicht. Auch die Aufsetzung für die
zweite Beratung unterfällt der abdingbaren Frist des § 78 Abs. 5 i.V.m. § 123 GO-
BT.

---

19 Vgl. *Hadamek*, in: Kluth/Krings, § 17 Rn. 61.
20 Ebd.

3. Zweite Beratung im Plenum („2. Lesung")

Es folgt die **zweite Beratung** des Gesetzentwurfs, in welche die Beschlussempfehlung einbezogen wird („2. Lesung"). Die Beratung darf frühestens zwei Tage nach der Verteilung der Beschlussempfehlung und des Berichts des federführenden Ausschusses erfolgen; von der Frist kann auf (fristgebundenen) Antrag einer Fraktion oder von fünf Prozent der Mitglieder entweder durch Zweidrittelmehrheit oder bei gemäß Art. 81 GG für dringlich erklärten Gesetzentwürfen mit einfacher Mehrheit der Mitglieder abgewichen werden (§ 81 Abs. 1 S. 2 GO-BT). Die Beratung geschieht üblicherweise in Form einer Debatte. Wie schon bei der ersten Beratung kann auch die zweite Beratung ohne Debatte erfolgen. Auch können die Reden zu Protokoll gegeben werden. Es kommt selten vor, ist aber zulässig, den Gesetzentwurf ganz oder teilweise auch an einen anderen Ausschuss zurückzuverweisen (§ 82 Abs. 3 GO-BT). Ebenfalls selten, aber zulässig ist es, wenn das **Plenum** einen Gesetzentwurf **in zweiter Beratung ändert** (§ 82 Abs. 1 GO-BT). Üblicherweise finden sich die Änderungsvorschläge ja schon als Zustimmungsmaßgabe in den Beschlussempfehlungen der Ausschüsse: „Der Bundestag wolle beschließen: Der Gesetzentwurf … wird mit der Maßgabe angenommen, dass … [die in der Beschlussempfehlung genau beschriebenen Veränderungen in den Entwurf hineingelesen werden]". Jeder Abgeordnete kann die Änderung bis zum Abschluss des Beratungsgegenstandes beantragen. In der Praxis stellt eine Fraktion – wenn überhaupt – einen solchen Antrag. Änderungsanträge werden nach Parlamentsgewohnheitsrecht vor dem Gesetzentwurf abgestimmt, Rückverweisungsanträge vor Änderungsanträgen. Am Schluss der Aussprache – oder unmittelbar, wenn diese entfällt – wird über die Beschlussempfehlung durch Handaufheben (§ 48 Abs. 1 S. 1) auf die Fragen: „Wer ist dafür?", „Wer ist dagegen?", „Wer enthält sich?" abgestimmt. Auf Antrag einer Fraktion oder von fünf Prozent der Mitglieder ist **namentlich abzustimmen** (§ 52 GO-BT). Durch eine namentliche Abstimmung können vor allem die Regierungsfraktionen Geschlossenheit herstellen und Oppositionsfraktionen die Regierungsanhänger dazu zwingen, ihren Standpunkt darzustellen oder sogar ggf. dem Regierungslager bei engen Mehrheitsverhältnissen Abstimmungsniederlagen zuführen. Die Abstimmung erfolgt, indem eine von drei mit dem Abgeordnetennamen versehenen Karten[21] in eine Urne geworfen wird. In der Praxis wird über den Entwurf im Ganzen abgestimmt (§ 81 Abs. 4 GO-BT). Die früher übliche und in § 81 Abs. 2 GO-BT erwähnte Praxis, über jede selbstständige Bestimmung einzeln abzustimmen, findet sich nur noch bei der Beratung des Bundeshaushalts. Hier wird über jeden Einzelplan einzeln abgestimmt. Für andere Gesetzentwürfe wäre die Einzelabstimmung jeder selbstständigen Bestimmung zu umständlich. Teile eines Gesetzentwurfes können aber dadurch getrennt zur Abstimmung gestellt werden, dass ein Mitglied die „Teilung der Frage" beantragt (§ 47 GO-BT).

514

Der **Gesetzentwurf ist gescheitert**, wenn

515

- die Beschlussempfehlung die Ablehnung des Gesetzentwurfs empfiehlt und angenommen wird oder
- die Beschlussempfehlung die Annahme des Gesetzentwurfs empfiehlt, aber vom Plenum abgelehnt wird. Das kommt aber praktisch nie vor, da die Mehrheitsver-

---

21 Eine blaue trägt den Aufdruck „Ja", eine rote den Aufdruck „Nein" und eine weiße den Aufdruck „Enthalte mich".

hältnisse und damit das politische Meinungsbild in den Ausschüssen denen des Plenums entsprechen (Spiegelbildlichkeitsgrundsatz).

Sind in der zweiten Beratung **alle Teile eines Gesetzentwurfs abgelehnt** worden, unterbleibt jede weitere (also die dritte) Beratung (§ 83 Abs. 3 GO-BT).

4. Dritte Beratung im Plenum („3. Lesung")

516 Zur dritten Beratung eines Gesetzentwurfs kommt es, wenn der die Annahme empfehlenden Beschlussempfehlung, ggf. mit Änderungen nach § 82 Abs. 2 GO-BT, zugestimmt wurde. Wurde die Beschlussempfehlung – wie in aller Regel – ohne Änderungen angenommen, folgt die dritte Beratung unmittelbar nach der zweiten Beratung (§ 86 S. 2 GO-BT). Hat das Plenum nach § 82 Abs. 2 GO-BT Änderungen beschlossen, folgt die dritte Beratung am zweiten Tage nach Verteilung der Drucksache mit den beschlossenen Änderungen (§ 83 Abs. 1 GO-BT); früher geschieht die Beratung nur, wenn

- zwei Drittel der anwesenden Mitglieder dies auf Antrag einer Fraktion oder von fünf Prozent der Mitglieder des Bundestages beschließen (§ 84 S. 1 lit. b Var. 1 GO-BT) – hier ist Raum für interfraktionelle Vereinbarungen – oder
- es sich um einen von der Bundesregierung als dringlich bezeichneten Gesetzentwurf handelt (Art. 81 GG) und die Mehrheit der Mitglieder des Bundestages die Fristverkürzung beschließt (§ 84 S. 1 lit. b Var. 2 GO-BT).

517 **Grundlage** der dritten Beratung sind die Beschlüsse der zweiten (§ 83 Abs. 2 GO-BT). Eine Aussprache findet üblicherweise nicht statt, ist aber möglich (§ 84 S. 2 GO-BT). Die dritte Beratung erschöpft sich im Regelfall in der Schlussabstimmung. Zulässig, wenn auch selten sind Änderungsanträge in der dritten Beratung, allerdings nur bezogen auf die Bestimmungen, zu denen in zweiter Beratung Änderungen beschlossen wurden (§ 85 Abs. 1 GO-BT). Eine Zurückverweisung auch an einen anderen Ausschuss ist ebenfalls zulässig; schlägt der Ausschuss Änderungen gegenüber den Beschlüssen in zweiter Beratung vor, wird die Beschlussempfehlung in zweiter Beratung behandelt (§ 85 Abs. 2 GO-BT).

518 Am Ende der dritten Beratung steht die **Schlussabstimmung** (§ 86 S. 1 GO-BT). Sie folgt unmittelbar der zweiten Beratung, wenn – wie dies die Regel ist – die Beschlüsse der zweiten Beratung unverändert bleiben (§ 86 S. 2 GO-BT). Wurden Änderungen in der dritten Beratung vorgenommen, muss die Schlussabstimmung auf Verlangen einer Fraktion oder von anwesenden fünf Prozent der Mitglieder des Bundestages ausgesetzt werden, bis die Beschlüsse zusammengestellt und verteilt (und somit nachvollziehbar) sind (§ 86 S. 3 GO-BT). Die Schlussabstimmung geschieht durch Aufstehen oder Sitzenbleiben (§ 48 Abs.1 S. 2 GO-BT) auf die Fragen: „Wer ist dafür?", „Wer ist dagegen?", „Wer enthält sich?". Auf Antrag einer Fraktion oder von fünf Prozent der Mitglieder ist **namentlich abzustimmen** (§ 52 GO-BT).

519 Der **Gesetzentwurf ist erfolgreich**, d.h. gemäß Art. 77 Abs. 1 GG beschlossen, wenn

- er mehrheitlich angenommen wird oder wenn
- er mitsamt den in zweiter und/oder dritter Beratung beschlossenen Änderungen mehrheitlich angenommen wird.

Grundsätzlich genügt die einfache Mehrheit (Art. 42 Abs. 2 GG, § 48 Abs. 2 S. 1   **520**
GO-BT). Für ein verfassungsänderndes Gesetz ist in der Schlussabstimmung[22] die
Zweidrittelmehrheit der Mitglieder (Art. 79 Abs. 2) und für andere Gesetze die
„Kanzlermehrheit" nach Art. 121 erforderlich, z.B. gemäß Art. 87 Abs. 3 S. 2 GG.

Lösung Fall 20: Eilverfahren (Rn. 489)   **521**

Das Vorgehen der Bundestagsmehrheit war rechtlich zulässig. Das Gesetzgebungsverfahren
im Bundestag **kann theoretisch an einem Tag** abgeschlossen werden. Unter Einbeziehung
des Bundesrates und des Bundespräsidenten kann ein Gesetz theoretisch am vierten Tag
nach der Einbringung in Kraft verkündet werden und in Kraft treten.[23] In der Praxis benötigen zügige Verfahren inklusive einer Ausschussanhörung im Bundestag ca. zwei Sitzungswochen. Die Beteiligung des Bundesrates sowie die Ausfertigung und Verkündung durch
den Bundespräsidenten benötigen wenige weitere Wochen. Voraussetzung eines zügigen
Abschlusses ist, dass alle Fraktionen einverstanden sind und entweder – was praktisch nie
geschieht – gemäß § 80 auf die Ausschussüberweisung oder – was in Eilfällen die Regel ist
– auf die Frist nach § 78 Abs. 5 i.V.m. § 123 GO-BT verzichten. In ganz eiligen Fällen kann
gemäß § 79 S. 1 GO-BT auch schon auf die Aussprache in der ersten Beratung verzichtet
werden. Das ist verfassungsgemäß. Das Grundgesetz überlässt den Verfahrensgang innerhalb des Bundestages – etwa die Zahl der Beratungen (Lesungen) – dessen Geschäftsord-
nungsgewalt.[24] Die Möglichkeit, Gesetze zügig zu beschließen, zeigt die Handlungs- und
Leistungsfähigkeit des Parlaments, auf Herausforderungen in angemessener Zeit zu reagieren. Es versteht sich von selbst, dass auch die zügige eine gründliche Beratung sein muss.
Eine Auseinandersetzung mit dem Gesetzentwurf muss jedenfalls stattfinden.[25]

Ein verfahrensgemäß zustandegekommener Beschluss über einen Gesetzentwurf ist   **522**
in der Regel unabänderlich **(Grundsatz der relativen Unverrückbarkeit)**: Der Bundestag kann einen Gesetzesbeschluss nur durch einen weiteren Gesetzesbeschluss ändern oder aufheben, dem ein Gesetzgebungsverfahren (mitsamt Gesetzentwurf, Beratung und Abstimmung) vorausgehen muss[26] (s. Rn. 82). Druckfehler und andere offenbare Unrichtigkeiten in der angenommenen Fassung des Gesetzes, die nach dem
Plenarbeschluss festgestellt werden, können einfacher korrigiert werden (vgl. § 122
Abs. 3 GO-BT).

---

22 Vgl. *Roll*, § 48 Rn. 3.
23 Vgl. das Beispiel bei *Hölscheidt/Menzenbach*, DÖV 2008, 139 (143 f.); insges. zur Eilgesetzgebung
    Schwerdtfeger, Krisengesetzgebung, 2018, S. 27 ff.
24 Vgl. BVerfGE 1, 144 (151 f.).
25 Vgl. *Hölscheidt/Menzenbach*, DÖV 2008, 139 (144).
26 Vgl. etwa *Mann*, in: Sachs, Art. 77 Rn. 3 Fn. 6; BVerfGE 119, 96 (133).

523

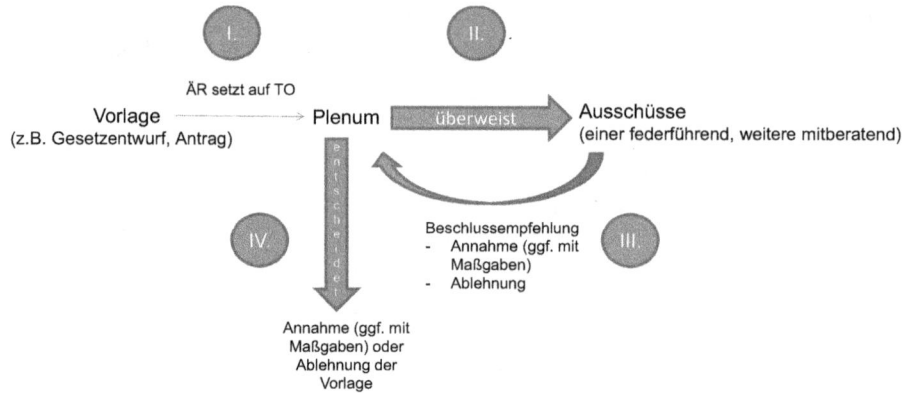

Schaubild 2: Das Gesetzgebungsverfahren im Bundestag

5. Verfassungsrechtliche Bedeutung von Verstößen gegen die GO-BT

524 **Fall 21: Schnelle Beratung**

Um ein Gesetz zur Umsetzung der EU-Richtlinie zügig zu verabschieden, findet nur eine Beratung („Lesung") im Bundestag statt. Danach wird das Gesetz beschlossen. Der Oppositionsabgeordnete Zenk hält das Vorgehen für verfassungswidrig. Hat er Recht?
Lösung Rn. 526

525 Die GO-BT ist untergesetzliches Recht, das der Bundestag im Rahmen seiner Geschäftsordnungsautonomie (Art. 40 Abs. 1 S. 2 GG) selbst setzt. Die GO-BT ist nicht Teil der Verfassung. Die in ihr vorgesehenen Verfahrensvorschriften sind politisch zweckmäßig, aber nicht verfassungsrechtlich geboten. Das Verfahren könnte auch anders ausgestaltet sein. Ein Verstoß gegen die GO-BT (z.B. gegen die Vorgabe von drei Beratungen bei Gesetzentwürfen, § 78 Abs. 1, oder gegen die Verteilungsfrist, § 78 Abs. 5 GO-BT) ist daher nicht automatisch ein Verfassungsverstoß (s. Rn. 109). Im Gegenteil: Eine Geschäftsordnungsverletzung ist **nur dann zugleich ein Verfassungsverstoß**, wenn die GO-BT ausnahmsweise Vorschriften des Grundgesetzes wiederholt (z.B. § 42 GO-BT, Art. 43 Abs. 2 GG) oder wenn das parlamentarische Verfahren die ihm durch die Verfassung zugewiesenen Funktionen nicht mehr erfüllt (und damit das Demokratieprinzip verletzt ist)[27]. Das dürfte aber nur selten der Fall sein. Erstens werden Abweichungen vom Verfahren zumeist zwischen allen Fraktionen vereinbart oder gemäß § 126 GO-BT mit Zweidrittelmehrheit beschlossen. Zweitens ist eine zügige Beratung gerade Ausweis einer starken parlamentarischen Demokratie. Nur wenn Abgeordnete oder Fraktionen regelrecht überrascht werden und z.B. erforderliche Beratungsunterlagen vor einer Abstimmung nicht erhalten, kommt ein Verstoß gegen das Demokratieprinzip infrage.

S. das Prüfungsschema in Rn. 110.

---

27 Vgl. *Degenhart*, Rn. 221.

Lösung Fall 21: Schnelle Beratung (Rn. 524)   526

Das Vorgehen könnte verfassungswidrig sein. Der Bundestag ist von § 78 Abs. 1 GO-BT abgewichen. Damit könnte er die Geschäftsordnung verletzt haben. Eine geschäftsordnungsrechtliche Rechtfertigung (interfraktionelle Vereinbarung, Abweichungsbeschluss) fehlt. Daher ist die Geschäftsordnung verletzt. Fraglich ist, ob der Verstoß gegen die Geschäftsordnung zugleich einen Verfassungsverstoß darstellt. Das ist der Fall, wenn gegen eine Geschäftsordnungsvorschrift verstoßen wurde, die eine Verfassungsvorschrift wiederholt oder wenn der Geschäftsordnungsverstoß das Demokratieprinzip verletzt hätte. Infrage kommt hier ein Verstoß gegen das Demokratieprinzip. Er wäre gegeben, wenn das parlamentarische Verfahren die ihm durch die Verfassung zugewiesenen Funktionen nicht mehr erfüllt hätte. Vorliegend ist das Verfahren beschleunigt worden. Das allein genügt aber nicht für einen Verstoß gegen das Demokratieprinzip. Es ist sogar Ausweis für die Leistungsfähigkeit des Parlaments. Dass die Beschleunigung Fraktionen oder Abgeordnete in ihren Rechten beschnitten hätte, dass eine Beratung nicht möglich gewesen wäre oder gar ein Minderheitsrecht aus der Verfassung beschränkt worden wäre, ist nicht erkennbar. Der Geschäftsordnungsverstoß ist daher kein Verfassungsverstoß.

V. Mitwirkung des Bundesrates (Hauptverfahren II)

Das beschlossene Gesetz – das „Gesetz im Werden"[28] – wird unverzüglich dem Bundesrat übersandt (Art. 77 Abs. 1 S. 2 GG, § 122 Abs. 1 GO-BT). Weitere Adressaten nennt § 122 Abs. 2 GO-BT. Druckfehler oder andere offenbare Unrichtigkeiten können vor und auch nach der Übersendung berichtigt werden (§ 122 Abs. 3 GO-BT). An das Verfahren im Bundestag schließt sich das Verfahren im Bundesrat an (Art. 77 Abs. 2-4, Art. 78 GG). Das vom Bundestag beschlossene **Gesetz kommt zustande**, wenn der Bundesrat zustimmt, den Antrag auf Einberufung des Vermittlungsausschusses nicht stellt, innerhalb der Frist des Art. 77 Abs. 3 keinen Einspruch einlegt oder ihn zurücknimmt oder wenn der Einspruch vom Bundestag gemäß Art. 77 Abs. 4 überstimmt wird (Art. 78 GG). Da der Bundesrat kein Parlament ist und seine Verfahrensregeln nicht zum Parlamentsrecht gehören, wird wegen der Einzelheiten des Ablaufs auf das umfangreiche Schrifttum verwiesen.[29] Auf zwei Themen sei kurz eingegangen, da sie auch die Tätigkeit des Bundestages betreffen: den Vermittlungsausschuss und die Abstimmung über einen Bundesratseinspruch.   527

1. Vermittlungsausschuss

Der Vermittlungsausschuss (Rn. 636 ff.) hat 32 Mitglieder (je 16 Mitglieder des Bundestages und des Bundesrates, § 1 GO-VermA). Bei einem Einspruchsgesetz kann nur der Bundesrat, bei einem Zustimmungsgesetz kann auch der Bundestag oder die Bundesregierung die Einberufung verlangen (Art. 77 Abs. 2 S. 4 GG). Das **Einberufungsverlangen des Bundestages** muss von einer Fraktion oder fünf Prozent der Mitglieder beantragt und vom Bundestag beschlossen werden (§ 89 GO-BT). Schlägt der Vermittlungsausschuss eine Änderung des Gesetzesbeschlusses des Bundestages   528

---

28 Vgl. nur *Stern*, StaatsR II, S. 626; *Dietlein*, in: BeckOK-GG, Art. 77 Rn. 16.
29 S. etwa *Degenhart*, Rn. 223 ff.; *Ipsen*, Rn. 349 ff.

vor, hat der Bundestag erneut Beschluss zu fassen (Art. 77 Abs. 2 S. 5 GG). Für die Behandlung des Einigungsvorschlages, also des Änderungsvorschlages, gilt § 10 der GO-VermA (§ 90 Abs. 1 GO-BT): Der Einigungsvorschlag auf Änderung oder Aufhebung des vom Bundestag beschlossenen Gesetzes ist alsbald auf die Tagesordnung des Bundestages zu setzen. Ein vom Ausschuss bestimmtes Mitglied berichtet im Bundestag und im Bundesrat (§ 10 Abs. 1 GO-VermA). Der Bundestag stimmt nur über den Einigungsvorschlag ab. Zu dem Vorschlag können vor der Abstimmung Erklärungen abgegeben werden. Ein anderer Antrag zur Sache ist nicht zulässig (§ 10 Abs. 2 GO-VermA). Sieht der Einigungsvorschlag mehrere Änderungen des Gesetzesbeschlusses vor, so ist in ihm zu bestimmen, ob und inwieweit im Bundestag über Änderungen gemeinsam abzustimmen ist. Enthält der Einigungsvorschlag Änderungen des Grundgesetzes, ist über jede Abweichung des Einigungsvorschlages vom Wortlaut des vom Bundestag gemäß Artikel 79 Abs. 2 GG beschlossenen Gesetzes einzeln abzustimmen. Erfolgt eine Einzelabstimmung über mehrere Änderungen, so ist eine Schlussabstimmung über den Einigungsvorschlag im Ganzen erforderlich (§ 10 Abs. 3 GO-VermA).

2. Abstimmung über einen Einspruch des Bundesrates

529   Legt der Bundesrat Einspruch gegen ein vom Bundestag beschlossenes Gesetz ein, stimmt der Bundestag über den Antrag auf Zurückweisung des Einspruchs ohne Begründung und Aussprache ab. Nötig ist die **Kanzlermehrheit** (Art. 77 Abs. 4 S. 1 GG). Hat der Bundesrat den Einspruch mit einer Zweidrittelmehrheit erklärt, ist diese auch im Bundestag erforderlich, um den Bundesrat zu überstimmen, wobei die Mehrheit der Mitglieder Teil dieser Zweidrittelmehrheit sein muss (Art. 77 Abs. 4 S. 2 GG). Vor der Abstimmung können lediglich Erklärungen abgegeben werden.

Beispiel: Der Bundesrat hat den Einspruch mit Zweidrittelmehrheit erhoben. Im Bundestag, der 709 Mitglieder hat, stimmen 532 Abgeordnete für den Gesetzentwurf. Das genügt, denn 532 sind 3/4 der Abstimmenden und zugleich mehr als die Hälfte der Mitglieder.

Über den Antrag wird durch Zählung der Stimmen gem. § 51 abgestimmt, wenn nicht eine namentliche Abstimmung verlangt wird (§ 91 GO-BT).

VI. Ausfertigung und Verkündung (Abschlussverfahren)

530   Der Bundespräsident[30] prüft, ob das Gesetz ordnungsgemäß zustande gekommen ist. Er besitzt ein **formelles** und ggf. ein **materielles Prüfungsrecht**[31] . Er fertigt das Gesetz nach Gegenzeichnung (Art. 58 S. 1) aus und verkündet es im Bundesgesetzblatt (Art. 82 Abs. 1 S. 1 GG).

Leitentscheidungen: BVerfGE 37, 363 (Zustimmungsbedürftigkeit); 101, 297 (Kompetenzen des Vermittlungsausschusses I); 106, 310 (Zuwanderungsgesetz – uneinheitliche Stimmabgabe

---

30 Näher zum Abschlussverfahren *Degenhart*, Rn. 806 ff.; *Ipsen*, Rn. 234 ff., 494 ff.
31 Ausf. *Morlok/Michael*, Staatsorganisationsrecht, 4. Aufl. 2018, Rn. 891 ff.; *Gröpl*, Staatsrecht I, 11. Aufl. 2019, Rn. 1157 ff.

im Bundesrat); 112, 118 (Zusammensetzung des Vermittlungsausschusses); 120, 56 (Vermittlungsausschuss II); 125, 104 (Vermittlungsausschuss III); 145, 348 (Initiativrecht); 150, 204 (Vermittlungsausschuss IV); 150, 345 (Vermittlungsausschuss V).

Literatur zu § 9: *Bäumerich/Fadavian*, Grundfälle zum Gesetzgebungsverfahren JuS 2017, 1067; *Hebeler*, Die Einbringung von Gesetzesvorlagen nach Art. 76 GG, JA 2017, 413; *Hölscheidt/Menzenbach*, Das Gesetz ist das Ziel: Zum Zusammenhang zwischen gutem Verfahren und gutem Gesetz, DÖV 2008, 139; *Hugo*, Vernehmlassung, Anhörung, Konsultation, 2017; *Karpen,* Rechtsetzungslehre, JuS 2016, 577; *Kluth/Krings* (Hrsg.), Gesetzgebung, 2014; *Meermagen/Schultzky*, Das Verfahren der Gesetzgebung vor dem Bundesverfassungsgericht, VerwArch. 2010, 539; *Mengel*, Gesetzgebung und Verfahren, 1997; *Schneider*, Gesetzgebung, 3. Aufl. 2002; *Schulze-Fielitz*, Theorie und Praxis parlamentarischer Gesetzgebung, 1988; *Schuppert*, Governance und Rechtsetzung, 2011; *Schwerdtfeger*, Krisengesetzgebung, 2018; *Wieckhorst*, Verfassungsrechtliche Gesetzgebungslehre, DÖV 2018, 845.

§ 10 Kontrolle der Regierung durch das Parlament

▶ **Literatur:** *Degenhart*, Staatsrecht I, § 7 Rn. 686–701; *Hillgruber/Goos*, Verfassungsprozessrecht, § 6.

Der Bundestag hat nach dem Grundgesetz **in seiner Gesamtheit** die Aufgabe, die Bundesregierung, d.h. das Kanzleramt, die Ministerien und die ihnen nachgeordneten Behörden, zu kontrollieren. Parlamentarische Kontrolle ist jede Tätigkeit des Bundestages, die das Tun und Lassen der Bundesregierung und ihrer nachgeordneten Behörden überprüft, um festzustellen, ob die Regierung zur politischen Verantwortung gezogen werden muss oder nicht.[1] Dass die Kontrollaufgabe grundsätzlich dem Bundestag in seiner Gesamtheit überantwortet ist, zeigt sich zum einen in der Abhängigkeit der Regierung vom Bundestag (Art. 63, 67 GG) und zum anderen in den von der Verfassung eingeräumten Kontrollrechten des Parlaments gegenüber der Regierung (Art. 23 Abs. 2, 3; 43 Abs. 1; Art. 44; 45a Abs. 2, 3; 45b; 45d; 114 GG). „Das parlamentarische Regierungssystem wird grundlegend auch durch die Kontrollfunktion des Parlaments geprägt."[2] Die Kontrollaufgabe bedeutet aber nicht, dass sich *das* Parlament – wie man vor allem zu konstitutionellen Zeiten noch annahm – per se ständig und in jeder Sachfrage in einem Gegensatz zur Regierung befände. Im **parlamentarischen Regierungssystem** zeigt sich vielmehr eine andere politische – nicht rechtliche – „Frontstellung"[3] (sog. neuer oder **innerparlamentarischer Dualismus**[4]): Da das politische und staatsrechtliche Schicksal der Regierung vom Votum des Parlaments abhängt (Art. 63, 67 GG), steht nicht das Parlament als solches der Regierung gegenüber, sondern im Wesentlichen die parlamentarische Opposition der Regierung und

531

---

1 Vgl. *Troßmann*, JöR 28 (1979), 1 (47).
2 BVerfGE 67, 100 (130); 137, 185 (231); 139, 194 (223); ausf. Herleitung durch *Schmidt*, Die demokratische Legitimationsfunktion der parlamentarischen Kontrolle, 2007.
3 *Stern*, StaatsR I, S. 1032; *Brocker*, in: BK, Art. 40 Rn. 201 f.
4 Vgl. BVerfGE 142, 25 (56).

der sie tragenden Parlamentsmehrheit.[5] Opposition sind die Fraktionen, Gruppen und fraktionslosen Abgeordneten, welche die Regierung grundsätzlich nicht unterstützen, aber potenziell regierungsfähig sind[6] (vgl. auch § 50 Abs. 2 S. 1 AbgG). Die **Aufgaben der Opposition** lassen sich mit **Kritik, Kontrolle** und **Alternativenbildung** bezeichnen.[7] Der Begriff der Opposition ist auf Bundesebene allerdings kein eindeutiger Rechtsbegriff,[8] sondern beschreibt die politische Lage im parlamentarischen Regierungssystem. Im Gegensatz zur Opposition bilden die Bundesregierung und die sie unterstützende, in der Regel aus mehreren Fraktionen bestehende, Bundestagsmehrheit politisch eine Einheit.[9] Regierungs- und Oppositionslager stehen sich aber nicht in ständiger Gegnerschaft gegenüber. Es ist durchaus üblich, dass eine oder mehrere Oppositionsfraktionen Vorhaben der Regierung von Fall zu Fall parlamentarisch unterstützen. Abweichendes Stimmverhalten oppositioneller Fraktionen ist vor allem dann zu beobachten, wenn die Fraktionen unterschiedlichen politischen Spektren („Lagern") entstammen. Eine homogene Opposition gibt es typischerweise nicht. Zudem können sich auch Abgeordnete der Regierungsfraktionen in (sehr seltenen) Einzelfällen oppositionell verhalten.

Beispiele: Abstimmung über den Bundeswehreinsatz in Afghanistan im November 2001; Abstimmung über den „Euro-Rettungsschirm" EFSF im Oktober 2011.

532 Im parlamentarischen Regierungssystem wird die unerlässliche parlamentarische Kontrolle **vornehmlich von den Oppositionsfraktionen** (s. Rn. 462 ff.) wahrgenommen.[10] Doch darf man die Kontrolltätigkeit der **Regierungsfraktionen** (Koalitionsfraktionen bei Mehrparteienbündnissen, zugleich in der Regel: Mehrheitsfraktionen,) nicht unterschätzen. Während die Opposition bestrebt ist, ihre Kritik in der Öffentlichkeit zu äußern, um sachliche und personelle Alternativen zur Regierungspolitik aufzuzeigen, äußern sich die Mitglieder der Regierungsfraktionen in der Regel intern. Sie nehmen etwa über Fraktionsarbeitsgruppen oder -arbeitskreise vorab Einfluss auf Gesetzentwürfe der Regierung. Dies zeigt, dass die Kontrolle keineswegs nur reaktiv ist, sondern auch „Vorauswirkungen" entfaltet.[11] In manchen Fällen stoßen Regierungsfraktionen oder einzelne Abgeordnete bestimmte Initiativen der Regierung überhaupt erst an. Kritik innerhalb des Regierungslagers kann unter Umständen viel effektiver sein als oppositionelle Kritik. Dies gilt vor allem dann, wenn die Mehrheitsverhältnisse „eng" sind und es stärker als bei größeren Mehrheiten vom Stimmverhalten der einzelnen Abgeordneten abhängt, ob die Regierung bestimmte Gesetzesvorhaben verwirklichen kann.

Die Bundesregierung stellt ihre Vorhaben vorab den Arbeitsgruppen/Arbeitskreisen der Koalitionsfraktionen vor. Viele Änderungen gehen aus Anregungen und Kritik der Abgeordneten in diesen Gesprächsrunden hervor.

---

5 Vgl. statt vieler BVerfGE 49, 70 (85).
6 Vgl. *Schneider*, Die parlamentarische Opposition im Verfassungsrecht der Bundesrepublik Deutschland, 1974, S. 121, der allerdings nur auf Fraktionen und Gruppen abstellt und fraktions- oder gruppenlose Abgeordnete ausnimmt (S. 119).
7 Vgl. *Schneider*, in: SZ, § 38 Rn. 39; *Brocker*, in: BK, Art. 40 Rn. 201.
8 Vgl. *Cancik*, NVwZ 2014, 18 (19); *Ingold*, Das Recht der Oppositionen, 2015, S. 168, 602.
9 Vgl. statt vieler BVerfGE 102, 224 (236).
10 Vgl. statt vieler BVerfGE 49, 70 (86).
11 Vgl. *Klein*, ZG 2012, 209 (215 f.).

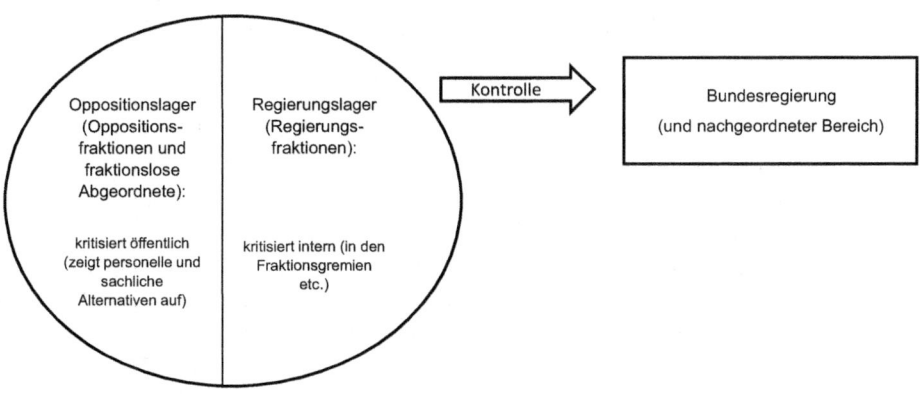

("Neuer") Dualismus: Gegensatz zwischen Regierungs- und Oppositionslager im Parlament

Schaubild 3: Regierungskontrolle durch den Bundestag

Zu den Kontrollrechten des Bundestages gehören das Zitier- und Interpellationsrecht   533
sowie das Recht, Untersuchungsausschüsse einzusetzen (Enquêterecht, Art. 44, 45a
Abs. 2, 3 GG). Auch die abstrakte Normenkontrolle wird als Kontrollinstrument
(auch des Bundestages) verstanden. Hilfsorgane bei der Kontrolle sind der Wehrbeauftragte (Art. 45b GG) und das PKGr (Art. 45d GG).

I.   Frage- und Informationsrecht (Interpellationsrecht)

Fall 22: Bahnauskunft   534

Die G-Fraktion verlangt von der Bundesregierung Auskünfte zum Geschäftsgebaren der
Deutschen Bahn AG. Die Regierung verweigert die Informationen und begründet dies mit
dem privatrechtlichen Charakter der Bahn. Ist das zulässig? (Nach BVerfGE 147, 50.) **Lösung Rn. 538**

Für eine wirksame Kontrolle sind **Informationen** nötig. „Ohne Beteiligung am Wis-   535
sen der Regierung kann das Parlament sein Kontrollrecht gegenüber der Regierung
nicht ausüben."[12] Der Bundestag hat nach Art. 38 Abs. 1 S. 2 und Art. 20 Abs. 2 S. 2
GG ein allgemeines Frage- und Informationsrecht (Interpellationsrecht) gegenüber
der Bundesregierung, an dem die einzelnen Abgeordneten und die Fraktionen als Zusammenschlüsse von Abgeordneten nach Maßgabe der Ausgestaltung in der GO-BT
teilhaben, und dem eine grundsätzliche Antwortpflicht der Bundesregierung korrespondiert.[13] Die Regierung und ihre Mitglieder müssen dem Bundestag auf Fragen
„Rede und Antwort" stehen und den Abgeordneten die zur Ausübung ihres Mandats

---

12   BVerfGE 137, 185 (231); 146, 1 (39).
13   Vgl. BVerfGE 13, 123 (125); 57, 1 (5, 8); 67, 100 (129); 80, 188 (218); 105, 252 (270); 105, 279
     (306); 124, 161 (188); 137, 185 (230 f.); 139, 194 (223); 146, 1 (38); a.A. noch *Arndt*, S. 67, 112.

erforderlichen – bei der Bundesregierung vorhandenen oder von ihr mit zumutbarem Aufwand in Erfahrung zu bringenden[14] – Informationen verschaffen.[15]

Früher wurde das Frage- und Informationsrecht aus dem Zitierrecht (Art. 43 Abs. 1 GG) hergeleitet.[16] Diese Sichtweise verkennt, dass die Zitierung einen Mehrheitsbeschluss benötigt, die Frage im parlamentarischen Regierungssystem aber (sinnvollerweise) nicht.

536 Aus dem Grundgesetz ergeben sich **Begrenzungen des Informationsanspruchs**, d.h. Auskunftsverweigerungsgründe:

- Bei Angelegenheiten, die nicht in die **Zuständigkeit der Bundesregierung** und ihrer nachgeordneten Behörden fallen, besteht eine Antwortpflicht nicht, da es insoweit an einer Verantwortlichkeit der Regierung gegenüber dem Bundestag fehlt.[17] Die Tätigkeit von mehrheitlich oder vollständig in der Hand des Bundes befindlichen Unternehmen des Privatrechts gehört indessen zum Zuständigkeitsbereich der Bundesregierung.[18]
- Auch das **Gewaltenteilungsprinzip** begrenzt den Informationsanspruch: Es besteht ein **Kernbereich exekutiver Eigenverantwortung**, der einen grundsätzlich nicht ausforschbaren Initiativ-, Beratungs- und Handlungsspielraum einschließt. Dazu gehört z.B. die Willensbildung der Regierung selbst, sowohl hinsichtlich der Erörterungen im Kabinett als auch bei der Vorbereitung von Kabinetts- und Ressortentscheidungen, die sich vornehmlich in ressortübergreifenden und -internen Abstimmungsprozessen vollzieht. Die Kontrolle erstreckt sich demnach grundsätzlich nur auf bereits abgeschlossene Vorgänge; sie enthält nicht die Befugnis, in laufende Verhandlungen und Entscheidungsvorbereitungen einzugreifen.[19]

Beispiel: Laufende Stellenbesetzungsverfahren innerhalb der Ministerien oder der nachgeordneten Behörden.

- Aber auch bei abgeschlossenen Vorgängen sind Fälle möglich, in denen die Regierung Tatsachen aus dem Kernbereich exekutiver Eigenverantwortung nicht mitzuteilen verpflichtet ist.[20]
- Eine weitere Grenze bildet „das Wohl des Bundes oder eines Landes (**Staatswohl**), das durch das Bekanntwerden geheimhaltungsbedürftiger Informationen gefährdet werden kann".[21] Jedoch sind die Geheimschutzbestimmungen des Bundestages[22] und die Strafbarkeit einer Verschwiegenheitsverletzung (§ 353b Abs. 2 Nr. 1 StGB)[23] sowie der Umstand zu berücksichtigen, dass das Staatswohl Regie-

---

14 Vgl. BVerfGE 124, 161 (197); 147, 50 (147 f.).
15 Vgl. BVerfGE 13, 123 (125); 57, 1 (5, 8); 67, 100 (129); 105, 252 (270); 105, 279 (306); 124, 161 (185); 137, 185 (231); 139, 194 (223); 146, 1 (38); 147, 50 (126).
16 Vgl. zu Art. 33 WRV *Anschütz*, WRV, 14. Aufl. 1933, Art. 33 Anm. 1; zu Art. 43 GG z.B. *von Mangoldt/Klein*, GG, 2. Aufl. 1966, Art. 43 Anm. II 2; *Stern*, StaatsR II, S. 55 f.
17 Vgl. BVerfGE 137, 185 (233); 139, 194 (227 ff.); 146, 1 (40); 147, 50 (133).
18 Vgl. BVerfGE 147, 50 (134).
19 Vgl. BVerfGE 67, 100 (139); 110, 199 (214 f.); 124, 78 (120 f.); 137, 185 (234 f.); 146, 1 (42); 147, 50 (138 f.).
20 Vgl. BVerfGE 67, 100 (139); 110, 199 (216); 147, 50 (140).
21 Vgl. BVerfGE 67, 100 (134 ff.); 124, 78 (123); 137, 185 (240); 147, 50 (146).
22 Vgl. BVerfGE 67, 100 (135); 77, 1, (48); 70, 324 (359); 137, 185 (240); 146, 1 (43 f.); 147, 50 (146).
23 Vgl. BVerfGE 67, 100 (135); 137, 185 (240 f.); 147, 50 (146).

rung und Parlament gemeinsam anvertraut ist.[24] Das Parlament und seine Organe sind keine Außenstehenden, vor denen Informationen zum Schutz des Staatswohls geheim zu halten sind.[25] Auch durch die Beschränkung des Fragerechts auf die Mitglieder des PKGr (Art. 45d GG) „wird ein Maß an Geheimhaltung praktisch ermöglicht, das zum Ausgleich der kollidierenden Interessen [der Bundesregierung und des Bundestages] führen kann".[26]

- **Grundrechte Dritter**, die durch die Preisgabe geheimhaltungsbedürftiger Informationen betroffen sein können, begrenzen die Antwortpflicht ebenfalls (Art. 1 Abs. 3 GG).[27]

In Betracht kommen **zum Beispiel**: die Berufsfreiheit (Art. 12 Abs. 1 GG),[28] das Eigentumsrecht (Art. 14 GG),[29] das allgemeine Persönlichkeitsrecht (z.B. in seiner Ausformung als Recht auf informationelle Selbstbestimmung, Art. 2 Abs. 1 i.V.m. Art. 1 Abs. 1 GG)[30] und das Recht auf Leben und körperliche Unversehrtheit (z.B. von V-Leuten, Art. 2 Abs. 2 S. 1 GG).[31]

- Auch juristische Personen können Grundrechtsträger sein (Art. 19 Abs. 3 GG) und sich auf die Berufsfreiheit und das Eigentumsrecht berufen.[32] Mehrheitlich oder vollständig in Bundeshand befindliche Unternehmen können sich nicht auf Grundrechte, namentlich nicht auf den Schutz ihrer Betriebs- und Geschäftsgeheimnisse (Art. 12 Abs. 1, Art. 14 Abs. 1 GG) berufen.[33] Das Frage- und Informationsrecht des Parlaments überwiegt die Grundrechte Privater in aller Regel dann, wenn „Parlament und Regierung Vorkehrungen für den Geheimschutz getroffen haben, die das ungestörte Zusammenwirken beider Verfassungsorgane auf diesem Gebiet gewährleisten, und wenn der Grundsatz der Verhältnismäßigkeit gewahrt ist".[34] Ausgenommen sind aber Informationen, deren Weitergabe wegen ihres streng persönlichen Charakters für die Betroffenen unzumutbar ist.[35]
- Eine **rechtsmissbräuchliche Anfrage** muss nicht beantwortet werden. Rechtsmissbrauch ist aber nur in Ausnahmefällen anzunehmen, wenn nämlich der fragende Abgeordnete kein legitimes Interesse an der Antwort haben kann.[36] Dies ist z.B. der Fall, wenn die Anfrage erkennbar ausschließlich bezweckt, den Geschäftsbetrieb der Bundesregierung zu stören.[37] Die „Beweislast" für den Rechtsmissbrauch trifft die Bundesregierung.[38]

---

24 Vgl. BVerfGE 67, 100 (136); 124, 78 (124); 137, 185 (241); 146, 1 (43); 147, 50 (146 f.).
25 Vgl. BVerfGE 124, 78 (124); 137, 185 (241), 146, 1 (43); 147, 50 (147).
26 BVerfGE 137, 185 (262); 146, 1 (44).
27 Vgl. BVerfGE 67, 100 (142); 76, 363 (387); 77, 1 (46); 124, 78 (125); 137, 185 (243); 146, 1 (45); 147, 50 (141).
28 Vgl. BVerfGE 137, 185 (243).
29 Vgl. BVerfGE 77, 1 (46).
30 Vgl. BVerfGE 77, 1 (46); 146, 1 (46).
31 Vgl. BVerfGE 67, 100 (144); 146, 1 (45 f.).
32 Vgl. nur BVerfGE 50, 290 (363); 77, 1 (46); 115, 205 (229); 137, 185 (243).
33 Vgl. BVerfGE 147, 50 (143).
34 BVerfGE 146, 1 (47 f.).
35 Vgl. BVerfGE 67, 100 (144); 76,. 363 (388); 146, 1 (48).
36 Vgl. BVerfGE 124, 161 (198).
37 Vgl. *Harks*, JuS 2014, 979 (981).
38 Vgl. BVerfGE 124, 161 (198).

537 Aus ihrer grundsätzlichen Verfassungspflicht, Fragen aus dem Parlament zu beantworten, folgt, dass die Bundesregierung es begründen muss, wenn sie eine Auskunft verweigert. Nur so kann das Parlament nachvollziehen, ob die Weigerung berechtigt ist und ob es weitere Schritte einleitet, und somit Kontrolle ausüben.[39] Die Bundesregierung trifft eine **besondere Begründungspflicht**, „soweit sie ihre Antwort nicht in der nach § 104 i.V.m. §§ 75 Abs. 3, 76 Abs. 1 GO-BT vorgesehenen, zur Veröffentlichung in einer Bundestagsdrucksache bestimmten Weise erteilt, sondern sie eingestuft in der Geheimschutzstelle des Bundestages zur Verfügung stellt. Denn der parlamentarische Informationsanspruch als solcher ist auf Beantwortung gestellter Fragen in der Öffentlichkeit angelegt."[40] Die Begründungspflicht entfällt, wenn die Geheimhaltungspflicht evident ist.[41]

538 **Lösung Fall 22: Bahnauskunft (Rn. 534)**

Die Weigerung der Bundesregierung war unzulässig. Der Bundestag hat nach Art. 38 Abs. 1 S. 2 und Art. 20 Abs. 2 S. 2 GG ein allgemeines Frage- und Informationsrecht gegenüber der Bundesregierung, an dem die Fraktionen teilhaben. Ihm korrespondiert eine grundsätzliche Antwortpflicht der Bundesregierung. Zwar besteht keine Auskunftspflicht zur Tätigkeit privater Unternehmen. Dagegen sprächen auch deren Grundrechte. Aber die Tätigkeit von mehrheitlich oder vollständig in der Hand des Bundes befindlichen Unternehmen des Privatrechts gehört zum Zuständigkeitsbereich der Bundesregierung.[42] Die Deutsche Bahn AG ist das klassische Beispiel für ein Unternehmen in Bundeshand. Sie kann sich nicht auf Grundrechte, namentlich auf den Schutz ihrer Betriebs- und Geschäftsgeheimnisse durch Art. 12 Abs. 1 oder Art. 14 Abs. 1 GG berufen, da sämtliche Anteile an ihr vom Staat gehalten werden.[43] Über ihr Geschäftsgebahren muss die Bundesregierung dem Bundestag, den Fraktionen oder den Abgeordneten Auskunft geben.

539 Sofern eine Antwortpflicht besteht, haben der Bundestag oder einzelne Abgeordnete indessen **nicht das Recht, Akten vorgelegt zu bekommen, also Akteneinsicht zu nehmen**.[44] Dieses Recht haben nur Untersuchungsausschüsse (Art. 44 Abs. 2 S. 1, Abs. 3 GG, § 18 PUAG).

540 Die **Einzelheiten des Fragerechts** regelt die GO-BT:

- „**Große Anfragen**" (§§ 100 ff. GO-BT) betreffen wichtige politische Fragen. Sie müssen von einer Fraktion oder von fünf Prozent der Abgeordneten unterstützt werden (§ 76 Abs. 1 GO-BT) und können als sog. selbstständige Vorlagen auf die Tagesordnung des Plenums gesetzt werden.
- „**Kleine Anfragen**" (§ 104 GO-BT) sind ebenfalls zu unterzeichnen (§ 76 Abs. 1 GO-BT), dürfen aber nicht auf die Tagesordnung des Plenums gesetzt werden (§ 75 Abs. 3 GO-BT). Die Abgrenzung zwischen Großer und Kleiner Anfrage ist nicht trennscharf möglich.

---

39 Vgl. BVerfGE 124, 161 (193); 137, 185 (244); 139, 194 (231); 146, 1 (48); 147, 50 (149).
40 BVerfGE 147, 50 (150).
41 Ebd.; BVerfGE 139, 194 (231 f.)
42 Vgl. BVerfGE 147, 50 (134 ff.).
43 Vgl. BVerfGE 147, 50 (153).
44 Vgl. statt vieler *Pieroth*, in: JP, Art. 43 Rn. 3.

- Jedes Mitglied des Bundestages hat in der **Fragestunde**, die in jeder Sitzungswoche mittwochs stattfindet (§ 105 GO-BT, Anlage 4 zur GO-BT), das Recht, kurze mündliche, vorher eingereichte Fragen zur mündlichen oder schriftlichen Beantwortung an die anwesenden Vertreter der Bundesregierung (zumeist Parlamentarische Staatssekretäre oder Staatsminister) zu stellen. Gestellt werden dürfen pro Sitzungswoche zwei mündliche und pro Monat vier schriftliche Fragen (Ziff. I.1, IV.1 der Anlage 4 zur GO-BT).
- In der **Regierungsbefragung**, die ebenfalls in jeder Sitzungswoche mittwochs vor der Fragestunde stattfindet (§ 106 Abs. 2 GO-BT, Anlage 7), kann jedes Mitglied des Bundestages Fragen von aktuellem Interesse, vorrangig jedoch zur vorherigen Kabinettssitzung, an die Bundesregierung stellen. Die Fragen sind – im Unterschied zur Fragestunde – nicht vorher einzureichen. In der jüngeren Praxis beantwortet vorrangig ein Kabinettsmitglied die Fragen.
- Die Großen und Kleinen Anfragen sowie die schriftlichen Fragen in der Fragestunde sind innerhalb fester **Fristen** zu beantworten. Die Fristen können aber unter Umständen verlängert werden, wenn der Fragesteller einverstanden ist.

Die Kontrollwirkung des Frage- und Informationsrechts darf nicht unterschätzt werden. Vornehmlich die Antworten der Bundesregierung auf Kleine Anfragen sind häufig Anlass für Medienberichte.[45] **541**

Die Stiefkinder des Frage- und Informationsrechts sind hingegen die **Fragestunde** und die **Regierungsbefragung**. Sie finden am Mittwochnachmittag einer Sitzungswoche ab 13 Uhr statt. Die Beteiligung der Abgeordneten ist üblicherweise sehr gering. Dasselbe dürfte für die Zuschauerzahlen gelten. In der Fragestunde lesen zumeist Parlamentarische Staatsekretäre ausformulierte Antworten auf vorher eingereichte Abgeordnetenfragen vor. An der Regierungsbefragung nimmt zwar mittlerweile ein Regierungsmitglied teil. Doch hat es die Bundesregierung in der Hand, wen sie schickt. Die bisherige Ausgestaltung lädt nicht unbedingt dazu ein, das Geschehen zu verfolgen. Eine Reform im Frühjahr 2019 bewirkte keine substanzielle Änderung oder gar Verbesserung. Lediglich der Umstand, dass sich seit einiger Zeit auch die Bundeskanzlerin ab und an einer Befragung durch das Parlament stellt, hat die mediale und öffentliche Aufmerksamkeit (allerdings auch nur auf diese Termine) erhöht. **542**

Ob sich eine Teilnahme bestimmter, vom Bundestag vorab benannter Minister rechtlich verankern lässt, ist umstritten. In einer öffentlichen Anhörung vor dem Ausschuss für Wahlprüfung, Immunität und Geschäftsordnung am 30. Januar 2019 wurden konträre Positionen vertreten. Sie wurden zum Teil in juristischen Zeitschriften weiter ausgeführt. Eine Ansicht meint, der Bundestag könne die Bundesregierung bzw. einzelne Minister auch vorab durch eine Geschäftsordnungsregel dazu verpflichten, zur Regierungsbefragung im Plenum zu erscheinen sowie Rede und Antwort zu stehen. Die Grundlage dafür sei das Zitierrecht (Art. 43 Abs. 1 GG).[46] Die zutr. Gegenansicht widerspricht dieser Auslegung des Art. 43 Abs. 1 GG: Das Zitierrecht ist explizit in jedem Einzelfall, unter Benennung des herbeigerufenen Regierungsmitglieds auszuüben.[47]

---

45 Vgl. *Ennuschat*, VR 2015, 1 (2).
46 Vgl. *von Achenbach*, Der Staat 58 (2019), 325 (326 ff., 330).
47 Vgl. *Gärditz*, DVBl. 2019, 1298 (1301).

II. Zitierrecht

543 Der Bundestag und jeder seiner Ausschüsse können die Anwesenheit eines jeden Mitglieds der Bundesregierung verlangen (Art. 43 Abs. 1 GG). Sie können es „herbeizitieren". Voraussetzung ist ein Antrag einer Fraktion oder von anwesenden fünf Prozent der Abgeordneten (§ 42 GO-BT). Der Antrag muss mit der Mehrheit der anwesenden Mitglieder beschlossen werden. Im Zitierrecht kommt die Struktur der parlamentarischen Demokratie, in der die Regierung dem Parlament rechenschaftspflichtig ist, zum Ausdruck.[48] Mit der Anwesenheitspflicht geht eine Pflicht einher, „Rede und Antwort" zu stehen. Die Grenzen der Antwortpflicht sind dieselben wie beim allgemeinen Frage- und Informationsrecht. Das Zitierrecht steht also – soweit es über eine reine Anwesenheitspflicht der Regierungsmitglieder hinausreicht – mit dem allgemeinen Fragerecht in einer engen Verbindung. Es stellt gewissermaßen einen Sonderfall dazu dar. Üblicherweise ist eine Herbeizitierung nicht nötig. Zur Parlamentspraxis gehört, dass Kabinettsmitglieder oder jedenfalls Parlamentarische Staatssekretäre oder Staatsminister regelmäßig an Ausschusssitzungen teilnehmen, um dort Bericht zu erstatten und Fragen zu ihrem Zuständigkeitsbereich zu beantworten. Sofern man die Anwesenheit auf das Zitierrecht stützt, genügt die Anwesenheit eines Ministerialbeamten, wie Art. 43 Abs. 1 GG zeigt, nicht.

III. Recht zur Einsetzung von Untersuchungsausschüssen (Enquêterecht)

544 **Fall 23:** Nachdem in den Medien verstärkt über eine Beteiligung des BND am Irakkrieg berichtet wurde, beschloss der Bundestag die Einrichtung eines Untersuchungsausschusses, um politische Verantwortlichkeiten zu klären. Unter Verweis auf ihre Verantwortung für die äußere und innere Sicherheit sowie hochrangige staatliche Interessen verweigerte die Bundesregierung mehrfach die Herausgabe von Akten. Auch verweigerten Zeugen unter Verweis auf fehlende Aussagegenehmigungen die Aussage im Untersuchungsausschuss. Drei der an dem Untersuchungsausschuss beteiligte Fraktionen und die qualifizierte Mehrheit sahen sich in ihren grundgesetzlich verbürgten Kontrollrechten verletzt und beschritten den Weg des Organstreitverfahrens vor dem BVerfG. **Lösung Rn. 592**

545 Untersuchungsausschüsse sind nichtständige Ausschüsse des Bundestages, die Sachverhalte untersuchen und darüber dem Bundestag(splenum) Bericht erstatten. Untersuchungsausschüsse sind „ein traditionelles Mittel parlamentarischer Kontrolle".[49] Das Recht zur Einsetzung solcher Ausschüsse und zur Untersuchung, das **Enquêterecht** (von lat. *inquirere* = nachforschen, prüfen, untersuchen) gehört zu den essenziellen Zuständigkeiten des Parlaments im parlamentarischen Regierungssystem.[50] Das Enquêterecht verdrängt das parlamentarische Frage- und Informationsrecht nicht,

---

48 Vgl. *Klein*, in: MD, Art. 43 Rn. 37.
49 *Ipsen*, Rn. 212.
50 Vgl. nur *Scholz*, AöR 105 (1980), 564 (593). Eine Aufstellung aller Untersuchungsausschüsse des Bundestages von 1949-2014 findet sich bei *Waldhoff*, in: Waldhoff/Gärditz, PUAG, 2015, Anhang II; *Brocker*, in: Glauben/Brocker, Einleitung (zur Kommentierung) Rn. 17 f.

sondern steht gleichberechtigt daneben.[51] Untersuchungsausschüsse sollen mögliche Missstände effektiv aufdecken, ihre Ursachen aufklären, Verantwortlichkeiten zuordnen und Maßnahmen zur Behebung vorschlagen.[52] Untersuchungsausschüsse werden wegen ihrer Beweiserhebungsbefugnisse als „scharfes Schwert"[53], „schärfste Waffe der Opposition"[54], „Kampfinstrument der Opposition"[55] oder „das zentrale Kontrollrecht des Parlamentes"[56] bezeichnet. Die parlamentarische Minderheit – im Regelfall die **Opposition** – ist besonders im Untersuchungsausschuss die **eigentliche Kontrolleurin der Exekutive**.[57] Untersuchungsausschüsse werden überwiegend von einer oppositionellen parlamentarischen Minderheit (**Minderheitsenquête**), in seltenen Fällen von der Parlamentsmehrheit (**Mehrheitsenquête**) beantragt. Manchmal findet ein Einsetzungsantrag die Unterstützung des gesamten Bundestages, so z.B. im Fall des „NSU". Selbst wenn Untersuchungsausschüsse nicht die objektive Wahrheit ermitteln (können),[58] sondern eher ein öffentliches Forum des politischen Schlagabtausches und der Debatte zwischen parlamentarischer Minderheit und Mehrheit – in der Regel zwischen Opposition und Regierung – sind, üben sie gerade deswegen eine wichtige Funktion aus. Wegen der in aller Regel öffentlichen Beweiserhebung müssen Regierungsvertreter das Verhalten der Regierung öffentlich rechtfertigen. Dieser Kontrollaspekt und der genannte Diskussionsaspekt sind für das parlamentarische Regierungssystem sehr bedeutsam.[59] Außerdem können die Ergebnisse von Untersuchungsausschüssen in den Gesetzgebungsprozess einfließen, um mögliche Missstände abzustellen.

Seit dem Jahr 2001 regelt das Gesetz zur Regelung des Rechts der Untersuchungsausschüsse des Deutschen Bundestages (**Untersuchungsausschussgesetz, PUAG**) die Arbeit der Untersuchungsausschüsse. In dieses Gesetz sind neben den IPA-Regeln – einem zuvor als „Quasi-Gesetz"[60] behandelten Entwurf aus der 5. Wahlperiode[61], der per Einsetzungsbeschluss jedem Ausschuss als Sondergeschäftsordnung[62] diente – die Rechtsprechung des BVerfG und der Fachgerichte sowie die bis dahin gesammelten parlamentarischen Erfahrungen zum Enquêterecht eingeflossen.[63]   **546**

Mit dem Erlass des PUAG hat sich der **unmittelbare Rückgriff auf die StPO** bzw. deren sinngemäße Anwendung (Art. 44 Abs. 2 S. 1 GG) **grundsätzlich erledigt**.[64] Das PUAG ist aber kein abschließendes Gesetz.[65] Die StPO bleibt in Ausnahmefällen (z.B. § 68a[66], § 307[67]) an-   **547**

---

51 Vgl. BVerfGE 124, 161 (192).
52 Vgl. *Rixecker*, in: FS Wendt, 2015, S. 1272.
53 Vgl. z.B. *Brocker*, in: Glauben/Brocker, Kapitel 1 Rn. 4.
54 Vgl. *Waldhoff*, in: Waldhoff/Gärditz, § 1 Rn. 51.
55 Vgl. etwa *Schulte*, Jura 2003, 505.
56 Vgl. *Cancik*, ZParl. 48 (2017), 516 (525).
57 Vgl. BVerfGE 49, 70 (85 f.).
58 Hierauf weist krit. *Klein*, in: MD, Art. 44 Rn. 252 ff., hin; a.A. *Schröder*, in: SZ, § 46 Rn. 8; *Mager*, Der Staat 41 (2002), 597 (602).
59 Vgl. *Schröder*, in: SZ, § 46 Rn. 8; *Mager*, Der Staat 41 (2002), 597 (602).
60 *Zeh*, in: HStR III, § 53 Rn. 80.
61 Vgl. BT-Drs. V/4209.
62 Vgl. *Kluth*, in: SBHH, Art. 44 Rn. 2.
63 Vgl. BT-Drs. 14/5790, S. 11.
64 Vgl. *Gärditz*, in: Waldhoff/Gärditz, Vorbemerkung E Rn. 18.
65 Vgl. BT-Drs. 14/5790, S. 13.
66 Vgl. *Schulte*, Jura 2003, 505 (508).
67 Vgl. BGH, NStZ-RR 2017, 53.

wendbar. Die Regelung durch das PUAG verstößt nicht gegen die ausdrückliche Verweisung des Art. 44 Abs. 2 S. 1 GG auf die sinngemäße Anwendung der StPO. Das PUAG übernimmt die Funktion eines Ausführungsgesetzes zu Art. 44 GG.[68] Es schreibt die nach der bisherigen Rechtsprechung und Praxis allgemein anerkannten, der Verweisung des Art. 44 Abs. 2 S. 1 GG entnommenen Verfahren der Beweiserhebung fest.[69] Keine dieser Regelungen widerspricht dem, was gemäß Art. 44 Abs. 2 S. 1 GG zu verlangen ist.[70] Die StPO bleibt – wie gesehen – in den Fällen, die das PUAG nicht abdeckt, anwendbar. Die **GO-BT** ist zwar für Untersuchungsausschüsse subsidiär anzuwenden (§ 54 Abs. 2 GO-BT). Angesichts der umfassenden Verfahrensregelungen des PUAG ist sie für Untersuchungsausschüsse aber in der Praxis weitgehend bedeutungslos.[71]

1. Untersuchungsgegenstand

548 Der Untersuchungsgegenstand (oder Untersuchungsauftrag) ist Dreh- und Angelpunkt des Ausschussgeschehens. Er begrenzt die Ausschusstätigkeit (§ 3 S. 1 PUAG). Der Untersuchungsgegenstand muss verfassungskonform sein.

a) Bestimmtheit

549 Der Untersuchungsgegenstand muss erstens bestimmt sein,[72] und zwar auch in zeitlicher Hinsicht. Nach dem Beschluss eingetretene Sachverhalte sind nicht Untersuchungsgegenstand; danach entstandene Beweismittel können aber herangezogen werden[73]. Aus dem Einsetzungsbeschluss, d.h. dem Einsetzungsantrag mit etwaigen Änderungsmaßgaben in der Beschlussempfehlung des federführenden 1. Ausschusses, muss genau erkennbar sein, was untersucht werden soll.

b) Antezipationsverbot

550 Zweitens darf der Einsetzungsbeschluss die Untersuchung nicht von vornherein auf ein bestimmtes Ergebnis festlegen.[74]

c) Kompetenz des Bundes und des Bundestages

551 Drittens muss der Untersuchungsgegenstand in die Kompetenz des Bundes und die des Bundestages fallen. Denn das Enquêterecht kann nicht weiter reichen als die Zuständigkeit des Parlaments (sog. Korollartheorie *Egon Zweigs* von 1913, von lat. *corollarium*: „Geschenk, Zugabe")[75]:

---

68 Vgl. BT-Drs. 14/5790, S. 1; *Brocker*, in: Glauben/Brocker, Kap. 3 Rn. 5; *Gärditz*, in: Waldhoff/Gärditz, Vorbemerkung E Rn. 18.
69 Vgl. *Schulte*, Jura 2003, 505 (508).
70 Vgl. ebd.
71 Vgl. *Brocker*, in: Glauben/Brocker, Kapitel 3 Rn. 5; *Waldhoff*, in: Waldhoff/Gärditz, Vorbemerkung C Rn. 14.
72 Vgl. BVerfGE 124, 78 (119); 143, 101 (136); BT-Drs. 14/5790, S. 14 zu § 1 PUAG.
73 Vgl. *Peters*, NVwZ 2012, 1574 (1576); *Glauben*, in: Glauben/Brocker, Kapitel 6 Rn. 8, § 1 Rn. 19 verweist unter Bezugnahme auf SächsVerfGH, SächsVBl. 2009, 8 (14) auf die Möglichkeit, den Untersuchungsgegenstand von vornherein umfassender zu formulieren, um die Lückenhaftigkeit des Ermittlungsmaterials zu berücksichtigen und auf spätere Erkenntnisse reagieren zu können.
74 Vgl. *Brocker*, in: MSW, § 31 Rn. 34 unter Verweis auf SächsVerfGH, LKV 2008, 507 (509, 511).
75 Vgl. etwa *Böckenförde*, AöR 103 (1978), 1 (4); *Schröder*, in: SZ, § 46 Rn. 2; *Brocker*, in: MSW, § 31 Rn. 18; *Schulte*, Jura 2003, 505 (506); a.A. *Masing*, Parlamentarische Untersuchungen privater Sachverhalte, 1998, S. 167 ff., 353; *Klein*, in: MD, Art. 44 Rn. 122.

aa) Der Untersuchungsgegenstand wird durch das **Bundesstaatsprinzip** begrenzt.   **552**
Sachverhalte, die in die Landeszuständigkeit fallen, Vorgänge des kommunalen Bereichs (Art. 28 Abs. 2 GG) und EU-Angelegenheiten sind keine tauglichen Untersuchungsgegenstände.[76] Dazu gehört z.B. das Verhalten einer Landesregierung oder der Vollzug von Landesgesetzen durch Landesbehörden.[77] Auch die laufende Untersuchungsausschusstätigkeit der Landesparlamente darf wegen des Bundesstaatsprinzips und wegen deren Parlamentsautonomie nicht ausgeforscht werden – was umgekehrt auch Untersuchungsausschüssen der Landesparlamente die Ausforschung laufender Enquêteverfahren des Bundestages verwehrt. Unter bestimmten Voraussetzungen darf aber der Vollzug von Bundesgesetzen durch Landesbehörden (Art. 83 ff. GG) durch einen Untersuchungsausschuss des Bundestages zum Zwecke der Kontrolle der Bundesregierung untersucht werden (mittelbare Untersuchung von Landesbehörden). Dabei ist zu unterscheiden, ob die Bundesgesetze von den Ländern als eigene Angelegenheit (Art. 84 GG) oder als Auftragsangelegenheit (Bundesauftragsverwaltung, vgl. Art. 85 GG) ausgeführt werden:[78] Im *ersten Fall* darf lediglich untersucht werden, ob und wie die Bundesregierung und die ihr nachgeordneten Behörden die ihr zustehenden Aufsichtsbefugnisse – die auch die Entsendung eines Beauftragten und Einzelweisungen umfassen – ausgeübt haben.[79] Gegenstand darf allein eine Rechtmäßigkeitskontrolle der Tätigkeit der Landesbehörden[80] und eine Zweckmäßigkeitskontrolle des Handelns der Bundesregierung[81] sein. Die Landesbehörden sind im Rahmen des zulässigen Untersuchungsbereichs zur Mitwirkung, auch gegenüber einem Untersuchungsausschuss des Bundestages, verpflichtet.[82] Im Fall der *Bundesauftragsverwaltung* darf der Untersuchungsausschuss ebenfalls nur das Verhalten der Bundesregierung (und ihrer nachgeordneten Behörden) gegenüber den Landesbehörden überprüfen. Da die Bundesaufsicht durch die Bundesregierung bei der Auftragsverwaltung neben der Recht- auch eine Zweckmäßigkeitskontrolle umfasst, darf ein Untersuchungsausschuss des Bundestages insoweit die Zweckmäßigkeit des Handelns von Landesbehörden untersuchen.[83] Der Untersuchungsausschuss hat in diesem Fall auch einen Anspruch gegenüber den Landesbehörden auf Aktenvorlage.[84] Die Zusammenarbeit von Bundes- und (nach eigenem Recht handelnden) Landesbehörden kann ebenfalls untersucht werden.[85]

---

76 Vgl. z.B. *Brocker*, in: MSW, § 31 Rn. 20; *von Achenbach*, in: Waldhoff/Gärditz, Vorbemerkung D Rn. 27 ff.; *Schulte*, Jura 2003, 505 (506).
77 Zumindest missverständlich *Morlok*, in: Dreier, Art. 44 Rn. 24.
78 Vgl. *Glauben*, in: Glauben/Brocker, Kapitel 5 Rn. 77; *von Achenbach*, in: Waldhoff/Gärditz, Vorbemerkung D Rn. 18 ff.
79 Vgl. *Glauben*, in: Glauben/Brocker, Kapitel 5 Rn. 80, § 1 Rn. 39; *von Achenbach*, in: Waldhoff/Gärditz, Vorbemerkung D Rn. 21.
80 Vgl. *Glauben*, in: Glauben/Brocker, Kapitel 5 Rn. 82, § 1 Rn. 40.
81 Vgl. *von Achenbach*, in: Waldhoff/Gärditz, Vorbemerkung D Rn. 21 f.
82 Vgl. *Glauben*, in: Glauben/Brocker, Kapitel 5 Rn. 83; *von Achenbach*, in: Waldhoff/Gärditz, Vorbemerkung D Rn. 22.
83 Vgl. *Glauben*, in: Glauben/Brocker, Kapitel 5 Rn. 85 f.; *von Achenbach*, in: Waldhoff/Gärditz, Vorbemerkung D Rn. 23.
84 Vgl. *Glauben*, in: Glauben/Brocker, Kapitel 5 Rn. 87; *von Achenbach*, in: Waldhoff/Gärditz, Vorbemerkung D Rn. 24.
85 Vgl. etwa *Brocker*, in: MSW, § 31 Rn. 21; *Schröder*, in: SZ, § 46 Rn. 19.

553 bb) Der **Gewaltenteilungsgrundsatz im Verhältnis zur Judikative** begrenzt ebenfalls den Untersuchungsgegenstand. Die Rechtsprechungstätigkeit der Gerichte – laufende und beendete Gerichtsverfahren sowie Urteile und Beschlüsse – darf nicht untersucht werden (Art. 97 Abs. 1 GG).[86] Die Tätigkeit der Justiz*verwaltung* kann hingegen untersucht werden. Parallele Verfahren vor dem Untersuchungsausschuss und vor einem Gericht sind möglich.[87] Ausschuss und Gericht können zu unterschiedlichen Ergebnissen kommen (Art. 44 Abs. 4 S. 2 GG), zumal ihr Prüfungsauftrag und die Wirkungen ihres Handelns unterschiedlich sind.

554 cc) Ferner begrenzt der **Gewaltenteilungsgrundsatz im Verhältnis zu Exekutive** den Untersuchungsgegenstand: Das BVerfG hat nach Vorarbeit von *Rupert Scholz*[88] einen „**Kernbereich exekutiver Eigenverantwortung**" entwickelt[89]. Laufende Regierungstätigkeit kann nicht durch einen Untersuchungsausschuss „begleitet" werden, vorbeugende Kontrolle ist erst recht unzulässig.[90] Es geht darum, der Regierung einen „grundsätzlich nicht ausforschbaren Initiativ-, Beratungs- und Handlungsbereich" zu sichern.[91] Das betrifft zunächst die interne Willensbildung der Regierung selbst wie Kabinettsberatungen, Ressortabstimmungen, Vorbereitung von Kabinetts- und Ressortentscheidungen sowie sonstige ressortübergreifende oder ressortinterne Abstimmungsprozesse.[92] Untersuchungsausschüsse sind **vergangenheitszentriert**. Für Angelegenheiten der Gegenwart, erst Recht der Zukunft sind sie weder geeignet noch zulässig. Der **Streit um die Reichweite des Schutzes eines Kernbereichs exekutiver Eigenverantwortung** kreist darum, ob diese „Sperre" auch für abgeschlossene, vollständig in der Vergangenheit liegende Sachverhalte gilt. Da laufende Regierungstätigkeit ohnehin grundsätzlich nicht Gegenstand parlamentarischer Untersuchung sein kann, hängt davon die Bedeutung dieser verfassungsrechtlichen Einschränkung parlamentarischer Kontrolle maßgeblich ab. Hier können eine „regierungsfreundliche", eine „parlamentsfreundliche" sowie – so das BVerfG – eine auf Abwägung im Einzelfall abstellende Auffassung unterschieden werden.

555 Die **„regierungsfreundliche" Sichtweise** geht auf die umfassende Gutachtertätigkeit im Zusammenhang mit dem Flick-Parteispendenskandal zurück (*Scholz*; *Stern*) und schien zunächst in der zugehörigen Verfassungsgerichtsentscheidung volle Bestätigung zu finden, wenn dort ausgeführt wurde: „Die Kontrollkompetenz des Bundestages erstreckt sich demnach grundsätzlich nur auf *bereits abgeschlossene* Vorgänge. [...] Aber auch bei abgeschlossenen Vorgängen sind Fälle möglich, in denen die Regierung aus dem Kernbereich exekutiver Eigenverantwortung geheimzuhaltende Tatsachen mitzuteilen nicht verpflichtet ist."[93] Die Literatur hat dies mit dem Argument der Einheitlichkeit des Regierungshandelns erklärt. Zudem seien die **Vorwirkungen**

---

86 Vgl. z.B. *Klein*, in: MD, Art. 44 Rn. 166; *Morlok*, in: Dreier, Art. 44 Rn. 29; *Schulte*, Jura 2003, 505 (506); *Peters*, Rn. 78.
87 Vgl. statt vieler *Peters*, Rn. 79.
88 *Scholz*, AöR 105 (1980), 564 (598); zur Konstruktion eines Kernbereichs *parlamentarischer* Verantwortung *Risse*, JZ 2018, 71 (76 ff.).
89 BVerfGE 67, 100 (139); 77, 1 (59); 110, 199 (214 ff.); *Glauben*, in: BK, Art. 44 Rn. 46.
90 BVerfGE 67, 100 (139); 124, 78 (120 f.).
91 BVerfGE 67, 100 (139); 124, 78 (120).
92 BVerfGE 124, 78 (130).
93 BVerfGE 67, 100 (139).

zu berücksichtigen, denn wenn die Gefahr einer späteren Veröffentlichung bestehe, agierten die Beteiligten bereits unter Berücksichtigung einer potenziellen Untersuchung bzw. Veröffentlichung. Der Schutzzweck der Figur des Kernbereichs exekutiver Eigenverantwortung würde so verfehlt.[94] Die **„parlamentsfreundliche Sicht"** wurde vorrangig vom **Bremer Staatsgerichtshof** vertreten, der funktionalistisch betont, der Untersuchungserfolg hänge regelmäßig davon ab, dass das Parlament auch in die interne Entscheidungsfindung der Exekutive Einblicke erhalte.[95]

Das **BVerfG** hat durch den Beschluss vom 30. März 2004 klarstellen können, dass **556** auch in der Vergangenheit abgeschlossene Vorgänge nicht schutzlos bleiben.[96] Für gegenwärtige, „laufende" Entscheidungen wird die im Flick-Urteil angelegte Rechtsprechung konkretisiert und bekräftigt.[97] Entscheidend sind damit die Ausführungen zu in der Vergangenheit abgeschlossenem Regierungshandeln. Der Zweite Senat betont, dass die herangezogene Argumentationsfigur auch hier Grenzen aufrichtet: Der aus dem Gewaltenteilungsprinzip folgende Schutz vor informatorischen Eingriffen in den Bereich exekutiver Entscheidungsvorbereitung erschöpft sich jedoch nicht in dieser Abschirmung gegen unmittelbare Eingriffe in die autonome Kompetenzausübung der Regierung. Auch dem nachträglichen parlamentarischen Zugriff auf Informationen aus der Phase der Vorbereitung von Regierungsentscheidungen setzt der Gewaltenteilungsgrundsatz Grenzen. Zwar gebietet dieser Grundsatz gerade im Hinblick auf die starke Stellung der Regierung eine Auslegung des Grundgesetzes dahin, dass parlamentarische Kontrolle wirksam sein kann.[98] Dies wäre nicht der Fall, wenn die dazu nötigen Informationen aus dem Bereich der Vorbereitung von Regierungsentscheidungen dem Parlament grundsätzlich verschlossen blieben. Das BVerfG hat daher bereits im Urteil zum *Flick-Untersuchungsausschuss* deutlich gemacht, dass Informationen aus dem Vorfeld von Regierungsentscheidungen zwar nach Abschluss der jeweiligen Entscheidung nicht mehr im selben Maße geschützt sind wie in der Phase, in der die Kenntnisnahme Dritter diesen einen unmittelbaren Einfluss auf die Entscheidung verschaffen würde, dass aber das parlamentarische Informationsrecht auch dann noch Grenzen hat: Auch bei abgeschlossenen Vorgängen sind Fälle möglich, in denen die Regierung nicht verpflichtet ist, geheimzuhaltende Tatsachen mitzuteilen.[99] Die damit erforderliche **Abwägung** kann nur **im Einzelfall** erfolgen.[100] Ein pauschaler Verweis darauf, dass der Bereich der Willensbildung der Regierung betroffen ist, reicht nicht aus.[101]

dd) Fraglich ist, ob **private Sachverhalte unmittelbar untersucht** werden dürfen **557** (sog. Gesellschaftsenquête). Der Bundestag geriete in solchen Fällen „in die Rolle eines allgemeinen Aufsichtsorgans […], das privates Verhalten nahezu nach Belieben (auch nach dem Willen einer Minderheit) vor den Augen der Öffentlichkeit auszufor-

---

94 *Busse,* DÖV 1989, 45 (49, 51 ff.); *Memminger,* DÖV 1986, 15 (22).
95 DVBl. 1989, 453 (455 ff.).
96 BVerfGE 110, 199 (214 ff.).
97 BVerfGE 110, 199 (214 f.).
98 BVerfGE 67, 100 (130).
99 BVerfGE 67, 100 (139); 110, 199 (217 f.); 124, 78 (121).
100 BVerfGE 110, 199 (219); 124, 78 (122).
101 BVerfGE 124, 78 (122); 110, 199 (221 f.).

schen und damit zu kontrollieren in der Lage" wäre".[102] Die Untersuchung *rein priva-*
ter Sachverhalte ist nach einer weit verbreiteten, zutr. Ansicht unzulässig.[103] Grundsätzlich zulässig ist nach allgemeiner, auch vom BVerfG vertretener Ansicht aber die
Untersuchung solcher Sachverhalte, *die nicht rein privat* sind, sondern zumindest
einen Bereich betreffen, in dem sich privates und öffentliches Handeln mischen, z.B.
der Fall einer öffentlichen Förderung und Steuerbegünstigung eines Privatunterneh-
mens.[104] Die Begründung dafür, warum die Untersuchung rein privater Sachverhalte
unzulässig, aber diejenige „gemischter" Sachverhalte zulässig sein soll, variiert. Ver-
breitet ist die Annahme, in solchen Fällen fehle das (besondere) **öffentliche Interesse**
an der Untersuchung.[105] Es sei in § 1 PUAG hineinzulesen[106] oder sei ein ungeschriebenes Zulässigkeitskriterium.[107] Andere lehnen die Figur des öffentlichen Interesses
aus überzeugenden Gründen ab.[108] Sie wird zwar vom Gesetzgeber des PUAG –
wenn auch ohne nähere Begründung und ohne direkten Bezug auf private Sachverhalte – vorausgesetzt.[109] Aber im Unterschied zum Landesrecht[110] wird sie weder im
Grundgesetz noch im PUAG erwähnt. Außerdem ist das öffentliche Interesse für ein
Zulässigkeitskriterium zu unbestimmt. Daher ist es nicht handhabbar, vor Gericht
nicht überprüfbar und folglich untauglich: Der Bundestag kann *jeden* Vorgang zum
Gegenstand des öffentlichen Interesses erheben; „ein bloß faktisches Interesse an
[einer] Untersuchung ist nahezu beliebig herstellbar".[111] Die teilweise vertretene Auffassung, nur ein normativ vorgezeichnetes öffentliches Interesse sei beachtlich, ein
faktisches hingegen nicht,[112] vermag die – durchaus eingeräumte[113] – Konturenlosig-
keit des Begriffs nicht zu beseitigen. Auch der von Teilen der Literatur[114] unternom-
mene Versuch, die **Grundrechte der von einer Untersuchung betroffenen Privatperson** als Untersuchungsschranke heranzuziehen, ist untauglich.[115] Die Grundrechte
beschränken zwar das Untersuchungsrechts des Bundestages, da die Untersuchungsausschüsse öffentliche Gewalt ausüben (Art. 1 Abs. 3 GG).[116] Diese Beschränkung
zeigt sich aber erst bei einzelnen Untersuchungshandlungen, d.h. beim Beweiserhe-

---

102   *Klein*, in: MD, Art. 44 Rn. 110; ähnlich *Masing*, Parlamentarische Untersuchungen privater Sachver-
      halte, 1998, S. 177.
103   Vgl. statt vieler BT-Drs. 14/5790, S. 14; *Klein*, in: MD, Art. 44 Rn. 122; *Morlok*, in: Dreier, Art. 44
      Rn. 21.
104   Vgl. etwa BVerfGE 77, 1 (43 f., 45); *Klein*, in: MD, Art. 44 Rn. 121 f.; *Waldhoff*, in: Waldhoff/Gär-
      ditz, § 1 Rn. 67.
105   So BVerfGE 67, 100 (14); 77, 1 (44); *Böckenförde*, AöR 103 (1978), 1 (14); *Scholz*, AöR 105
      (1980), 564 (594 f.); *Glauben*, in: Glauben/Brocker, Kapitel 5 Rn. 11 ff.; *Unger*, in: vMKS, Art. 44
      Rn. 24 ff.; *Brocker*, in: BeckOK-GG, Art. 44 Rn. 6 f.; *Kluth*, in: SBHH, Art. 44 Rn. 10; *Morlok*, in:
      Dreier, Art. 44 Rn. 30 f.; *Peters*, Rn. 90 ff.
106   So *Brocker*, in: MSW, § 31 Rn. 17.
107   Vgl. *Unger*, in: vMKS, Art. 44 Rn. 25.
108   So *Klein*, in: MD, Art. 44 Rn. 114; *Masing*, Parlamentarische Untersuchungen privater Sachverhalte,
      1998, S. 206 ff., 209; *Waldhoff*, in: Waldhoff/Gärditz, § 1 Rn. 68; jedenfalls krit. *Mager*, Der Staat
      41 (2002), 597 (606 f.).
109   Vgl. BT-Drs. 14/5790, S. 14.
110   Vgl. die Nachw. bei *Klein*, in: MD, Art. 44 Rn. 113 Fn. 4.
111   *Klein*, in: MD, Art. 44 Rn. 114.
112   Vgl. *Morlok*, in: Dreier, Art. 44 Rn. 31.
113   Vgl. *Unger*, in: vMKS, Art. 44 Rn. 27.
114   So *Brocker*, in: BeckOK-GG, Art. 44 Rn. 18; *Kluth*, in: SBHH, Art. 44 Rn. 10; allerdings jeweils im
      Zusammenspiel mit dem öffentlichen Interesse.
115   Vgl. *Klein*, in: MD, Art. 44 Rn. 115 f.; *Waldhoff*, in: Waldhoff/Gärditz, § 1 Rn. 30, 68.
116   Vgl. BVerfGE 67, 100 (142); 76, 363 (387).

bungsrecht,[117] und noch nicht bei der Einsetzung des Untersuchungsausschusses[118] (beim Untersuchungsgegenstand). Überdies hat das Enquêterecht den „Rang einer immanenten Grundrechtsschranke".[119] Es ist nicht erkennbar, warum und wann sich ein Grundrecht – sofern nicht Willkür vorliegt – gegenüber dem Enquêterecht durchsetzen sollte.[120] Vereinzelt wird vertreten, die Einsetzung eines Untersuchungsausschusses setze einen auf Tatsachen gestützten Anfangsverdacht für Rechtsverstöße voraus.[121] Davon abgesehen, dass ein solches Kriterium dem Wortlaut des Grundgesetzes und des PUAG fremd ist, ist es zur Begrenzung des Untersuchungsrechts auch ungeeignet. Denn ein „Anfangsverdacht" lässt sich leicht konstruieren.[122] Überzeugender erscheint es daher, die Untersuchung rein privater Sachverhalte als Verstoß gegen elementare Rechtsstaatprinzipien anzusehen[123] und auf diese Weise auszuschließen. Der Bürger trägt gegenüber dem Parlament keine politische Verantwortung und unterliegt keiner staatlichen Kontrolle bei der Grundrechtsausübung.[124] Auf rechtswidriges Verhalten zu reagieren ist Sache der Justiz und ggf. der Verwaltung, nicht aber des Parlaments (freiheitverbürgender Effekt der Gewaltenteilung).

ee) Mittelbare Untersuchungen privater Sachverhalte im Wege der Beweiserhebung zur Aufklärung eines öffentlich-rechtlichen Sachverhalts sind grundsätzlich zulässig[125] (zu den Schranken s.u. beim Beweiserhebungsrecht, Rn. 574 ff.). Dem Sinn des Enquêterechts entspricht es, dass jeder Bürger im Untersuchungsverfahren als Informant herangezogen werden kann,[126] indem er aussagt oder Beweismittel wie Akten zur Verfügung stellt.   558

ff) Untersuchungen sind von **vornherein ausgeschlossen** bei Religionsgemeinschaften (Religionsautonomie, Art. 140 GG i.V.m. Art. 137 Abs. 3 WRV),[127] bei Rundfunkanstalten, soweit die Rundfunkfreiheit (Art. 5 Abs. 1 S. 2 Var. 2 GG) reicht,[128] bei Universitäten, soweit die Wissenschaftsfreiheit (Art. 5 Abs. 3 GG) reicht,[129] und bei politischen Parteien (da keine rein privatgerichteten Enquêten zulässig sind).[130] Unstrittig ist, dass die Untersuchung des Verhaltens von Fraktionen unzulässig ist, soweit es den Bereich der politischen Willensbildung betrifft.[131]   559

---

117 Vgl. nur BVerfGE 76, 363 (387); 143, 101 (144).
118 Vgl. *Klein*, in: MD, Art. 44 Rn. 116; *Waldhoff*, in: Waldhoff/Gärditz, § 1 Rn. 30; a.A. *Brocker*, in: BeckOK-GG, Art. 44 Rn. 17; *Morlok*, in: Dreier, Art. 44 Rn. 30; *Peters*, Rn. 93.
119 *Klein*, in: MD, Art. 44 Rn. 115.
120 Vgl. *Klein*, in: MD, Art. 44 Rn. 116; Masing, S. 219 f.
121 So *Steinberger*, Rechtsgutachten erstattet dem 2. Untersuchungsausschuss der 11. Wahlperiode des Deutschen Bundestages, BT-Drs. 11/7800, S. 1195 ff., 1208 ff.; ähnlich *Peters*, Rn. 102, der solche Anhaltspunkte für Missstände verlangt,, deren Aufdeckung im öffentlichen Interesse liegt, sowie *Morlok*, in: Dreier, Art. 44 Rn. 32.
122 Vgl. *Klein*, in: MD, Art. 44 Rn. 118.
123 Vgl. *Klein*, in: MD, Art. 44 Rn. 119 ff.; *Masing*, Parlamentarische Untersuchungen privater Sachverhalte, 1998, S. 282 ff.
124 Vgl. *Klein*, in: MD, Art. 44 Rn. 120; *Morlok*, in: Dreier, Art. 44 Rn. 21.
125 Vgl. statt vieler *Klein*, in: MD, Art. 44 Rn. 134; *Morlok*, in: Dreier, Art. 44 Rn. 21.
126 Vgl. *Masing*, S. 330.
127 Vgl. *Waldhoff*, in: Waldhoff/Gärditz, § 1 Rn. 72.
128 Vgl. *Waldhoff*, in: Waldhoff/Gärditz, § 1 Rn. 73; *Glauben*, in: Glauben/Brocker, Kapitel 5 Rn. 100 ff.
129 Vgl. *Waldhoff*, in: Waldhoff/Gärditz, § 1 Rn. 74; *Glauben*, in: Glauben/Brocker, Kapitel 5 Rn. 105 ff.
130 Vgl. *Waldhoff*, in: Waldhoff/Gärditz, § 1 Rn. 71; *Klein*, in: MD, Art. 44 Rn. 129 ff.; einschr. *Glauben*, in: Glauben/Brocker, Kapitel 5 Rn. 109 ff.; *Morlok*, in: Dreier, Art. 44 Rn. 21.
131 Vgl. *Waldhoff*, in: Waldhoff/Gärditz, § 1 Rn. 71.

560   gg)   Umstritten ist, ob sich die Unzulässigkeit auch auf das **Finanzgebaren der Fraktionen**, insb. die Verwendung von Fraktionsgeldern, erstreckt. Eine Ansicht hält dies für zulässig:[132] Der RhPfVerfGH meint, dass der Landtag Rheinland-Pfalz befugt gewesen sei, einen Untersuchungsausschuss zur Verwendung von Geldern der oppositionellen CDU-Fraktion einzusetzen.[133] Der damit verbundene Eingriff in deren Verfassungsrechte sei gerechtfertigt, wenn der Verdacht von Missständen oder Rechtsverletzungen hinreichend konkret und diese so gewichtig seien, dass das öffentliche Interesse an einer Aufklärung den Schutz der Fraktionsrechte und Oppositionsrechte überwiege. Dies könne insb. der Fall sein, wenn Verfehlungen die ordnungsgemäße Verwendung von Fraktionsmitteln beträfen, weil solche Verfehlungen geeignet seien, das Ansehen und die Funktionsfähigkeit des Parlaments insgesamt zu beeinträchtigen. Das Gericht billigt den Fraktionen einen nicht ausforschbaren „Kernbereich" zu, zu dem es die interne Willensbildung sowie Überlegungen zu politischen Strategien und zur Politikdarstellung zählt. Die vom RhPfVerfGH dargelegte Rechtsauffassung zum Landesrecht ist ebenso wie die damit korrespondierenden Literaturstimmen zum Bundesrecht nicht überzeugend:[134] **Fraktionen oder ihr Verhalten scheiden per se als Untersuchungsgegenstand aus.**[135] Für diese Auffassung streiten folgende Gründe: Bei einer Untersuchung fraktionsinterner Vorgänge befänden sich die Mitglieder der betroffenen Fraktion im Untersuchungsausschuss in einem Dilemma. Sie wären verfassungsrechtlich zur Erfüllung des Untersuchungsauftrages berufen – wenn nicht sogar verpflichtet –, zugleich aber als Fraktionsmitglieder Betroffene. Eine solche Rollenkonfusion widerspräche dem allgemeinen Rechtsgrundsatz, dass niemand Richter in eigener Sache sein kann.[136] Außerdem wäre die Fraktion verpflichtet, z.B. im Rahmen der Aktenvorlage oder der Zeugenvernehmung Interna preiszugeben, ohne dass ein Geheimschutzbereich – ähnlich dem Kernbereich exekutiver Eigenverantwortung – zu erkennen wäre. Etwas Sensibleres als die Geldmittel und die Verwendungszwecke sind kaum vorstellbar, zumal beide gerne öffentlich skandalisiert werden.[137] Eine Untersuchung einer Oppositionsfraktion wäre darüber hinaus auch deswegen unzulässig, weil sie erstens das Kontrollinstrument Untersuchungsausschuss, das typischerweise von der Opposition genutzt wird, in sein Gegenteil verkehren würde:[138] Die Opposition würde statt der Regierung auf die „politische Anklagebank" gesetzt. Ein solches Vorgehen widerspräche dem Zweck des Art. 44 GG. Zweitens, und das ist letztlich entscheidend, würde die Oppositionsarbeit massiv behindert. Die Parlamentsmehrheit hätte es in der Hand, durch immer neue Beweisanträge Kräfte der betroffenen Oppositionsfraktion zu binden und ihre parlamentarische Schlagkraft zu lähmen.[139] Gerade eine kleinere Oppositionsfraktion könnte durch einen gegen sie gerichteten Untersuchungsausschuss faktisch „schachmatt" gesetzt werden. Untersuchungsausschüsse gegen Fraktionen sind überdies gar nicht erforderlich. Parlamentsinterne Vorgänge können innerhalb des Bundestages (oder eines Landesparlaments) aufgeklärt werden, etwa durch den Präsidenten und die Verwaltung oder durch den Ältestenrat. Die Auseinandersetzung zwischen den Fraktionen hat im Plenum und in den Ausschüssen sowie in der Öffentlichkeitsarbeit stattzufinden – aber nicht, indem eine Fraktion zum Gegenstand einer Untersuchung wird, die andere Fraktionen durchführen.

---

132   *Glauben*, in: Glauben/Brocker, Kapitel 5 Rn. 115 ff.
133   RhPfVerfGH, DVBl. 2010, 1504;
134   Ebenso *Klein*, in: MD, Art. 44 Rn. 165a.
135   Ebenso *Pieroth*, in: JP, Art. 44 Rn. 4; *Ipsen*, in: FS Schmidt-Jortzig, 2011, S. 511 ff.
136   Vgl. *Ipsen*, in: FS Schmidt-Jortzig, S. 518 f.
137   Prototypisch z.B. *von Arnim*, Der Verfassungsbruch, 2011, S. 11 ff., 25 ff.
138   Vgl. *Ipsen*, in: FS Schmidt-Jortzig, 2011, S. 514, 521.
139   Ebd.

d) Änderung des Untersuchungsgegenstandes

Der Bundestag darf den Untersuchungsauftrag nachträglich nur mit einem Mehrheitsbeschluss und der Zustimmung der Antragsteller ändern (§ 3 S. 2 i.V.m. § 2 Abs. 2 PUAG). Dies gilt selbstverständlich für eine Beschränkung, aber auch für eine Erweiterung des Untersuchungsauftrages. Denn jede Ausdehnung des Auftrages macht zusätzliche Aufklärungsarbeit nötig und vermehrt die Arbeit des Untersuchungsausschusses, was die Untersuchung blockieren, zumindest aber erheblich verzögern kann.[140]

561

2. Einsetzung

Der Bundestag hat das Recht und auf **Antrag mindestens eines Viertels seiner Mitglieder die Pflicht**, einen Untersuchungsausschuss (durch einen Plenarbeschluss) einzusetzen (Art. 44 Abs. 1 S. 1, § 1 PUAG). Der **Verteidigungsausschuss** konstituiert sich auf Antrag eines Viertels seiner Mitglieder **als Untersuchungsausschuss** (Art. 45a Abs. 2 S. 2 GG, § 34 Abs. 1 S. 2, 3 i.V.m. § 1 PUAG). Ein Untersuchungsausschuss kann also von der Parlamentsmehrheit beantragt werden (**Mehrheitsenquête**) oder von einer parlamentarischen Minderheit (**Minderheitsenquête**). Typischerweise nutzt die parlamentarische Minderheit – im Regelfall: die Opposition – das Enquêterecht, um ein Regierungshandeln aufzuklären oder jedenfalls anzuprangern. Das Quorum von einem Viertel dient dazu, einen Missbrauch zu verhindern, der im Ergebnis die Arbeitsfähigkeit von Verfassungsorganen, hier des Bundestages oder der Regierung, untergraben würde.[141] Der Bundestag ist berechtigt, die Verfassungsmäßigkeit des Einsetzungsantrages zu prüfen und die Untersuchungen auf den verfassungskonformen Teil zu beschränken (§ 2 Abs. 3 S. 1 PUAG). Die Möglichkeit der Teileinsetzung ist nicht verfassungswidrig. Sie vermeidet vielmehr die Situation, dass der Bundestag den Antrag in toto ablehnen *muss*. Sie stellt ein milderes Mittel dar, das dem Minderheitenschutz dient.[142] Die Auffassung, eine Teileinsetzung sei nicht mehr zulässig, wenn die entfallenden Teile so wesentlich überwiegen, dass Ziel und Gegenstand der Untersuchung verändert würden,[143] überzeugt daher nicht.

562

In der Parlamentspraxis kommt es immer wieder – vor allem bei Minderheitsenquêten – zum **Streit über die Verfassungsmäßigkeit** eines Einsetzungsantrages, vor allem des darin genannten Untersuchungsgegenstandes. Zumeist werden Streitigkeiten zwischen den Fraktionen dadurch gelöst, dass die Fraktionen sich (z.B. in Berichterstattergesprächen des federführenden Ausschusses für Wahlprüfung, Immunität und Geschäftsordnung) auf zum Teil umfangreiche Änderungen des ursprünglich beantragten Untersuchungsauftrages verständigen.[144] Sofern es keine Einigung gibt, der Bundestag die Untersuchungen beschränkt und die Antragsteller damit nicht einverstan-

563

---

140 So schon vor dem Erlass des PUAG BVerfGE 49, 70 (86) m.w.N.
141 Vgl. *Cancik*, NVwZ 2014, 18 (21).
142 Vgl. *Gärditz*, in: Waldhoff/Gärditz, § 2 Rn. 26.
143 So aber *Brocker*, in: BeckOK-GG, Art. 44 Rn. 32; *Glauben*, in: Glauben/Brocker, § 2 Rn. 7; *Schulte*, Jura 2003, 505 (507).
144 S. BT-Drs. 18/6601, S. 2 (im Vergleich zu BT-Drs. 18/6330, S. 1 ff.); BT-Drs. 18/7601, S. 3 f. (im Vergleich zu BT-Drs. 18/6839, S. 2 f.); BT-Drs. 18/8683, S. 3 f. (im Vergleich zu BT-Drs. 18/7565, S. 2 ff.); BT-Drs. 18/8932, S. 3 ff. (im Vergleich zu BT-Drs. 18/8273, S. 2 ff.).

den sind, können sie das BVerfG im Wege des **Organstreitverfahrens** anrufen (vgl. den deklaratorischen[145] § 2 Abs. 3 S. 2 PUAG).

3. Vorsitzender, stellvertretender Vorsitzender und Mitglieder

564   Das Plenum legt die Zahl der ordentlichen und der stellvertretenden **Mitglieder** im Einsetzungsbeschluss fest (§ 4 S. 1 PUAG). Die Anteile der Fraktionen an der Mitgliederzahl müssen – wie in anderen Ausschüssen auch – die Fraktionsstärken des Plenums widerspiegeln (§ 4 S. 2 PUAG). Die Sitzzahl pro Fraktion wird nach dem minderheitenfreundlichen[146] System von *St. Laguë/Schepers* berechnet (§ 4 S. 5 PUAG). Die Fraktionen benennen die Mitglieder und berufen sie ggf. wieder ab (§ 5 PUAG). Das Plenum ist daran nicht beteiligt. Auch über die **Person des Vorsitzenden und seines Stellvertreters** befinden allein die Fraktionen. § 6 Abs. 1 S. 2 PUAG macht das deutlich: Der Untersuchungsausschuss bestimmt aus seiner Mitte den Vorsitzenden. Dabei hat er sich an die Vereinbarungen im Ältestenrat zu halten. Für den Stellvertreter gilt, auch ohne ausdrückliche Normierung im PUAG, Entsprechendes.[147] Er muss einer anderen Fraktion als der Vorsitzende angehören (§ 7 Abs. 1 PUAG). Die Vorsitze der Untersuchungsausschüsse werden üblicherweise in einer Reihenfolge besetzt, die der der Fraktionsstärke folgt: Der Vorsitz des ersten Untersuchungsausschusses geht an die stärkste Fraktion, derjenige des zweiten Untersuchungsausschusses an die zweitstärkste Fraktion etc.

565   Der Vorsitzende eines Untersuchungsausschusses hat die **Befugnisse zur Vorbereitung und Leitung der Sitzungen**, die der Vorsitzende eines ständigen Ausschusses besitzt (§§ 59-61 GO-BT, §§ 6 Abs. 2, 8 PUAG), und zudem die **besonderen, sich aus dem PUAG ergebenden Kompetenzen**, die denen eines Vorsitzenden Richters in einem Strafverfahren ähneln. Er leitet die Beweisaufnahme, lädt und belehrt Zeugen (§§ 20, 22 Abs. 3, 24 Abs. 3 PUAG) sowie Sachverständige (§ 28 PUAG), kann grundsätzlich ungeeignete oder nicht zur Sache gehörende Fragen zurückweisen (§ 25 PUAG) und gewährt rechtliches Gehör (§ 32 PUAG). Er hat zu überwachen, ob der Untersuchungsauftrag eingehalten wird und ob die Verfahrens- und Geheimschutzregeln beachtet werden (vgl. insb. § 6 Abs. 2 sowie die §§ 11 ff. PUAG).[148]

4. Untersuchungsverfahren

566   Die Einzelheiten des Untersuchungsverfahrens behandeln die §§ 8 ff. PUAG. Die StPO wird – wie gesehen – hierdurch grundsätzlich verdrängt.

a) Öffentlichkeit und Nichtöffentlichkeit

567   Der Untersuchungsausschuss darf **in öffentlicher Verhandlung die erforderlichen Beweise selbst erheben** (Art. 44 Abs. 1 S. 1 GG, § 13 Abs. 1 S. 1 PUAG). Die Öffentlichkeit kann auch ausgeschlossen werden (Art. 44 Abs. 1 S. 2 GG, § 13 Abs. 1

---

145 Vgl. *Gärditz*, in: Waldhoff/Gärditz, § 2 Rn. 28; *Glauben*, in: Glauben/Brocker, § 2 Rn. 10.
146 Vgl. BT-Drs. 14/5790, S. 12; *Georgii*, in: Waldhoff/Gärditz, § 4 Rn. 12; *von Münch/Mager*, Rn. 223.
147 Vgl. *Hoppe*, in: Waldhoff/Gärditz, § 7 Rn. 1.
148 Detailliert zu den Aufgaben des Vorsitzenden *Hoppe*, in: Waldhoff/Gärditz, § 6 Rn. 7 ff.; *Brocker*, in: Glauben/Brocker, Kapitel 13 Rn. 4 ff.

S. 3 PUAG). **Beratungen und Beschlussfassungen** eines Untersuchungsausschusses **sind nicht öffentlich** (§ 12 Abs. 1 PUAG). Öffentlichkeit meint nach zutr. Ansicht die unmittelbare (Saal-)Öffentlichkeit.[149] Ton- und Filmaufnahmen sowie Ton- und Bildübertragungen sind nur zulässig, wenn der Ausschuss dies mit Zweidrittelmehrheit gestattet und wenn der Zeugen oder Sachverständige zustimmt (§ 13 Abs. 1 S. 4 PUAG). Der Untersuchungsausschuss kann Beweismittel, Beweiserhebungen und Beratungen mit einem Geheimhaltungsgrad versehen (§ 15 Abs. 1 PUAG). Die Entscheidung über die Einstufung richtet sich nach der Geheimschutzordnung des Bundestages (GSO-BT, Anlage 3 zur GO-BT, § 15 Abs. 2 PUAG).[150]

Umstritten ist, ob das Zutrittsrecht nach Art. 43 Abs. 2 S. 1 GG auch für Untersuchungsausschusssitzungen gilt. Eine Ansicht sieht die Möglichkeit, es (durch Ausschussbeschluss) zu beschränken.[151] Die überzeugendere Gegenansicht[152] beruft sich auf den Verfassungswortlaut. Weder Art. 43 noch Art. 44 GG erwähnt mögliche Beschränkungen des Zutrittsrechts. Im Gegenteil ordnet Art. 43 Abs. 2 S. 1 GG an, das Zutrittsrecht bestehe „jederzeit". Doch ist es ausgeschlossen, wenn ein Missbrauch zu befürchten ist.[153] Das Missbrauchsverbot ist Ausdruck der Verfassungsorgantreue.[154] Ein Missbrauch ist zu befürchten und der Zutritt zu verwehren, wenn die Anwesenheit den Untersuchungserfolg gefährden würde.[155] Wer als Zeuge geladen ist, darf daher auch als eigentlich Zutrittsprivilegierter gemäß § 24 Abs. 1 PUAG gebeten werden, bis zur Vernehmung außerhalb des Sitzungssaales zu warten. Diese besondere Regel für Zeugen findet ihre verfassungsrechtliche Basis nicht allein in der Organtreuepflicht, sondern auch in Art. 44 Abs. 2 S. 1 GG. Diese Vorschrift schreibt die sinngemäße Anwendung der Vorschriften über den Strafprozess auf der gleichen normativen Ebene vor, auf der auch das Zutrittsrecht angesiedelt ist.[156]

568

b) Beweiserhebung

Der Untersuchungsausschuss erhebt die durch den Untersuchungsauftrag gebotenen Beweise **aufgrund von Beweisbeschlüssen** (§ 17 Abs. 1 PUAG). Die Beweiserhebung muss **von mindestens einem Viertel der Ausschussmitglieder beantragt** werden; Beweis wird nicht erhoben, wenn dies unzulässig oder das Beweismittel auch nach Anwendung von Zwangsmitteln unerreichbar ist (§ 17 Abs. 2 PUAG). Unzulässig sind z.B. Beweisanträge, die sachwidrig oder missbräuchlich gestellt werden, et-

569

---

149 Vgl. *Wiefelspütz*, Das Untersuchungsausschussgesetz, 2003, S. 210 f.; *Schulte*, Jura 2003, 505 (511); *Heyer*, in: Waldhoff/Gärditz, § 13 Rn. 12.

150 Zum Zugang zu Akten eines abgeschlossenen Untersuchungsausschusses *Glauben*, NVwZ 2020, 348.

151 So *Morlok*, in: Dreier, Art. 44 Rn. 44; *Magiera*, in: Sachs, Art. 43 Rn. 10; *Queng*, JuS 1998, 610 (614).

152 Vgl. etwa *Unger*, in: vMKS, Art. 44 Rn. 86; *Schulte*, Jura 2003, 505 (511); *Brocker*, in: Glauben/Brocker, Kapitel 10 Rn. 15, 19 23, § 12 Rn. 7; § 14 Rn. 16.

153 Vgl. *Klein*, in: MD, Art. 44 Rn. 190; *Brocker*, in: BeckOK-GG, Art. 43 Rn. 19; *Schliesky*, in: vMKS, Art. 43 Rn. 50.

154 Vgl. *Brocker*, in: BeckOK-GG, Art. 43 Rn. 16; *Queng*, JuS 1998, 610 (614).

155 Vgl. *Morlok*, in: Dreier, Art. 44 Rn. 44; ebenso *Wiefelspütz*, Das Untersuchungsausschussgesetz, 2003, S. 207, der allerdings (zu Unrecht) davon ausgeht, diese Ansicht reiche über die Zutrittsverweigerung im Missbrauchsfall hinaus.

156 Vgl. *Klein*, in: MD, Art. 44 Rn. 190.

wa wenn die beantragte Beweiserhebung außerhalb des Untersuchungsauftrages liegt oder der Verzögerung der Aufklärung dient.[157]

570 Auf Antrag eines Viertels der Ausschussmitglieder überprüft ein **Ermittlungsrichter des BGH** die Ablehnung eines Beweisbeschlusses oder einer Zwangsmittelanordnung (§ 17 Abs. 4 PUAG). Der Untersuchungsausschuss kann mit Zweidrittelmehrheit für höchstens sechs Monate einen **Ermittlungsbeauftragten** bestellen, der die erforderlichen sächlichen Beweismittel beschafft, sichtet, darüber Bericht erstattet und damit die Untersuchung vorbereitet (§ 10 PUAG). Der Ermittlungsbeauftragte kann mit Zweidrittelmehrheit abberufen werden (§ 10 Abs. 4 S. 2 PUAG).

571 Der Untersuchungsausschuss erhebt die Beweise **selbst** (Art. 44 Abs. 1 S. 1 GG). Er würdigt die Beweismittel unmittelbar. Die Einschaltung einer Zwischeninstanz, z.B. einer durch die Bundesregierung eingeschalteten „sachverständigen Vertrauensperson", die bestimmte Beweismittel eigenständig würdigt und dem Ausschuss nur ihr Ergebnis mitteilt, widerspricht dem selbstständigen Beweiserhebungsrecht des Untersuchungsausschusses.[158]

572 **Beweismittel** sind Gegenstände (§§ 18, 29 PUAG, vor allem Akten), der Augenschein (§ 19 PUAG, z.B. bei Fotos oder Filmen)[159], Zeugen (§§ 20-27 PUAG) und Sachverständige (§ 28 PUAG). In der Parlamentspraxis sind als Beweismittel vor allem die Akteneinsicht und die Zeugenvernehmung bedeutsam. Letztere stehen in der Regel im Fokus des öffentlichen (medialen) Interesses. Akten sind eine unerlässliche Arbeitsgrundlage für Untersuchungsausschüsse. Das Recht auf Aktenvorlage, das Untersuchungsausschüsse anders als sonstige Ausschüsse besitzen, gehört zum Kern des parlamentarischen Untersuchungsrechts.[160] Akten haben in der Regel einen höheren Beweiswert als Zeugenaussagen, „weil das Gedächtnis von Zeugen aus mancherlei Gründen unergiebig werden kann".[161]

573 aa) **Durch Akten.** Bei der Beweiserhebung durch Akten ist zu unterscheiden zwischen Akten von Behörden oder Gerichten (§ 18 PUAG) und von Privatpersonen (§§ 29 f. PUAG).

(1) Die **Bundesregierung, die Bundesbehörden und Körperschaften öffentlichen Rechts** sind **verpflichtet**, dem Untersuchungsausschuss sächliche Beweismittel, vor allem Akten, die den Untersuchungsgegenstand betreffen, **vorzulegen** (so § 18 Abs. 1 PUAG, der Art. 44 Abs. 1 S. 1 GG einfachgesetzlich konkretisiert[162]). Auch Gerichte des Bundes und der Länder, Verwaltungsbehörden der Länder sowie Gemeinden und Gemeindeverbände[163] sind zur Rechts- und Amtshilfe, insb. zur Vorlage sächlicher Beweismittel, verpflichtet (Art. 44 Abs. 3 GG i.V.m. § 18 Abs. 4 PUAG). Die Aktenvorlagepflicht unterliegt wie der Untersuchungsgegenstand und das allgemeine Frage- und Informationsrecht verfassungsrechtlichen Grenzen. Die

---

157 Vgl. BVerfGE 105, 197 (225); 124, 78 (128); 143, 101 (144).
158 Vgl. BVerfGE 143, 101 (148 f.).
159 Vgl. *Gärditz*, in: Waldhoff/Gärditz, § 19 Rn. 3; *Glauben*, in: Glauben/Brocker, § 19 Rn. 3.
160 Vgl. BVerfGE 67, 100 (132); 143, 101 (134).
161 Ebd.; ähnlich BVerfGE 77, 1 (48); 124, 78 (117).
162 Vgl. *von Münch/Mager*, Rn. 226.
163 Vgl. zu allem *Gärditz*, in: Waldhoff/Gärditz, § 18 Rn. 53 ff.

„Schrankentrias des Untersuchungsrechts"[164] wird von § 18 PUAG nicht genannt, aber von dessen Abs. 2 S. 2, Abs. 3 vorausgesetzt.[165]

Die erste Grenze zieht der **Gewaltenteilungsgrundsatz**. Es existiert ein nicht ausforschbarer Kernbereich exekutiver Eigenverantwortung. Zudem[166] kann das Interesse der Bundesregierung „an funktionsgerechter und organadäquater Aufgabenwahrnehmung" (wobei zu den Aufgaben auch die Zusammenarbeit der Nachrichtendienste zur Gewährleistung eines wirksamen Staats- und Verfassungsschutzes gehört) das Recht eines Untersuchungsausschusses auf Aktenvorlage überwiegen[167]. **574**

Die zweite Grenze zieht „das Wohl des Bundes oder eines Landes (**Staatswohl**), das durch das Bekanntwerden geheimhaltungsbedürftiger Informationen gefährdet werden kann"[168]. Jedoch sind die Geheimschutzbestimmungen des Bundestages[169] (GSO-BT und §§ 15 f. PUAG[170]) und die Strafbarkeit einer Verschwiegenheitsverletzung (§ 353b Abs. 2 Nr. 1 StGB)[171] sowie der Umstand zu berücksichtigen, dass das Staatswohl Regierung und Parlament gemeinsam anvertraut ist.[172] Das Parlament und seine Organe sind keine Außenstehenden, vor denen Informationen zum Schutz des Staatswohls geheim zu halten wären.[173] Gefordert ist also die Geheimhaltung *durch den*, aber nicht *gegenüber dem* Untersuchungsausschuss.[174] Die Rechte des PKGr gehen denen eines Untersuchungsausschusses nicht vor. Art. 45d ist keine Spezialregelung zu Art. 44 GG.[175] **575**

Drittens ziehen die **Grundrechte Dritter** Grenzen (Art. 1 Abs. 3 GG). Zu nennen sind z.B. der Schutz von Betriebs- und Geschäftsgeheimnissen (Art. 12 Abs. 1, 14 Abs. 1 GG)[176] und das Persönlichkeitsrecht (Art. 2 Abs. 1 i.V.m. Art. 1 Abs. 1 GG).[177] Die Vorlage darf nur verweigert werden, wenn sie unverhältnismäßig wäre.[178] Dies kann aber bei Geheimschutzmaßnahmen, vor allem nach den §§ 14 f. PUAG verhindert **576**

---

164 *Rusteberg*, DÖV 2017, 319 (320).
165 Vgl. *Gärditz*, in: Waldhoff/Gärditz, § 18 Rn. 28.
166 *Rusteberg*, DÖV 2017, 319 (321), meint, die „Gewährleistung funktionsadäquater und organadäquater Aufgabenwahrnehmung" erweitere die erwähnte Schrankentrias um ein neues und eigenständiges (viertes) Kriterium.
167 Vgl. zu den sog. NSA-Selektorenlisten BVerfGE 143, 101 (155 ff.); *Gärditz*, in: Waldhoff/Gärditz, § 18 Rn. 43; plastisch *Glauben*, NVwZ 2017, 129 (131): „Der Funktions- und Kooperationsfähigkeit deutscher Nachrichtendienste mit ausländischen Diensten kommt daher quasi,Verfassungsrang" zu"; a.A. *Rusteberg*, DÖV 2017, 319 (321 ff.); krit. zur Begründung des Urteils (unter anderem zur Zuordnung zum Kernbereich und nicht zum Staatswohl) *Möllers*, JZ 2017, 271 (273 ff.); krit. zur (vermeintlichen) Tendenz, die Handlungsfähigkeit der Exekutive zu einem normativen Leitprinzip zu entwickeln *von Achenbach*, ZParl. 48 (2017), 491 (515).
168 Vgl. BVerfGE 67, 100 (134 ff.); 124, 78 (123); 137, 185 (240).
169 Vgl. BVerfGE 67, 100 (135); 77, 1, (48); 70, 324 (359); 137, 185 (240).
170 Vgl. *Gärditz*, in: Waldhoff/Gärditz, § 18 Rn. 46.
171 Vgl. BVerfGE 67, 100 (135); 137, 185 (240 f.).
172 Vgl. BVerfGE 67, 100 (136); 124, 78 (124); 137, 185 (241).
173 Vgl. BVerfGE 124, 78 (124); 137, 185 (241).
174 Vgl. *von Münch/Mager*, Rn. 226.
175 Vgl. *Gärditz*, in: Waldhoff/Gärditz, § 18 Rn. 43; ebenso zum Verhältnis des Frage- und Informationsrechts zum Parlamentarischen Kontrollgremium BVerfGE 124, 161 (190).
176 Vgl. nur *Gärditz*, in: Waldhoff/Gärditz, § 18 Rn. 38.
177 Vgl. etwa *Peters*, Rn. 99.
178 Vgl. nur BVerfGE 67, 100 (142 f.); 77, 1 (46 f.); 124, 78 (125).

werden[179] (wobei § 29 Abs. 1 S. 2 PUAG zu beachten ist[180]). Das Gesagte gilt auch für Art. 10 GG, sofern die Inhalte durch zulässige Eingriffe anderer Stellen in Art. 10 GG gewonnen wurden.[181] Art. 44 Abs. 2 S. 2 GG erfasst diesen Fall nicht.

577   **Einfachgesetzliche Geheimhaltungsgründe**, z.B. das Steuergeheimnis aus § 30 AO,[182] stehen als solche einer Aktenvorlage nicht entgegen, da Art. 44 Abs. 1 S. 1 GG einen verfassungsunmittelbaren Aufklärungsanspruch begründet.[183] „Sie sind lediglich von indizieller Relevanz, soweit grundrechtlich verwurzelte Geheimhaltungspflichten bereichsspezifisch nachgezeichnet wurden."[184] Auch **völkerrechtliche Verpflichtungen** begründen keine verfassungsunmittelbare Schranke des parlamentarischen Beweiserhebungsrechts, da sie keinen Verfassungsrang besitzen (Art. 25, 59 Abs. 2 S. 1 GG).[185]

578   Enthält die Bundesregierung einem Untersuchungsausschuss Beweismittel aus verfassungsrechtlichen Gründen, z.B. unter Berufung auf das Staatswohl, vor, muss sie ihr Verhalten angemessen und ausführlich **begründen, sofern die Geheimhaltungsbedürftigkeit nicht evident ist**[186] (vgl. einfachgesetzlich § 18 Abs. 2 S. 2 PUAG). Dasselbe dürfte auch für andere staatliche Stellen wie Landesbehörden oder Gerichte gelten. Der Bundestag kann das Regierungshandeln nur dann effektiv kontrollieren, wenn er anhand der Begründung entscheiden kann, ob er die Verweigerung akzeptiert oder welche weiteren Schritte er unternimmt, um sein Auskunftsverlangen ganz oder zumindest teilweise durchzusetzen.[187]

Auf Antrag eines Viertels der Ausschussmitglieder **überprüft** ein Ermittlungsrichter des BGH die Ablehnung eines Vorlageersuchens (§ 18 Abs. 3, 4 S. 2 PUAG).

579   **(2)**   Der Untersuchungsausschuss kann als Beweismittel auch auf Gegenstände zugreifen, die sich im Gewahrsam natürlicher und juristischer **Personen des Privatrechts** befinden. Diese Personen sind **grundsätzlich zur Herausgabe verpflichtet** (§ 29 Abs. 1 PUAG). Eine Herausgabepflicht besteht jedoch nicht, wenn das in Rede stehende Beweismittel Informationen enthält, deren Weitergabe wegen ihres streng persönlichen Charakters für die betroffene Privatperson unzumutbar ist (§ 29 Abs. 1 S. 2 PUAG). Höchstpersönliche, intime Daten sind also nicht herauszugeben.[188] In der Regel ist die Herausgabe von Beweismitteln aber zumutbar, da der Untersuchungsausschuss bei der Beweiserhebung die Öffentlichkeit ausschließen (Art. 44 Abs. 1 S. 2 GG, § 14 Abs. 1 PUAG) und das betreffende Beweismittel nach den Geheimschutzvorschriften einstufen kann (§ 15; auch § 30 Abs. 1 PUAG). Auf diese Weise werden die schutzwürdigen Interessen Dritter, z.B. das allgemeine Persönlich-

---

179 Vgl. *Klein*, in: MD, Art. 44 Rn. 216; *Gärditz*, in: Waldhoff/Gärditz, § 18 Rn. 37; *Glauben*, in: Glauben/Brocker, § 18 Rn. 18.
180 Vgl. *Klein*, in: MD, Art. 44 Rn. 216.
181 Vgl. BVerfGE 124, 78 (127 f.).
182 Vgl. *Scholz*, AöR 105 (1980), 564 (607, 616, 622); *Gärditz*, in: Waldhoff/Gärditz, § 18 Rn. 30; *Glauben*, in: Glauben/Brocker, Kapitel 11 Rn. 14 ff., § 18 Rn. 17; *Peters*, Rn. 99.
183 Vgl. *Gärditz*, in: Waldhoff/Gärditz, § 18 Rn. 30.
184 Ebd.
185 Vgl. BVerfGE 143, 101 (135 f.).
186 Vgl. BVerfGE 124, 78 (128); 143, 101 (144).
187 Ebd.
188 Vgl. *Glauben*, in: Glauben/Brocker, § 29 Rn. 10; *Georgii*, in: Waldhoff/Gärditz, § 29 Rn. 20; *Peters*, Rn. 273.

keitsrecht oder das Recht auf informationelle Selbstbestimmung, grundsätzlich gewahrt. Ob ein Beweismittel Daten mit streng persönlichem oder streng vertraulichem Charakter enthält – ob also eine Herausgabe zu erfolgen hat –, sowie ob der Geheimhaltungsgrad GEHEIM aufgehoben werden kann, hat im Streitfall ein Ermittlungsrichter des BGH zu entscheiden (§ 29 Abs. 3 S. 1, § 30 Abs. 4 S. 2 PUAG).

Der Untersuchungsausschuss darf sein Beweiserhebungsrecht gegenüber den betroffenen Privatpersonen grundsätzlich – auf Antrag zumindest einer Minderheit von einem Viertel der Ausschussmitglieder[189] (§ 17 Abs. 4, § 29 Abs. 2 S. 2, Abs. 3 PUAG) – **zwangsweise durchsetzen**. Da er insoweit hoheitliche Gewalt ausübt, muss er bei der Zwangsausübung die Grundrechte (z.B. Art. 12 Abs. 1, 14 Abs. 1 GG und Art. 2 Abs. 1 i.V.m. Art. 1 Abs. 1 GG) und den Grundsatz der Verhältnismäßigkeit beachten (Art. 1 Abs. 3 GG).[190] Der Untersuchungsausschuss kann ein **Ordnungsgeld** gegen die Privatperson, welche die Herausgabe verweigert, in Höhe von bis zu 10.000 € verhängen (§ 29 Abs. 2 S. 1 PUAG), zur Erzwingung der Herausgabe durch einen Ermittlungsrichter des BGH Haft anordnen lassen (**Erzwingungshaft**, § 29 Abs. 2 S. 2 PUAG) und Beweismittel aufgrund einen Beschluss eines Ermittlungsrichters am BGH **beschlagnahmen** (§ 29 Abs. 3 S. 1 PUAG). Zum Zwecke der Beschlagnahme kann auch eine **Durchsuchung** angeordnet werden (§ 29 Abs. 3 S. 2 PUAG). Ordnungsgeld und Erzwingungshaft sind für Personen, die sich auf ein Auskunfts- oder Zeugnisverweigerungsrecht nach § 22 Abs. 1, 2 PUAG berufen können, unzulässig (§ 29 Abs. 2 S. 4 PUAG). Dazu zählen Berufsgeheimnisträger wie Geistliche, Rechtsanwälte etc. (§ 22 Abs. 1 PUAG i.V.m. §§ 53, 53a StPO). Die Beschlagnahme ist auch bei diesem Personenkreis grundsätzlich zulässig,[191] da sie erst in § 29 Abs. 3 PUAG geregelt und nicht ausdrücklich ausgenommen ist. Um eine Umgehung von Zeugnisverweigerungsrechten zu verhindern,[192] gilt § 97 StPO aber entsprechend (§ 29 Abs. 3 S. 1 Hs. 2 PUAG): Bestimmte schriftliche Mitteilungen, Aufzeichnungen und andere Gegenstände sind von der Beschlagnahme ausgenommen. Wenn eine Person des Privatrechts, die den Gewahrsam innehat, einwendet, ein vom Untersuchungsausschuss verlangtes Beweismittel, d.h. ein bestimmter Gegenstand, sei für die Untersuchung nicht bedeutsam oder beträfe ein in § 14 Abs. 1 Nr. 1-4 PUAG bezeichnetes Geheimnis, dürfen Ordnungsgeld und Erzwingungshaft sowie die Beschlagnahme nur dann angeordnet werden, wenn das Beweismittel keine Informationen enthält, deren Weitergabe wegen ihres streng vertraulichen Charakters für die Betroffenen unzumutbar ist, und wenn der Untersuchungsausschuss für dieses Beweismittel den Geheimhaltungsgrad GEHEIM angeordnet hat (§ 30 Abs. 1 PUAG). Andernfalls sind die Herausgabe (schon aufgrund von § 29 Abs. 1 S. 2 PUAG[193]) sowie die Anordnung von Ordnungsgeld und Erzwingungshaft unzulässig.

580

---

189 Das Recht besitzt nach zutr. Auffassung nur die qualifizierte Minderheit, die mindestens ein Viertel der Mitglieder des Bundestages umfasst, nicht die nach § 126a Abs. 1 Nr. 1 GO-BT einsetzungsberechtigte (nicht-qualifizierte) Minderheit, s. f).

190 Vgl. BVerfGE 67, 100 (142 f.); speziell zur Beugehaft BVerfGE 76, 363 (388 ff.); speziell zur Beschlagnahme bei Privaten BVerfGE 77, 1 (53).

191 Vgl. *Glauben*, in: Glauben/Brocker, § 29 Rn. 26; *Georgii*, in: Waldhoff/Gärditz, § 29 Rn. 46.

192 Vgl. *Glauben*, in: Glauben/Brocker, § 29 Rn. 19; *Georgii*, in: Waldhoff/Gärditz, § 29 Rn. 46.

193 Vgl. *Liebermann*, in: Waldhoff/Gärditz: Abs.1 enthält insoweit „lediglich eine Klarstellung".

581   Wenn die Voraussetzungen des § 30 Abs. 1 PUAG vorliegen, führt der Untersuchungsausschuss ein **Vorprüfungsverfahren** durch. Es ist in § 30 Abs. 2-4 PUAG geregelt. Die Durchsicht und die Prüfung der vorgelegten Beweismittel stehen allein dem Untersuchungsausschuss zu (§ 30 Abs. 2 S. 1 PUAG). Der Ausschuss in seiner Gesamtheit ist zur Durchsicht und Prüfung berufen. Denn § 30 Abs. 2 S. 1 PUAG spricht vom „Untersuchungsausschuss". Daher ist ein Verfahren, bei dem nur der Vorsitzende, ggf. unter Heranziehung einer „neutralen Person" die Beweismittel sichtet (sog. Vorsitzendenverfahren bzw. modifiziertes Vorsitzendenverfahren) nach richtiger Auffassung unzulässig.[194] Außerdem würden bei einem solchen Verfahren die Rechte der Ausschussmitglieder, vor allem derjenigen, die einer anderen Fraktion als der Vorsitzende angehören, auf gleiche Mitwirkung und gleichrangige Information über den Beweismittelbestand verkürzt.[195] Ergibt die Prüfung die Unerheblichkeit eines Beweismittels, ist es an den Gewahrsamsinhaber zurückzugeben (§ 30 Abs. 2 S. 2 PUAG). Ist das Beweismittel für die Untersuchung hingegen erheblich, kann die Einstufung GEHEIM unter bestimmten Voraussetzungen aufgehoben werden (§ 30 Abs. 3 PUAG). Die betroffene Privatperson ist vorher anzuhören und kann der Aufhebung widersprechen; die Aufhebung hat zu unterbleiben, wenn nicht ein Ermittlungsrichter des BGH sie auf Antrag mindestens eines Viertels der Ausschussmitglieder für zulässig erklärt (§ 30 Abs. 4 PUAG). Wird ein Gegenstand auf Anordnung eines Ermittlungsrichters des BGH beschlagnahmt (§ 29 Abs. 3 PUAG) und an den Ausschuss herausgegeben, ist die „Vorprüfung" nach zutr. Ansicht allein Sache des Richters.[196] Dieser muss prüfen, ob der betreffende Gegenstand beweiserheblich ist und ob ein Geheimnisschutz erforderlich ist; der Gegenstand ist daher zunächst an den Richter herauszugeben, damit dieser ihn prüfen kann.[197] Das Gleiche gilt, wenn ein Gegenstand zur Abwendung einer Erzwingungshaft herausgegeben wird.[198] § 30 PUAG, dessen Wortlaut eine richterliche Vorprüfung nicht kennt, kommt in beiden Fällen nicht zum Tragen. Durch diese Auslegung wird dem Umstand begegnet, dass § 30 PUAG in „verfassungsrechtlich […] sehr zweifelhaftem Licht" steht.[199]

582   Eine **absolute Grenze für das Beweiserhebungsrecht** zieht Art. 44 Abs. 2 S. 2 GG: Ein Untersuchungsausschuss darf in das Brief-, Post- und Fernmeldegeheimnis (Art. 10 GG) nicht eingreifen, insb. nicht nach den §§ 99 ff. StPO.[200]

---

194   Ebenso etwa *Liebermann*, in: Waldhoff/Gärditz, § 30 Rn. 13; *Klein*, in: MD, Art. 44 Rn. 184; a.A. *Wiefelspütz*, Das Untersuchungsausschussgesetz, 2003, S. 232 f.; *Glauben*, in: Glauben/Brocker, § 30 Rn. 6; für die Zulässigkeit in einem Fall, in dem es um die Vorlage von Beweismitteln durch die Bundesregierung ging, BVerfGE 143, 101 (159 f.).

195   Krit., jedenfalls wenn Vorsitzender und Stellvertreter den Regierungsfraktionen angehören, BVerfGE 124, 78 (139 f.); 143, 101 (159 f.).

196   Vgl. *Liebermann*, in: Waldhoff/Gärditz, § 30 Rn. 21.

197   Ebd.

198   Vgl. *Liebermann*, in: Waldhoff/Gärditz, § 30 Rn. 22; so für den Amtsrichter nach altem Recht BVerfGE 77, 1 (55).

199   So *Klein*, in: MD, Art. 44 Rn. 186.

200   Vgl. BVerfGE 124, 78 (126 f.); *Klein*, in: MD, Art. 44 Rn. 220; *Morlok*, in: Dreier, Art. 44 Rn. 42; *Pieroth*, in: JP, Art. 44 Rn. 11; *Glauben*, in: Glauben/Brocker, Kapitel 18 Rn. 2; *Gärditz*, in: Waldhoff/Gärditz, Vorbemerkung E Rn. 20; *Brocker*, in: MSW, § 31 Rn. 69; a.A. (Vorschrift weist deklaratorisch auf Art. 10 GG hin, schließt aber einen Eingriff nicht aus) *Scholz*, AöR 105 (1980), 564 (607); *Schneider*, in: AK, Art. 44 Rn. 16.

Beispiele: Der Untersuchungsausschuss darf Postsendungen nicht nach § 99 StPO beschlagnahmen lassen, die an die Personen gerichtet sind, deren Verhalten der Ausschuss aufklären soll, und auch nicht das Abhören von Telefonaten gemäß §§ 100a ff. StPO veranlassen.[201]

Fraglich ist, ob ein **Beweisverwertungsverbot** besteht, wenn der Untersuchungsausschuss auf bereits anderswo vorhandene Telefonmitschnitte, Abhörprotokolle, Verbindungsdaten etc. zugreifen könnte, z.B. bei Polizeibehörden. Nach der auch vom BVerfG vertretenen Ansicht ist im Einzelfall abzuwägen: Insb. der Gesichtspunkt der präventiven Vermeidung von Rechtsverstößen kann gegen ein Verwertungsverbot sprechen – gerade dann, wenn eine Abhör- oder Speicherungspraxis untersucht werden soll.[202]   **583**

(3) Akten und sonstige Schriftstücke werden **durch Verlesung** in das Verfahren eingeführt. Es kann aber davon Abstand genommen werden – was vor allem bei umfangreichen Aktenbeständen sinnvoll ist –, wenn die Akten oder sonstigen Schriftstücke allen Ausschussmitgliedern zugänglich gemacht worden sind (§ 31 PUAG).   **584**

bb) Durch Zeugenvernehmung. Die Regeln zur Zeugenvernehmung nach dem PUAG **entsprechen weitgehend** denjenigen der **StPO**.[203] Eine Trennung zwischen Zeugen und Betroffenen („Beschuldigten") kennt das PUAG nicht. Sie wäre praktisch nicht möglich.[204] Sie ist zudem verzichtbar, weil der Untersuchungsausschuss das Verfahren nicht mit einer Entscheidung abschließt, die Rechtsfolgen für die befragten Personen auslöst.[205] Der Untersuchungsausschuss beendet seine Untersuchung mit einem schriftlichen Bericht an den Bundestag (§ 33 Abs. 1 PUAG).   **585**

Der Untersuchungsausschuss soll die **Reihenfolge der Zeugen und Sachverständigen** möglichst einvernehmlich festlegen (§ 17 Abs. 3 S. 1 PUAG). Auf Widerspruch eines Viertels der Mitglieder gilt – über eine dynamische Verweisung des § 17 Abs. 3 S. 2 PUAG auf § 28 Abs. 1 GO-BT – das sog. Reißverschlussverfahren: Regierungsmehrheit und Oppositionsfraktionen erhalten jeweils abwechselnd Gelegenheit, „einen Zeugen oder Sachverständigen, auf den nächsten Listenplatz zur Vernehmung zu setzen".[206]   **586**

Geladene **Zeugen sind verpflichtet**, vor dem Untersuchungsausschuss **zu erscheinen und auszusagen** (§ 20 Abs. 1 PUAG). Die Anwesenheits- und die Zeugnispflicht vor einem Untersuchungsausschuss sind eine allgemeine Bürgerpflicht[207] deutscher Staatsangehöriger.[208] Sofern ein **Zeugnis- und Auskunftsverweigerungsrecht** (§ 22 PUAG) besteht,[209] ist die Zeugnispflicht eingeschränkt. Amtsträger benötigen eine Aussagegenehmigung, ebenso Abgeordnete (§ 23 Abs. 1 PUAG i.V.m.   **587**

---

201 Vgl. BVerfGE 124, 78 (127).
202 Vgl. BVerfGE 124, 78 (127 f.).
203 Vgl. *von Cossel*, in: Waldhoff/Gärditz, § 24 Rn. 1; *von Münch/Mager*, Rn. 228; krit. zur bestehenden Rechtslage *Schneider*, NJW 2000, 3332; *ders.*, NJW 2001, 2604 (2607).
204 Vgl. *Schulte*, Jura 2003, 505 (510).
205 Ebenso *Morlok*, in: Dreier, Art. 44 Rn. 48.
206 Vgl. *Gärditz*, in: Waldhoff/Gärditz, § 17 Rn. 28.
207 Vgl. BVerfGE 124, 78 (117 f.).
208 Vgl. *Glauben*, in: Glauben/Brocker, Kapitel 19 Rn. 2a; *Wiefelspütz*, Das Untersuchungsausschussgesetz, 2003, S. 242.
209 Krit. zum Zeugnis- bzw. Auskunftsverweigerungsrecht *Schneider*, NJW 2000, 3332 f.; *ders.*, NJW 2001, 2604 (2607).

§ 54 StPO, i.V.m. §§ 6 Abs. 2, 7 Abs. 1 BMinG oder i.V.m. § 44d AbgG). Ohne Genehmigung dürfen sie nicht aussagen. Das **Nichterscheinen** geladener und nicht entschuldigter (§ 21 Abs. 2 PUAG) Zeugen und **die grundlose Zeugnisverweigerung** können verschiedene Konsequenzen haben. In beiden Fällen können Zeugen die von ihnen verursachten Kosten auferlegt und ein Ordnungsgeld in Höhe von bis zu 10.000 € festgesetzt werden (§ 21 Abs. 1, § 27 Abs. 1 PUAG). Unentschuldigte Zeugen können auch zwangsweise vorgeführt werden. Für grundlos die Aussage Verweigernde kann durch einen Ermittlungsrichter des BGH auf Antrag mindestens eines Viertels der Ausschussmitglieder Erzwingungshaft (Beugehaft) angeordnet werden (§ 27 Abs. 2 PUAG).

588　Die **Vernehmung** läuft wie folgt ab (§§ 24-27 PUAG): Der Vorsitzende belehrt den Zeugen über seine Pflicht, wahrheitsgemäß auszusagen, und die strafrechtlichen Folgen einer Falschaussage. Er befragt ihn zur Person (eigentlicher Vernehmungsbeginn) und dann zur Sache. Zeugen werden grundsätzlich einzeln und in Abwesenheit der später folgenden Zeugen vernommen, eine Gegenüberstellung ist aber möglich. Zunächst ist dem Zeugen die Möglichkeit zu geben, einen zusammenhängenden Bericht zur Sache abzugeben. Dann wird der Zeuge zunächst durch den Vorsitzenden, danach durch die Ausschussmitglieder befragt (deren Reihenfolge sich an §§ 28, 35 Abs. 1 GO-BT orientiert: Regierung und Opposition sind wechselseitig an der Reihe; die Länge der jeweiligen Fragezeit richtet sich nach der „Berliner Stunde"). Bestimmte Vernehmungsmethoden sind verboten (§ 24 Abs. 6 PUAG i.V.m. § 136a StPO), z.B. Ermüdung, Täuschung, körperliche Misshandlung. Der Vorsitzende hat ungeeignete oder nicht zur Sache gehörende Fragen zurückzuweisen; bei Zweifeln entscheidet der Ausschuss. Ein Vereidigungsrecht hat der Untersuchungsausschuss – anders als nach früherer Rechtslage – nicht.[210] Eine entsprechende Vorschrift fehlt im PUAG bewusst[211] (obwohl Art. 44 Abs. 2 S. 1 GG grundsätzlich auch die Befugnis verbürgt, Zeugen zu vereidigen[212]). Die Vernehmung wird durch einen Beschluss des Untersuchungsausschusses beendet. Der Vorsitzende belehrt den Zeugen darüber, unter welchen Voraussetzungen die Vernehmung abgeschlossen ist. Der nächste Zeuge wird aufgerufen.

589　**cc) Durch die Befragung von Sachverständigen.**　Auf Sachverständige sind grundsätzlich die Vorschriften zur Zeugenbefragung anzuwenden (§ 28 Abs. 1 PUAG). Wie die Zeugen- ist auch die Sachverständigenpflicht eine allgemeine staatsbürgerliche Pflicht.[213] In der Regel wird ein schriftliches Gutachten erstattet und ggf. in der Sitzung erläutert.

5.　Gerichtliche Klärung von Streitfragen im Ausschuss

590　Zuständige Rechtsprechungsinstanz für Streitigkeiten nach dem PUAG ist grundsätzlich der **BGH** oder ein **Ermittlungsrichter des BGH** (§ 36 PUAG). Bestimmte Beweiserhebungen oder Zwangsmittel kann nur ein Ermittlungsrichter des BGH anord-

---

210　Ebenso BT-Drs. 14/5790, S. 21; *Wiefelspütz*, Das Untersuchungsausschussgesetz, 2003, S. 269; *Schulte*, Jura 2003, 505 (510); *Heyer*, in: Waldhoff/Gärditz, § 26 Rn. 43 ff.; a.A. (§ 59 StPO ist wegen des Verweises in Art. 44 Abs. 2 S. 1 GG anwendbar) *Glauben*, in: Glauben/Brocker, Kapitel 19 Rn. 21a; Kapitel 24 Rn. 1 ff.,

211　Vgl. BT-Drs. 14/5790, S. 12, 21.

212　Vgl. *Wiefelspütz*, Das Untersuchungsausschussgesetz, 2003, S. 263 f., 268; *von Cossel*, in: Waldhoff/Gärditz, § 24 Rn. 23; *Brocker*, in: Glauben/Brocker, § 26 Rn. 5.

213　Vgl. *Glauben*, in: Glauben/Brocker, § 28 Rn. 2; *Brocker*, in: MSW, § 31 Rn. 61.

nen (§ 17 Abs. 4; § 18 Abs. 3, 4 S. 2; § 27 Abs. 2; § 29 Abs. 2 S. 2-4, Abs. 3 PUAG). In einigen Fällen, die **Organstreitverfahren** nach Art. 93 Abs. 1 Nr. 1 GG darstellen, ist das **BVerfG** unmittelbar zuständig (§ 2 Abs. 3 S. 2, § 18 Abs. 3 1. Hs., § 19 i.V.m. § 18 Abs. 3 1. Hs. PUAG). Antragsbefugt in Prozessstandschaft für den Bundestag ist nur die potenzielle oder tatsächliche Einsetzungsminderheit, die das Quorum des Art. 44 Abs. 1 S. 1 GG erreicht.[214] Ebenfalls antragsbefugt in Prozessstandschaft ist jede Fraktion.[215]

6. Berichtspflicht

Der Untersuchungsausschuss ist verpflichtet, dem Bundestag, d.h. dem Plenum, einen schriftlichen Bericht vorzulegen (§ 33 Abs. 1 S. 1 PUAG). **Sondervoten** sind zulässig (§ 33 Abs. 2 PUAG) und üblich.[216] Der Bericht ist bis zu dem Zeitpunkt vorzulegen, der im Einsetzungsbeschluss genannt ist, spätestens bis zur letzten Sitzungswoche vor dem Ende einer Wahlperiode. Nur so kann er angemessen im Plenum beraten werden. Wenn der Untersuchungsauftrag nicht rechtzeitig vor dem Wahlperiodenende abgeschlossen werden kann, hat der Untersuchungsausschuss immerhin rechtzeitig einen Sachstandsbericht vorzulegen (§ 33 Abs. 3 PUAG). Rechtlich durchsetzen kann der Bundestag die Berichtspflicht nicht.[217] Wenn dem Bundestag der Bericht nicht genügt, kann er den Bericht an den Untersuchungsausschuss zurückverweisen und diesen damit beauftragen, die Untersuchungen fortzusetzen.[218] Die Ausschusstätigkeit endet mit der Kenntnisnahme des Berichts durch das Plenum,[219] mit der Auflösung durch das Plenum[220] oder – wenn kein Bericht vorgelegt wird – mit dem Ende der Wahlperiode (Diskontinuität). Personen, die durch die Veröffentlichung des Berichts in ihren Rechten erheblich beeinträchtigt werden können, ist vor Abschluss des Verfahrens Gelegenheit zu geben, zu den sie betreffenden Äußerungen Stellung zu nehmen (Gewährung rechtlichen Gehörs). Der wesentliche Inhalt der Stellungnahme ist in den Bericht aufzunehmen (§ 32 PUAG).

591

Lösung zu Fall 23 (Rn. 544): Der Untersuchungsausschuss ist im Rahmen seines Untersuchungsauftrags befugt, die Beweise zu erheben, die er für erforderlich hält. Die Beweiserhebung muss nicht stets auf konkrete Tatsachen gerichtet sein, sondern darf auch allgemein „Licht in das Dunkel eines Untersuchungskomplexes" bringen. Der Anspruch auf Aktenherausgabe bezieht sich grds. auf alle betr. Akten, damit sich der Ausschuss anhand der vollständigen Akten ein Bild vom Umfang ihrer Entscheidungserheblichkeit machen kann. Die Bundesregierung ist zudem verpflichtet, die erforderlichen Aussagegenehmigungen zu erteilen. Dieses umfassende Beweiserhebungsrecht unterliegt fünf Einschränkungen: durch den Untersuchungsauftrag, durch den Grundsatz der Gewaltenteilung, durch das Staatswohl, durch die Grundrechte sowie durch Grenzen des Rechtsmissbrauchs. Verweigert die Bundesregierung Beweismittel, unterliegt sie einer Begründungspflicht, ein pauschales Be-

592

---

214 Vgl. BVerfGE 143, 101 (129).
215 Vgl. BVerfGE 67, 100 (125); 124, 78 (106); 139, 194 (220); 142, 25 (49); 143, 101 (129).
216 Vgl. etwa das umfangreiche Sondervotum auf BT-Drs. 18/12850, S. 1322 ff.
217 Vgl. *Peters*, Rn. 353; *Glauben*, in: Glauben/Brocker, § 33 Rn. 1.
218 Vgl. z.B. *Glauben*, in: Glauben/Brocker, Kapitel 29 Rn. 17.
219 Vgl. *Glauben*, in: Glauben/Brocker, Kapitel 29 Rn. 16; *Heyer*, in: Waldhoff/Gärditz, § 33 Rn. 12.
220 Hierzu *Glauben*, in: Glauben/Brocker, Kapitel 30 Rn. 2 ff.

rufen genügt in keinem Fall. Im vorliegenden Fall war die Bundesregierung der entsprechenden Substantiierungspflicht nicht hinreichend nachegekommen (in Anlehnung an BVerfGE 124, 78).

IV. Recht zur Erhebung einer abstrakten Normenkontrolle

593 Ein Viertel der Mitglieder des Bundestages kann eine abstrakte Normenkontrolle vor dem BVerfG erheben, um ein Bundesgesetz wegen Verfassungswidrigkeit anzugreifen und ggf. aufheben zu lassen (Art. 93 Abs. 1 Nr. 2 GG, §§ 13 Nr. 6, 76 Abs. 1 BVerfGG). Zu Recht wird auch das Recht, einen Normenkontrollantrag zu stellen, als Kontrollrecht des Bundestages i.w.S. angesehen.[221]

594 Einige Autoren wollen es sogar als Minderheitsrecht[222] oder Oppositionsrecht verstanden wissen. Dafür spricht, dass die Regierungsfraktionen im Regelfall nicht wünschen, dass das BVerfG ein vom Bundestag mit den Stimmen der Mehrheitsfraktionen verabschiedetes Gesetz auf seine Verfassungswidrigkeit kontrolliert und ggf. sogar ganz oder teilweise aufhebt. Faktisch ist die abstrakte Normenkontrolle daher ein Instrument der Opposition. Sie ist aber nicht als Oppositionsinstrument konstruiert, da auch die Bundesregierung oder eine Landesregierung sie anstrengen kann.[223]

V. Recht zur Erhebung einer Subsidiaritätsklage als Kontrollinstrument?

595 Das Antragsrecht eines Viertels der Mitglieder des Bundestages auf Erhebung einer Subsidiaritätsklage durch den Bundestag (Art. 23 Abs. 1a S. 2 GG, § 12 Abs. 1 S. 1 IntVG) ist auch ein parlamentarisches Minderheitsrecht. Im weiteren Sinne ist es auch ein Kontrollrecht.[224] Zu den hier **beschriebenen parlamentarischen Kontrollrechten**, die dem Bundestag gegenüber der Bundesregierung zustehen, gehört es aber **nicht**. Die Subsidiaritätsklage richtet sich nicht gegen die Bundesregierung, sondern **gegen die EU-Gesetzgebung**. Sie sichert die parlamentarischen Befugnisse gegen den Zugriff der EU-Ebene.[225] Folglich geht es um eine Kontrolle innerhalb des supranationalen Verbundes EU, die überdies auch dem Bundesrat zusteht. Zwar nimmt die Bundesregierung über den Rat Einfluss auf die EU-Gesetzgebung, aber sie ist nur eine von 27 mitgliedstaatlichen Regierungen und nicht der politische Hauptakteur und Gegner eines Streites um die Kompetenzverteilung innerhalb der EU.

---

221 Vgl. *Ennuschat*, VR 2015, 1 (2).
222 Vgl. *Cancik*, NVwZ 2014, 18 (22); *Mundil*, Die Opposition, 2014, S. 190 f.
223 Vgl. *Ennuschat*, VR 2015, 1 (4).
224 Vgl. *Mundil*, Die Opposition, 2014, S. 187, 190.
225 Vgl. *Cancik*, NVwZ 2014, 18 (23).

VI. Wehrbeauftragter

Der Wehrbeauftragte wird **zum Schutz der Grundrechte der Soldaten** und als **Hilfsorgan bei der Ausübung der parlamentarischen Kontrolle** der Streitkräfte berufen (Art. 45b S. 1 GG). Er ist dem Bundestag zugeordnet und nicht etwa – wie es vor allem früher vertreten wurde[226] – ein Verfassungsorgan mit Doppelstellung innerhalb und außerhalb des Parlaments.[227] Die beiden Aufgaben (Schutz der Grundrechte und Unterstützung der parlamentarischen Kontrolle) stehen nicht nebeneinander, sondern gehen Hand in Hand.[228] Hiervon geht auch § 1 Abs. 1 WBeauftrG aus, dem zufolge der Wehrbeauftragte „seine" (d.h. die in Art. 45b S. 1 GG genannten) Aufgaben als Hilfsorgan wahrnimmt. Da die Streitkräfte einen nicht unerheblichen Machtfaktor im Staat darstellen können, ist ihre Kontrolle und Einhegung nicht allein durch die Regierung (Art. 65a GG), sondern auch durch das Parlament (und dort vor allem durch den Verteidigungsausschuss und den Wehrbeauftragten, Art. 45a, b GG) besonders wichtig. Der Wehrbeauftragte soll als „verlängerter Arm des Parlaments" in einer „Bindegliedfunktion" zwischen Bundestag und Bundeswehr garantieren, dass die „parlamentarische Kontrolle nicht eine abstrakte Angelegenheit bleibt, sondern sich im Notfall auch auf den Kasernenhof erstrecken kann".[229] Weil die Grundrechte zwar auch in den Streitkräften gelten (Art. 1 Abs. 3 GG), dort aber wegen der Befehlsstruktur gewissen Einschränkungen unterworfen sind (vgl. für den Wehrdienst ausdrücklich Art. 17a GG), ist es erforderlich, den **Schutz der Grundrechte der Soldaten** stets im Auge zu behalten. Der Wehrbeauftragte trägt durch seine Amtsbefugnisse zu einem effektiven Grundrechtsschutz bei.

596

Art. 45b GG wurde durch die Einfügung der **Wehrverfassungsvorschriften** in das Grundgesetz 1956[230] (als Grundlage der Wiederbewaffnung) eingefügt. Die damals gerade ein Jahrzehnt zurückliegenden Erfahrungen mit dem NS-Regime und der Rolle der Wehrmacht im Zweiten Weltkrieg, aber auch die älteren Erkenntnisse über die Sonderstellung der Armee in der Kaiserzeit und der Weimarer Republik („Staat im Staate")[231] sprachen für die Einführung eines Garanten für Rechtsstaatlichkeit in den Streitkräften[232] und für eine starke parlamentarische Kontrolle der Streitkräfte, vor allem durch den Wehrbeauftragten und den ebenfalls seit 1956 im Grundgesetz (in Art. 45a GG) verankerten Verteidigungsausschuss. Der verfassungsändernde Gesetzgeber verfolgte den Grundgedanken einer engen Einbindung der bewaffneten Macht in den demokratischen Verfassungsstaat.[233] Die der Bundeswehr und der Menschenführung in den Streitkräften zugrundeliegende Leitvorstellung war und ist die des „Staatsbürgers in Uniform" und der „Grundsätze der Inneren Führung".

597

---

226 Vgl. z.B. *Ule*, JZ 1957, 422 (423); ähnlich *Schmidt-Radefeldt*, in: BeckOK-GG, Art. 45b Rn. 5.
227 Vgl. etwa *Magiera*, in: Sachs, Art. 45b Rn. 3; *Klein*, in: MD, Art. 45b Rn. 13 f.; *Heun*, in: Dreier, Art. 45b Rn. 4.
228 Vgl. *Magiera*, in: Sachs, Art. 45b Rn. 4; *Klein*, in: MD, Art. 45b Rn. 13.
229 Ebd.
230 Siebtes Gesetz zur Ergänzung des Grundgesetzes vom 19.3.1956 (BGBl. I 111).
231 Vgl. *Klein*, in: MD, Art. 45b Rn. 1; *Busch*, in: SZ, § 51 Rn. 5 ff.
232 Vgl. *Busch*, in: SZ, § 51 Rn. 12; *Luch*, in: MSW, § 33 Rn. 17.
233 Vgl. *Klein*, in: MD, Art. 45b Rn. 1.

598 Die **Rechtsstellung** sowie die Rechte und die Pflichten des Wehrbeauftragten werden gemäß Art. 45b S. 2 GG durch ein Bundesgesetz, das **WBeauftrG**, konkretisiert. Der Wehrbeauftragte wird durch den Bundestag mit der Mehrheit seiner Mitglieder (Art. 121 GG) in geheimer Wahl ohne Aussprache gewählt (§ 13 WBeauftrG) und vom Bundestagspräsidenten ernannt (§ 15 Abs. 1 S. 2 WBeauftrG). Er steht in einem öffentlich-rechtlichen Amtsverhältnis (§ 15 Abs. 1 S. 1 WBeauftrG) eigener Art.[234] Er ist kein Beamter, da er vom Parlament gewählt wird und sein Amt grundsätzlich weisungsfrei ausübt (§ 5 Abs. 2 WBeauftrG). Seine Rechtsstellung ist hinsichtlich der Verschwiegenheitspflicht (§ 10), der Inkompatibilitäten (§ 14 Abs. 3 WBeauftrG), der Pflicht, einen Amtseid zu leisten (§ 14 Abs. 4), der Ernennung (§ 15 Abs. 1 S. 2 WBeauftrG) und der Besoldung und Versorgung (§ 18 WBeauftrG) aber einem Ministerverhältnis bzw. einem Beamtenverhältnis auf Zeit nachgebildet. Die Amtsdauer beträgt fünf Jahre; die Wiederwahl ist zulässig (§ 14 Abs. 2 WBeauftrG). Die Amtszeit endet durch Ablauf, durch Tod, durch Abberufung durch das Plenum (mit der Mehrheit der Mitglieder) oder durch Entlassung auf eigenes Verlangen (§ 15 Abs. 3-5 WBeauftrG). Der Wehrbeauftragte hat seinen Sitz beim Bundestag. Er wird von Beschäftigten der Bundestagsverwaltung bei der Erfüllung seiner Aufgaben unterstützt und ist diesen gegenüber weisungsbefugt. Er wird durch den Leitenden Beamten, der ebenfalls der Bundestagsverwaltung angehört, vertreten (vgl. zu allem § 16 WBeauftrG).

599 Die **Aufgaben des Wehrbeauftragten** nach Art. 45b S. 1 GG (Schutz der Grundrechte und Hilfe bei der Ausübung der parlamentarischen Kontrolle der Streitkräfte) werden durch § 1 Abs. 3 S. 1 WBeauftrG ergänzt. Ihm obliegt auch der Schutz der Grundsätze der Inneren Führung. Letztere „umfassen Dienstvorschriften, Erlasse und Befehle des BMVg, ferner Fragen von Form, Stil, Haltung und Taktik sowie nicht kodifizierbare Bewusstseins- und Verhaltensweisen."[235]

600 Der Wehrbeauftragte hat zur Erfüllung seines Auftrages **kein Weisungs- und Eingriffsrecht gegenüber den Streitkräften** und keine Sanktionskompetenz.

Er hat aber folgende, in § 3 WBeauftrG aufgezählte **Befugnisse**:

- ein Auskunfts- und Akteneinsichtsrecht gegenüber dem BMVg und allen diesem unterstellten Dienststellen und Personen; Verweigerung von Auskünften bzw. Akteneinsicht ist nur bei zwingenden Geheimhaltungsgründe zulässig;
- das Recht, aufgrund einer Weisung nach § 1 Abs. 2 WBeauftrG oder infolge einer Eingabe nach § 7 WBeauftrG den Einsender sowie Zeugen und Sachverständige anzuhören;
- das Recht, den zuständigen Stellen Gelegenheit zur Regelung einer Angelegenheit zu geben;
- das Recht, einen Vorgang an die für die Einleitung des Straf- oder Disziplinarverfahrens zuständige Stelle zu leiten; danach das Recht, von den betreffenden Stellen (Justiz- und Verwaltungsbehörden) über die Einleitung des Verfahrens, die Erhebung der öffentlichen Klage, die Anordnung der Untersuchung im Disziplinarverfahren und den Ausgang des Verfahrens unterrichtet zu werden (§ 12 WBeauftrG);
- das (ausschließlich persönliche) Recht zum jederzeitigen Besuch aller Truppenteile, Stäbe, Dienststellen und Behörden der Bundeswehr und ihrer Einrichtungen auch ohne vorherige Anmeldung; Verweigerung ist nur bei zwingenden Geheimhaltungsgründen zulässig;
- das Recht, vom BMVg zusammenfassende Berichte über die Ausübung der Disziplinarbefugnis in den Streitkräften und von den zuständigen Bundes- und Landesbehörden statistische Berichte über die Ausübung der Strafrechtspflege anzufordern, soweit dadurch die Streitkräfte oder ihre Soldaten berührt werden;

---

234 Vgl. *Ule*, JZ 1957, 422 (424).
235 Vgl. *Busch*, in: SZ, § 51 Rn. 28; *Luch*, in: MSW, § 33 Rn. 20.

- das Recht, in Strafverfahren und gerichtlichen Disziplinarverfahren den Verhandlungen der Gerichte beizuwohnen, auch soweit die Öffentlichkeit ausgeschlossen ist, sowie gleichen Umfang wie der Anklagevertreter und der Vertreter der Einleitungsbehörde das Recht, die Akten einzusehen (diese Befugnisse stehen ihm auch in Antrags- und Beschwerdeverfahren nach der WDO und der WBO vor den Wehrdienstgerichten sowie in Verfahren vor den Gerichten der Verwaltungsgerichtsbarkeit, die mit seinem Aufgabenbereich zusammenhängen, zu; in diesen Verfahren hat er das Recht zur Akteneinsicht wie ein Verfahrensbeteiligter).

In der Praxis steht die Rolle des Wehrbeauftragten als **„spezialgesetzliche Petitions-** **601** **instanz** (Art. 17 GG) **für Soldaten"**[236] zum Schutz der Grundrechte und der Grundsätze der Inneren Führung im Vordergrund. Diese Rolle dient zugleich der parlamentarischen Kontrolle der Streitkräfte. Die formlosen Eingaben (§ 7 WBeauftrG), die nicht anonym erfolgen dürfen (§ 8 WBeauftrG), sind für die Kontrolltätigkeit besonders bedeutsam. In der Praxis werden viele Missstände durch Eingaben bekannt. Eingaben, aber auch andere Anlässe (wie Hinweise von Abgeordneten und ggf. anonyme Eingaben als „andere Umstände" im Sinne von § 1 Abs. 3 S. 1 WBeauftrG) lösen grundsätzlich ein Überprüfungsverfahren aus, in dem geprüft wird, ob im konkreten Fall die Grundrechte von Soldaten oder die Grundsätze der Inneren Führung verletzt wurden. Zur Überprüfung bedient sich der Wehrbeauftragte seiner Amtsbefugnisse aus § 3 WBeauftrG.

Die betroffenen Vorgesetzten und Dienststellen werden gemäß § 3 Nr. 1 S. 1 WBeauftrG zur **602** Stellungnahme aufgefordert. Zu den Stellungnahmen kann dann der Einsender der Eingabe Stellung nehmen; eine weitere Sachverhaltsaufklärung, etwa durch Akteneinsicht oder Zeugenbefragung, ist möglich (§ 3 Nr. 1 S. 1, 4 WBeauftrG). Das Verfahren endet mit einem Schlussbescheid, in dem der Wehrbeauftragte die gewonnen tatsächlichen und rechtlichen Erkenntnisse würdigt und feststellt, ob im konkreten Fall die Grundrechte oder die Grundsätze der Inneren Führung verletzt wurden. Der Schlussbescheid kann zusätzlich Empfehlungen enthalten. Er wird dem Einsender und den beteiligten Stellen übersandt. Auf diese Weise wirken die Schlussbescheide nach außen und können Maßstäbe für das Verhalten in den Streitkräften setzen. Die formlose Eingabe beim Wehrbeauftragten schließt die Petition und den förmlichen Rechtsschutz im Wehrbeschwerdeverfahren nicht aus.[237]

Der Wehrbeauftragte darf **zum Schutz der Grundrechte der Soldaten und der** **603** **Grundsätze der Inneren Führung aufgrund eigener Entscheidung tätig** werden, **wenn** ihm bei Wahrnehmung seines Rechts aus § 3 Nr. 4, durch Mitteilung von Mitgliedern des Bundestages, durch Eingaben nach § 7 WBeauftrG oder auf andere Weise Umstände bekannt werden, die auf eine Verletzung der Grundrechte der Soldaten oder der Grundsätze der Inneren Führung schließen lassen (§ 1 Abs. 3 S. 1 WBeauftrG). Die Aussage des § 5 Abs. 2 WBeauftrG, der Wehrbeauftragte handele grundsätzlich weisungsfrei, bezieht sich auf diese Fälle. **Im Übrigen** ist der Wehrbeauftragte von **Weisungen** des Bundestages oder des Verteidigungsausschusses abhängig (§ 1 Abs. 2 WBeauftrG). Weisungen sind recht selten. Wenn der Verteidigungsausschuss sich mit einem Sachverhalt befasst hat, scheidet ein Tätigwerden des Wehrbeauftragten aus eigenem Ermessen oder auf Weisung aus (§ 1 Abs. 2 S. 3, Abs. 3 S. 2 WBeauftrG).

---

236 *Busch*, in: SZ, § 51 Rn. 35; *Luch*, in: MSW, § 33 Rn. 20.
237 Vgl. *Busch*, in: SZ, § 51 Rn. 36 f.; *Luch*, in: MSW, § 33 Rn. 20.

604   Der Wehrbeauftragte unterliegt einer **Berichtspflicht** (§ 2 WBeauftrG). Mediale Aufmerksamkeit erfährt der öffentliche Jahresbericht (§ 2 Abs. 1 WBeauftrG). Daneben berichtet der Wehrbeauftragte dem Bundestag oder dem Verteidigungsausschuss nicht öffentlich über Vorgänge, die er aufgrund eigener Entscheidung untersucht hat (§ 2 Abs. 2 WBeauftrG), sowie über die Ergebnisse angewiesener Prüfungen (§ 2 Abs. 3 WBeauftrG). Ein Rederecht im Plenum besitzt der Wehrbeauftragte nur gemäß § 114 GO-BT. Er darf aber, auf einem besonderen Platz neben dem Podium des Sitzungsvorstandes, jederzeit als Zuhörer an den Plenarsitzungen teilnehmen.

VII. Parlamentarisches Kontrollgremium

605   Das Parlamentarische Kontrollgremium (PKGr) ist ein weiteres **Hilfsorgan des Bundestages**. Es dient dazu, einen Teilaspekt der Regierungs- bzw. Exekutivtätigkeit zu **kontrollieren**: die **Tätigkeit der Nachrichtendienste des Bundes** (Art. 45d Abs. 1 GG).[238] Dies sind der Bundesnachrichtendienst (BND) als Auslandsgeheimdienst, das Bundesamt für Verfassungsschutz (BfV) als Inlandsgeheimdienst und der Militärische Abschirmdienst (MAD) als Militärgeheimdienst (§ 1 Abs. 1 PKGrG). Die **Mitglieder** des PKGr werden vom Plenum mit der Mehrheit der Mitglieder gewählt (§ 2 Abs. 1, 3 PKGrG). Das Plenum entscheidet über die Mitgliederzahl und die politische Zusammensetzung sowie die Arbeitsweise (§ 2 Abs. 2 PKGrG). Die Mitgliedschaft endet mit dem Rücktritt, mit dem Ausscheiden aus dem Bundestag oder aus der Fraktion oder mit der Übernahme eines Regierungsamtes; nach dem Ausscheiden ist unverzüglich (also in der nächsten Plenarsitzung[239]) ein neues Mitglied zu wählen (§ 2 Abs. 4 PKGrG). Die **Amtsperiode** des Gremiums dauert bis zu seiner Neuwahl und damit auch über das Wahlperiodenende hinaus an (§ 3 Abs. 4 PKGrG). Ob das PKGr wegen des Diskontinuitätsgrundsatzes zwingend in der konstituierenden Sitzung eingesetzt werden muss[240] oder ob es auch später eingesetzt werden kann,[241] ist umstritten. Das nach Art. 45d Abs. 2 GG erlassene PKGrG regelt neben der Zusammensetzung auch das Verfahren und die Befugnisse des PKGr (in §§ 4 f. PKGrG).

606   Die **Bundesregierung** ist dazu verpflichtet, das Gremium **umfassend** über die allgemeine Tätigkeit der Geheimdienste und über Vorgänge von besonderer Bedeutung **zu unterrichten** (§ 4 Abs. 1 S. 1 PKGrG). Vorgänge von besonderer Bedeutung sind insb.

- wesentliche Änderungen im Lagebild der äußeren und inneren Sicherheit,
- behördeninterne Vorgänge mit erheblichen Auswirkungen auf die Aufgabenerfüllung,
- Einzelvorkommnisse, die Gegenstand politischer Diskussionen oder öffentlicher Berichterstattung sind.

Auf Verlangen des Parlamentarischen Kontrollgremiums hat die Bundesregierung auch über sonstige Vorgänge zu berichten (§ 4 Abs. 1 S. 2 PKGrG).

---

238   Vgl. zur Praxis *Risse*, in: Bitburger Gespräche Jahrbuch 2018, 2019, S. 77.
239   Vgl. *Hornung*, Kontrollgremiumgesetz, 2012, § 2 Rn. 7.
240   Für verfassungswidrig hält diese Regelung wohl *Brocker*, in: BK, Art. 40 Rn. 73.
241   So *Hornung*, Kontrollgremiumgesetz, 2012, § 3 Rn. 4; wohl auch *Klein*, in: MD, Art. 45d Rn. 25.

Die Bundesregierung und die Nachrichtendienste des Bundes sind verpflichtet, dem **607**
PKGr, soweit dessen Kontrollrecht reicht, auf Verlangen **Akten** oder andere in amtlicher Verwahrung befindliche Schriftstücke, ggf. auch im Original, **herauszugeben
und in Dateien gespeicherte Daten zu übermitteln**. Außerdem ist dem Gremium jederzeit **Zutritt** zu sämtlichen Dienststellen der Nachrichtendienste des Bundes zu gewähren (§ 5 Abs. 1 PKGrG). Das PKGr kann Angehörige der Nachrichtendienste,
Mitarbeiter und Mitglieder der Bundesregierung sowie Beschäftigte anderer Bundesbehörden nach Unterrichtung der Bundesregierung **befragen** oder von ihnen schriftliche Auskünfte einholen. Die anzuhörenden Personen sind verpflichtet, vollständige
und wahrheitsgemäße Angaben zu machen (§ 5 Abs. 2 PKGrG). Dem Verlangen des
PKGr hat die Bundesregierung unverzüglich zu entsprechen (§ 5 Abs. 3). **Gerichte
und Behörden** sind zur **Rechts- und Amtshilfe**, insb. zur Vorlage von Akten und zur
Übermittlung von Dateien, verpflichtet (§ 5 Abs. 4 PKGrG).

Das PKGr kann im Einzelfall einen Sachverständigen mit Untersuchungen beauftragen (§ 7 **608**
Abs. 1 PKGrG). Das PKGr kann – wie der Wehrbeauftragte und der Petitionsausschuss – auch
Adressat von **Eingaben** sein: Angehörigen der Nachrichtendienste ist es gestattet, sich in
dienstlichen Angelegenheiten sowie bei innerdienstlichen Missständen – jedoch nicht im eigenen Interesse oder im Interesse anderer Angehöriger dieser Behörden – ohne Einhaltung des
Dienstweges unmittelbar an das PKGr zu wenden. Wegen der Tatsache der Eingabe dürfen sie
nicht dienstlich gemaßregelt oder benachteiligt werden. Das PKGr übermittelt die Eingaben der
Bundesregierung zur Stellungnahme. Es gibt den Namen der mitteilenden Person nur bekannt,
soweit dies für eine Aufklärung des Sachverhalts erforderlich ist (§ 8 Abs. 1 PKGrG). Im Jahr
2016 wurde die Geheimdienstkontrolle gestärkt. Seitdem beruft das PKGr einen **Ständigen Bevollmächtigten** (§§ 5a f. PKGrG).[242] Der Mitarbeiterstab nach § 12 Abs. 1 PKGrG, der aus
Beschäftigten der Bundestagsverwaltung besteht, ist weiter ausgebaut worden.

Grenzen der in den §§ 4 und 5 PKGrG geregelten **Unterrichtungs- und Herausga-** **609**
bepflichten sowie der Befragungsrechte normiert § 6 PKGrG. Die dort genannten
Verweigerungsgründe ähneln denen, die in Bezug auf das Frage- und Informations-
sowie auf das Enquêterecht bestehen. Die Bundesregierung kann die Unterrichtung
und die Herausgabe verweigern sowie den in § 5 Abs. 2 PKGrG genannten Personen
untersagen, Auskunft zu erteilen, soweit dies aus zwingenden Gründen des Nachrich-
tenzugangs (ein Unterfall des Staatswohls) oder aus Gründen des Schutzes von Per-
sönlichkeitsrechten Dritter notwendig ist oder wenn der Kernbereich der exekutiven
Eigenverantwortung betroffen ist (§ 6 Abs. 2 S. 1 PKGrG). Die Verweigerung oder
Untersagung ist zu begründen (§ 6 Abs. 2 S. 2 PKGrG).

Die Beratungen des PKGr sind **geheim** (§ 10 Abs. 1 S. 1 PKGRG). Das PKGr erstat- **610**
tet dem Bundestag **Bericht** über seine bisherige Kontrolltätigkeit, mindestens in der
Mitte und am Ende jeder Wahlperiode, und nimmt dabei auch dazu Stellung, ob die
Bundesregierung gegenüber dem Gremium ihren Pflichten, insb. ihrer Unterrich-
tungpflicht zu Vorgängen von besonderer Bedeutung, nachgekommen ist (§ 13
PKGrG). Zuständig für Streitigkeiten zwischen dem PKGr und der Bundesregierung
ist das BVerfG. Es entscheidet auf Antrag der Bundesregierung oder von mindestens
zwei Dritteln der Mitglieder des PKGr (§ 14 PKGrG).

---

242 *Waldhoff*, in Gärditz u.a. (Hrsg.), Reform der Nachrichtendienste zwischen Vergesetzlichung und Internationalisierung, 2019, S. 73.

611   Im BND-Urteil vom 19.5.2020 hat das BVerfG zur Wahrung der Verhältnismäßigkeit der strategischen Telekommunikationsüberwachung des deutschen Auslandsnachrichtendienstes neben dem Parlamentarischen Kontrollgremium samt seines Ständigen Bevollmächtigten eine neue Kontrollebene gefordert.[243] Eine zweistufig auszugestaltende Kontrollstruktur soll als Ausgleich für das Fehlen der üblichen rechtsstaatlichen Sicherungen einen umfassenden Zugriff als kontinuierliche Rechtskontrolle zur Wahrung der Grundrechte ermöglichen. Zum einen sei eine mit hauptamtlichem Personal zu besetzende, auch haushaltsrechtlich unabhängige, gerichtsähnlich ausgestaltete Stelle zu schaffen, die in formalisierten Verfahren schriftlich rechtsverbindlich für Bundesregierung und BND entscheide. Daneben soll eine unabhängige Rechtskontrolle administrativen Charakters eingerichtet werden, die eigeninitiativ stichprobenartig den gesamten Prozess der strategischen Nachrichtenüberwachung auf seine Rechtmäßigkeit prüft. Die hier aufgestellten Anforderungen an eine konkrete Ausgestaltung parlamentarischer Kontrolle sind bisher einzigartig und zeigen zugleich die Grenzen einer Verrechtlichung nachrichtendienstlicher Tätigkeit plastisch auf.

Leitentscheidungen: BVerfGE 67, 100 (Aktenherausgabe an den Untersuchungsausschuss); 110, 199 (Aktenherausgabeverweigerung in Schleswig-Holstein); 124, 78 (BND-Untersuchungsausschuss); 147, 50 (Auskunft zur Deutschen Bahn AG); BVerfG, BeckRS 2020, 8777 – BND-Urteil.

Literatur zu § 10: *Bitburger Gespräche Jahrbuch 2018*, Parlamentarische Kontrolle in der Krise?, 2019; *Busch*, Der Wehrbeauftragte des Bundestages, in: SZ, § 51 Rn. 35; *Cancik*, Wirkungsmöglichkeiten parlamentarischer Opposition im Falle einer qualifizierten Großen Koalition, NVwZ 2014, 18; *Dietrich/Gärditz/Graulich/Gusy/Warg*, Reform der Nachrichtendienste zwischen Vergesetzlichung und Internationalisierung, 2019; *Ennuschat*, Große Koalition und Oppositionsrechte VR 2015, 1; *Gelze*, Das Parlament der (qualifizierten) Großen Koalition, 2019; *Glauben/Brocker*, Das Recht der parlamentarischen Untersuchungsausschüsse in Bund und Ländern, 3. Aufl. 2016; *Hornung*, Kontrollgremiumgesetz, 2012; *Ingold*, Das Recht der Oppositionen, 2015; *Linke*, Entstehung und Fortbildung des Enquête- und Untersuchungsrechts in Deutschland, 2015; *Luch*, Beauftragte, in: MSW, § 33; *Mundil*, Die Opposition, 2014; *Schmidt*, Die demokratische Legitimationsfunktion der parlamentarischen Kontrolle, 2007; *Teuber*, Parlamentarische Informationsrechte, 2007; *Ule*, Der Wehrbeauftragte des Bundestages, JZ 1957, 422; *Waldhoff/Gärditz*, PUAG. Kommentar, 2015.

---

243   BVerfG, BeckRS 2020, 8777 Rn. 272 ff.

§ 11 Das Budgetrecht des Parlaments

▶ **Literatur:** *Tappe/Wernsmann*, Öffentliches Finanzrecht, § 7

I. Kontrolle und Staatsleitung

Auch das Budgetrecht des Bundestages, ein **„Königsrecht des Parlaments"**, dient **612** der **Kontrolle der Regierungstätigkeit**.[1] Daneben eröffnet es dem Parlament die rege genutzte Möglichkeit, durch ein Drehen an den Stellschrauben des Haushalts eigene Akzente in der **Staatsleitung** zu setzen. Der Bundestag kann zum einen über die Personalhaushalte der Ressorts und nachgeordneten Behörden in die Organisation der Bundesregierung eingreifen: Durch Streichung des Einzelplanes eines Bundesministeriums kann er dieses faktisch streichen, ohne dass darin ein verfassungswidriger Eingriff in die Rechte des Bundeskanzlers aus Art. 64 Abs. 1 GG läge.[2] Der Bundestag kann zum anderen die Mittel für Sachausgaben kürzen oder streichen und damit den Aktionsradius der Bundesregierung und ihrer Behörden nachhaltig beeinflussen.[3] Die meisten Haushaltsansätze (z.B. im Sozialrecht) sind aber durch Gesetze bestimmt. Sie dürfen nicht gekürzt oder gestrichen werden, ohne das betreffende Leistungsgesetz zu ändern oder zu streichen.

Das Budgetrecht ist mithin janusköpfig: Es ist *erstens* **ein Kontrollinstrument**, das auch die Überprüfung des Haushaltsvollzuges durch die Regierung erfasst (Art. 114 Abs. 1 GG). Der Haushaltsvollzug wird teilweise durch Sperrvermerke (§ 22 BHO) und Zustimmungsvorbehalte eng an Entscheidungen des Bundestages angebunden. Das Budgetrecht ist *zweitens* **eine Gesetzgebungsbefugnis**. Der Bundeshaushalt (dessen Anlage der Haushaltsplan ist) wird als Gesetz beschlossen (Art. 110 Abs. 2 GG). Allerdings hat nur die Bundesregierung das Initiativrecht zum Haushalt (Art. 110 Abs. 3 GG). Der maßgebliche Akteur, der die Beschlüsse des Plenums vorbereitet, ist der Haushaltsausschuss. Er wird nach Parlamentsbrauch (Rn. 130) von einem Mitglied der größten Oppositionsfraktion geleitet.

II. Parlamentarisches Budgetrecht als Endpunkt einer historischen Entwicklung

Das parlamentarische Budgetrecht, d.h. die Gesamtkoordinierung der Politik über die **613** Legitimierung der Ausgaben des Staates mittels Feststellung des alle Einnahmen und Ausgaben bilanzierenden Haushaltsplans durch Parlamentsgesetz,[4] gehört damit zu den – historisch wie aktuell – **zentralen Funktionen von Parlamenten**.[5] Technisch stimmt der Bundestag durch das Haushaltsgesetz nach Art. 110 Abs. 2 GG dem Haus-

---

1 Vgl. *Di Fabio*, Der Staat 29 (1990), 599 (614).
2 Vgl. *Troßmann*, JöR 28 (1979, 1 (53).
3 Vgl. *Troßmann*, JöR 28 (1979, 1 (56).
4 Neuere Gesamtdarstellung bei *Gröpl*, in: Kluth/Krings, § 30.
5 BVerfGE 129, 124 (177 f.); *Heintzen*, in: HStR V, § 120 Rn. 1.

haltsplan zu; Haushaltsplan und Haushaltsgesetz bilden dann eine Einheit.[6] Der Kampf um die Budgethoheit bestimmte weite Teile der konstitutionellen Konflikte des 19. Jh.,[7] die Haushaltsdebatten gehören auch heute noch zu den zentralen parlamentarischen Schaukämpfen im Sinne politischer Generaldebatten[8] und das Europäische Parlament versucht ebenfalls, ein adäquates Budgetrecht zu erhalten.[9] Diese zentrale Bedeutung des parlamentarischen Haushaltsrechts ist auch in jüngerer Zeit vom BVerfG mit aller wünschenswerten Klarheit betont worden.[10] Soweit die Positivseite der Erzählung. Das Gegenbild: In der politischen Praxis wird ständig betont, dass ohnehin über 90 % der Ausgaben schon festlägen, die sog. freie Spitze in den Haushaltsberatungen gering sei; das Budgetrecht des Parlaments sieht sich zudem schon innerstaatlich weiteren Aushöhlungstendenzen ausgesetzt:[11] Die Flucht in **Nebenhaushalte**, in letzter Zeit freilich etwas eingedämmt, führt zur Organisation von Finanzkreisläufen am zentralen Budgetrecht vorbei, entzieht sich zwar nicht jeglicher parlamentarischer Mitwirkung, jedoch der Budgetverantwortung im Sinne einer politischen Gesamtentscheidung; praktisch alle **Sonderabgaben** fallen darunter.[12] Auch – freilich in Deutschland seltene – **Zwecksteuern** höhlen das Haushaltsrecht aus, da bei ihnen bereits mit dem Steuergesetz die Verwendung der so erzielten Einnahmen feststeht.[13] Hinsichtlich des Volumens und der politischen Brisanz verblassen diese Phänomene allerdings vor **staatlichen Preisbildungsmechanismen** am Haushalt vorbei, wie wir sie mit inzwischen über 25 Milliarden € jährlich bei der Förderung erneuerbarer Energien erleben.[14] Bisher vermochten – ein Problem freilich nur auf Landesebene – die sog. **Finanztabus in den Verfahren direkter Demokratie** eine Störung der parlamentarischen Budgetverantwortung im Zaum zu halten;[15] die Tatsache, dass damit weitreichende direktdemokratische Mitwirkungsrechte gestört bis entwertet sind, führt in jüngerer Zeit zu Aufweichungen in der landesverfassungsrechtlichen Rechtsprechung[16] – auf Kosten der parlamentarischen Budgetverantwortung. Schließlich sinkt die Steuerungskraft des Haushaltsgesetzes, wenn – wie von der Exekutive vielfach gefordert und auch durchgesetzt – der Verwaltung größere Entscheidungsspielräume durch **Budgetierung** u.ä. eingeräumt werden. Selbstbewirtschaftung und Übertragbarkeit von Mitteln erhöhen die Flexibilität und teilweise auch die

---

6   *Tappe/Wernsmann*, Öffentliches Finanzrecht, 2. Aufl. 2019, Rn. 524.
7   *Mußgnug*, Der Haushaltsplan als Gesetz, 1976; *Dreier*, in: Hoffmann-Riem/Schmidt-Aßmann, Effizienz als Herausforderung an das Verwaltungsrecht, 1998, S. 59.
8   BVerfGE 123, 267 (361); 129, 124 (178).
9   *Rossi*, Europäisches Parlament und Haushaltsverfassungsrecht, 1997; *Waldhoff*, in: Calliess/Ruffert, EUV/AEUV, 5. Aufl. 2016, Art. 310 AEUV Rn. 9 ff.
10 BVerfGE 123, 267 (361): „Die Hoheit über den Haushalt ist der Ort konzeptioneller politischer Entscheidungen über den Zusammenhang von wirtschaftlichen Belastungen und staatlich gewährten Vergünstigungen." Zuvor bereits BVerfGE 70, 324 (355 f.); 79, 311 (329); ferner BVerfGE 129, 124.
11 Zur „Entparlamentarisierung" als Chiffre und Krisenbegriff für Verluste der Legislativ- und der Budgetfunktion von Parlamenten *Puhl*, in: HStR III, § 48 Rn. 1.
12 *Puhl*, Budgetflucht und Haushaltsverfassung, 1996; *ders.*, in: HStR III, § 48 Rn. 33 ff.; *Waldhoff*, in: HStR V, § 116 Rn. 132 ff.
13 Ausf. *Waldhoff*, StuW 2002, 285.
14 Allg. *von Stockhausen*, Gesetzliche Preisintervention zur Finanzierung öffentlicher Aufgaben, 2007.
15 *Waldhoff*, in: HStR V, § 116 Rn. 152 ff.
16 SächsVerfGH, NVwZ 2003, 472; BerlVerfGH, NVwZ-RR 2010, 169.

Wirtschaftlichkeit von Verwaltungshandeln auf Kosten ihrer demokratischen Rückbindung.[17]

Der Staatshaushalt ist der einzige Ort im Berührungsbereich von Politik und Recht, wo – anhand des Indikators Geld – eine **Gesamtkoordination von Politik** stattfindet.[18] Versteht man Politik im Allgemeinen und Parlamentarismus im Besonderen als den Ort, an dem unterschiedliche Interessen konsensual und mit Mehrheitsentscheidungen verbindlich ausgeglichen werden, ist der Staatshaushalt der einzige Ort, wo dies sichtbar wird. Nur hier können letztlich die Zielkonflikte unterschiedlicher Politikfelder zu einem Ausgleich kommen. Die Redeweise vom **Haushaltsplan als „politischem Programm in Zahlen"** mag abgedroschen klingen, ist im Kern jedoch nach wie vor zutreffend. Zugleich wird dadurch der Verwaltung zusätzliche Legitimation in Form der zweckgebundenen Zuweisung von Finanzmitteln zuteil. Während die Sachgesetze Handlungsaufträge und Eingriffsermächtigungen umfassen wird über das Haushaltsgesetz „Verwirklichungspotenzial" in Form von Finanzmitteln zugewiesen.[19] Diese hier in wenigen Strichen skizzierte Funktion des Haushalts in der parlamentarischen Demokratie ist das Ergebnis einer **historischen Entwicklung, eines Funktionswandels des Haushalts**, deren Kenntnis für das Verständnis notwendig ist.[20]

614

Der Staatshaushaltsplan hat in der Verfassungsgeschichte einen Funktionswandel durchlaufen. Als historische Wurzeln treffen im **19. Jh.** das Steuerbewilligungsrecht sowie das Budget als Instrument der Veranschlagung von Ausgaben zusammen, d.h. der Haushaltsplan bezog sich zunächst auf Einnahmen *und* auf Ausgaben der staatlichen Finanzwirtschaft.[21] Insb. auch die Periodizität betraf die Steuergesetze, die im staatlichen Finanzgesetz enthalten waren. Es gehört zur Budgetgeschichte des deutschen Konstitutionalismus, dass – über das Haushaltsmodell der Preußischen Verfassungsurkunde von 1850 und die Reichsverfassung 1871 – der Staatshaushalt sich bei dauerhaften Steuergesetzen ganz auf die Ausgabenseite konzentrierte und durch Gesetz festzustellen war. Die **im preußischen Heeres- und Verfassungskonflikt von 1862 bis 1866 kulminierenden Budgetkämpfe** sind nur vor dem Hintergrund des konstitutionellen Dualismus zu verstehen:[22] Die Volksvertretungen suchten über die Mittelbewilligung im Haushaltsplan Einfluss auf die monarchische, parlamentarisch gerade nicht verantwortliche Exekutive zu erhalten. Die Zusammenführung separierter Fonds aus der Fondswirtschaft des (aufgeklärten) Absolutismus und die Entwicklung sog. Budgetgrundsätze wie der Budgeteinheit, der Jährlichkeit, der Öffentlichkeit und vor allem einer hinreichenden Spezialität dienten diesem Anliegen.[23] Mehr noch als die Mitwirkung der Volksvertretungen an der Sachgesetzge-

615

---

17 *Herdegen,* VVDStRL 62 (2003), 7 (21 f.). Zu diesen Reformen ausf. *Gröpl*, Haushaltsrecht und Reform, 2001; *Pünder*, Haushaltsrecht im Umbruch, 2003.

18 *Kirchhof*, NVwZ 1983, 505.

19 *Korioth*, in: Hoffmann-Riem/Schmidt-Aßmann/Voßkuhle, Grundlagen des Verwaltungsrechts III, 2. Aufl. 2013, § 44 Rn. 4: „Angemessene Finanzausstattung der Verwaltung als Vollzugsvoraussetzung"; *Waldhoff*, in: FS Battis, 2014, S. 479.

20 Das Folgende in Anlehnung an *Waldhoff*, in: HStR V, § 116 Rn. 121 ff.

21 *Heun,* Staatshaushalt und Staatsleitung, 1989, S. 33 ff.

22 *Dreier,* in: Hoffmann-Riem/Schmidt-Aßmann, Effizienz als Herausforderung an das Verwaltungsrecht, 1998, S. 59 (60).

23 Zur historischen Entwicklung der Budgetgrundsätze *Strube*, Die Geschichte des Haushaltsrechts vom Mittelalter bis zur Gegenwart, 2002; zur Funktion der Budgetgrundsätze im Budgetkampf näher *Dreier,* in: Hoffmann-Riem/Schmidt-Aßmann, Effizienz als Herausforderung an das Verwaltungsrecht, 1998, S. 59 (80 ff.).

bung erwies sich das Budgetrecht als „der eigentliche Gegenpol zum monarchischen Prinzip in der konstitutionellen Verfassung".[24]

616 In der parlamentarischen Demokratie kann kein Zweifel daran bestehen, dass der Haushaltsplan ein **staatsleitender Hoheitsakt in Gesetzesform** ist.[25] Das Budgetrecht des Deutschen Bundestags stellt das **wesentliche Instrument der parlamentarischen Regierungskontrolle** dar.[26] Das voll ausgebildete Budgetrecht von Volksvertretung bzw. Parlament ist in historischer Perspektive der entscheidende Schlussstein einer Parlamentarisierung des konstitutionellen staatsrechtlichen Systems gewesen bzw. nahm sie vor der entscheidenden staatsrechtlichen Wende 1918/19 vorweg.[27] Durch die Wendung zum Sozial- und Interventionsstaat hat sich – bei prinzipiell unverändertem Wortlaut der einschlägigen Normen – die Bedeutung des parlamentarischen Haushaltsrechts noch verstärkt.[28] Die parlamentarische Ausgabenbewilligung durch die Verabschiedung eines Haushaltsplans ist heute „Gemeingut aller Verfassungsstaaten".[29] Durch den Übergang vom konstitutionellen Dualismus zwischen Volksvertretung und monarchischer Exekutive zum **parlamentarischen Regierungssystem** mit seinem monistischen Legitimationsmodell hat sich die Funktion des Budgetrechts im Grundsatz nicht verändert.[30] Das Parlament wurde unangefochten zum „Herrn des Budgets".[31] Auch im Gegenüberstehen der von der Parlamentsmehrheit getragenen Regierung gegenüber der parlamentarischen Opposition besitzen die antagonistischen Kräfte über ihre Beteiligung in Haushaltsausschuss und Plenum entsprechende parlamentarische Einflussmöglichkeiten.[32]

617 Das parlamentarische Budgetrecht ist – rechtstechnisch – das Recht des Deutschen Bundestags, den von der Regierung vorgelegten **Haushaltsplan durch Gesetz feststellen** (Art. 110 Abs. 2 GG) und mit Hilfe eines unabhängigen Rechnungshofs den ordnungsgemäßen **Haushaltsvollzug zu überprüfen** (Art. 114 GG).[33] Abgesichert wird das Budgetrecht dadurch, dass die Aufnahme von Krediten und ähnlicher Verpflichtungen ebenfalls gesetzlicher Ermächtigung bedürfen (Art. 115 GG). Das normativ weitgehend unberührte Grundgerüst der Haushaltsverfassung im neuen Legitimationszusammenhang der parlamentarischen Demokratie führte jedoch dazu, dass darin nicht mehr der einzige, sondern nur noch *ein* Hebel des Parlaments zur Steuerung der Verwaltung besteht:[34] „Die Abhängigkeit der Regierung in ihrem Bestand vom Vertrauen des Parlaments entläßt das Budget aus seiner Rolle als Instrument des

---

24 *Böckenförde*, in: ders., Moderne deutsche Verfassungsgeschichte, 2. Aufl. 1981, S. 146 (155); *Heun*, Staatshaushalt und Staatsleitung, 1989, S. 31.
25 Vgl. nur *Badura*, in: FS Selmer, 2004, S. 19 (21).
26 BVerfGE 70, 324 (355 f.); 79, 311 (329); *Vogel*, in: HStR II, § 30 Rn. 36 f.
27 *Mößle*, Regierungsfunktionen des Parlaments, 1985, S. 60 ff., 126 ff.; *Isensee*, JZ 2005, 971 (972).
28 *Badura*, in: FS Selmer, 2004, S. 19 (21).
29 *Heun*, in: Dreier III, Art. 110 Rn. 5.
30 *Heun*, Staatshaushalt und Staatsleitung, 1989, S. 32.
31 BVerfGE 45, 1 (34).
32 *Badura*, in: HStR II, § 25 Rn. 10 ff.; *Brenner*, in: HStR III, § 44 Rn. 33 ff., 60.
33 *Hufeld*, in: HStR III, § 56; zur inzwischen auch hier unionsrechtlichen Überlagerung *Mähring*, DÖV 2006, 195.
34 *Dreier*, in: Hoffmann-Riem/Schmidt-Aßmann, Effizienz als Herausforderung an das Verwaltungsrecht, 1998, S. 59 (88 f.).

Machtkampfs zwischen Regierung und Parlament."[35] Sowohl Sach-, als auch Personalfragen können unmittelbar parlamentarisch über die Sachgesetzgebung geklärt werden. Man mag darin einen Bedeutungsverlust des parlamentarischen Budgetrechts sehen; zumindest wird man eine Funktionsverschiebung konstatieren müssen, der „Kampf um das System" hat sich zu einem „Kampf im System" gewandelt.[36]

Die zentrale Funktion des Staatshaushalts besteht in der **periodischen Koordination von Nehmen und Geben.** Da das Haushaltsgesetz mit den komplexen Steuerungsaufgaben des funktionsausgeweiteten Verfassungsstaats in seiner sozialtechnokratischen und interventionistischen Spielart allein überfordert wäre, ist die allgemeine Gesetzgebung in diese „Steuerungslücke" getreten.[37] Gleichwohl wird über Zuweisung und Kontrolle von Finanzmitteln nach wie vor die in Gestalt ihrer Amtswalter mittelbar demokratisch legitimierte Exekutive, die das Normprogramm des Sach-(-Verwaltungs-)Rechts durchführt, zusätzlich parlamentarisch kontrolliert und damit zugleich legitimiert. Die haushaltsrechtlich zugewiesene, angemessene **Finanzausstattung erweist sich als Vollzugsvoraussetzung für die Verwaltung.**[38]

618

Die parlamentarische Kontrolle hat einen **doppelten Ansatzpunkt:** Durch die **Ausgabenbewilligung** wird den Verwaltungsstellen die zur Erfüllung ihrer Aufgaben notwendige Finanzausstattung zugewiesen und **über Art und Ausmaß der Zuweisung auch das Verwaltungshandeln gesteuert.** Durch die **nachträgliche Finanzkontrolle** besteht insgesamt eine zusätzliche Kontrollebene, insb. auch für die Bereiche des Verwaltungshandelns, die ohne gesetzliche Ermächtigung erfolgen. In der parlamentarischen Beteiligung vereinigen sich so die **legitimatorische** und die **kontrollierende Komponente des Haushaltsrechts.**[39] Das Budget dient zudem durch das Anknüpfen an gesetzesförmige Ermächtigungen und die Bindung an veranschlagte Einnahmen der Verrechtlichung staatlicher Finanzwirtschaft. Neben die in Gesetzesform gegossenen Eingriffsbefugnisse, Handlungsanweisungen und politischen Programme des Verwaltungsrechts als Sachrecht tritt eine zweite Legitimations- und Kontrollebene über das **Steuerungsinstrument der Zuweisung finanzieller Mittel.**[40] An die Seite des aus dem Vorbehalt des Gesetzes, der verwaltungsrechtlichen Handlungsformen und der Zuständigkeitsordnung sich formierenden Verwaltungsrechts tritt die konkrete Zuweisung von Personal und sachlichen Mitteln durch Rechtsakte; erst dadurch wird die Verwaltung in Stand gesetzt, real handeln zu können. „Die Finanzkraft befähigt, das Haushaltsgesetz beauftragt, das Verwaltungsrecht ermächtigt zu finanzwirtschaftlichem Handeln."[41] Die von der Regelungsdichte abhängige, letztlich nur begrenzte Determinationskraft des Verwaltungsgesetzes wird durch Rechtsakte im organschaftlichen Rechtskreis ausgeglichen.[42]

619

---

35 *Heun,* Staatshaushalt und Staatsleitung, 1989, S. 83, 79.
36 *Dreier,* in: Hoffmann-Riem/Schmidt-Aßmann, Effizienz als Herausforderung an das Verwaltungsrecht, 1998, S. 59 (89, 90).
37 *Heun,* Staatshaushalt und Staatsleitung, 1989, S. 17 und durchgehend.
38 *Korioth,* in: Hoffmann-Riem/Schmidt-Aßmann/Voßkuhle, Grundlagen des Verwaltungsrechts III, 2. Aufl. 2013, § 44 Rn. 24, 104 ff.
39 *Heun,* in: Dreier III, Art. 110 Rn. 6.
40 *Vogel,* in: HStR II, § 30 Rn. 28 ff.: Geld als Mittel zur Lenkung des Staatsapparats.
41 *Kirchhof,* NVwZ 1983, 505.
42 *Vogel,* in: HStR II, § 30 Rn. 28 ff.

620   Anschaulich ist davon gesprochen worden, dass die Stellen- und Sachpläne im Staatshaushalt „Organisation durch Zuweisung von Geld" bedeuten: In der **Organisationsfunktion des Haushaltsplans** findet ein Stück Lenkung bzw. Steuerung des Staatsapparats mittels des Mediums Geld statt.[43] Was im primären Finanzausgleich auf der Ebene der Verfassung vorgezeichnet ist, findet in dieser Organisationsfunktion des Staatshaushalts periodisiert und auf die Bedürfnisse des Verwaltungsalltags heruntergebrochen seine logische Fortsetzung: Staatliche Einheiten werden erst durch die haushaltsmäßige Zuweisung von Geld handlungs- und funktionsfähig: „Die Zuständigkeit, über Geld zu verfügen, ist verfassungsrechtlich nicht weniger bedeutsam als die Zuständigkeit, Gebote zu erlassen, von Geboten freizustellen oder Zuständigkeiten zum Erlaß oder zur Freistellung von Geboten zu übertragen."[44] Das Geld als Steuerungs- und damit Machtinstrument ist über das Haushaltsrecht parlamentarisch-demokratisch rückgekoppelt. Diese grundsätzliche Koordinations- und Steuerungsleistung des Haushalts im staatlichen Innenrechtskreis wird regelmäßig nur im Falle von Koordinationsstörungen bewusst: Haushaltssperren, Haushaltsstruktur- und -begleitgesetze im Falle des Haushaltsnotstandes und der Knappheit der Finanzmittel führen zu für jedermann spürbaren Folgen im Außenrechtsbereich zwischen Staat und Bürger.[45]

III.   Rechnungshof als Hilfsorgan im Rahmen der Budgetfunktion des Parlaments

621   Speziell für die **Kontrollfunktion des parlamentarischen Budgetrechts** bedient sich der Bundestag eines **Hilfsorgans**, des **Bundesrechnungshofs**. Der auf traditionsreiche Vorgänger[46] zurückblickende Bundesrechnungshof ist als Hilfsorgan des Deutschen Bundestages mittels der Rechnungsprüfung an der parlamentarischen Kontrolle der Exekutive beteiligt. Auf die **Rechnungslegung** durch den Bundesfinanzminister folgt die **Rechnungsprüfung** durch den Rechnungshof, Art. 114 Abs. 1 und 2 GG, §§ 88 ff. BHO.[47] Neben die Rechnungsprüfung ist schon seit langem die auf Wirtschaftlichkeit zielende Beratung der Bundesorgane getreten. Die Rechtmäßigkeitskontrolle wird so durch **Wirtschaftlichkeiterwägungen** ergänzt und erweitert. Beides bezieht sich auf die gesamte Haushalts- und Wirtschaftsführung des Bundes.[48] Nicht abschließend geklärt ist die Frage, ob Prüfung und Kontrolle hier zwingend die zeitliche Nachordnung bedingt oder ob und inwieweit auch begleitende Prüfungen zulässig sein können. Dabei ist zu bedenken, dass jegliche Form von „Mitregierung" durch Rechnungshöfe verfassungsrechtlich unzulässig ist, da diese wegen ihrer Unabhängigkeit dem Volk nicht verantwortlich sein können.[49]

622   Der Bundesrechnungshof gestaltet sich institutionell als ein mit **richterlicher Unabhängigkeit**, in Senaten organisierten Mitgliedern ausgestattetes kollegiales Organ in Form und Rang

---

43   *Vogel*, in: HStR II, § 30 Rn. 28 ff.; *Brenner*, in: HStR III, § 44 Rn. 49; *von Mutius*, VVDStRL 42 (1984), 147 (153, 189 ff.).
44   *Vogel*, in: HStR II, § 30 Rn. 36.
45   *Kirchhof*, NVwZ 1983, 505 (507).
46   Zur Geschichte *Engels* (Hrsg.), 300 Jahre externe Finanzkontrolle in Deutschland, 2014.
47   Zum sog. Haushaltskreislauf im Überblick *Waldhoff*, in: HStR V, § 116 Rn. 131; *Tappe/Wernsmann*, Öffentliches Finanzrecht, Rn. 528 ff.; zur Tätigkeit des Rechnungshofs dort *Hufeld*, in: HStR III, § 56 Rn. 24 ff.
48   *Engels*, in: BK, Art. 114 Rn. 267 ff.
49   Großzügig *Hufeld*, in: HStR III § 56 Rn. 12; zu den Grenzen *Waldhoff*, NWVBl. 2009, 369.

einer obersten Bundesbehörde.[50] Die Unabhängigkeit bezieht sich sowohl auf die in Augenschein genommenen Prüffelder, als auch auf die Prüfung im Einzelnen. Die **Beteiligtenfähigkeit im verfassungsgerichtlichen Organstreitverfahren** ist umstritten, dürfte jedoch zu verneinen sein.[51] Sanktionen besitzt der Bundesrechnungshof nicht. Seine regelmäßigen oder anlassbezogenen Berichte dienen als Informationen im politischen Prozess.[52]

Leitentscheidungen: BVerfGE 45, 1 (Haushaltsüberschreitung); 70, 324 (Haushaltskontrolle von Nachrichtendiensten); 79, 311 (Staatsverschuldung bei Störung des gesamtwirtschaftlichen Gleichgewichts); 123, 267; 129, 124 (Haushaltsautonomie in der EU-Verschuldungskrise).

Literatur zu § 11: *Gröpl*, Haushaltsrecht und Reform, 2001; *ders.*, Haushaltsgesetzgebung, in: Kluth/Krings (Hrsg.), Gesetzgebung, 2014, § 30; *ders.*, Die Finanzierung der Parlamente am Beispiel des Deutschen Bundestages, DÖV 2018, 537; *Heintzen*, Staatshaushalt, in: HStR V, § 120; *Heun*, Staatshaushalt und Staatsleitung, 1989; *Hufeld*, Der Bundesrechnungshof und andere Hilfsorgane des Bundestages, in: HStR III, § 56; *Kirchhof*, Die Steuerung des Verwaltungshandelns durch Haushaltsrecht und Haushaltskontrolle, NVwZ 1983, 505; *Mußgnug*, Der Haushaltsplan als Gesetz, 1976.

§ 12 Mitwirkung an der „Gesamtleitung" des Staates

Nach Ansicht des BVerfG sind dem Bundestag über die genannten klassischen vier **623** Parlamentsfunktionen hinaus Aufgaben übertragen, die nach früherem Verständnis allein der Bundesregierung vorbehalten waren. Sie werden unter dem Begriff der „Gesamtleitung" zusammengefasst.[1] Darunter fallen die **Beteiligung des Bundestages in Angelegenheiten der Europäischen Union** und der **Parlamentsvorbehalt für Auslandseinsätze der Bundeswehr.** Insoweit hat eine Parlamentarisierung der Außen-[2] und Europapolitik stattgefunden.

I. Angelegenheiten der Europäischen Union

Die Bundesrepublik bekennt sich durch das Grundgesetz zu einer „offenen Staatlich- **624** keit".[3] Sie bejaht ausdrücklich die rechtliche Einbindung Deutschlands und seiner Verfassung in eine inter- und supranationale Rechtsordnung.[4]

---

50 Gesetz über Errichtung und Aufgaben des Bundesrechnungshofes vom 11.7.1985, BGBl. I 1445.
51 *Pietzcker,* in: FS 50 Jahre BVerfG I, 2001, S. 587 (593); a.A. *Löwer,* in: HStR III, § 70 Rn. 17 ff.; differenziert *Engels,* in: BK, Art. 114 Rn. 313 ff.; offen gelassen in BVerfGE 92, 130.
52 Näher *Hufeld,* in: HStR III, § 56 Rn. 17 ff., 20 ff., 42 ff.

1 *Emmenegger*, in: Emmenegger/Wiedmann (Hrsg.), Linien der Rechtsprechung des Bundesverfassungsgerichts – erörtert von den wissenschaftlichen Mitarbeitern, 2011, S. 447 (463); *Sinner*, ZParl. 43 (2012), 313 (318).
2 Vgl. *Fuchs/Fuchs/Fuchs*, DÖV 2009, 232 (237).
3 Begriffsprägend *Vogel*, Die Entscheidung des Grundgesetzes für eine internationale Zusammenarbeit, 1964.
4 Vgl. nur *Morlok/Michael*, Rn. 582 m.w.N.

In Angelegenheiten der Europäischen Union trifft den Bundestag wie alle Verfassungsorgane eine dauerhafte **Integrationsverantwortung**[5] (vgl. auch § 1 Abs. 1 IntVG). Der Bundestag muss die Entwicklung der EU fortwährend aktiv begleiten. Wie alle mitgliedstaatlichen Parlamente muss er (zusammen mit dem Bundesrat) die europäische Integration legitimieren.[6] Das bedeutet, dass er jedem wesentlichen Integrationsschritt, mit dem gemäß Art. 23 GG nationale Hoheitsrechte auf die Europäische Union übertragen werden sollen, in einem Bundesgesetz zustimmen muss. Bundestag und Bundesrat sind durch die Bundesregierung umfassend und zum frühestmöglichen Zeitpunkt zu unterrichten (Art. 23 Abs. 2 GG). Der Bundestag hat gemäß Art. 23 Abs. 3 GG das Recht zur Stellungnahme, welche die Bundesregierung bei den Verhandlungen berücksichtigen muss. Ohne die Beteiligung und Zustimmung des Bundestages kann die EU rechtlich nicht vertieft werden. Das Verfahren des Bundestages in EU-Angelegenheiten ist im EUZBBG und in den §§ 93 ff. GO-BT geregelt.

Neben den Informationen, die das Parlament von der Regierung erhält, hat in den letzten Jahren die eigenständige Informationsbeschaffung an Bedeutung gewonnen. Der Bundestag unterhält zu diesem Zweck ein „Verbindungsbüro" in Brüssel. Es ist mit der Beobachtung des Handelns der EU-Organe und des politischen Betriebes der EU betraut.

II. Auslandseinsätze der Bundeswehr

625   Das BVerfG verlangt für „die wichtigste außenpolitische Entscheidung, nämlich die zum Einsatz bewaffneter Streitkräfte"[7] im Ausland, grundsätzlich eine vorherige Zustimmung des Bundestages (ebenso § 1 Abs. 2 ParlBG). Die Form und das Ausmaß der parlamentarischen Mitwirkung hat der Gesetzgeber 2005 im **Parlamentsbeteiligungsgesetz** ausgestaltet. Die Bundeswehr ist eine **„Parlamentsarmee"**. Der Bundestag trägt gemeinsam mit der Bundesregierung „eine Mitverantwortung für den kostenintensiven, die Soldaten belastenden und lebensgefährlichen Einsatz der Bundeswehr außerhalb des Geltungsbereichs des Grundgesetzes".[8] Bereits wenn eine Einbeziehung deutscher Soldaten in bewaffnete Auseinandersetzungen konkret zu erwarten ist, bedarf der Einsatz der Zustimmung des Bundestages[9] (§ 2 Abs. 1 ParlBG). Grundsätzlich muss die Bundesregierung den Bundestag *rechtzeitig vor* dem Auslandseinsatz um Zustimmung bitten (§ 3 Abs. 1 ParlBG). Der Bundestag kann den Antrag der Bundesregierung annehmen oder ablehnen, aber nicht ändern (§ 3 Abs. 3 ParlBG). Ausnahmsweise kann die Bundesregierung die Zustimmung auch *nachträglich* einholen. Das ist zulässig bei Gefahr im Verzug, die keinen Aufschub duldet, und bei Einsätzen zur Rettung von Menschen aus besonderen Gefahrenlagen, solange durch die öffentliche Befassung des Bundestages das Leben der zu rettenden Menschen gefährdet würde (§ 5 Abs. 1 ParlBG).

626   Die Zustimmung verliert ihre Wirkung, wenn Umstände wegfallen, die der Zustimmungsbeschluss selbst als notwendige Bedingung für den Einsatz nennt.[10] Das Parla-

---

5   BVerfGE 123, 167 (351, 356).
6   Vgl. BVerfGE 89, 155 (184); 123, 167 (364).
7   *Fuchs/Fuchs/Fuchs*, DÖV 2009, 232 (237).
8   Bericht der Unabhängigen Kommission zu Fragen des Abgeordnetenrechts, BT-Drs. 17/12500, S. 14.
9   Vgl. BVerfGE 90, 286 (381 ff.); 121, 135 (164).
10   Vgl. BVerfGE 124, 267 (276).

ment kann seine Zustimmung auch widerrufen (§ 8 ParlBG), wenn sich Zweifel ergeben, ob die Rahmenbedingungen fortbestehen, unter denen die Zustimmung erteilt wurde.[11]

Leitentscheidungen: BVerfGE 89, 155 (Maastricht); 90, 286 (Out-of-area-Einsätze – AWACS I); 121, 135 (Luftraumüberwachung Türkei – AWACS II); 123, 67 (Lissabon); 124, 267 (Kosovo).

Literatur zu § 12: *Emmenegger*, Die Stärkung des Parlaments in der neueren Rechtsprechung des Bundesverfassungsgerichts, in: Emmenegger/Wiedmann (Hrsg.), Linien der Rechtsprechung des Bundesverfassungsgerichts, Bd. 2, 2011, S. 444; *Faßbender*, Militärische Einsätze der Bundeswehr, in: HStR XI, § 244; *Fuchs/Fuchs/Fuchs*, Verfassungs- und parlamentsrechtliche Probleme beim Wechsel der Wahlperiode, DÖV 2009, 232; *Sinner*, Der Deutsche Bundestag als zentrales Verfassungsorgan nach der neueren Rechtsprechung des Bundesverfassungsgerichts, ZParl. 43 (2012), 313.

§ 13 Parlament in Sondersituationen

I. Parlament im Notstand

Das Grundgesetz hat mit der 1968 eingeführten **Notstandsverfassung** (Abschnitt „Xa. Verteidigungsfall", Art. 115a ff. GG) nur den sog. **äußeren Notstand** geregelt. Für Fälle des **inneren Notstands** sind lediglich die Exekutiven betreffende Sonderregelungen, wie Art. 35 Abs. 2 und 3 oder 91 GG, zu finden. Die detaillierten, nach Verhältnismäßigkeitsgesichtspunkten abgestuften[1] Notstandsregeln der Art. 115a ff. GG sind durch zwei Merkmale gekennzeichnet: Zum einen durch das Bemühen, jegliche Diktaturgewalt der Exekutive, wie sie aufgrund von Art. 48 Abs. 2 WRV in der kristenhaften Endphase der Weimarer Republik zu einer weitreichenden Ausschaltung des Reichstags führte, zu vermeiden; zum anderen gehen die Regelungen erkennbar von – heute in der Tendenz überholten – Krisen- und Kriegsszenarien zu Zeiten des Kalten Krieges aus.[2] Parlamentsrechtlich sind die **Veränderungen im Bereich der parlamentarischen Gesetzgebung** relevant. Es gehört zu den Charakteristika der Notstandsverfassung des Grundgesetzes, dass sie – anders als noch die WRV mit ihrem Art. 48 Abs. 2 – bewusst auf ein exekutives Notverordnungsrecht verzichtet.[3] Im Verteidigungsfall findet eine verbands- und organkompetenzielle Vereinfachung des ordentlichen Gesetzgebungsverfahrens statt. Gem. Art. 115c Abs. 1 GG wird zeitlich und funktional begrenzt die (ausschließliche) Landesgesetzgebungskompetenz zur konkurrierenden Bundesgesetzgebungskompetenz. Nach Art. 115d GG wird das **Gesetzgebungsverfahren vereinfacht**: Als dringlich bezeichnete Gesetzesvorlagen werden gleichzeitig von Bundestag und Bundesrat beraten. Vor allem

627

---

11 Vgl. BVerfGE 124, 267 (277).

1 *Schmidt-Radefeld*, in: MSW, § 47 Rn. 7.
2 Vgl. *März*, in: HStR XII, § 281 Rn. 3, 47.
3 *Schmidt-Radefeld*, in: MSW, § 47 Rn. 12.

jedoch kann der **Gemeinsame Ausschuss** des Art. 53a GG als „**Notparlament**" aktiviert werden.[4]

628   Der Gemeinsame Ausschuss, der „**institutionelle Mittelpunkt der Rechtsordnung des Verteidigungsfalles**",[5] besteht zu zwei Dritteln aus nach dem Spiegelbildlichkeitsprinzip gewählten Abgeordneten des Deutschen Bundestages, zu einem Drittel aus für diese Aufgabe weisungsfreien und auch sonst den Abgeordneten gleichgestellten Mitgliedern des Bundesrates. Anders als der Vermittlungsausschuss handelt es sich um ein **eigenständiges Verfassungsorgan**, nicht um eine gemeinsame Institution von Bundestag und Bundesrat.[6] Der Gemeinsame Ausschuss besitzt **überwiegend parlamentarischen Charakter**. Ihm sitzt der Bundestagspräsident vor und er gibt sich eine Geschäftsordnung.[7] Sein Agieren ist freilich nichtöffentlich. Diese „Notlegislative in spe" (*Wolfgang März*) besitzt streng subsidiäre Aufgaben: Nur, wenn der Verteidigungsfall (ggf. gem. Art. 115a Abs. 2 GG auch durch den Gemeinsamen Ausschuss selbst) festgestellt und der Gemeinsame Ausschuss mit qualifizierter Mehrheit festgestellt hat, dass dem rechtzeitigen Zusammentritt des Bundestages unüberwindliche Hindernisse im Weg stehen, kann er seine Ersatz- und Konzentrationsfunktionen wahrnehmen. Er handelt als **Gesetzgebungsorgan anstelle von Bundestag und Bundesrat**. Der Gemeinsame Ausschuss wird bereits in Friedenszeiten gebildet; hier hat er gem. Art. 53a Abs. 2 GG das Recht, von den Planungen der Bundesregierung für den Verteidigungsfall unterrichtet zu werden.

Literatur zu I: *Fritz*, Handlungsbereich und Tätigkeitsdauer des Gemeinsamen Ausschusses im Verteidigungsfall, BayVBl. 1983, 72; *Kaiser*, Ausnahmeverfassungsrecht, 2020; *Klein*, Funktionsstörungen in der Staatsorganisation, in: HStR XII, § 279; *März*, Äußerer Notstand, ebd. § 281; *Oberreuter*, Notstand und Demokratie, 1978.

II.   Gesetzgebungsnotstand

629   Unter Gesetzgebungsnotstand versteht das Grundgesetz in Art. 81 GG den Fall einer **Verfassungsstörung** dahingehend, dass einem Bundeskanzler das Vertrauen nach Art. 68 GG verweigert wird ohne jedoch einen neuen Kanzler zu wählen, sofern der Bundestag nicht aufgelöst wird. In dieser Situation kann der Bundespräsident auf Antrag der Bundesregierung, der mit Zustimmung des Bundesrates zu stellen ist, den Gesetzgebungsnotstand erklären, wenn der Bundestag eine von der Bundesregierung als dringlich bezeichnete Gesetzesvorlage abgelehnt hat. Wird die Gesetzesvorlage erneut vom Bundestag abgelehnt, substanziell verändert oder längere Zeit nicht behandelt, gilt das Gesetz durch Zustimmung des Bundesrates als zustandegekommen. Damit ist eine Verfassungsstörung geregelt, die das Funktionieren des parlamentarischen Regierungssystems unmöglich macht. Als Sicherungsmechanismus ist das Zusammenwirken von mindestens drei obersten Bundesorganen installiert sowie ein mehrstufiges Verfahren vorgesehen. Der Bundestag ist in dieser Situation als Gesetzgeber nicht generell ausgeschlossen, sondern das Verfahren muss für jedes konkrete

---

4   Begriff nach *März*, in: HStR XII, § 281 Rn. 70.
5   *März*, in: HStR XII, § 281 Rn. 72.
6   BVerfGE 84, 304 (334 f.); näher *Schick*, in: SZ, § 58 Rn. 10 ff.
7   Zur Kritik der konkreten Ausgestaltung *Schick*, in: SZ, § 58 Rn. 3 ff.

Gesetzgebungsprojekt erneut gestartet werden. Die Sechsmonatsfrist des Art. 81 Abs. 3 S. 2 GG als zeitliche Schranke soll eine dauerhafte Ausschaltung des Bundestages aus der Gesetzgebung verhindern.

Literatur zu II: *Klein,* Funktionsstörungen in der Staatsorganisation, in: HStR XII, § 279; *Paudtke,* Das mehrheitsunfähige Parlament im Verfassungssystem des Grundgesetzes, 2005; *Stern,* Der Gesetzgebungsnotstand, in: FS Friedrich Schäfer, 1980, S. 129.

III. Sonstige Krisensituationen

Die „Corona-Krise" 2020 hat das Augenmerk auf eine ganz neue Problematik gelenkt: Wie kann in der Situation einer **Pandemie** das **Parlament arbeitsfähig gehalten werden**? In Anlehnung an die Notstandsverfassung wurden hierzu Vorschläge für einen neuen Art. 53b GG gemacht: Im Notfall – wenn aufgrund einer Seuchengefahr, eines Unglücks- oder Katastrophenfalls oder einer drohenden Gefahr für den Bestand oder die freiheitliche demokratische Grundordnung des Bundes dem rechtzeitigen Zusammentritt des Bundestages unüberwindliche Hindernisse entgegenstehen oder dieser nicht beschlussfähig ist – solle ein vom Bundestag nach dem Spiegelbildlichkeitsprinzip bestellter **Notausschuss** in die Stellung des Bundestages einrücken. Ob diese Situation vorliege, beschließe der Notausschuss mit Zweidrittelmehrheit.[8] Ein solcher Weg ist zu Recht kritisiert worden: „Gerade in einem Moment, indem öffentliche Versammlungen verboten sind, muss der öffentliche Versammlungsraum des Parlaments aufrechterhalten werden, will die Demokratie keinen Schaden nehmen."[9] Die aufgeworfenen Fragen sind demgegenüber auf **Ebene der Geschäftsordnung**, also im Bereich der Parlamentsautonomie anzugehen.[10] Der Deutsche Bundestag hat am 25. März 2020 durch Einfügung eines § 126a zeitlich befristet (maximal bis 30. September) seine Geschäftsordnung modiziert[11] und so etwa die Anforderungen an die Beschlussfähigkeit gesenkt (vgl. § 126a Abs. 1, 2 GO-BT).

630

Die Problematik der Beschlussfähigkeit zeigt, dass Regelungen wie etwa in Art. 43 Abs. 1 BerlVerf., der in der Landesverfassung die Beschlussfähigkeit an die Anwesenheit von mehr als der Hälfte der Abgeordneten koppelt, dysfunktional sind.

Durch Ergänzung der Anlage 6 zur GO-BT sind Maßnahmen nach dem Infektionsschutzgesetz gegen Abgeordnete aufgrund eines Beschlusses des Bundestages genehmigt. In der Sitzungspraxis wurde Ende März 2020 zum ersten Mal in der deutschen Geschichte auf neben dem Parlamentspräsidenten sitzende Schriftführer verzichtet. Die getroffenen Maßnahmen stützen sich auf die Geschäftsordnungsautonomie und begegnen daher keinen verfassungsrechtlichen Bedenken.

Literatur zu III: *Möllers,* Über den Schutz der Parlamente vor sich selbst in der Krise, Verfassungsblog v. 20.3.2020; *Schönberger/Schönberger,* Regiert bald ein Notausschuss? Den Bundestag offen zu halten war nie nötiger als in Zeiten der Pandemie, FAZ v. 26.3.2020, S. 9.

---

8 Aktenvermerk Deutscher Bundestag, 16.3.2020.
9 *Möllers,* Über den Schutz der Parlamente vor sich selbst in der Krise, Verfassungsblog v. 20.3.2020.
10 *Schönberger/Schönberger,* FAZ v. 26.3.2020, 9; sehr weitgehend auch hinsichtlich der Frage der Durchführung virtueller Sitzungen *Lenz/Schulte,* NVwZ 2020, 744.
11 Vgl. BT-Drs. 19/18126.

§ 14 Parlamente und parlamentsähnliche Einrichtungen auf anderen Ebenen

I. Landesparlamente

631 Alle 16 Bundesländer besitzen im Einklang mit Art. 28 Abs. 1 S. 2 GG Landesparlamente – zumeist als **Landtag** bezeichnet, in Bremen und Hamburg als **Bürgerschaft**, in Berlin als **Abgeordnetenhaus**.[1] Es handelt sich um vollwertige Parlamente; auch in den Ländern ist das parlamentarische Regierungssystem verwirklicht. Sämtliche Landesparlamente haben sich Geschäftsordnungen gegeben. Neben Abgeordnetengesetzen existieren z.T. auch Fraktionsgesetze. In der Sache gibt es keine wesentlichen Strukturunterschiede im Landesparlamentsrecht. Bis 1994 bestand in **Bayern** neben dem Landtag noch der **Senat** als eine Art berufsständischem Repräsentationsorgan, der jedoch nicht die Kompetenzen einer „zweiten Kammer" besaß. Er wurde durch Volksentscheid 1998/99 abgeschafft.[2] Anders als auf Bundesebene sieht das Landesverfassungsrecht regelmäßig ein Selbstauflösungsrecht der Landtage bzw. die Auflösung durch Volksabstimmung vor.

632 Die Landesparlamente gehören zu den großen Verlierern als Folge von Strukturänderungen des deutschen Föderalismus. Durch die immer stärker werdende **Zentralisierung der Gesetzgebungskompetenzen** beim Bund, wurde ihr Legislationsrecht stark ausgehöhlt. Die vermeintliche „Kompensation" durch die Zustimmungsbedürftigkeit vieler Bundesgesetze hat den **gewaltenteiligen Effekt**, dass dadurch die Landesregierungen und dort insb. die Ministerpräsidenten gestärkt wurden, nicht die Landtage.[3] Mitwirkungsrechte auf einer höheren Ebene sind nicht in der Lage ein zentrales Proprium jeder Bundesstaatlichkeit – den Wegfall unterschiedlicher Regelungen in den Gliedstaaten – zu kompensieren.

Literatur zu I: *Friedrich*, Das parlamentarische Regierungssystem in den deutschen Bundesländern, JöR 30 (1981), 197; *Grosse-Sender*, in: SZ, § 64; *Herdegen*, Strukturen und Institute des Verfassungsrechts der Länder, in: HStR VI, § 129; *Menzel*, Landesverfassungsrecht, 2002; *Schulz*, in: SZ, § 65.

II. Europäisches Parlament

633 ► **Literatur:** *Streinz*, Europarecht, 11. Aufl. 2019, Rn. 307 ff.

Im seit 1979 direkt gewählten Europäischen Parlament (EP) versammeln sich Vertreter der Unionsbürgerinnen und Unionsbürger (Art. 14 Abs. 2 EUV); bis zur geltenden Vertragsfassung durch den Vertrag von Lissabon waren der Bezugspunkt noch die Völker der in der Union zusammengeschlossenen Mitgliedstaaten. Hauptaufgabe des Parlaments ist neben seinen Haushaltsbefugnissen im Zusammenwirken mit dem Rat

---

1 Zur historischen Entwicklung *Friedrich,* in: SZ, § 63.
2 Dazu BayVerGHE 52, 104.
3 *Waldhoff*, in: Heinig/Schorkopf (Hrsg.), 70 Jahre Grundgesetz, 2019, S. 229.

die Gesetzgebung in der Union (Art. 14 Abs. 1 EUV). An der Bestimmung des Kommissionspräsidenten wirkt das EP mit, es übt zugleich politische Kontrolle gegenüber der Kommission aus. Nach der Rechtsprechung des BVerfG zu den grundgesetzlichen Grenzen der europäischen Integration spendet das EP neben dem Strang der Mitgliedstaaten, der im Rat mündet, als zweiter Strang demokratische Legitimation.[4]

Trotz des **Strukturwandels von der Versammlung zum EP** ist seine abschließende **634** Charakterisierung nach wie vor umstritten. Im Unterschied zu klassischen Parlamenten fehlt ihm das Initiativrecht. Ein parlamentarisches Regierungssystem ist der EU-Institutionenarchitektur ohnehin unbekannt. Auch die haushaltsrechtlichen Befugnisse bleiben gegenüber denjenigen von Parlamenten zurück.[5] Nicht nur das BVerfG hat in seiner freilich sehr umstrittenen Judikatur zur Sperrklausel im Europawahlrecht[6] auf Unterschiede zu Bundestag und Landesparlamenten deutlich hingewiesen und das EP in die Nähe kommunaler Vertretungskörperschaften gerückt.[7] Auch in der Literatur wird das EP in Abgrenzung zu klassischen Parlamenten als **„Arbeits- und Kontrollparlament" im europäischen Exekutivföderalismus** charakterisiert.[8] Andere berücksichtigen die stets zu beachtenden Unterschiede in der institutionellen Architektur der EU im Vergleich zu den Mitgliedstaaten stärker und sehen folgerichtig das EP als **„echtes" Parlament**.[9]

Literatur zu II: *Höpfner,* Parlamentarische Kontrolle in Deutschland und in der Europäischen Union, 2004; *Kluth,* Die demokratische Legitimation der Europäischen Union, 1995; *Maurer,* Parlamentarische Demokratie in der Europäischen Union, 2002.

III. Zweite Kammern, insb. Bundesrat

▶ **Literatur:** *Degenhart*, Staatsrecht I, § 3 Rn. 223–233; § 8.   **635**

Durch das **Bundesorgan** Bundesrat werden die Länder beim Bund vertreten – bei der Gesetzgebung und in Angelegenheiten der EU, Art. 50 GG. Damit ist der Bundesrat das einzige föderalistisch organisierte oberste Bundesorgan; der Bundestag steht demgegenüber für unitarische demokratische Legitimation.[10] Die Mitglieder des Bundesrates gehören den Landesregierungen an und werden von diesen entsandt. Um ein Parlament kann es sich daher nicht handeln. Anders als bei echten zweiten Kammern, wie dem **US-amerikanischen Senat** oder dem **Schweizer Ständerat**, werden die Vertreter der Länder/Landesregierungen gerade nicht vom Volk gewählt. Die Bezeichnung „Länderkammer" besitzt insofern untechnischen Charakter. Im Bundesrat bildet sich die **traditionelle Exekutivlastigkeit des deutschen Föderalismus** ab; daher passt er sich auch nicht ohne Brüche in das demokratische Verfassungsprinzip

---

4 BVerfGE 89, 155 (184, 185 f.).
5 *Waldhoff,* in: Calliess/Ruffert (Hrsg.), EUV/AEUV, 5. Aufl. 2016, Art. 314 AEUV Rn. 13 ff.
6 BVerfGE 129, 300; 135, 259.
7 Deutliche Kritik etwa bei *Schönberger*, JZ 2012, 80.
8 *Dann*, Parlamente im Exekutivföderalismus, 2004, S. 380 ff.
9 *Kluth*, Die demokratische Legitimation der Europäischen Union, 1995, S. 39 ff.
10 *Herzog*, in: HStR III, § 57 Rn. 1.

ein.[11] Durch den Bundesrat wird bei der staatsorganschaftlichen Willensbildung die politische durch eine administrative Komponente ergänzt. In den Beratungen des Parlamentarischen Rates war die Beteiligung der (bereits reorganisierten) Länder an der Willensbildung auf Bundesebene besonders umstritten. Die an die deutsche Tradition anknüpfende Bundesrats- konnte sich nur knapp gegen eine „Senatslösung" durchsetzen.[12]

Leitentscheidungen zu III: BVerfGE 37, 363 (Zustimmungsbedürftigkeit); 106, 310 (uneinheitliche Stimmabgabe durch ein Land).

Literatur zu III: *Dolzer*, Das parlamentarische Regierungssystem und der Bundesrat, VVDStRL 58 (1999), 7; *Herzog*, Stellung des Bundesrates im demokratischen Bundesstaat, in: HStR III, § 57; *Möllers*, Der parlamentarische Bundesstaat, in: Aulehner u.a. (Hrsg.), Föderalismus – Auflösung oder Zukunft der Staatlichkeit?, 1997, S. 81; *Sachs*, Das parlamentarische Regierungssystem und der Bundesrat, VVDStRL 58 (1999), 39.

IV. Vermittlungsausschuss

636   Dem Vermittlungsausschuss (vgl. Art. 77 Abs. 2 GG) kommt als „gemeinsamem" Ausschuss von Bundestag und Bundesrat eine **Sonderstellung** zu (s. Rn. 528). Die dadurch hervorgerufene paritätische Zusammensetzung soll keine ersatzparlamentarischen Funktionen eröffnen, sondern der Kompromissfindung dienen. Daran ändert auch seine Geschäftsordnungsautonomie nichts.[13] Die aufgrund der nur rudimentären verfassungsrechtlichen Regelung sehr weitreichende **Geschäftsordnung** wird mit Zustimmung des Bundesrates vom Bundestag beschlossen (Art. 77 Abs. 2 S. 2 GG). Für die Kompromissfindung zentral ist auch die Weisungsfreiheit der vom Bundesrat entsandten Mitglieder – für die Bundestagsabgeordneten setzt sich ihr freies Mandat auch im Vermittlungsausschuss fort. Das erklärt und legitimiert auch die **Nichtöffentlichkeit des Vermittlungsverfahrens**, denn Kompromisse setzen ein gegenseitiges Nachgeben voraus, das kaum öffentlich erfolgen kann.[14] Wiederum folgerichtig sind die Kompetenzen des Vermittlungsausschusses streng akzessorisch zu einem laufenden Gesetzgebungsverfahren. Er besitzt keine abschließenden Entscheidungsbefugnisse, sondern macht lediglich Vorschläge (vgl. Art. 77 Abs. 2 S. 5 GG). Ob es sich in der Sache um ein eigenständiges Verfassungsorgan handelt, ist zweifelhaft; eher handelt es sich um ein Unter- oder Teilorgan von Bundestag *und* Bundesrat.[15] Die ganz überwiegende Meinung gesteht dem Vermittlungsausschuss jedoch die Parteifähigkeit im verfassungsgerichtlichen Organstreitverfahren zu.[16]

---

11   *Schenke*, in: SZ, § 55; *Möllers*, in: Aulehner u.a. (Hrsg.), Föderalismus – Auflösung oder Zukunft der Staatlichkeit?,1997, S. 81; *Degenhart*, Rn. 722.

12   Näher *Feldkamp*, Der Parlamentarische Rat 1948-1949, 1998, S. 70 ff.

13   Problematisierung bei *Meinel*, Selbstorganisation, S. 211 ff.

14   *Kluth*, in: HStR III, § 60 Rn. 33 ff.

15   BVerfGE 112, 118 (131); *Pieper*, in: MSW, § 40 Rn. 211: „ständiges und gemeinsames Unterorgan von Bundestag und Bundesrat".

16   *Hillgruber/Goos,* Rn. 447, 464.

In keinem Fall kann dem Vermittlungsausschuss ein Gesetzesinitiativrecht zukom- **637**
men. Seine Verhandlungspraxis hatte sich zeitweise von dieser Prämisse entfernt, so
dass das BVerfG zu Recht den Ausschuss in seine **Schranken** gewiesen hat.[17]

Leitentscheidungen zu IV: BVerfGE 72, 175 (Umfang des Vermittlungsverfahrens); 106,
253 (Wahl der Bundestagsmitglieder für den Vermittlungsausschuss; einstweilige Anordnung);
112, 118 (Zusammensetzung des Vermittlungsausschusses); 120, 56 (Vermittlungsausschuss
II); 125, 104 (Vermittlungsausschuss III); 145, 348 (Initiativrecht); BVerfGE 150, 204 (Vermittlungsausschuss IV); BVerfGE 150, 345 (Vermittlungsausschuss V).

Literatur zu IV: *Bardenhewer*, Die Entstehung und Auflösung von Meinungsverschiedenhei-
ten zwischen Gesetzgebungsorganen, 1984; *Dästner*, Die Geschäftsordnung des Vermittlungsausschusses, 1995; *Franßen*, Der Vermittlungsausschuss, in: FS Hirsch, 1981, S. 273; *Kluth*,
Der Vermittlungsausschuss, in: HStR III, § 60.

V. Bundesversammlung

Der Bundespräsident wird gem. Art. 54 Abs. 1 GG durch die Bundesversammlung **638**
gewählt. Dies ist ihre einzige Funktion. Daher und weil die Bundesversammlung auch
nicht vom Staatsvolk gewählt wird, kann es sich nicht um ein Parlament handeln.[18] Es
handelt sich vielmehr um ein **eigengeartetes ad-hoc-Staatsorgan sui generis.** Die
Bundesversammlung setzt sich aus den Mitgliedern des Bundestages, den so genannten „geborenen Mitgliedern", und einer gleichen Anzahl von Mitgliedern zusammen,
die von den Volksvertretungen der Länder gewählt werden, den sogenannten gekore-
nen Mitgliedern. Nach *Carlo Schmid* sollte die Bundesversammlung gar die „höchste
Gesamtvertretung des deutschen Volkes überhaupt" sein,[19] andere bescheinigen ihr
allenfalls „begrenzte Legitimationskraft".[20] Jedenfalls charakterisiert sie in mehrfa-
cher Hinsicht verfassungsrechtliche Strukturentscheidungen des Grundgesetzes – etwa in der Abkehr von der unmittelbaren Volkswahl des Staatsoberhaupts und in einer
starken föderalen Akzentuierung des Wahlakts.[21] Einzelheiten der Wahl des Bundespräsidenten und der Bundesversammlung werden gemäß Art. 54 Abs. 7 durch das
Gesetz über die Wahl des Bundespräsidenten durch die Bundesversammlung (BPräs-
WahlG) geregelt.

Die Bundesversammlung ist ein oberstes Organ des Bundes und steht gleichberech- **639**
tigt neben den anderen Bundesorganen.[22] Entgegen der fehlenden Nennung in § 63
BVerfGG ist sie daher im Organstreitverfahren nach Art. 93 Abs. 1 Nr. 1 beteiligten-
fähig.

---

17 BVerfGE 120, 56; 125, 104; 145, 348; 150, 204; 150, 345.
18 *Kessel*, in: SZ, § 59, Rn. 2.
19 Parlamentarischer Rat, Verhandlungen des Hauptausschusses, HA-Sten. Ber., S. 116.
20 Vgl. etwa *Mußgnug*, in: Jeserich/Pohl/v. Unruh (Hrsg.), Deutsche Verwaltungsgeschichte V, 1987,
    S. 100 (107).
21 *Nettesheim,* in: HStR III, § 63 Rn. 1 ff.
22 *Braun,* Die Bundesversammlung, 1993, S. 87 f.

640 Nach Art. 54 Abs. 1 S. 1 GG erfolgt die Wahl des Bundespräsidenten ohne Aussprache. Das vom BVerfG gebilligte[23] Ausspracheverbot kann und will eine (Vor-)Verlagerung der Kandidatendiskussion in die öffentliche Sphäre nicht verhindern.[24] Sofern dies mit kritischem Unterton belegt wird, liegt dem ein Missverständnis hinsichtlich des Sinns des Ausspracheverbots zugrunde: Es geht nicht um den „Schutz" der Bewerber und damit auch des späteren Amtsinhabers vor öffentlicher, gegebenenfalls auch diffamierender Diskussion. Solches ist einer Person, die sich um ein hohes Verfassungsamt in einer Demokratie bewirbt, durchaus zuzumuten. Vielmehr geht um die „Dignität" des Kreationsakts als solchen. Die Wahl „ohne Aussprache" ist jedenfalls auch ein Relikt Rousseauschen Gedankenguts, der als Ideal demokratischer Entscheidung nach einer „Beratung des hinreichend informierten Volkes", bei der „die Staatsbürger keinerlei Verbindung untereinander haben",[25] postulierte. Sie hat sich – soweit ersichtlich – bei Kreationsakten im Gegensatz zu sachlichen Entscheidungen flächendeckend durchgesetzt und bewährt.

Leitentscheidungen zu V: BVerfGE 136, 277; 138, 125.

Literatur zu V: *Braun*, Die Bundesversammlung, 1993; *Nettesheim*, Die Bundesversammlung und die Wahl des Bundespräsidenten, in: HStR III, § 63; *Waldhoff/Grefrath*, Kommentierung von Art. 54, in: BerlK.

VI. Kommunale Vertretungskörperschaften als Parlamente?

641 ▶ **Literatur:** *Mann*, Kommunalrecht, in: Erbguth/Mann/Schubert, Besonderes Verwaltungsrecht, 13. Aufl. 2020, § 4 Rn. 132–156.

Nach Art. 28 Abs. 1 S. 2 GG muss eine Grundhomogenität zwischen Bundestag, Landesparlamenten und den Vertretungskörperschaften auf kommunaler Ebene bestehen. Gleichwohl sind die kommunalen Vertretungskörperschaften – Gemeinderäte, Stadträte, Stadtverordnetenversammlungen, Gemeindevertretungen, Kreistage – nach ganz h.M. **keine Parlamente, sondern Vertretungsorgane im Rahmen kommunaler Selbstverwaltung**, d.h. von Gebietskörperschaften.[26] Ihre Hauptfunktion ist die Schaffung autonomer Satzungen als den Rechtssätzen des Selbstverwaltungsbereichs. Die kommunalen Wahlen verschaffen den kommunalen Vertretungskörperschaften zwar eine besondere demokratische Legitimation, so dass etwa durch Satzungen Grundrechtseingriffe u.U. leichter legitimierbar sein können, als bei exekutiven Rechtsverordnungen; auch geben sich diese Vertretungsorgane regelmäßig eine Geschäftsordnung. Die Vertretungskörperschaften nehmen jedoch insges. an der **Verwaltungstätigkeit** von Städten, Gemeinden und Kreisen teil. Folgerichtig hat das

---

23   BVerfGE 136, 277 (308 ff. Rn. 90 ff.).
24   Vgl. *Butzer*, in: SBHH, Art. 54 Rn. 82.
25   Gesellschaftsvertrag II/3, im Hinblick auf Art. 63 GG ebenso *Balthasar*, Die österreichische bundesverfassungsrechtliche Grundordnung unter besonderer Berücksichtigung des demokratischen Prinzips, 2006, S. 358 mit Fn. 1669.
26   BVerfGE 32, 346 (361); 65, 283 (289); 78, 344 (348); *Burgi*, Kommunalrecht, 6. Aufl. 2019, § 12 Rn. 32; a.A. *Ott*, Der Parlamentscharakter der Gemeindevertretung, 1994; *Dolderer*, DÖV 2009, 146; diff. *Lange*, Kommunalrecht, 2013, Kap. 4 Rn. 65.

BVerfG auch die Unanwendbarkeit von Art. 38 Abs. 1 S. 2 GG festgestellt.[27] Das Verfahrensrecht weist zahlreiche charakteristische Unterschiede zu Parlamenten auf: Nur auf kommunaler Ebene gibt es etwa **Befangenheitsvorschriften**, die Gemeinderatsmitglieder wegen persönlicher Betroffenheit von der Mitwirkung ausschließen, etwa weil ihr Grundstück in dem Gebiet des zu beschließenden Bebauungsplans liegt.[28] Das Parlamentsrecht kennt derartiges nicht; Konflikte bei der „Gesetzgebung in eigener Sache" werden durch die besondere Beachtung der Öffentlichkeit von Beratung und Beschlussfassung gesteuert.[29] Umgekehrt können parlamentsrechtliche Regeln nicht unbesehen auf das Verfahren in kommunalen Vertretungen angewendet werden.[30]

Leitentscheidungen zu VI: BVerfGE 32, 346; 78, 344.

Literatur zu VI: *Ott*, Der Parlamentscharakter der Gemeindevertretung, 1994; *Schröder*, Grundlagen und Anwendungsbereich des Parlamentsrechts, 1979.

---

27 BVerfGE 78, 344 (348).
28 Vgl. etwa *Burgi*, Kommunalrecht, 6. Aufl. 2019, § 12 Rn. 49 ff.
29 Vgl. paradigmatisch das „Diätenurteil", BVerfGE 40, 296 (319); insges. *Lang*, Gesetzgebung in eigener Sache, 2007.
30 *Schröder*, Grundlagen und Anwendungsbereich des Parlamentsrechts, 1979; *Lange*, Kommunalrecht, 2013, Kap. 4 Rn. 65.

Stichwortverzeichnis

Die Zahlen verweisen auf Randnummern.

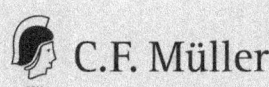

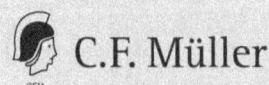